M. Valerii Martialis, Ludwig Friedlaender

Epigrammaton libri

Mit erklärenden Anmerkungen von Ludwig Friedlaender

M. Valerii Martialis, Ludwig Friedlaender

Epigrammaton libri
Mit erklärenden Anmerkungen von Ludwig Friedlaender

ISBN/EAN: 9783742897701

Hergestellt in Europa, USA, Kanada, Australien, Japan

Cover: Foto ©Thomas Meinert / pixelio.de

Manufactured and distributed by brebook publishing software (www.brebook.com)

M. Valerii Martialis, Ludwig Friedlaender

Epigrammaton libri

M. VALERII MARTIALIS

EPIGRAMMATON LIBRI.

MIT ERKLÄRENDEN ANMERKUNGEN

VON

LUDWIG FRIEDLAENDER
PROFESSOR IN KOENIGSBERG.

ERSTER BAND.

LEIPZIG
VERLAG VON S. HIRZEL.
1886.

DEM ANDENKEN

AN

HUGH ANDREW JOHNSTONE MUNRO

† 30. MÄRZ 1885.

EINLEITUNG.

I. Martials Leben und Gedichte.

M. Valerius Martialis[1]) ist zu Bilbilis im Tarraconensischen Spanien am 1. März (IX 52 X 24 XII 60) eines der Jahre 38—41 geboren; denn sein 10. Buch, dessen Gedichte in den Jahren 95—98 verfasst sind, enthält ein an seinem 57. Geburtstage geschriebenes Gedicht (X 24). Seine an der Strasse von Caesaraugusta nach Emerita (Itin. Anton. p. 437. 439) gelegene Vaterstadt Bilbilis heisst auf Münzen des August. Tiberius und Caligula genau beschrieben bei Heiss. Deser. générale de monnaies antiques de l'Espagne 1870 p. 183 f. 'municipium Augusta Bilbilis' M. X 103, 1: 'Municipes Augusta mihi quos Bilbilis acri Monte creat'. Die Vermuthung von Detlefsen (die Geographie der Tarraconensischen Provinz bei Plinius. Philol. XXXII 616 f.), dass sie unter Vespasian bereits Colonie war (vgl. Marquardt StV. I² 256 Anm.), ist nicht wahrscheinlich. Sie lag auf einer schroffen Höhe (Paulin. Nolan. 10, 223 sq.: 'Bilbilim acutis Pendentem scopulis', um deren Fuss der kleine, aber reissende Salo strömte. Sein kaltes Wasser war zur Härtung des Stahls besonders geeignet: in Waffenfabriken bestand dort die hauptsächlichste Industrie; ausserdem wurde bei

---

Ueber den Namen Martialis vgl. Marquardt StV. III² 224,5; über den Beinamen Coquus in alten Glossaren: zu III 77; bei Johann v. Salisbury, Vincenz v. Beauvais — welcher letztere ihn, wie mir Dr. E. Wagner mittheilt, stets durch denselben von dem unter dem Namen Martialis citirten Gargilius Martialis unterscheidet — und in Handschr. d. 15. J. Schn.¹ p. 21 f. und p. 683 f. vgl. Scriver. bei Schn.¹ p. 736.

Bilbilis auch Gold gewonnen X 103 IV 55 I 49 XII 21,1 XII 18,9 ; und es hatte (da I 49. 4 die Lesart equis allein bezeugt ist) eine berühmte Pferdezucht, auf welche vielleicht mit Eckhel D. n. I 35 das Bild eines gerüsteten Reiters auf dem Revers einer dortigen Münze zu beziehen ist. Die Ueberreste von Bilbilis sucht man auf dem Hügel el cerro de Bambola bei der von den Mauren so genannten Stadt El Calatayud; die der (in westlicher Richtung 24 Millien entfernten) aquae Bilbilitanae bei Alhama (Huebner CIL II p. 410, 3021—3023).

Martial verdankte seinen Eltern (Valerius) Fronto und Flaccilla (V 34) eine gute Erziehung. Nach dem damals gewöhnlichen Bildungsgange machte er die grammatische und Rhetorenschule durch (IX 73,7: At me litterulas stulti docuere parentes: Quid cum grammaticis rhetoribusque mihi?), entweder in Bilbilis selbst oder einer benachbarten Stadt. In Hispania Tarraconensis, deren Romanisirung im J. 75 (wo Vespasian ihren sämmtlichen Gemeinden das jus Latii bewilligte) als vollendet gelten konnte (Marquardt, StV. I² 258,6), und aus welcher damals der berühmteste Rhetor jener Zeit, der erste (um das J. 70) öffentlich angestellte Lehrer der Beredsamkeit in Rom, der Calagurritaner Quintilian geb. um 35 hervorging, wird es auch an höheren Schulen nicht gefehlt haben.[1]

Martial in Rom.

Wie so viele talentvolle junge Provinzialen zog M. nach Rom und zwar im J. 64 (also im Alter von 23—26 Jahren); denn im J. 98, als er es verliess, gibt er die Dauer seines römischen Aufenthalts auf 34 J. an (X 103,7; 104,10). Er

Clientelverhältniss zu den Seneca.

trat dort in die Clientel der berühmtesten und angesehensten aus Spanien stammenden Familie: der der Seneca, welche durch die drei Häuser des reichen und vor kurzem noch allmächtigen Consularen L. Annäus Seneca Neros Lehrer.

---

[1] Inschrift in Tritium Magallum Tarraconensis CIL II 2892 mit Huebners Ergänzungen : D. M. L. Memmio Prob. Cluniensi grammatico latino cui res publica Tritiensium an. habenti XXV salarium constituit.

der dann mit Burrus der Leiter seiner Regierung gewesen war. Teuffel RLG⁴ 287), des Junius Gallio (der als Proconsul von Achaja in Korinth über den Apostel Paulus zu Gericht gesessen hatte, Teuffel 265,7 und des in Ritterstande verbliebenen Annäus Mela (dessen Sohn, der Dichter Lucan, damals zu Neros engerem Kreise gehörte, Teuffel 269,2). Auch das mit Ahnenbildern erfüllte Atrium des L. Calpurnius Piso, des ersten Mannes jener Zeit, stand ihm (vermuthlich auf Empfehlung der Seneca) offen (IV 10,1 Atria Pisonum stabant cum stemmate toto et docti Senecae ter numeranda domus), und auch in Memmius Gemellus (Consul 63) und (Vibius) Crispus (cons. suff. 61) (XII 36,8 Pisones Senecasque Memmiosque Et Crispos mihi redde sed priores) fand M. freigebige Gönner.

Der unglückliche Ausgang der Pisonischen Verschwörung im J. 65 kann auf M.'s Stellung schon deshalb nicht ohne Einfluss geblieben sein, weil er auch den Fall der drei Häuser der Seneca herbeiführte. Der einzigen Angehörigen dieser grossen Familie, die zu Ende des Jahrhunderts noch am Leben war, Argentaria Polla, der Wittwe Lucans, huldigt M. noch im J. 96 als seiner Patronin (X 64 VII 21—23). Vielleicht hatte er das kleine Weingut bei Nomentum, das er im J. 84 bereits besass (XIII 42 u. 119), von den Erben der Seneca zum Geschenk erhalten (SG⁵ III 397,4, wo die Angabe, M. habe es 86 noch nicht besessen, irrig ist).

Von M.'s Leben in Rom bis zum Anfang der Regierung Domitians wissen wir sehr wenig. Dass er jemals gesucht hat, durch die Ausübung eines Berufs, zu welchem seine Bildung ihn befähigte, etwa den eines Sachwalters (II 30,4), eine selbständige Stellung zu gewinnen, wozu auch Quintilian ihm gerathen zu haben scheint (II 90), darauf deutet Nichts. Vielmehr wird er seinen Lebensunterhalt durchaus als Client vornehmer Häuser gesucht und gefunden haben, der sich seinen Patronen durch die Verwerthung seines schon früh entwickelten (I 113,1) poetischen Talents für gesellige Unterhaltung und Gelegenheitspoesie empfahl. Vermuthlich war es auch sein poetisches Talent, das ihn zum Hofe in Beziehung brachte. Jedenfalls verherrlichte er die Schauspiele, welche Titus im J. 80 zur Einweihung des Flavischen Amphitheaters gab, durch eine Sammlung von Gedichten, die dem Kaiser überreicht wurde (Sp. 32). Die Handschrift seines (spätestens im J. 86) im Alter von 19 Jahren verstorbenen Schreibers Demetrius war „den Cäsaren" bekannt. Die „beiden Cäsaren", die ihm das Dreikinderrecht verliehen (IX 97,5), können nur Titus und Domitian gewesen sein (II 91, 92); vermuthlich war eine durch Titus erfolgte Verleihung erst durch Domitians Unterzeichnung oder Bestätigung perfekt geworden. Auch M.'s Erhebung in den Ritterstand durch Verleihung eines Titulartribunats (III 95 V 13 IX 49 XII 26) war vielleicht eine Gnadenbezeigung von Titus.

Doch eine materielle Verbesserung seiner Lage scheint er unter den beiden ersten Flaviern nicht erlangt zu haben, und ebenso wenig erhielt er eine solche durch Domitian, trotz seiner unablässigen enthusiastischen dem Kaiser selbst dargebrachten Huldigungen und trotz seiner unermüdlichen Bestrebungen, unter den damaligen Hofleuten Gönner und Fürsprecher zu gewinnen. Er preist die Freigelassenen Domitians im allgemeinen (IX 79) und schmeichelt in besondern Gedichten den Einflussreichsten derselben: dem Kämmerer Parthenius, dem Vorsteher des Amts der Bittschriften Entellus, dem Tafelaufseher Euphemus, dem Mundschenken Earinus, dem alten bereits in den Ruhestand versetzten Vater des Claudius Etruscus; ferner einem Sextus, der Studienrath gewesen zu sein scheint, und dem kaiserlichen Günstling Crispinus, vielleicht Präfecten des Prätoriums. Aber während er in immer neuen Wendungen directe und indirecte Gesuche um Unterstützung an Domitian richtet, finden wir nie, dass er für empfangene Geschenke dankt; nicht einmal die erbetene Leitung eines Rohrs des Marcischen Aquäducts auf sein Landgut und in sein Haus in der

Stadt scheint er erhalten zu haben (XI 18; Imhof Domitian S. 138). Dies ist um so auffallender, da M. nicht bloss bereits im Jahre 86 ein in der ganzen Welt bekannter und überall mit Begierde gelesener Dichter war, sondern sich auch des Beifalls des Kaisers erfreute, auf den er sich sonst nicht immer hätte berufen dürfen (IV 27 V 6 VI 64,14 VII 12). Zwar reichte sein Fürwort hin, mehreren Petenten das Bürgerrecht zu verschaffen (III 95,11), er wurde gelegentlich mit einer Einladung zu einer grossen kaiserlichen Tafel beehrt (IX 93); aber ein Gesuch um einige Tausend Sesterzen lehnte Domitian, wenn auch nicht ungnädig ab (VI 10).

So blieb denn ein Leben, wie M. es sich wünschte, in dem es keine andern Beschäftigungen gab als Spaziergänge, Bäder, Plaudereien und Lectüre (V 20), dagegen niemals Aufwartungen in vornehmen Häusern, für ihn unerreichbar, und nach wie vor war er darauf angewiesen, seine Beziehungen zur Aristocratie zu erhalten und zu vermehren, indem er möglichst vielen hochgestellten Personen durch ehrenvolle Erwähnung in seinen Gedichten, wie er selbst sagt, dauernden Ruhm verlieh, wenn ihm auch diese Huldigungen nichts einbrachten (IV 15). Zu den Männern senatorischen Standes, denen M. in seinen in die letzten 12 Jahre seines römischen Aufenthalts (86—98) und die dann noch in Spanien bis 101/104 verlebte Zeit fallenden Epigrammen huldigt oder schmeichelt, bei denen er bettelt oder sich bedankt, gehören: der Dichter Silius Italicus Consul 68 und dessen Söhne (zu IV 14), der spätere Kaiser Nerva (zu V 28), der als Ankläger in Majestätsprocessen berüchtigte, reiche Redner M. Aquilius Regulus (zu I 12), die ungeheuer reichen Brüder Domitius Tullus und Lucanus (zu I 36), der Dichter Stertinius Avitus Consul 92, der im J. 94 M.'s Bild in seiner Bibliothek aufstellen liess (IX praef. X 96), der als Schriftsteller bekannte S. Julius Frontinus (zum zweiten Mal Consul 98, zum dritten Mal 100 X 48,20; 58), der jüngere Plinius Consul 100 (X 19), der Dichter

Arruntius Stella, Consul 101 (zu I 7), L. Norbanus Appius Maximus, der Besieger des L. Antonius Saturninus (zweimal Consul — IX 84), Licinius Sura (Consul 102), der mächtigste Freund Trajans IV 64,13 VII 47), der ehemalige Parteigänger Vespasians, M. Antonius Primus aus Tolosa (X 23) und Andere. Natürlich suchte und fand M. auch im Ritterstande Gönner. Diesem mögen der elegante Atedius Melior, der in seinem schönen Hause und Garten auf dem Cälius vortreffliche Mahlzeiten gab II 6 und andere wohlhabende Freunde des Dichters angehört haben. Mit Q. Ovidius (seinem Gutsnachbarn bei Nomentum), vermuthlich einem Clienten der Seneca, war M. wol in Folge seines alten Verhältnisses zu diesem Hause befreundet: Ovid hatte unter Nero im J. 65 Cäsennius (Cäsonius) Maximus, einen Freund des Philosophen Seneca, in die Verbannung begleitet (zu I 105). Zu M.'s am häufigsten besungenen Freunden gehörte der Centurio Aulus Pudens, der zwar die Primipilarenstelle, doch nicht das Ziel seines Strebens, die Ritterwürde erlangt zu haben scheint (zu I 31); vermutblich war M. durch ihn auch mit anderen Centurionen bekannt geworden (I 98).

Freunde.

Beziehungen zu Schriftstellern und Dichtern. Unter den damaligen Rednern, Schriftstellern und Dichtern in Rom waren es natürlich vor allen M.'s Landsleute, mit denen er befreundet war oder verkehrte. Dazu gehörte der Stolz Spaniens, der berühmte Quintilian (II 90), der Stoiker Decianus aus Emerita (zu I 8), der Gerichtsredner Licinianus (zu I 49) und der Rechtsgelehrte Maternus (zu I 96), beide aus Bilbilis; auch der vielseitige Dichter und bezaubernde Erzähler Canius Rufus aus Gades (zu I 61). Selbstverständlich fehlte es M. aber auch sonst nicht an Bekanntschaften in der litterarischen Welt Roms: so war er mit Juvenal (geb. 67, der damals noch nicht als Satirendichter aufgetreten war) befreundet, und blieb auch nach der Rückkehr in die Heimath mit ihm in Verbindung VII 24; 91

Martial und Statius. XII 18). Dagegen bestand zwischen M. und Statius unzweifelhaft ein Missverhältniss. Denn obwohl beide in denselben

Häusern aus und ein gingen, erwähnt keiner jemals den andern, während beide sonst zahlreichen dichterischen Collegen das reichste Lob spenden. Bei dem tiefen innerlichen Gegensatz zwischen ihren Naturen konnten sie kaum an einander Gefallen finden, selbst wenn der alternde spanische Dichter bei dem neuen Ruhm des um 45 geborenen Neapolitaners, der den seinen zu verdunkeln drohte, sich jeder missmuthigen und eifersüchtigen Regung hätte erwehren können. Die Beziehung seiner wiederholten wegwerfenden Aeusserungen über den hohlen Schwulst grosser mythologischer Epopöen auf die Thebais des Statius ist unverkennbar.

M. klagt öfter über Feinde, Neider und missgünstige Kritiker verschiedener Art. Die Kritik, die in den litterarischen Kreisen Roms geübt wurde, war überhaupt nichts weniger als wohlwollend I 3; manche (Neider, wie M. sagt) tadelten auch die Unanständigkeit seiner Epigramme (XI 20); grösser war vermuthlich, wie zu allen Zeiten, die Zahl derer, die lebende Dichter überhaupt nicht anerkannten und nur die älteren lobten VIII 69 V 10. Im Allgemeinen sah M. den Tadel der Dichter als einen Beweis mehr für die Allgemeinheit des Beifalls an, den er fand XI 24, und wollte mit Recht lieber, dass seine Gerichte den Gästen, als dass sie den Köchen gefielen (IX 81. So fehlte es denn gewiss auch in dem Vereinslokal und in der Halle des Quirinustempels, wo sich die Dichter zusammenfanden (III 20 IV 61 XI 1. 10) nicht an Neidern und Gegnern M.'s: zu ihnen gehörte unter andern ein jüdischer Dichter, der überall seine Gedichte tadelte und nichtsdestoweniger plünderte XI 94. Aber dass dieser und andere Plagiatoren seine Verse als die ihrigen vorlasen, machte M. wenig Sorge, besonders da der Abstand des Fremden von dem Seinigen so gross war, dass man ihn sofort bemerken musste (I 29; 38. 52; 53; 66; 72. Vgl. XII 63). Viel schlimmer und nicht nur für seinen Dichterruhm, sondern für seine ganze Stellung war, worüber er wiederholt klagt, dass anonyme Dichter aus

Feinde und Neider.

sicherer Verborgenheit unter seinem Namen giftige Schmähungen und pöbelhafte Verunglimpfungen gegen edle Männer und Frauen verbreiteten (VII 12; 72 X 3; 5; 33). Diese Perfidie konnte ihm um so eher in der Meinung seiner Gönner schaden, als er ohnedies fortwährend besorgen musste, dass Personen, an deren Gunst ihm gelegen war, den Spott seiner Epigramme auf sich beziehen möchten; daher seine wiederholten Betheuerungen, dass er nie eine bestimmte Person im Auge habe (vgl. auch I praef.).

Dass M. von Freunden und Gönnern für seine reichlich nach den verschiedensten Seiten gespendeten poetischen Huldigungen und Lobpreisungen der damaligen Sitte gemäss vielfache Ehrengaben und Unterstützungen erhielt, ist nicht zu bezweifeln. Sagt er doch selbst V 36: »Einer, den ich in meinen Gedichten gelobt habe, thut so, als ob er mir nichts schuldig sei; er hat mich hintergangen«. Dennoch bettelt er fortwährend, selbst um eine Toga, einen Mantel und dgl. (VI 82 VII 36 vgl. VIII 28 IX 49 X 73). Wiederholt erinnert er seine Leser im allgemeinen, und seine Gönner insbesondre, dass ein Dichter vor allen Dingen Geld brauche (I 107 V 16 VIII 56; 73 XI 108); an Regulus schreibt er einmal, es fehle ihm so sehr an Geld, dass er genöthigt sei, dessen Geschenke zu verkaufen, ob Regulus etwas kaufen wolle (VII 16). Vermuthlich trug Mangel an Sparsamkeit die Schuld, dass er zu keinem Wohlstande gelangen konnte. Das Gütchen bei Nomentum brachte nichts ein. Es war trocken, holzarm, und ausser einem geringen Weine scheint nur schlechtes Obst dort gewachsen zu sein (XII 57 X 58,9 XIII 15 X 48,9 X 94,4 VII 91 XIII 42), und wahrscheinlich war M. nichts weniger als ein guter Landwirth. Wenn ihm nicht sein Freund Stella Ziegel schickte, um das Dach seines dortigen Häuschens zu decken, so regnete es ein (VI 43,4 VII 36), und der Hauptvortheil dieses Besitzes war, dass er zuweilen dort von den Plagen seiner Clientenstellung sich erholen und ausschlafen konnte

(II 38 VI 41 XII 57). Allerdings besserte sich seine Lage unter Domitians Regierung. Vom Jahr 86 bis 90 wohnte er noch auf dem Quirinal in dem Hause »zur Birne« zur Miethe, und zwar drei Treppen hoch (I 117,7 V 22 VI 27); später, mindestens seit 94 besass er dort ein eigenes Haus (IX 18,2 IX 97,9 X 58,10), schon im Jahr 93 auch ein Maulthiergespann (VIII 68). Von Sklaven erwähnt er den bereits genannten, spätestens 86 gestorbenen Schreiber Demetrius (I 101) und die 89 im Alter von 6 Jahren gestorbene, von ihm sehr geliebte Erotion (V 34 und 37), deren Eltern also ebenfalls seine Sklaven waren. Doch dass ihn der jüngere Plinius bei seiner Abreise nach Spanien im Jahr 98 mit einem Reisegelde ausstattete (Plin. epp. III 21), zeigt, dass seine Mittel nie für seine Bedürfnisse ausreichten. Verheirathet war er offenbar niemals. Dass seine Landsmännin Marcella nicht (wie auch Lessing glaubte, Werke Ausg. von Lachmann Bd. 8, S. 480 ff. seine Frau, sondern seine Patronin war, darüber lässt der Ton der auf sie bezüglichen Epigr. XII 21 und XII 31 keinen Zweifel. Rom verliess M. während seines dortigen 34jährigen Aufenthalts nur einmal, im Jahr 87, wo er der Beschwerden des Clientendienstes müde (III 4.6) sich in Forum Cornelii und anderen Orten der Aemilia aufhielt.

für Martial nicht ausreichend

Auch was M. bewog, nach so langer Zeit die ihm zur zweiten Heimath gewordene Hauptstadt zu verlassen, und nach Spanien zurückzukehren, das war gewiss hauptsächlich, wie er selbst angiebt, dass er mit zunehmendem Alter und (vielleicht auch in Folge von Krankheiten VI 47; 70) abnehmender Frische und Elasticität sich den Anforderungen des Clientendienstes auch körperlich nicht mehr gewachsen fühlte; und es ist wol buchstäblich zu verstehn, dass ihn die Unmöglichkeit in Rom auszuschlafen aus Rom vertrieb (X 74 XII 57; 68 XIV 125). Je länger je mehr sehnte er sich aus dem dürftigen, theuren und zwangvollen Leben Roms nach dem Ueberfluss, der Wohlfeilheit und der Zwang-

Rückkehr nach Spanien.

losigkeit der Provinz. Schon in einem seiner frühesten Gedichte (I 55) erklärt er den Besitz eines Gütchens, das ihm eine bescheidne, doch behagliche Existenz gewähren würde, für den Gegenstand seines höchsten Wunsches. Einem von Ahnenbildern erfüllten Palast zog er eine kleine Wohnung mit rauchgeschwärzter Decke vor, wenn er sich an einer lebendigen Quelle und natürlichem Rasen erfreuen, seine Sklaven satt machen, die Nächte schlafen, die Tage ohne Streit verbringen könnte und mit einer zu gelehrten Frau verschont bliebe (II 90). Ein anderes Mal sagt er, er sei bereit, den Glanz und die Pracht Roms mit dem kleinsten Ort zu vertauschen, falls er dort mit Sicherheit auf einen Fleischer und einen Schenkwirth, ein Bad und einen Barbier, ein Brettspiel und eine kleine gewählte Bibliothek, einen jungen Sklaven und eine Sklavin rechnen könnte (II 48). Ueberdies hatte er sich eine lebhafte Anhänglichkeit an die Heimath bewahrt, und seine römischen Freunde wunderten sich, dass er so oft von ihr sprach, da er ja in Rom alt geworden war (X 96). In der Zeit, wo er sich dort der glänzendsten Erfolge als Dichter erfreute, dachte er doch immer gern an die an der Berglehne klebenden Häuser von Bilbilis (X 20), die beschneiten Gipfel der Sierren, die schattigen und wildreichen Wälder, welche die Ufer des goldführenden Tagus umsäumten, den sonnigen Strand von Tarraco, die üppigen Fruchtgärten, die heiligen Eichenhaine, die eiskalten Teiche und Quellen der Heimat, die festlichen Mahle und Spiele, denen er in seiner Jugend beigewohnt hatte (I 49 IV 55).

Vielleicht hat auch die völlige Veränderung des Regierungssystems, die nach Domitians Tode eintrat, dazu beigetragen, ihm den Aufenthalt in Rom zu verleiden. Es ist begreiflich, dass dies noch nicht unter Nerva der Fall war, der die verhasstesten Persönlichkeiten des frühern Hofs an dem seinen duldete (Plin. epp. IV 22), sondern erst unter Trajan. Was M. veranlasste, von seinem zehnten, Ende 95 erschienenen Buch eine neue Ausgabe zu veranstalten, das war wahrscheinlich die Anstössigkeit der darin enthaltenen Verherrlichungen des nun allgemein geschmähten und verwünschten Domitian. M. unterliess nicht, zu erklären, dass jetzt für die frühern Schmeicheleien in Rom kein Platz mehr sei, nachdem Trajan die Wahrheit aus der Unterwelt zurückgerufen habe (X 72); doch diese und ähnliche Palinodieen (XI 7) scheinen nicht hingereicht zu haben, um ihm Gunst am Hofe Trajans zu verschaffen. Auch fanden sich vermuthlich manche seiner unter Domitian einflussreichen Gönner nun veranlasst, in Zurückgezogenheit zu leben, während die früher Verfolgten oder Zurückgesetzten und mit jenem aus Tacitus Agricola bekannten Ingrimm Erfüllten hervorragende Stellungen einnahmen. Endlich hatte M. ja von jeher unter dem Neide und der Eifersucht besonders der Dichter zu leiden gehabt. Trotz alledem blickte er übrigens später auf die 34 Jahre seines Aufenthalts in Rom mit Befriedigung zurück; ihr Süsses sei mit Bitterem gemischt gewesen, aber das Erfreuliche habe doch überwogen (XII 34).

In Spanien, wohin sich M. im Jahr 98 begab, machte ihm die Freigebigkeit heimischer Gönner den Genuss der langersehnten Ruhe möglich. Als solche nennt er seinen vieljährigen Patron Terentius Priscus (XII 4) und die bereits erwähnte hochgebildete Marcella, die Niemand für eine Provinzialin halten konnte, die allein im Stande war, ihm Rom zu ersetzen (XII 21). Sie schenkte ihm einen Landsitz mit Hain und Quellen, Weinlauben und Rosenfluren, Gemüsegärten, einem Fischbehälter und Taubenhause (XII 31), wo er ganz nach seinem Behagen leben konnte. Er holte nun nach, was er 34 Jahre lang an Schlaf eingebüsst hatte. Er brauchte nicht mehr die lästige Toga anzulegen, sondern liess sich das erste beste Kleidungsstück reichen, das auf einem zerbrochenen Sessel lag. Ein prachtvolles Feuer von dem Holz des nahen Eichenwäldchens loderte morgens auf seinem Heerde, den die Haushälterin mit vielen Töpfen besetzte, ein guter Jäger versah ihn mit Wild. Ueber die Sklaven führte ein Wirthschafter die Aufsicht und gestattete ihnen nicht, nach städtischer Weise langes Haar zu tragen (XII 18). Freilich hatte auch dies idyllische Leben seine Schattenseiten. Vor allem litt M. unter der geistigen Oede in der Provinz. Er vermisste die tausendfältigen Anregungen, welche ihm in Rom die Urteile der Kenner, die Fülle der dankbaren Stoffe, die Bibliotheken, die Theater, die geselligen Zusammenkünfte geboten hatten. Dazu kam die kleinstädtische Scheelsucht: gab es auch nur einen oder zwei Uebelwollende, so war dies an einem kleinen Ort so empfindlich als wären ihrer viele, und es war deshalb nicht immer leicht, in guter Stimmung zu bleiben (XII praef.). M.'s Wunsch, 75 Jahre alt zu werden (X 24), ging nicht in Erfüllung: er starb spätestens um 104, 63 bis 66 Jahr alt (Plin. epp. III 21)[1]).

Auch zur Beurtheilung von M.'s Charakter bieten seine Epigramme fast den einzigen Anhalt: eine mit Vorsicht zu benutzende Quelle, auch abgesehen davon, dass die Beziehung nicht weniger derselben, in welchen er in der ersten Person spricht, auf ihn selbst theils fraglich, theils geradezu unzulässig ist. Ueberdies hat er in seinen Gedichten mehr Gelegenheit gehabt, seine Schwächen und Blössen als seine guten und liebenswürdigen Eigenschaften zu zeigen. Legt man bei seiner Beurtheilung den Massstab seiner Zeit an und zieht ausserdem seine missliche Lage in Betracht, so erscheinen seine Schwächen bis auf einen gewissen Grad entschuldbar. Nur eine starke und durchaus edle Natur hätte sich in einer Lage wie die seinige vor Erniedrigung bewahren können: eine solche war er allerdings nicht. In

---

[1] Die 3 ersten Bücher des Plinius enthalten Briefe aus d. J. 97 bis 104. Asbach, Chronologie von Plinius' Briefen, N. Rhein. Mus. N. F. XXXVI (1881) S. 38—49.

seinen Schmeicheleien gegen Domitian und dessen Höflinge hat er das Mass des Erforderten kaum überschritten, er geht darin kaum weiter als z. B. Quintilian. Wollte er seine Beziehungen zum Hof nicht ganz aufgeben, so konnte er dem die Poesie beschützenden, ihm persönlich gnädigen Kaiser nicht in andern Formen huldigen, als er that. Welchen Ton Domitian verlangte, ergiebt sich aus seinem Befehl an seine Beamten, ihn in ihren Erlassen »unser Gott und Herr« zu nennen. Auch galt es damals durchaus nicht für unanständig, wenn ein Dichter von der Freigebigkeit der Grossen und Reichen lebte, die er ansang oder verherrlichte. Die laxe Toleranz gegenüber der Schlechtigkeit, die M. namentlich in der Wahl des Regulus zu seinem Gönner zeigt, war wol in jener Zeit sehr verbreitet. Die Unumwundenheit freilich, mit der er den Zweck seiner panegyrischen Gedichte eingesteht (V 36), hat etwas cynisches, sein unaufhörliches Bitten und Betteln etwas würdeloses. Auch in der Verwerthung seines Talentes zur Unterhaltung machte M. dem Geschmack seines Publikums zu grosse Zugeständnisse. Dass er auf Bestellung oder über gegebene Themata Gedichte lieferte, soviel man wollte (XI 42), war ihm nicht zu verdenken. Aber dass er selbst fürchtete, durch die Menge obscöner Gedichte, die freilich den lustigen Gästen bei den Trinkgelagen der Saturnalien (V 16 II 1,9 II 6,8) wie den meisten Lesern überhaupt, am besten mundeten) die damals sehr weit gezogene Grenze des Erlaubten überschritten zu haben, zeigen seine wiederholten Beschönigungsversuche, z. B. praef. I. I 1,8). Doch der Vorwurf, dass er vorzugsweise die schmutzige Seite des damaligen römischen Lebens ins Auge gefasst habe (Teuffel RLG[1] 322,6), ist sehr ungerecht. Von den 1172 Epigrammen, welche die ersten 12 Bücher enthalten, sind in der Ausgabe in usum Delphini von Collesso (1701) nur 150 als anstössig ausgemerzt.

Zu M.'s guten und liebenswürdigen Seiten gehörte vor

allem der ihm von Plin. epp. III 21 nachgerühmte candor,
d. h. seine Gutmüthigkeit und sein natürliches Wohlwollen.
Sein Witz war niemals giftig, die Absicht zu verletzen lag
ihm fern. Ebenso frei wie von Animosität war er von Ver-
kleinerungssucht und Neid, er hielt den für beklagenswerth,
welchem die Fähigkeit des Anerkennens versagt war (V 28,9).
Er wollte nicht anders sein als er war (X 47,12). Anmassung
und Heuchelei war ihm ebenso fremd als Pedanterie und
Affectation. Er liebte Kinder (V 34; 37) und war ein gütiger
Herr seiner Sklaven (I 101). Er hatte (wie bemerkt) eine
starke Anhänglichkeit an die Heimat, eine lebhafte Em-
pfänglichkeit für die Schönheit der ungekünstelten Natur
(vgl. z. B. III 58). Er war ein warmer und treuer Freund,
wie er sich besonders gegenüber Quintus Ovidius und Julius Martialis (zu I 15) zeigt. Als Dichter war er von seltener Bescheidenheit. Er entschloss sich zur Herausgabe seiner
Epigramme erst, als er durch ihre in Rom verbreiteten Abschriften bereits ein berühmter Mann war (Sellar Extracts
from Martial p. XXIV—XXX).

Martials Gedichte. Als M. eine Sammlung von Gedichten über die Schauspiele im Amphitheater im Jahr 80, und auch, als er die beiden
Sammlungen von Aufschriften für Saturnaliengeschenke im December 84.85 veröffentlichte (welche letztere bei dem bekannten Verleger Trypho erschienen [XIII 3]), dachte er an eine
Herausgabe seiner Epigramme noch nicht. Zu dieser schritt
er erst etwa im Jahr 86, und erst von hier ab hat er seine
Bücher mit Zahlen versehn (II 93 V 2,5 V 15,1 VI 1 VIII
praef. VIII 3,1). Wie es scheint, erschienen die beiden
ersten Bücher zugleich im Jahr 86; dann folgten die Bücher III—XI in Intervallen von etwa je einem Jahr bis
December 96; Buch XII erschien zu Anfang des Jahres 102,
und bald darauf in einer vermehrten Ausgabe. Mindestens
die ersten vier waren bei Trypho zu haben (IV 72), ausserdem das erste in Rollenform (und eleganter Ausstattung) bei
Atrectus (I 117), als Pergamentbuch (zur Reiselectüre) bei

Secundus (I 2 ¹). Eine Ausgabe der sämmtlichen 12 Bücher erschien wol erst nach M.'s Tode, und dieser wurden die Spectacula, sowie die Xenia und Apophoreta einverleibt. Die Buchzahlen der beiden letzteren XIII und XIV rühren aber nicht aus dem Alterthum her²). In F steht am Schluss von XII: Finis libelli. M. V. M. epigrammaton liber XII et ultimus explicit. Emendavi Torquatus Gennadius. M. Valerii Martialis Xenia incipit. Am Schluss von XIII: Xenia explicit incipit apophoreta. In T steht vor XIII MARCIALIS EXENIAM: am Schluss: M. VALERI AMARCIAL. XENIA. INCIPIT APOPHORETA FELICITER. Am Schluss von XIV hat T: M. Valeri Marcialis apophoreta explicit (ebenso F, mit dem Zusatz Torquatus Gennadius emendavit). In P ist zwischen XIII und XIV kein Zwischenraum, und weder eine Unter- noch eine Ueberschrift. In N steht vor XIII: In libro qui dicitur exenia: vor XIV Apophoreta. Im Eporediensis vor XIII: Inc. xenia Martialis poetae cocique Xenia cordilis et penula Schn.² p. X. Wenn Q am Schluss der Apophoreta die Unterschrift hat: M. V. Martialis Coci epigrammaton liber XIII explicit et ultimus, so ist hierin ebensowol eine von dem Schreiber herrührende vermeintliche Berichtigung zu erkennen, als in der Ueberschrift der Spectacula: Epigrammaton M. Valerii Julii Martialis Li. I^{us} incipit. Buch I hat in Q keine Ueberschrift, die Bücher II—XII sind mit den richtigen Zahlen bezeichnet. Am Ende von XII steht: M. V. Martialis epigrammaton li. XII explicit. Incipit Xenenia (so faeliciter. Die Apophoreta haben keine Ueberschrift.

Als Dichter ist M. bereits von der Mitwelt nach Gebühr gewürdigt worden. Der Verleger Q. Pollius Valerianus würde

---

¹ L. Haenny, Schriftsteller und Buchhändler in Rom. Halle 1884, Zürcher Dissertation S. 69 hält Atrectus und Secundus für Sortimentsbuchhändler, die von Trypho, dem Verleger, Specialartikel und zwar wohl auf Commission bezogen.

²) Ich habe sie nur beibehalten, um das Citiren nicht zu erschweren.

M.'s Jugendgedichte nicht herausgegeben haben I 113)[1], wenn das Publicum nicht schon im J. 86 nach allem verlangt hätte, was er geschrieben hatte. Schon damals war er in der ganzen Welt bekannt und wurde überall mit Begierde gelesen, schon damals hatte ihm die Mitwelt mehr Ruhm gewährt, als den meisten Dichtern nach ihrem Tode zu Theil wurde I 1). Nicht bloss ganz Rom „lobte, liebte und sang" seine Gedichte (V 16 VI 61), sondern man las sie auch in den Provinzen und in den Lagern: so in Vienna VII 88), in Vindelicien (IX 84,5), an der Donau und in Brittannien XI 3. Sein Ruhm konnte, wie er im Jahr 93 sagt, nicht mehr wachsen, seine Bücher waren in aller Händen. Wenn einst die marmornen Denkmale des Messala und Licinus in Staub zerfallen sein würden, würde man seine Gedichte noch lesen und unzählige Fremde sie aus Rom mit sich in ihr Vaterland nehmen (VIII 3,3 X 2,9). Der j. Plinius schrieb unmittelbar nach seinem Tode: „er war ein Mann von Talent, Geist und Schärfe, der in seinen Schriften sehr viel Witz und Galle hatte, und nicht weniger Harmlosigkeit." (Epp. III 21).

Urtheil der Nachwelt.
Die Nachwelt hat das Urtheil der Mitwelt vollauf bestätigt. Sie erkennt in M. den grössten Meister des Epigramms, der in der Litteratur aller Zeiten und Völker nicht seines Gleichen hat. Er ist nicht bloss, wie Lessing sagt VIII 469), »der erste, der das Epigramm als eine eigene Gattung bearbeitet und dieser Gattung sich ganz gewidmet hat«: »er ist auch noch bis jetzt der erste dem Werthe nach geblieben. Nur wenige haben so viele Sinngedichte gemacht als er, und Niemand unter so vielen so gute und so vortreffliche.« Was M. von seinem ersten Buch allzu bescheiden sagt (I 16): Sunt bona, sunt quaedam mediocria, sunt mala multa (vgl. VII 81), davon gilt gerade das Gegentheil

---

[1] Wenn dies, wie Haenny a. a. O. S. 69 annimmt, schon vor Jahren geschehn war, wurden die vergessenen Gedichte jetzt neu aufgelegt.

für seine ganze Sammlung. In ihrer ganz überwiegenden Mehrzahl sind seine Epigramme gut oder vortrefflich, die mittelmässigen und schlechten nicht schwer zu zählen. Und dies will um so mehr sagen, da es fast 1200 sind. Mit Recht bemerkt M. selbst (VII 85): einige hübsche Epigramme schreiben, sei leicht, ein ganzes Buch schwer.

M. gehört zu den sehr wenigen originalen Dichtern, welche die römische Litteratur aufzuweisen hat, wenn er auch immerhin eine Anzahl von Motiven älteren, besonders griechischen Epigrammatikern entlehnt haben mag. Doch wo sich diese Entlehnungen aus Epigrammen des unter Nero lebenden Lucillius nachweisen lassen, hat M. entweder das entlehnte durch eine ganz andere und glücklichere Behandlung zu seinem Eigenthum gemacht, oder seinen Vorgänger durch Eleganz der Form oder Witz übertroffen.[1] Er ist einzig in der wahrhaft sprudelnden Fülle seines Witzes, in seinem nie versagenden Talent, immer neue glückliche

<small>Martials Originalität und Meisterschaft.</small>

---

[1] Auf die Uebereinstimmung mehrerer Epigramme Martials mit denen des Lucillius haben schon die älteren Herausgeber aufmerksam gemacht. Diesen setzte Fabricius ins 4te, Lessing VIII 517 ins 2te Jahrhundert. Doch wenn er nach cod. Vat. und Med. Verfasser des dem Leonidas Tarent. zugeschriebenen Epigramms 23 Anth. Gr. T. II p. 194 ist, in welchem Nero angeredet wird, hat er unter diesem in Rom. gelebt (Jacobs Animadv. ad Anthol. Gr. IX p. 98). Die Uebereinstimmung von vier oder fünf Epigrammen Martials mit denen des Lucillius ist nun von der Art, dass sie als eine zufällige nicht betrachtet werden kann: IV 53 Lucill. 30; V 53 L. 93; VI 19 L. 84; VI 53 L. 37; XII 23 L. 34 die Epigramme des Lucillius sind in meinen Anmerkungen zu den betreffenden Stellen sämmtlich angeführt. Ist aber M. in diesen Epigrammen von Lucillius abhängig, so wird er auch da, wo er dieselben Gegenstände wie jener gewählt, aber anders behandelt hat, zu seiner Wahl durch die Epigramme des griechischen Dichters bestimmt worden sein: M. II 37 L. 22 und 24 (Gast, der im Mitnehmen von Speisen unverschämt ist) M. III 50 L. 72 (Gastgeber, der bei Tisch seine Verse vorliest) M. V 21 und 54 L. 85 und 86 (unfähiger Rhetor) M. VI 93 L. 88 und 89 (Hyperbeln auf den übeln Geruch einer Frau) M. IX 27 L. 6 (lasterhafter Heuchler von Sittenstrenge) M. XI 18 L. 70 (lächerlich kleines Landgut) M. XI 84 L. 92 (ungeschickter Barbier).

Motive und immer neue Wendungen zu ihrer Gestaltung zu finden, vor allem in der Meisterschaft, mit welcher er in seinen Epigrammen die Erwartung des Lesers erregt, erhält und spannt, um ihn am Schluss um so wirksamer zu überraschen. Dazu kommt ein sicherer und reiner Geschmack und die Fähigkeit, die verschiedensten Tonarten anzuschlagen: seine schwungvollen und sentimentalen Gedichte sind kaum minder gelungen als die witzigen. Diese letztere Eigenschaft, verbunden mit einer spielenden Leichtigkeit in der Behandlung der Form befähigte ihn ganz vorzugsweise zur Improvisation, aus welcher ohne Zweifel ein nicht geringer Theil seiner Gedichte hervorgegangen ist. Dafür spricht auch die Nachlässigkeit, ja Incorrectheit des Ausdrucks, die sich bei ihm verhältnissmässig oft findet, und die bei einem Dichter, der die Form so völlig beherrschte und auf ihre Vollendung offenbar grossen Werth legte, sich nur daraus erklärt, dass er die dazu erforderliche Zeit sich nicht immer nehmen konnte und wollte.[1]) Auch die bei M. so stark wie kaum bei einem andern Dichter hervortretende Neigung zur Selbstwiederholung mag z. T. daher rühren, dass es ihm bei der Improvisation bequemer war, fertige Phrasen und Ausdrücke zu brauchen als neue zu suchen.[2])

Improvisation. Häufige Nachlässigkeit im Ausdruck.

[1] Beispiele einige bereits von Gilbert Ad Martialem quaest. criticae 1883 p. 3 sq. angeführt, sämmtlich aus den späteren Büchern: VII 61,2 Inque suo nullum limine limen erat. VII 89, J felix rosa — cinge comas — quas tu nectere candidas, sed olim — memento. IX 103,5 Therapnaeis — Amyclis. X 2,1 Festinata prior decimi mihi cura libelli Elapsum manibus nunc revocavit opus. X 4,8 Hoc lege, quod possit dicere vita »Meum est«. X 24,4 Quinquagesima liba septimamque — acerram. X 93,5 Ut rosa delectat, metitur quae pollice primo. XII 3,1 Ad populos mitti qui nuper ab urbe solebas, Ibis, io, Romam nunc peregrine liber. XII 34,5 sq. calculus omnis — diversus bicolorque. XII 68,1 Matutine cliens, urbis mihi causa relictae. — Irrthümer oder Versehen (Gilbert p. 4,3): IV 55,3 Arpi als Ciceros Geburtsort. V 30,2. VIII 18,5. XII 94,5 Calabrien statt Apulien als Heimath des Horaz. XIV 193 Nemesis statt Delia. Vgl. zu VIII 52,3 Drusorum.

[2] Auf die Angaben der Selbstwiederholungen habe ich beson-

Kein Schriftsteller oder Dichter der nachaugusteischen Zeit ist so frei von rhetorischem Pathos, von Declamation und Phrase, und sein Widerwille gegen den Schwulst und Bombast der hochgepriesenen Epen des Statius war in seiner innersten Natur begründet. Er durfte von sich sagen, ihn müsse lesen, wer sich selbst, wer seine Zeit verstehn wolle, er greife ins volle Menschenleben, er schaffe zwar nur kleine Figuren, aber sie seien lebendig (VIII 3 IX 50 X 4). In der That behandelte M. nur Dinge, die er vollkommen verstand (Sellar p. XXXIX), er war ein trefflicher Beobachter, er lebte mitten in dem unendlich mannigfaltigen Treiben der Weltstadt, er war in ihren verschiedensten Kreisen heimisch, und die in buntem Wechsel an ihm vorüberziehenden Erscheinungen des römischen Lebens spiegeln sich in seinen Epigrammen treu und scharf wie in Augenblicksbildern ab. »Wenige Sitten- und Charactermaler, die mit einem so scharfen Gefühl für das Lächerliche begabt waren wie M., haben so wenig karrikirt als er« (Sellar Extracts p. VII). Martial als Sittenmaler.

Obwohl M. wahrscheinlich immer wirkliche, und zwar lebende Repräsentanten der von ihm verspotteten und gerügten Laster und Thorheiten im Auge hatte, hat er sie doch, seinen wiederholten Versicherungen gemäss (I praef.; vgl. II 23 IX 95^b X 33), nie mit ihren wirklichen, sondern stets mit erdichteten oder willkürlich beigelegten Namen genannt: und da ihm für die Wahl solcher Namen vorzugsweise das Bedürfniss des Verses oder der Wohlklang, nur sehr selten die Bedeutung[1] massgebend war, hat er auch Gebrauch fingirter und willkürlich gewählter Namen in den Epigrammen.

---

dere Sorgfalt verwendet, dennoch werden sie gewiss nicht vollständig sein.

[1] Vetustilla III 93 ein altes Weib, desgleichen Vetustina II 28,4; Dento ein Fresser V 45,2; Eulogus ein praeco VI 8,5; wol auch Aeschylus IX 4 und 67 ein unnatürlichen Lastern ergebener Mensch, und vielleicht Philomusus ein unterhaltender Gesellschafter VII 76 IX 35; Entrapelus VII 83 ein langsamer Barbier wol κατ' ἀντίφρασιν. Vgl. auch Sotades VI 26. Manche Namen sind einmal als bezeichnende gebraucht, ein anderes Mal nicht. Cotilus ein Geck II 63, dagegen

unbedenklich dieselben Namen zur Bezeichnung der verschiedensten Personen und Typen gebraucht[1]. Nur äusserst wenige Namen bezeichnen immer dieselbe Person oder Gattung (oder nahverwandte Gattungen), und diese kommen meist in Epigrammen ein und desselben Buches vor, welche also — als Variation desselben Themas — gleichzeitig verfasst sein werden. So bezeichnet Fidentinus nur den Plagiator (I 29; 38; 53; 72). Baeticus nur einen fellator (III 77 und 81. Auch die beiden Epigramme auf die langweiligen Gedichte des Cosconius (II 77 III 69) können gleichzeitig verfasst, und das zweite nur später publicirt sein. XI 24 ist Labullus ein anspruchsvoller, XII 36 ein karger Patron. Warum Coracinus sich parfümirt (VI 55), ergiebt sich aus IV 43. Beide Namen kommen sonst nicht vor. Galla braucht M. in Epigrammen verwandten Inhalts (II 25 III 45 IV 38 III 90,1 X 75,1); sonst oft in obscönen, die jedoch sehr verschiedener Natur sind. Zoilus ist der unverschämte, mit seinem Reichthum prahlende Freigelassne II 16; 19; 42; 58; 81 III 29; 82 V 79 VI 91 XI 12; 37. Doch IV 77 ist Zoilus ein Neidischer, XI 54 ein ehemaliger Sklav, der Scheiterhaufen bestiehlt, XI 92 ein lasterhafter Mensch, XII 54 zugleich von abstossendem Äussern, XI 30 ein fellator, XI 85 ein cunnilingus. Phoebus ist ein unnatürlichen Lastern ergebener Mensch I 58 III 73 IX 63; an den übrigen Stellen ist der Name stets anders gebraucht: als wirklicher Name (eines damaligen Wucherers II 44,8 VI 20 IX 92,7 und 102. Lycoris eine Person von dunkler Hautfarbe I 72 IV 62 VII 13; sonst anders. Candidus ein anspruchsvoller und karger Freund II 24 und 43 III 46, doch

---

II 70 ein irrumatus; Pannychus ein Mensch, der unter einem aszetischen Aeusseren Weichlichkeit und Ausschweifung verbirgt II 36 IX 47; dagegen ein pragmaticus XII 67; nur zur Füllung des Verses dient der Name VI 67.

[1] Vgl. Giese De personis a Martiale commemoratis. Gryphisw. 1872.

III 26 anders. Posthumus ein durch seine Küsse lästiger Mensch II 10; 21; 23, sonst anders und verschieden. Bithynicus II 26 und IX 9 ein Erbschleicher, sonst anders. Bassa eine übel riechende Person IV 4 und IV 87, sonst noch 4 Mal und immer verschieden. Charidemus VI 56 und 81 ein cunnilingus, sonst anders; als wirklicher Name (eines Verbrechers) I 43. Umber ist VII 53 und XII 81 ein Mann, der an den Saturnalien armselige Geschenke macht, doch VII 90 ein schlechter Dichter. Vacerra ein armer Mann XI 66; 77 XII 32, doch VIII 69 ein Bewunderer der verstorbenen Dichter u. s. w.[1] Viele Namen sind jedesmal für eine andere Person oder Gattung gebraucht oder doch in den meisten Fällen. So heisst Matho IV 79 VIII 10,3 ein reicher Mann. VIII 42 XI 68 ein armer Client. Naevolus I 97 ein ungeschickter Advocat, II 46 ein Mann mit einer reichen Garderobe, der gegen seine Freunde karg ist. III 71 ein Cinäde; und beide Namen kommen noch öfter vor (jener VI 33 VII 90 X 46, dieser III 95 IV 93), ohne dass sich die Identität eines dieser Matho und Naevolus mit einer der gleichnamigen deutlicher bezeichneten Personen ergäbe.

M. hat einigemal auch Namen bekannter Männer aus früherer Zeit zur Benennung von Personen gewählt, die irgend wie an jene erinnerten. So heisst ein gewaltthätiger kaiserlicher Freigelassener II 32,3 Patrobas mit offenbarer Reminiscenz an den bekannten Freigelassenen Neros Patrobius (SG I 79,6); ein bettelarmer Stoiker XI 57 Chaeremon, weil dies der Name des als Lehrer Neros allgemein bekannten Stoikers war: vgl. über den Namen Cerylus zu I 67.

---

[1] Die Wiederholung des sonst nicht vorkommenden Namens Garricus IX 48 XI 105 scheint dadurch herbeigeführt zu sein, dass in beiden Gedichten das Wort quadrans vorkommt: die Wiederholung des sonst anders gebrauchten Namens Papilus VI 36 und VII 94 dadurch, dass in beiden olfacere vorkommt: die Wahl des Namens Sabellus VII 85 XII 39 dadurch, dass Sabelle hier wie dort mit belle verbunden werden sollte.

Martials Ausdruck durchaus abhängig von dem der früheren Dichter.

So original M. in der Erfindung wie in der Gestaltung seiner Stoffe ist, so wenig ist er es im poetischen Ausdruck, auch wollte er es hier nicht, ja konnte es nicht einmal sein. Auch für den poetischen Ausdruck war vor allem die Autorität der augusteischen, grossentheils in den Schulen gelesenen und dadurch den späteren Generationen tief eingeprägten Dichter massgebend. Nicht bloss die von ihnen geschaffene Sprache blieb im wesentlichen die Sprache der Dichter des nächsten ganzen Jahrhunderts, sondern auch die Formen, Wendungen und Phrasen, Versanfänge und Versschlüsse, selbst halbe oder ganze Verse jener Dichter kehren bei den folgenden mit oder ohne Modificationen fortwährend wieder. Nichts ist so characteristisch für die epigonische Poesie der frühern Kaiserzeit als die Häufigkeit der Nachahmungen, Wiederholungen, Anklänge und Reminiscenzen jeder Art, für die keine Litteratur ein Analogon bietet.

Nachahmung Catulls —

Doch für die Hendekasyllaben und Choliamben war M.'s Vorbild vor Allen Catull[1]). Nächst und neben Catull genannt zu werden war sein höchstes Streben. Er hoffte, dass seine Vaterstadt Bilbilis auf ihn ebenso stolz sein werde wie Verona auf jenen (X 103,5). Keinen andern Dichter nennt er so oft und mit so vielem Lobe; auf Catulls berühmteste Gedichte wie den Sperling und die Küsse der Lesbia spielt er immer wieder an (Paukstadt p. 2 bis 8). Catulls Ausdrücke und Wendungen, die ihm stets gegenwärtig waren, braucht er mit Vorliebe (p. 8 bis 24). Manche Gewohnheiten hat er von ihm angenommen, namentlich seine Art, dieselben Worte und Phrasen zu wiederholen, sowol bei der Bestätigung wie bei der Widerrufung des Gesagten p. 24 bis 28). Auch in der Wortstellung und in gewissen Symmetrieen derselben, in dem Beginnen und Schliessen aufeinanderfolgender Verse mit demselben Wort, in der Wiederholung des Anfangsverses am Schluss des Gedichts, in der

---

[1] Paukstadt, de Martiale Catulli imitatore. Halis 1876.

Composition, namentlich in der symmetrischen Gliederung
der Gedichte in Abschnitte von gleicher Zahl der Verse und
übereinstimmendem Ausdruck und Satzbau hat M. Catull
vielfach nachgeahmt (Paukstadt p. 31 bis 34).

Im elegischen Distichon schliesst sich M. zunächst an — und
den grössten Meister dieser Form, Ovid, an. Ihm ist er in Ovids.
der Unerschöpflichkeit des Reichthums an Motiven und Wendungen, in der Fülle, Zierlichkeit und Glätte des Ausdrucks,
in der Eleganz des Versbaus, auch in der Neigung zur
Selbstwiederholung, sowol der stofflichen als der formellen,
verwandt[1]). Auch von ihm hat er Phrasen, Verstheile und
ganze Verse sowol bei ähnlichen als bei verschiedenen An-
lässen überaus häufig und mit sichtlicher Vorliebe benutzt,
und zwar im letztern Fall auch mit der Absicht, eine über-
raschende Wirkung hervorzubringen. Ovids Phraseologie lag
ihm im elegischen Distichon ebenso nahe, wie die Catulls
in den Hendekasyllaben. Er hat sich auch gewisse Lieb-
lingsmittel der Ovidischen Versification angeeignet, und zwar
noch mehr im Hexameter als im Pentameter Zingerle a. a. O.
p. 12 ff.; vgl. denselben, Zu spätern lateinischen Dichtern
Heft II S. 35 ff.) An mehr als 200 Stellen haben Zingerle
und andre bei M. Anklänge und Reminiscenzen an Ovid
nachgewiesen, von denen ein Theil gewiss unbewusst war.
Uebrigens ist besonders die Einwirkung der spätern Ovidischen Dichtungen auf ihn gross gewesen (Zingerle, M.'s
Ovidstudien p. 35 bis 38).

Nächst Ovid und Catull ist es in erster Linie Virgil[2])
aus dem M. Phrasen, Wendungen, Versschlüsse und Anfänge
theils absichtlich, theils unwillkürlich entlehnt hat (Wagner

---

[1] Anton Zingerle, M.'s Ovidstudien, Innsbruck 1877. Nachträge
von Polle Neue Jahrb. f. Philol. 1878 S. 635 und Wagner de M. poetarum Augusteae aetatis imitatore p. 46 bis 48.

[2] Ernestus Wagner, D. M. Valerio Martiale poett. Aug. aet. imit.
Regim. 1880. Nachträge in den Anzeigen von HNohl, Philol. Rundsch.
I 632—634 und KSchenkl Dtsche Lit.-Ztg. 1881 Nr. 21 p. 848.

p. 3 bis 17) und ausserdem ganz besonders die Priapeia (p. 35 bis 42); ferner Horaz (p. 17 bis 25); weniger Tibull und Properz (p. 25 bis 35). Da M. doch ohne Zweifel auch aus den von ihm so häufig als Vorbild und Muster genannten Epigrammen des Domitius Marsus, Gaetulicus, Calvus u. A. entlehnt haben wird, und vielleicht nicht wenig, können wir den Grad der Abhängigkeit seiner Ausdrucksweise von der der Frühern nur unvollständig übersehn. Dagegen finden sich bei M. schlagende, auf directe und bewusste Entlehnung weisende Anklänge an seine beiden vornehmen Gönner Lucan und Silius keineswegs häufig (A. Zingerle, zu Lucan, Silius, Martial, Zu spätern lat. Dichtern Heft 2 S. 12 bis 40).[1]

II. Martials Versbau.

Selten angewendete Versmasse. Die Versmasse, in denen M. gedichtet hat, sind (ausser einigen selten vorkommenden) der Scazon, das elegische Distichon und der phaläceische Hendecasyllabus. Die beiden letzteren bezeichnet er selbst (X 9 undenis pedibusque syllabisque) als die von ihm vorzugsweise angewendeten. In der That herrschen sie, mit einander abwechselnd, in

---

[1] Die Verbindungen, Ausdrücke und Wendungen Martials, die bereits bei Frühern vorkommen, sind ebenso wie die Anklänge und Reminiscenzen bei Spätern an Martial, von Dr. E. Wagner unter dem Text angegeben. Abgesehen davon, dass M. sich dabei ohne Zweifel der Entlehnung nicht immer bewusst war, hat er auch sicherlich gar manche der bei ihm und den frühern gleichlautenden Phrasen in der That nicht von diesen entlehnt, sondern sie gehörten zu dem allgemein benutzten Vorrath der Dichtersprache, und wurden auch von M.'s Vorgängern als übliche bereits vorgefunden und angewendet. Der Zweck dieser Angaben bei denen kein Einsichtiger absolute Vollständigkeit erwarten wird kann also in erster Linie nur sein, zu zeigen (so weit dies mit unsern Mitteln möglich ist), in wie weit M.'s Ausdruck nicht original war.

seinen Büchern vor, das Distichon ist das häufigere. Nur
4 Mal hat M. den reinen Hexameter verwendet (I 53 VI 64
II 73 VII 93 bestehen aus je einer Zeile) und hält für
nöthig, sich deshalb zu rechtfertigen (VI 65). Den blossen
jambischen Senar hat er nur 2 Mal VI 12 XI 77; etwas
häufiger epodisch mit dem Dimeter verbunden I 49 III 14
IX 77 XI 59; einmal den Choliambus mit dem Dimeter
I 61 [1]. Der Sotadeus erscheint nur III 29 in der üblich-
sten auch bei Petron allein vorkommenden Form, wo der
Ditrochaeus nur im 3. Fusse, nicht im 1. und 2. zugelassen wird:

$$-\,-\,\smile\,\smile\,-\,-\,\smile\,\smile\,-\quad -\,\smile\,-\,\overset{\smile}{-}$$ (Mueller, r. m. p. 164).

Der **Scazon**[2]) ist bei M. selten rein, hat vielmehr, wie
bei den Römern und Griechen überhaupt, meist im ersten
oder dritten Fusse den Spondeus oder wie I 1,1 in beiden,
doch nie im fünften, wo die Griechen ihn zulassen. Der
Daktylus ist häufig im ersten und dritten Fuss, in beiden
zugleich nur V 37,5

Nec modo politum pecudis Indicae dentem.

Der Anapäst kommt nur im ersten Fuss vor, wie bei
Babrius (obwohl ihn M. im jambischen Dimeter auch im
dritten Fuss hat I 19, 12

---

[1] »Während M. sonst in der Reinheit und Eleganz seiner Senare
dem Seneca und Petron nahe steht, hat er nicht verschmäht, häufig
da, wo der Senar mit einem kretischen Worte abschliesst, diesem ein
Wort im Werthe von vier Moren oder mehr ohne Synalöphe vorausgehen zu lassen, wie I 49,1

Vir Celtiberis non tacende | gentibus vgl. noch ebenda Vers 3; 21,
39 und III 14, 1 und 3 ; einen so schlaffen Vers hat sich Seneca nur
sehr selten, der Verfasser des Hercules Oetaeus und der Octavia nie
gestattet (vgl. Rhein. Mus. XXXIV 559 f.). Ein Senar indess, wie
ihn Scriverius VI 12,2 aus Handschriften herstellen zu dürfen glaubte:

Fabulla numquid Paule pejerat? nego — ist für M. so unmöglich
wie für Phaedrus und Seneca gewesen. Ein jambisches Schlusswort
erheischte voraufgehenden Spondeus.« Th. Birt.

[2] Lachmann Babrius p. XII sq. Guttmann Observationum in M.
V. M. particulae V Vratislav. 1866 p. 46 sq.

Cum fama quod satis est habet (falls M. nicht sat est schrieb, vgl. die Anm.) und 1 Mal im fünften des Trimeter I 19, 29

Vocabitur venator et veniet tibi I 19, 33 I 19, 41 XI 59, 1); zuweilen mit einem im dritten Fuss folgenden Daktylus z. B. I 66, 13: Aliena quisquis recitat et petit famam. Den Tribrachys hat M. sehr häufig im zweiten, dritten und vierten Fuss, am häufigsten im zweiten, im ersten nur 2 Mal, im Einleitungsepigramm des ersten Buches Vers 4: *An ideo tantum* und III 93, 12: *Et anatis habeas*; 2 Tribrachen hinter einander: III 93, 12 III 58, 32

Et delicatus opere fruitur eunuchus. Zuweilen wird der Tribrachys auch mit dem Anapäst und Daktylus verbunden I 89, 5 *Adeoque penitus* III 58, 29 *Exercet hilaris faciles*.

Von den Cäsuren wendet M. die von Aristophanes Ran. 1205 ff. als bei Euripides im Trimeter zu häufig getadelte Penthemimeres mit so grosser Vorliebe an, dass Verse, wo an dieser Stelle nicht diese Cäsur oder Wortschluss eintritt, zu den seltenen Ausnahmen gehören. Sehr häufig folgt auf die Penthemimeres ein einsilbiges Wort, selten geht ein solches vorher, und dann gewöhnlich zwei, wie V 37, 20 *deflere non te*.

Bei der (ohne vorausgehende Penthemimeres seltenen) Hephthemimeres fällt ein Wortschluss stets ans Ende der ersten Dipodie (wie I 77, 1—5 *Pulchre valet Charinus* etc.) ausser VI 74, 4 Mentitur Aesculane: non habet dentes. Einsilbige Wörter stehen am Schlusse des Choliambus nie, mit Ausnahme von *est* I 10, 3

Adeone pulchra est? immo foedius nil est.

Im **phaläceischen Hendekasyllabus**[1] hat M. statt der bei Catull wechselnden zweisilbigen Basis, welche den Späteren hart erschien (Plin. n. h. praef. 1), stets den Spondeus. Die Ersetzung des Daktylus durch den Spondeus (bei Catull

---

[1] Vgl. v. Leutsch Zu Catull, Philol. X 1855 S. 740 f.

c. 55) hat er sich nie erlaubt. Das Schema ist also durchaus: $-\cup-\cup\cup-\cup-\cup-\overline{\cup}$.

Sehr selten zerfällt der Vers in Wortfüsse wie V 20,9 Campus, porticus, umbra, virgo, thermae (was hier durch die Absicht gerechtfertigt ist, die Erfordernisse eines angenehmen Lebens Stück für Stück aufzuzählen). Auch Verse, die grösstentheils aus Wortfüssen bestehen wie II 6,11 Nullo crassior sit umbilico, sind selten. In der Regel ist der Rhythmus durch den Gegensatz von Wort- und Versaccent belebt, und erhält durch den Eintritt der Cäsur an verschiedenen Stellen Mannigfaltigkeit. Doch lässt M. auch mehrere Verse mit derselben Cäsur aufeinanderfolgen, wie I 109, 1—4. Am Anfange und Ende des Verses entsprechen sich (wie bei Catull) oft Substantiv und Adjektiv z. B. I 1,3 Argutis epigrammaton libellis I 82,4 Tectis nam modo Regulus sub illis, oder zwei zusammengehörige Wörter wie V 56,11 Praeconem facias vel architectum. Häufig ist der Chiasmus, wie VI 28,7 Velox ingenio, decore felix. Zuweilen steht dasselbe Wort in der Mitte 2 Mal mit oder ohne et: III 44,10 Et stanti legis et legis sedenti VII 76,4 Gestari iuvat et iuvat lavari; VIII 35,2 Uxor pessima pessimus maritus (Paukstadt De Martiale Catulli imitatore, p. 29—31).

Während Catull einige Mal den Vers mit einem einsilbigen Wort schliesst, dem ein mehr als einsilbiges vorausgeht (*brevis lux, tacet nox*, Catull. ed. Mueller, p. LXXI), geht bei M. dem einsilbigen Schlusswort stets ein ebenfalls einsilbiges voraus. Scheinbare Ausnahme macht nur das mit vorausgehendem Vokal oder m verschliffene *es* und *est*: I 106,10 *dormiendum est*. II 23 und II 70,4 *necesse est*. II 54,5 *malignusque est*. III 44,5 *periculosum est*. II 33 *calva es, rufa es, lusca es*. III 44,1 *poeta es*. Die übrigen Stellen sind: I 94,2 und II 41,5 *non es*. II 4,6 und X 65,12 *non est*. II 70,2 *haec est*. V 80,8 *hic est*. VIII 53, 1. 2 *vel sunt*. X 47,2 *haec sunt*. X 72,3 *non sum*. IV 89,5 *non sit*. I 86,13 und XII 75,4 *non volt*. VI 14,2 und XI 24,15 *non vis*. XI 24,14 *Sic fit*.

VII 17,3 *si quis.* XII 18,12 *quem tu.* IV 23,4 *de se.* VII 86,6 *a me.* X 72,1 und XII 30,1 *ad me.* XI 35,2 *ad te.* XII 97,10 *in jus.*

Elegisches Distichon. Von Th. Birt.

»Auch die Form **des elegischen Distichons** handhabt M. mit Meisterschaft.[1]) Freilich steht er, was zunächst den Pentameter angeht, in seinem Bau dem Ovid doch noch um vieles nach. Die Enge des Epigramms erforderte gerade hier eine Reihe von Licenzen. So ist das Gesetz, dass der Pentameter nur mit einem zweisilbigen Worte zu schliessen hat, von ihm unbedenklich und in allen Büchern übertreten[2]): wir finden sehr häufig und in allen Büchern gleichmässig vier- und fünfsilbige Wörter am Schluss, was bei Ovid als Nachlässigkeit erst in die Pontischen Briefe eindrang: ja sogar zweimal sechssilbige, wie *inimicitiae* V 50,2; vgl. XIV 201. Aber Martial geht noch weiter; auch dreisilbige, auch einsilbige Wörter werden zugelassen. Besonders geduldet sind zunächst die einsilbigen Formen des Verbum *esse*, die auch dem Ovid nicht ganz fremd sind; diese Formen sind enklitischer Natur und Versschlüsse wie *sat est* oder *seclus est* bei Ovid sollen wie ein Wort gelesen werden (vgl. De halieut p. 192, L. Mueller r. m. p. 225); so sind diese Formen denn auch bei Martial die häufigsten: I 29,1 *ne mea sint.* II 58,2 *sed mea sunt.* III 70,2 *ille vir est.* III 81,6 *ore vir es;* IV 7,6 *vir es;* V 61,2 *quis est;* 62,8 *minus est.* VII 51,6 *liber est.* 90,4 *malus est;* VIII 17,2

---

1) Die Abhandlung über das elegische Distichon des Martial verdanke ich Herrn Prof. **Th. Birt** in Marburg, welcher die Güte gehabt mir den Abdruck derselben zu gestatten. Ich habe nur einige Anm. in Hakenparenthesen hinzugefügt.

2) [Dem jambischen Schluss des Pentameter lässt M. (wie Ovid) häufig Ablative von Participien, besonders der Composita von eo vorausgehen *(adeunte conveniente cadente prohibente).* Zingerle Martials Ovidstudien S. 13 f. Auch die häufige Stellung des Vocativ's in der zweiten Hälfte des Pentameters zu I 16,2 ist hauptsächlich durch den jambischen Schluss bedingt].

quid est. IX 12,4 *quis est;* 47,8 *quod est;* 70,6 *quid est.* X 56,8 *quis est.* XII 54,2 *si bonus es.* Uebrigens hat sich Martial nicht nur auf die Formen des Verbum *esse* beschränkt, sondern vom siebenten Buche ab schliessen seine Pentameter auch folgendermassen: *iam tibi credit et hoc* VII 10,12; *filia grandis et hoc* VII 10,14. *nec dare vis* VII 75,2. *nec sine te* XII 47,2. *si vigilatur et hic* XII 68,6. Sonst noch *non amo te* I 32,2 Mueller r. m. 225.] In allen aufgezählten Fällen nun aber geht dem einsilbigen Schlusswort stets nur ein ein- oder zweisilbiges Wort vorauf, und ein solcher Versschluss wie der Catullische (76,8)

Aut facere haec a te dictaque *factaque sunt* ist dem Martial fremd geblieben. Denn mit Unrecht wird bei ihm X 46,8

Quidquid habent omnes accipe quo modo das
das *quo modo* als ein Wort gefasst. Ferner gilt als Regel, dass einem derartig zweigliedrigen Versschlusse wie *mea sunt* oder *minus est* stets wiederum nur ein einsilbiges Wort vorausgehen darf, eine Regel, deren einmalige Verletzung in XI 2,8 *liber meus est* besonders hart erscheint.

Noch übrig bleiben die Dreisilbner am Pentameterschlusse. Auch sie sind von Martial gegen die Ovidische Gewohnheit stets zugelassen worden. Gleichwohl gilt es auch hier zu unterscheiden. Von den Versen

Hanc spectare manum Porsena non potuit
und
Si quis adest iussae prosiliunt lacrimae
ist der erstere deshalb erträglicher, weil hier vor dem Schlussworte wiederum nur ein Monosyllabum steht und die vorletzte Vershebung dem Widerstreit zwischen Wortaccent und Versictus dadurch entzogen ist. Deshalb hat sich Martial zwar der ersteren Form in keinem seiner Bücher enthalten wollen (vgl. z. B. liber spectac. 26,8. I 21,6; 34,10; 46,4; 47,4; 57,4 II 16,2; 18,10; 24,6; 28,2 III 18 IV 5,6; 5,8 V 7,6; 9,4 VI 24,4; 23,2 VII 5,6 VIII 36,12 IX 54,8 X 25,6

XI 20,6 XII 11,12 XIII 3,8 XIV 215,2 : die zweite und schlechtere dagegen hat er in manchen Büchern mit Glück vermieden: sie kommt vor im liber spectac. 15,8; ferner I 33,2; 62,6; 79,4 II 32,6 III 63,10; 83,2 VI 51,4 VII 89,8 VIII 27,2 XI 20,4, dagegen scheint für sie ein Beispiel im vierten, fünften, neunten, zehnten, dreizehnten, vierzehnten Buche und auch im zwölften zu fehlen, falls wir XII 78 *satisfacere* als ein Wort lesen.[1]

Hiermit ist der erste technische Vorzug constatirt, dessen sich die Bücher XIII und XIV erfreuen. Sie theilen denselben indess mit noch mehreren anderen Büchern. Ein zweiter Vorzug kann gleich hinzugefügt werden, andere werden sich später ergeben. Buch XIII und XIV sind neben dem Liber spectaculorum die einzigen, welche des vorhin besprochenen Pentameterschlusses mittelst eines einsilbigen Wortes (*cir es*, *mea sunt* gänzlich entbehren. Dass aber diese Xenia und Apophoreta mit besonderer Sorgfalt vom Dichter behandelt sind, erklärt sich leicht: jedes Distichon steht ja hier für sich, fällt, einzeln betrachtet, auch mehr in das Ohr und muss darum tadelloser, vollkommener gebildet sein. Nur mit anderen aufgereiht ist eine schadhafte Perle für den Künstler verwendbar.

Die Beobachtung bestätigt sich, wenn wir nach der Anwendung der Synalöphe im Pentameter die Frage stellen. Der Pentameter ist vom Hexameter darin verschieden, dass er Verschleifungen leichter verwindet vor der Penthemimeres als nach derselben. In der ersten Vershälfte hat Martial deshalb auch unbedenklich verschliffen, sowohl kurze Vokale wie *atque aliter*, *Nobile et*, *Ponere aprum*, *bene olet*, *perque omnes*, *tibi habe* (vgl. liber spect. 66 I 43 II 12 III 10

---

[1] [M. schliesst den Pentameter oft mit einer Kürze. Gilbert p. 16; z. B. VIII 51,2 IX 100,2 XI 39,10 *tua*, XII 12,2 *bibe* XII 94,6 *nova* XIV 118,2 *aqua*. — III 37,3 *facere* oder *facile*, III 49,2 *bibere*, VI 36,2 *olfacere*, X 75,6 *accipere*, XII 78,2 *satisfacere*, XIV 126,2 *endromida*].

XIII 53 u. s. w., als auch lange Vokale und syllaba anceps wie *Risi ego, excusatum habeas, praedixi et. Emi hortos. Parcarum exoras, iaculo et. Maiorem Alciden* vgl. I 58 II 79 III 86 V 62.8 IX 17 IX 20,10 IX 64,6), sogar bei einsilbigem Worte wie *te excusaris* III 18.

Schon hier ist nun gleich hervorzuheben, dass in den Büchern XIII und XIV die Elision der langen Vokale fehlt (die kurzer Vokale ausser vor *est* steht auch XIV 1,12 und 94, vgl. XIII 126). Nehmen wir sodann aber die zweite Hälfte des Pentameters, so entbehren hier dieselben Bücher XIII und XIV sogar jeglicher Elision, ebenso aber auch das Buch V und das späteste XII hiebei ist natürlich wiederum von solchen Fällen wie *tibist* (XIV 217 am Versschluss abgesehen, derlei in allen Büchern steht: die Aphaerese des *es* findet sich übrigens an dieser Versstelle (ausser fatua es III 72,8 nur in der Verbindung *homo es*, nämlich I 107 IX 53 X 88.[1]

Ferner aber wird im Bereich der zweiten Hälfte des Pentameters die Synalöphe noch leichter innerhalb der ersten fünf Moren ertragen und sie ist hier darum häufiger, sowohl bei kurzem Vokal, wie *facta ita, crimine avaritiae, si bene olere, illa sine invidia, laedere et illa, arrigere ad vetulas, Sexte an ut, Marce ut ameris, hoc tibi ait, eruere ossa, accipere ut, res sibi habere, sic ego habere, se quoque uti, sive erit* vgl. spectac. 20 II 56 III 55; 65; 97 IV 5; 68 VI 11 VIII 27 IX 29; 68 X 41; 54 XI 20; 23), als auch bei syllaba anceps (denn hierfür sind auch die Endungen *-um, -em* zu nehmen), wie III 32 *nondum erit*, III 40 *immo ego*, IX 1 *si totidem addideris*, X 41 *dicam ego*, anscheinend nie dagegen bei eigentlicher Vokallänge. Sehr selten ist endlich aber die Härte einer Elision innerhalb der letzten fünf Moren des Pentameters zugelassen: hierfür lässt sich wohl nur anführen I 15 *vive hodie* und gar VII 73 *nus-*

---

[1] Die sonstigen Aphaeresen des es bei L. Mueller r. m. p. 303).

quam habitat.[1]) Könnte man nun betreffs des Verses II 93,1

Unum de titulo tollere iota potes

anfangs geschwankt haben, ob das *iota* zwei- oder dreisilbig zu lesen, d. h. ob hier eine orthoepische oder metrische Laxheit zu constatiren sei, so wird man sich nach dem Gesagten unbedenklich für die letztere entscheiden.[2]

Noch erübrigt die Frage nach der spondeischen Bildung der ersten zwei Füsse des Pentameters wie

Contentus nostra si potes esse toga.

Sofern diese Bildung schwerfälliger als die daktylische ist, kann ihre Häufigkeit für die Gewandtheit und Eleganz des Dichters als Gradmesser betrachtet werden. Eine Stichprobe aber wird hierfür genügen. Sie ergiebt, dass Martial den Catull allerdings leicht überbietet, dem Ovid dagegen bei weitem nachsteht. Denn solcher schwerfälliger Verse finden sich im ersten Martialbuch 43, d. h. einer unter je 5^6; Pentametern, im zweiten 35, d. i. einer unter je $5^1/_4$, im dritten 29, d. i. einer unter je $7^1/_4$, im neunten 39, d. i. einer unter je 9; im liber spectac. 18, d. i. einer unter 6. Wenn wir dagegen Ovids erste vierzehn Heroiden vergleichen, so bieten sie 72 Beispiele, das ist eines in je 13 oder 14; der unovidische Sapphobrief hat sogar eines nur in je 27 oder 28; dagegen allerdings die gleichfalls herrenlosen Heroid. XV und XVI eines in je 6 vgl. Rhein. Mus. XXXII S. 390).[3]

Es sei hinzugefügt, dass ein spondiacus wie der folgende: Signat | vicina quartas ab urbe lapis, d. h. ein sol-

---

[1] (Vgl. Mueller r. m. p. 300).

[2] (L. Mueller r. m. p. 301: Quasi corruptae vetustatis specimen irridetur a Martiali illud XI 90,1): Lucili Columella hic situ' Metrophanes).

[3] Die Beispiele aus Martial B. I sind: 4,8; 12,4; 15,6; 18,2: 4; 20,2: 4; 21,2: 8; 23,2; 25,2: 31,4; 32,2; 34,8; 42,6; 43,8; 10; 14; 50,2, 51,4; 55,6; 62,4; 65,2: 4; 67,2; 68,2; 70,4: 16; 73,2; 75,2; 78,6; 83,2; 87,2: 4; 97,2; 107,4: 6; 108,6: 8; 111,4.

eher, dessen erster Fuss durch ein spondeisches Wort ausgefüllt und so vom Folgenden durch unrythmische Cäsur isolirt ist, gleichfalls bei Martial, wenn schon nicht häufig, doch keineswegs vermieden ist: Buch I hat dafür drei Beispiele (d. i. eines in 84), II hat fünf eines in $37^2/_3$), III fünf (eines in 42), IX sechs eines in $58^1/_2$', der liber spectac. drei eines in 36)[1]. dagegen die genannten vierzehn Heroiden Ovids haben nur zehn Beispiele, d. i. eines in 97.

Es erübrigt der Hexameter. Insbesondere in seiner Handhabung zeigt sich uns Martial auf der Höhe seiner Zeit: denn ohne doch dem Extrem eines monotonen Purismus anheim zu fallen, erscheint seine Form rein und ausgefeilt. Nehmen wir zunächst die Synalöphe, so ist sie keineswegs wie bei Calpurnius und seines Gleichen gänzlich beseitigt, aber doch eingeschränkt, gemildert und mit Wahl behandelt. Bei ihrer Besprechung ist wiederum von der Aphaerese des est und es abzusehen, das letztere z. B. in *homo es* I 67 und XI 56,7; vgl. ferner I 90,9 II 28,3 u. 5. III 63,1 IX 60,1 XI 19,1; 99,3; auch dreimaliges *neque enim* I 92,10 VII 51,11 XI 58,7. wo doch *nec enim* gesprochen sein wird[2], nehme ich aus. Am leichtesten wurde der Zusammenstoss der Vokale im ersten Fuss und genauer zwischen der ersten Hebung und ersten Senkung d. i. zwischen der zweiten und dritten More, hingenommen: hier finden wir daher nicht nur kurze Vokale wie in *Saepe ego* II 34, VI 21,5, *Atque unam* (II 46,5 u. a. nach Laune elidirt[3], sondern auch die syllaba anceps und selbst die Länge: mit dem *Ergo ero* VIII 56,23 ist gleichzustellen XII 9,3 (*Ergo agimus*), ferner XII 28,1 (*Poto ego*), X 6.3

---

[1] Vgl. die Stellen I 12,4; 20,2; 108,8 II 14,10; 26,4; 32,3; 45,2 V 6,4; 46,12; 50,1; 70,1; 74,2 IX 20,4; 22,2; 37,2; 64,8; 81,4; 88,2 liber spectac. 1,8; 10,2; 21b,2.

[2] (Vgl. L. Mueller r. m. p. 396.)

[3] Vgl. noch II 61,9 (*Eia age*) VI 64,14 VII 58,3; 7 VIII 67,5 IX praef. v. 5. 34,3; 48,9; 61,15; 94,5; 100,3; 102,3 X 53,1 XI 82,3 XII 6,7; 70,3 XIII 2,5 Liber spectac. 15,3.

und 7 (*Quando erit*: zu *Quantum erat* II 46,9) vergleiche man die verwandten Fälle VIII 18,9 *Aurum et opes*), IX 14,3 (*Aprum amat* sowie IX 83,3 X 20,7, wo übrigens überall stets kurze Silbe folgt. Reine Vokallänge wird elidirt in *Quare ego* V 79,5 und *Belle inquis* V 16,13[1]: aber auch die Verschleifung einsilbiger Wörter tritt an dieser und zwar nur an dieser Versstelle ein: *At si ego* steht VI 11,5. *Non sum ego* XII 68,3.[2])

Seltener schon wird der Ausgang des ersten Fusses mit dem zweiten durch Synaloephe verbunden: denn hier, zwischen der vierten und fünften More, findet sich kurze Silbe verschliffen nur XI 5,13 *Ipse quoque infernis* und II 69,3 (*Ipse quoque ad*, sowie liber spectac. 10,5 XI 20,5 und 7; 54,1 XII 60 b, 5; 82,1 XIV 3, die Länge wol nur einmal X 15 (*Dotatae uxori*, die syllaba anceps allerdings wieder häufiger: II 60 (*Uxorem armati*) III 46,5 V 1,9 VI 94,3 VIII 71,7 IX 63,1 XI 43,1 XII 29,21; 66,3 XIII 48; 126.

Deutlich hat Martial dagegen als guter Metriker die Verschleifung zwischen den zwei Kürzen der ersten Senkung, d. i. zwischen dritter und vierter More vermieden: nur zweimal finde ich gemessen *Haec tibi erunt* und *Curre age et* (XIV 21 VIII 67,5) bei kurzem Vokal; wenn dagegen XI 20,5 sogar zu lesen steht *Fulviam ego ut futuam*, so ist zu bedenken, dass der Dichter hier Verse eines Anderen einlegt, in denen er auch sonst Elisionen und andere Härten häuft.[3])

Und ebenso ungern hat Martial auch die zweite Hebung mit der zweiten Senkung, die sechste More mit

---

[1] (Vgl. L. Mueller r. m. p. 287 f.)

[2] (Eine Ausnahme macht XIII 76,1 *Rustica sim an perdix*. Die übrigen Elisionen einsilbiger Wörter sind: Im Pentameter *Et si adeo* VII 18,14 *Non sum ego* XI 104,2 *Cum te excusaris* III 18,2. Im Hendecasyllabus X 9,5 *Non sum Andraemone notior caballo*.)

[3] Vgl. oben S. 31,2.

der siebenten verschliffen: denn es dürften sich hierfür nur die drei Belege bei kurzem Vokal nachweisen lassen: *Uteris ore aliter* II 61,5; *Excideratne adeo* IV 11,5; *Argentum atque aurum* XIII 48.

Wie am Beginn der ersten, ist sodann auch am Beginn der zweiten Vershälfte des Hexameters hinter der Penthemimeres die Metrik am duldsamsten. Der übliche Sitz für Synalöphe ist hier zwischen der vierten Hebung und Senkung, zwischen vierzehnter und fünfzehnter More; und und zwar hat sie auch an dieser Stelle so auf kurzen Vokal Anwendung[1], wie auf syllaba anceps (vgl. II 32,1 *Balbum offendere*; ferner III 10,5 IV 82,3 VI 33,3 VII 66 XI 2,7; 20,9 IX 119), zweimal auch auf die Länge I 90,9 *Thebano aenigmate*; VIII 31,5 *deserta uxore*).

Entschieden unbeliebter war dagegen zwischen der 12. und 13. More der Beginn des vierten Fusses, wo nur gelegentlich die Kürze elidirt steht (I 57,3 *atque inter*; vgl. I 103,11 III 5,9 IV 8,1 V 74,1 VII 48,9 IX 92,7 X 39,3 XI 107,1), nie dagegen die Länge. Mit Unrecht hat also Schneidewin XIV 16,1 nach dem Thuaneus *nosti expulsare* statt des richtigen *scis expulsare* der übrigen Handschriften in den Text gesetzt.

Noch unbeliebter aber war der Beginn des fünften Fusses (zwischen der 16. und 17. More), der nur viermal Elision zeigt: VII 48,13 *clamosoque obstrepe*, III 13,3 *tamquam omnia*, XI 62 *nunquam esse fututam*, XI 32,5 *dici atque videri*.

Nur an diesen vier oder höchstens fünf Stellen des Hexameters war für Martial somit die Verschleifung legitim. Sorglich vermied er dagegen vorzüglich, durch sie die Haupteäsuren des Verses zu verdunkeln, und nur dreimal

---

[1] Vgl. I 111,1 (*fama et cura*), II 34,3; 40,5 III 17,5 IV 5,1 7,3; 56,1 V 74,1 VI 80,7 VIII 48,7; 71,3 IX 20,1; 51,5; X 6,5; 32,5 XII 3,15; 17,5; 96,11 XIII 90 XIV 52 Liber spectac. 4,1.

und zwar in den späteren Büchern findet sich die Penthemimeres allerdings durch übergebundenes *que* gestört (XI 104.7[1] XII 48.9 XIV 1.7). Zweimal nur ist ferner die Elision zugelassen in der vorletzten Senkung (zwischen 19. und 20. More) wie IV 5.5

Nec potes uxorem cari corrumpere amici

vgl. IX 20.1); zweimal beim Uebergange vom fünften zum sechsten Fuss (20. und 21. More). wie II 56

Gentibus in Libycis uxor tua Galle male audit.

wo bezeichnender Weise die Vossiani schreiben *ma laudit*; aber XII 25.1 steht sogar *non habeo inquis*: einmal nur in der dritten Senkung (zwischen 11. und 12. More) *tibi habe* VIII 37.3: einmal in der zweiten Senkung (zwischen 7. und 8. More) *sine apro* VII 59: einmal beim Uebergange des zweiten Fusses in den dritten (zwischen 8. und 9. More) *emere hos* XI 70.11. In dem nachstehenden Schema lässt Martial an den einfach durchstrichenen Versstellen nur ganz ausnahmsweise. an den doppelt durchstrichenen nie Synalöphe zu:

$- \smile | \smile - | \smile | \smile | - \smile | \smile - \smile \smile - \smile | \smile | - \smile$

Alles in allem dürfte Martial nur etwa gegen 120 Mal elidirt haben in 3358 Hexametern: der Procentsatz ist also jedenfalls ein bescheidener. Der liber spectaculorum zeigt in 109 Hexametern drei Elisionen[2].

Bevor wir hiernach den Haupt-Cäsuren des Hexameters näher treten. seien die Fälle zusammengestellt. in welchen Martial **innerhalb der Schlussdipodie** die üblichen Einschnitte. die zu ihrer correkten Bildung erforderlich sind. verabsäumt hat; allerdings hat er sonst auf das sorglichste diese Einschnitte gewahrt. und es erschöpft sich die Mannigfaltigkeit des Versschlusses bei ihm vornehmlich in

---

[1] Hier fanden deshalb die ersten Drucke mit den jungen Handschriften für nöthig, folgendermassen zu emendiren:

Fascia te tunicaeque tegunt obscuraque palla.

[2] (Ueber den Hiatus III 3.4 vgl. die Anm. zu der Stelle).

den folgenden zwei Formen vgl. Luc. Müller de re metr.
S. 210 f.):

Itur ad Herculeas gelidi qua Tiburis | arces
Nimirum timuit nostras Fortuna | querellas

Hierzu sind die Formen:

Nam subito collapsa ruit cum mole | sub | illa

und Quod non sit Pylades hoc tempore non sit | Orestes
nur Unterarten). Zu diesen beiden Formen kommt nur noch
gelegentlich die dritte:

Possum Hecubam possum Niobam Matrinia | sed | si:

Dieselbe findet sich an den Stellen liber spectac. 27.11
I 11.1; 32.1; 53.12 II 32.1; 19.1; 53.1; 84.3 III 32.3
IV 15.7; 60,5; 85.1; 87.3 V 9.1; 13.3; 33.1 VI 64.22
VIII 51.11; 67.1 IX 9.1; 11.3; 20.3; 11.5; 56.11; 93.5
X 1.5; 10.9; 23.7; 31.5; 80.3 XI 76.3 XII 18.5; 9; 78.1;
82.1 XIV 45; 62; 75 und man wird gewahren, dass an
vielen derselben die beiden Monosyllaba des Schlusses eng
verwachsene Worte sind wie *qua re*, *plus est*, *für es*, *non
eis*, *hoc est*, *fas est*, *in me* u. s. w.[1]) Endlich hat Martial
noch eine vierte Schlussform, in welcher die vorletzte Senkung als ein pyrrhichisches Wort abgetrennt für sich steht,
zur Anwendung gebracht, stets aber nur unter der Bedingung, dass die voraufgehende fünfte Hebung durch ein
Monosyllabum ausgefüllt sei, wie

Si qua fides vulnus quod feci | non | dolet | inquis.

Diese complicirtere Schlussform findet sich an den Stellen
liber spectac. 3.11 I 13.3; 16.1; 55.13; 92.11; 111.3 II 5.7;
9.1; 31.1; 41.3; 56.3; 60.3 III 5.3; 70.3; 74.3; IV 11.7;
12.1; 26.3; 45.3; 68.1 V 13.9; 19.7; 29.3; 61.7; 76.3 VIII
47.1; 57.5; 71.11 IX 20.9; 65.7; 82.1 X 16.1; 81.1 XI
20.3 und 7; 23.13; 16.1; 68.1; 79.3 XII 96.7 XIII 76.
Ausserdem kann hierbei der sechste Fuss bisweilen noch in
zwei Worte zerfallen, wie

[1]) Auch IV 47 erscheint *in hoc est* wie ein Wort; vgl. *quid ad te*
VII 10.1 und 3; *sed unum* III 92.

> Sors mea quam fratris melior cui | tam | prope | fas | est

vgl. die Stellen V 4.5 XII 88.4. Nirgends dagegen duldete Martial die Form

> Si qua fides vulnus quod non | feci | dolet | inquis.

Mit diesen vier Schlussformen wäre Martial nun überhaupt ausgekommen, hätte ihn die Beschaffenheit gewisser umfangreicherer Worte nicht gezwungen, doch auch hin und wieder auf jeden Einschnitt innerhalb der Schlussdipodie zu verzichten. So wie die Augusteischen Dichter sah also auch er sich genöthigt, fünfsilbige Eigennamen oder gewisse andere Worte gleichen Umfangs und verwandten Charakters eben an das Versende zu schieben, wie IV 51.1

> Cum tibi non essent sex milia Caeciliane

vgl. liber spectac. 4.7; 2.5; 28.9 I 53.5 II 29.5 (Marcelliano) 40.1 IV 51.1; 66.1; 80.3; 88.3 V 81.1 VI 51; 68.9; 77.3; 94.1 VII 59 IX 68.7 X 60 XI 84.5 XIV 128. Ein viersilbiges Wort mit *que* findet sich statt dessen X 11.1

> Nil aliud loqueris quam Thesea Pirithoumque.

Voraus aber geht regelmässig ein daktylischer vierter Fuss ausser in dem verdächtigten Verse IV 80.3 und XIV 128, wo man erwarten müsste:

> Vestit Santonico te Gallia bardocucullo.

Dem nämlichen Anlass verdankt Martial dann endlich aber auch seine Spondiazontes[1], auch bei diesen erscheint der vierte Fuss stets daktylisch; die Schlussdipodie aber ist regelrecht ein viersilbiges Wort wie

> Aëre nec vacuo pendentia Mausolea

vgl. liber spectac. 1.5 II 38; 61.3 IV 79; 88.7 V 64.5 VI 60.3 VII 30.5; 53.5 VIII 56.23 IX 59.9 XI 95.1. Und ein dreisilbiges Wort mit *que* findet sich statt dessen nur X 4.9

> Non hic Centauros non Gorgonas Harpyiasque.

Dagegen geradezu unregelmässig gebildet ist der Vers,

---

[1] Im ganzen 14. L. Mueller r. m. 144).

welcher mit einfach molossischem Wort abschliesst. X 12.1

> Aemiliae gentes et Apollineas Vercellas.

sowie die drei anderen mit ionischer Clausula: X 68.1 XII 50.1 XIV 215

> Cum tibi non Ephesos nec sit Rhodos aut Mitylene
> Daphnonas platanonas et aerios pityonas
> Die mihi simpliciter comoedis et citharoedis.

Mag das griechische Lehnwort oder der Eigenname an diesen Stellen immerhin als Entschuldigung gelten, so reichen wir damit doch nicht aus für die weitere, ganz singuläre Bildung *die aliquando* in X 16. Neben sie tritt dann endlich noch als Singularität anderer Art der Vers XI 84.17

> Unus de cunctis animalibus hircus habet cor.

mit dem sich nur die auffallende viermalige Clausel *apud me* vergleichen lässt (IX 35.11 XI 52.1; 83.1 XII 17.9). Man beachte übrigens wohl, dass diese gelegentlichen Abnormitäten ausschliesslich den letzten Büchern Martials IX bis XII (nur zwei dem XIV.) angehören.

Das Charakteristischste aber sind für die Hexametertechnik eines Dichters die verschiedenen Formen der Versgliederung, deren er sich bedient, die Zerlegung des Verses mit Hülfe der Hauptcäsuren, auf welche wir nunmehr unser Augenmerk lenken. Die principielle Grundlegung der Lehre von den Cäsuren bei Luc. Müller De re metrica ist von mir in meiner Abhandlung: Symbola ad historiam hexametri latini (Bonn 1876) in einigen Punkten modificirt worden[1]). Wie dem Ennius, Lucilius, Lucrez hatten auch noch einem Catull, ja einem Properz freiere Hexameter-Formen zur Verfügung gestanden. Die ausgebildete Kunst Ovids u. a. beschränkte die Mannigfaltigkeit der Versgestalt dagegen auf sechs (vgl. l. l. S. 7 u. 11):

---

[1]) Vgl. einiges Ergänzende im Rhein. Mus. XXXII S. 389. De halienticis S. 185 ff.

F I: Do tibi naumachiam tu das epigrammata nobis.
F II: Denaris tribus invitas et mane togatum
F III: Nam subito collapsa | ruit cum mole sub illa
F IV: Diripere excussosque | iubet laxare rudentis
F V: Expectant curaeque | catenatique labores
F VI: Et graviora rependit | iniquis pensa quasillis.

Aus diesen Formen sah sich Martial wie andere Dichter der silbernen Classicität angewiesen seine Gedichte zusammenzusetzen. Verse dagegen wie die Properzischen

Nec sic errore exacto laetatus Ulixes

oder gar

Quem modo felicem invidia ad mirante ferebant

kennt er nicht mehr. Die F I ist stets zweigliedrig: gern sieht in ihr die Penthemimeres die Hephthemimeres oder die Trithemimeres oder auch beide wie in

Nimirum | timuit nostras | Fortuna querellas

als Nebencäsuren neben sich treten, ohne doch selbst die Hauptrolle einzubüssen. Eine so regelmässige (9 malige) Paarung der Hephthemimeres mit der Penthemimeres wie in VI 73 grenzt freilich an Ungeschick. F II und F III zeigen gleicherweise dreitheiligen Hexameter, hex(ameter) trip(artitus); nur ist in F III der Mitteltheil der F II noch einmal weiter durch die gräcanische Cäsur κατὰ τρίτον τροχαῖον coupirt, so dass eine scheinbare Viertheilung entsteht. Warum diese F III allgemein als schöner galt, habe ich a. a. O. S. 20 näher zu erklären versucht. Calpurnius u. a. Dichter feinster Observanz vermeiden eben aus diesem Geschmacksgrunde vom hex. trip. die F II gänzlich, Ovid meistens, und auch Martial hat F III recht oft, F II hingegen nur an folgenden Stellen gebraucht: V 7,7[1]) VII 30,1; 64,7 VIII 31

---

[1] In VI 64,29
Sit placidus licet et lambat digitosque manusque
ist wie in allen ähnlichen Versen F I anzuerkennen. [Einsilbige Präpositionen und Conjunktionen in der 3. Arsis hat auch M. selten: in XIII, XIV nur einmal XIII 39,1 Mueller r. m. 236 — iu I gar nicht].

IX 3,13: 100,1 XII 38,3: 52,7.[1]) Sie ist also nicht nur in den Büchern XIII und XIV, sondern auch in I—IV, VI, X, XI und im liber spectaculorum vermieden. Im Buch XII verhält sich F II zu F III etwa wie 1 zu 12 (vgl a. a. O. S. 68). Aehnlich hat Lucan im Ganzen für F II nur 10 Beispiele.

Durchweg selten sind aber ferner von den römischen Dichtern in die Textur ihrer Gedichte auch die Formen IV, V und VI mit eingewebt worden: dieselben tragen unlateinischen Charakter, vorzüglich die letzte. Denn als lateinische Hexameter-Cäsuren können nur die männlichen gelten, durch welche der Zweck solcher Cäsur, Widerstreit zwischen Versictus und Wortaccent zu erregen, erfüllt wird (vgl. a. a. O. S. 8). Vor allem ist F VI rein gräcanisch und darum am seltensten angewandt S. 12 ff.). Aber auch in F IV und F V, wo die gräcanische Cäsur entweder zur Hephthemimeres oder zur Trithemimeres hinzukommt, ist doch durch die letzteren männlichen Einschnitte der Vers in allzu ungleiche Theile zerlegt, und auch sie haben deshalb nur zur Abwechslung eine gelegentliche Verwendung finden können. Auffallend ist dabei, dass, während die Dichter der silbernen Zeit sonst der F IV vor F V den Vorzug geben, Martial dagegen umgekehrt nach Ovids Vorgang (vgl. de Halieut. S. 190 f.) nirgends F IV angewandt hat, wohl aber F V an den folgenden Stellen: I 15,7 VIII 17,3 IX 47,1 X 11,5 XII 50,1. Einmal aber ist von Martial in dem Verse VII 57

Castora de Polluce Gabinia fecit Achillam
auch die F VI zugelassen worden.[2])

Verzeichnen wir nunmehr, wie häufig Martial die herrschende F I durch den dreitheiligen Hexameter (d. h. durch F III incl. gelegentlicher F II) unterbrochen hat. Es findet sich hex. trip. im

---

[1] Die Stellen schon bei Mueller r. m. p. 200.
[2] (Vgl. Mueller r. m. p. 200.

Buch   I: 17 mal.[1]) d. h. einmal in je $15^1/_2$ Hexametern
  „   II: 11   „   „   „   „   „   17   „
  „   III: 12   „   „   „   „   „ $16^3/_4$ „
  „   IV: 11   „   „   „   „   „   15   „
  „   V: 17   „   „   „   „   „ $10^2/_3$ „
  „   VI: 16   „   „   „   „   „ $14^1/_2$ „
  „   VII: 21   „   „   „   „   „ $10^{11}/_{12}$ „
  „   VIII: 26   „   „   „   „   „   10   „
  „   IX: 31   „   „   „   „   „ $11^1/_3$ „
  „   X: 28   „   „   „   „   „   10   „
  „   XI: 19   „   „   „   „   „ $15^2/_3$ „
  „   XII: 26   „   „   „   „   „ $7^7/_{20}$ „
  „   XIII: 8   „   „   „   „   „   17   „
  „   XIV: 12   „   „   „   „   „   18   „

Hex. trip. ist von Martial also anfangs etwas seltener, hernach von Buch V bis XII (mit Ausnahme von VI und XI) entschieden häufiger verwendet worden. Ein ähnlicher Fortschritt wird z. B. bei Properz wahrgenommen (l. l. S. 28). Für die Einzeldistichen in XIII und XIV schien ihm dagegen diese dreitheilige Versform weniger angemessen. Auffallend aber ist noch, dass der liber spectac. überhaupt nur ein einziges Beispiel, 15,1, aufzuweisen hat, in seinen 109 Hexametern. Das rein hexametrische Gedicht VI 64 bietet nicht eines; in I 53 macht F III passend den Abschluss. Mit den Büchern I bis XII stimmt der Hex. trip. des Properz ungefähr überein, bei Tibull steht er dagegen in jedem vierten oder fünften Distichon; Virgil hat ihn etwa in jedem sechsten Verse, Manilius in jedem fünften oder vierten, Valerius Flaccus sogar in jedem vierten oder dritten.[2]

---

[1] Die Beispiele in Buch I sind: 2,1; 3,7; 11; 4,7; 12,7; 18,3; 7; 28,1; 43,13; 53,12; 56,1; 63,1; 70,5; 15; 75,1; 108,5; 116,3.

[2] Die von den elegantesten Dichtern vermiedene Interpunktion nach dem 4. Fuss Mueller r. m. p. 192 hat M. nicht gerade selten; so in VII 10, wo 4 Verse mit Ole, quid ad te? schliessen. Ueberhaupt tritt mit dem 5. Fuss öfter der Vokativ ein. B. I hat 25 Mal

Noch sei an dieser Stelle ein auffallendes metrisches Ungeschick des Martial notirt. Schon Ennius und alle guten Dichter nach ihm vermieden im Hex. trip. (so wie auch in F V), den ersten Versfuss durch ein daktylisches oder gar durch ein spondeisches Wort auszufüllen, so dass in der zweiten Vershebung ein Monosyllabum zu stehen kommt und der Zweck der Trithemimeres, Widerstreit zwischen Wortaccent und Versictus zu erregen, paralysirt wird (vgl. a. a. O. S. 9 und 15). Fehlerhaft heisst es also z. B. in dem unovidischen Sapphobrief v. 113:[1])

Postquam se dolor invenit nec pectora plangi.
Martial hat nun weder an den Stellen VI 29,5; 83,7 X 96,7 und 11 XI 27,1 XII 68,5 daktylisches Wort, noch auch gar an zwei Stellen des fünften Buchs 9,3 und 17,1 spondeisches Wort zu umgehen verstanden.

Hiernach stellt sich uns schliesslich noch die Aufgabe, die häufigste Gestalt des Hexameters F 1 näher ins Auge zu fassen. Wir fragen nach ihrem Spondeengehalte. Freilich nicht so, dass wir einfach die Häufigkeit der Spondeen constatiren. Auch ein schwer spondeisch einherschreitender Vers kann schön, wirkungsvoll, eurythmisch sein, falls er die geeigneten Cäsuren hat; es sei nur an das extreme Beispiel aus Catull 116,3 erinnert:

Qui te lenirem nobis, neu conarere.
Lästig und unrythmisch werden im lateinischen Hexameter spondeische (resp. molossische, ionische) Wörter erst, falls ihr Wortaccent nicht mit dem Versictus in belebenden Widerstreit geräth. Dies zu bewirken sind aber die Neben-

---

die Interpunktion nach dem 4. Fuss, darunter 14 Mal vor Vokativen. VII 25 Mal, 16 Mal vor Vokativen; XII 19 Mal, 4 Mal vor Vokativen. In den 335 Hexametern von XIII und XIV, wo nur 4 solche Interpunktionen sind XIII 76,1 XIV 129,1; 163,1; 212,1 Mueller a. a. O. fehlen die Vokative].

[1] Der Vers 55 des Cydippebriefes dagegen
Dicam nunc solitoque tibi me decipe more
ist sicher corrupt; vgl. Göttinger gel. Anz. 1882 S. 836.

cäsuren nach der zweiten und vierten Hebung, wenn schon nicht das einzige, doch das beste Mittel. Die Fragestellung specialisirt sich also vielmehr dahin, wie oft erstlich ein spondeisches Wort den ersten Fuss ausfüllt mit nachfolgender Worttrennung wie

Maior | deceptae fama est et gloria dextrae;

das nennen wir PPS; und zweitens wie oft der vierte Fuss vor bukolischer Nebencäsur spondeisch gebildet ist, ohne selbst einen weiteren Einschnitt zu erfahren, wie

Nunc sua Caesareos exorat | praeda leones.

Dies heisse PQS. Das Erstere wäre bei vorhandener Trithemimeres, das Letztere bei der Hephthemimeres unmöglich.

Catull und seines Gleichen waren sich der Schwerfälligkeit der Form PQS noch nicht bewusst; er duldete sie daher fast in jedem zweiten Verse! Und in ihrer allmählichen Einschränkung hat ein vornehmlicher Fortschritt im Verlauf der Geschichte der lateinischen Hexametertechnik bestanden. Wohl Wenige gelangten dabei freilich zu solcher Abstinenz, wie die Sulpiciasatire, die in 70 Versen nur ein Beispiel giebt: aber solche Eleganz ist durch Schäden anderer Art erkauft worden. Virgil hat PQS etwa auf jeden siebenten oder achten Vers zu beschränken verstanden und ist darin von Ovid kaum überboten worden. Maximian hat in seinen Elegien dagegen wieder fast jeden dritten Vers damit belastet. Martial selbst aber bietet im

Buch   I: 38 Beispiele.[1]) d. h. eines in je 7 Hexametern
»   II: 28   »   »   »   »   » $6^2/_3$ »
» III: 39   »   »   »   »   » $5^1/_7$ »
» IV: 45   »   »   »   »   » $4^3/_5$ »
»   V: 34   »   »   »   »   » $5^2/_7$ »
» VI: 34   »   »   »   »   » 7   »

---

[1]) Die Beispiele für Buch I sind: 2,7; 6,3; 9,1; 11,3; 12,5; 13,3; 15,11; 21,5; 32,1; 33,1 sola est; 33,3; 34,1; 36,3; 39,7; 43,3; 43,5; 43,7; 51,5; 53,3; 53,8; 53,10; 55,3; 55,5; 55,9; 58,5; 59,1; 65,7; 70,3; 76,13; 80,1 88,5; 92,1; 92,5; 93,3; 93,5; 98,1; 101,1; 103,3.

Buch VII: 12 Beispiele, d. h. eines in je $6^1/_4$ Hexametern
» VIII: 50 » » » » » 5 »
» IX: 58 » » » » » $5^1/_2$ »
» X: 42 » » » » » 7 »
» XI: 51 » » » » » $5^1/_5$ »
» XII: 23 » » » » » $8^1/_5$ »
» XIII: 30 » » » » » $4^1/_2$ »
» XIV: 49 » » » » » $4^3/_5$ »
liber spect.: 23 » » » » » $4^3/_4$ »

Man wird bemerken, dass die Bücher XIII und XIV so wie auch der liber spectaculorum hierin auffallend zurückstehen, während Buch XII als letztes sich günstig auszeichnet.

Ein geeignetes Hilfsmittel PQS zu umgehen war die griechische Nebencäsur κατὰ τέταρτον τροχαῖον. Dieselben älteren Dichter, bei denen PQS am häufigsten ist, schlossen auch diese letztere Cäsur principiell aus a. a. O. S. 25 ff). Während ihr sodann bei den Nachfolgern allerdings fast uneingeschränktes Recht zu Theil geworden ist, haben dagegen alle Besseren einen gleichzeitigen Einschnitt κατὰ τέταρτον und κατὰ πέμπτον τροχαῖον derart, dass die fünfte Hebung in ein amphibrachisches Wort fiel, wie:

Omnes quas habuit Fabiana | Lycoris | amicas,

mit Recht als unschön und unfein empfunden; und nur die nachlässigeren Dichter gestatteten sich ihn häufiger (vgl. a. a. O. S. 28 f.); zu diesen aber muss in diesem Falle auch Martial gezählt werden, bei welchem das letzte Buch XII ein Beispiel in je 13 oder 14 Hexametern hat (14 Beispiele; ähnlich hat die Sulpiciasatire, die PQS so glücklich zu vermeiden wusste, dafür ein Beispiel in je $17^1/_2$. Für die übrigen Bücher Martials sei notirt: VII bietet ein Beispiel in 24 Versen (11 Beispiele), VI eins in 23 (10)[2], IX

---

[1] Hier ist X 68,3 ψυχή μου des Enklitikons wegen mit eingerechnet.
[2] Solche Fälle wie VI 25,3 *patriusque quid optet amicus* sind mit eingerechnet.

eins in 22 (6). XI eins in 30 (10). I eins in 33 8. liber spect. eins in 36 3. IV eins in 11 5. XIII eins in 45 3. X eins in 17 (6). III eins in 50 (4. II eins in 62 (3. VIII eins in 81 3. V eins in 90 (2. Buch XIV ist am vornehmsten: denn in seinen 214 Distichen zeigt es das amphibrachische Wort nur einmal auf 4.11.

Mit nicht mehr Erfolg als im vierten hat Martial im ersten Fusse der unrythmischen spondeischen Bildung auszuweichen verstanden. Sie ist bei ihm hier nur um so viel seltener als dies durch die Natur der Sache selbstverständlich gegeben war. Registriren wir denn als Abschluss dieser Uebersicht über die Metrik des Martial die Frequenzzahlen für PPS. Es enthalten

Buch		Beispiele,[1]	d. h. eins in je	Hexametern
	I:	18		$14^2{}_3$
	II:	9		24
	III:	12		$16^3{}_4$
	IV:	14		15
	V:	12		15
	VI:	13		18
	VII:	11		$18^5{}_7$
	VIII:	10		25
	IX:	15		23
	X:	6		43
	XI:	15		20
	XII:	7		27
	XIII:	2		$67^1{}_2$
	XIV:	4		$53^1{}_2$
liber spect.:		5		$21^4{}_5$

Sowohl von Virgil wie von Ovid wird Martial in diesem Punkte somit erheblich überboten; gleich kommt ihm etwa Silius Italicus, und selbst Catull steht ihm nicht nach. Nicht zu verkennen aber ist, dass die Bücher XIII und XIV (da-

---

[1] Diese Beispiele sind: 3,3; 21,7; 34,9 numquid; 42,3; 53,1; 53,8; 55,5; 57,1; 57,3; 60,1; 68,3; 76,13; 78,3; 78,7; 87,7; 90,7; 100,1; 101,9.

neben X) von Martial auch in diesem wie in anderen Punkten mit besonderer Sorgfalt behandelt worden sind.

Etwas anderes ist wie im Stil, so auch in der Metrik die Correktheit, etwas anderes die Eleganz. Die Grenzen des Correkten waren von Catull, Virgil, Ovid immer enger gezogen worden. Martial strebte nicht wie andere Verskünstler der Kaiserzeit danach sie noch weiter einzuengen: dazu war er zu stofflich interessirt, und es war bei der Eigenartigkeit und dem Reichthum seines Inhalts gewiss künstlerisches Verdienst genug, dass er jenen überkommenen Bezirk des metrisch Schönen nicht durchbrochen hat. Das Correkte betraf aber vornehmlich die Einschränkung der Synalöphe, die Gestaltung des Hexameter- und Pentameterschlusses, die Auswahl der Cäsuren zu Gunsten der Formen F I und F III und ihre Reinheit. Sache der Eleganz dagegen war die weitere euphonische Ausgestaltung der F I, die bei aller Correktheit nur zu leicht steif und unschön bleiben kann und, da sie den Hauptstock des Gedichtes auszumachen pflegt, nothwendig auf dasselbe weiter ihren Charakter überträgt. Jene Eleganz zu erreichen ist nun Martial nicht gewillt oder nicht beanlagt gewesen, wie uns besonders PPS und PQS sowie die häufigen pentametri spondiaci gezeigt haben, und er blieb hier stehn auf dem Boden eines erträglichen Mittelmasses.[1]

Th. Birt.

Die Verlängerung einer Kürze hat M. ein Mal in der 3. Arsis des Hexameters VII 44,1

Maximus ille tuus, Ovidi, Caesonius hic est.

---

[1] Bei den nach der kleinen Schneidewinschen Ausgabe ausgeführten Zählungen sind Verbindungen wie *Ausa est*, *Una est*, *praecisa est* II 45, *certum est*, *quaecunque est* VI 68,11 u. s. w., ebenso *quisquis*, *ecquid* X 103,3, *numquid* I 64,9, *tanquam* IV 71,3, *postquam* II 61,3, *tecum* III 60,9, *atqui* IX 72,5 als ein Wort behandelt; nicht dagegen *si quis* z. B. IV 42,1 vgl. ad hist. hex. p. 70 Note 3.

Th. B.

einmal in der vierten X 89,1

Iuno labor, Polyclite, tuus et gloria felix

und drei Mal in der Mitte des Pentameters:

IX 101,4 Disce: Libyn domuit, aurea poma tulit

XIV 77,2 Lesbia plorabat, hic habitare potest

vgl. L. Mueller r. m. p. 331 f.

Sp. 28,10 Dives Caesarea praestitit unda tibi

vgl. dort die Anm.

III. Chronologie der Epigramme Martials.[1]

Die Chronologie der Bücher M.'s habe ich (mit Ausnahme des l. Spectaculorum und l. XII) zu bestimmen gesucht in den beiden Programmen der Universität Königsberg 1862 I: De temporibus librorum Martialis Domitiano imperante editorum et Silvarum Statii und 1865 II: De temporibus librorum Martialis X et XI. Die Zeiten der sämmtlichen Bücher hat sodann HFStobbe † 1872 in seiner Abhandlung: »Martials Gedichte, eine chronologische Untersuchung« (Philol. XXVI [1867] S. 44—80) ausführlich erörtert, wobei er vielfach zu andern Resultaten als ich gekommen ist. Mommsens Abhandlung: »Zur Chronologie Martials« (Beilage C zu der Abhandlung Zur Lebensgeschichte des jüngeren Plinius Hermes III [1868] S. 120—126) bezieht sich nur auf die Bücher X—XII; nach dieser hat Stobbe ›Martials zehntes und zwölftes Buch, Philol. XXVII [1868] S. 630—641 die controversen Punkte dieses Theils der Untersuchung einer erneuten Prüfung unterzogen. Endlich hat auf Grund von Daten in den neuentdeckten Arvaltafeln OHirschfeld in seiner Anzeige von Henzen Scavi nel bosco sacro dei

---

[1] Aus SG. III⁵ 424—440 mit mehrfachen Auslassungen, Zusätzen und Berichtigungen wiederholt.

fratelli Arvali (Götting. gel. Anz. 1869 S. 1505—1510 Beiträge zur Zeitbestimmung der Bücher III. IV und IX geliefert. Eine mit Benutzung dieser sämmtlichen Arbeiten aufs neue angestellte Untersuchung bei welcher ich auch einige mir von Stobbe mitgetheilte Bemerkungen benutzen konnte, hat mich von der Nothwendigkeit überzeugt, einen grossen Theil meiner in den angeführten Abhandlungen gemachten Ansetzungen zu ändern. Zu einigen nachträglichen Berichtigungen haben mich dann noch folgende Abhandlungen veranlasst. Asbach. Die Consularfasten vom Tode Domitians bis zum 3. Consulate Hadrians (Rheinländ. Jahrbüch. LXXII [1882] S. 1—54) und PKerckhoff. Duae quaestiones Papinianae. Diss. Berol. 1884.

Die Gedichte des sogenannten lib. Spectaculorum sind im Jahre 80 zur Verherrlichung der Schauspiele verfasst, mit welchen Titus das Amphitheater einweihte; doch ist es möglich, dass (in einer zweiten Ausgabe) einige auf Schauspiele Domitians bezügliche 9; 22; 25b nachträglich hinzugefügt sind, vgl. die Einl. zu diesem Buche.

Die nächstfolgenden Bücher sind die beiden Sammlungen von Aufschriften für Saturnaliengeschenke, Xenia und Apophoreta, welche später jedenfalls erst nach M.'s Tode den 12 Büchern der Epigramme angehängt sind gewöhnlich als l. XIII und XIV bezeichnet. M., der damals an eine fortlaufende Veröffentlichung seiner Gedichte noch nicht dachte, hat sie selbst eben so wenig mit Zahlen bezeichnet, als den l. spectaculorum. Vgl. oben S. 17. Ihre Zeit bestimmt sich durch die Anspielung auf den erst seit kurzer Zeit hergestellten Frieden. XIV 34 Falx:

Pax me certa ducis placidos curvavit in usus.
Agricolae nunc sum, militis ante fui.

Und zwar war es der Friede nach dem Chattenkriege, nach dessen Beendigung Domitian im Jahre 84 (vor dem 3. September; Diplom von Carnuntum LXXIV Ephem. epigr. V p. 93) den Namen Germanicus annahm. XIII 4 Tus:

Serus ut aetheriae Germanicus imperet aulae,
    Utque diu terris, da pia tura Iovi.
XIV 170 Signum Victoriae aureum:
    Haec illi sine sorte datur, cui nomina Rhenus
    Vera dedit. Decies adde Falerna puer.
Auf den bereits im Jahre 82 beendeten Bau des Capitolinischen Jupitertempels bezieht sich XIII 74, auf den des Vespasiantempels XIV 124.

Das Fehlen jeder Anspielung auf den dacischen und sarmatischen Krieg könnte freilich in diesen Büchern ganz zufällig sein, aber von dem Bestehen des Friedens konnte M. seit dem Anfange des dacischen Krieges 86—89 nicht mehr sprechen. Die Bücher XIII und XIV die sehr wohl für die Saturnalien eines und desselben Jahres bestimmt gewesen sein können werden also im December 84 oder 85 veröffentlicht sein.

Nicht viel später begann M. die fortlaufende Veröffentlichung seiner Epigramme, deren einzelne Bücher er von nun an mit Zahlen bezeichnete (oben S. 16). Schon seit Jahren waren seine Epigramme mit grösstem Beifall aufgenommen II 6, und von ihm und anderen in Büchelchen zusammengestellt worden, die von Hand zu Hand gingen. Er war bereits notus in orbe Argutis epigrammaton libellis I 1, als er sich auf Zureden von Freunden II 6,17 und vielleicht auch um der Plünderung seiner Gedichte durch Plagiatoren I 52; 53; 29; 38; 66; 72) ein Ziel zu setzen, entschloss, eine grössere Sammlung herauszugeben. Diese wurde dem Kaiser überreicht I 4.

Die Annahme Stobbes (Philol. XXVI 62 f., dass I und II gleichzeitig erschienen, halte ich für hinlänglich begründet. Vgl. die Anm. zu I praefat. Der im Laufe der Zeit angesammelte Vorrath von Epigrammen, die der Veröffentlichung werth schienen, war begreiflicherweise für ein Buch zu gross. Entweder vertheilte sie M. sogleich in die beiden ersten Bücher, oder er vermehrte das herausgegebene Buch nach dessen beifälliger Aufnahme aus seinem noch unbenutzten Vorrath so sehr, dass die Theilung in 2 Bücher nothwendig wurde. Gerade das 2. Buch besteht grösstentheils aus Gedichten, die keine Beziehung auf die Gegenwart haben, vielleicht meist der Zeit des Vespasian und Titus angehören. (Vgl. die Anmerk. zu II 15 und 32). Zu Stobbes und Borghesis Oeuvres III 382 Annahme, dass »M. das fertige Buch I kurz vor der Herausgabe zurückgehalten und inzwischen Buch II veröffentlicht habe«, bietet II 93 keinen Anhalt (vgl. dort die Anm.). Dass es eine Ausgabe gab, nach welcher I und II zusammen als ein Buch gezählt werden konnten, zeigt auch III 1,3: Hunc legis et *librum* laudas fortasse *priorem*, und 6: Debet enim Gallum vincere *verna liber*. Dass M. hier von seiner eigenen sonst stets festgehaltenen Zählung (oben S. 16) abweichend die beiden ersten Bücher als eines bezeichnet, erklärt sich, wenn man annimmt, dass neben der 2. vermehrten Ausgabe in zwei Büchern, die wir besitzen, die erste in einem Buche noch im Umlauf war.

Die Erwähnung der Censur I 4,7 vgl. praef. 1 beweist, dass I nicht vor 85 edirt ist. Wenn vielleicht Domitian auch die censorische Gewalt schon zu Ende des Jahres 84 annahm (Dio LXVII 4), so giebt es doch keine Monumente aus demselben, auf welchen der Censortitel vorkommt, der auch auf dem Militärdiplom vom 3. September 84 (LXXIV) fehlt; denn die von Eckhel D. n. VI p. 379 angeführte Münze (Cohen ed. 2 N. 176) ist entstellt (Mommsen Add. ad CIL III Ephem. epigr. V 93; vgl. Henzen Bdl 1883 p. 136). Auf den wie gesagt im Jahr 84 angenommenen Beinamen Germanicus bezieht sich II 2. Wenn sich I 22,5 eine Hindeutung auf den 85 oder 86 begonnenen Dakerkrieg findet:

Praeda canum lepus est, vastos non implet hiatus:
   Non timeat Dacus Caesaris arma puer —

so ist hier vielleicht auf einen sonst unbekannten, vor 83

unternommenen Feldzug angespielt, auf welchen Mommsen RG V 200,2 aus der Inschrift CIL VIII 1026 (Carthago) schliesst: donis donatus a Domitiano ob bellum Dacicum, item ab eodem ob bellum Germanicum 84), item torquibus armillis ob bellum Dacicum. Doch ist dieser Schluss kein sicherer (vgl. die Anm. zu der Inschrift). Das Epigramm kann auch geschrieben sein, als nur erst die Eventualität des Dakerkriegs den Gegenstand des Tagesgesprächs in Rom bildete.

Hiernach dürfte die Veröffentlichung von Buch I und II zu Ende 85 oder zu Anfang 86 erfolgt sein. Das später z. B. VI 2 öfter gepriesene Verbot der Castration, das Eusebius 2098 Oktober 81— Oktober 82, nicht wie früher angenommen wurde Oktober 82—Oktober 83) ansetzt, kommt zuerst II 60 vor.

Die Schauspiele, auf welche zahlreiche Gedichte in I sich beziehen, können die zur Feier des chattischen Triumphes veranstalteten sein. Dagegen die I 5 erwähnte Naumachie muss früher stattgefunden haben.

Andere Indicien für die Abfassung von I und II habe ich nicht gefunden. Von Freunden M.'s kommen seine Landsleute Licinianus aus Bilbilis (I 49; 61,11, doch vgl. auch zu IV 55,1) und Decianus aus Emerita (I 8,24; 39; 61 II praef. II 5) nur in den beiden ersten Büchern, Canius Rufus aus Gades dagegen (zu I 61,9) und der zu M.'s ältesten römischen Freunden gehörige Q. Ovidius (zu I 105) auch in späteren vor. Auch mit Stella (I 7), Atedius Melior (II 69), den Brüdern Domitius Tullus und Lucanus (I 36), Faustinus (I 25) war er schon damals bekannt. Ueber Tuscus (I 54) und Fronto (I 55) vgl. d. Anm.

Die Zeit des in Forum Cornelii an der via Aemilia in Gallia togata herausgegebenen 3. Buches bestimmt sich durch IV 11, das unter dem Eindruck der ersten Nachricht von dem in Mainz ausgebrochenen Aufstande des obergermanischen Heeres unter Antonius Saturninus verfasst zu sein scheint. Dieser Aufstand, welcher nach der Untersuchung von Bergk (Rheinl. Jahrb. LVIII [1876] S. 136 ff.) Mitte Januar 89 niedergeschlagen wurde, brach gegen Ende 88 aus; vgl. Mommsen RG V 137. Obwohl es nun gerade nicht unmöglich ist, dass IV 11 bei der Ausgabe von III schon gedichtet war, aber aus irgend einem Grunde zurückblieb und erst in IV Aufnahme fand, wie das allem Anschein nach in Gallia togata gedichtete (Stobbe a. a. O. S. 52) IV 25, so liegt es doch bei weitem am nächsten, die Ausgabe von III vor die Abfassung von IV 11, also ins Jahr 87 oder 88 zu setzen. Neben mehreren Gedichten, die in Gallia togata abgefasst sind (16; 99; 39 auf Bononia¹; 59 zugleich auf Mutina; 56; 57; 67; 94; 93,8 auf Ravenna bezüglich) stehen auch solche, die in Rom gedichtet zu sein scheinen, wie 19; 25; 36; 44—47; 50; 55; 58 u. a. Die ersten 1—5 in Forum Cornelii verfassten sind zuletzt geschrieben; 6 zum 17. Mai kann dagegen sehr wohl längere Zeit vor der Ausgabe verfasst sein. Das Buch ist an Faustinus 2, vgl. 25; 17; 58, und an Julius 5, wohl gewiss Julius Martialis gerichtet. Auf Canius Rufus bezieht sich 20. Der II 12 als Kunstrichter genannte Probus kann sehr wohl Valerius Probus sein (Teuffel RLG 300,2). Das Theateredict Domitians wird erwähnt 95,10.

Das 4. Buch enthält gleich im ersten zu Domitians Geburtstag 24. Oktober verfassten Gedicht eine Anspielung auf die 88 wahrscheinlich im September (Stobbe S. 51 f.) gefeierten Säkularspiele (IV 1.7). Da aber V noch vor dem dacischen Triumph (d. h. vor Ende 89) edirt sein muss (vgl. Hirschfeld 1506—1508), kann IV 1 nicht, wie Stobbe annimmt (S. 51—53), zum 24. Oktober 89, sondern muss zum 24. Oktober 88 gedichtet sein. Ungefähr um diese Zeit oder etwas später ist IV 11 verfasst (oben S. 54). Der IV 2

---

¹ Dort wird er die Bekanntschaft des Camonius Rufus (VI 85) gemacht haben.

und 13 erwähnte Schneefall wird im December 88 stattgefunden haben (so auch Bergk a. a. O. 144,3), und in diesem auch IV 88 gedichtet sein. Das Buch erschien also wahrscheinlich an den Saturnalien 88. Der Agon Capitolinus, in dem Collinus den Kranz davon trug (54), war also der des Jahres 86, auf den auch 4,6 angespielt wird. M. hatte sich im Sommer eine Zeit lang am Golf von Neapel aufgehalten (30. 44. 57 vgl. 63). Dort machte er vielleicht die Bekanntschaft des Silius Italicus (44); als die Hitze zu stark wurde, begab er sich nach Tibur auf ein Gut des Faustinus (57); hier verfasste er wohl 60, 62, 79. Dem Faustinus wurde auch dies Buch überreicht (10); zugleich aber auch dem Kaiser (1 vgl. 27) und zwar durch den Freigelassenen Euphemos (8); der Kämmerer Parthenius wird hier zuerst von M. angesungen (45).

Das 5. Buch, wo gleich im 3. Gedicht, einem der am spätesten verfassten, die Gesandtschaft des Diegis an Domitian in Pannonien (Stobbe S. 55) erwähnt wird, die kurz vor dem Frieden mit den Dakern erfolgte, ist etwa im Herbste 89 edirt. Domitian war schon nach Italien zurückgekehrt und befand sich auf einer seiner Villen im Gebirge oder am Meere (5,1). Da nun V vor dem dacischen Triumph erschien, das Jahr 2106, in das Eusebius diesen setzt, aber nicht wie man bisher annahm das Jahr 1. Oktober 90—1. Oktober 91, sondern 1. Oktober 89—1. Oktober 90 ist, und alles dafür spricht, dass der Triumph schon Ende 89 gefeiert ist (Hirschfeld 1506 f.), so ist die Ausgabe des Buches eben in den Herbst dieses Jahres zu setzen. V 67 (die Rückkehr der Schwalben) ist also wohl im Frühling, V 71 an Faustinus im Hochsommer 89 verfasst, das Decemberfest 49 und die Saturnalien 18, 59, 84 die des Jahres 88. Schauspiele werden besonders 31 und 65, das Theaterédikt (edictum domini deique nostri 8,1) sehr oft erwähnt: 8; 14; 23; 25; 27; 35; 38; 41. An Domitian sind 1—3; 15. und 19, an seinen Studienrath? Sextus 5, an

Parthenius 6 gerichtet. Junius Mauricus war noch nicht exilirt 28,5.

Dass 1. VI nach dem dacischen Triumph erschienen ist, unterliegt keinem Zweifel; vgl. 4,2; 10,7 (Talis supplicibus tribuit diademata Dacis et Capitolinas itque reditque vias); 76,5. Der Tod der Julia erfolgte Ende 89 (Hirschfeld 1506—1508), auf einer Münze des Jahres 90 erscheint sie als diva; als solche redet sie M. 13 an (auf eine Gruppe, wo sie als Venus mit Amor dargestellt war). Auch 3, wo sie als Schutzgöttin eines Kindes gedacht ist, das die Gemahlin Domitians, Domitia, zur Welt bringen sollte, ist nach ihrem Tode geschrieben. Das Datum der Hochzeit des Stella (21) lässt sich auch nach Statius Silv. I 2 nicht genauer bestimmen (vgl. Kerckhoff p. 10). Zur Annahme eines Zusammenhanges der zahlreichen Gedichte auf die ohne Zweifel ganz kürzlich erneuerte lex Julia de adulteriis (2; 4; 7; 22; 45; 91) mit dem erst nach Julias Tode geführten (Plin. epp. IV 11) Prozess der Obervestalin Cornelia, deren Hinrichtung Eusebius bei dem Jahre 2106 hinter dem dacischen Triumph notirt und auf welche Statius I 4,35 sq. anspielt (Stobbe 60—62), kann ich keinen Grund, und auch VI 4,5 (plus debet tibi Roma quod pudica est) keine Anspielung auf den Vestalenprocess finden.

Dass die Ausgabe von VI aber nicht schon zu Anfang (wie Hirschfeld 1507 glaubt), sondern erst im Sommer oder Herbst 90 erfolgte, scheint 77 zu zeigen:

Cum sis tam pauper, quam nec miserabilis Iros,
Tam iuvenis, quam nec Parthenopaeus erat;
Tam fortis, quam *nec cum vinceret* Artemidorus etc.

Ohne Zweifel ist dieser Artemidorus derselbe, der im ersten capitolinischen Agon (86) im Pankration gesiegt hatte (SG II 577). Der Ausdruck: »so stark, als da er noch siegte«, ist völlig passend nur, wenn er seitdem unterlegen war, also doch wohl im 2. Agon (Sommer 90).

Wenn die Gedichte des 6. Buches wenigstens zum grössten Theil vom Herbst 89 bis zum Sommer 90 verfasst sind, so fällt in diese Zeit auch die Zurückberufung des Vaters des Claudius Etruscus aus der Verbannung 83, die Erbauung des Bades des letzteren 42 = Statius silv. I 5, der Tod des Freigelassenen Glaucias des Atedius Melior 28; 29 = Statius silv. II 1. Die Pästanischen Rosen, von denen Rom mitten im Winter voll war 80, blühten im Winter 89 auf 90. Der Sohn des Regulus war noch nicht 3 Jahre alt 38. Plinius epp. IV 2 bezeichnet ihn bei seinem Tode wo er also etwa im 17. Jahre stand, als puer. Das Theateredict kommt noch vor 9).

Die im December gedichteten Epigramme VII 5—8 beziehen sich auf die bevorstehende Rückkehr Domitians aus dem Sarmatenkriege, die nach einer Abwesenheit von 8 Monaten IX 31 im Januar (VIII 8) erfolgte. Dieser Krieg ist nicht mit Clinton ins Jahr 93, sondern (Stobbe S. 18—51) ins Jahr 92 zu setzen, in dessen Mai also Domitian auf den Kriegsschauplatz abging; im Herbst nahm er den Titel imperator XXII an und dachte an die Rückkehr. Die Ausgabe des Buches im December 92 ist unzweifelhaft: mit Ausnahme von 1 und 2 (auf einen dem Domitian von Rom nachgesandten Panzer), 3 und 4, sind die an den Anfang gesetzten Epigramme die zuletzt verfassten. VII 5—8 schildern die Sehnsucht des Volkes nach der Rückkehr des Kaisers, die im December angekündigt wurde (8,3); selbst die Rennen im Circus hatten das Volk nicht mehr zu fesseln vermocht (7.7—10). Auf die Beendigung des Krieges bezieht sich auch 80.

Eine Anzahl von Epigrammen ist in der Saturnalienzeit, im December oder wenigstens im Winter verfasst: 8; 28; 31 v. 4 und 5); 36; 37; 53 (55); 72; 91; 95; andere wohl in früheren Monaten des Jahres 92, wie 49 (Uebersendung von Obst 89 von Rosen). Bei dem Gedicht auf den Abbruch der die Strassen verengenden Tabernen 61) denkt man wegen Vers 6: Nec praetor medio cogitur ire *luto* eher an den Spätherbst oder Winter (vgl. XII 2). Domitian hatte also das betreffende Edict aus dem Lager erlassen. — Der Bau von Domitians Palast durch Rabirius war wenigstens theilweise vollendet (36); der Vater des Claudius Etruscus im Lauf des Jahres gestorben (40; nach Kerckhoff p. 17 im December, also unmittelbar vor der Ausgabe des Buches). Von neuen Bekanntschaften M.'s werden in diesem Buche Juvenal (21 und 91) und Crispinus 99 genannt, der den Dichter dem Kaiser empfehlen soll; Licinius Sura (47) ist beiläufig bereits VI 64,13 erwähnt.

Das 8. Buch ist im folgenden Jahre 93 erschienen, und mit einer prosaischen Widmung dem Kaiser überreicht, aber nicht schon unmittelbar nach seiner Rückkehr im Januar, sondern einige Monate später, wie Stobbe S. 47—49 hauptsächlich aus VIII 65 erwiesen hat:

Hic ubi Fortunae reducis fulgentia late
  Templa *nitent, felix area nuper erat;*
Hic *stetit* Arctoi formosus pulvere belli
  Purpureum fundens Caesar ab ore iubar;
Hic lauru redimita comas et candida cultu
  Roma *salutavit* voce manuque deum.
Grande loci meritum testantur et altera dona:
  Stat sacer et domitis gentibus *arcus ovat.*
Hic gemini currus numerant elephanta frequentem,
  Sufficit immensis aureus ipse iugis.
Haec est digna tuis, Germanice, porta triumphis;
  Hos aditus urbem Martis habere decet.

Hier, heisst es also, war vor einiger Zeit (nuper), als der (in Perfekten erzählte) Einzug stattfand, ein freier Platz; hier, wo der Tempel der Fortuna Redux steht, und jetzt auch ein zweiter Bau 'altera dona, ein Triumphbogen' an das glückliche Ereigniss erinnert. Offenbar war also zwischen diesem (dem Einzuge) und der Abfassung des Epigrammes eine nicht ganz kurze Zeit verflossen. Die Erbauung des Tempels der Fortuna Redux kann gleichzeitig mit der des

Bogens erfolgt sein. Auch diese letztere dauerte doch wohl einige Monate, und somit ist kein Hinderniss, die Abfassung von 67, wo von den floraliciae ferae die Rede ist, in die Zeit des Florafestes 28. April — 3. Mai des Jahres 93 zu setzen.

Hiernach sind also die auf den Einzug bezüglichen Gedichte nicht die zuletzt verfassten des Buches. Von diesen ist 21 vor dem Anbruch des Tages, an welchem der Einzug stattfand, vermuthlich an Ort und Stelle improvisirt. Wenn 1, wie es scheint am Tage der vota (3. Januar) gedichtet ist, so dürfte der Einzug am 1. oder 2. Januar stattgefunden haben. Sehr bald nach demselben, noch im Januar, sind 2; 8; 11 verfasst, das letzte bei den Circusspielen. Mehrere Epigramme beziehen sich auf die sonstigen Festlichkeiten (das 3. congiarium Domitians 15, grosses epulum 50, amphitheatralische Schauspiele 26; 30; 55; 80. Auch Stella (78.3 Hyperborei celebrator Stella triumphi) gab, aus derselben Veranlassung prächtige Schauspiele, die sehr wohl noch im Januar stattgefunden haben können. Die Gedichte 14 und 71, in der Saturnalienzeit verfasst, mögen bei der Ausgabe von VII zurückgelegt sein, weil das Buch schon sehr viel dergleichen enthielt; im Winter sind auch 44 und 68 geschrieben. Auch dies Buch enthält ein Gedicht an Parthenius (2), an Crispinus (48) und an den schon V 28.4 gepriesenen Nerva (70). Das Consulat, das Domitian dem einen der beiden Söhne des Silius verlieh (66), fällt nach Stobbe »wol in das letzte Nundinium des Jahres 93. Während Domitians Regierungszeit ist viermonatliche Dauer der Consulate, die für das Jahr 93 durch Henzen-Orelli 6446 bezeugt ist, als Regel anzunehmen, von welcher, so viel mir bekannt, nicht eine einzige Ausnahme nachzuweisen ist: denn Plotius Grypus, der am 15. April 88 Consul war (Henzen Scavi p. 15 l. 66), ist der an Stelle des Kaisers für den Rest des ersten Nundiniums eingetretene Consul.[1])

---

[1] Vgl. Asbach Z. Gesch. des Consulats in der röm. Kaiserzeit. Histor. Unters. A. Schäfer gew. 1882 S. 205 f.

Es ist demnach anzunehmen, dass die Ordinarii Collega und
Priscus bis zum 1. Mai im Amte blieben; dann aber traten
M. Lollius Paullinus Valerius Asiaticus Saturninus und C.
Antius Aulus Julius Quadratus ein, welche am 13. Juli fun-
giren (Diplom bei Marini Arv. p. 158 nr. VIII); also bleibt
für Silius nur das letzte Nundinium vom 1. September ab
frei.« Der Palast Domitians war wohl im Jahre 93 ganz
vollendet (VIII 36, darin ein ungeheurer Speisesaal 39 vgl.
Statius silv. IV 2 Kerckhoff p. 19 sq.).

Im 9. Buch ist 84 gedichtet, als die Abwesenheit des
Appius Norbanus von Rom seit der Empörung des Antonius
Saturninus, gegen den er zu Felde gezogen war, bereits
6 Jahre gedauert hatte. M. übersendet ihm nun die in 6 Jahren erschienenen Bücher IV—VIII:

Cum tua sacrilegos contra, Norbane, furores
   Staret pro domino Caesare sancta fides.
3 Haec ego Pieria ludebam tutus in umbra — —
9 Omne tibi nostrum quod bis trieteride iuncta
   Ante dabat lector, nunc dabit auctor opus.

Die Empörung des Saturninus brach gegen Ende 88 aus
(oben S. 55); das Gedicht ist also im Laufe des Jahres 94
verfasst (ohne Zweifel konnte M. von einem Zeitraum von
6 Jahren sprechen, wenn auch noch einige Monate daran
fehlten). Dazu stimmt, dass in diesem Buch zwei Gedichte,
35 (vgl. 40) und 40, sich auf den agon Capitolinus beziehen;
in diesen Sommer muss man also (frühestens) die Ausgabe
dieses Buches setzen.

Wenn diese Gedichte zu den spätesten des 9. Buches
gehören mögen, so gehört zu den frühesten 31. Velius (Velius Paullus; so Mommsen Ind. Plin.) hatte Domitian in den
sarmatischen (nicht dacischen) Krieg begleitet und dem Mars
für die glückliche Rückkehr des Kaisers eine Gans gelobt.
Das Gedicht bezieht sich auf das nun (nach nicht vollen
8 Monaten): 3 Luna quater binos non tota peregerat orbes.

Debita poscebat iam sibi vota deus) gebrachte Opfer der
Gans. und der Schluss.

 Quae litat argento pro te. non sanguine Caesar.
  Victima. jam ferro non opus esse docet.
zeigt. dass es unmittelbar nach dem Ende des Krieges. also
im Januar 93 verfasst ist.

 Die übrigen in den ersten Monaten geschriebenen Gedichte gehören alle in das Jahr 94: 54 und 55 zum 22. Februar dem Fest der cara cognatio. 52 und 53 zum 1. April. 90 etwa im Beginn des Sommers, 60 in der Rosenzeit. Dagegen 39 zum 24. Oktober. 95 in der Zeit der Weinlese werden 93 geschrieben sein. Von Ereignissen. die in diese Zeit fallen. sind zu erwähnen (Stobbe 63. die Vollendung des Tempels der gens Flavia IX 1,8: 3,12: 34 = Stat. silv. IV 3,18 und des Herculestempels am achten Meilenstein der Appischen Strasse. dessen Statue die Züge Domitians trug (65: 66: 101: ein Verbot der Prostitution von Kindern 6 und 8); der Tod des Domitius Lucanus (54) und des zweiten Sohnes des Silius. Severus (86. welcher noch lebte. als der ältere das Consulat erhielt (VIII 66). Flavius Earinus (11—13 weihte seine Locken dem Aesculap zu Pergamus (16: 17: 36 = Stat. silv. III 4). M. besang den lysippischen Hercules des Novius Vindex (43: 44 = Stat. silv. IV 6). Auf kaiserliche Schauspiele des Amphitheaters bezieht sich 83: vgl. 71. Das Gedicht auf ein Bild oder eine Statue des Latinus 25) ist vielleicht bei dessen Rücktritt von der Bühne verfasst. Das Buch ist einem alten Gönner Stertinius Avitus. Consul 92 seit dem 1. Mai (Henzen-Orelli 6446). gewidmet: von andern erscheinen Nerva 26) und Parthenius (49: Priscus 77 ist vielleicht Terentius Priscus. dem Buch XII gewidmet ist.

 Das 10. Buch folgte nach X 70

  Quod mihi vix unus toto liber exeat anno —
etwa in Jahresfrist auf das neunte. wol an den Saturnalien des Jahres 95. Doch M. veranstaltete davon später eine neue stark veränderte Ausgabe. die wir allein besitzen. und

zwar erst nach dem Erscheinen von XI. Dies letztere erfolgte unzweifelhaft an den Saturnalien des Jahres 96. Auf das im Januar 97 anzutretende 3. Consulat Nervas bezieht sich XI 4, die Widmung ist an den (Mitte 97 ermordeten) Parthenius. »Das Buch mit seiner selbst bei M. beispiellosen Frechheit stellt sich ausdrücklich unter den Schutz der Licenz der Saturnalien (2; 6; 15)« Mommsen Hermes III 121. XI 33: Saepius ad palmam Prasinus post fata Neronis Pervenit — ist nach Domitians Tode verfasst, der hier Nero genannt wird (wie Juvenal 4,38 calvus Nero vgl. die Anm. zu der Stelle). Dass es, wie Stobbe S. 65 meinte, sich auf den wirklichen Nero bezieht, also bald nach dessen Tod verfasst ist, erscheint unglaublich. M. hätte zwei so unbedeutende Distichen schwerlich so lange aufbewahrt, und zu ihrer Reproducirung fehlte jede Veranlassung.

Stobbe hat zuerst erkannt (Philol XXVI 74 ff.), dass M. aus X¹ und XI eine zunächst für den Kaiser bestimmte (nicht erhaltene) Auswahl veranstaltet habe: das Gedicht, mit welchem dieselbe überreicht wurde, ist XII 5:

Longior undecimi nobis decimique libelli
    Artatus labor est et breve rasit opus.
Plura legant vacui, quibus otia tuta dedisti:
    Haec lege tu Caesar; forsan et illa leges.

Wahrscheinlich ist XII 11 das Gedicht, in dem Parthenius ersucht wurde, dem Kaiser diese kleine Auswahl (brevem libellum) zu überreichen (Mommsen Hermes III 121,1. Stobbe Philol. XXVII 639). Dann ist also der Kaiser, für den diese Anthologie bestimmt war, Nerva, und die Ueberreichung erfolgte noch vor dem Tode des Parthenius im Laufe des Jahres 97. Dieser Auswahl gehörte wahrscheinlich das Gedicht an, dessen Schluss der Scholiast zu Juvenal 4,38 mittheilt:

Flavia gens, quantum tibi tertius abstulit heres!
    Paene fuit tanti, non habuisse duos.

Vgl. d. Anm. zu demselben hinter dem 11. Buch.

Für das Publikum veranstaltete M., wie gesagt, eine stark umgearbeitete Ausgabe des 10., noch vor Domitians

Tode edirten Buches, in dem nun ohne Zweifel vieles zu den völlig veränderten Verhältnissen nicht mehr passte. X 2:

Festinata prior decimi mihi cura libelli
Elapsum manibus nunc revocavit opus.
Nota leges quaedam, sed lima rasa recenti:
Pars nova maior erit: lector utrique fave.

Dass X² nach Trajans Thronbesteigung (Nerva † 25. Januar 98) erschien, zeigen die Gedichte 6 und 7; 34 Verbot der Anklagen von Clienten und Freigelassenen gegen ihre Patrone: vgl. Plin. pan. 42. Auch 72 ist wol gewiss mit Mommsen Hermes III 121.1) auf Trajan, nicht mit Stobbe Philol. XXVII 637) auf Nerva zu beziehen. X 6 ist im Frühjahr 98 geschrieben, zu welcher Zeit man in Rom die baldige Ankunft des am Rhein befindlichen neuen Kaisers erwartete: sie erfolgte aber erst im Frühjahr 99, nachdem Trajan den Winter 98/99 an der Donau zugebracht hatte.

Zu den am spätesten verfassten Gedichten von X² gehören jedenfalls die auf die endlich beschlossene, unmittelbar bevorstehende Abreise M.'s aus Rom bezüglichen letzten beiden Gedichte des Buches 103 und 104 (20; 37; 78; 96 können früher gedichtet sein). Dass M. die Reise, bei der ihn nichts zur Eile drängte, nicht vor Eintritt der guten Reisezeit, d. h. nicht vor Anfang des Sommers antrat, ist an sich natürlich, und X 103,7 gewiss buchstäblich zu verstehen:

Quattuor accessit tricesima messibus aestas,
Ut sine me Cereri rustica liba datis.

Auch der Flavus, dem M. das vollendete Buch zur Lectüre auf die Reise nach Spanien mitgab und der ihm dort Quartier bestellen sollte (104), wird seine Reise zur See (longum per mare sed *favientis undae*) doch wol erst nach den Frühjahrsäquinoctien angetreten haben. Ebenso unwahrscheinlich als der Antritt der Reise in den ersten Monaten des Jahres ist er in den letzten, und am natürlichsten bleibt es, dieselbe, folglich das Erscheinen des Buches in die Zeit zwischen April und Oktober zu setzen. Auch X 19 an Plinius. das ihm wol das von diesem epp. III 21 erwähnte Reisegeld eintrug. ist kurz vor der Abreise verfasst. Frontins zweites Consulat (X 48.20: Quae bis Frontino consule trima fuit) fällt in den Anfang des Jahres 98. Nach dem Militärdiplom CIL III p. 862 XIX war er am 20. Februar 98 neben Trajan cos. II. Ohne Zweifel war er also an die Stelle des am 25. Januar gestorbenen Kaiser Nerva getreten. der ihn bereits designirt hatte Plin. pan. c. 61 . und führte zusammen mit Trajan die Fasces bis zum 1. März. da die Nundinien dieses Jahrs zweimonatlich waren (Asbach, die Consularfasten der Jahre 96—119 Rheinl. Jahrb. LXXII. S. 5, 19 und 30). X 48 ist also in der Zeit vom 25. Januar bis 1. März 98 verfasst.

Bei zwei Gedichten ist unzweifelhaft. dass sie erst bei der zweiten Ausgabe hinzugekommen sind: 50 und 53 auf den Tod des berühmten Wagenlenkers Scorpus (SG II 289). der XI 1,16 und X 74.5 das also aus X¹ herrührt noch als lebend erwähnt ist. folglich zwischen December 96 und Sommer 98 gestorben sein muss. Im übrigen dürfte der von Stobbe (Philol. XXVI 69—74) gemachte Versuch. die Epigramme von X¹ und X² zu sondern. sich kaum durchführen lassen: denn Stobbes Annahme. dass die X² neu hinzugekommenen Epigramme in chronologischer Folge eingereiht sind, bleibt (auch wenn man einige ohne Zweifel von ihm unrichtig datirte abrechnet) doch nur eine Möglichkeit. X 24 ist am 1. März. 29 wol bald darauf, 30 wol im Frühling. 32 in der Violen- und Rosenzeit (SG II 252). 41 im Januar, 44 mindestens nach Eröffnung der Schifffahrt im März. 48 im Februar, 51 Ende April. 62 im Juli, 82 im Winter, 87 am 1. Oktober geschrieben.

Das 12. Buch wurde. wie die prosaische Dedikation an Terentius Priscus sagt, nach einer dreijährigen Pause contumacissima triennii desidia in Bilbilis edirt. wobei natürlich niemand an einen Zeitraum von genau 3 Mal 12 Monaten denken wird. Zur genaueren Zeitbestimmung kommen hauptsächlich zwei Momente in Betracht: das Consulat des Stella (XII 3) und die Ankunft des Priscus in seiner Heimath Spanien, bei welcher ihn M. mit einem paucissimis diebus (praef.) zusammengestellten brevis libellus (1) bewillkommnete.

Dass die Ankunft des Priscus im December erfolgt sein muss, hat Stobbe (Philol. XXVII 633 f.) aus XII 62 nachgewiesen: Saturn wird darin aufgefordert, bei einem Saturnalienschmause zu erscheinen, den der Vater des Priscus zur Feier der Rückkehr seines Sohnes veranstaltete. Vgl. XII 1,1: hora nec aestiva est.

Stella war nach CIL VI 1492 (L. Arruntio Stella Iul. Marino cos. XIV Kal. Nov.) Consul am 19. Oktober; dass er es nur im Jahr 101 oder 102 gewesen sein kann, haben Stobbe (Philol. XXVI 77) und Mommsen (Hermes III 123—125) mit denselben Gründen dargethan. XII 3 kann aber nur verfasst sein, nachdem er das Amt schon angetreten hatte; namentlich V, 10 u. 11: Atria sunt illic consulis alta mei, Laurigeros habitat facundus Stella penates konnte M. nicht, wie ich früher für möglich gehalten habe, schreiben, wenn Stella zwar schon als Consul designirt, aber noch nicht im Amte war.

Da nun M. im December 102 nicht mehr von einer dreijährigen Pause seit dem Erscheinen von X² (Mitte 98) sprechen konnte, muss XII 3 im December 101 gedichtet und Stella im letzten Nundinium dieses Jahres (1. October — 31. December) Consul gewesen sein, wie bereits Mommsen angenommen hatte (Hermes III 123); Asbach, die Consularfasten der Jahre 96—119 n. Chr. Rheinl. Jahrbb. LXXII (1884) S. 5 u. 29 ff, wo die Gründe, nach denen Stobbe — SG. II 439 — sich für das Jahr 102 entschieden hatte, widerlegt sind). ¹)

---

¹ Die Nundinien des J. 101 scheinen sämmtlich 3monatliche gewesen zu sein. Asbach a. a. O. S. 8 und Z. Gesch. d. Consulats in d. röm. Kaiserzeit: Histor. Untersuchungen A. Schaefer gew. 1882 S. 207 f.

In dem zur Begrüssung des Priscus und gleichzeitig zur Sendung nach Rom bestimmten Buch (denn die Zustimmung des Priscus zu der letztern setzte M. trotz der höflichen Wendung in dem Dedikationsschreiben: ne Romam, *si ita decreveris*, non Hispaniensem mittamus, sed Hispanum — ohne Zweifel voraus ist das Gedicht an Stella mit Absicht an den Anfang gestellt. Doch das uns vorliegende Buch von 98 Epigrammen kann nicht der paucissimis diebus zusammengestellte brevis libellus (XII 1,3) sein, den M. dem Priscus bei seiner Ankunft in Spanien überreichte. Man wird also annehmen müssen, dass M. das Buch in einem der nächsten Jahre erweitert, und dass diese erweiterte Ausgabe sich erhalten hat (Asbach a. a. O. S. 31; vgl. oben S. 14.)

IV. Ueberlieferung des Textes.

Bis zum Untergange der römischen Welt gehörte M. zu den gelesensten Dichtern. Der Adoptivsohn Hadrians, Aelius Verus (vita c. 2) nannte ihn seinen Virgil. Eine Anführung eines seiner Gedichte (V 29) in der unter Constantin geschriebenen Biographie des Alexander Severus (c. 38), sowie die Aufnahme einer Anzahl derselben in Anthologieen der spätesten Zeit (in welchen auch Gedichte Anderer ihm zugeschrieben wurden)[1]; ferner die häufigen Anführungen der

Martial bis ins späteste Alterthum allgemein gelesen.

---

[1] Im Salmasianus s. VII steht I 57 vgl. die Anmerkung. Das Florilegium Sangallense s. IX enthält 5 Verse aus Martial: X 10,7 XIV 183,1 II 81,1; 2 III 77,5 Stephan das prosodische Florilegium der S. Gallener Handschrift Nr. 870 und sein Werth für die Juvenalkritik. Rhein. Mus. XL (1885 S. 263 ff. Eine Handschrift der Leipziger Stadtbibliothek s. X enthält unter christlichen und mittelalterlichen Gedichten von Bl. 25ᵃ an: XIII 94 XIV 212 I 19 II 25 III 43 XI 93, 3 u. 4 XII 12 III 26 VI 53 II 80 I 23,1 u. 4 VIII 60 X 14 IV 58 XI 104 I 20,4. Haupt Opp. I 286 sqq. Einige stehn im Parisinus 8069 s. XI Baehrens Pln. IV p. 17 sq.; I 57 V 56 am Rande I 119 dies auch

Gramatiker von Marius Victorinus, Charisius und Servius bis auf Priscianus und Isidorus von Hispalis zeigen, dass er auch vom 4. bis zum 6. Jahrhundert einer der bekanntesten Autoren war, und die überaus zahlreichen Reminiscenzen aus seinen Gedichten bei Ausonius und Sidonius Apollinaris beweisen, dass er von christlichen wie von heidnischen Dichtern eifrig studirt wurde[1]). Er gehörte darum auch zu denen,

in einem cod. reg. Brit. s. IX Schn.¹ p. 736' III 76 VI 23 und mehreren kleinere Florilegien enthaltenden Handschriften, wie einem Ambrosianus inf. s. XV I 19 IX 97. Baehrens I p. 23', einem Rhedigeranus s. XV IX 97. Baehrens p. 24 , einem Laurentianus s. XIV I 19 und zwei andere Baehrens IV p. 25 vgl. I p. 56 . Ueber die Sammelhandschriften, welche die Excerpte aus dem l. sp. enthalten, vgl. die Einleitung zu demselben.

Im Salmasianus folgt auf I 57 unter der Ueberschrift Ejusdem: Baehrens Phn. IV c. 129 = Riese Anth. lat. c. 276 = Suppos. 10,3—6 Schn.¹ p. 635 vgl. p. 738. Der Salmasianus enthält auch Suppos. I Schn. Baehrens c. 128 = Riese c. 26 im Paris. 8093 s. X u. a. dem Avienus zugeschrieben.' Auch im Parisinus 8069 Baehrens IV p. 17 folgt auf I 57 unter der Ueberschrift Item Martialis c. 129 = Schn.¹ Suppos. X 3—6. Die von Schn. nach Quicherat als ein Ganzes (Suppos. X herausgegebenen 14 Verse bestehn aus Distichen eines Gedichts von Alcuin (unvollständig und in unrichtiger Reihenfolge der Distichen), dem erwähnten Epigramm (3—6) und einem andern, ebensowenig dem Martial angehörigen Distichon 7 u. 8. Vgl. Haupt Ber. d. Sächs. Ges. 1848 S. 59 u. Opp. 1 p. 291 not. Ueber Schn.¹ Supp. XXI vgl. Riese zu c. 892. Auch diese Suppositicia von denen Lessing, Ausg. v. Lachmann VIII 484 ff. einen Theil für Jugendgedichte M.'s hielt sind grössentheils Zeugnisse für das Studium und die Nachahmung M.'s im spätesten Alterthum und im Mittelalter. Vgl. auch die in mehrern Handschriften vor oder nach XIII 72 hinzugefügten beiden Distichen Schn.¹ p. 573. Beispiele, wie Verse Martials mit neu verfassten verbunden wurden, bieten Suppos. XXVII und ein Distichon in der Hdschr. der Leipziger Stadtbibliothek Haupt Opp. I p. 291 : Ad eum cum quo cenabat.

Boletos solus sumens atque ostrea voras.
Boletum qualem Claudius edit, edas M. I 20,4'.

Johann von Salisbury 1110—1182 und Vincenz von Beauvais ÷ c. 1264 haben wol nicht bloss Excerpte, sondern vollständige Texte des Martial gehabt, da beide die prosaische Vorrede des ersten Buchs citiren.

¹ Vgl. auch die Anführung von VI 76,4 in der Grabschrift eines

von welchen Freunde der antiken Litteratur und Bildung berichtigte Texte herausgaben. Der Corrector des M. war ein Torquatus Gennadius, dessen Unterschrift die ganz oder theilweise aus ihr stammenden Handschriften bewahrt haben: der Arondellianus Q am Schluss aller Bücher, eine Palatinische Handschrift (P) am Schluss von l. I—V, ferner zwei Florentinische F hinter XII und XIV, f hinter I—VII und eine Handschrift des Britischen Museums 12004 hinter III.[1]) Die Subscription lautet in P und F ungefähr: Ego Torquatus Gennadius emendavi. lege feliciter. Constantine floreas Schn.[1] p. XCVII. In Q mit geringen Modifikationen): Ego T. G. emendavi feliciter qui reflorui. lege feliciter. Der Zusatz Constantine faeliciter florens so) findet sich in Q nur am Schluss von III (am Schluss von VIII lege faeliciter mi Torane — so). Am Schluss von XIII Emendavi ego T. G. cum caeteris Gennadi vatibus qui reflorui. lege feliciter. Am Schluss von XIV: Em. ego T. G faeliciter cum tuis Gennadi vatibus reflorui. Einen Gennadius nennt Hieronymus chron. a. 2369 = 353 p. C.: Gennadius forensis orator Romae insignis habetur. Der Emendator des Martial könnte dessen Sohn sein. In Q steht hinter XIII 3 mit rothen Buchstaben:

In senatu vincentii et

frangitii cc. XV. Febr̄. so

Bischofs von Hispalis † 641. Huebner Inscr. Hisp. Christ 65. Wenn Luxorius »dem M. nachstrebte« Teuffel RLG[4] 476, so that er es mehr in der Form, wie in der Wahl der Versmasse und hie und da in der Aneinanderreihung mehrerer mit demselben Wort anfangender Verse Riese Anth. lat. I Luxorius 332; 353 vgl. M. I 53 V 37, als im Ausdruck, der nur selten an M. erinnert L. 330,3 sq.: M. Sp. 10,5 sq., L. 353,12: M. IV 46,7 und III 1,5; L. 353,10: M. XIII 33,1. Vielmehr suchte er bei der Behandlung gleicher oder ähnlicher Gegenstände jede direkte Nachahmung zu vermeiden L. 290 Kürze seiner Gedichte: M. II 1 X 1; L. 291 Zahme Fische: M. IV 30; L. 301 Lüsterne Alte M. III 93; L. 308 Impotenter Harembesitzer: M. XII 86; L. 360 Gezähmte Pardel: M I 104.

[1]) Die Handschrift, aus dem 15 s. in Octav, hat in l. X dieselben Lücken wie F, und ist nach P oder einer ähnlichen korrigirt. Die Spectacula stehn am Schluss. A. Goodwin.

Epigrammaton li. XIII. de xeniis in M.V.M.
emendavi Ego Torquatus in foro divi aug⁶).

Die Consuln sind ohne Zweifel die des Jahres 401 Vincentius und Fravitta die Form Frangitius für den zweiten Namen scheint sonst nicht vorzukommen; unter den von De Vit Onomast. s. Fravitta angeführten steht Frantus am nächsten. Unter senatus consulum kann man selbstverständlich nicht das von Domitian erbaute, von Diocletian wiederhergestellte Senatsgebäude in der Gegend von S. Martina, Preller R. R. S. 142) verstehn: der senatus consulum auf dem forum Augusti wird ein Amtslokal der Consuln gewesen sein. Vgl. die Subscription des Florentiner Apulejus v. J. 395: ego Salustius legi et emendavi Romae — in foro Martis, controversiam declamans oratori Endelechio; Jordan Topogr. II 213; I 2, 445.14). Die Gennadi vates waren vielleicht Schüler des ältern Gennadius in der Poesie, welche dem jüngern bei der Emendation des Martialtextes behülflich waren; über qui reflorui habe ich keine annehmbare Vermuthung. Wer der angeredete Constantinus ist, lasse ich dahin gestellt; der 411 hingerichtete Prätendent wohl auf keinen Fall. (Die von Barth Advers. XVIII 16 erwähnte Subscription des Torquatus Gennadius ist mindestens verdächtig. OJahn Ber. d. Sächs. Ges. 1851 S. 330.)

Die 3 Handschriftenfamilien. Die Handschriften des Martial zerfallen in drei, aus drei verschiedenen Originalen stammende¹ Familien: die
Familie A (HRTM). erste Familie A) bilden (ausser der bald wieder verschollenen Handschrift, aus welcher in 11 S. [Götz u. Löwe, Mittheilungen aus Ital. Handschr. Leipziger Studien I 365—367] Sp. 1—28 hinzugefügt wurden Sehn.¹ p. CXXVIII,
die im 9. und 10. S. geschriebenen Hdschr. HRT. und M.
Ihr Original. Ihre Vorlage, eine vielleicht im 8. oder Anfange des 9. S. geschriebene Hdschr., war nicht bloss vielfach fehlerhaft die ersten die Sp. enthaltenden Blätter überdies schwer

---

¹ Vgl. den Anhang 1.

leserlich und lückenhaft, sondern auch bereits corrigirt. Dieselbe enthielt wol nur eine Auswahl von M.'s Gedichten: In HT folgt I 4 auf Sp. 29 p. CXXVII. In derselben befand sich auch bereits ein nicht von M. herrührendes Gedicht Suppos. I Schn.¹ p. 632. am Schluss des 4. oder am Anfang des 5. Buchs in TMR; vgl. Schn.¹ p. 736. Sie war mit Ueberschriften versehn¹). Von den Schreibern von HRT ist sie in sehr verschiedener Weise excerpirt worden.

R giebt nur 272 Epigramme (4 aus Sp., 268 aus I—XIV) und zwar fast nur solche, die aus einem Distichon bestehen, oder einzelne Distichen aus längeren. T giebt 846 (darunter 25 aus Sp.) ganz oder theilweise. Sowol durch R als durch T sind 140 ganz oder theilweise erhalten. H giebt nur 14: Sp. 19—30. I 3 und 4. M ist nur sehr unvollkommen bekannt.

R cod. Vossianus 86 der Leydener Bibliothek aus dem Anfange des 9. S., welcher die angegebenen Excerpte unter Epigrammen der lateinischen Anthologie enthielt (Schn.¹ p. 680—683), ist von *H. Deiter* neu verglichen worden N. Jbb. 1880 S. 184. Dass Deiters Nachträge zu Schn.'s Collation keineswegs vollständig sind, bemerkt *H J Mueller*

---

¹ Die Ueberschriften sind sämmtlich den Epigrammen entnommen und enthalten nur den Namen des Angeredeten Ad Caesarem u. s. w. oder eine kurze Inhaltsangabe De Caesare et leone u. s. w. oder beides verbunden. Sie sind zum Theil sehr nachlässig gemacht und beruhen stellenweise auf mehr oder minder starken Missverständnissen. So Sp. 28 De Naumachia minore HT Missverständniss von V. 3. I 21 Ad Mucium et Porsenam R. II 32 De Balbo R. III 30 Ad convivam ingratam R. III 68 Ad matronam pudicam TX. IV 19 Ad Sequanicum de veste T. IV 45 Ad Phoebum de muneribus pro puero T. V 34 Ad Frontonem T. VI 50 Ad Bithicum optimae vitae hominem T. X 17 Ad Marcialem filium gewiss nicht Corruptel aus Julium. Räthselhaft ist I 86 De Novio Nevio micropsico TXBV Missverständniss von 3 u. 4? Vgl. II 57 De micropsico divite X. Hiernach ist es nicht rathsam, in der einzigen Ueberschrift, die sich nicht aus dem Inhalte des Epigramms ergiebt Sp. 6; vgl. die Anm. eine alte Ueberlieferung anzunehmen.

Symbolae ad emend. scriptt. Latin. Part. II Festschrift des
FriedrichsWerderschen Gymnas. zu Berlin 1881 p. 49 sq..
Derselbe hat die Güte gehabt, mir seine im J. 1875 gemachte Collation der Hdschr. mitzutheilen. Es ergiebt sich
daraus nicht bloss, dass solche Versehen, wie sie Deiter mitgetheilt hat, in viel grösserer Zahl den Angaben Schneidewins hinzugefügt werden können, sondern auch, dass Schn.
in seinen Angaben über die erste und zweite Hand, die sich
in den meisten Fällen bestimmt unterscheiden lässt, nicht
zuverlässig ist, und dass die Rasuren und die Art der von
1. und 2. Hand herrührenden Correkturen unerwähnt geblieben sind. Durch Müllers mit unübertrefflicher Akribie
ausgeführte Vergleichung ist nun die Ueberlieferung von R
in vollkommen erschöpfender Weise festgestellt.

T   T (Thuaneus der Pariser Bibliothek 8071, welcher von
Fol. 21—51 die Auswahl von M.'s Epigrr. mit der Ueberschrift
EX LIBRIS M. VALERI MARCIALIS EPIGRAMMATON
BREVIATUM enthält: Schn.[1] p. LXXXIII ss) stammt nicht,
wie Schn. nach CBHase annahm, aus dem 10., sondern
nach Dübner (Catull ed. Ellis p. XXXIV) und F. Rühl aus
dem 9. S. Dank der Liberalität des Directors der Pariser
Bibliothek, Herrn *Leopold Delisle*, habe ich ihn 1879 hier
vergleichen können, wobei mein College, *Prof. Franz Rühl*,
die Güte hatte, mich zu unterstützen. Auch diese sehr sorg-
fältige Vergleichung hat im Wesentlichen nur die Zuverläs-
sigkeit der von Schn. benutzten Collationen des Nicolaus
Heinsius und Boissonades bestätigt.

Die gemeinsame Abstammung von R und T aus demselben Original ergiebt sich sowol aus deren gemeinsamen
Fehlern als aus den von beiden im Gegensatz zu allen übrigen Hdschrr. richtig überlieferten Lesarten, ausserdem aus
der nur diesen beiden codd. eigenthümlichen Ersetzung obscöner Worte durch andere. Beide haben auch eine Reihe
von Versehen und Verwechslungen von Buchstaben mit einander gemein: a mit o, a mit u, el mit d, di mit ch (mit

Unrecht hat Schn.[1] p. LXXXV medius st. moechus in T I 74 III 92,1 als Correctur eines obscönen Worts betrachtet ad od mit al ol, c mit i, i mit l und t, l mit t, m mit in ni, s mit f. Unter diesen Verwechslungen ist keine, die nicht bei Minuskelschrift vorkommen könnte, und einige, die dieselbe mit Wahrscheinlichkeit voraussetzen lassen (di — ch cl — d, besonders a — u: demnach läge nach Rühl die Annahme am nächsten, dass die Vorlage von HRT (im Merovingerreich) im S. oder zu Anfange des 9. S. in Minuskeln geschrieben ist. Doch ist, wie mir Rühl ebenfalls mittheilt, die Schrift eines vom Jahr 510 datirten codex (Zangemeister — Wattenbach, Ex. codd. I 52), die man mit Sicherheit weder für Minuskel noch für Majuskel erklären kann, von der Art, dass alle Verschreibungen in RT sich vollkommen daraus erklären.

Zu diesen Verschreibungen kommen noch einige beiden Hdschrr. gemeinsame Abweichungen von der Orthographie der übrigen, ae für e, c für ch, ss für s; ferner Fehlen der Assimilation (implicuit, adnacrit, subripuit, immensum); auch in sonstigen Fehlern weichen RT von allen oder den meisten übrigen ab. Z. B. V 45,2 V 46,4 X 2,11 XIII 16,1 u. s. w. Dagegen haben RT auch öfter allein oder zusammen mit Familie B die richtige Ueberlieferung, z. B. I 37 Basse III 36,3 te semper III 45,5 rhombos IV 12,15 ne(c) falles ib. 16 dicis V 46,4 carpsi VI 45,4 turpior VI 80,8 tonsilibus u. s. w. (T entfernt sich bisweilen von der richtigen Ueberlieferung, wo sie in R erhalten ist, z. B. XIV 196,1 R quae fontes et aquarum T quae frontes et quarum Ca quae fiunt aquarum).

Bereits in der Vorlage von RT waren (wie gesagt zahlreiche obscöne Wörter durch andere ersetzt, vielleicht von derselben Hand, die I 12,12 deum für deos gesetzt hatte. Madvigs Behauptung Advers. I p. 11, dass die Mönche stets alles schmutzige in den Texten mit abgeschrieben hätten, trifft also hier nicht zu. Doch hatte der Correktor seine

Absicht, den Text zu purificiren, nur sehr theilweise durchgeführt. Dass die Purificirung aber nicht erst von den Schreibern von RT herrührte, geht abgesehen von der Treue, mit welcher besonders der Schreiber des letztern seinem Original folgt, besonders aus folgenden Stellen hervor. VII 18 hat T

11 Quis ridere potest fatui pompismata sic n̄ri
13 Die aliquid saltim clamosoque obstrepe m̄aro.

In seiner Vorlage las er nämlich monstri und monstro monstrum ist der gewöhnliche Ersatz für cunnus III 72,6 VI 87,2 X 90,1 XI 43,12, aber so geschrieben, dass es leicht mit nostri und nostro n̄ri für nostri auch VII 37,1 verwechselt werden konnte und umgekehrt VII 34,6 de monstro — rure VIII 56,12 monstrum — Alexin. Ebenso rührt die Lesart von T VI 67,2 Panniche vult sibi Caelia nec parere daher, dass im Original wie öfter I 34,10 III 72,1 VI 31,2 subigi für futui stand. Auch in R steht VII 10,3 subegit für futuit; da aber in den beiden einzigen ausserdem dort ähnlich corrigirten Stellen (in der Regel sind in R die in der Vorlage stehenden anstössigen Wörter ausradirt) II 32,1 und III 60,1 futui und futuis durch tetigi und tractas ersetzt sind, welche wir in T niemals zu diesem Zweck verwendet finden, so ist die Möglichkeit nicht zu leugnen, dass R und T aus zwei Abschriften desselben Originals stammen, die in demselben Sinn, doch von zwei verschiedenen Händen corrigirt waren.

Obwol nun RT die richtige Ueberlieferung an vielen Stellen bewahrt haben, an welchen die übrigen Hdschrr. Verderbungen aufweisen, ist doch auch oft das umgekehrte der Fall. Ihre Vorlage war nicht nur eine fehlerhafte, sondern bereits vielfach interpolirte. Daher führt namentlich T öfter irre, wo die übrigen bessern Hdschrr. sämmtlich oder theilweise das richtige haben oder auf das richtige führen. So in folgenden Fällen (die zu den 3 Familien gehörigen, nicht angeführten Handschriften sind mit ω bezeichnet, die richtigen Lesarten durch den Druck kenntlich gemacht):

	T:	Ca ganz oder theilweise und mehrfach auch PQ:
I 53,9	alite	PXB Actide Q Athide GO Atide C (Atthide)
I 70,15	potior	PXABQ proprior, C prior (propior)
I 88,9	pervenerit	PABC *pernecerit* Q pernenerit)
II 11,10	causa domicena est.	XABF *causa quae?* (Q quae est? domi cenat
II 40,3	cervis	Qo *turdis*
II 74,1	gallidius	QPCa *candidius*
III 19,5	iacebat	Qo *latebat*
III 31,2	Albanique	QPCa *urbanique*
III 60,5	pusillos (so auch PQ	o *snillos*
III 65,2	pervenit	Qo *quae venit*
III 68,12	tantum	Qo *totum*
IV 57,1	stagna Neronis [1]	o *stagna Lucrini* Q lascivi corr. aus lasciva. Rand Lavini. Lucrini
IV 69,1	potas	Qo *ponis*
IV 75,7	pignore famam	QF *pignore* PXABCG pignora vitae
V 50,8	focus	QXAC *cocus* P cocuus o *coquus*
VI 8,1	praecones	Qo *praetores*
VI 13,2	unda	Qo *nympha*
VI 16,2	facis	o *facit* (Q facis^t)
VI 64,12	totiens	Q *propius* B proprius X prius
VI 84,2	amice auch R	Qo *Arite*
VI 85,1	ense citus	ABC *en sextus*. X en sexus QF est sextus
VIII 56,5	sunt	Qo *sint*
VIII 56,23	ergo ego	Qo *ergo ero*
IX 33,2	matronis	PQ *Maronis* o morionis

[1] Reminiscenz aus Sp. 2,6.

X 26,1	per undas	Q(ω) per urbes
ib. 5	fulgentia	Q(ω) *frigentia* A prigentia
ib. 6	focis	Q(ω) rogis
XII 31,8	dapes	Q(ω) *domos*
XIII 15,2	tu	Q(ω) at
XIV 8,2	capiunt	Q(ω) *cupiunt* AG cupiam.

Der grösste Theil dieser Corruptelen und Interpolationen mag schon in der Vorlage enthalten gewesen sein. Dass aber auch der Schreiber von T sich der Interpolation nicht ganz enthalten hat, zeigt I 3,5, wo in der Vorlage für rhonchi runt stand (so H), woraus in T fuerunt gemacht ist.

H   Die von Sannazaro zu Anfang des 16. S. aus Frankreich nach Italien gebrachte, jetzt in Wien befindliche Hdschr. H nach Hirschfeld aus dem 10. Jahrhundert, die Fol. 71 bis 73 von M. Sp. 19 bis 30 I 3, 4 enthält (Sehn. p. LXVIII hat O. *Hirschfeld* die Güte gehabt, für mich aufs neue sorgfältig nochmals zu vergleichen, doch ohne erhebliches Resultat. Dass sie mit RT aus derselben Quelle stammt, ergiebt sich theils aus den gleichen Corruptelen (Sp. 19, 3; 21, 6; 27,3, theils aus den gleichen orthographischen Abweichungen (besonders ss für s).

M   Aus derselben Quelle wie RT stammte auch eine von Bongars 1554—1612 hauptsächlich zu den ersten Büchern und Buch XIII u. XIV verglichene Handschrift (M), deren Varianten er am Rande eines Exemplars des Colinaeus (1539, in der Berner Bibliothek) notirt hat, von Gruter als Bongarsianus, von Scriver als Cuiacianus bezeichnet; Sehn. p. LXXII). Unter 45 Stellen der Bücher I II XIII XIV, an welchen sowol die Lesarten von M als der Familie A angegeben sind, sind nur 5, in denen beide nicht übereinstimmen.

I 10,1   M petit Venustus TPQ *petit Gemellus* Ca petit
             Gemellus Venustus

XIII 50,1 MFPQ *quae* T de
XIV 59,2 MPQ *Cosmi ros* T quos milvos

XIV 69,2 MƷPCaQ *ipsa* T ipse
XIV 132 M *pileum* T te illeum.

Dagegen an 40 Stellen stimmt M mit Fam. A und zwar an 26 mit ihr allein, an 14 zugleich auch mit Fam. B überein. Zu den letzteren gehören z. B.

I 18,6   PQ *sacca* M scaeva R scaena *mero* Ca vina cado
XIII 10,1   MR *nec dotes similae* } *possit*. Ca nec poteris si-
         PQ   simulae }   lam poteris
   32,2   MTƷPQ *ille*, Ca ipse
   46   MRƷP persica Ca *praecoqua*
   66,1   MRƷPQ *periuro*, Ca perduro
  113,2   MTƷPQ *mustum* ω mulsum
XIV 21,1   MTƷPQ *splendida* Ca tenuda
  125,1   MTƷPQ *perdere* ω rumpere
  126,2   MTƷPQ *laena* ω togula.

Am deutlichsten zeigt sich die gemeinsame Abstammung von M und Fam. A aus einer Quelle, die von der der übrigen verschieden war, in XIII und XIV. Hier stimmen z. B. M und Fam. A in der bessern Ueberlieferung an folgenden Stellen überein.

XIII 24,2   MRT *placent* Qω licet
  26,1   MR *tendentia* Ca dit (c'antia, Q durantia
  65,2   MR *hanc in piscina ludere saepe soles*, ω hanc in lautorum mandere, AB madere ƷP condere Q ponere) saepe soles
XIV 1,1   MT *senator*, Qω senatus
  65,2   MT *pes erit* PQ proserit ω proderit
  186,2   MR *ipsius et vultus* PQ ipsius vultu(m) Fω ipsius vultus'.

In der schlechtern Ueberlieferung stimmen z. B. M und Fam. A überein

XIII 24,2   MR meliora Qω *melimela*
XIV 7,2   MT deliv(b)eris R delibis corr. **delibris**, Qω *delebis*
  30,2   MRT ursi Qω *ursos*
  116,1   MTQ versis ω *cellis*

148,2 MT caremus Q*o venimus*
158,1 MT net(e)a Q*o apta*.

Trotz aller erwähnten Mängel ist die Ueberlieferung der Fam. A im ganzen die beste, oder doch der der Fam. B mindestens gleichwerthig.

Familie B (βPQ). Original ein Text nach der Recension des T. Torquatus Gennadius.

Diese letztere stammt aus einem (von Torquatus Gennadius oben S. 69) subscribirten Exemplar, welches die Sp. nicht enthielt, und ward durch die Handschriften βPQ repräsentirt. Ueberschriften scheint der Text des Torquatus Gennadius nicht gehabt zu haben[1].

β, der von Gruter zuerst nach einer Vergleichung Thomsons, dann nach einer eigenen 1616 angefertigten Collation benutzte, ohne Vergleich vorzüglichere unter 2 Martialcodd. der damaligen Heidelberger Bibliothek, eine Pergamenthand-

---

[1] β der nach Gruter zu XIV 3 ed. Scriver 1619 p. 92 in XIII und XIV keine Lemmata bietet, hatte also ohne Zweifel auch in I—XII keine Ueberschriften. In P fehlen sie von V 81 ab Schn.[1]. Q hat sie durchweg. Die gemeinsame Abstammung von PQ zeigt sich auch hier, besonders in den gemeinsamen Fehlern. I 10 De Gemello et Maronilla TBG De Venusto et Maronilla XO De Venusto et marino PQ. I 88 Ad Alcimum puerum sepultum T Ad Alcimum EX Ad Alcimum titulum epitaphii PQ. I 118 Ad Caedicianum TXABC. Ad Decilianum PQ. u. s. w. Abweichungen wie I 76 ad bissenam PX in avarum Q u. a. sind vereinzelt. Die Ueberschriften von l. I—IV in PQ stimmen im Ganzen mit denen der Fam. C. Dagegen von V ab verrathen sie sich durch ihre in Form und Inhalt ganz abweichende Fassung als Machwerke einer sehr späten Zeit. So V 1 Ad Caesarem TEX Germanico's Caesari oratio libelli PQ. V 12 De Mascione EX Comparatio Lini et Stellae PQ. V 13 Ad Callistratum TEX comparatio litterati et divitis PQ. V 39 Ad Calliodorum et Sextum EX Quamvis magnum patrimonium duobus non esse magnum PQ. V 57 Ad Cinnam TEX Mala tractatio Ci*ynna*e PQ. V 61 Ad Marianum EX De juvene crispo qui civis quod semper Q uxor uxore Q ad latus ambulabat PQ. VI 8 Ad Severum TEX De repudiatis divitibus Q. VI 10 De Jove TE Ad Iove X Petit a Jove nummos et non accipit Q. VI 17 Ad Cinnam EX De qualitate nominum sive de barbarismis Q. VII 7 Ad eundem EX Amor omnium erga Caesarem Q. VII 14 Ad Anlum EX De Aula quae servum pennitum so flebat amissum Q. VII 21 Ad Lucanum EX Ad Neronem de occiso Lucano Q Ad Neronem de Lucanio otioso F) u. s. w.

schrift, nach Gruter sehr alt und ebenso wie P mit grösster
Treue, weil ohne Verständniss, seiner Vorlage nachgeschrieben (Schn.¹ XLIV sq.), stand, so weit man aus Gruters Angaben urtheilen kann, dem Original am nächsten. Eine
Beziehung zu Handschriften der Familie C, welche in P und
Q vielfach mitbenutzt sind, tritt in ₱ nirgend hervor. Dass
Schn. ₱ mit P irrthümlich für identisch gehalten hat, ist
von WGilbert, Ad Martialem quaestt. critt. p. 16 ss. zur
Evidenz erwiesen worden.

Zu dieser, wie es scheint, verlorenen Hdschr. gehörte
nach Gilberts Vermuthung p. 17 vielleicht das von Carl
Witte in Perugia unter einem Buchdeckel gefundene Blatt,
welches in der Schrift des 13. S. die Epigramme X 36,7
bis 41,5 enthielt, wovon aber nur 37 und 38 lesbar waren
(W; Schn. p. LXX s.). Wenigstens stimmen W und ₱ an der
einzigen Stelle dieser Epigramme überein, wo die beiden
andern Hdschrr. der Familie B abweichen, X 37, 8 maele
Q melle P mele ₱W male.

w

P Palatinus 1696 der Vaticanischen Bibliothek) von
C O Mueller dort gefunden und von Abeken und Emil Braun
für Schn. verglichen, ist eine Papierhandschrift des 15. S.,
mit eben so viel Treue als geringem Verständniss aus einer
alten Vorlage abgeschrieben z. B. IX 20,6 placeret Apollo
für pia Creta polo; Schn.¹ p. XCVII sq. Einzelne Stellen
hat *Christian Huelsen* für mich nachzusehn die Güte gehabt.

r

Q (Arondellianus Gronovii, eine Gruter noch unbekannte, zuerst der Pyrkheimerschen Bibliothek, dann der
Thomas Howards, Herzogs von Norfolk und Grafen von
Arundel angehörige Handschrift, hat JFGronow verglichen
und einen Theil ihrer Lesarten in ein Exemplar der Scriverschen Ausgabe von 1619 eingetragen, woraus Schn. sie bekannt gemacht hat (Schn.¹ p. LVI sq. u. 679).

Diese seitdem verschollene Handschrift hat Herr *Wallace
M. Lindsay* (in Oxford im Britischen Museum wieder aufgefunden, und ich verdanke ihm und den Herren *JHOnions*

in Oxford und Professor *Alfred Goodwin* in London eine
vollständige Collation derselben. Herr Lindsay hat die Güte
gehabt, die Spectacula und l. VIII—XIV, Herr Onions I—V,
Herr Professor Goodwin VI und VII zu vergleichen. Nach
ihren Angaben habe ich die Lesarten von Q durchweg mitgetheilt.

Die Handschrift (cod. Arondellianus 136) ist eine Papierhandschrift in Folio (141 Blätter), in einzelnen Columnen
zierlich und sorgfältig gegen Ende des 15. S. in Norditalien
geschrieben. Ueberschriften und Anfangsbuchstaben roth.
Der am Anfang stehende l. spectac. rührt von derselben
Hand her, wie l. I—XIV. Der Text ist vielfach corrigirt,
theils durch Hinzufügung von Buchstaben bez. Setzung von
Punkten unter der Linie; theils durch Ausradirung des Geschriebenen und Schreibung des Neuen auf der Rasur. Diese
Correkturen rühren theils von dem Schreiber des codex
selbst, theils von einem derer her, welche die Nachträge an
den Rändern gemacht haben. Welches von beiden der Fall
ist lässt sich nicht immer entscheiden.

Die sehr zahlreichen, an den Rändern hinzugefügten
Emendationen, Varianten, Glosseme und Nachtragungen von
Epigrammen, die im Text fehlen, rühren hauptsächlich von
drei Händen her, und zwar

1) dem Correktor, der zu Anfang von l. I geschrieben
hat: Liber Primus. priora epigrammata sunt extraordinaria
und zu Anfang von l. XIV: Incipit liber lemmata sive apophoreta. Proben der von ihm (aus der Fam. C, namentlich
jungen Handschriften, auch aus alten Drucken entnommenen)
Lesarten folgen unten. Mir haben dieselben, ausser einigen Proben aus l. X, nur bis zum l. VII einschliesslich vorgelegen).

2) einem Glossator, der Rand- und Interlinearglossen
gemacht hat: z. B. Marcialis X^{m} librum edidit et revotavit
et emendavit et aliquae addidit ut dicit. X 1.1 coronide]
darüber: appendice. Am Rande: coronis ab homero tractum.

nam cum scriberet de eo qui arcum perfecerat, auream autem
coronam addidit id est extremitatem. Inde in usum receptum
est, ut quidquid adderetur coronis diceretur. X 2.3 Nota¹
in prima edicione vulgata. X 2.4 utrique et novo et antiquo.
X 3.1 dentem imparam reprehensionem, nam dente invidemus.

3) Demjenigen der die im Text ausgelassenen Epigramme
aus einem cod. der Fam. C am Rande nachgetragen hat.

Ueber die Ueberschriften vgl. oben S. 78.1; über die Subscriptionen S. 69 f. Auf I 14 folgt I 18— I 103.2 I 15— I 17
IV 25— IV 68 I 104— IV 24 IV 69 sqq.; die Einschaltung
von IV 25—69 vielmehr 68) zwischen dem 1. und 2. Distichon
von I 104 (vielmehr 103) findet sich auch in bfh und andern
jungen Handschriften (Schn.¹ p. XCIII). Zwischen IV 88 und
89 steht in Q Suppos. I (Schn.¹ p. 632) mit der Ueberschrift
Epistola. Bei V 10 ist am Rande ein Distichon verwandten
Inhalts hinzugefügt:

   Omnia post fatum fingit majora vetustas:
    Majus ab exsequiis nomen in ora venit.

Auf Blatt 1 stehn 5 Epigramme de ortu Homeri (z. B. diceris
a multis colophonis alumnus homere etc.); auf den drei
letzten Blättern 139—141, 35 Epigramme von verschiedenen
Händen, und zwar zuerst unmittelbar hinter dem Schluss
von l. XIV) das in P an derselben Stelle stehende Epigramm
Schn.¹ p. XCVII (v. 3 optato statt viso jam; v. 4 viso st.
laetus). Hierauf: Epithafium Senece (Riese Anthol. lat. 667
II p. 126); dann das Epigramm ib. 721 II p. 177; 414 I p. 268
marmoreo cardo so tegitur tumulo, cato nullo Pompejus nullo
(corr. parvo) credimus esse deos) etc. Auf fol. 141 a unten:

   Burchardum si forte barscher pie lector amasti
    Manibus offitium funeris exhibeas
   Nam jacet hoc tumulo vir bonus aureatensis
    Ecclesie custos canonicusque simul
   Auxerat hos titulos spaltensis praepositura
    Hoc decus et vitam mors cita subripuit.

Der l. spectac., der nicht bloss in dem archetypus der Familie B. sondern auch in dem der Fam. Ca fehlte (Schn.[1] p. CV, ist in Q offenbar nicht aus einer Handschrift der Fam. A, sondern der Fam. Cb hinzugefügt. Aus dieser ist auch das in P fehlende, wahrscheinlich unächte Epigramm III 3 in Q am Rande hinzugeschrieben.

Wie P zeigt auch Q Spuren verständnissloser Abschrift der Vorlage: z. B. XIV 133,1 mutua rheno st. mutor aheno XIV 197,2 poena sedere solet st. paene sedere soles. Die bereits von Schn. hervorgehobene durchgängige Uebereinstimmung von P und Q, zeigt sich besonders auffallend in den beiden gemeinsamen Fehlern, wie

I 92,8	T praeda (st. braca	Fam. Ca palla palma plaga	PQ peda
I 109	ω Issa		PQFprBς ipsa
III 63,6	ω modos		PQς choros
IV 9,1	Fam. Ca Labulla, Fabulla		PQ bulla
V 50,3	T velis Fam. Ca potes, petis	PQ putes	
XIII 76,1	MR rustica sim an T simansi.	PQ rustica si maneat	

Die Differenzen der Texte von P und Q rühren, insofern sie nicht auf Versehen[2], oder Conjektur beruhen, daher, dass in beiden eine Handschrift der Familie C mitbenutzt ist. Daher weichen P und Q abwechselnd von der durch 𝔅 bez. 𝔅Q und 𝔅P repräsentirten Ueberlieferung des archetypus der Fam. B ab, jenachdem in diesem oder jenem Lesarten aus der Familie C aufgenommen sind. Zuweilen weichen PQ durch Aufnahme derselben Lesart aus dieser Quelle von 𝔅 ab; so IX 101,19 𝔅 parcus PQCa partos Parthos. Hier und da ist die Verwerfung der gewöhnlich befolgten Ueberlieferung zu Gunsten der nebenher benutzten noch nachweisbar.

---

[1] VI 5 P nibit Q mbit XII 26,6 P numadum Q mimadum u. dgl. lässt auf eine in Minuskeln geschriebene Vorlage beider schliessen.

[2] Wol nur ein Versehn ist IX 15,1 Q sepulcra für scelerata.

So I 78,2 PP *suos* QCa ipsos Rand von P al. ipsos. IV 67,8 P *non vis* Ca non das Q non das corr. aus non vis. Sehr selten stimmen PQ in einer von PCa abweichenden Lesart überein so III 85,1 T tibi PCa *tui* PQ sui IV 1,7 PCa *sabbatariarum* Q sabbatariarum P sabbatariorum.

Dagegen weichen QCa von P oder PP ab.

II 1,2	P corr. P perlegeretce	TQCa perlegeretque
II 81,1	*esse huic* P o ex hoc	QCa ab hoc
V 6,10	P *placido*	QCa placidus
V 15,3	PF *nomine*	QCa carmine
V 19,1	TPF *veris*	QCa veri
V 58,3	PPFrising. longe est	QCa *longe*
V 58,7	P tardum est	QCa *serum est*
VI 24,10	PF *caede duos*	QCa parce (parc deo
VI 58,10	P magnus	QCa *clarus*
X 56,6	P *servorum*	QCa saxorum saxonum)
XIV 10,1	TMP *pusilla*	QCa puella
XIV 176,2	TPP *puer*	QCa pater.

PCa weichen von Q oder PQ ab:

II 14,2	PQ vel puta	PCa *ut puta*
III 17,5	PQ *urbem*	PCa Romam
III 95,2	TPQ *corvus*	PCa curvus
IV 66,2	PQ turba mero	PCa Rand v. Q *rena mero*
IX 33,2	PQ *Maronis*	PCa Morionis
IX 67,2	PQ *nulla*	TPCa nemo
X 21,2	PQ Crispe	PCa *Sexte*
X 34,1	PQ *Caesar Trajane*	PCa princeps Trajane
X 103,1	PQ angusta	PCa *augusta*
XI 7,11	PQ diceret	PCa *dicet et*
XI 27,13	TPQC *me donare*	PCa me dare dona
XI 52,18	PQ rara	PCa *rura*
XI 78,11	PQ redde	TPCa *trade*
XII 18,21	PQ corr. V pueri	PCa *pueris*

XII 32.11 PQ ibi   PCa ibat
XII 10.2 PQ Pompiliane   TPCa Pontiliane
XII 82.12 PQ colligit ille   PCa colligit usque (utque)
XIV 1.1 TMPQC tam   PCa corr. Q jam

Zuweilen stimmt P mit einem Theil von Ca[1], PQ mit einem andern überein:

IV 30.16 PQc₂ delicatos   PG_z dedicatos
VIII 56.3 TPQFXCo deesse   AB idesse Pc₂ abesse
  E desse
IX 16.4 PQEXACF dumtantum   Pc₂ dum tamen
XI 95.2 PQEXACF in solium   Pc₂ in solio
XII 88.1 PQEXABG non ego   PFc₂ non nego
                                         n
XII 94.6 TPEXABCF ambitiose Q ambitiose Pc₂ ambitione

Auf Verschreibung beruht die Abweichung von P:

XII 98.5 PQX Instantius Ec₂ instantibus P intrantibus;
wol auch II 33.4 PQEXA haec G hic CO te P hoc.

Dagegen auf Conjektur oder Besserung:

IV 54.10 QCa negat neget   P secat
VIII 33.6 TPQCa quam reor   P quod reor
XII 15.9 PQCa at pudet   P ah pudet
XIV 166.1 PQCa electa   MP ejecta.

Was die in Q zur Correktur benutzte Handschrift der Fam. C betrifft, so liegt es am nächsten anzunehmen, dass es dieselbe war, aus welcher der l. spect. entnommen wurde. Diese aber kann nur zu der Classe Cb oder zu den jüngsten gehört haben, von denen mehrere ja auch die Verstellung von IV 25—68 mit Q gemein haben (oben S. 81). In der That finden sich nun sowol im Text von Q als auch unter den am Rande hinzugefügten Lesarten die bis auf einige überhaupt nicht nachweisbare sämmtlich aus der Ueberlieferung von C stammen mehrere, die sonst nur in den jüngsten Handschriften oder alten Drucken (λχχα) vorkommen.

Doch in den meisten der angeführten Stellen nur mit den von Fam. B abhängigen G und V. Gilbert.

Q hat im Text:
I 13.5 lenta mit Osqzz ω longa
IV 45.1 Pamphile mit l (E Phapyre X Paphile)
IV 78.8 Siger osque: sidereosque bswzş pr.h.
              d   e
VI 41.1 lauro mit behszş ω lana
    am Rande:
I 31.7 ab elide mit h Text: ab la'de etc..
II 11.13 cunctis mit Gş für das im Text fehlende ternis.
II 35.2 Imbricio mit O Umbricio e für in rhytio.
II 41.11 Tabella mit Tsş (Text: Fabulla
II 46.8 tuta mit Ozqzz (Text: trita)
II 17.1 sorptita u. a. mit O Text: inscripta
IV 55.29 Britannos mit behlz Text: butunto
IV 58.2 num mit p und corr. z Text: nam
IV 61.6 lichnisque perunctum (? Text: lineisque ter cinctum)
V 19.12 flammateve (aeve) mit qzz (Text: flammarisve)
X 1.12 ethia mit Oqzz Text: et
X 5.3 pontes per urbis erret exul et clivi mit qzz Text
    esset per urbem pontis exul et divi.

Hier und da zeigt Q auch eine ganz selbständige Aenderung oder Ergänzung. VI 38.4 nec adhuc trieteride plena fehlte in der Vorlage von PQ plena: in P ist es unersetzt geblieben, in Q durch fretus ersetzt. VIII 67.10 ⊬EXAFG ut j ante s sero ω aut cur non sero Q cur autem sero. XII 50.1 pityonas T phyonas ⊬ pythonas Ca cyparissos Q pythagoras.

Die sämmtlichen Handschriften der Familie C stammen aus derselben im 8. oder 9. S., mit Ausnahme der Ueberschriften vielleicht in Longobardischen Minuskeln geschriebenen Handschrift, welche selbst wieder Copie eines wahrscheinlich in Minuskeln geschriebenen, also ebenfalls nicht sehr alten Originals war[1]. Hinter den Vorlagen der Fa-

Familie C.

---

[1] Das obige nach freundlicher Mittheilung von *Wallace M. Lindsay*, welcher die codd. E und die übrigen Edinburgher Martialhandschrif-

Classe Ca. Original.

milieu A und B stand dieselbe im Ganzen zurück, da sie sehr fehlerhaft und vielfach willkürlich corrigirt war (Schn.[1] p. CXX; doch vgl. Gilbert Quaest. crit. p. 18). Die gemeinsame Abstammung der sämmtlichen ältern Handschriften dieser Classe Ca aus dieser einen Quelle ergiebt sich namentlich aus ihren gemeinsamen Lücken, besonders X 57—72, wo also in der Urhandschrift ein Blatt fehlte (Schn.[1] p. CXIX), u. X 88—91. Der Text derselben lässt sich bei der grossen Zahl und grossen Uebereinstimmung der aus ihr geflossenen codd. grösstentheils feststellen (Schn.[1] p. CXX—CXXIV Schn.[2] p. V sq.). Die Spectacula enthielt sie nicht. Sie hatte durchweg Ueberschriften[1], die in Majuskeln geschrieben waren[2].

---

ten, so wie A und X neu verglichen hat. Auf Minuskelschrift des Originals schliesst derselbe aus Lesarten der Urhandschrift der Fam. C, wie folgende: I 3,7 Cum tum. I 16,2 fit sit. I 35,8 vestit vescit. I 42,4 fatis satis. I 103,10 cicer citer. II 33,2 rufa russa. II 73,1 sobria fortia. III 29,16 impudici balneo inpudicibus in eo. III 58,14 satur fatus. III 58,17 superbi feminas superbis minas.

[1] Die Ueberschriften vollständig bekannt nur von E und X haben dieselben Formen wie die der Fam. A. Ihre Uebereinstimmung mit derselben ist mehrfach von der Art, dass man sie nicht für zufällig halten kann. So I 86 oben S. 71,1. III 36 Ad Fabianum sterilem amicum TEX. III 91 De amisicio et archigalli T de missicio et a r crigallis EX. VII 71 De marito et uxore et de EX tota domo REX. VIII 47 ad eum qui de div barbam facieb. R Ad eum qui de diversis barba faciebat EX. IX 18 Ad Caesarem de facinoribus proitis prohibitis EX TEX. Durch verschiedene Halbirung derselben Ueberschrift können entstanden sein: II 19 De navi Argo T Ad lectorem EX. VIII 52 De tonsore T Ad Caedicianum XEF. X 2 De perpetuitate librorum T Ad lectorem EX. Auffallender, doch immerhin mit der Annahme einer gemeinsamen Vorlage vereinbar sind Abweichungen wie VI 64 Ad eum qui emendari voluit eius carmen T Ad sectorem suum EX. VI 86 De sanitate sua T De Mida EX. VII 6 Ad Famam T Ad Caesarem EX. Auch zwischen den einzelnen Handschriften der Familie C finden sich starke Differenzen, z. B. III 7 Ad quadrantes X Ad Misellium v. l. G. VI 66 De praecone puellam vendente X De Gelliano praecone spurco EA.

[2] II war dem K. ähnlich; daher III 41 DE PKIOLA E; mit R verwechselt z. B. VI 33 AD MATRONEM E. B und R verwechselt XIV 39 LVCERNA CVRICVLARIA E. Lindsay.

Der Urhandschrift am nächsten steht E[1] in der Bibliothek der Juristenfacultät zu Edinburgh. Pergamenthandschrift des 10. S. in Quart. 108 Bll. von je 2 Columnen, in Karolingischen Minuskeln ziemlich deutlich geschrieben (wie es scheint von 3 Händen, und von verschiedenen corrigirt), sehr ähnlich dem cod. X. Schon Schn., der eine (nicht genügende) Collation desselben für seine 2. Ausgabe benutzte (Schn.² p. V sq. vgl. Schn.¹ p. LXXX sq.), hielt ihn für den besten Vertreter der Fam. Ca, und Lindsay, der E zweimal aufs sorgfältigste mit dem Text von Schn. und ausserdem mit X und A verglichen hat, bestätigt dies Urtheil durchaus. Der Schreiber von E, des Latein und seiner Grammatik sowie der Metrik noch unkundiger als die Schreiber von X und A, kopirte deshalb sein Original mit grösserer Treue. So XI 70,3 rudesve querellae rudesve que pellac E rudesve puellac X rudesque puellae A. IX 62,4 odore odere E olere X odore A. III 13,1 dum non vis pisces dum non vis pisces leporem E dum pisces leporem X dum non vis pisces A. Zuweilen führt E allein, oder mit A zusammen[2] auf das richtige, wo die übrigen codd. der Familie Ca corrigirt sind. So II 56,1 male audit malaudit EA me laudat X. VIII 78,1 victoria viatoria EA viatori X. Vgl. Schn.² p. V sq.

Ferner X, in Paris ehemals im Besitz des Claudius Puteanus, im 10. S. ebenfalls von einem sehr sorgfältigen Schreiber geschrieben, der in der Regel die Corruptelen des Originals treu wiedergab, selten corrigirte (Schn.¹ p. LXXXVI). Einige Nachträge zu Schneidewins Collation dieser Hand-

---

[1] Die sämmtlichen Angaben über E sind von Herrn *Wallace M. Lindsay*. Aus seiner mir gütig mitgetheilten Collation habe ich die Lesarten dieser Handschrift durchweg mit angegeben.

[2] Vielleicht ist A theilweise aus E abgeschrieben. In beiden sind VII 10,10 u. 11 hinter VII 12,8 wiederholt, und auch an anderen Stellen weichen beide allein vom Original ab: so IV 27,4 u. 5 *transp.* EA. VI 80,4 tibi am Ende des Verses EA. IX 61, 18 u. 19 *transp.* EA. IX 101,10 namne vobes EA. X 10,3 *his* EA. XII 6,12 malus ausus esse EA.

schrift verdanke ich Herrn Lindsay, der sie nochmals verglichen hat.

Eporcd. Von einer Zwillingshandschrift von X stammt der Eporediensis, zuerst verglichen von J. Bethmann Schn.² p. X sq. Eine neue Collation des daraus erhaltenen Fragments XIII 1—110 geben Götz u. Loewe Leipziger Studien I 363.

A A in Leyden, ehemals im Besitz von Isaac Voss im 11. oder 12. S. in derselben Weise wie X, aus derselben oder einer ganz ähnlichen Vorlage, vielleicht E, abgeschrieben oben S. 87.2, von einer alten Hand corrigirt, die sich aber der Conjekturen enthalten hat Schn.¹ p. LXXII sq. Auch diese Handschrift hat Herr Lindsay neu verglichen, welchem ich ausser einigen Nachträgen zu den übrigen Büchern eine vollständige Collation der Bücher XIII und XIV verdanke.

Etwas weiter vom Original entfernt sich

B B in Leyden, ehemals im Besitz von Isaac Voss' im 12. S. geschrieben, mit vielfachen willkürlichen Aenderungen theils des Schreibers, theils des Correktors Schn.¹ p. LXXIII sq.).

Die mit Benutzung von Vorlagen der Fam. A u. B geschriebenen Handschriften d. Classe Ca. Mehrere Handschriften der Familie Ca sind mit Benutzung von Vorlagen aus den Familien A und B geschrieben oder corrigirt, namentlich folgende:

C C Vossianus der Leydener Bibliothek, im 11. S. in Deutschland geschrieben, stark interpolirt und durch seine täuschenden Aenderungen ein Führer für die jüngern, stimmt nach Gilbert häufig mit T.

G G (Gudianus aus dem Ende des 12. oder dem 13. S. in Wolfenbüttel) fehlerhaft geschrieben und willkürlich corrigirt, stimmt auffallend mit Familie B.

V V 4 oder V (der älteste von vier Vaticani, aus dem 10. oder 11. S.), von einer zweiten Hand theils glücklich, theils unglücklich corrigirt vgl. z. B. zu V 34.3). [stimmt besonders in Dittographieen und Correkturen häufig mit Familie B z. B. XII 3.16; 21.8 u. s. w. Gilbert.] Er hat das in Ca fehlende XII 2.

F Florentinus aus dem 15. S., von Schn.[1] der nur eine Collation des 1. Buchs von F de Furia hatte irrthümlich zur Familie B gerechnet (p. CVIII ff.) und ebenso irrthümlich für identisch mit dem von Adrian Beverland aus Middelburg in Zeeland. † vor 1746 benutzten Florentinus (N. XI) sowie dem von Thomson für Scriver verglichenen Florentinus, und des letztern öfter genannten optimus (p. XLIX und XCII) gehalten[1].

Diese bisher so gut wie unbekannte Handschrift hat der Bibliothekar der Laurentiana *Don Niccolò Anziani* die Güte gehabt, mir hierher senden zu lassen, und sie ist von einem Mitgliede des hiesigen philol. Seminars, Herrn *Carl Froben* aus Memel, aufs sorgfältigste collationirt worden. Ihre Lesarten sind in dem kritischen Apparat durchweg mit angegeben. Sie ist ohne Abkürzungen und Rasuren kalligraphisch auf schönem Pergament geschrieben und vortrefflich erhalten. Nach der unten folgenden Untersuchung Froben's ist sie nach einer Vorlage der Familie Ca geschrieben, mit deren besten Vertretern (besonders EXA) sie, soweit keine Entlehnungen oder Aenderungen stattgefunden haben, durchweg übereinstimmt; doch nach einer guten Handschrift der Familie B corrigirt, deren Lesarten in IV, X und XIII, stellenweise auch sonst, überwiegen. Der Corrector ist nicht consequent verfahren, hat auch öfter geirrt, doch im Ganzen sind seine auf die Handschrift der Fam. B begründeten Aenderungen Verbesserungen. Ausserdem fehlt es nicht an willkürlichen Aenderungen und Entstellungen, welche vermuthlich nicht von dem Corrector, sondern dem Schreiber herrühren.

Von den Excerptenhandschriften folgen die Excerpta Frisingensia S. XI jetzt in München (Schn.[1] p. LXVII f.) öfter dem Text von A und B. So

II 8.7 Fr. mit PQR quasi nos manifesta Fam. Ca. quae si manifesta

Excerptenhandschriften. Excerpta Frisingensia.

---

[1] Vgl. den Anhang 1.

V 52,7 Fr. mit TRPFGOQ quamvis ingentia — dona ω q. i.
— dones
V 58,7 Fr. mit P tardum est QF Fam. Ca serum est.
Allein bieten sie das richtige
II 7,7: Fr. facias tamen Qω facis (et oder haec tamen,
facis attamen.

N Parisinus, früher Nostradamensis, nicht später als
das 13. S. für Schn.² von Duebner collationirt) stimmt mit
den weniger guten Vertretern von Ca überein Schn.²
p. VI—X), hat aber auch manches Eigenthümliche (S. 93,1).

Sehr ähnlich ist das sehr viel weniger enthaltende Florilegium Diezianum (aus dem 14. S. in Berlin — D — Schn.¹
p. LXVII). Diese so wie die (von D unabhängigen) Excerpta Erfordiana (e, ibid.) hat Dr. *Hermann Nohl* die Güte
gehabt für mich nachzuvergleichen, doch ohne nennenswerthes Resultat. II 53,3 hat nicht, wie Schn. angiebt,
noles sondern voles).

O (ed. Romana 1473) ist von einem Gelehrten besorgt,
der einen alten Druck (vermuthlich den ersten (ohne Jahr
und Ort) zu Grunde legte, und mit Benutzung des unedirten
Textes des Nicolaus Perottus¹) und einer zur Familie Ca
gehörigen Handschrift²) den Text zuweilen glänzend verbesserte, oft aber auch durch neue Fehler stark entstellte
Schn.¹ p. XVI—XXV).

Classe Cb
Weiter als diese Handschriften entfernt sich von dem
gemeinsamen Original eine Reihe anderer, die noch mehr
aus anderen Quellen aufgenommen haben (auch den liber
spectaculorum), und noch mehr durch Fehler und willkürliche Correkturen entstellt sind (Classe Cb). Dazu gehören

---

¹ Von Perottus ist die allein in O enthaltene Lesart X 26,1 lata
modo voce per urbes Schn.¹ p. XXII.
² Nach den im Anhang 1 angeführten Stellen scheint dieselbe
zu den gemischten, nach Fam. B corrigirten gehört zu haben.

Vindobonensis 3 aus dem 15. S. Schn.¹ p. LXIX stark interpolirt, hat viel aus schlechten Handschriften, stimmt in den letzten Büchern aber auffallend mit T. Vindob. 3

Genau mit Vind. 3 stimmt der etwa um ein Jahrhundert ältere Bononiensis (Schn.¹ p. CXI u. CV). Zu Anfang, doch von anderer Hand, im 14. S. eingefügt, steht der liber spectaculorum, doch ist nur das letzte (vorletzte?) Blatt (7,10—18) erhalten. Am Schluss steht: Hii versus in quodam vetustissimo allati (Martiali?) invenitur, qui ab aliis deerant. Von diesem (ebenfalls mit Vindob. 3 genau stimmenden) Fragment geben eine Collation GGötz und GLoewe, Mittheilungen aus Italienischen Handschriften I Zu Martial. Leipziger Studien z. class. Philologie I (1878) S. 363—365 . Bononiensis.

Vom 11. bis 15. S. wurden nur Handschriften der Familie Ca häufig abgeschrieben. Von geringeren derselben stammen die schlechten im 15. S. (meist in Italien), doch mit Benutzung der Familien A und B geschriebenen stark interpolirten Handschriften¹). Aus einer sehr alten Hdschr. der Familie A ist in denselben der bereits im 14. S. (vgl. die Angabe des Bonon.) aufgetauchte liber spectaculorum und das carmen suppositicium I Schn.¹ p. 632 hinzugefügt Schn.¹ p. CXXV—CXXVII. Handschriften des 15. u. Jahrhunderts.

Ueber die zu dieser Classe gehörigen Handschriften der Bodleianischen Bibliothek in Oxford (Schn.¹ p. LV u. LXXXI) verdanke ich Herrn *Lindsay* genaue Angaben. Der von Farnaby benutzte Bodleianus angeblich »von ehrwürdigem Alter« Schn.¹ p. LIV sq., im 15. S. in Italien mit zierlicher Schrift und gemalten Initialen geschrieben, enthält am Ende die Spectacula und die im Original fehlenden Epigramme X 56, 7 — X 72 incl. und X 88—91 (oben S. 86); zuletzt den Brief des Plinius Epp. III 21. Bodleiani.

Zu ihnen gehört u. a. der von Schn. mit ꝼ und ꝼl. bezeichnete Florentinus Beverlandi Schn.¹ p. LVIII, vielleicht identisch mit f ib. XCII, vgl. Anhang 1.

Eine andere Hdschr., ebenfalls in Italien im 15. S. geschrieben (D'Orvill. X 1. 5. 31), scheint die von Oudendorp benutzte, von Schn.¹ p. 678 d; eine dritte (D'Orvill. X 1. 5. 32) die von Schn.¹ p. LXXI **g** genannte zu sein; eine vierte Canon. Lat. 82 ist mit den Wolfenbüttler Hdschr. **a s w** Schn.¹ p. LXIII sq. verwandt. Die von Schn.¹ p. LXXXII 6 erwähnte »In bibl. Edv. Bernardi etc.« (zu Ende des 15. S. in Italien geschrieben) enthält die Sp. und I—IV 1. Was Schn. ib. unter 7 anführt, ist keine Handschrift, sondern ein Druck von 1611, der u. a. Marcialis Episcopi Lemovicensis Epistolas enthält.

Eine Hdschr. der Bodleiana Auct. F. 1. 8 aus dem Anfange des 13. S. enthält Joannis Sarisb. Policrat. etc., und am Schluss (f. 138—140) »Exertum sic) de libro epigrammatum Marci Marcialis Valerii satirici«. Der Text, wie es scheint nach einem cod. der Fam. Ca) ist von sehr geringem Werth.

Handschriften des Brit. Museums. Ganz werthlos sind offenbar die von Herrn Professor Alfred Goodwin untersuchten Handschriften des Britischen Museums 22006 und 23893, beide aus dem 15. S. Die erstere stimmt zum Theil mit der Ausgabe des Merula 1475 und der ed. Veneta 1480 (μx). Die letztere hat am Schluss die auch in g stehenden vier Zeilen Schn.¹ p. 678 mit einigen Abweichungen und der Bemerkung: hoc epigramma debet esse in tertio libro. Beide enthalten die spectacula, in beiden ist die Reihenfolge des ersten Buchs verwirrt (vermuthlich in derselben Weise, wie in Qbfh u. a. oben S. 81).

Anhang I.

Abstammung der drei Familien von drei Texten.

Vermuthlich cursirten schon bei Lebzeiten Martials erheblich von einander abweichende Texte seiner Gedichte.

und es ist keineswegs unwahrscheinlich, dass er selbst in den für Freunde eigenhändig corrigirten Exemplaren (VII 11 und 17) bald diesem, bald jenem Ausdruck den Vorzug gab. Im Laufe der Zeit wird die Zahl der Varianten[1] noch sehr zugenommen haben (vgl. V 29 bei Lamprid. vit. Alex. Severi c. 38), und der Text des Torquatus Gennadius wird von anderen gleichzeitigen noch verschiedener gewesen sein, als die von einander am weitesten abweichenden Texte im Anfange des 2. Jahrhunderts.

Auch in unserer Ueberlieferung scheint eine nicht ganz geringe Anzahl von Abweichungen[2] noch aus dem Alterthum zu stammen. Wenn auch ein Theil derselben erst von mittelalterlichen Abschreibern herrühren kann, so ist doch die Möglichkeit eines über die Entstehungszeit unserer ältesten Handschriften hinausreichenden Alters bei keiner dieser Diskrepanzen ausgeschlossen. Es sind allerdings darunter manche durch Missverständniss herbeigeführte Entstellungen, doch die grosse Mehrzahl dieser Abweichungen scheint eher aus minder guter Ueberlieferung, als aus Willkür herzurühren, und manchmal erscheinen beide Lesarten gleich berechtigt. Ich gebe hier eine Uebersicht der in Betracht kommenden Diskrepanzen, wobei die bessere Lesart stets durch den Druck hervorgehoben ist.

Nur in einem Fall finden sich beide Lesarten in allen drei Familien:

---

[1] Selbstverständlich kennen wir nur einen Theil derselben. So ist die sonst nirgend überlieferte Lesart X 14,3 Milia poscenti nuper mihi pauca negasti nur durch die von Haupt Opp.[1] p. 286 ff. beschriebene Handschrift der Leipziger Stadtbibliothek erhalten (ib. p. 291). Nur N hat X 95,3 Quod patrium sitiam miraris Avite Salonem, nur N und D XIV 123,1 Saepe teres digitis. Vgl. auch die Lesarten von N XII 74. 7 u. 8.

[2] Die überall sehr häufigen, metrisch gleich zulässigen Umstellungen von Worten in demselben Verse z. B. cenam semper für semper cenam sind hierbei nicht berücksichtigt.

I 10,4   TQ Gemellus   PF Venustus   EXBCGV Gemellus ve-
         nustus

M Venustus P Rand Gemellus O und Ueberschrift
in QEXO Venustus   Ueberschrift in BG¹ Gemellus.

Die Zahl der Fälle, in welchen Familie A von beiden
anderen stark abweicht, erscheint nicht klein, wenn man
bedenkt, wie unvollständig wir den Text derselben besitzen.
Auch gehört zu diesen Abweichungen die auffallendste, die
sich in unserer Ueberlieferung findet XIII 65,2.

II 20,2	R *jure vocare*	Q Fam. Ca (auch in EF, in P fehlt der Vers) *dicere jure*
III 80,1	T *loqueris*	PQ Fam. Ca EF *quereris*
VI 64,3	T *deprensa*	Fam. B u. Ca E *rubicunda*
VIII 21,1	T *axe*	Fam. B u. Ca E *igne*
XI 29,3	T(V) *vitam*	ΨQXACEF *murem*
XI 39,10	T *temperat ira tua sua*	PQEFω *abstinet ira manum*
XII 17,9	T *cum recubet pulchre*	ΨQ Archet. von Fam. Ca *cum sit ei* (tam *pulchre*)
XII 19,2	T *et cenare domi*	PQ u. Fam. Ca *et cenare foris* (forae)
XII 94,5	T *Calabris*	Fam. B u. Ca E *doctis*
XIII 65,2	M *in piscina ludere*	Fam. Ca *in lautorum mandere madere* E ΨF *condere* Q *ponere*
XIV 37,1	TM *selectos*	Fam. B u. Ca *constictos* E *constrictos*
XIV 158,1	T *neca* M *neta*	» » » (E) *apta*
XIV 162,1	TM *mula*	» » » E *pluma*
XIV 167,2	T *candida*	» » » E *garrula*

Nur selten weicht Fam. B ganz oder theilweise von
Fam. A und C ab:

I 12,5   T Fam. Ca (E) *umbras*   PQF *auras*

---

¹ Vgl. S. 95 XI 98,1 S. 96 XII 42,2.

IX 71.7	T(P) Fam. Ca EF *portitor*	ΦQ *proditor*	
IX 73.3	T nach meiner Collation Fam. Ca (EF *defuncti*	ΦPQ *decepti*	
— —	T Fam. Ca EF *rura* Q *jura*	Φ *regna*	
XIII 65.1	Fam. Ca *aris haec* (aut haec EXA	ΦQ *perdix*	
XIV 106.1	T Fam. Ca *panda* (*pansa*	ΦQF *laxa*	
XIV 175.2	T Fam. Ca E *Accepit*	ΦQF *exegit* *exigit*	

In folgenden Fällen steht die Lesart der Familien A und B oder der letzteren allein der der Fam. C gegenüber.

I 43.2	TPQ *strinxerat*	Fam. Ca EF *traxerat*
I 93.4	PQ *Plus tamen est. titulo*	Fam. Ca EF *Inscriptum (est. titulo*
III 27,1	RPQ *venias cum saepe vocatus* *rogatus*	Fam. Ca E *cum sis prior ipse vocatus*
IV 66.3	PQ *excussa*	Fam Ca E *tibi sumpta*
IV 89.5	PQF *peracta est*	Fam. Ca E *notatur*
V 22.7	PQ *rumpere*	Fam. Ca EF *vincere*
VI 21.10	PF(O) *caede duos*	Fam. Ca E) *parce (so deo* Q *parce deo*
VI 58.2	ΦPQF *sidera pigra*	Fam. Ca E *sidera ferre*
VI 77.7	ΦQ *mulo*	Fam. Ca EF *gi(y)bbo (giuno*
VII 1.2	ΦPQ O *comae*	Fam. Ca E *deae*
VIII 8.3	ΦQF *Te primum pia turba roget* (*vocet* Q *te voce salutet*	Ca E *Te pr. p. tura rogent. te rota salutent*
X 1.8	ΦQF *dicere vita*	(E om. vita Fam. Ca *dicere jure*
X 19.15	PQ Plin.(O) *studet*	Fam. Ca EF *vacat*

XI 98,4	PQ *Flacce* Ueberschr. in XAC ad Flaccum	Fam. Ca(EF) Basse
XI 99,5	TPQ *magni* (magnis)	Fam. Ca EF) gemina
XII 12,2	TPQF *Pollio* (Polio)	Fam. Ca E) Postume
XII 50,1	(*pityonas*) T phyonas P pythonas Q pythagoras	Fam. Ca(EF) cyparissos
XIII 10,1	RMPQ *Nec dotes similae* possis (poteris Vind. 3)	Fam. Ca(F) Nec poteris similam, poteris possis E)
XIII 26,4	RM *tendentia*	FQ durantia EABG dicantia XC ditantia
XIV 81,2	TPQ *tristi*	Fam. Ca EF) tetrico
XIV 125,1	TMPQ *perdere* TPQ *saepe*	Fam. Ca EF) rumpere Fam. Ca(EF) multa
XIV 126,2	TMPQ *laena*	Fam. Ca(EF) *togula*
XIV 146,1	TPQ *Cosmi*	Fam. Ca(EF) nardi.

Hiernach erscheint die Annahme, dass unsere drei Handschriftenfamilien aus drei verschiedenen Texten stammen, unabweislich.

Anhang 2.

Der codex F und die von Schneidewin mit ihm identificirten Handschriften[1].

Von Carl Frobeen.

Schneidewin geht bei seiner Beurtheilung des cod. F von der Behauptung aus, er sei identisch mit dem von Beverland verglichenen, neben anderen Handschriften zur Emendation der Collessoschen Ausgabe benutzten Florentinus, von

---

[1] Vgl. oben S. 89.

ihm als F,Fl[1]) von Schn. als א. אּ bezeichnet (p. LVIII. XCII).
Ohne dies beweisen zu können — nirgend standen ihm die Lesarten beider codd. neben einander zu Gebot — stellt er unbedenklich die von Furia in F verglichenen Stellen mit aus אּ bekannten zusammen, und indem er diese wie jene ohne Unterschied mit den Lesarten der Familien Ca und B vergleicht, kommt er zu dem Resultat: (liber) licet identidem ad familiae Ca societatem deflectat, universe cum P conspirat (p. XCII; vgl. CXIII sq.). Die Vergleichung der dafür angeführten Belegstellen in F ergiebt indess, dass ausser 6, welche den von Furia verglichenen Epigrammen des 1. Buchs entnommen sind (in der siebenten I 26,4 liegt ein Irrthum Schn.'s oder des Vergleichers vor: der cod. hat petis nicht bibis) nur 4 Uebereinstimmung von F und אּ zeigen: VI 30,1. VI 88,2. VII 34,8. VIII praef. fehlt in P, steht in QFאּ(ω); an den übrigen 11 weichen ihre Lesarten von einander ab:

VI 2,1	Pאּ serae Q serere	Fω sacrae
VI 3,6	PQאּ toto	Fω totam
	P nibit Q mbit אּ nubit	Fω nebit
VI 13,7	Pאּ renovetur	QFω revocetur
VI 21,8	Pאּ virum	QFω Iovem
VI 21,10	Ca pare deo Qאּℓ℘hpξ parce deo	PFO e(a)ede duos
VI 28,6	℔PQאּ innocens	Fω integer.

Vgl. VI 32,3; 12,18; 17,3; VII 13,1.

Daraus geht schon zur Genüge hervor, dass unmöglich F mit אּ identisch sein kann, und die Vergleichung der übrigen Stellen bestätigt es: nur in 48 von etwa 170 bekannten Lesarten stimmt אּ mit F überein, und zwar zugleich mit

---

[1] Schn. hat entschieden richtig gesehen, dass beides nichts als verschiedene, je nach den Büchern willkürlich wechselnde Bezeichnungen ein und derselben Handschrift sind: wir nennen sie im Folgenden אּ.

Fam. B und Ca 26, mit B 16, mit Ca gegen B 6 Mal. Eine Uebereinstimmung von Ff mit F allein findet sich nicht.

Dagegen tritt eine sehr nahe Beziehung von Ff zu den schlechtern Handschriften, namentlich den Vertretern von Cb: ℬhlp (besonders den beiden ersten) hervor.

IV 75,7   T pignore famam Ffhlpz pectore famam Ca pignora vitae   QFcoxyzαλ pignore vitae
IV 89,1   Ffh scola   Oℬlp schola   P seida   ABF schida   G ceda   Qω scheda
V 16,3   T cunctas   Ffh jactas   QFω cantas
V 25,8   Ffhlpbc mero   QFω croco.
VI 47,7   TPQFp meo jam crimine   Ca meo lacrim(a)e   Ff ℬhbc modo lacrimantia
VI 64,24   Ffbc invexerit   QFω inusserit
VII 7,3   Qω fractusque   Ffhlbcpswzλ fractoque   FCa fractumque
VII 20,8   PF buccis plangentem   Ffhlpλ buccis placenta c   Ff(λ) XACG dulcis placenta s)

u. s. w.

Nur verhältnissmässig wenig Fälle giebt es, an denen nicht wenigstens einer oder der andere codex der Classe Cb oder der jüngsten mit Ff übereinstimmt, oder ihm doch so nahe steht, dass die Benutzung einer gemeinsamen Vorlage sichtbar ist. Ganz allein steht Ff (wie denn alle Handschriften dieser Art bald selbständig corrigiren, bald sich an codd. der bessern Familien anlehnen) z. B. V 12,7 Ff levat QFω porta(e)t VI 13,1 Ff formavit Fω formatam VII 20,13 Ff cunis P hirus Q hircus Fω furtis VIII 24,10 Ausoniam — lucem QFω Ausonin(c)m — ducem (X lucem Oabswprg diem) u. s. w. Oefter wird ein Uebergehen zu den bessern Hdschrr. sichtbar: Entlehnung aus der Fam. B z. B. IV 23,7 PQFff sch'olae ω sale's VI 24,8 PFf virum QFω Iovem VIII 36,3 PQFf mare aulcoticus Fω Marcoticus VII 87,5 P iconeumo Q ancumo Ff icancumo O ichneumon Fℬω ichemon: 97,9 ℱPQFf tibi Fω mihi: 99,3 PFf in auram QFω in aula u. s. w.

Danach kann es keinem Zweifel unterliegen, dass wir in ℵ einen jener zahlreichen italienischen codd. des 15. S. haben, von denen Sehn. (p. CXXVI) sagt: »Sunt libri ἀλλοπρόσαλλοι quidam, qui modo ad hanc modo ad illam familiam transiliant; modo ad depravatissima quaeque delapsi, modo sapienter ad optimorum memoriam deprehenduntur attemperati«; einen mit besonderer Anlehnung an B geschriebenen cod., der, ein sehr naher Verwandter von 𝔅 und h, der Familie Cb einzureihen ist. Nun kennen wir aus einer leider nur dürftigen Collation Furias (I 1—49 IV 55, wie von F) einen zu dieser Familie gehörigen (Sehn. p. XCII f.) Florentinus des 15. S., f, der, soweit dies das wenige daraus Bekannte sehen lässt, die genannten Eigenschaften ℵ's theilt: eine nähere Beziehung zu h (I 2,3 *pf*h hos lege ω hos eme; 12,2 e*p*fhz pulsat b*p* sonat ω fumat; 12,7 fh sub ipsa ω sub illa; 49,9 *corr.* fh congredi ω co(n'ge n di u. s. w., und Anschluss an Fam. B (I 44,2 PQ*prf* hos ω hoc; IV 55,21 PQFf per quos ω per quod; 55,26 ΨPBFOfz Vatinesc a e Q Vatineseae *suza* Matinesae a *pr.* hl Matinense *corr.* h Matinese X Vaticesee AC Vativiscae be Vativestae u. s. w.); namentlich in der Erhaltung der Subscription des Torquatus Gennadius zu I bis VII, wobei in III P und f fast genau übereinstimmen: P Emendavi ego Torquatus Gennadius Constantine feliciter flores, f Ego Torquatus Gennadius emendavi C. feliciter floreas. Es ist somit nicht unmöglich, dass ℵ mit f identisch ist. Ein Beweis ist natürlich bei der geringen Anzahl der aus f bekannten Lesarten nicht zu geben; mit F hat er jedenfalls nichts mehr gemein als den Namen.

Damit fällt zugleich eine zweite Behauptung Sehn.'s: der von Thomson für Scriver verglichene codex Florentinus sowie des letztern öfter genannter »optimus« sei ebenfalls kein anderer als der unsrige (p. XLIX, XCII), die diese Annahme tragenden Stellen könnten, da sie sämmtlich nicht Büchern angehören, in welchen Furia F verglichen hat, (in I 1—49 IV 55 kommt keine Anführung des Florentinus oder optimus Scriverii vor, eben nur Lesarten von Fl geben, und Fl, nicht F wäre nach Schneidewin mit diesen beiden Handschriften identisch. Allein von den aus dem Florentinus Thomsonii bekannten Stellen findet sich nur zu IX ad Avitum 1 auch die Angabe von Fl und hier stimmen die Lesarten nicht überein: Fl Non te licet nobis, Scriv. cod. Flor. Note licet nolis; so dass also auch eine Identität dieser beiden codices nicht anzunehmen ist und von Schn. nur vermuthet sein kann.

Der »optimus« (codex, liber, liber scriptus, scriptus, Ms.) Scriverii stimmt allerdings an 2 Stellen von vieren, an denen beider Lesarten bekannt sind, wie mit Fam. B auch mit Fl überein (V 77 lemma VII 12.9), doch da er an den beiden andern von Fl abweicht, so ist Schn.'s Angabe: »ubi optimum codicem testatur« (Scriverius) »plerumque F (also Fl) dicit« und »Hunc (codex Florentinus quem contulit Richardus Thomsonus) praestantissimarum lectionum fontem fuisse Scriverio mihi resperisse videor« (p. XLIX) ebenfalls wol auf blosse Vermuthung zurückzuführen.

Es bliebe die Möglichkeit, dass unser Florentinus der Scrivers, dass er sein »optimus« gewesen.

Von den wenigen (8) Stellen, an denen der Florentinus Thomsonii ausdrücklich angeführt ist, zeigen 3 von F abweichende Lesarten: IX ad Avitum 1 Flor. Scriverii Note licet nolis Fl Non te licet nobis ΨPQF »optimus alius« Scriverii Noete (P Note) licet nobis Fam. Ca Note licebis COς non te celabis. IX 90,5 ΨPQ Flor. Scriv. Pertundas Fω perfundas. XI 49.3 Flor. Scriv. Chlmꞅ succurrere censuit umbrae CaF — cenis ut eliabrae (in ΨP fehlt das Epigr., in Q ist es von zweiter Hand zugeschrieben) — Abweichungen, die, wenn auch unbedeutend, doch genügen, 5 Uebereinstimmungen (IX 47,3; 101,7 X 35,11 u. 12 XI 15,13 XII 90,1) gegenüber, die Wahrscheinlichkeit einer Identität der beiden codd. zu zerstören. Ueber Eigenschaften und Zugehörigkeit von Scrivers Florentinus erlaubt die geringe Zahl der bekannten Lesarten keine andere Bestimmung, als dass er sich nahe zu Fam. B hält.

Lesarten des optimus Scriverii giebt Schn. an 35 Stellen; sie stimmen mit F nur 16 Mal überein: V 14 lemma mit FCa, 7 Mal mit FCa und B, mit FB 8 Mal; eine Uebereinstimmung mit F allein findet sich auch hier nicht, und in allen übrigen Fällen weichen die beiden Hdschrr. von einander ab, so dass also ebenso wenig eine Benutzung von F wie von 𝔐 durch Scriver anzunehmen ist.

Weit näher steht Scrivers optimus den codices der Fam. B, 𝔓PQ. Drei Viertel aller aus ihm bekannten Lesarten stimmen mit den ihrigen oder mindestens einer derselben, nicht wenige mit den ihrigen allein überein. So II 29, 10 QCaF quid sit PO opt. Scr. quis sit. V 77 lemma QAF ad Marullum Scriver. ad Marullum paederastam (ex optimo codice, qui habebat pedarisiam) P ad Marullum pedarisiam 𝔐 — pedaritiam XB om. lemma. IX 92,3 T vilisque geticulas PQF opt. Scr. vilis tegeticula A — teticula G — reticula C — geticula X viris teticula. XI 21,7 T de psitico 𝔓P opt. Scr. de ptisico XAC de phitico F delphitico. Da nun aus Scrivers Text (besonders in der zweiten Ausgabe v. 1621) der engste Anschluss an Fam. B hervorgeht vgl. Schn. p. LF, die angegebenen Lesarten des optimus aber bis auf 6 sämmtlich in den Text aufgenommen sind, da wir ferner aus Scrivers Aeusserungen über 𝔓, den Palatinus Gruters (vgl. Schn. p. XLVI f.) wissen, dass er diesen codex kannte, so läge es am nächsten, in seinem optimus diese Hdschr. zu sehen. Von den 9 Stellen nun, an denen der optimus mit Fam. B (grossentheils mit allen bekannten codices derselben) nicht übereinstimmt, ist an 8 𝔓 nicht bekannt: III 3,1 fehlt in P) opt. Scr. velamine velas Q (Rand) medicamine velas B medicam me velas Fω medicamine celas; 60,7 opt. Scr. turdus QFω turtur; 63,9 opt. Scr. recipitque tabellas QFω scribitque tabellas. VII 11,3 opt. Scr. rhombus corr. G rombus QFω panis. VIII 54,3 u. 4 opt. Scr. D beidemal munera

R munera praemia QFω beidemal praemia. IX 38.6 opt. Scr. fortes QFω (XA om.) celeres. X 2,7 opt. Scr. Nigra QFω Pigra. XIII 28.1 T opt. scriptus Scr. et Cuiacianus meta Ca mensa QFω menta. Entschieden gegen unsere Vermuthung, ℙ sei Scrivers optimus gewesen, spricht indess II praef. 8 opt. Scr. in toga saltantem inducere personam, ℙQω in toga saltanti —, sowie der Umstand, dass aus dem optimus zu V 44 und V 77 Ueberschriften angeführt werden, während eine Bemerkung Gruters (ad Martialem notae bei Scriver zu XIV 3: »Palatinus pr. nulla lemmata exhibet« das Vorhandensein solcher in ℙ ausschliesst. Halten wir also daran fest, dass in der Bezeichnung optimus codex etc.) der stehende Name einer und derselben Hdschr. zu sehen sei, so müssen wir annehmen, dass Scriver neben ℙ noch einen andern, diesem sehr nahe verwandten codex der Fam. B benutzte, dem er als seinem optimus für gewöhnlich folgte.

Mit diesen drei von uns als falsch erwiesenen Voraussetzungen: der Identität des codex F mit ℵ, dem optimus und Florentinus Scrivers, fällt auch Schneidewins Beurtheilung und Classification unseres Florentinus, die sich zum grossen Theil darauf gründet. Die Vergleichung des codex ergiebt, dass sein Satz gerade umzukehren ist: Folgt F auch auffallend häufig der Fam. B, so ist Fam. Ca doch als seine Grundlage zu betrachten, in diese ist die Hdschr. einzureihen.

Das beweisen:
die mit dieser Familie gemeinsamen Lücken, namentlich im 10. und 12. Buch (schon von Schn. als auffallend bemerkt p. CXIV): X 57—72; 88—91 XII 2; 11; 15; 26; 29; 36; 46, sowie andrerseits das Vorhandensein einer Menge in Fam. B bez. P fehlender Epigramme oder Verse: III 3.35, VIII *praef.* IX 40 XI 49 XIII 38 XIV 25; 95; 96; 98.2; 99.1; 124; 127; 128 etc.[1]) Doch finden sich in Fam. Ca

---

[1] Dieselben fehlen auch in Q, ausgenommen III 35 praef. VIII und XIV 124.

mehrfach Lücken, die F aus B ergänzt haben muss: I 109, 15 u. 16 IX epistula ad Toranium X 56.7 u. 8 XI 15.1 XII 55.10 XIV 63; in Ca fehlt I 84.4; 85.1—4, in F nur I 84.4; Ca lässt II 25.5—6 an seiner Stelle aus und schiebt es zwischen 29. 8—10. F giebt die Verse an beiden Stellen; in F allein ist sicher nur durch Nachlässigkeit des Schreibers XII 30 ausgefallen.

Uebereinstimmung mit Ca in der Reihenfolge von Epigrammen oder einzelnen Versen gegen B: CaF I 1—2 ad Catonem 3. ω ad Catonem 1. 2. 3 CaF 112 111, ω 111 112 CaF III 41 40, ω 40 41 CaF III 68. 7. 8. 5. 6. ω 5. 6. 7. 8 CaF VI 12. 10. 11. 11. 12. 13 ω 10. 11. 12. 13. 11 u. s. w.; die Abweichungen F's von Ca verschwinden dagegen vollkommen: PF II 6. 3. 2 ω 2. 3 PF IX 13. 12 ω 12. 13 Ca 27. 1. 2. 4. 5. 6. 7. 3 Fω 1. 2. 3. 4 . . . P X 76. 1. 2. 3. 5. 6. 7. 4. 8 F 1. 2. 3. 7. 8. 4. 5. 6 ω 1. 2. 3 . . . BPF IX 61. 11. 12. 13. 14 Qω 11. 11. 13. 12; III 23—65 stellt F (vielleicht durch Fehler beim Einbinden) hinter V 67.

Uebereinstimmung mit Ca in der Abtheilung und Verschmelzung von Epigrammen: XAF confl. IX 15 16 17 CG 15 16, 23 24, nicht Pω: P confl. I 30 31, 110 111, II 48 49, 82 83, 91 92 u. s. w., nicht Fω: CaF beginnen nach II 84.3, nach IX 86.6 X 44.6 ein neues Epigr., nicht Pω; doch wird auch hier zuweilen ein Uebergehen F's zu B sichtbar, namentlich in der Trennung resp. Vereinigung in Ca fälschlich verschmolzener oder getrennter Epigramme. IX 53 54, 55 56, 58—61, 63 64 ist in Ca zusammengeschrieben, nicht in Fω, ebenso VII 21 22, IX 35 36; nach VIII 73.4 XII 40.2 beginnt Ca ein neues Epigr., nicht Fω: umgekehrt PFO nach XI 2 6, nicht Caω.

Die Lesarten des Textes. Ist auch hierin eine fortwährende Benutzung einer Vorlage von Fam. B nicht zu verkennen, ist der nachweisliche Einfluss derselben vielmehr so gross, dass er in einigen Büchern und Particen von andern vor dem von Ca überwiegt, so ist das Uebergewicht dieser Familie doch immer noch ein so entschiedenes, dass es allein, auch ohne die oben geltend gemachten Faktoren die Einreihung des codex in dieselbe fordert. Der ungeheuren Masse der Beweisstellen für und wider entnehmen wir am besten wol die von Scha. zur Beurtheilung von P p. CXIII ff. beigebrachten Stellen. Es stimmt darin F mit Ca gegen ΨPQ oder zwei dieser codd.) überein:

praef. I	PQ scripsit	CaF scribit
I 10,1	PQ Gemellus	Ca Gemellus Venustus FO Venustus.
13,2	TPQ strinxerat	Fω traxerat
15,10	PQXC fluunt	BFGOV3 (A nicht bekannt) fluent
18,6	RMPQ toxica saeva mero	CaF — vina cado
20,3	PQCO ventri(que gulaeque	CaF ventre gulaque
27,2	PQ quincunces	CaF qui nunc est
39,5	TΨPQ mirator	CaFω imitator
II 27,3	ΨP om. cito	QFω cito
40,2	TΨPQ fraudes	CaFω mores
VI 2,1	PЖ serae Q serere	Fω sacrae
3,6	PQЖ toto	Fω totam
	P nibit Q mbit Ж nubit	Fω nebit
25,6	ΨPQЖ innocens	Fω integer
32,3	TΨPQ staturum	Cb saturatum Fω saturum
42,15	PQЖ Martiave	Fω Martiaque
43,9	TPQЖ urbis	Fω urbi (A verbi G urbe)
50,5	TRMΨPQЖ Tousilibus	Fω Textilibus sim.
VII 13,1	ΨPQЖ solibus	Fω collibus
14,5	ΨPQ quas	Fω quam
17,1	ΨPQ Sura	Fω summe
71,2	ΨPQ et gener atque nepos	Fω et gener atque soccer
praef. VIII fehlt in P		steht in FQω
IX 47,8	ΨPQ dogma facit	Fω dogma quod est
54,10	PQ in astra	FCa ad astra
74,1	PQ pueri tantum	Fω tantum pueri

X 14.5	TFPQ venit quando selibra mihi	
	XC quando libra semissa mihi est	
	Fω quando missa selibra mihi est	
25.3	TPQ durusque tibi fortisque AF fortis tibi durusque ω fortisque tibi durusque	
54.6	TPQ eras Fω erat	
56.4	TPQ mortem laudas Fω laudas mortem	
99.5	T magnis PQ magni Fω gemina	
XIII 91.2	PQ munera cara garum F — rara dapes	
XIV 146.1	TFPQ cosmi Fω nardi	
	F stimmt mit Fam. B gegen Ca überein.	
I 26.1	PQF petis ω bibis	
IV 49.1.2	PQF Nescis — putas TCa Nescit vocat	
VI 30.4	PQFλ rogatus ω moratus	
39.20	PFλ niobidarum Q mobidarum Ca niubida pruit	
47.3	TPQF ab antris Ca ab anna COω ab amne	
VI 21.10	POF e a ede duos Qω parce e deo	
VII 34.8	FPFλ Quid te tot Qω Ut, Quid tu sim.	
IX 2.2	FPQF sola Ca Lücke ω Caesar	
17.3	T rara vota FPQFλ sua vota Ca rata voce	
25.6	TCa petat Fω tegam (fehlt in Q	
26.8	TCaO meruit Fω metuat	
32.6	TCa crassae — Burdigalae PF — crassi — Burdigali Q — Burdigalem	
53.3	T volenti Ca volemus PQF iubemus	
X 4.8	FPQF vita »meum est« XAprG »meum est« ω inre meum est	
31.1	TCa ducentis FPQF trecentis	
34.6	TCa comes PQFω voras.	

In den Büchern IV, XIII und namentlich X ist jedoch das Verhältniss umgekehrt, es überwiegen die Lesarten der Fam. B, und auch in den übrigen Büchern giebt es Stellen, die eine ungewöhnlich starke Benutzung derselben zeigen, z. B. die Epigrr. I 49 und IV 55, die, auch von Furia in F verglichen, mit auf Schn.'s Urtheil über unsern codex eingewirkt haben mögen. Aus B entlehnt ist auch die in F sich findende Subscription des Torquatus Gennadius hinter XII und XIV; für die Frage der Zugehörigkeit des codex kann sie, wie das Beispiel von f (S. 99 cf. Schn. p. CXIII) zeigt, keine Bedeutung haben.

Was die Art der Benutzung der Familie B betrifft, so zeigt es sich, dass dieselbe kein planloses, willkürliches Uebernehmen hier einer Lesart, dort einer andern beliebigen war, dass vielmehr in F eine Correktur der Fam. Ca aus B beabsichtigt wurde. Der Correktor ging dabei verständig, wenn auch nicht consequent zu Werke; weder sind, wie gesagt, alle Bücher und deren Theile gleich stark corrigirt, noch auch ist überall die Aenderung nach B ganz durchgeführt, wir finden zuweilen dicht nebeneinander, in einer Construktion, einen Theil nach Ca gehend, den andern aus B übernommen, so dass eine Mischung entsteht, schlechter als die reine Lesart jeder Familie. Z. B. IV 66,3 PQ togula est excussa, Ca togula est tibi sumpta F togula est tibi excussa. VII 88,9 ꟼPQ blandae munere linguae Ca blandi munere linguas F blandi munere linguae. XI 90,3 PQ res maior Ca quod maius FO quod maior. XIV 106,2 ꟼPQ Visa suis — notavit aquis Ca Ipsa suas — natabit aquas F Visa suas — natabit aquas. Hie und da finden sich wol auch die Lesarten beider Familien nebeneinander gestellt, z. B. XIV 217,1 MꟼPQ Dic quotus et quanti Ca Dic quotus es quanti F — et es quanti. XIV 204, 2 PQ teneristinopalen(um) Ca ΗΝΕΡΙΚΛΕΙΧΟΠΛΝΗ (X. ähnlich ω) F ΗΝΕΡΙΚλεΙΝΟΙ=αλΗΝ teneristinopalen. Dass der Correktor auch sonst in der Wahl der Lesarten oft geirrt, ist selbstverständlich, zur Uebernahme von groben grammatischen und syntaktischen Fehlern aus B hat er sich jedoch nur verhältnissmässig selten, von ganz Sinnlosem nur bei ihm unverständlichen Worten oder Ausdrücken, namentlich Namen, durch das grössere Vertrauen, das er B geschenkt zu haben scheint, verleiten lassen: in der ganz überwiegenden Mehrzahl sind seine Aenderungen nach B wirklich Verbesserungen des Textes.

Daneben ist aber F auch nicht frei von eigenmächtigen Interpolationen und Entstellungen. Z. B. I 43,1 F natione ω Mancine I 49,17 BPQ rigens Ca recens F ingens III 77,7 F grues ω gerres (Q gereres) IV 18,3 Fuzz templa ω tecta IV 42,6 F pulchrior tanto quanto. ω pulchrior est quanto IV 64,29 F Aleyndi ω Alcinoi IV 73,6 F theatricas — deas. ω tetricas — deas (XI 2,7 F lectores tritici, ω — tetrici) V 65,6 F nectareas — boves ω nec rectas boves IX 65,3 F voltus sensus habitusque ω voltus habitusque X 48,7 F mihi crede ω mihi X 101,3 F captato Linum. ω Capitolinum u. s. w. Ob alle solche Aenderungen auf dieselbe Hand zurückgehen, wie die Correkturen aus B, ist schwer zu entscheiden; die Plumpheit eines grossen Theils derselben gegenüber jenen im ganzen verständigen Entlehnungen macht es indess nicht unwahrscheinlich, dass der Schreiber des codex von dem Correktor zu scheiden und Letzterem keine, oder nur die berechtigteren und verständigern Interpolationen, Ersterem die grosse Mehrzahl der sinnlosen Entstellungen zuzuschreiben ist.

Wo weder Entlehnung aus B noch eigenmächtige Aenderung sichtbar wird, folgt F durchaus nur den guten und besten Vertretern der Fam. Ca. EXA. Z. B. III 71,2 EXAF si scio ω sed scio VI 64,29 om. E XAF pr. B licet lambat corr. B licet lambatque ω licet et lambat VIII 29,2 (om. E) XAF mihi liber ω mihi est liber VIII 51,13 EXAF pecus B pectus P pecudis ω pecoris u. s. w.

Nicht zu verkennen ist eine bei weitem engere Verwandtschaft zwischen F und EA als zwischen F und X. Z. B. V 77 lemma EAF ad Marullum XB ohne lemma mit dem vorigen Epigr. zusammenhängend. VI 66 lemma EAF de Gelliano praecone spurco X de praecone puellam vendente. VI 80,1 EAF Ut nova dona Caesar Nilotica tellus que tibi ω — dona tibi Caesar Nilotica tellus. VII 40,2 P utromque AF virumque Fω utrumque. XII 62.11 EAF quam XC quam tibi B quam sit ω quam non u. s. w.

Eine mehrmalige Uebereinstimmung Fs mit 𝔓. dem reinsten Vertreter der Familie B gegen P oder Q zeigt, dass auch die für die Correkturen benutzte Vorlage eine gute war. Z. B. IV 38,1 𝔓F sociatur P satiatur ω patiatur. IX 17,6 T𝔓FO tuta Pω tota. X 37,18 W𝔓F male P mele Q melle XA meate O marte ω matre. XI 27,13 T𝔓Q FOC haec me donare Pω hace me dare dona; 78,10 𝔓QF redde Pω trade; XIV 137,2 M𝔓F albentes — alba P albentes — nostra ω algentes — nostra.

Cod. F stammt somit aus nur guten Repräsentanten zweier Familien und bei aller Unselbständigkeit ist er insofern nicht ohne Werth, als er zuweilen eine willkommene Stütze für Lesarten der einen oder der andern giebt.

Anhang 3.

Orthographisches.

Von Dr. Walther Gilbert.

Im allgemeinen gestatten die besseren Handschriften Martials engen Anschluss an ihre Orthographie.[1]) Abweichen von derselben muss man jedoch in einigen Worten, deren Schreibung durch Inschriften hinlänglich festgestellt ist, bes. in der Entscheidung zwischen den Vokalen *e, ae, oe*. Auch *e* für *ch* kann man nicht durchweg aus den bessern Handschriften aufnehmen. So ist wol zu verschmähen *Carinus, Caropinus, Carmenion, Cloe* und ähnliches; auch *distica, tetrastica, scola* scheint dem Zeitalter Martials fremd, obwol

---

[1] Die in R überlieferten Stellen sind durch ein Kreuz, die in T überlieferten durch ein Sternchen bezeichnet.

disticu *II 71,2 in TXBG, *II 77,8 in TBGP, ÷III 11,2 in RBG vgl. X⟩, ÷VI 65,4 in RTP ⟨vgl. XB⟩, ÷VII 85,2 in R bezeugt ist, dagegen nur *disticha* VIII 29,4 XI 108,2 *XIII 3,5 , ebenso *tetrasticа* ÷VII 85,4 in R, endlich *scola* I 35,2 in XBGP, *II 64,7 in T, *IV 64,3 in TX aliis dagegen *schola* III 20,8 ; vielleicht mit Unrecht wird beibehalten *schemate* *III 68,7 ⟨*scemate* TPXB, vgl. A⟩, *schida* IV 89,4 ⟨*scida* P⟩, *chors* III 58,12 VII 34,4 *VII 54,7 *IX 54,11 XI 52,14 *XIII 45,2 ⟨*cors* hat stets T und bisweilen auch andere Handschriften⟩.

ro statt *eu* hat Schneidewin² vielfach mit Unrecht aufgenommen. Es ist zu schreiben:

cult, mavult, non evlt: *I 75,2 *mavolt* P *I 86,13 II 73,1 III 11,6 ÷III 90,1. 2 ⟨4 mal, 4mal *volt* in X⟩ V 25,6 V 56,8 VI 54,3 *VI 67,2 ⟨*volt* X⟩ *VI 86,1 VI 72,5 VII 39,5 (*volt* A pr.) VII 54,10 ÷VIII 9,2 VIII 19,1 VIII 29,4 VIII 66,13 ÷IX 5,2 ÷IX 78,2 X 3,6 *÷X 18,2 X 49,5 XI 21,15 XI 60,5 XI 64,5 XI 62,2 XII 75,4 *XII 77,8 ÷XIII 69,2 XIV 99,2 *mavolt* A⟩. Also findet sich *volt* nur 5 mal in je einer Handschrift, nie in Fam. A.

cultus: *I 31,5 ⟨*voltus* F⟩ ÷I 40,1 *I 68,7 I 78,2 II 11,3 II 41,13 II 83,3 III 53,1 ⟨*voltus* P⟩ III 66,2 (*voltus* X⟩ IV 1,4 (*voltus* X⟩ IV 3,2 ÷*IV 88,9 V 6,10 *÷V 7,4 *V 54,4 ⟨*voltus* X⟩ V 61,9 V 78,21 ⟨*voltus* X⟩ *VI 40,10 VI 27,3 VI 39,12 VI 58,5 VI 82,3 VII 5,6 VII 44,2 VII 84,6 VIII 2,3 VIII 8,2 VIII 24,5 *VIII 64,5 IX 23,3 IX 24,1 *IX 25,5 IX 36,11 IX 43,3 IX 56,11 IX 64,1 IX 65,3 *IX 74,3 IX 76,3 X 32,2 X 65,5 XI 94,5 *XI 102,4 XII 42,3 *XIV 14,1 *÷XIV 186,2. Also *voltus* nur 6 mal in je einer Handschrift, während Schn.² es stets hat ausser II 11,3 II 41,13 IV 88,9.

culnus Schn.² Sp. 15,7 II 84,2 IX 86,6 XI 78,6 *volnus* : *Sp. 12,3 *Sp. 13,1 *Sp. 14,2 *Sp. 15,7 *I 13,3 I 60,4 II 84,2 *IV 18,6 (*colnere* XApr) IX 86,6 *XI 78,6.

culgus Schn.² I praef. 2 VI 38,6 VIII 18,1 *vol-*

gus) I praef. 2 (*volgus* FP) VI 38,6 *VIII 18,1 IX 22,2 X 93,3.

vultur Schn.² *coltur* nur so VI 62,4 IX 27,2.

Wol auch ***vulpes*** Schn.² *colpes*) *IV 4,11 (*colpis* B) X 37,13 *colpes* W) *X 100,3.

Dagegen: ***Volcane*** V 7,5 so A u. Schn.².

volva: VII 20,11 mit X und Schn.². *XIII 56,2 mal mit Ca und Schn.². XI 61,11 gegen die Handschriften und Schneidewin.

volsus II 29,6 mit P u. Schn.²) ÷II 36,6 (mit XABP u. Schn.²) III 63,6 (mit Ca u. Schn.²) ÷VIII 17,2 gegen die Handschriften u. Schn.).

volsellae IX 27,5 (mit den Handschriften und Schn.

servulus VIII 75,6 (mit den Hdschrr. u. Schn.) IX 87,5 (gegen P und Schn.²)

In folgenden Worten hat Schneidewin die Endungen **eos** und **rom** mit Unrecht aufgenommen: *cereus* *÷XIII 96,1 (*ceros* Ca. Schn.² *÷XIII 96,2 (*ceros* gegen die Handschriften Schn.²) *÷XIII 94,1 *cereum* auch Schn.) *dicum* XII 32,10 (*dicom* XABV. Schn.). *dicum* XII 77,4 (*dicom* XAB. Schn. Hier könnte allerdings *dicom genitor* komische Feierlichkeit sein) *XIV 180,1 (*dicum* auch Schn.). *lascivum* VI 21,5 (*lascivom* X. Schn.²) *IX 26,10 und *XIII 39,1 (*lascivum* auch Schn.; *lascivus* III 20,6 (so auch Schn.). *saevus* *II 75,7 *saevos* P. Schn.², *XIII 95,2 (*saevos* A. Schn.² ÷VIII 23,1 (*saevus* auch Schn.. Dagegen hat entsprechend dem einstimmigen Zeugniss der Handschriften auch Schneidewin unangefochten gelassen *aestivum* VIII 61,6. *acus* VII 74,6 *IX 54,6 *captivum* X 37,7 (*captivos* XAC. *corvus* *I 53,8 ÷III 43,2 *XIV 74 L. *Flavum* X 104,12. *fugitivus* III 91,3 *XI 51,6. *milvus* *IX 51,10. *novus* und *novum* (sehr oft. *octavus* *VIII 71,9. *octavum* IX 64,4. *servus* und *servum* (oft. *vivus* *II 90,8 VI 13,4 XI 67,4. *vivum* *IX 70,5 *XIII 79,2. Vgl. auch *assiduus, exiguus, mortuus, suus, tuus, equus, ruunt.*

Orthographisches.

cu für *quu* hat Schneidewin ausser in dem stets so bezeugten *cocus*, mit Recht geschrieben: *cocuntur* *XIII 115.4 mit XABP, *persecuntur* XI 98.2 mit XAP, ausserdem in der zweiten Ausgabe *secuntur* III 58.20 (gegen die Handschriften), *relicum* I 19.11 mit BEV, *magnilocus* II 43.2 mit AB. — Dagegen ist *antiquus* XI 11.4 zu belassen (*anticus* A. Schn.²), wie auch Schneidewin *aequum* I 114.5 und X 76.1 nicht in Zweifel gezogen hat.

Die **Numeraladverbia** hat Schneidewin in der zweiten Ausgabe mit Unrecht stets mit *ns* geschrieben. Richtig schrieb er in der ersten Ausgabe zwar *totiens* und *quotiens* (nur selten findet sich *toties* und *quoties* bezeugt, z. B. V 39.10, ausserdem in R *÷V 52.3 ÷XIII 70.1 *÷XIV 7.2), aber nur *decies* und ähnliches. Die Stellen sind: *I 11.2 (*decies*) I 26.10 decies I 58.6 (decies *I 99.4 *vicies* T *I 99.4 centies *I 99.17 millies I 103.1 decies II 65.5 (decies ÷II 67.3 (decies III 22.1 trecenties III 22.2 (centies) III 52.3 *deciens* X) *III 62.3 (decies IV 37.3 decies IV 37.4 *triciens* XA) *IV 54.3 (decies IV 66.17 decies *IV 78.7 (decies) V 37.21 ducenties V 39.1 *triciens* XB V 70.2 (centies V 70.5 centies *V 79.1, 2 undecies VI 49.5 (*centiens* P) ÷VII 10.15 quindecies VIII 12.3 (centies *VIII 61.2 *octiens* TXA *IX 82.5 (*deciens* XAG IX 93.5 decies *X 23.2 (quindecies *XI 23.3 *deciens* T XII 10.1 *milliens* XA *XII 56.1 (decies XII 75.8 quinquies XII 77.10 decies, vicies *XIV 170.2 *deciens* T.

Ueber die **Assimilation der Praepositionen in Compositis** ergiebt die Ueberlieferung folgendes:

aff III 50.3 IV 21.2 VI 11.2 VI 33.4 IX 87.3 *XI 32.5 XII 77.6. Aber *adfuit* Sp. 21.5 T (nach Frdl. *adfatus* ÷Sp. 25b.3 RH, *atfatus adfatus* zu schreiben V 3.4 X.

agnoscende IX 65.1; aber *adgnoscat* AF, *adnoscat* XT *VIII 3.20, *adnoscendus* A X 12.9. Martial scheint *adgnoscere* stets geschrieben zu haben.

ann *annuo* und *annumero* IX 42.7 XI 44.8. Aber

adn T *Sp. 1.6. RXA ÷II 8.4. TRAG ÷II 21 8. Martial scheint stets *adn* geschrieben zu haben.

all II 61.6 V 60.1 VIII pr. 15 VIII 51.7 *VIII 64.9 *XII 89.1. Aber *alludens* TEXA *III 19 3.

arr nicht nur 14 mal (6 mal in T, 1 mal in der Rasur von R in *arrigere*, sondern auch in *arrisit* XI 15.2. Aber *adrides* *VI 41.3 TAG.

assiduus *Sp. 1.2 *Sp. 7.2 III 5.4 *IV 18.2. Aber *adsiduus* *VI 46.1 TXA. *XI 39.2 T. *XI 86.2 A. — *assero* I 15.9 IX 1.3 X 35.5 XI 98.10. Aber *adsero* *I 21.3 T. I 52.5 X. VII 63.10 P. IX 101.13 XAG. *XIV 142.2 T. Martial hat wol stets *adsero* geschrieben. — Ausserdem *ass* VIII 36.5 X 10.9 X 60.2 *XII 25.5. Aber *adsidet* II 41.8 XA. *II 44.19 TX cf. P.

asc, asp, ast: *aspicio* *I 21.1 I 96.11 III 35.2 IV 3.1 *IV 71.1 *V 31.1 VI 38.1 VI 73.5 *VII 40.8 VIII 30.3 *VIII 59.1 IX 23.3 *IX 25.1 IX 86.7 ÷XIII 58.1 *XIV 109.2 *XIV 115.1. Ausserdem andere Verba I 49.11 III 20.4 *VIII 56.13 *abstabat* ? *XI 39.13 *abstricta* T XI 98.19 *XIV 2.

agg VIII 57.1. *app* an 6 Stellen, 2 in T. *att* an 15 Stellen, 4 in T).

circuire *VII 83.1 *VII 93.2 *VIII 59.14 *circumit* XB XI 15.8.

coll: *colligere* *Sp. 22.2 VII 20.16 *VII 33.4 X 83.1 XII 82.5 *XIV 71 *XIV 199. *collocare* I 113.3 *IV 87.2 V 65.10 VII 20.9. *collegae* *VII 37.7. *collatus* III 52.3 IV 41.10 XI 72.2. Aber *conlata* *II 71.5 TXB. *conlapsa* *I 12.7 TXF. *conlucent* *II 46.3 TXAC.

corr: *corripere:* *Sp. 23.6 *XI 39.9 *XI 43.2. *corrumpere* *÷III 75.5 *IV 5.5 V 69.5 *VI 93.6 VIII 42.2 XII 63.10 XII 66.3. Aber *conrodit* ÷IV 27.5 R vgl. P.

inr: *inrequietus* *÷IV 78.1 RTX und andere: *inrupi* X 10.3 X.

ill: *illaesus* IX 90.11 *XIV 200.2. *illotus* VI 42.2. 22.

Aber *inlaesus* I 6,2 XF. †VII 2,7 R. *inlotos* †VIII 67,5 RXABGP, *inlustrem* *XIV 41,1 X. *inligatas* I 49,23 XEF. Martial hat wol stets *inl* geschrieben.

inb VII 26,4 VII 58,5 VIII 51,17 †*XIII 8,1 †*XIII 94,2. Aber *imbelles* *IV 74,1 TXB.

imm 19 mal 8 mal in T. Aber *inmixtam* *Sp. 21,5 HT, *inmodicis* oder *in modicis* *II 90,6 T, *III 60,7 TGP, VI 29,7 XDB. vgl. auch X 48,4 P. *inmensum* *†XIV 186,1 R.

imp (abgesehen von *imperium, imperare, imperator* 80 mal. Aber abgesehen von Irrthümern, wie *IX 54,4 in G, *IX 67,5 in X): *inpensis* *Sp. 4,6 T. *inposita* *Sp. 22,6 HT. *inpudenter* I 49,11 XE, *in pudici(bus* III 20, 16 XAG vgl. BC), *inproba* *†III 75,1 T. *inpletura* *†V 34,5 R. *inplicuit* *†VI 15,2 R, *improbe* *XI 54,4 XA.

Summoenium I 34,6 aber vgl. B) III 82,2 XI 61,2 XII 32,22. Aber *submoto* XI 96,3 Ca (und so Schn.); *submittit* V 71,1 P; *submissa* VIII 75,11 PBCG.

suppositus *III 91,11; 12 V 24,8. Aber *subpositus* *II 46,3 TB, *IV 66,15 XT.

surr: *surrexti* *V 79,1. *surripuit* VI 72,6; *†XIII 38,1. Aber *subripit* VIII 59,14 X (vgl. die Corruptel von P XII 29,12), *subrisi* VI 82,7 (so auch Schn.).

Betreffs einzelner Worte sind folgende Schreibungen aufzustellen:

alica und *alicula* Sch. hal ausser II 37,6) *†XIII 6 L u. v. 4 mit RTP, II 37,6 XII 81,2 f *XIII 9,2 (doch vgl. X) gegen die Handschriften.

alium Schn. *alliam*) XII 32,20 mit ABP. Vgl. die Pliniushandschriften.

alles Schn. *halles*) *XI 27,6 mit TPV, III 77,5 mit P und den Exc. Fris. vgl. C.

annulus so Schn.²), obwol die Handschriften meist *annulus* haben: III 29,2 *II 66,2 II 57,8 (*anul.*) V 61,5 VIII 5,1. 2 IX 87,7 *†XI 37,3 (*anul.* R) XI 59,2 *anul.* XBV) *XI 100,2 *XIV 122 L *XIV 123,1 *XIV 169,1 (*anul.* BX?).

Appulus (so Schn.) II 16,6 (*Apul.* XABC) X 74,8 VIII 28,3.

Atlans Schn. *Atlas* VI 77,7 mit XA, IX 3,5 mit XAP, XIII 2,2 mit TXA. Vgl. Plin. n. h. 13,91 M.

autumnus (*auctumnus* Schn., obwol meist *auctumnus* überliefert ist: III 58,7 (*aut.* P) VIII 68,10 IX 1,1 (*ant.* ABG) IX 12,1 X 91,6 X 96,12 XII 57,22 *XIII 113,1 (*aut.* in der Corruptel von BGX).

brachium (so Schn. II 29,6 *II 62,1 III 63,6 *bracchia* X) VII 32,9 *XI 81,3. Vgl. C. I. L. I 198,52.

brattea (Schn. *bractea*) *VIII 33,6 mit CaP, IX 61,4 mit XA.

bucellas (Schn. *bucellas*) *VI 75,3 mit TABCpr.G. Vgl. *bacula* Plin. n. h. 8,111; 31,9.

caenum (Schn. *cenum*) *VII 33,1 mit T.

caespes Schn. *cespes* *†V 31,9 mit A, *I 88,2 gegen die Handschriften.

Callaicus (so Schn.). Nicht minder gut bezeugt ist *Gallaicus*: IV 39,7 (*Gall.* P) *X 16,3 (*Gall* TAX) X 37,1: 20 *Call.* XIV 95,1 (*Gall.* XBG).

causea (Schn. *causia*) *XIV 29 L mit den Hdschrr.

cepae so Schn. III 77,5 und XII 32,20 mit den Handschriften.

Cerialis Schn. *Cercalis* X 48,5 und XI 52,1 mit P. Vgl. C. I. L. I 490 IV 1636; 3158 u. ö.

coclea und *cocleare* Schn. *cochl.*) IV 46,11 vgl. CP) *†VIII 33,21 fehlt in P mit RTX. *†VIII 33,25 fehlt in P mit RTCa. *XI 18,23 mit TP, *XIII 53,2 mit TXP, *XIV 121 L und v. 2 mit T. *VIII 71,10 und *XIV 121,1 gegen die Handschriften.

coloephia (*coliphia* Schn.) VII 67,12 mit XABP.

cominus so Schn. VI 58,2 *comminus* X und *XIV 31, 2.

condicio (*conditio* Schn.)[2] †III 33,2 *V 17,2 IX 67,8 XI 52,2 mit allen Handschriften.

Orthographisches. 115

convicia Schn.[2] *concitia* VII 8.7 mit allen Handschriften. *†III 16,9 mit RCaP.

copo (so Schn.). Nicht minder gut bezeugt ist *caupo*: I 26,9 (*copo* XFGP gegen BC. Sinn plebejisch) †I 56,2 (*copo* XBP gegen RBCG †II 54,3 *copo* Rm. 2 *capo* HJMueller CaP; plebejisch *III 57,1 *copo* PANC und T im Lemma; *caupo* TBG III 58,21 die Verderbnisse weisen auf *caupo*; Sinn nicht plebejisch *III 59,2 *copo* XACF gegen TPBG *VII 64,9 *copo* XABP gegen TCG *XIII 44,2 *copo* XA gegen TBGP).

cottana so Schn., obwol *cortana* gut bezeugt ist: IV 88,6 (durch P) VII 53,7 gegen XAB *†XIII 28 gegen XB durch RTQ u. a.. Aber RT haben oft auch *Cocta* statt *Cotta*. R †XIII 69 *cocta* statt *cotta*.

culix (Schn. *culex* *III 93,9 mit TP, *XI 18, 13 mit TCa. XIV 185 L) dies Lemma fehlt wohl in RT (mit X.

Cydonea Schn. *Cydonia* *X 42,3 mit TX, † *XIII 24 L und v. 4 mit RTPCa. Vgl. Plin. n. h. 15,37 M u. a.

faenum III 17,14 und *XIV 162 L. Die Handschriften und Schn.[1] haben *foenum*; Schn.[2] hat III 17,14 *fenum*.

foetere (Schn.[2] *fetere*) V 4,4 mit den Hdschrr.. †I 28,4 gegen RXG.

fornix so Schn., obwol X 5,7 XACPF *fornes* haben.

gleba so Schn. *III 65,7 *V 13,7 *V 37,44 *glaba* XA) IX 22,3.

harundo *I 3,10 *†XIV 209,2 wo R *in* für *h* hat *XIV 218,2 mit den Handschriften und Schn., ferner *X 15,1 mit TAF gegen Schn., *XIV 63,1 fehlt in Ca) mit Schn.[2] gegen die Hdschrr., endlich IX 13,3 und *IX 54,3 gegen die Handschriften und Schn.

havere Schn. *avere* I 55,6 *I 68,6 I 108,10 III 5,10 *III 95,1 III 95,11 *†IV 78,1 *V 54,7 VII 39,2 IX praef. †IX 7,2; I XI 106,1 *XIV 73,2. In diesem Worte haben das *h* stets R und T (freilich R IX 7,2 erst in der Correktur, ausserdem I 68.6 III 5,10 III 95,14 IX 7.2; 4 XI 106,1 die ganze Familie Ca, III 95,1 IV 78,4 V 51,7 XIV 73.2 einzelne Handschriften der Familie Ca, I 108.10 III 5,10 XI 106.1 P. Vgl. darüber Quint. I 6.21.

hei so Schn. *II 1,12 mit TP.

heia Schn. *eia*, ˙II 64.9 mit TX.

hirnea Schn. *hernia* *III 24,9 und XII 83.1 mit CaP vgl. T,.

holus Schn. *olus*) III 58.50 mit Ca, ˙VII 34.5 mit XA, *XII 31,4 mit TXAB, †XIII 57,1 mit XB.

hybrida Schn. ² *hibrida* VIII 22.2 mit den Hdschrr. und VI 39,20, wo *Niobidarum* überliefert ist.

iantare und *iantaculum* *I 87,3 und ÷VIII 67.10 mit den Hdschrr. u. Schn. Aber *ientaculum* *XIII 31,1 mit den Hdschrr. u. Schn.. *÷XIV 223,1 mit RTCa gegen Schneidewin.

infitior I 103.11 u. V 30,1 mit den Hdschrr. u. Schn.: IX 84.7 und IX 99.3 (Schn. *inficior*) gegen die Handschriften und Schn.

intellegat Schn. *intelligat*, X 21,1 mit XA.

lanterna Schn. *laterna*) dreimal ˉXIV 61; 62, wo *n* zweimal in A, einmal in TPG eingefügt ist.

levis so stets Schn. ² ausser XIV 205,1), obwol die Ueberlieferung meist *laevis* bietet: *II 47.2 *e* die Handschriften u. Schn. ¹) II 48,5 ˙V 51.2 *e* die Handschriften ausser X; *ae* X und Schn. ¹), VII 86.8 ˙VIII 64.5 IX 56,4 *e* G X 37.10 (*e* die Hdschr. und Schn. ¹) X 65,8 XI 22,5 *e* die Hdschr. u. Schn. XI 31,19 *e* die Hdschr. u. Schn.¹ ˉXI 43.10 XI 63.3 XII 18,25 XIV 102,2 *XIV 136,1 ˙XIV 205,1 ˙÷XIV 209,1.

Messala (so Schn.) ˙VIII 3.5 mit XABP und T nach Friedländers Collation, ˙X 2.9 mit T nach Friedländers Collation) und den übrigen ausser XAG.

milies: einfaches *l* Schn. ² und ˙I 99,17 XFG und T nach FrdL; XII 10,4 haben die Handschriften *ll*.

monumenta Schn. *monimenta*) ˙I 34.8 mit allen Handschriften. IX 31.7 mit den Handschriften ausser X. ˙X 2.12 mit TPAC gegen XG. XI 48.1 mit XC gegen AP. XIV 96.1 mit AC gegen XBG. I 88.7 gegen XAGP.

muraena so Schn. ˙II 37.5 X 30.22 ˙XIII 80.1 (*merena* B). Cf. μύραινα.

Mytilene Schn. *Mitylene* VII 80.9 u. ˙X 68.4. was die Ueberlieferung ebenso gestattet.

neglego und ***neglegenter*** Schn. *negligo*) ˙VI 68.9. XII 49.8 XII 87.2 mit allen Hdschrr. VI 42.23 mit XAB.

nitella = *nitedula*) V 37.8 mit XB und Schn.: vgl. Lachmann zu Lucrez p. 204.

nuntius und ***nuntiare*** (Schn. *nuncius* und *nunciare*) ˙VII 6.3; 40 ˙VIII 32.8 X 48.4. obwol *t* nur ˙VII 6.3 aus T vermerkt ist. ˙÷VIII 67.4 nuntiat R nach H.J.Mueller'.

obsonia und ***obsonator*** Schn. *ops*. Vgl. jedoch die Vorrede der 1. Ausgabe˙ III 23.4 mit allen Hdschrr.. ˙÷XIV 217 L mit R und T nach Friedländers Collation .

paelex Schn. *pellex* IX 44.4 (*pelice* P˙ X 54.4 (*pelex* P *paelex* XA . XII 96.3 (*pelicibus* BP. *paelicibus* A) . ˙XIV 449.2 (*paelex* TX. *pelex* BP .

Paelignus Schn. *Pelignus*) I 26.5 I 64.6 II 44.2 VIII 73.9 XIII 421 L u. v. 4. gegen die Ueberlieferung. Vgl. C. I. L.

paenitet (Schn. *poenitet* ˙IV 48.3 mit X.

pilleum Schn. *pileum* II 68.4 mit XAP. X 72.5 mit P. XI 6.4 mit XAV. ˙XIV 1.2 mit TXBGP. ˙XIV 132 L mit allen Handschriften.

Pollio und ***Pollius*** Schn.² *Polio. Polius*) III 20.18 mit den Hdschrr.. IV 64.9 gegen XA. ˙÷XII 12.2 mit RT gegen P. I 143.5 mit Ca.

prelum (Schn. *praelum* ˙II 46.3 mit PQ. ˙XI 8.5 nach Ca. I 26.5 und ˙XIII 141.4 gegen die Hdschrr.

proelium Schn. *praelium* . obwol fast nur *praelium* überliefert zu sein scheint Sp. 9.2 ˙Sp. 22.3 ˙Sp. 28.7

proelia T '†IV 74,2 IV 82,6 V 65,8 VI 38,8 VIII 6,7 'IX 50,4 IX 56,6 X 38,6 XI 3,8.

querella so Schn.[2] ausser V 7,5, dagegen Schn.[1] immer *querela* '1 12,9 in TXB '1 53,10 (in TB 1 82,9 in AP) V 7,5 F XI 70,3 in P vgl. Ca). Unbezeugt ist es VII 47,9 IX 45,5 'IX 54,7.

raeda Schn. *reda*) III 47,5 gegen die Hdschrr., X 13,1 nach dem Fehler von Ca *praeda*).

robigo Schn. *rubigo* XII praef. 15 gegen die Hdschrr., wie auch Schn. *robiginosis* 'V 28,7 mit T und pr. A.

Saepta Schn. *Septa*, obwol die Handschriften fast stets *Septa* haben: II 14,5 II 57,2 (*Saept*. A) IX 59,1 'X 80,4.

saeta und *saetiger* (Schn. *e* statt *ae*), obwol die Handschriften meist *e* statt *ae* haben: I 55,9 *sacta* X) †II 36,5 *ae* A. 'VI 56,1 X 30,16 (auf *ae* weist der Fehler in C 'XIII 93,1.

saltim mit Schn.[2] '1 86,8 nach T. †IV 12,2 und †VII 21,4 nach R (vgl. Priscian p. 1013, Corssen Beiträge 288; 385, Seneca epist. 94,10). Dagegen *saltem* mit Schn. I 31,7 'VII 48,13 X 77,3 'XI 22,3 'XI 105,2.

sarire (Schn.[1] *sarrire* III 93,20 Conjektur).

satura, wie schon Schn. 'XII 94,7 mit T, so auch XI 10,1 mit P (Schn. *satira*).

scaena und *scaenicus* (Schn. *e* statt *ae*) V 30,3 mit XA. IX 28,1; 6 gegen die Ueberlieferung.

schida Schn. *scheda* IV 89,4 (*schida* AB, *scida* P).

sescenti VI 59,2 mit XA (Schn. *sexcent*. Schon Schn.[2] so: VI 66,9 mit X, 'IX 37,9 mit TX, 'XI 65,1: 6 so v. 6 T).

solacia Schn. *solatia* II 91,7 und XII pr. 6 gegen die Ueberlieferung. Vgl. C. I. L.

spongea (Schn. *spongia*) †IV 10,6 mit A u. pr. R. '†VI 57,1 mit TXAB pr. G. VII 53,1 mit XABG, XII 48,7 mit XAP. 'XIII 47,2 mit T'XABG, '†XIV 144 L u. v. I mit TXG u. a.

suscensueris Schn. *succens.* VII 60,6 mit XA pr. B.
suspicio (Schn.² *suspitio* XI 15,5 mit den Hdschrr.
taeda (VI 2,1 gegen TP u. Schn. *teda*, wie *oe* schon Schn. III 93,26 gegen P und †IV 43,2 gegen RAB schreibt.
Tartesiacus Schn. *Tartessiacus* VII 28,3 VIII 28,5 IX 61,4 XI 46,4 mit den Handschrr. Vgl. die Pliniushandschrr.
taeter (*teter* Schn. *III 24,6 gegen die Handschriften. Vgl. C. I. L. VIII 1412.
Thybris (Schn. *Tibris* X 7,9 mit A, *X 85,4 nach TXA und P. Vgl. Plin. n. h. 3,53.
tinguere Schn. *tingere* II 59,3 u. †IV 36,4 mit allen Handschriften, XII 98,2 mit XAGP, *XIV 146,4 mit TCa. Dagegen *tingere* so Schn. (I 77,5 mit T, *VIII 3,19 und XIV 103,2 mit allen Handschriften.
tintinabulum Schn. *tintinnabulum*) *XIV 163,4, mit XG und T nach Friedländers Collation . Vgl. Juv. VI 441.
tisana Schn. *ptisana* *XII 72,5 mit TCa.
tubures Schn. *tuberes*) dreimal *XIII 42; 43 mit TCa. Vgl. Plin. n. h. 15,47 M.
Vergilius so Schn.², obwol die Handschriften öfter *Virgilius* haben: *III 38,10 *VIII 56,6 (*Verg*. XA *VIII 56,23 *Verg*. A *VIII 56,24 XI 52,18 *Verg*. A *†XIV 185 L *Verg*. G *†XIV 186 L (*Verg*. TG *†XIV 195,2 *Verg*. T .
umerus Schn. *humerus*) VIII 18,3 gegen die Hdschrr.
umor und *umidus* Schn. *hum*. X 37,16 mit XAW, V 71,4 und XII 82,12 mit X.
unguere Schn. *ungere*) *II 77,2 mit TAP, *III 12,4 mit Ca.
utrimque Schn. *utrinque* X 38,6 gegen die Hdschrr., wie auch Schn. und die Hdschrr. XI 70,5 *utrimque* haben.

Die hier gegebenen Zusammenstellungen fussen im wesentlichen nur auf Schneidewin's Variantenangaben. Diese scheinen allerdings in der Orthographie einiger Worte lückenhaft zu sein (vgl. z. B. *nuntius*, *proelium*), jedoch betreffs der meisten und besonders der selteneren Worte sind sie im Allgemeinen sehr genau.

V. Ausgaben.

Von den Ausgaben, von denen Schneidewin[1] p. XI ff. die für die Textkritik in Betracht kommenden ausführlich behandelt hat, genügt es hier die wichtigsten zu nennen. Gedruckt wurde M. etwa seit 1470 (zu Ferrara 1471, zu Rom von Sweynheym und Pannartz 1473). Der Commentar des apostolischen Secretärs *Domizio Calderino* (c. 1447—1478) — ohne Text — eine Zusammenfassung seiner in Rom über M. gehaltenen Vorträge (1474), gab nicht bloss eine sehr verdienstliche Erklärung, sondern förderte auch in mancher Beziehung die Textkritik. Die beiden (ohne Benutzung von Handschriften veranstalteten) *Aldinen* (1501 und 1517) gaben einen zwar stellenweise verbesserten, weit öfter aber willkürlich geänderten, im ganzen sehr schlechten Text, der jedoch durch das Ansehn des Herausgebers sehr lange massgebend blieb. Einen wesentlichen Fortschritt in der Verbesserung des Textes brachten die Ausgaben des Holländers *Adriaan de Jonghe* (*Hadrianus Junius*) aus Hoorn, Arzt in Harlem, Kopenhagen und Delft, 1511—1575, welche 1559 und 1566 im kleinsten Format erschienen: es war darin hauptsächlich eine zur Familie Ca gehörige englische Hdschr. 2) benutzt. Weit mehr leistete *Jan Gruytere* (*Janus Gruterus*) aus Antwerpen, 1560—1627, seit 1592 Professor in Heidelberg. Hauptsächlich, wie es auf dem Titel seiner 1602 ebenfalls im kleinsten Format erschienenen Ausgabe[1] heisst, mit Hilfe der von ihm benutzten, später verschollenen, trefflichen alten Heidelberger Hdschr. (P, oben S. 78) rühmt er sich den Text von mehr als 1000 Stellen verbessert zu haben; doch hatte er damals nur eine Collation derselben von Richard Thomson benutzt; er verglich sie dann im Jahr 1616 noch einmal selbst ganz, doch flüchtig *tumultuaria lectione*, so

Junius.

Gruter.

---

[1] Für die Benutzung des in der Wolfenbüttler Bibliothek befindlichen Exemplars bin ich dem Leiter derselben, Hrn. Dr. *Ov. Heinemann* zu Dank verpflichtet.

dass er glaubt, vieles übersehen zu haben und benutzte die Ergebnisse dieser Vergleichung in der Appendicula ad Martialem sive Notae aliquot repetitae lectionis in der Ausgabe des *Sericerius* von 1619. Diese auf Gruters Text beruhende Ausgabe von *Peter Schryver* aus Harlem (1576—1660) war ein abermaliger bedeutender Fortschritt in der Feststellung des Textes, wenn Schryver auch vielfach schlechte Lesarten aus ältern Ausgaben (wie der Aldina) von 1501 beibehalten hat. Schryver, der sich auch der Unterstützung *Joseph Scaligers* zu erfreuen hatte, verfügte über einen umfassenden Apparat; seine Handschriften scheinen damals hauptsächlich der Familie Ca angehört zu haben; auch der Florentinus Beverlandi (λ, M, aus der Classe Cb) gehörte dazu. Einen aufs neue erheblich besonders mit Hülfe von P oder einer ganz ähnlichen Hdschr., aber auch durch zahlreiche glückliche Conjekturen verbesserten Text bietet die Ausgabe von 1621 (Lugduni Batavorum in kleinstem Format), auf welche noch 4 andere 1628, 1650, 1664, 1696 folgten. Schneidewin hat in seiner ersten Ausgabe die Lesarten der Ausgabe von 1621, wo er von derselben sehr oft mit Unrecht abgewichen ist, durchweg angegeben. Schryvers Vertrautheit mit der Art und Weise M.'s, sein feines Gefühl für das Angemessene im Ausdruck, sein richtiger Takt in der Wahl der Lesarten, verdienen die höchste Anerkennung. Ein Epigramm von JGVoss (Schn.[1] p. LVII) sagt nicht zu viel: der spanische Dichter sei an seinen Wunden und Schwären dahinsiechend dem Untergange nahe gewesen, die vereinten Bemühungen der drei Niederländer Junius Gruterus Sriverins hätten ihn gerettet. Doch habe der erstere nur den Anfang gemacht, den beiden letztern gebühre das Lob, den Dichter völlig sich selbst wiedergegeben zu haben. Eine grosse Anzahl trefflicher Verbesserungen hat ferner *NHeinsius* geliefert (Schn.[1] p. LXI sq.). Der Engländer *Thomas Farnaby*

Sriverius.

---

[1] Vgl. oben S. 96—99.

1575—1647), dessen erste den Text in keiner Weise fördernde Ausgabe in London 1605 erschien, hat in seinen spätern Ausgaben zwar manches aus Scriverius aufgenommen, aber lange nicht genug. Von den Ausgaben von *Kornelis Schrevel* aus Harlem (c. 1615—1664)[1] erschien die erste 1656; die zweite (1661) und die dritte (1670) enthalten die werthvollen Anmerkungen von *JFGronov*. Seitdem ist bis auf Schneidewin für den Text des M. nichts erhebliches geschehen. Die von Dibdin (Introduction to the Classics II p. 230) erwähnten handschriftlichen Bemerkungen *Bentleys* in einem Exemplar der Ausgabe von Ramirez de Prado jetzt im Britischen Museum sind so gut wie werthlos, wie mir Munro mitgetheilt hat. Grösstentheils sind es Berichtigungen des sehr fehlerhaften Textes, z. B.

I 26,3 concessorum — *consessorum*.
30,2 quod — *quo*
39,2 avos — *auus*.

Bentleys nur gelegentlich und offenbar in Eile gemachten Aenderungen sind folgende:

I 88,5 Für *Sed* — Nec
II 82,4 « *fingis* — punis
III 17,2 « *ferrum* — fo. currum
V 12,2 « *Maschion* — Malchion
V 45,2 « *solet* — les
IX 5,4 « *sapisti* — sapis tu
18,4 « cura — *curca*
XI 2,6 « *Et licet* — Et libet
XI 8,4 « drauci — trunci
XI 108,4 « *solve* — salve
XII 52,14 « conciliavit — *bit*
XIV 210,2 « *justo* — justis.

Die Ausgabe von *Lemaire* (1825 Paris 3 Bde.) ist für die Textkritik völlig werthlos.

---

[1] M. epigrammata cum notis Farnabii et variorum geminoque indice tum rerum tum auctorum, accurante Corn. Schrevel. L. B.

Die Arbeit *FW Schneidewin's*, der der Wissenschaft nach einem rastlos thätigen, durch Leiden und bittere Erfahrungen vielfach getrübten Leben allzu früh entrissen ward (geb. 1810 in Helmstädt, gest. 1856 in Göttingen, vgl. den Nekrolog von Ev. Leutsch Philol. X S. 745 ff.), kann von denen, die sich mit M. beschäftigen, nicht dankbar genug anerkannt werden. Schn. hat durch unablässige und ausdauernde Bemühungen aus ganz Europa ein überaus umfangreiches kritisches Material zusammengebracht und mit unermüdlichem Fleiss aufs gewissenhafteste durchforscht. Er hat zuerst die verschiedenen Gruppen der Hdschrr. gesondert und übersichtlich geordnet, auch ihren Werth im ganzen richtig beurtheilt, und so eine Grundlage für die Textkritik geschaffen, wie sie vor ihm auch nicht annähernd existirte. Dass er namentlich in seiner ersten Ausgabe den Werth von T überschätzte und geneigt war, der Familie Ca vor der Familie B mehr als gerechtfertigt ist, den Vorzug zu geben (Gilbert Qu. cr. p. 16 ff.), ist bei dem Mangel an Vorarbeiten sehr entschuldbar. Im ganzen hat er den kritischen Apparat für die Feststellung des Textes mit sicherer Methode und ebensoviel Geschmack als Gelehrsamkeit verwerthet. Er erkannte richtig, dass der Schryversche, von dessen Nachfolgern mit Unrecht aufgegebene Text grossentheils wiederherzustellen sei (Schn.[1] p. LIV), ist aber freilich darin nicht consequent gewesen und nicht weit genug gegangen[1]. Trotzdem bietet schon seine erste Ausgabe 1842 einen im ganzen erheblich bessern Text als die Schryversche, und die zweite Ausgabe 1853, welcher die Benutzung einiger der bessern Hdschrr. zu gute kam, die Schn. für die erste noch nicht hatte verwerthen können, ist im ganzen wieder ein Fortschritt gegen diese.

[1] Die unberechtigten Abweichungen Schneidewins von Schryver beruhen nicht zum geringsten Theil auf Bevorzugung von Lesarten der Familie Ca an Stellen, wo Schryver richtig den Lesarten der Familie B gefolgt war.

Das Interesse für M., das lange Zeit sehr gering war[1]), ist erst in neuerer Zeit in England und Deutschland ein lebhafteres geworden. In England sind in verhältnissmässig kurzen Zwischenräumen drei Auswahlen aus seinen Epigrammen erschienen: von *Paley and Stone*, M. Val. Martialis Epigrammata selecta. Select epigrams from Martial with english notes (Grammar school classics) 1868 (und 1881); von *Stephenson*, Selected Epigrams of Martial. London 1880; und von *Sellar and Ramsay*, Extracts from Martial. Edinburg 1884 (vgl. Meine Anzeige in der Berliner philol. Wochenschrift vom 5. April 1884; in Deutschland das 1. Buch von *Flach* (M. Epigrammaton librum I rec. JFlach. Tubingae 1881); vgl. über diese Ausgabe, wie über die ganze neueste auf M. bezügliche Litteratur Meine Jahresberichte über die Litteratur der römischen Satiriker ausser Lucilius und Horatius von 1873 ab, in Bursians Jahresber. f. klass. Alterthsw.'. Doch haben diese Arbeiten die Textkritik wenig gefördert. Der reichhaltigste und bei weitem werthvollste Beitrag zu derselben ist die Abhandlung von *Dr. Walter Gilbert*, Ad M. quaestiones criticae. Programm des königl. Gymnasiums zu Dresden-Neustadt, Ostern 1883), in welchem 128 Stellen des M., und zwar in der ganz überwiegenden Mehrzahl glücklich behandelt sind. Namentlich hat Gilbert mit Recht mehrfach die Ueberlieferung gegenüber den Aenderungen Schn.'s und Anderer in Schutz genommen. Auch ist hier der Werth der Familie B und ihr Verhältniss zu den beiden andern Familien zum ersten Mal richtig gewürdigt. Eine Reihe werthvoller Nachträge hat derselbe Gelehrte in Fleckeisens Jahrb. f. Philol. 1883' S. 643—646 19 Stellen aus den 14 Büchern), im N. Rhein. Museum XXXIX (1884)

---

[1] Das (allerdings nicht vollständige) Verzeichniss der auf ihn bezüglichen exegetischen und kritischen Schriften von 1700 bis 1878, in der neuen Ausgabe von Engelmanns Auctores Classici füllt wenig mehr als anderthalb Seiten.

S. 511—520 (47 Stellen aus Sp. und I—VI, ebenda XL (1885 S. 210—222 (67 Stellen aus VII—XIV geliefert.

In einem sehr eingehenden Briefwechsel wurden zwischen ihm und mir die meisten kritisch schwierigen oder zweifelhaften Stellen (zum Theil wiederholt) erörtert, und in den meisten Fällen eine Einigung erzielt. Der Text der bereits unter der Presse befindlichen Ausgabe Gilbert's wird sich daher von dem der meinigen wol nicht erheblich unterscheiden[1]).

Nicht minder fruchtbar und erspriesslich für dieselbe ist ein ebenfalls sehr eingehender Briefwechsel gewesen, den ich mit *HAJMunro* seit 1878 (allerdings mit langen Unterbrechungen) über Martial geführt habe. Munro hat stets an meiner Arbeit den freundlichsten Antheil genommen und mir eine Reihe trefflicher eigener Emendationen und auch einige interessante Conjekturen anderer Gelehrter in Cambridge mitgetheilt. Die Nachricht von seinem nach kurzer Krankheit in Rom am 30. März d. J. erfolgten Tode war für mich eine überaus schmerzliche.

Auch den Herren *Bachrens* in Groningen, *Buecheler* in Bonn, *Grasberger* in Würzburg, *ERohde* in Tübingen verdanke ich Beiträge zur Verbesserung des Textes.

Für die Erklärung war bisher noch immer, wie in Lessings Zeit Werke VIII 503 f., die Ausgabe *Schrevels*, die eine zweckmässige Auswahl aus den Anmerkungen der frühern Herausgeber bietet, das beste Hilfsmittel: die Arbeiten des Tiroler Jesuiten *Matthaeus Rader* Martialis Epigrammaton libros omnes novo comment. ill. Ingolstadt 1607. 3. Ausg. Moguntiaci 1627 und des Spaniers *Ramirez de Prado* Hypomnemata ad lib. spectaculorum et quatuor primos epigrammaton M. V. M. collecta ex schedis succisivis Domini Laurentii R. de Prado 1607 sind völlig veraltet.

---

[1] Herr Dr. Gilbert hat mich ausserdem nicht nur durch die Mittheilung seiner Bemerkungen zur Orthographie der Martialhandschriften oben S. 105—119, zu Dank verpflichtet, sondern ist auch so freundlich, die Correkturbogen dieses Buchs zu lesen.

FGBSchmieder (1770—1838), Gymnasialdirektor in Brieg, hat viele Jahre an einem Commentar zu Martial gearbeitet und eine von grosser Sorgfalt zeugende Probe desselben in zwei Gymnasialprogrammen M. de spectaculis libellus, Brieg 1837 gegeben. Seine handschriftlich hinterlassene Arbeit erhielt Schneidewin durch COMueller, der Schmieders Schüler gewesen war. Schneidewin hoffte ausserdem auf Beiträge aus Boettigers an Weichert übergegangenem Nachlass und auf eigene Beiträge des letzteren. Doch seine Absicht mit Benutzung dieser Hilfsmittel einen neuen umfassenden Commentar zu Martial zu liefern, wurde durch seinen frühen Tod vereitelt. Die Ausgaben von Paley und Stone so wie von Stephenson enthalten nur Auswahlen aus Martial, und ihre Commentare sind auf Unterrichtszwecke und auf die Bedürfnisse englischer Studirender berechnet.

Der Ausspruch Schneidewins ed. I p. XI): Martialis is auctor est, quem ad penitus intelligendum vel doctissimis grammaticis opus sit commentario, gilt auch noch heute. Die Erklärung aber kann gegenwärtig eine vollständigere und richtigere sein, als Schneidewin sie zu geben vermocht hätte. Allerdings bleibt eine nicht grosse) Anzahl von Stellen unverständlich, zum geringern Theil wegen unheilbarer Corruptel des im ganzen sehr gut überlieferten Textes, zum grösseren wegen unserer Unkenntniss von Beziehungen, die M. bei seinen Lesern als bekannt voraussetzte. Einiges, was in Schneidewins Text unverständlich war, ist seitdem durch Herstellung der richtigen Lesart verständlich geworden. Besonders aber haben wir durch eine Reihe einschlägiger Arbeiten eine klarere und umfassendere Einsicht in die Spezialgeschichte der Zeit Domitians so wie in die litterarischen und geselligen Zustände des damaligen Rom gewonnen, auf welche Martials Gedichte sich beziehen, und damit ein besseres Verständniss derselben. Dass ohne völlige Vertrautheit mit diesen Forschungen so wie mit der Art und Weise Martials die Gefahr von Missverständnissen sehr nahe liegt, zeigt sich immer wieder von neuem.

Meine Absicht war zunächst, durch meine Anmerkungen jüngeren Philologen, die schon die Anfangsgründe hinter sich haben, das Studium des Dichters zu erleichtern und fruchtbarer zu machen. Doch hoffe ich, dass auch Gelehrte, besonders solche, die keine Veranlassung gehabt haben, die zum vollen Verständniss Martials erforderlichen Studien zu machen, sie nicht unbrauchbar finden werden. Vielleicht gelingt es dieser Ausgabe auch, dem Dichter, den Lessing so hoch gestellt und mit dem Goethe sich nicht ungern beschäftigt hat, unter den Freunden der antiken Litteratur neue Leser zu gewinnen. Mich haben zwei den beiden letztern Klassen angehörende Männer durch ihre wiederholten Aufforderungen zu dieser Arbeit bestimmt: mein Lehrer *Carl Lehrs* † 9. Juni 1878, und sein hoch und reich begabter, doch der Philologie früh entfremdeter Schüler, mein unvergesslicher Jugendfreund *Eduard Wessel* (geb. in Wormditt 1822 † in Wien 26. Januar 1879; vgl. den Nachruf von Th. Gomperz in der N. fr. Presse 29. Januar 1879).

Auch bei der Abfassung der Anmerkungen habe ich mich freundlicher Unterstützung von verschiedenen Seiten zu erfreuen gehabt. Ueber mehrere Punkte der Topographie Roms hat mir mein College *H.Jordan* Auskunft ertheilt; mein College *G.Hirschfeld* hat mir einige archäologische, mein College *P.Krüger* einige juristische Fragen beantwortet. Ausserdem sage ich den Herren *V.Hehn* und *O.Hirschfeld* in Berlin, *F.Hultsch* in Dresden, *C.F.W.Müller* in Breslau, *Ae.Sallet* in Berlin, *F.Schürer* in Giessen für ihre Beantwortung meiner an sie gerichteten Fragen den besten Dank.

Königsberg, im September 1885.

Inhalt der Einleitung.

		Seite
I.	Martials Leben und Gedichte . .	3
II.	Martials Versbau	26
	Der Abschnitt über das elegische Distichon von *ThBirt* .	39
III.	Chronologie der Epigramme Martials . . .	50
IV.	Ueberlieferung des Textes	67
	Anhang 1. Abstammung der 3 Familien von 3 Texten . .	92
	Anhang 2. Ueber den codex F und die von Schneidewin mit ihm identificirten Handschriften. Von *CFrobeen*	96
	Anhang 3. Orthographisches. Von *WGilbert* . . .	108
V.	Ausgaben .	120

M. VALERII MARTIALIS
EPIGRAMMATON LIBRI.

Zu den Anmerkungen.

1. Die Ueberlieferung ist an denjenigen Stellen, wo es zur Orientirung des Lesers über den Werth sowol der in den Text aufgenommenen als der verworfenen Lesarten erforderlich schien, mit möglichster Vollständigkeit die der hier zuerst durchweg benutzten codd. E F und Q ganz vollständig, angegeben; sonstige Abweichungen der Handschriften, die irgend ein Interesse bieten, mit Auswahl; orthographische nur hier und da. Die Bezeichnungen der Handschriften sind folgende:

A Vossianus in Leyden	11 12. S.	Fam. Ca	S. 88
B Vossianus in Leyden	12. S.	Fam. Ca	S. 88
Bodleiani in Oxford	15. S.	?	S. 91 f.
Bononiensis in Bologna	14. S.	Fam. Cb	S. 91
C Vossianus in Leyden	14. S.	Fam. Ca	S. 88
D Florilegium Diezianum in Berlin	14. S.	Fam. Ca	S. 90
E Edinburghensis in Edinburgh	10. S.	Fam. Ca	S. 87
Eporediensis in Ivrea	11. S.	Fam. Ca	S. 88
F Florentinus in Florenz	15. S.	Fam. Ca	S. 89
Excerpta Frisingensia in München	11. S.	?	S. 89 f.
G Gudianus in Wolfenbüttel	12 13. S.	Fam. Ca	S. 88
H Miscellenhandschrift in Wien	10. S.	Fam. A	S. 76
M Bongarsianus oder Cujacianus		Fam. A	S. 76 ff.
N Nostradamensis in Paris	13. S.	Fam. Ca	S. 90
O Martialis ed. Romana 1473			S. 90
P Palatinus in Rom	15. S.	Fam. B	S. 79
$\mathfrak{P}$ Palatinus, ehemals in Heidelberg, nach Gruter sehr alt Fam. B S. 78 f.			
Q Arondellianus Gronovii in London	15. S.	Fam. B	S. 79 ff.
R Vossianus in Leyden	Anf. d. 9. S.	Fam. A	S. 71 ff.
T Thuaneus in Paris	9. S.	Fam. A	S. 72 ff.
V V4) Vaticanus in Rom	10 11. S.	Fam. Ca	S. 88
Vindobonensis 3 in Wien	15. S.	Fam. Cb	S. 91
W zu $\mathfrak{P}$ gehörig? in Perugia	13. S.	Fam. B	S. 79
X Puteaneus in Paris	10. S.	Fam. Ca	S. 87 f.

ω der Bezeichnung Schneidewins reliqui entsprechend; die nicht namentlich angeführten Handschriften der Fam. Ca und eine Anzahl von Handschriften des 15. S.; von Buch V ab auch P, wo diese nicht ausdrücklich genannt ist.
ς Handschriften des 15. Jahrhunderts. Wo einzelne derselben oder alte Drucke namhaft gemacht sind, ist es mit den von Schneidewin ed. 1 p. XIII sq.) gewählten Buchstaben geschehn.

Bezeichnungen der Herausgeber und Textkritiker.

Eldik im 18. S.): van Eldik Conjekturen zu Martial, mitgetheilt von FCGBoot Verslagen en Mededel. d. Akad. v. Wetenschappen Afd Letterk XI 1868 p. 38 f.

Gilbert: 1. Walther Gilbert Ad Martialem quaestiones criticae. Programm des kgl. Gymnasiums zu Dresden-Neustadt. 1883. 2) Briefliche Mittheilungen desselben.

Gilbert[2]: Derselbe zu Martial. Neue Jahrbb. f. Philologie CXXVII Bd. 9 (1883) S. 643—648.

Gilbert[3]: Derselbe. Beiträge zur Textkritik des Martial N. Rhein. Mus. XXXIX (1884 S. 511—520 I—VI.

Gilbert[4]: Derselbe. Beitr. usw. XL 1885; S. 210—222 VII—XIV.

Guttmann: Oscarus Guttmann Observationum in M. Valerium Martialem particulae quinque. Diss. inaug. Vratisl. 1866.

Hns : Heinsius.
Schn[1] : Schneidewins grosse Ausgabe 1842.
Schn[2] : Schneidewins Textausgabe 1853.
Schn : Schneidewin in beiden Ausgaben.
Scr : Scriverius' Ausgabe von 1621.

Unnöthige und verfehlte Conjekturen habe ich nur ausnahmsweise angeführt.

II. III. Die bei den Angaben der Reminiscenzen Martials an Frühere und Späterer an Martial benutzten Vorarbeiten sind folgende:

RPankstadt De Martiale Catulli imitatore. Halis S. Diss. inaug. 1876.

AZingerle Martials Ovidstudien. Innsbruck 1877.

Derselbe. Zu spätlateinischen Dichtern. Heft II. Innsbruck 1879. Zu Lucan Silius Martial S. 12 ff.

EWagner. De Martiale poetarum Augusteae aetatis imitatore. Regim. diss. inaug. 1880. Nachträge: Nohl Philol. Rundschau I 1880 S. 632. Schenkl Dtsche Literaturztg. 1881 S. 848.

Ausonii opuscula rec. CSchenkl 1883.

Ausonius ist nach dieser Ausgabe, Properz nach der Ausgabe von LMueller citirt.

Einzelne Angaben: in Bentleys Ausgabe des Horaz, in Wernickes Prolegomena zu seiner nicht erschienenen Ausgabe der Priapeia T. I Thorn 1853), in Flachs Ausgabe von Martials 1. Buch (1881); die Sammlung der Auctores und Imitatores des Virgil in ORibbecks grosser Ausgabe, von WRibbeck; in Jeeps Ausgabe des Claudian; ferner Bemerkungen von MHaupt Opp. III 599, Buecheler Neue Jahrbb. 1866 S. 610, Polle daselbst 1878 S. 635.

Die Citate der Grammatiker und Scholiasten sind den Indices zu Keils Grammatici latini und den Anführungen Schneidewins entnommen; diesen letzteren auch die Citate der mittelalterlichen Schriftsteller; doch habe ich das Speculum doctrinae des Vincentius Bellovacensis, das Schn. nach der ed. princeps Mentelini citirt, in der mir zugänglichen Ausgabe Nürnberg 1486, nochmals durchgesehn, einige Citate geändert und ihre Zahl wesentlich vermehrt.

Ich bemerke ausdrücklich, dass ich keineswegs überall wo ich Uebereinstimmungen Martials mit Frühern oder Spätern angegeben habe, wirkliche Entlehnungen voraussetze, sondern in vielen Fällen annehme, dass er so wie seine Vorgänger und Nachfolger dieselbe übliche poetische Phrase gebraucht haben, ohne dass der Eine an den Vers des Andern dachte. Einzelne Uebereinstimmungen mögen auch zufällig sein. Stellen, bei denen nur die Möglichkeit eines Zusammenhangs vorliegt, sind in Parenthese gesetzt. *Dr. FWagner.*

IV. Abkürzungen, die in den erklärenden Anmerkungen gebraucht sind.

Becker-Goell = WABecker, Gallus od. röm. Scenen a. d. Z. Augusts. Neu bearbeitet von HGoell 1880—1882. 9 Bändchen.

Birt = ThBirt Das antike Buchwesen 1882.

Bluemner = HBluemner Die gewerbliche Thätigkeit der Völker des klassischen Alterthums 1869.

SG = LFriedlaender Darstellungen a. d. Sittengeschichte Roms. 3 Bände. 5. Auflage 1881.

Hehn = VHehn Kulturpflanzen und Hausthiere in ihrem Uebergange aus Asien nach Griechenland und Italien. 4. Auflage 1883.

Marquardt StV = JMarquardt Römische Staatsverwaltung.
    Bd. I. 2. Auflage 1881.
    Bd. II. 2. Auflage, besorgt von HDessau u. Av.Domaszewski 1884.
    Bd. III. 2. Auflage, besorgt von GWissowa 1885.

Marquardt Prl. = JMarquardt Das Privatleben der Römer I S. 1—372. 1879. II S. 373—858. 1882.

Mommsen StR = ThMommsen Römisches Staatsrecht.
    Bd. I. 2. Auflage 1876.
    Bd. II. 2. Auflage 1877.

Pankstadt = RPankstadt De Martiale Catulli imitatore 1876.

Preller GM = LPreller Griechische Mythologie. 2 Bände. 3. Auflage von EPlew. 1872.

Preller RM = LPreller Römische Mythologie. 2 Bände. 3. Auflage von HJordan. 1881.

Teuffel RLG = WSTeuffels Geschichte der Römischen Litteratur. 4. Auflage bearbeitet von LSchwabe 1882.

M. Valerii Martialis Epigrammaton liber.

Die Annahme von Lipsius (de Amphith. c. 7), Rader, Schmieder M. de Sp. libellus [2 Progr. des Gymn. zu Brieg 1837] Part. I p. 3 s. , Borghesi (Oeuvres III 382) u. a., dass die Epigramme dieses Buchs auf die von Titus bei der Einweihung des Flavischen Amphitheaters im J. 80 n. Chr. veranstalteten Schauspiele gedichtet sind, gründet sich auf die vielfache Uebereinstimmung ihres Inhalts mit den Berichten Suetons und Cassius Dios über diese Schauspiele. Suet. Tit. c. 7: — — amphitheatro dedicato thermisque celeriter exstructis (Sp 2, 7) munus edidit apparatissimum largissimumque: dedit et navale proelium in veteri naumachia (28, ibidem et gladiatores 29) atque uno die quinque milia omne genus ferarum. Ferner stimmt Suetons Bericht über die von Titus veranstaltete Bestrafung von Delatoren c. 8: novissime traductos per amphitheatri harenam partim subici ac venire imperavit, partim in asperrimas insularum avehi etc.' mit 4, und das Lob seiner Leutseligkeit bei Schauspielen (ib.: neque negavit quicquam petentibus et ut quae vellent peterent usque adhortatus est mit 20 überein. Auch der ausführliche Bericht Dios enthält ausser Angaben, welche die Suetons bestätigen, noch einiges andere, was bei M. ebenfalls vorkommt. Dio LXVI 25: τὸ δὲ δὴ θέατρον τὸ κυνηγετικὸν τό τε βαλανεῖον τὸ ἐπώνυμον αὐτοῦ ἱερώσας, πολλὰ καὶ θαυμαστὰ ἐποίησεν· γέρανοί τε γὰρ ἀλλήλοις ἐμαχέσαντο καὶ ἐλέφαντες τέσσαρες (vgl. 17 und 19), ἄλλα τε ἐς ἐννακισχίλια καὶ βοτὰ καὶ θηρία ἀπεσφάγη, καὶ αὐτὰ καὶ γυναῖκες, οὐ μέντοι

ἐπιφανεῖς συγκατειργάσαντο (6 b. 4. ἄνδρες δὲ πολλοὶ μὲν ἐμο-
νομάχησαν, πολλοὶ δὲ καὶ ἀθρόοι ἔν τε πεζομαχίαις καὶ ἐν
ναυμαχίαις ἠγωνίσαντο· τὸ γὰρ θέατρον αὐτὸ ἐκεῖνο ὕδατος
ἐξαίφνης πληρώσας 24). ἐσήγαγε μὲν καὶ ἵππους καὶ ταύρους καὶ
ἄλλα τινὰ χειροήθη, δεδιδαγμένα πάνθ᾽ ὅσα ἐπὶ τῆς γῆς πράτ-
τειν καὶ ἐν τῷ ὑγρῷ· ἐσήγαγε δὲ καὶ ἀνθρώπους ἐπὶ πλοίων · καὶ
οὗτοι μὲν ἐκεῖ, ὡς οἱ μὲν Κερκυραῖοι, οἱ δὲ Κορίνθιοι ὄντες,
ἐναυμάχησαν (24,3 · ἄλλοι δὲ ἔξω ἐν τῷ ἄλσει τῷ τοῦ Γαίου
τοῦ τε Λουκίου ὅ ποτε ὁ Αὔγουστος ἐπ᾽ αὐτὸ τοῦτ᾽ ὡρίσατο (28,1
Becker Topogr. 657, 1416 Preller Regionen 206 Anm.). καὶ
γὰρ ἐνταῦθα τῇ μὲν πρώτῃ ἡμέρᾳ μονομαχία καὶ θηρίων σφαγὴ
(28. 4 s; 29; 30 κατοικοδομηθείσης σανίσι τῆς κατὰ πρόσωπον
τῶν εἰκόνων λίμνης καὶ ἰκρία πέριξ λαβούσης, τῇ δὲ δευτέρᾳ
ἱπποδρομία 28, 5. 6. 9 καὶ τῇ τρίτῃ ναυμαχία τρισχιλίων
ἀνδρῶν· καὶ μετὰ τοῦτο καὶ πεζομαχία ἐγένετο. νικήσαντες γὰρ
οἱ Ἀθηναῖοι τοὺς Συρακοσίους (τούτοις γὰρ τοῖς ὀνόμασι χρησά-
μενοι ἐναυμάχησαν) ἐπεξῆλθον ἐς τὸ νησίδιον, καὶ προσβαλόντες
τείχει τινὶ παρὰ τὸ μνημεῖον πεποιημένῳ εἷλον αὐτό. ταῦτα μὲν
ἐς ὄψιν ἥκοντα [καὶ] ἐφ᾽ ἑκατὸν ἡμέρας ἐγένετο. παρέσχε δέ τινα
καὶ ἐς ὠφέλειαν φέροντα αὐτοῖς · σφαιρία γὰρ ξύλινα μικρὰ
ἄνωθεν ἐς τὸ θέατρον ἐρρίπτει σύμβολον ἔχοντα τὸ μὲν ἐδωδίμου
τινός, τὸ δὲ ἐσθῆτος, τὸ δὲ ἀργυροῦ σκεύους, ἄλλο χρυσοῦ, ἵππων,
ὑποζυγίων, βοσκημάτων, ἀνδραπόδων · ἃ ἁρπάσαντάς τινας ἔδει
πρὸς τοὺς δοτῆρας αὐτῶν ἀπενεγκεῖν, καὶ λαβεῖν τὸ ἐπιγε-
γραμμένον.

Wenn ich trotzdem früher (SG III 425 f.) ebenso wie
JosKehrein (Supplmb. zu Jahns Jbb IV 541 f. angenommen habe, dass dies Buch auch einige in einer zweiten
Ausgabe nachträglich hinzugefügte Epigramme auf Schauspiele Domitians (Suet. Dom. c. 4 Dio LXVII 8 enthalte,
der die Delatoren ebenfalls bestrafte (Suet. Dom. c. 3), so
ist dies hauptsächlich deshalb geschehn, weil das Sp 22,5
erwähnte zweihörnige Rhinoceros (auf welches sich auch
Sp 9 bezieht) auf einer Münze Domitians (Eckhel DN VI
393) abgebildet ist.

Nicht blos liegt es sehr nahe, auf Grund dieser Verewigung anzunehmen, dass ein solches Thier damals zuerst gezeigt worden war, sondern M. scheint auch in einem 84 oder 85 verfassten Epigramm auf ein kürzlich unter Domitian gesehenes Rhinoceros, das Gedicht Sp 9 zu citiren: wobei wieder die Annahme nahe liegt, dass in beiden Epigrammen dasselbe Exemplar gemeint ist.

 Sp 9. Praestitit exhibitus tota tibi, *Caesar, harena,*
  Quae non promisit proelia rhinoceros.
 O quam terribiles exarsit pronus in iras!
  Quantus erat taurus, *cui pila taurus erat!*
   XIV 53 Rhinoceros.
 Nuper in Ausonia *domini* spectatus *harena*
  Hic erit *ille* tibi, *cui pila taurus erat.*

Freilich kann auch die grosse Seltenheit des schon im J. 80 gesehenen Thiers der Grund gewesen sein, weshalb es unter Domitian zum Münzbild erwählt wurde; und auch die Möglichkeit, dass M. bei XIV 53 trotz der ohne Zweifel vorhandenen Reminiscenz an Sp 9 an ein anderes Exemplar dachte, lässt sich nicht leugnen.

Sind aber Sp 9 und 22 auf ein Schauspiel Domitians gedichtet, hat es also von der im J. 80 verfassten Epigrammensammlung eine zweite, durch Gedichte verwandten Inhalts aus späterer Zeit vermehrte Ausgabe gegeben, so wird man geneigt sein, zu den nachträglich hinzugefügten Gedichten auch 25 b zu rechnen. Erstens unterscheidet sich dies Epigramm von allen übrigen dieses Buchs, insofern es sich nicht auf ein Schauspiel, sondern eher auf eine bildliche Darstellung des schwimmenden Leander zu beziehen scheint. Ferner stimmt das auf eine Marmorfigur die man vielleicht als ein Andenken an ein Schauspiel wie das in Sp 25 b geschilderte ansehen darf gedichtete Distichon XIV 181 mit Sp 25 b in Inhalt und Ausdruck auffallend überein.

   XXV b.
 Cum peteret dulces *audax Leandros* amores
  Et fessus *tumidis* iam premeretur aquis,

Sic miser instantes adfatus dicitur *undas*:
»Parcite, dum propero, *mergite cum redeo*.«

XIV 181 Leandros marmoreus.
Clamabat *tumidis audax Leandros in undis*:
Mergite me fluctus, *cum rediturus ero*.

Auch diese Uebereinstimmung erscheint um so natürlicher, je kürzer das Intervall zwischen beiden Gedichten war, während zwischen Sp 25 b, wenn es schon im J. 80 verfasst war, und XIV 181 ein Zeitraum von mindestens vier Jahren liegen müsste. Doch zeigt eine Vergleichung der beiden Stellen Sp 1, 1 und VIII 36,1, zwischen welchen 12 bis 13 Jahre liegen, dass eine solche Selbstwiederholung bei M. auch nach einer noch viel längeren Zeit möglich war.

Auch bei Sp 18 und 20 kann aus der scheinbaren Uebereinstimmung mit späteren Epigrammen die Abfassung unter Domitian nicht mit Sicherheit geschlossen werden. Ein gezähmter Tiger, der sowol Sp 18 als I 104, 1—3 erwähnt wird, war zwar ohne Zweifel eine grosse Seltenheit SG II 495 f., kann sich aber nichtsdestoweniger in den kaiserlichen Zwingern ebensowol unter Titus als unter Domitian befunden haben. Dass der Sp 20, 1 genannte Myrinus identisch ist mit dem XII 29,7 erwähnten, ist sehr unwahrscheinlich.

Hiernach können also sehr wohl sämmtliche Gedichte dieser Sammlung im Jahre 80 zur Verherrlichung der Schauspiele des Titus verfasst sein, wenn auch die Möglichkeit nicht zu leugnen ist, dass bei einer zweiten Ausgabe einige auf Domitians Schauspiele bezügliche nachträglich hinzugefügt worden sind.

Dass wir von dieser Sammlung nur einen Theil besitzen, geht schon daraus hervor, dass manche ganz besonders zu preisende Schauspiele entweder gar nicht erwähnt sind oder nur ganz beiläufig: so die grosse Seeschlacht zwischen Athenern und Syrakusern; auf die Gladiatorenkämpfe bezieht sich nur 29: das Auswerfen von Losen kommt gar nicht vor. Bei der uns erhaltenen Auswahl bei welcher vorzugsweise der erste Theil der Sammlung berücksichtigt worden ist scheint aber gemäss der Anordnung derselben die Reihenfolge der Schauspiele festgehalten und nur Sp 27 an eine falsche Stelle gerathen zu sein. Denn Sp 1—3 schildern das Amphitheater und die darin versammelte Menge. 4 die dort (wahrscheinlich am frühen Morgen) veranstaltete Ausstellung der Delatoren: 5—23 und 27 verschiedene Schauspiele mit wilden und gezähmten Thieren im Amphitheater (ebenfalls ein spectaculum matutinum): 24—26 Schauspiele in der überschwemmten Arena desselben: 28 und 28 b die Naumachie und die derselben vorausgehenden Spiele endlich 29 und 30 können sehr wol auf die nach Dio dort am ersten Tage veranstaltete μονομαχία καὶ θηρίων σφαγή bezogen werden. Den Schluss des Ganzen machte die Widmung an den Kaiser, von der sich ein Distichon 32) erhalten hat.

Dass die Gedichte, wie M. in diesem letztern sagt, eilig hingeworfen worden sind, ist zu glauben: sie sind mit Ausnahme der schwungvollen ersten drei Epigramme das Schwächste, was wir von ihm haben, und namentlich die nach seiner Art immer wiederkehrenden Variationen über das Thema, dass diese Schauspiele nicht bloss alle früheren, sondern auch die wunderbarsten Erzählungen des Mythus überbieten, sind sehr dürftig. Doch zu der Annahme von Rutgers und Scrivers (ed. 1619 Animadv. p. 3 und 30), dass die Sammlung auch Epigramme andrer Dichter enthalte, ist durchaus kein Grund. Ton und Wendungen, besonders aber manche in den spätern Büchern wiederkehrende Phrasen, lassen durchweg die Manier M.'s erkennen.

Bei der Veröffentlichung dieser Sammlung hatte M. noch ebensowenig als später bei der der Xenia und Apophoreta die Absicht, eine Reihe von Büchern herauszugeben: daher dies zuerst von Gruter liber spectaculorum genannte) Buch von ihm ebensowenig eine Ziffer erhalten hat als jene beiden. Wir besitzen es nur in Excerpten: 30 Gedichte daraus sind in Handschriften des 9. und 10. Jahrhunderts erhalten. Der Thuaneus T. oben S. 72 ff.) enthält 1—28 mit Ausnahme von 10 und 25 b; der Vindobonensis II (oben S. 76) 19—30 (mit Einschluss von 23, aber nicht 32, wonach Schn zu berichtigen ist) nebst 1 3 und 1; endlich der Vossianus B oben S. 71 f.) 9; 10; 25; 25 b; 29; 30. Aus demselben Originale, aus dem all diese Excerpte entnommen sind, stammte auch die sehr alte, im 14. Jahrhundert in Italien aufgetauchte, dann bald wieder verloren gegangene Handschrift, welche die ersten 28 Epigramme enthielt oben S. 70 , und von welcher zahlreiche Abschriften vorhanden sind. Die älteste derselben, in Bologna cod. bibl. univ. Bonon. nr. 2221 aus dem 13. 14. S. Schn¹ p. XCI enthält ausser Martial noch Pseudovergiliana. Zu Anfang stand darin, von andrer Hand, und im 14. S. eingefügt, der liber spectaculorum, doch ist nur das letzte ? Blatt (mit Epigr. 7. 10—18 erhalten. Am Schluss findet sich folgende Notiz: Hii versus in quodam vetustissimo allali Martiali?) inveniuntur, qui ab aliis deerant. Der Bononiensis stimmt im 1. sp. genau mit dem um ein Jahrhundert jüngern Vidobonensis 3 überein. Götz und Löwe Mittheilungen aus Italienischen Handschriften. Zu Martial. Leipziger Studien I 1878 S. 365—367 . Das Original war fehlerhaft oder schwer leserlich, überdies lückenhaft; die Lücken wurden in den Abschriften des 15. Jahrhunderts theils unausgefüllt gelassen, wie im Vindob. 3 oben S. 91), theils von italienischen Gelehrten, namentlich Antonio Beccadelli, gen. Panormita 1394—1471 nach Gutdünken ergänzt. Die ältern Ausgaben enthalten nur 1—28; 29 und 30 von Scaliger 1617 in den Catalecta veröffentlicht) fügte erst Scriver 1619 hinzu[1].

---

[1] Auf keinen Fall reicht der bis jetzt bekannte Thatbestand der Ueberlieferung zur Begründung der Behauptung von Baehrens PlM IV p. 38 hin: uni Octaviano welchen Baehrens als den Urheber der c. 534

Ausserdem enthalten einige Excerptensammlungen und Florilegien die beiden, mit grösster Wahrscheinlichkeit als Fragmente aus diesem Buch betrachteten Distichen 31 (Schluss eines Gedichts auf den Kampf zweier Gladiatoren) und 32 (Schluss der Widmung an den Kaiser): namentlich eine Handschrift des Peter Daniel, welche dieser Jan Douza mittheilte (Schn¹ zu Sp 31); ferner eine von Bongars eingesehne (Schn¹ p. CXXIX); das Florilegium Diezianum in Berlin (D, oben S. 90); der diesem sehr ähnliche aber viel reichhaltigere Pariser Excerptencodex X (oben S. 90) enthält am Schluss Sp 13; 14, 3; 30; 31 (Schn² p. VI s. und X); 31 steht auch in den Excerpta Erfordana (e. in Berlin, 15. Jahrhundert Schn¹ p. LXVII und p. 679 und 686, oben S. 90). Die beiden Distichen 31 und 32 hat bereits Junius, der sie von JDouza erhalten hatte, aufgenommen. Das bisher als 33 bezeichnete Distichon, den Schluss eines erst nach Domitians Tode verfassten Epigramms (vielleicht aus der für Nerva bestimmten, nicht erhaltenen Anthologie des 10. und 11. Buchs oben S. 63) hat Scriver nur hierher gesetzt, um eine leere Seite zu füllen (ed. 1619 Animadv. p. 28).

zusammengestellten Anthologia latina (Teuffel RLG 31, 4) ansicht debentur omnia, quae ex libro spectaculorum aetatem tulerunt.

M. Valerii Martialis Epigrammaton liber.

I.

Barbara pyramidum sileat miracula Memphis,
Assyrius iactet nec Babylona labor;

Ueberschriften. INCIPIT EXCERPTIO DE LIBRIS MARTIALIS EPIGRAMMAT. *R.* EX LIBRIS M. VALERI MARCIALIS EPIGRAMMATON BREVIATVM. T. Epigrammaton M. Valerii Julii Martialis Li. I^{us} incipit. Ego Torquatus Gennadius emendavi feliciter qui reflorui lege feliciter. *Q.*

Die Lesarten des von Farnaby benutzten Bodleianus s. XV oben S. 91 sind nach einer Collation von *Lindsay* angegeben.

1 2. Assyrius *Alciatus* assiduus *TQω.*

Reminiscenzen und Anklänge bei Martial an Frühere, und bei Spätern an Martial. Von Dr. *E Wagner.* I 1. Lucan. VIII 542 barbara Memphis. 3. Prop. I 6, 31 mollis — Ionia. 6. Verg. A. VII 272 in astra ferant.

1. Bei der Anführung der Weltwunder hat M. sich nicht an die bei Hygin. fab. 223 Vib. Seq. flum. ed. Bu. p. 29 Ampel. 1. mem. c. 8 Cassiodor. Var. VII 15 übereinstimmend gegebene, wahrscheinlich MSchmidt Rhein. Mus. XX p. 298, Rohden de mundi miraculis Bonn 1874 p. 8, 13 aus Varros hebdomades stammende Aufzählung gehalten. Da er nur Bauwerke mit dem Amphitheater vergleichen konnte, nennt er, falls nicht v. 2 auf zwei Wunder Babylons, die Mauern und die Gärten, deutet, nur fünf; wobei der Palast des Cyrus zu Ecbatana und der Jupiter des Phidias zu Olympia fehlen, und statt des bereits 220 v. Chr. durch ein Erdbeben umgestürzten, hier eben so wenig als der Jupiter passenden, dagegen I 70,8 als Rhodium — opus gegenannten Kolosses von Rhodus der Altar angeführt wird, den nach der Legende Apollo als vierjähriges Kind auf Delos aus Hörnern erbaute Callim. hymn. Apoll. 58 ss; in Inschriften von Delos κερατών genannt. Diesen rechnet auch Plutarch zu den 7 Wundern Thes. 21: ἐγόρευσε δὲ περὶ τὸν κερατῶνα, βωμὸν ἐκ κεράτων συνηρμοσμένον εὐωνύμων ἁπάντων. Id. sollert animal. 35: τὸν κεράτινον βωμὸν εἶδον ἐν τοῖς ἱεροῖ καλουμένοις θεάμασιν ὑμνούμενον, ὅτι μήτε κόλλης δεόμενος μήτε τινὸς ἄλλου δεσμοῦ διὰ μόνων τῶν δεξιῶν συμπήγνυσι καὶ συνήρμοσται κεράτων.

Nec Triviae templo molles laudentur Iones,
    Dissimulet Delon cornibus ara frequens;
5 Aëre nec vacuo pendentia Mausolea
    Laudibus immodicis Cares in astra ferant.
Omnis Caesareo cedit labor amphitheatro.
    Unum pro cunctis fama loquetur opus.

II.

Hic ubi sidereus propius videt astra colossus
    Et crescunt media pegmata celsa via.

I 3. Iones *Scaliger u. a.* honores *TQω*. 4. Delon *JF Gronov, Hus* deion *T* dissimuletqne, deum *Qω*.

II 1. 3. 5. Felix, Anthol. lat. ed. Riese 210, 1 Hic ubi conspicuis radiant nunc signa metallis etc.

Ovid. Heroid. 21, 99 Miror et innumeris exstructam cornibus aram; vgl. die Anm. von Loers. Homolle L'autel des cornes a Délos, Bullet. de corresp. Hellénique VII 1884 Juillet p. 417 ff., glaubt die Stelle des Altars wiedergefunden zu haben. Pyramiden und Mausoleum Prop. III 1, 55 ss. Lucan. VIII 697. Zingerle Zu sp. lat. Dichtern II 23.

1. VIII 36, 1 Regia pyramidum, Caesar, miracula ride: Iam tacet Eoum barbara Memphis opus vgl. oben S. 137.

2. *iactet* ähnlich XIV 155, 2 Altinum tertia laudat ovis. Vgl. auch zu v. 4.

3. *templo* für propter templum. Vgl. Madvig Cic. fin. I 34. Munro Horatiana Journal of philol. IX 219 führt als Beispiele dieses Gebrauchs des Ablativs M. II 66, 4 u. VII 17, 9 an. Vgl. auch XIII 94, 1 Dente timetur aper.

4. *Dimissulet Delon*. Dieselbe Wendung wie v. 2: der Altar möge von Delos schweigen d. h. aufhören, dessen Ansprüche als Ort eines Wunderwerks geltend zu machen.

cornibus ara frequens: vgl. die Vorbemerkung zu diesem Epigr.

5. *Aëre nec vacuo*: vgl. Sp 11, 5 vacuo — in aëre.

II 1. *Hic ubi* = VIII 65, 1.

sidereus colossus. Die Stelle beweist, dass bereits Vespasian den dortigen Koloss Neros in einen Koloss des XII 60, 2 sidereus deus genannten Sonnengotts verwandelt hatte. Derselbe heisst I 70, 6 miri radiata colossi Moles. Vgl. d. Erkl. z. Cass. Dio LXVI 15.

propius videt astra. VI 64, 12 Quique videt propius magni certamina circi; VII 5, 5 terrarum dominum propius videt ille. Vgl. auch zu I 49, 13.

2. Diesen Vers mit Nardini und Ollirschfeld Verwaltungsgesch.

Invidiosa feri radiabant atria regis
   Unaque iam tota stabat in urbe domus.
5 Hic ubi conspicui venerabilis amphitheatri
   Erigitur moles, stagna Neronis erant.
Hic ubi miramur velocia munera thermas,
   Abstulerat miseris tecta superbus ager.
Claudia diffusas ubi porticus explicat umbras,
10   Ultima pars aulae deficientis erat.
Reddita Roma sibi est et sunt te praeside, Caesar,
   Deliciae populi, quae fuerant domini.

11 12. Priap. 27,1 Deliciae populi.

184.3. auf das von Domitian erbaute summum choragium zu beziehen, ist schon deshalb unzulässig, weil die Abfassung gerade dieses Epigramms im Jahre 80 durch v. 7 unzweifelhaft ist. Auch muss man nach dem Wortlaut annehmen, dass die für die Aufführungen im Amphitheater bestimmten Maschinerien damals im Freien standen.

3. *feri ... atria regis*: die domus aurea Neros SG III 88 f. Rex von Stat. S. IV 1, 46 als Anrede Domitians gebraucht, doch von M. der Domitian nach dessen Tode als rex superbus bezeichnet XII 15, 5 niemals. Schoenerer Titulaturen der röm. Kaiser, Erlangen 1881 S. 34 bedeutet hier so viel als Despot. Diri Neronis Sp 28, 11.

4. Wol mit Reminiscenz an das in Rom circulirende Distichon Suet. Nero 39: Roma domus fiet etc.

6. *stagna Neronis* = Sp 28, 11. Suet. Nero 31: im goldenen Hause stagnum maris instar circumsaeptum aedificiis ad urbium speciem.

7. *velocia munera thermas*. Suet. Tit. 7 amphitheatro dedicato thermisque circa *celeriter* exstructis, munus edidit apparatissimum. Becker Topogr. S. 686.
Munera als Bezeichnung für Prachtbauten, die Rom der Munificenz der Kaiser oder der Grossen verdankte: Ov. A. am. I 69 Vellej. II 130 M. VII 34, 9; ebenso dona VIII 65, 7 X 28, 5. Vgl. SG I 15, 1.

8. *ager*. Suet. Nero 31: rura insuper, arvis atque vinetis et pascuis silvisque varia.

9. *Claudia porticus*: nach Jordan Forma Urbis p. 33 A vermuthlich auf dem Caelius, wo bei der Kirche S. S. Giovanni e Paolo noch jetzt Ueberreste einer sehr grossen Porticus vorhanden sind.

10. *aulae deficientis*. Petron. Sat. c. 29: in deficiente vero iam porticu.

11. *te praeside, Caesar* = IX 18, 1. Te praeside templis VIII 80, 5. Praeses vom Kaiser auch V 7, 4 vgl. Fincke de appellationibus Caesarum honorif. Regim. 1867 p. 51.

III.

Quae tam seposita est, quae gens tam barbara, Caesar,
  Ex qua spectator non sit in urbe tua?
Venit ab Orpheo cultor Rhodopeïus Haemo,
  Venit et epoto Sarmata pastus equo,
5 Et qui prima bibit deprensi flumina Nili,
  Et quem supremae Tethyos unda ferit:
Festinavit Arabs, festinavere Sabaei,
  Et Cilices nimbis hic maduere suis.
Crinibus in nodum torti venere Sicambri,

III 9. torti *TQ* tortis *ς*.

III 5. Prop. IV 10, 51 flumina Nili. 7. Verg. A. VIII 706 Omnis Arabs, omnes vertebant terga Sabaei.

III. Ueber das Zusammenströmen von Fremden in Rom zu grossen Schauspielen SG 1 19.
3. *Orpheo — Rhodopeïus.* Sp 22, 1 Orpheo Rohdope.
4. *epoto — equo.* Vermuthlich kannte M. eine Nachricht, dass die Sarmaten bei langen Ritten in Ermangelung andrer Nahrung Plin. n. h. VII 12: itinere dierum XIII supra Borysthenem Sauromatas tertio die cibum capere semper Pferdeblut tranken, was Clemens Alex. paedag. III 3 von den oft mit ihnen verwechselten Scythen berichtet: κάμνων δὲ λιμῷ ὁ Σκύθης αἰτεῖ τὸν ἵππον τροφάς, ὁ δὲ ὑπέχει τὰς φλέβας, καὶ ὁ κέκτηται μόνον, τῷ κυρίῳ τὸ αἷμα χορηγεῖ. Plin. n. h. XVIII 100 sagt, dass die Sarmaten von Hirsebrei leben, et cruda etiam farina, equino lacte vel sanguine e cruris venis admixto.
5. *prima — deprensi flumina Nili.* Die Völkerschaften, welche aus den von ihnen selbst etwa bei nomadischem Umherschweifen entdeckten Nilquellen trinken. VII 88, 6 qui Nilum ex ipso protinus ore bibunt. An die angebliche Entdeckung der Nilquellen unter Nero Sen. quaest. nat. VI 8 hat Martial hier gewiss nicht gedacht.
6. *Supremae Thetyos unda.* Zu Sp 12, 1.
8. *nimbis — suis.* Von der Besprengung mit dem am besten bei Korykos in Cilicien gedeihenden Safran zu IX 38, 5 und Friedländer bei Marquardt StV III 558, 4.
9. *Crinibus in nodum torti — Sicambri.* Tac. Germ. c. 38 von den Sueven: insigne gentis obliquare crinem nodoque substringere. Sen. ira III 26, 3 epp. 124, 22 legt die Sitte den Germanen überhaupt bei; sie bestand jedoch nicht bei allen Stämmen. Dahn Urgesch. der germ. u. roman. Völker I 15.

10　　Atque aliter tortis crinibus Aethiopes.
　　Vox diversa sonat populorum, tum tamen una est.
　　　Cum verus patriae diceris esse pater.

IV.

Turba gravis paci placidaeque inimica quieti,
　　Quae semper miseras sollicitabat opes.
Traducta est ÷ getulis nec cepit harena nocentes:
　　Et delator habet quod dabat exilium.

IV b.

Exulat Ausonia profugus delator ab urbe:
　　Haec licet inpensis principis adnumeres.

IV 3. Traducta e. getulis *T* Traducta est Getulis *QOς* Traducta est Geticis *Bodleianus* Tradita Gaetulis *Panormita (Schn¹ p. CXXX) ς Schn* Traducta est Gyaris *Merula* titulis *Lipsius (vgl. Hand, Gronov. diatr. in Stat. II 211)* catulis *Graerius* Thulen *Rutgers (Var. lect. V 15)* oculis *Guttmann p. 16 sq.* ludis *EWagner* populis *Pelogau (vgl. Sp 3, 11)* gerulis *Munro.* Traducta est, cunctos n. c. h. n.? 6. inpensis — adnumeres *T.*

IV 2. Horat. S. II 6, 79 sollicitas — opes.

Ueber die falsche Form Sicambri statt der echten Sugambri so Cäsar, Tacitus, Strabo, Plutarch und Inschr. des 2. Jahrhunderts Müllenhoff in Haupts Zeitschrift f. d. A. XXIII 1879 p. 26 ff.

12. *patriae — pater.* Auf einer Kupfermünze vom J. 80 ist die Titulatur des Titus: pontifex tribunicia potestate pater patriae cos. VIII. Die Hauptseite zeigt das Amphitheater. Eckhel DN. VI 357; Cohen médailles impériales I 362, 184. Ueber den Titel pater patriae Mommsen StR II 755 f.

IV. Suet. Tit. c. 8: hos delatores assidue in foro flagellis et fustibus caesos ac novissime *traductos* per amphitheatri *harenam* partim subici ac venire imperavit, partim in asperrimas insularum avehi. Diese Ausstellung fand wahrscheinlich, wie Executionen und Hinrichtungen im Amphitheater SG II 363 f.; 499 am frühen Morgen, vor dem Beginn der eigentlichen Schauspiele statt, das. 366, 7.

2. Der Sinn ist: Welche die bedauernswerthen Reichen durch Androhungen von Denunciationen beunruhigten.

3. *Traducta est getulis.* Die Richtigkeit der beiden ersten Worte ist nach der in der Vorbemerkung angeführten Stelle unzweifelhaft, da *T g* und *c* verwechselt, ist die Entstehung der Corruptel *getulis* aus *cunctos* nicht gerade undenkbar.

IV b. Ohne Zweifel hatte unter Vespasian der Fiscus durch die

V.

Iunctam Pasiphaen Dictaeo credite tauro
   Vidimus, accepit fabula prisca fidem.
Nec se miretur, Caesar, longaeva vetustas:
   Quidquid fama canit, praestat harena tibi.

VI.

Belliger invictis quod Mars tibi servit in armis,
   Non satis est, Caesar, servit et ipsa Venus.

VI b.

Prostratum vasta Nemees in valle leonem
   Nobile et Herculeum fama canebat opus.

in seinem Interesse gemachten Denunciationen der Delatoren grosse Einnahmen gehabt (vgl. Mayor zu Juvenal. 4, 48). Dass Titus sich durch Abstellung des Delatorenwesens dieser Einnahmen beraubte, hatte für den Fiscus dieselbe Wirkung, als wenn er einen entsprechenden Aufwand für die Schauspiele gemacht hätte. Durch diese von Munro gegebene, allein richtige Erklärung wird auch der von *Gerth* bei Gilbert p. 4 gemachte Vorschlag, IV und IV b als ein Gedicht in der Reihenfolge: 1. 2. 3. 6. 5. 4 zu lesen, überflüssig.

5. *Ausonia — urbe*. Ueber diese Bezeichnung Roms zu XII 6, 1.

V. Eine Darstellung der Pasiphae mit dem Stier sah man in der Arena schon unter Nero, Suet. Nero c. 12; SG II 367, 4.

1. *credite* wie Sp 12, 8.   2. Vgl. 6b 3.

4. *fama canit*. Sp 6 b 2 fama canebat.

praestat harena tibi = I 14, 2. Vgl. Sp 21, 2; 28, 10.

VI. Die Annahme von Scotland (Philol. 1869 S. 184), dass dies Distichon zum vorigen Gedicht gehöre, ist unzulässig, da die Anrede Cäsar nicht in demselben Gedicht wiederholt werden konnte. Doch bezieht sich das Distichon wol auf dasselbe Schauspiel wie V. Obgleich es, nach demselben gelesen, einen genügenden Sinn bietet, also vollständig sein kann, dürfte es doch eher für ein Fragment eines Gedichts zu halten sein, dessen verlorener Theil einen wirklichen oder vermeintlichen Anhalt zu der Ueberschrift in T bot: De IVL APREL Idibus Aprilibus *Gronov*, Kal. April. *Beverland* qua die omnis venatio per mulieres confecta est. Denn alle sonstigen Ueberschriften dieses wie der übrigen codices sind den Epigrammen selbst entnommen oben S. 71,1.

VI b 1. *Nemees*. Die griechische Form des Genitivs griechischer Namen auf e wird von Ovid an herrschend. Neue Formenl. I 62 f. Nemees auch V 65, 2 IX 92, 7.

2. *fama canebat*: zu Sp 5, 4.

Prisca fides taceat: nam post tua munera, Caesar,
Haec jam feminea dicimus acta manu.

VII.

Qualiter in Scythica religatus rupe Prometheus
 Adsiduam nimio pectore pavit avem,
Nuda Caledonio sic viscera praebuit urso
 Non falsa pendens in cruce Laureolus.
5 Vivebant laceri membris stillantibus artus
 Inque omni nusquam corpore corpus erat.

VI b 4. Wie im Text: *b (Berliner Hdschr. d. 15. Jahrh.). Gilbert* Hoc etiam femineo *T* Haec jam f. vidimus a. m. *Q Vindob.* 3 ∞ Hoc jam femineo .... *Schn* Hoc jam femineo Marte fatemur agi *Buecheler*.

VI b 3. Verg. A. VI 878 IX 79 prisca fides. 4. Prop. V 6. 22 Pilaque feminea vidimus acta manu.

VII 1. Sil. XIII 609 religatur rupe catenis. Prop. II 1,69 rupe Promethei.

2. Tibull. I 3, 76 Tityos Assiduas atro viscere pavit aves. Ovid. Ibis 180 Tityos, Visceraque assiduae debita praebet avi. Ovid. Ibis 192 Ille inconsumpto viscere pascit avem.

1. 2. Claudian. Gigantom. 24 hinc volucrem vivo sub pectore pascit Infelix Scythica fixus convalle Prometheus.

3. *prisca fides* = I 39, 2; vgl. auch Sp 5, 2 accepit fabula prisca fidem.

4. Sehr wol kann der für das Erforderniss dieser Stelle modificirte properzische Vers von M. herrühren und in der Handschrift gestanden haben, aus der die ersten 28 Epigramme im 14. Jahrhundert bekannt wurden oben S. 139. Er steht nach Ollirschfeld im Vindobonensis 3, in welchem die Lücken sonst unausgefüllt gelassen sind oben S. 139. Doch kann er auch damals etwa von Panormita ergänzt worden sein. In diesem Falle verdient nach T die von Buecheler angegebene Art der Ergänzung den Vorzug.

VII. Die Kreuzigung des berühmten Räubers Laureolus war schon unter Caligula in einem Mimus dargestellt worden Suet. Cal. c. 57 Juven. 8, 187 SG II 393, 3. Hier wurde diese Scene so aufgeführt, dass ein Verurtheilter in der Rolle des Laureolus wirklich gekreuzigt und am Kreuze hängend von wilden Thieren zerrissen wurde. SG II 367, 1.

6. VII 61. 2 inque suo nullum limine limen erat.

Denique supplicium *dignum tulit: ille parentis*
　Vel domini iugulum foderat ense nocens:
Templa vel arcano demens spoliaverat auro,
10　Subdiderat saevas vel tibi, Roma, faces.
Vicerat antiquae sceleratus crimina famae,
　In quo, quae fuerat fabula, poena fuit.

VIII.

Daedale, Lucano cum sic lacereris ab urso,
　Quam cuperes pinnas nunc habuisse tuas!

IX.

Praestitit exhibitus tota tibi, Caesar, harena,
　Quae non promisit proelia rhinoceros.
O quam terribiles exarsit pronus in iras!
　Quantus erat taurus, cui pila taurus erat!

VII 7. Die Ergänzung *von Schn.*

IX 3. terribiles; terribilis *T Schn* 4. Quantus erat taurus *T* q. e. cornu *Qω*.

VIII. Dies Schauspiel folgte vielleicht unmittelbar auf das der Pasiphae Sp 5, indem etwa Minos den Daedalus zur Strafe für die Anfertigung der hölzernen Kuh zerreissen liess. Vgl. SG II 367, 6.

1. *Lucano — urso*. SG II 492.

IX. Ueber das zweihörnige Rhinoceros Sp 22 vgl. oben S. 135 SG II 494.

1. *tota — harena*. Sp 19, 1 per totam — harenam.

3. *terribiles*. Die codd. geben den acc. pl. der 3. decl. in der ganz überwiegenden Mehrzahl der Stellen auf *és*. T bietet in Buch I—VII nur einmal is. *Gilbert*.

4. *taurus*. Diese sonst geschmacklose Bezeichnung des Rhinoceros erscheint natürlich, wenn man annimmt, dass das zweihörnige schon damals, wie in der Zeit des Pausanias IX 21, 2 SG II 494, in Rom äthiopischer Stier genannt wurde.

pila: mit Lappen behängte Strohpuppe, die man den Thieren vorwarf, um sie zu reizen pilae taurariae, homines faenei SG II 362, 6 und 7.

X.

Laeserat ingrato leo perfidus ore magistrum.
    Ausus tam notas contemerare manus.
Sed dignas tanto persolvit crimine poenas.
    Et qui non tulerat verbera, tela tulit.
5 Quos decet esse hominum tali sub principe mores,
    Qui iubet ingenium mitius esse feris!

XI.

Praeceps sanguinea dum se rotat ursus harena.
    Implicitam visco perdidit ille fugam.
Splendida iam tecto cessent venabula ferro,
    Nec volet excussa lancea torta manu:
5 Deprendat vacuo venator in aëre praedam
    Si captare feras aucupis arte placet.

XII.

Inter Caesareae discrimina saeva Dianae
    Fixisset gravidam cum levis hasta suem.

XI 2. inplicitam *Bonon*.

X 6. Ovid. Am. I 10, 26 Turpe erit ingenium mitius esse feris Luxor. Baehrens Plm IV 484 Quantum magna parant felici tempora regno Discant ut legem pacis habere ferae.

XI 3. Verg. A. IV 131 venabula ferro. 4. Seneca Epigr. 22,12 Baehrens Plm V it e nostra lancea torta manu.

X 1. *magistrum*. Magistri die Wärter und Bändiger der wilden Thiere des Amphitheaters amphitheatrales magistri XI 69, 1 vgl Sp 18, 1; 22, 1 I 48, 1 II 75, 1.

XI 5. *vacuo — in aëre*: vgl. Sp 1, 5.

XII 1. *Caesareae — Dianae*. Diana metonymisch für venatio wol nur hier. Andere Metonymieen von Götternamen bei M.: Bacchus z. B. XIII 23; Lyaeus IX 61, 15 oluere Lares comissatore Lyaeo Ceres III 58, 6 Hic farta premitur angulo Ceres omni; Venus I 47, 2 I 90, 8 etc.; lar lares Penates zu IX 18, 2; Iupiter VII 36, 1 pluvias madidumque Iovem IX 35, 7 quotiens Phario madeat Iove fusca Syene; Iris IV 19, 10 neve gravis subita te premat Iris aqua; nympha Wasser VI 43, 2 VI 47, 1. Thetis Meer V 1, 2 X 13, 4 X 30, 11 Thetys Ocean Sp 3, 6 X 44, 2; Mars z. B. Sp 22, 3; Enyo navalis E.

Exiluit partus miserae de vulnere matris.
O Lucina ferox, hoc peperisse fuit?
5 Pluribus illa mori voluisset saucia telis,
Omnibus ut natis triste pateret iter.

XII b.

XII 7 Quis negat esse satum materno funere Bacchum?
8   Sic genitum numen credite: nata fera est.

XIII.

Icta gravi telo confossaque vulnere mater
Sus pariter vitam perdidit atque dedit.
O quam certa fuit librato dextera ferro!
Hanc ego Lucinae credo fuisse manum.
5 Experta est numen moriens utriusque Dianae,
Quaque soluta parens quaque perempta fera est.

XIII 2. Suspirans vitam *Bonon*.

Naumachie Sp 24, 3 civilis E. Bürgerkrieg VI 32, 1; Musae zu VII 46, 5; Camenae VII 68, 1; Pimpleis XI 3, 1 Non urbana mea tantum Pimpleide gaudent Otia ; Pallas Oel VII 28, 3; Atlas der Himmel mit all seinen Bewohnern IX 3, 5. Vgl. zu I 76, 6 haec omnes fenerat una deos i. e. deorum munera. — Metonymieen von Personennamen: zu X 48, 4; von Appellativen: zu III 82, 22. Metonymischer Gebrauch von Adjektiven: zu IV 19, 5. Haupt Opp. II p. 165 sqq.

XIII 1. 2. Richtig bemerkt Gilbert p. 5, dass diese beiden als Schlussverse des 12. Epigramms überlieferten Verse zu demselben nicht wol passen, während die beiden vorhergehenden einen sehr guten Schluss bilden. Dagegen sind diese Verse mit der von Gilbert angegebenen Interpunktion am Schluss des zweiten: ein guter Anfang des 13. Epigramms. Noch mehr empfiehlt sich aber, sie wie auch Munro wollte für ein selbständiges Epigramm zu halten. Gilbert a.a.O.

2. *credite:* vgl. Sp 5, 1.

XIII 7. *utriusque Dianae:* als Jagd- und als Geburtsgöttin, ähnlich wie uterque Neptunus Catull 31, 3, Venus utraque Ovid. Metam. III 323. Antip. Thessalon. Anthol. Palat. c. IX 268 Epigramm auf eine Hündin, die bei der Jagd eines Hirsches 9 Junge warf: Κύσσα κύων ἐλάφοιο κατ' ἴχνιον ἔδραμε Γοργώ Ἔγκυος, ἀμφοτέρης Ἀρτέμιδος ἐξαμίνη.

XIV.

Sus fera iam gravior maturi pignore ventris
  Emisit fetum, vulnere facta parens;
Nec iacuit partus, sed matre cadente cucurrit.
  O quantum est subitis casibus ingenium!

XV.

Summa tuae, Meleagre, fuit quae gloria famae,
  Quanta est Carpophori portio, fusus aper!
Ille et praecipiti venabula condidit urso,
  Primus in Arctoi qui fuit arce poli,
5 Stravit et ignota spectandum mole leonem,
  Herculeas potuit qui decuisse manus,
Et volucrem longo porrexit vulnere pardum.
  † Praemia cum laudem ferre adhuc poteram.

XIV 3. partus fetus *N*.
XV 2. Quanta est Carpophori *Oς* Quanta corpofori *Q* Quantum est corpori fori *T* Quantula Carpophori *Iunius*.
XV 8. Wie im Text *T* laudis ferret adhuc pateram *Oς* tandem ferret, adhuc poterat *Schn* Praemia cui laudem ferre duo sc. ursus et leo poterant *Buecheler*.

XV 3. Ovid. Met. VIII 419 venabula condit in armos.

XIV 4. *casibus*. M. spielt mit dem Doppelsinn des Wortes Vers 3 matre cadente. Gilbert p. 6, 4.
XV 2. *Quanta est Carpophori portio*. Quanta wie gering. Plaut. Rud. 155 homunculi quanti estis. Ov. Met. IX 561 quantum est quod desit! Vgl. auch M. II 46, 9. Carpophori portio für Carpophori gloriae portio; ähnlich Sp 28, 3 Caesaris haec nostri pars est quota; anders V 65, 7 ista tuae, Caesar, quota pars spectatur harenae. — Carpophorus auch Sp 23 und 27.
3. *praecipiti — urso*; vgl. Sp 11, 1 praeceps sanguinea dum se rotat ursus harena.
6. *decuisse*. VIII 55, 11 grandia quam decuit latum venabula pectus.
8. Der Vers ist stark verdorben und vielleicht nach ihm etwas ausgefallen. War der Schluss ähnlich wie in Sp 27, so könnte M. den Anspruch des Carpophorus auf einen höheren Ruhm als den des Meleager auf dessen zarte Jugend begründet und den Pentameter etwa wie Sp 23, 2 adhuc teneri geschlossen haben.

XVI.

Raptus abit media quod ad aethera taurus harena.
Non fuit hoc artis, sed pietatis opus.

. . .

XVI b.

Vexerat Europen fraterna per aequora taurus:
At nunc Alciden taurus in astra tulit.
Caesaris atque Iovis confer nunc, fama, iuvencos:
Par onus ut tulerint, altius iste tulit.

XVII.

Quod pius et supplex elephas te, Caesar, adorat
Hic modo qui tauro tam metuendus erat.
Non facit hoc iussus nulloque docente magistro:
Crede mihi, nostrum sentit et ille deum.

XVIII.

Lambere securi dextram consueta magistri
Tigris ab Hyrcano gloria rara iugo.

XVI b 3. confer nunc fama juvencos *Hus* conferre nunc stama juvencos *T* confert nunc stegma juvencos *Q* confert nunc stemma juvencas *Bonon.*

XVIII 2. Verg. A. IV 367 Hyrcanae — tigres.

XVI. Dies Distichon, das Schneidewin mit Recht vom folgenden getrennt hat, ist ein Fragment. Der verlorene Theil des Epigramms muss die Erklärung enthalten haben, in wiefern hier von einem pietatis opus die Rede sein konnte.

1. *abit.* Dieselbe Contraktion I 62, 6 II 64, 3 III 75, 1 X 48, 2 X 75, 3 X 77, 2 X 86, 4 X 90, 5 XI 7, 4 XI 25, 2 XI 38, 1 XI 82, 3. Neue Formenl. II 522.

XVI b 3. *Caesaris atque Iovis.* Dieselbe Vergleichung I 6, 6 haec sunt Caesaris, illa Iovis: vgl. zu IV 1.

XVII 4 *nostrum — deum.* Nostrum — Iovem XIV 1, 2. Die Bezeichnung des regierenden Kaisers als Gott begann schon unter August. Scribon. Larg. 42, 67 cum Britanniam peteremus cum deo nostro Caesare. Domitian machte sie für sich zur Regel Suet. Dom. c. 13. Vgl. XIII 78, 2 etc. Fincke de appellat. Caes. p. 15 ss. und 25.

XVIII 1. II 75, 1 verbera securi solitus leo ferre magistri.

2. *gloria rara*: vgl. gloria prima IV 75, 2.

Saeva ferum rabido laceravit dente leonem.
  Res nova, non ullis cognita temporibus.
5 Ausa est tale nihil, silvis dum vixit in altis;
  Postquam inter nos est, plus feritatis habet.

XIX.

Qui modo per totam flammis stimulatus harenam
  Sustulerat raptas taurus in astra pilas,
Occubuit tandem, cornuto ut ab ore petitus,
  Dum facilem tolli sic elephanta putat.

XX.

Cum peteret pars haec Myrinum, pars illa Triumphum,
  Promisit pariter Caesar utraque manu.
Non potuit melius litem finire iocosam.
  O dulce invicti principis ingenium!

XIX 3. cornuto ut ab ore *Frdl* cornuto adore *HT* cornuto ab ad ore *Bonon.* cornuto ab ore *Bodl.* cornu potiore *Hns. Schn* cornu majore *Gilbert* cornu ut majore *Munro* cornuto ardore *Q* i. e. flammis de cornibus *Buecheler.*

XX 4. Horat. S. II 1, 11 Caesaris invicti.

6. *inter nos est.* Ueber die Enklisis des Pronomens inter nos und des Hilfsverbums L. Müller r. m. 374 sq.

XIX 1. *flammis:* Feuerbrände, mit denen die wilden Thiere gereizt wurden. SG II 362, 5.

per totam harenam: vgl. Sp 9, 1.

2. *taurus in astra pilas* = Sp 22, 6. Zu Sp 9, 4.

3. *cornu.* Die Elefantenzähne wurden von manchen wie z. B. von Juba für Hörner gehalten. Plin. n. h. VIII 7, M. I 72, 4 Indicoque cornu.

XX 1. *Cum peteret pars haec Myrinum, pars illa Triumphum.* Petere kann hier nur bedeuten: das Auftreten verlangen, wie postulare Suet. Cal. c. 30. Ist das Epigramm nicht an eine falsche Stelle gerathen, so sind Myrinus und Triumphus für Thierkämpfer zu halten, was auch deshalb wahrscheinlich ist, weil jeder Theil der Zuschauer nur einen verlangt, während bei Gladiatorenkämpfen wol in der Regel vom Publikum Paare gefordert wurden Suet. Dom. c. 4. Myrinus ist schwerlich identisch mit dem XII 29, 7 erwähnten. Denn

XXI.

Quidquid in Orpheo Rhodope spectasse theatro
  Dicitur, exhibuit, Caesar, harena tibi.
Repserunt scopuli mirandaque silva cucurrit,
  Quale fuisse nemus creditur Hesperidum.
5 Adfuit inmixtum pecori genus omne ferarum
  Et supra vatem multa pependit avis,
Ipse sed ingrato iacuit laceratus ab urso.
  Haec tamen, haec res est facta ita, ficta prior.

XXI b.

Orphea quod subito tellus emisit hiatu
  Mersum, miramur? venit ab Eurydice.

XXI 5. Adfuit *T Bonon.* inmixtum *HT Bonon.*

XXI 8. ficta prior *Schn* pictoria *HT* ficta alia haec tamen
ut res est facta, ita ficta alia *QOς* picta alia *Bodl.* facta, τὰ ἱστορία
Bucheler.

XXI b. 2 Mersum, miramur *Munro* versa miramur *T* versam
is amur Rasuren in den Intervallen *H* quorsum miramur *Schn*[2]
p. *XII.* mersa — miramur? *Haupt* Opp. III 598 Versam miramur?
Bucheler Miramur? mersa *Gilbert*[3] p. 511 f.

XXI 4. Ovid. Met. XI 22 Orpheum — theatrum.

5, 6. Calpurn. 2, 40 Affuit omne genus pecudum, genus omne
ferarum Et quaecumque vagis avium ferit aera pennis.

5. genus omne ferarum: Lucret. I 163. V 1338. Ovid. Her.
10, 1. Met. X 705.

6. Sil. XI 468 non mota volucris — captiva pependit in aethra.]

---

wenn auch das zwölfte (101 edirte) Buch einige erheblich früher verfasste Gedichte enthält, so ist der zwischen Sp 29 und XII 29 anzunehmende Zeitraum immerhin gross genug, um die Identität sehr unwahrscheinlich zu machen. Auch wurden bei Leuten dieser Art, ebenso wie bei andern Künstlern, dieselben Namen öfter angewendet. Auch Triumphus kommt als Name eines Gladiators bei Sen. prov. IV, 4 vor SG II 572.

XXI. SG II 367, 2.

1. *Orpheo Rhodope:* vgl. Sp 3, 3.

2. Vgl. Sp 5, 4: quidquid fama canit, praestat harena tibi.

8. Der Verdacht Gronovs, dass dieser Vers nicht von M. herrühre, sondern zur Ausfüllung einer Lücke der Handschriften von

XXII.

Sollicitant pavidi dum rhinocerota magistri
  Seque diu magnae colligit ira ferae.
Desperabantur promissi proelia Martis:
  Sed tandem rediit cognitus ante furor.
5 Namque gravem cornu gemino sic extulit ursum,
  Iactat ut inpositas taurus in astra pilas.

XXIII.

Norica quam certo venabula dirigit ictu
  Fortis adhuc teneri dextera Carpophori.
Ille tulit geminos facili cervice iuvencos,
  Illi cessit atrox bubalus atque bison.

XXII 6. inpos s ita *HT*.
XXIII 1. quam *Bonon.* ω *Gilbert*³ *p.* 512 tam *HT* jam *Sehn*
3 Elusit geminos *OHirschfeld*.

einem Neueren hinzugefügt sei, wird durch die Handschriften des 9. und 10. Jahrhunderts *HT*, welche ihn enthalten, widerlegt, und die nicht zu gewaltsame Herstellung Schneidewins bietet einen annehmbaren Sinn. Eine griechische Phrase, wie die von Buecheler vorgeschlagene, konnte M. nur anwenden, wo er sich der Umgangssprache bediente.

XXII. Vgl. Sp 9 SG II 362.
6. *taurus in astra pilas* = Sp 19, 2.

XXIII 1 *quam*: tam und quam in den Handschriften verwechselt auch IV 13, 4 IV 74, 2 VI 36, 1; tanta — quanta VIII 46, 1. *Gilbert*³ *p.* 512. Uebrigens ist auch jam mit Rücksicht auf die Jugend des Carpophorus nicht unpassend.

XXIII 3. *Ille tulit geminos facili cervice iuvencos*. Der Ausdruck ist unklar. Da an ein wirkliches Tragen zweier Stiere nicht gedacht werden kann, versteht man tulit am natürlichsten: er trug als Beute davon. Scaligers, von Scriver und Schmieder gebilligte Erklärung tulit s. v. a. excepit ist schwerlich zulässig. facili cervice, indem er sich durch seinen biegsamen Hals ihren Angriffen entzog. Die Nachlässigkeit des Ausdrucks ist bei M. nicht auffallend; vgl. oben S. 20,1.

4. *bubalus atque bison*. Mit bubalus, eigentlich dem griechischen Namen der Antilope, bezeichnete nach Plin. n. h. VIII 38 das imperitum volgus den Auerochsen *urus*. Daher haben die in der Longobardenzeit eingeführten Büffel diesen Namen erhalten. Hehn p. 501 f. Bison der Wisent, bos urus SG II 496.

5 Hunc leo cum fugeret, praeceps in tela cucurrit:
   I nunc et lentas corripe, turba, moras.

XXIV.

Si quis ades longis serus spectator ab oris,
   Cui lux prima sacri muneris ista fuit,
Ne te decipiat ratibus navalis Enyo
   Et par unda fretis: hic modo terra fuit.
5 Non credis? specta, dum lassant aequora Martem.
   Parva mora est: dices »Hic modo pontus erat.«

XXV.

Quod nocturna tibi, Leandre, pepercerit unda
   Desine mirari: Caesaris unda fuit.

XXV b.

Cum peteret dulces audax Leandros amores
   Et fessus tumidis iam premeretur aquis.

XXIV 2. Priap. 68, 18 Principium sacri carminis illa fuit.
6. Ovid. Met. II 263 quod modo pontus erat.
XXV 2. Ovid. F. III 702 Caesaris umbra fuit.

6. *I nunc* mit einem zweiten Imperativ in ironischer Aufforderung verbunden, mit et: I 42, 6 II 6, 1 VIII 63, 3 IX 2, 13; ohne et X 96, 13 1, cole nunc reges. Vgl. Jahn ad Pers. 4,19.

lentas — moras = Sp 30, 2. Ueber diese mochten die Zuschauer bei einer frühern Scene der Thierkämpfe geklagt haben.

XXIV. Die Epigramme 24—26 beziehen sich auf Schauspiele in der überschwemmten Arena des Amphitheaters, zu denen nach Dio LXVI 25 auch eine Seeschlacht zwischen Kerkyräern und Korinthern gehörte, vgl. oben S. 135.

2. *sacri muneris:* des kaiserlichen Schauspiels. Der Gebrauch von sacer für den Kaiser und alles, was ihm gehört, war schon von August an stehend. Fincke de appell. Caes. p. 20 und 41.

3. *navalis — Enyo.* Die oben erwähnte Seeschlacht. Zu Sp 12,1. Ἐνυώ Krieg bei Oppian, sehr oft bei Nonnus. Haupt Opp. II 169.

XXV 2. *Desine mirari* = VI 89, 8.

XXV b. Ueber dies Epigramm und die Gründe, weshalb man es für nachträglich hinzugefügt halten kann, vgl. oben S. 136 f.

Sic miser instantes adfatus dicitur undas
»Parcite dum propero, mergite cum redeo.«

XXVI.

Lusit Nereïdum docilis chorus aequore toto
Et vario faciles ordine pinxit aquas.
Fuscina dente minax recto fuit, ancora curvo:
Credidimus remum credidimusque ratem.
5 Et gratum nautis sidus fulgere Laconum
Lataque perspicuo vela tumere sinu.
Quis tantas liquidis artes invenit in undis?
Aut docuit lusus hos Thetis aut didicit.

XXVII.

Saecula Carpophorum, Caesar, si prisca tulissent
Non *Parthaoniam* barbara terra feram.

XXV b 3. adfatus *HR*.
XXVI 3. recto *Rooy* nectho *HT* nexu *Q*.
XXVII 2. *Non Parthaoniam — feram Buecheler* Non a marathon cum barbara terra fera ferat *T HT* Iam nullum a in *Q* monstris orbe urbe *Q* fuisset opus *QBodl*. Non aleret sacras — feras *Ph Wagner, Schn* Parisset nullas nulla — feras fera *Gilbert*[3] p. 512.
7 Igniferos *HT* ignipedes *Qω*.

XXVI 1. Verg. A. V 240 Nereidum — chorus.

XXVI. Wie es scheint, gruppirten sich die Darsteller oder Darstellerinnen der Nereïden im Wasser unter anderem nach Art der Ruderer in einem Schiffe, so dass die Zuschauer sich Ruder und Schiff leicht hinzudenken konnten Vers 4., und schwangen Tücher über sich wie öfter auf Sarkophagen, z. B. Duetschke. Ant. Bildw. in Oberitalien I 45; 98; 106—111; III 82; 338; IV 520; V 295; 492. Ob auch Dreizack und Anker durch entsprechend angeordnete Gruppen von Schwimmern dargestellt wurden, wie Stephenson und Ramirez de Prado annehmen, oder ob die Darsteller diese Attribute wirklich führten, ist kaum zu entscheiden. Wahrscheinlich fand wie Stephenson bemerkt diese Scene ebenso wie das Sp 25 und 25 b beschriebene Schauspiel bei künstlicher Beleuchtung statt 25, 1. Auch muss man wol nach v. 5 annehmen, dass wirkliche Lichter oder Flammen zu sehen waren, welche man für die Sterne der Dioskuren halten konnte.

XXVII. Das Epigramm scheint in der vollständigen Sammlung

Non Marathon taurum, Nemee frondosa leonem,
Areas Maenalium non timuisset aprum.
5 Hoc armante manus hydrae mors una fuisset,
Huic percussa foret tota Chimaera semel.
Igniferos possit sine Colchide iungere tauros,
Possit utramque feram vincere Pasiphaës.
Si sit, ut aequorei revocetur fabula monstri,
10 Hesionen solvet solus et Andromedan.
Herculeae laudis numeretur gloria: plus est
Bis denas pariter perdomuisse feras.

XXVIII.

Augusti labor hic fuerat committere classes
Et freta navali sollicitare tuba.
Caesaris haec nostri pars est quota? vidit in undis
Et Thetis ignotas et Galatea feras:
5 Vidit in aequoreo ferventes pulvere currus
Et domini Triton isse putavit equos:
Dumque parat saevis ratibus fera proelia Nereus,
Horruit in liquidis ire pedestris aquis.

XXVIII s. Horruit *HT* Abnuit *QO* pedestris *T Sch*[1] pedestris *corr.* pedester *Q* pedester *O Sch*[2] 10 Dives, Caesar, io. pr. u. t. *Hus, Gilbert*[3] *p 512*.
XXVIII b 1. diri *Hus* pigri *HT* duri?

XXVII 3. St. S. I 3, 6 Nemeae frondentis alumnum. 11. Verg. A VIII 287 laudes Herculeas.

dieser Gedichte vor Sp 24 gestanden zu haben, vgl. oben S. 138 und Sp 15 und 23. Ein verwandtes Gedicht V 65.

2. *barbara terra:* die von Cultur noch unberührte Erde. Vgl. zu III 58, 5.

XXVIII 1. Vgl. die oben S. 134 f. angeführten Stellen Suet. Tit. c. 7 Dio LXVI 25 und über die Naumachieen des August und Titus SG II 368 und 369 f.

Die Verse 3—10 beziehen sich auf die an den beiden ersten Tagen in der Naumachie veranstalteten Schauspiele. Am ersten Tage fand auf einem mit Brettern gedeckten Theile derselben auch eine Thierhetze statt, wo theils lebende Thiere ins Wasser gejagt werden, theils erlegte hineinstürzen konnten. Vers 3 und 4. Am zweiten Tage war ein Wagenrennen auf dem trocken gelegten Boden der

Quidquid et in circo spectatur et amphitheatro,
10   Dives Caesarea praestitit unda tibi.
Fucinus et diri taceantur stagna Neronis:
   Hanc norint unam saecula naumachiam.

XXIX.

Cum traheret Priscus, traheret certamina Verus
   Esset et aequalis Mars utriusque diu.
Missio saepe viris magno clamore petita est:

Naumachie Vers 5 und 6, und der Wassergott erschrak bei dem Gedanken an den bevorstehenden Seekampf, sich mitten im Wasser, das sich plötzlich zurückzog, auf dem Trocknen zu sehn. Vers 9 und 10 beziehen sich ebenfalls nur auf die an den beiden ersten Tagen gegebenen amphitheatralischen und circensischen Spiele. Durch die Verbindung dieser beiden letztern mit der vermuthlich in einem verlorenen Gedicht beschriebenen am dritten Tage veranstalteten grossen Seeschlacht übertreffen die Wasserschauspiele des Titus alle früheren.

10. *Caesarea.* Die Verlängerung des a ist nicht durch die Position der muta cum liquida zu rechtfertigen, wie L.Müller r. m. p. 320 annimmt I 115, 1 invide Procille, ist invide Imperativ. M. hat sie sich sonst allerdings nur bei consonantischen Endsilben erlaubt zweimal in der dritten Arsis des Pentameters IX 101, 1 XIV 77, 2 und zweimal in der 3. und 4. Arsis des Hexameters VII 44, 1 X 89, 1. Vgl. oben S. 49f. Vielleicht bewog ihn, wie Munro bemerkt, zu der nur hier gewagten Dehnung einer vokalischen Endsilbe die Erinnerung an ähnliche Licenzen Catulls 4, 9 Propontida trucemve 4 18 impotentia freta 29, 4 ultima Britannia.

tibi: dem Zuschauer, vgl. Sp 24.

11 *Fucinus.* Auf dem Fucinersee Lago die Celano hatte Claudius im Jahr 52 die bei weitem grösste aller bekannten Naumachieen veranstaltet. Tac. A. XII 56. SG II 369.

diri — stagna Neronis. Ob M. duri oder diri schrieb, ist kaum zu entscheiden. Sub principe duro von Domitian XII 6, 11. doch diri entspricht mehr der Bezeichnung feri regis Sp 2, 3.

Stagna nicht die Sp 2, 6 erwähnten im goldenen Hause, sondern hier ist das von Nero in der Naumachie des August im Jahr 59 gegebene Fest der Juvenalia gemeint. Tac. ann. XIV 15 apud nemus. quod navali stagno circumposuit Augustus. Dio LXI 20 βεβηκότα τὸν δῆμον ἐπὶ πλοίων ἐν τῷ χωρίῳ, ἐν ᾧ ἡ ναυμαχία ὑπὸ τοῦ Αὐγούστου ἐγεγόνει.

XXIX 2. *Esset et.* Ueber die Nachstellung des et zu I 26, 8

3. *Missio:* vgl. SG II 346, 1 und P.J.Meier de gladiatura Romana Bonn 1881 p. 49.

Sed Caesar legi paruit ipse suae: —
5 Lex erat, ad digitum posita concurrere parma:
Quod licuit, lances donaque saepe dedit.
Inventus tamen est finis discriminis aequi:
Pugnavere pares, succubuere pares.
Misit utrique rudes et palmas Caesar utrique:
10 Hoc pretium virtus ingeniosa tulit.
Contigit hoc nullo nisi te sub principe, Caesar:
Cum duo pugnarent, victor uterque fuit.

XXX.

Concita veloces fugeret cum damma Molossos
Et varia lentas necteret arte moras,

XXIX 5. parma *Ph Wagner*, *Schn²* possita — palma *H* positam — palmam *R*.

Citate. XXIX—XXXII = Meyer Anthol. lat. 201—203; vgl. Riese Anthol. lat. I praef. p. XXXVI.

4. *legi — suae:* der Bestimmung, welche er für diesen Kampf gegeben hatte.

5. *ad digitum:* bis zum Aufheben des Fingers, durch welche Geberde unterliegende Gladiatoren um ihr Leben baten. SG II 345, 1, wo Quintil. VIII 5, 20 hinzuzufügen ist.

posita concurrere parma. Das überlieferte posita — palma sagt nur etwas Selbstverständliches und passt überdies schlecht zu palmas Vers 9, während die Ablegung des Schildes bei einem bis aufs äusserste zu führenden Zweikampf sehr passend ist. Die beiden Gladiatoren würden dann zu der von Titus begünstigten Suet. Tit. c. 8 SG II 347, 4, Gattung der Threces gehört haben, welche die parma führten und auch gegen einander fochten. Meier l. l. p. 34. Palma für parma: cod. X. V 13. § Schn² p. VIII. Kämpfe von meridiani ohne Schutzwaffen beschreibt Seneca epp. 7, 3 und 4.

6. *lances:* werthvolle oder mit Goldstücken gefüllte Schalen als Preise oder Belohnungen SG II 336, 6—8.

9. *rudes:* Stockrapiere als Zeichen der ehrenvollen Entlassung SG II 323, 4.

XXX 1. *damma:* afrikanische Antilope auch IV 35 IV 74 XIII 94 SG II 496.

Molossos: Molosserhunde auch XII 1, 1.

2. *lentas — moras* = Sp 23, 6.

Caesaris ante pedes supplex similisque roganti
    Constitit, et praedam non tetigere canes.
5 . . . .
    Haec intellecto principe dona tulit.
Numen habet Caesar: sacra est haec, sacra potestas.
    Credite: mentiri non didicere ferae.

XXXI.

. . . .
Cedere maiori virtutis fama secunda est.
    Illa gravis palma est, quam minor hostis habet.

XXXII.

. . . .
Da veniam subitis: non displicuisse meretur
    Festinat, Caesar, qui placuisse tibi.

[XXXIII.]
(Hinter dem 11. Buch.)

    XXXII. Allerdings kann dies Distichon ein selbständiges Gedicht sein. Doch da M. die Sammlung mit drei, direkt oder indirekt an den Kaiser gerichteten längern Gedichten eingeleitet hat, dürfte er sie auch mit mindestens einem längern beschlossen haben.

M. Valerii Martialis Epigrammaton
Liber I. (in den J. 85 86).

Spero me secutum in libellis meis tale temperamentum, ut de illis queri non possit quisquis de se bene senserit, cum salva infimarum quoque personarum reve-

---

Martials Vorreden scheinen wie auch andere, an der Aussenseite der Bücher angebracht gewesen zu sein. Birt S. 142. 3. Vgl. die Epistel vor II am Schluss.

Epistola. L. 1. Spero me secutum in libellis meis tale temperamentum, etc. Libelli vorzugsweise Gedichtbücher, die durchschnittlich halb so gross waren als Prosabücher, Birt S. 23, 1 u. 290 f., auch unter diesen zeichneten sich M.'s Bücher durch Kürze aus. S. 296. Da M. hier unter libellis schwerlich die von andern verbreiteten Abschriften seiner Gedichte verstehen kann, und ebenso wenig die Bücher der Spectacula, Xenia, Apophoreta, auch nicht seine Jugendgedichte I 113., so können damit wie I 4, 1 und II 91 nur Buch I und II gemeint sein, die gleichzeitig erschienen, vielleicht auch in einer Ausgabe, wo beide in einem Volumen enthalten waren; vgl. die Einleitung S. 16 und zu III 1, 3. Es ist sehr begreiflich, dass der im Lauf der Zeit angesammelte Vorrath von Epigrammen M.'s, die der Veröffentlichung werth schienen, zu gross war, als dass ein Buch ihn fassen konnte; übrigens besteht gerade das zweite grösstentheils aus Epigrammen, die keine Beziehung auf die Gegenwart haben, vielleicht meist der Zeit des Vespasian und Titus angehören Einl. S. 53. Entweder hat M. seine vorräthigen Epigramme sogleich in zwei, gleichzeitig herausgegebene Bücher vertheilt, oder was wahrscheinlicher ist zuerst nur einen Theil derselben als ein Buch herausgegeben, und wurde dann durch dessen beifällige Aufnahme veranlasst, es so stark zu vermehren, dass eine Theilung in zwei Bücher nothwendig war. In diesem Fall haben wir die zweite, vermehrte Ausgabe.

M.'s hier und später wiederholt z. B. X 33 gegen die Beziehung seiner Epigramme auf bestimmte Personen eingelegte Verwahrung war nicht bloss durch seine Aengstlichkeit und die Rücksichten, die er zu nehmen hatte, sondern auch durch das Einschreiten Domitians als Censor, welches Amt er frühestens Ende 84 übernahm; Mommsen Add. ad CIL III Eph. ep. V p. 93; vgl. Einl. S. 53 gegen Pasquille

rentia ludant; quae adeo antiquis auctoribus defuit, ut
5 nominibus non tantum veris abusi sint, sed magnis.
Mihi fama vilius constet et probetur in me novissimum
ingenium. Absit a iocorum nostrorum simplicitate malignus interpres nec epigrammata mea scribat. Improbe
facit qui in alieno libro ingeniosus est. Lascivam verborum
10 veritatem, id est epigrammaton linguam, excusarem, si
meum esset exemplum; sic scribit Catullus, sic Marsus,
sic Pedo, sic Gaetulicus, sic quicunque perlegitur. Si
quis tamen tam ambitiose tristis est, ut apud illum in

L. 5. sed magnis *M* sed etiam magnis *PGO* sed set et magnis
QEFω Schn. vgl. XIV 157, 2 *Gilbert*.
6. Mihi *MQEω* Et mihi *F* At mihi *CO* *Q* hat das im Text
fehlende at am Rande.
11. scribit scripsit *PQ*.

12. 13. Sidon. Apollinar. C. 9. 269 Non Gaetulicus hic tibi legetur, Non Marsus, Pedo, Silius, Tibullus — 269 Aut mordax sine
fine Martialis.

7. Vincent. Bellov. Spec. doctr. V 13 Marcialis coquus, Absit a
iocorum nostrorum simplicitate malignus interpres. Innocuos censura
potest permittere lusus; Lasciva est multis pagina, vita proba. I 4.
7. 8. Den Anfang citirt er auch mit Verweisung auf diese Stelle
V 57; Absit — interpres auch V 114.
9. Johann. Sarisber. Nugar. curial. p. 694 ed. Amstelod. 1664
Quia, ut ait Martialis, improbe facit, qui in alieno libro ingeniosus est,

veranlasst Sueton. Domit. c. 8 Scripta famosa vulgoque edita, quibus
primores viri ac feminae notabantur, abolevit, non sine auctorum
ignominia. Denn nach 1 4, 7 Innocuos censura potest permittere
lusus — darf man annehmen, dass diese Massregel damals bereits
erfolgt war. Vgl. V 15, 2 et queritur laesus carmine nemo meo.
6. *probetur in me novissimum ingenium.* Novissimum adverbialisch
an letzter Stelle, weil es ihm auf die Anerkennung der Harmlosigkeit
seiner Gedichte mehr ankommt als auf die seines Talentes.
8. *nec epigrammata mea scribat.* Weil der übelwollende Leser, indem
er einen nicht beabsichtigten Sinn in sie hineinlegt, sie gewisser-
massen selbst neu verfasst.
10. *id est epigrammaton linguam.* VIII praef. ego illis epigram-
matis non permisi tam lascive loqui quam solent.
11. *Catullus — Marsus — Pedo — Gaetulicus.* Ueber Catull. als M.'s

nulla pagina latine loqui fas sit, potest epistola vel potius
titulo contentus esse. Epigrammata illis scribuntur, qui
solent spectare Florales. Non intret Cato theatrum
meum, aut si intraverit, spectet. Videor mihi meo iure
facturus, si epistolam versibus clusero:

Nosses iocosae dulce cum sacrum Florae
Festosque lusus et licentiam vulgi.
Cur in theatrum, Cato severe, venisti?
An ideo tantum veneras, ut exires?

19—22. In den codd. des Valerius Maximus II 10, 8; vgl. Haupt Opp. III 599.

hauptsächlichstes Vorbild vgl. Einl. S. 24. Neben ihm nennt er wiederholt als die hervorragendsten Epigrammatiker die beiden Dichter der Augusteischen Zeit Domitius Marsus Teuffel RLG 243 M. II 71; 77 V 5 VII 99; Marsus allein VIII 56, 24 und Pedo Albinovanus Teuffel 252,6 M. II 77 V 5: dagegen Cn. Cornelius Lentulus Gaetulicus unter Caligula, Teuffel 291, 1 nur hier.

16. *Florales.* An den Floraspielen 28. April — 3. Mai wurden vorzugsweise oder ausschliesslich Mimen aufgeführt und die Ausgelassenheit des Schauspiels wie der Zuschauer gehörte zum Charakter des Festes; vgl. Friedlaender bei Marquardt StV III 502 ff. Der Vergleich seiner Epigramme mit den Floraspielen auch I 35, 8.

Cato. Valer. Max. II 10, 8 eodem ludos Florales, quos Messius aedilis 699 = 55 faciebat, spectante populo ut mimae nudarentur postulare erubuit. Quod cum ex Favonio amicissimo sibi una sedente cognosset, discessit e theatro, ne praesentia sua spectaculi consuetudinem impediret.

18. *epistolam.* Vorreden in Briefform, mit denen Statius die sämmtlichen Bücher seiner Silven, auch Quintilian sein Werk eingeleitet hat und die nach Epist. II besonders dramatischen Arbeiten vorgesetzt wurden, vgl. dort die Anm., scheinen damals überhaupt gewöhnlich gewesen zu sein. Doch wirklich an bestimmte Personen gerichtete Briefe hat M. nur den Büchern II, VIII, IX an Decianus, Domitian, Toranius vorgesetzt: die Epistel vor dem ersten Buch wendet sich an die Leser im Allgemeinen.

3. *Cato* pyrrhichisch schon in dem dem Varro Atacinus zugeschriebenen Verse Anthol. lat. ed. Riese 414 I 268. Marmoreo Licinus tumulo jacet, at Cato parvo. LMueller r. m. p. 336; auch VI 32, 5 Juv. 2, 40 Tertius e caelo cecidit Cato. Matho M. VII 10, 3. Nero VII 21, 3. Pedo — Matho Juv. 7, 129.

I.

Hic est quem legis ille, quem requiris,
Toto notus in orbe Martialis
Argutis epigrammaton libellis:
Cui, lector studiose, quod dedisti
5 Viventi decus atque sentienti,
Rari post cineres habent poetae.

II.

Qui tecum cupis esse meos ubicunque libellos
   Et comites longae quaeris habere viae,
Hos eme, quos artat brevibus membrana tabellis
   Scrinia da magnis, me manus una capit.
5 Ne tamen ignores ubi sim venalis, et erres

II 1. esse meos ubicunque, esse meas ubicunque L. Marteus Ep. de M I 2 et 29 (Festgabe für W. Crecelius Elberfeld 1881, p. 27 f.

I 2. Prop. IV 1, 36 post cineres Ovid. Ex P. IV 16, 3 Famaque post cineres major venit etc.

II 5. Horat. Epp. I 12, 25 Ne tamen ignores, quo sit Romana loco res.

I 1—3. M.'s Epigramme waren hiernach durch Abschriften, wie sie M. selbst II 5 vgl. auch I 101 erwähnt, in- und ausserhalb Roms schon viel verbreitet, ehe er sich selbst zur Sammlung derselben und Herausgabe, zunächst in zwei Büchern, entschloss.

2. *toto notus in orbe.* V 13, 3 toto legor orbe frequens VIII 61, 3 orbe cantor et legor toto.

6. *post cineres* = VIII 38, 16. Vgl. V 13, 4.

II 2. *longae — viae.* XIV 188, 2 longas — vias, Ebenso VI 43, 8.

3. *Hos eme, quos artat brevibus membrana tabellis.* Da die Pergamentbücher aus sehr vielen auf beiden Seiten beschriebenen Blättern bestehen konnten, war es möglich, hier verhältnissmässig umfangreiche Texte in einem mässigen Bande zu bieten vgl. XIV 184. 190; 192. Marquardt Prl. II 796 ff. Birt S. 85 ff. Man bediente sich daher der Pergamentbücher besonders auf Reisen XIV 188 86 II 30. Das Epigramm beweist gegen Birt S. 70—95, dass auch Buchhändler schon damals Ausgaben in Pergamentbüchern veranstalteten.

4. *scrinia.* Cylindrische Behältnisse für Papyrusrollen, wie sie öfter am Fuss von Statuen (z. B. des Sophokles im Lateran) vorkommen. Marquardt Prl. II 657 ff.

Urbe vagus tota, me duce certus eris:
Libertum docti Lucensis quaere Secundum
Limina post Pacis Palladiumque forum.

III.

Argiletanas mavis habitare tabernas,
   Cum tibi, parve liber, scrinia nostra vacent.
Nescis, heu, nescis dominae fastidia Romae:
   Crede mihi, nimium Martia turba sapit.

III. Horat. Epp. I 20, 19 ss. 3. Horat. C. IV 14, 44 domina — Roma.

6. *urbe vagus tota.* IV 78, 3 tota vagus urbe.

7. *Libertum docti Lucensis quaere Secundum.* Der Buchhändler Secundus, Freigelassener eines unbekannten Lucensis ein Egnatius Lucensis in einer Lyoner Inschrift Wilmanns Ex. Inscr. 2233 wird nur hier genannt. Er verkaufte, wie es scheint, nur Pergamentexemplare in Buchform, dagegen Atrectus I 117 nur Prachtexemplare in Rollenform. Ueber das Verhältniss beider zu Trypho vgl. oben S. 17 Becker Top. 257 u. 407 identificirt mit Unrecht Atrectus mit Secundus Vgl. Jordan Jannstempel und Argiletum, Hermes IV 232, 1).

8. *Limina post Pacis Palladiumque forum:* hinter dem von Vespasian erbauten Friedenstempel und dem nach seinem Hauptgebäude, einem Minerventempel, benannten von Domitian nach dieser Stelle also spätestens im J. 86 begonnenen, von Nerva im J. 98 (zu X 28) vollendeten forum transitorium, dessen Umfassungsmauer mit den Colonnacce zum Theil noch erhalten ist. Becker Top. 373 f. Jordan Top. I 2, 449 ff. Die Gegend zwischen diesen beiden Anlagen und der Subura ist das Argiletum d. h. nach vorennianischer Orthographie argilletum Jordan Topogr. I 138, ein Name, der in älterer Zeit die ganze Gegend bezeichnet hatte, die sich von der Südspitze des Quirinals nach dem Capitolinus und dem Forum erstreckte. Dort lagen zahlreiche Buchhandlungen, vgl. I 3, 1; 117, 10. Marquardt Prl. 804.

III 1. *Argiletanas — tabernas.* Zu I 2, 8.

3. *dominae Romae* = X 103, 9. d. in urbe III 1, 5. d. ab urbe IX 64, 4. d. urbis XII 21, 9. d. areae III 31, 3.

4. *crede mihi.* So öfter I 15, 11; 41, 2 etc. Ebenso oft mihi crede III 5, 3; 16, 5 etc.

5 Maiores nusquam rhonchi, iuvenesque senesque
   Et pueri nasum rhinocerotis habent.
 Audieris cum grande sophos, dum basia iactas,
   Ibis ab excusso missus in astra sago.
 Sed tu ne totiens domini patiare lituras
10 Neve notet lusus tristis harundo tuos.
 Aetherias, lascive, cupis volitare per auras:
   I, fuge: sed poteras tutior esse domi.

III 5. rhonchi *Eω* ronchi *Q* runt *H* fuernnt *T*. 7. jactas *HTQEXBFG* captas *CO Q am Rande*.

III 5. Ovid. M. VIII 525 Cons. Liv. 203 Verg. A. IX 309 Horat. Epp. I 1,55: juvenesque senesque. 11. Verg. G. II 291 2 A. VII 557 aetheriae — aureae.

III 5. 6. Sidon. Apoll. C. 3, 8 Nec nos rhonchisono rhinocerote notat. Id. C. 9, 344 Cato tertius narem rhinoceroticam mineter.

9. Auson. II 19 Ne ferat indignumque vatem centumque lituras. 11, 12: vgl. Auson. XXIII 14.

5. *rhonchi*. Hier und IV 86, 7 als Zeichen der Geringschätzung und des Hohns; vom natürlichen Schnarchen III 82, 30.

iuvenesque senesque = VII 35, 5; 71, 5 IX 8, 9.

6. *nasum rhinocerotis*. Weil die Nase überhaupt das Organ des Spottes ist. I 41, 18 Non cuicunque datum est habere nasum; V 19, 17 tacito — naso. Vgl. XII 88 u. nasutus II 54, 5 XII 37 XIII 2, 1 s.

7. *sophos* vgl. I 49, 37 grande et insanum sophos, I 76, 10 magnum sed perinane sophos, III 46, 7 tergeminum sophos, VI 48, 1 grande sophos. Vermuthlich haben die griechischen Ausdrücke der Beifallsbezeugungen sophos und euge in Rom zuerst ebenso mit der griechischen Musik und Rhetorik Eingang gefunden, wie Bravo und dgl. bei uns mit der italienischen.

dum basia iactas. Vgl. z. B. Juven. 4. 118 mit Mayors Anm.) Um für den Beifall der Zuhörer zu danken. *basium*, ein unrömisches von Catull eingeführtes Wort, das M. viel braucht, ausserdem von Späteren Phaedrus, Petron, Juvenal, Apulejus, Fronto. Haupt Opp. II 108.

8. *sago*. Das Prellen auf ausgebreiteten Mänteln sagatio ursprünglich bei den Soldaten zu deren Tracht das sagum gehörte, Marquardt Prl. 544 u. 548 üblich, erwähnt Sueton Otho c. 2 als einen in Rom von Otho in seiner Jugend geübten Unfug SG I 24, 6.

9. *lituras*. Vgl. IV 10, 7 s. VII 17, 8.

11. *aetherias — per auras* = I 6, 1.

IV.

Contigeris nostros, Caesar, si forte libellos.
 Terrarum dominum pone supercilium.
Consuevere iocos vestri quoque ferre triumphi
 Materiam dictis nec pudet esse ducem.
5 Qua Thymelen spectas derisoremque Latinum,
 Illa fronte precor carmina nostra legas.
Innocuos censura potest permittere lusus:
 Lasciva est nobis pagina, vita proba.

IV 2. Horat. C. 1, 6 Ovid. Ex P. I 9, 36 II 8, 26 Lucan. VIII 208
Stat. S. III 4, 20: Terrarum dominum.
 2. Priap. 1, 2 pone supercilium.
 IV 2. Auson. XV 3, 2 pone supercilum. Sedul. C. pasch. prol. 3.
pone supercilium, si te cognoscis amicum. Sidon. Apoll. C. 15, 190
Nunc Stoica tandem Pone supercilia.
 5. Auson. XXV 3, 4 nos Thymelen sequimur.
 IV 8. Auson. XXVIII (cento nupt.) 4, 6 Lasciva est nobis pagina, vita proba, ut Plinius dicit. 7. 8. Vincent. Bellov. V 43 zu
1 praef. l. 7): Lasciva est multis pagina, v. pr.

 IV 1. *Contigeris — si forte.* X 64, 1 Contigeris regina meos si
Polla libellos.
 2. *Terrarum dominum — supercilium.* Terrarum dominus der Kaiser
VII 5, 5 VIII 2, 6. Stat. S. III 4, 20 M. VIII 32, 6. dominum mundi.
Das Neutrum dominum wol nur hier, vgl. famulum nemus VI 76, 6.
Palatinum supercilium ist IX 79, 2 der Uebermuth der Hofleute.
 3. *triumphi.* Ueber die Sitten der Soldaten bei den Triumphen
Spottlieder auf den Feldherrn zu singen Marquardt StV II 588, 2.
Vgl. auch VII 8, 7—10.
 4. *dictis:* Witzworte.
 ducem. Dux sehr gewöhnlich für den Kaiser Imperator bei Martial und Statius (Fincke, De appellationibus Caesarum honorificis
Regim. 1867] p. 29) und sonst z. B. bei Juv. II 104 IV 145 VII 21;
in älterer Zeit selten, Fincke p. 8.
 5. *Thymelen — Latinum.* Th. eine unbekannte Mimenspielerin,
L. Archimimus zugleich Günstling Domitians und als Denunciant
gefürchtet SG I 105 II 428, 7; 571. Beide traten oft zusammen
auf, Juv. I 36. 6. *fronte legas.* Vgl. VII 12, 1.
 7. *innocuos — lusus:* VII 12, 9 Ludimus innocui. III 99, 3 Innocuos permitte sales.
 censura. Vgl. die Anmerkungen zur praefatio.
 8. *Lasciva — proba.* Mit Reminiscenz an Catull 16,5 Nam castum
esse decet pium poetam Ipsum, versiculos nihil necesse est. und Ovid

V.

Do tibi naumachiam, tu das epigrammata nobis
Vis, puto, cum libro, Marce, natare tuo.

VI.

Aetherias aquila puerum portante per auras
Inlaesum timidis unguibus haesit onus.
Nunc sua Caesareos exorat praeda leones
Tutus et ingenti ludit in ore lepus.
5 Quae maiora putas miracula? summus utrisque
Auctor adest: haec sunt Caesaris, illa Iovis.

VI 5. utrisque *PQF*.

VI 1. Aetherias auras: Zu I 3, 11.

Trist. II 354 Vita verecunda est, Musa jocosa mea. Eine Erinnerung an solche Stellen enthält das Epitaph Hadrians auf Voconius. Apulej Apol c. 11 Lascivos versu, mente pudicus eras

V. Dies Distichon legt M. dem Kaiser in den Mund; nirgend findet sich bei ihm sonst etwas derartiges. Ueber die von Domitian veranstaltete Naumachie vgl. SG II 370 III 429.

2. Vgl. IX 58, 7. S XIV 196, 2 Ipsa suas melius charta natabat aquas und III 100 V 53, 4.

VI. Eins von den Epigrammen auf die kurz zuvor in einem kaiserlichen Schauspiel gezeigten abgerichteten Löwen, die Hasen mit den Zähnen fassten und wieder losliessen. Die übrigen sind I 14; 22; 48; 51; 60; 104.

1. 2. M. mag hier eine Kunst-Darstellung des Raubes des Ganymed nach dem berühmten Original des Leochares vorgeschwebt haben. Timidis unguibus ebenso Timidos dentes I 104. 18 erinnert an die Beschreibung des Plin. N. h. XXXIV 79 aquilam — parcentem unguibus etiam per vestem puero. KOMueller Arch. d. K. 351, 6. Vgl. auch Incert. Anth. Palat. XII 67, 3: Αἰτέ, τὸν χαρίεντα ποτὲ πτερὰ παικὰ πινάξας Ἡδέως ἕρπεις· μή μου κνίσηρτ᾽ ὄνυξιν ἄγει. Strato ibid. 221: στεῖχε πρὸς αἰθέρα δῖον, ἀπάγεο παῖδα κομίζων Αἰτέ, τὰς διφυεῖς ἐκπετάσας πτέρυγας — v. 5: φεῖδο δ᾽ αἰμάξαι κοῦρον γαμψώνυχι ταρσῷ.

1. *Aetherias — per auras* = I 3, 11.
3. *Sua — praeda*. Zu I 111, 2.
6. *Caesaris — Iovis*. Zu Sp 16 b, 3.

VII.

Stellae delicium mei columba,
Verona licet audiente dicam.
Vicit, Maxime, passerem Catulli.
Tanto Stella meus tuo Catullo
5 Quanto passere maior est columba.

VII 1. *Stellae.* L. Arruntius Stella aus Patavium I 61, 4 Stat. S. I 2, 260 bezieht sich auf Violentilla' einer der Hauptgönner des M. und Statius und selbst Dichter I 7 V 11 VI 21 VII 14 VIII 78 ; auch sonst oft erwähnt I 44 IV 6 V 12; 59 VI 47 VII 36 IX 55; 89 X 48 XI 52 , XV vir s. f. Stat. S. I 2, 176 s.', Gemahl der Violentilla VI 21 VII 14 s. 50 XII 3 , feierte Ende 89 den dacischen Triumph Stat. S. I 2, 180 s.' und im J. 93 Domitians Rückkehr aus dem Sarmatenkriege mit prächtigen Schauspielen VIII 78 , erhält das gehoffte IX 42 Consulat als suffectus Ende 101 Einl. S. 66 ; SG III 396; 401; 431; 434; 442. Teuffel RLG 323, 1. Vgl. Einl. S. 7.

Die Gedichte Catulls auf den passer der Lesbia (2 u. 3) auf die M. I 109 IV 14, 13 VII 14 XI 6, 14 XIV 77 anspielt gehörten wol zu den am meisten nachgeahmten M. I 109, Hermes I 68 = Wilmanns Ex. Inscr. 584 . Stella hatte sowol ein Gedicht auf die lebende Taube, von dem hier die Rede ist, als auf die tote VII 14, 5 gemacht. Das letztere erwähnt auch Statius S. I 2, 102 frühestens Ende 89 verfasst : hic nostrae deflevit fata columbae. Auch dies Gedicht ist ganz in Catulls Manier. Paukstadt p. 26.

Wenn man mit Gilbert hier ein Citat aus dem Gedicht des Stella zu erkennen glaubt (das etwa anfangen konnte Lucis delicium meae columba , wird man DELICIVM, COLVMBA und v. 3 Passerem schreiben.

3. *Maxime.* Gewiss derselbe Freund des Dichters, an den I 69, wahrscheinlich derselbe, an den V 70 VII 73 X 77 gerichtet sind. Vielleicht Vibius Maximus XI 106 , der 93 und später als praef. coh. III Alpinorum in Dalmatien stand. 104 Präfekt von Aegypten war. SG III 457.

4. *Catulli* — 5. *Catullo.* M. liebt es nach dem Beispiel Catulls, auf einander folgende Verse mit demselben Wort oder derselben Phrase zu schliessen I 35, 6 u. 7 I 41, 14 u. 15 IV 30, 1 u. 2 IV 46, 1 u. 2 V 35, 7 u. 8 VI 82, 10 u. 11 VII 60, 7 u. 8 X 49, 4 u. 5 XI 15, 3; 51, 1; 80, 3 XII 95, 1. Paukstadt p. 34. Vgl. auch zu II 41, 3.

VIII.

Quod magni Thraseae consummatique Catonis
  Dogmata sic sequeris, salvus ut esse velis,
Pectore nec nudo strictos incurris in enses,
  Quod fecisse velim te, Deciane, facis.
5 Nolo virum facili redimit qui sanguine famam,
  Hunc volo, laudari qui sine morte potest.

IX.

Bellus homo et magnus vis idem, Cotta, videri:
  Sed qui bellus homo est, Cotta, pusillus homo est.

X.

Petit Gemellus nuptias Maronillae
Et cupit et instat et precatur et donat.

VIII 2. salvus *P* talis *EXCG prV* tal *B*.

X 1. Gemellus *TQ* Venustus *MP P* am Rande: al. patria gemellus *F* gemellus venustus *EXBCGV* Ueberschrift: De Gemello et ei Maronilla *e TBG* De Venusto et Maronilla *EXO* De Venusto et marino *PQ*.

IX 1. Catull. 24, 7 homo bellus.

VIII. Vincent. Bellovac. Spec. doctr. VI 68 Martialis Coquus: Nolo virum facili redimit qui sanguine famam, Hunc volo laudari qui sine morte potest.

VIII. Decianus ein Freund und Landsmann M.'s aus Emerita I 61. Dichter oder Schriftsteller ib., dessen Geist, Bildung und Charakter M. hoch rühmt I 39 und dem er das 2. Buch gewidmet hat II 5, kommt in den späteren Büchern nicht mehr vor. Er war nach I 8 Stoiker, doch ohne Schroffheit und Ostentation, weshalb auch I 24 an ihn gerichtet ist.

1. *Thraseae — Catonis.* Beide werden nicht nur als Idealgestalten der stoischen Schule, sondern auch weil sie für ihre Ueberzeugung starben, hier genannt. Ueber P. Fannius Thrasea Paetus geb. 34, † 62, bei M. noch IV 54; Mommsen Ind. Plin. *Consummatus* von Personen besonders häufig bei Quintilian, auch bei dem j. Plinius.

5. *facili*: leicht vergossen.

IX. 1. *Bellus.* Vgl. II 7 III 63.
2. *pusillus.* Vgl. III 62. 8.

X. 1. *Gemellus.* Ob M. Gemellus oder Venustus schrieb, ist kaum zu entscheiden, da beides sich in allen drei Handschriftenfamilien

Adeone pulchra est? immo foedius nil est.
Quid ergo in illa petitur et placet? Tussit.

XI.

Cum data sint equiti bis quina nomismata, quare
Bis decies solus, Sextiliane, bibis?
Iam defecisset portantes calda ministros,
Si non potares, Sextiliane, merum.

XII.

Itur ad Herculeas gelidi qua Tiburis arces

XII 1. *Herculeas gelidi* T *Herculei gelidas* PQEFω *gelide* G,

findet, jedenfalls differirten die Texte hierin schon im Alterthum
vgl. Einl. S. 93 f. . Beide Namen kommen sonst nicht vor.
XI. Vgl. I 26. Bezieht sich auf eine kaiserliche Bewirthung im
Theater oder Amphitheater, wobei jeder Ritter 10 kupferne I 26, 4
Marken zur Einwechslung gegen Getränke, und zwar, wie es scheint,
beliebige erhielt.
1. *nomismata*. Der Ausdruck erinnert an tesserae nummariae bei
Suet. August c. 41 und unterstützt die Vermuthung Benndorfs und
Ollirschfelds Verwaltungs-Gesch. 132, 1, dass diese letzteren ihre
Namen nur von ihrer münzenähnlichen Form erhalten haben, vgl. zu
XII 62, 11. Schon Lessing Martial, Ausgabe von Lachmann VIII 193
verstand nomismata richtig von tesserae vinariae.
3. *calda*. Ein beliebtes Getränk aus warmem Wasser und Wein,
Becker-Göll III 411.
ministros. Die kaiserlichen Diener. Vgl. Stat. Silv. I 6, der bei
der Schilderung einer kaiserlichen Bewirthung des Volks v. 28 ss.
die Diener ausführlich beschreibt, von denen ein Theil *marcida vina
largiuntur*.
XII. Bezieht sich wie I 82 auf den Einsturz einer Porticus auf
einer Villa des Regulus an der via Tiburtina, unter welcher er kurz
vorher gefahren war. Ueber M. Aquilius Regulus, berühmt als Sachwalter und berüchtigt als Delator, sehr reich und einer der Gönner
M.'s, die er am häufigsten nennt I 111 II 24; 93 IV 16 V 10; 21;
28; 63 VI 38; 64 VII 16; 31, vgl. Mommsen Ind. Plin.
1. *Herculeas*. Tibur heisst Herculeum Prop. II 23, 44 M. IV 62, 1
IV 57, 9 VII 13, 3 von dem berühmten Kult des Hercules, dessen
prächtiger Tempel in der Gegend der jetzigen Kathedrale von Tivoli
lag. Preller RM II 285. 2. *Gelidum Tibur* auch IV 64, 32 vgl.
dagegen Fronto ad M. Caes. et iuv. II 6 ed. Naber.

Canaque sulphureis Albula fumat aquis.
Rura nemusque sacrum dilectaque iugera Musis
  Signat vicina quartus ab urbe lapis.
5 Hic rudis aestivas praestabat porticus umbras,
  Heu quam paene novum porticus ausa nefas!
Nam subito conlapsa ruit, cum mole sub illa
  Gestatus biiugis Regulus esset equis.
Nimirum timuit nostras Fortuna querellas,
10 Quae par tam magnae non erat invidiae.
Nunc et damna iuvant; sunt ipsa pericula tanti
  Stantia non poterant tecta probare deos.

XIII.

Casta suo gladium cum traderet Arria Paeto,
  Quem de visceribus strinxerat ipsa suis,

XII 5. umbras *TEω Rand v. Q* auras *PQF*. 7. conlapsa *F* cum lapsa *TX*. 12. deos deum *T*.

XIII 2. strinx s erat *TPQ* traxerat *EFω, Rand von P u. Q*.

XII 2. Ovid. A. a. I 256 et quae de calido sulpure fumat aquam.
4. Ovid. F. II 682 sextus ab urbe lapis. 5. Ovid. Ex P. I 8, 65 densa modo porticus umbra.

XII 9. 10. Stat. S. III 5, 41 superique potentes Invidiam timuere tuam.

2. *Albula*. Auch aquae Albulae, der Schwefelbach, der aus dem lago di Solfatara in den Teverone fällt 18 km von Porta San Lorenzo und der auch im Alterthum zu kalten Bädern benutzt wurde.

4. *quartus ab urbe lapis*. Dies selbe Landgut heisst VII 31, 11 rus marmore tertio notatum, lag also zwischen dem dritten und vierten Meilenstein. Sextus ab Albana — arce lapis IX 101, 12.

5. *rudis*: Einfach, ländlich.

6. *quam paene*. Ebenso VI 58, 3.

8. *gestatus*. Porticus wurden bei schlechtem Wetter auch zu Spazierfahrten benutzt. Juv. 7, 184 porticus in qua gestetur dominus, quotiens pluit.

10. Vgl. VII 47, 7 Non tulit invidiam taciti regnator Averni, IX 86, 10 Invidia possis exonerare deos, XII 11, 8 Invidia fati sed leviore cadat.

12. *probare deos*. Die Existenz der Vorsehung der Götter beweisen, vgl. I 82, 9—11.

XIII. Bezieht sich vermuthlich auf eine künstlerische Darstellung

»Si qua fides, vulnus quod feci non dolet,« inquit:
»Sed quod tu facies, hoc mihi, Paete, dolet.«

XIV.

Delicias, Caesar, lususque iocosque leonum
  Vidimus, hoc etiam praestat harena tibi,
Cum prensus blando totiens a dente rediret
  Et per aperta vagus curreret ora lepus.
5 Unde potest avidus captae leo parcere praedae?
  Sed tamen esse tuus dicitur: ergo potest.

XV.

O mihi post nullos, Iuli, memorande sodales,
  Si quid longa fides canaque iura valent,
Bis iam paene tibi consul tricesimus instat,
  Et numerat paucos vix tua vita dies.

XV 1. Ovid. Tr. I 5, 1 O mihi post ullos numquam memorande sodales. Ovid. Tr. IV 13, 1 O mihi non dubios inter memorande sodales.

des Todes der älteren Arria und ihres Gemahls Caecina Paetus 42 p. Chr. Vgl. über beide Mommsen Ind. Plin.

XIV. Vgl. zu I 6.

2. *praestat harena tibi* = Sp 5, 1. Praestitit unda tibi ib. 2s. 10. Exhibuit — harena tibi ib. 21, 2.

6. Aehnlich: sed norunt cui serviant leones I 104, 22.

XV. Vgl. das verwandte Epigramm V 58. An Iulius Martialis, einen der nächsten Freunde M's, mit dem er während der ganzen 34jährigen Dauer seines Aufenthalts in Rom und auch noch später XII 34 aufs innigste verbunden blieb, den er also damals schon seit 21 Jahren kannte; nach v. 3 beinahe 60 Jahre alt, also bedeutend älter als der damals 45—48 Jahre alte Dichter. Er besass ein kleines Gut auf dem Janiculus IV 64 und darauf eine Bibliothek VII 17. Als Kunstrichter rühmt ihn M. VI 1, als Freund X 47; er sendet ihm das dritte Buch III 5; auch IX 97 ist wol an ihn gerichtet. Vgl. auch XI 80 u. SG III 454.

1. *O mihi post nullos.* Vgl. auch M. VII 46, 5 O nullis Ovidi tacende linguis.

4. *vita.* In dem Sinne, dass nur die genossene Zeit als wahres Leben angeführt wird. Vgl. VI 70, 15 Non est vivere, sed valere

5   Non bene distuleris videas quae posse negari.
        Et solum hoc ducas, quod fuit, esse tuum.
    Expectant curaeque catenatique labores,
        Gaudia non remanent, sed fugitiva volant.
    Haec utraque manu complexuque assere toto:
10   Saepe fluent imo sic quoque lapsa sinu.
    Non est, crede mihi, sapientis dicere »Vivam«:
        Sera nimis vita est crastina: vive hodie.

XVI.

Sunt bona, sunt quaedam mediocria, sunt mala plura
    Quae legis hic: aliter non fit, Avite, liber.

XV 5. quae *Eω Schn*¹ quod *PQ Schn*².
XV 10. fluent *MEBFGO* fluunt *PQX*.

XV 7. Auson. XXIX 14 catenatosque labores.

XV 7—10. Vincent. Bellov. Spec. doctr. VI 106: Marcialis Coquus: »Exspectant — lapsa sinu.« Id. ib. V 111 Marcidis Coquus »Gaudia non remanent, sed fugitiva volant.« 11. Id. ib. VI 23 hinter Martial. V 58.

XVI. Joann. Sarisb. Prolog. Metalog. p. 4.

vita est. Ebenso vive V 12. Vgl. I 49, 11; 103, 12 II 90, 3 V 20, 14; 58, 1 VI 27, 10 VIII 44, 1 X 38, 9 XII 60, 6

7. *catenatique labores*. Die metonymische Uebertragung des Prädikats von Personen auf deren Zustände, Eigenschaften, Handlungen, Gebrauchsgegenstände und dgl. wie hier catenati labores statt labores, quales sunt catenatorum ist bei M. häufig. I 35, 8 stolatum pudorem, III 46, 1 operam togatam, III 58, 24 album otium, VII 64, 6 infelix et fugitiva quies, VII 72, 9 de trigone nudo, X 3, 2 lingua circulatrix, X 48, 10 mentha circulatrix, X 20, 4 praetextata amicitia, X 51, 6 tunicata quies, X 82, 6 ingenuas cruces, XII 48, 5 sudatrix toga. Vgl. auch delicata mensa X 62, 3 und vagum mane VII 39, 1.

8. *gaudia — fugitiva*. Fugitivaque gaudia VII 47, 11. Vgl. auch X 41, 5.

XVI 2. *Avite*. L. Stertinius Avitus cos. 92 Asbach Consularfasten. 68—96 Rheinl. Jahrbb. LXXIX (1885) S. 124 Gönner M. s. dessen Buch er in seiner Bibliothek aufstellte IX praef. Vgl. VI 84 X 96; 102 XII 24; 75 und SG III 395, 9. — M. liebt es den Namen des Angeredeten im Vokativ in die zweite Hälfte des Pentameters zu setzen. Vgl. II 60, 4 IV 26, 4 IV 56, 8 IV 83, 6 VI 46, 2 VI 91, 2 VII 88, 10 X 57, 2 X 70, 14 XI 8, 14 XI 85, 2. *Munro* vgl. die Einl. S. 30, 2.

XVII.

Cogit me Titus actitare causas
Et dicit mihi saepe »Magna res est.«
Res magna est. Tite. quam facit colonus.

XVIII.

Quid te, Tucca. iuvat vetulo miscere Falerno
　In Vaticanis condita musta cadis?
Quid tantum fecere boni tibi pessima vina?
　Aut quid fecerunt optima vina mali?
5 De nobis facile est. scelus est iugulare Falernum

XVIII 5. De nobis facile est. Des nobis faecem *E Wagner* De nobis taceo *Munro*.

XVIII 1. Catull. 27, 1 Minister vetuli puer Falerni.
2. Ovid. F. V 518 condita vina cado.

XVIII 2. Priscian. Inst. VI 14, 73 Keil GL II 257 : mustus musti excipit Probus, quod tamen mobile videtur, cum veteres et feminino et neutro genere inveniuntur hoc protulisse pro »novus nova novum.« Martialis in I: ,Quid te — cadis.'

XVII 1. Vgl. II 30, 5 Is mihi »dives eris. si causas egeris« inquit.
2. *magna res est*. Ein frostiges Spiel mit der doppelten Bedeutung von magna res: eine grosse Sache VI 46, 2 und ein grosses Vermögen. Entweder war Titus ein grosser Besitzer, und die unausgesprochene Pointe ist: Du hast gut reden. Oder M. giebt ihm zu verstehen, dass er ihm ein Gut schenken solle, dann könne er seinen Rath sparen.

XVIII 1. *retulo — Falerno*. Ein catullischer Ausdruck C. 27, 1, den M. öfter hat VIII 77, 5 XI 26, 3. Paukstadt p. 24. Haupt Opp. II 125.

2. *Vaticanis*. Die zweite Silbe, bei Horaz kurz, ist bei M. und Juvenal stets lang Lachmann ad Lucret. p. 37).

cadis. Der Vaticaner Wein gehörte zu den geringsten Sorten. VI 92 X 45 XII 48, 14 Vaticani — cadi . Es gab dort auch Töpfereien. Juv. 6. 344 Vaticano fragiles de monte patellas; Blümner 113, 3. Marquardt Prl. 436, 19.

4. IV 61. 13 Quid tibi sodales fecimus mali tantum.

5. *de nobis facile est*. Quint. decl. 371 in f. ed. Burmann p. 764: ergo advocatum tuum advocas, participem laboris? De me facile est. inveniam patrem; sed tibi timeo, soles enim periclitari. Vgl. auch Propert. III 11, 7 De me, mi certe 'poteras formosa videri. Beide mir von *Erwin Rohde* nachgewiesene Stellen zeigen schon,

Et dare Campano toxica saeva mero.
Convivae meruere tui fortasse perire:
Amphora non meruit tam pretiosa mori.

XIX.

Si memini, fuerant tibi quattuor, Aelia, dentes
Expulit una duos tussis et una duos.
Iam secura potes totis tussire diebus:
Nil istic quod agat tertia tussis habet.

XX.

Dic mihi, quis furor est? turba spectante vocata

XVIII 6. *toxica saeva* scaeva, scaena mero *RMPQ Ser Flach Gilbert p. 19* toxica vina cado *EXBCFG Schn¹* t. vina mero *O* t. saeva cado *Schn²*.

XX 1. Tibull. I 10, 37 IV 3, 7. Ovid. Am. III 14, 7. A. a. III 172: Quis furor est.

XIX. Steht in einem cod. reg. Brit. s. IX am Rande: Virgilius de sua nutrice Schn¹ p. 736; in der Hdschr. der Leipziger Stadtbibliothek s. X De quadam vetula. Haupt Opp. I p. 290; in Parisin. 8069 s. XI auf Fol. 6 unter der Ueberschrift versus virgilii de nutrice sua elia Baehrens Plm IV p. 18; in einem Ambrosian. s. XV Id. ib. p. 23; in einem Laurentianus s. XIV Virgilii versus de nutrice; Id. ib. p. 25; in zwei codd. Vindobb. s. XIII u. XV Versus Virgilii de nutrice sua. Schn¹ p. 30; in cod. Sangall. 899 s. IX: v. 1 elia: *HJMueller*, dass der Text richtig, alle Conjecturen also abzuweisen sind. Dazu kommen noch folgende, von den Herren *JDuff* und *John EBMayor* in Cambridge bemerkte: Prop. III 30 32, 21 Sed de me minus est. Seneca Cons. ad Marciam 16, 3 et de ceteris facile est, quos nec editos nec amissos civitas sensit: Tiberium Gracchum et Gajum Gracchum, quos etiam qui bonos viros negaverit, magnos fatebitur, et occisos vidit et insepultos. Lactant. epit. 56, 4 sed idem stultus, qui alteri fecerit lucrum, sibi damnum, sed facile de damno est: quid si vita ejus in periculum veniet? 6. *toxica saeva* = V 76, 2 X 36, 5.

XIX 1. 2. Vgl. II 41, 6 tres dentes III 93, 2 quattuor — dentes VIII 57, 1 Tres habuit dentes, pariter quos exspuit omnes.

XX. Auf die öfter M. II 43 III 60 IV 68 IV 85 VI 11 X 49, Plin. Epp. II 6, Juv. 5. SG I 342 f. gerügte Unsitte, dass Gastgeber ihren Clienten und geringeren Gästen schlechtere Speisen und Getränke auftragen liessen als den geehrteren und sich selbst.

1. *Dic mihi* als Versanfang auch V 55 XIV 179; 215.
quis furor est. non furor est? II 80, 2 III 76 3.

Solus boletos, Caeciliane, voras.
Quid dignum tanto tibi ventre gulaque precabor?
Boletum qualem Claudius edit, edas.

XXI.

Cum peteret regem, decepta satellite dextra
    Ingessit sacris se peritura focis.
Sed tam saeva pius miracula non tulit hostis
    Et raptum flammis iussit abire virum.
5 Urere quam potuit contempto Mucius igne,
    Hanc spectare manum Porsena non potuit.

XXI 1. Interpunktion nach *Gilbert p. 6. Schn:* Komma nach dextra, keins nach regem. 5. igne *PQFω Schn*¹ so stets bei M. *Gilbert* igni *E?R Schn*².

    XX 1. Juvenal. 5, 147 ponitur Boletus domino, sed qualem Claudius edit Ante illum uxoris, post quem nil amplius edit.
    XXI 4. Ovid. Am. II 19, 12 Tr. III 1, 68 jussit abire.
De Scaevola. Plin ed. Baehrens IV 342. 7. S. Sidon. Apoll. C. 5. 78 (Scaevola) Plus felix peccante manu, cum forte satelles etc.).

    XX 4. In der Hdschr. der Leipziger Stadtbibliothek. Haupt Opp. 1 p. 291.
    XXI 5, 6. Pompej. Comm. GL V 284 s Barbarismus fit, si literam detrahas, si dicas Porsena pro eo quod est Porsenna: ,hanc spectare manum Porsena non potuit.' Non stat aliter versus, ita enim est, urere quam potuit Mucius contento hanc spectare manum Porsena non potuit.
    Serv. Verg. A. VIII 646 Porsena unum n addit metri causa, unde et paenultimae datus accentus est. Nam Porsena dictus est. Martialis: ,Hanc — potuit.'

---

    2. *boletos:* Kaiserschwämme, immer zu den feinen Schüsseln gerechnet. Marquardt Prl. 315, 7.
    Caeciliane. Den Namen braucht M. VII 59, um die verwandte Unsitte der ἀποφορητά zu rügen, und II 37 von einem Gaste, der alle aufgetragenen Speisen für sich einpackt.
    3. *gula:* Fressgier, Schlemmerei, wie V 50, 6 V 70, 5 VII 19, 18 XI 86, 6 XIII 62, 2 XIII 85, 2. Dagegen Geschmack VI 11, 6 XIV 220, 2.
    4. *Claudius* wurde mit boleti, seinem Lieblingsgericht, vergiftet. Suet. Claud. c. 44.
    XXI. Entweder auf ein Bild oder wie VIII 30 und X 25 auf eine

Maior deceptae fama est et gloria dextrae:
Si non errasset, fecerat illa minus.

XXII.

Quid non saeva fugis placidi lepus ora leonis?
  Frangere tam parvas non didicere ferae.
Servantur magnis isti cervicibus ungues
  Nec gaudet tenui sanguine tanta sitis.
5 Praeda canum lepus est, vastos non implet hiatus
  Non timeat Dacus Caesaris arma puer.

XXIII.

Invitas nullum nisi cum quo, Cotta, lavaris
  Et dant convivam balnea sola tibi.
Mirabar, quare nunquam me, Cotta, vocasses
  Iam scio, me nudum displicuisse tibi.

XXIV.

Aspicis incomptis illum, Deciane, capillis,
  Cuius et ipse times triste supercilium.

XXII 1. Quid non saeva *Douza* Quid nunc saeva *codd.*

XXIV 1. Prop. IV 5, 9 Sicine eam incomptis vidisti flere capillis
Horat. C. I 12, 41 incomptis Curium capillis. 3. Horat. Epp. I 1, 64
Et maribus Curiis et decantata Camillis. Lucan VII 358 Si Curios
his fata darent reducesque Camillos Temporibus.

XXIII 1. 4. In der Hdschr. der Leipziger Stadtbibliothek. Haupt
Opp. I p. 291.

als Schauspiel benutzte Bestrafung eines Verbrechers, der als Mucius
Scaevola seine Hand über einem glühenden Kohlenbecken verbrennen
lassen musste. Vgl. SG II 366. Die Art der Bestrafung und des
Schauspiels scheint unter Domitian mehrmals wiederholt zu sein.

4. *iussit abire* = VIII 56, 10 XI 43, 8.

XXII. Vgl. I 6.

6. *Dacus puer*. Ob ein dacischer Feldzug schon vor 83 stattgefunden hat, ist zweifelhaft. Nach Eusebius brach ders dacische Krieg
85 oder 86 aus, in welchem letzteren Jahre dies Buch edirt ist. Das
Epigramm ist wahrscheinlich vor dem Beginn des Krieges verfasst,
als sein Bevorstehen in Rom bereits Tagesgespräch war. Einl. S. 33f.

XXIV. Auf einen der damals in Rom zahlreichen Heuchler stoi-

Qui loquitur Curios adsertoresque Camillos?
   Nolito fronti credere: nupsit heri.

XXV.

Ede tuos tandem populo, Faustine, libellos
   Et cultum docto pectore profer opus,
Quod nec Cecropiae damnent Pandionis arces
   Nec sileant nostri praetereantque senes.
5 Ante fores stantem dubitas admittere Famam
   Teque piget curae praemia ferre tuae?

XXIV 3. adsertoresque *T.*
XXV 2. pectore, pectine *O.Mueller Hermes XII 304.* Vgl. zu XII 44, 4.

XXIV 3. Claudian. Eutrop. I 439 Aemilios inter servatoresque Camillos.

XXV 4. Horat. A. p. 342 Celsi praetereunt austera poemata Ramnes.

scher Sittenstrenge, qui Curios simulant et Bacchanalia vivunt Juven. 2, 3. Vgl. auch Quintilian. I Prooem. 15. SG III 633. Daher an den wahren Stoiker Decianus I 8 gerichtet.

3. *Curios.* Curii als Repräsentanten der guten alten Zeit bei M. oft VI 64, 2 VII 58, 7 VII 68, 4 IX 28, 4 XI 5, 8 IX 28, 4 XI 104, 2 Curius, Numa, Tatius, öfter mit Fabii und Fabricii, auch mit Numa und Tatius verbunden. Mit Camilli nur hier und IX 27, 6: Curios, Camillos, Quintios, Numas, Ancos.

4. *nupsit heri.* Wie XII 42, 1. Juven. 2, 134 nubit amicus. Vgl. Tac. A. XV 37 von Nero: nisi — Pythagorae — in modum sollemnium coniugiorum denupsisset. Inditum imperatori flammeum etc. Vgl. Sueton. Nero c. 29. Victor Caes. und Ep. 5. Reimar. ad Dion. C. LXIII 13.

XXV 1. *Faustine.* Ein Freund M.'s, wohlhabend, Besitzer mehrerer Villen III 58 IV 57 (vgl. VII 80, 12) V 71 X 51, selbst Dichter I 25. Vgl. auch I 114 III 2: 25; 39; 47 IV 10 V 32; 36 VI 7; 53, 60 VII 12 VIII 41 und SG III 430 f. und 419.

populo — libellos. Vgl. I 29, 1. 2 und über libellos die Anmerkung zur Vorrede dieses Buchs S. 162.

2. *docto pectore* = IX 77, 3.

5. *ante fores stantem.* Suet. Galba. c. 4 somniavit, Fortunam dicentem, stare se ante fores defessam et nisi ocius reciperetur cuicumque obvio praedae futuram.

6. *curae.* Literarische Arbeit, wie I 45, 1 I 56, 5 I 107, 5 u. s. w.

Post te victurae per te quoque vivere chartae
Incipiant: cineri gloria sera venit.

XXVI.

Sextiliane, bibis quantum subsellia quinque
Solus: aqua totiens ebrius esse potes:
Nec consessorum vicina nomismata tantum,
Aera sed a cunctis ulteriora petis.
5 Non haec Paelignis agitur vindemia prelis
Uva nec in Tuscis nascitur ista iugis.
Testa sed antiqui felix siccatur Opimi,
Egerit et nigros Massica cella cados.

XXVI 4. petis *PQFω Scr Flach Gilbert p. 23* bibis *EXBCG Schn.* 9. Laletana *QE* Lalaetana *X* Lalentana *B* Laletanta *F vgl. die Anm. zu I 49, 22.*

7. *victurae — chartae.* Wie III 20, 2 VII 44, 7 XI 3, 7. Vgl. victuras curas I 107, 5. victura carmina VIII 73, 4. victurum carmine munus X 26, 9. victurus liber VI 60, 10. Vgl. nunquam moritura VI 73, 7 VII 63, 1.

XXVI. Vgl. I 11. 2. *totiens* sc. bibens.

5. *Paelignis*. Eine der geringeren Weinsorten, vgl. XIII 121, wie der Tuscische und der in v. 9 erwähnte Spanische, Marquardt Prl. 456 f. Dagegen gehören der viel genannte Wein aus dem Jahr des cos. Opimius 633 u. c. = 121 a. Chr. Marquardt 428 f. Martial II 40 III 26 III 82, 24 IX 87 X 49 XIII 113 und der auf dem Mons Massicus in unmittelbarer Nähe des ager Falernus wachsende Marquardt 434 f. zu den edelsten.

7. *Opimi*. M. hat von Substantiven auf ius und ium den Genetiv stets einsilbig mit alleiniger Ausnahme eines griechischen Wortes cybii XI 27, 3; 31, 14. Opimi noch II 40, 5 III 36, 3 XIII 1, 13. Summoeni I 34, 6. Publi I 109, 5. Antoni II 89, 5 III 66, 5. Apici II 89, 5. Corneli III 4, 4. Sabidi III 17, 3. Tulli III 20, 17. Iuli IV 64, 1 u. 36 VII 17,12. Sili VI 64, 10 VII 63, 1. Voconi VII 29,1. Polybi falls der nom. nicht Polybus ist VII 72, 11. Iustanti VIII 51, 21. Camoni IX 74, 1; 76, 1. Vatini XIV 96. Properti XIV 189. ingeni V 56, 10. Vgl. zu XI 2, 2, wo früher Fabricii gelesen wurde. Haupt opp. III 584 f.

8. *Egerit et.* M. hat et etwa 60 Mal nachgestellt. Ein Verbum geht vorher: Sp 29, 2 I 26, 8; 55, 14; 92, 9; 96, 8; 103, 8 II 14, 8 IV 45, 6; 66, 4; 82, 2 V 13, 8 VII 27, 6, 8; 28, 6; 84, 2; 88, 8 VIII 3, 16; 14, 2; 56, 2, 8 IX 17, 5; 61, 8, 12, 16; 73, 5 X 63, 7; 88, 2 XI 3, 5; 7, 9; 46, 3; 56, 11 XII 17, 8 XIV 81, 2. Ein Adjektiv oder

A copone tibi faex Laletana petatur.
10 Si plus quam decies, Sextiliane, bibis.

XXVII.

Hesterna tibi nocte dixeramus,
Quincunces puto post decem peractos.
Cenares hodie, Procille, mecum.
Tu factam tibi rem statim putasti
5 Et non sobria verba subnotasti
Exemplo nimium periculoso:
Μισῶ μνάμονα συμπόταν, Procille.

XXVIII.

Hesterno foetere mero qui credit Acerram,
Fallitur: in lucem semper Acerra bibit.

XXVIII 1. Claudian. Eutrop. II 84 producere cenam In lucem, foetere mero.

Pronomen: II 29, 2 III 26, 4 IV 43, 10; 54, 8; 82, 3 IX 59, 18 X 16, 6 XI 2, 4. Ein Substantiv: II 40, 4 IX 94, 2 XI 90, 6. Ein Adverbium IV 1, 4; 42, 11. Das Adjektiv geht vorher und das Substantiv folgt: I 6, 4 III 24, 12 VIII 50, 2; 30, 4; 33, 19 X 59, 3 XI 4, 3 XII 11, 7; 39, 2. Das Substantiv geht vorher und das Adjektiv folgt: VI 2, 2 X 58, 8 XII 82, 12 XIII 115, 12. Zwei Wörter gehen vorher: IX 59, 12. Grosse Obss. in Stat. Silv. Berolini 1861 p. 48.

10. *plus quam decies*: mehr als die 10 Male, zu denen ihn die empfangenen Marken berechtigen zu I 11); Marquardt Prl. 326, 1 versteht falsch: mehr als 10 cyathi.

XXVII 2. *quincunces*. Je fünf cyathi 1 c. = $2^{1}\!/_{2}$ preuss. Kubikzoll. Marquardt Prl. 325, 10); auch XI 36, 7. Das gewöhnliche Maass war der triens 4 cyathi. Die Becher, die so viel fassten, entsprachen etwa unsern Römern, Becker-Goell III 403.

4. *rem factam*. II 26, 3 Iam te rem factam Bithynice credis habere. VI 60, 1 Rem factam Pompullus habet.

7. Μισῶ μνάμονα συμπόταν. Das viel gebrauchte griechische Sprichwort vgl. z. B. Lucian. conv. 3, Plutarch. mor. p. 612 C. D. Paroemiographi Gr. ed. Leutsch et Schneidewin II p. 533 und 761, dessen Sinn ist, dass Aeusserungen Berauschter, die für diese üble Folgen haben können, vergessen werden sollen, wirkt hier komisch, da die im Rausch erfolgte Einladung eines Lästigen als eine solche Aeusserung betrachtet wird.

XXVIII 1. *Hesterno foetere mero*. I 87, 1 Ne gravis hesterno fragret Fescennia vino.

XXIX.

Fama refert nostros te, Fidentine, libellos
  Non aliter populo quam recitare tuos.
Si mea vis dici, gratis tibi carmina mittam
  Si dici tua vis, hoc eme, ne mea sint.

XXX.

Chirurgus fuerat, nunc est vispillo Diaulus
  Coepit quo poterat clinicus esse modo.

XXIX 3. Si tua vis dici. 4 Si dici mea vis *L.Martens* zu I 2, 1.
4. hoc eme *PEXBC Gilbert* eme *T* hic eme *G* haec hec eme
Fω Scr en eme *Schn.*

XXX 2. qno *βQ* quod *EFω.*

XXIX 1. *Fidentine.* So nennt M. hier und I 38, 53; 72 einen
Plagiator. Vgl. I 52, 66 X 100.

libellos. Vgl. I 25, 1.

3. 4. Vgl. XII 63, 7 Nec gratis recitet meos libellos. Der Sinn
ist: entweder musst du die Gedichte beim Vorlesen ausdrücklich als
die meinen bezeichnen, dann will ich sie dir umsonst schicken, oder
du musst mir das Recht, die von dir vorgelesenen für die deinigen
auszugeben, abkaufen. Vgl. II 20 X 102 XII 46.

4. *hoc eme:* i. e. ut tua dicantur haec carmina, was I 66, 14 silentium emere heisst. Gilbert[3] p. 512 f. Von einem »Kauf des Eigen-
thumsrechts« wie Haenny »Schriftsteller und Buchhändler in Rom«
1884 S. 106 annimmt, ist hier — im eigentlichen Sinne des Worts —
nicht die Rede. Die auf der Annahme, dass F. durch schlechtes Vorlesen M.'s Gedichte völlig ruinirt I 38, beruhende Aenderung von
Martens ist überflüssig, und seine Erklärung v. 4 Si dici *mea* vis etc.:
Sin me auctorem profiteri in animo est, potius emas velim, ne am-
plius mea sint carmina tua importunitate vitiata verfehlt.

XXX Mit geringer Variation wiederholt I 47. Vgl. SG I 301, 7.

2. *clinicus.* Arzt auch IV 9, 1 IX 96. Plin. N. h. XXIX 4 Hip-
pocrates — traditur — instituisse medicinam hanc, quae clinice vocatur. Ἐξηγηήματα ed. Boucherie Notices et Extraits des Manuscrits
XXIII p. 351): κλινικός visitator. CIL VI 2532 = Orelli 3506 Medicus
clinicus coh. IIII pr(aetorianorum). Diaulus ist jetzt cliniens, insofern
κλίνη auch Todtenbahre bedeutet.

XXXI.

Hos tibi, Phoebe, vovet totos a vertice crines
  Encolpos, domini centurionis amor,
Grata Pudens meriti tulerit cum praemia pili.
  Quam primum longas, Phoebe, recide comas.
5 Dum nulla teneri sordent lanugine vultus
  Dumque decent fusae lactea colla iubae;
Utque tuis longum dominusque puerque fruantur
  Muneribus, tousum fac cito, sero virum.

XXXII.

Non amo te, Sabidi, nec possum dicere quare:
  Hoc tantum possum dicere, non amo te.

XXXI 2. Encolpos pr*PQF* Encolpus ω *Schn*. 2. amor, 3. pili *Gerth bei Gilbert* amor. pili, *Schn*.

XXXI 1. Ovid. M. IV 558 XIII 427 vertice crinem. 6. Verg. A. VIII 660 lactea colla.

XXXII Catull. 85. Odi et amo. Quare id faciam, fortasse requiris? Nescio. Sed fieri sentio et excrucior.

XXXII Mar. Victorin. Art. gr. I 5 GL VI 28, 10: nam pro brevi (o) novi tantum posuerunt, ut Martialis ‚Non amo te Sabidi.'

XXXI. Auf das Gelübde des Encolpos, Lieblingsknaben des Centurio Pudens, dem Apollo sein langes Haar zu opfern, wenn sein Herr den Primipilat erlangen werde. Nach IX 17, 3 scheinen Knaben solche Gelübde öfter gethan zu haben. Da sich V 48 auf das bereits erfolgte Abschneiden des Haares bezieht, scheint Pudens den Primipilat im J. 89 wo V verfasst ist erlangt zu haben, obwol dort von der Lösung des Gelübdes nicht die Rede ist. Doch blieb Pudens noch im Dienst, wol in Pannonien, wo er 85 gestanden hatte XIII 69. Vgl. VI 58. M. hofft VI 58 im J. 90, dass er als Ritter zurückkehren werde Marquardt StV II 377. Doch hat er die Ritterwürde schwerlich erlangt, da M. dies sonst in einem der späteren Gedichte erwähnt haben würde. Er war aus Sassina VII 97, seine Hochzeit mit Claudia Peregrina IV 13 (eine frühere Ehe XIII 69?). Vgl. ausserdem IV 29 V 28 VI 54; 78 VII 11; 14 VIII 63 IX 81 XI 38 XII 51 u. SG I 253, 9 III 396, 8.

3. VI 58, 10 referes pili praemia clarus eeques.

7. *longum*. Soviel als diu, wie VIII 38, 15 IX 18, 1. Stat. S. I 3, 13 ib. III 3, 78 ist statt longo longum zu lesen'. Juven. 6, 65 longum Attendit Thymele. 8. *tousum fac cito, sero virum*. Vgl. V 48, 7. 8.

XXXII. Sabidius für einen widerlichen Menschen auch III 17.

XXXIII.

Amissum non flet cum sola est Gellia patrem.
  Si quis adest, iussae prosiliunt lacrimae.
Non luget quisquis laudari, Gellia, quaerit.
  Ille dolet vere, qui sine teste dolet.

XXXIV.

Incustoditis et apertis, Lesbia, semper
  Liminibus peccas nec tua furta tegis.
Et plus spectator quam te delectat adulter
  Nec sunt grata tibi gaudia si qua latent.
5 At meretrix abigit testem veloque seraque
  Raraque Summoeni fornice rima patet.
A Chione saltem vel ab Iade disce pudorem.

XXXIV 7. ab Iade 𝔅 *Schn*² ablāde laide corr. aus iade *Q* Rand ab elide⁰ ab Iade *P* ab laude *EXF* a laude *CG* Laide *Scr* ab Alide *Schn*¹. 8. monumenta *codd.* monimenta ς *Schn.*

XXXIII 4. Vincent. Bellov. V 112 Marcialis Coquus: „Ille dolet vere, qui sine teste dolet."

Schwerlich ist hier mit Paukstadt p. 2 u. 19 eine Reminiszenz an Catull 85 anzunehmen. Dagegen ist die Wiederholung der Aufangsworte am Schluss in Catulls Weise. Ib. p. 34.

XXXIV 2. *furta:* verstohlene Liebschaften. Vgl. VI 39, 5 VII 74, 3.

5. *veloque seraque* = XI 45, 3.

6. *Summoeni.* Summoenium als Aufenthaltsort feiler Dirnen auch III 82, 2 XI 61, 2 XII 32, 22. Jordan Top. II 70: »Der eigentliche Name der Strasse war vielleicht sub moenibus. — Diese moenia können schwerlich etwas anderes gewesen sein als ein Stück der alten Stadtmauer, an welche sich, wie es noch jetzt allerwärts der Fall ist, schmutzige Strassen anlehnen mochten.« Vgl. Ders. das. I 203, 5.

7. *Chione.* Als Name von meretrices öfter I 92 III 30; 34; 83; 87; 97 XI 60. Juv. 3, 136.

Iade. So 𝔅 in P und wol auch in der Urhandschrift von Fam. Ca zu Iade entstellt. Der den Schreibern unbekannte Name war jedoch kein ganz seltner: er findet sich CIL VI 8507 IX 384 X 2017 2118 24 6 6497. Das von Scriver in den Text gesetzte Laïde kommt als damaliger Hetärenname III 11, 3 vor.

Abscondunt spurcas et monumenta lupas.
Numquid dura tibi nimium censura videtur?
10   Deprendi veto te, Lesbia, non futui.

XXXV.

Versus scribere me parum severos
Nec quos praelegat in schola magister,
Corneli, quereris: sed hi libelli,
Tanquam coniugibus suis mariti,
5 Non possunt sine mentula placere.
Quid si me iubeas talassionem
Verbis dicere non talassionis?
Quis Floralia vestit et stolatum
Permittit meretricibus pudorem?
10 Lex haec carminibus data est iocosis,
Ne possint, nisi pruriant, iuvare.
Quare deposita severitate
Parcas lusibus et iocis rogamus,
Nec castrare velis meos libellos.
15 Gallo turpius est nihil Priapo.

XXXV 11. Ne possint *EFa Scha* Nec possunt $ϛ$ *Ser*.

XXXV 10. 11. Catull. 16, 7—9 versiculi Qui tum denique habent salem ac leporem, Si sunt molliculi ac parum pudici, Et quod pruriat, incitare possunt. 15. Priap. 55, 6 Quae si perdidero Priapus! — Gallus ero.

8. *monumenta*. Grabdenkmäler an den Landstrassen, wo sich Dirnen der niedrigsten Art aufhielten, die M. III 93, 15 bustuarias moechas nennt.

XXXV 2. *nec quos praelegat in schola magister*. Vgl. VIII 3, 15 Praelegat ut tumidus rauca te voce magister. Ueber die Lesung der Werke lebender Dichter in den Schulen SG III 334 f.

3. *Corneli*. Wol kein willkürlich gewählter Name, aber schwerlich Cornelius Fuscus oder Cornelius Palma, sondern ein unbekannter Freund des Dichters.

8. *Quis Floralia vestit*. Bezieht sich auf die an den Floraspielen von den Zuschauern verlangte Entblössung der mimae. Zu I Epist. l. 16.

stolatum — pudorem. Zu I 15, 7. Die stola war ebenso das vorschriftsmässige Hauptbekleidungsstück der Frauen wie die toga das der Männer (Marquardt Prl. 556 f.)

XXXVI.

Si, Lucane, tibi vel si tibi, Tulle, darentur
  Qualia Ledaei fata Lacones habent,
Nobilis haec esset pietatis rixa duobus,
  Quod pro fratre mori vellet uterque prior,
5 Diceret infernas et qui prior isset ad umbras
  »Vive tuo, frater, tempore, vive meo.«

XXXVII.

Ventris onus misero, nec te pudet, excipis auro,
  Basse, bibis vitro: carius ergo cacas.

XXXVIII.

Quem recitas meus est, o Fidentine, libellus,
  Sed male cum recitas, incipit esse tuus.

XXXIX.

Si quis erit raros inter numerandus amicos,

XXXVI 6. Atiliae Pomptillae monum. Caralitanum Ephem. epigr. IV 491 = CIL X 2, 7569, 4 — Et prior ad Lethen cum sit Pomptilla recepta, Tempore tu, dixit, vive Philippe meo.

XXXVIII 2. Anson. Epp. IV 15 Tu recita, et vere poterunt tua dicta videri.

XXXIX 1. Ovid. Ex P. IV 9, 35 Sic ego praesentes inter numerarer amicos.

XXXVI. Die beiden Brüder Cn. Domitius Afer Titius Marcellus Curvius Lucanus und Cn. Domitius Tullus (der erstere der natürliche, der letztere der Adoptivvater der Domitia Lucilla, Grossmutter des Kaisers Marc Aurel) nennt M. auch V 28, 3 als Muster der Bruderliebe. Domitius Lucanus, der ältere, starb zuerst, IX 51. Vgl. III 20, 17 VIII 75, 15 und Mommsen Ind. Plin.

1. Tibi — tibi. Vgl. Capto — captō II 18, 1; ōhe — ohe IV 89, 1; nemŏ — nemo XI 12, 2 XII 40, 1 credo. 3. dissimulō. 2. cantō. 6. volŏ. Andere Beispiele des Wechsels der Quantität und des Accents bei Wiederholung desselben Wortes in demselben, oder in zwei aufeinanderfolgenden Versen Lachmann ad Propert II 3, 43. LMueller r. m. p. 47 sq.

5. *Infernas — ad umbras*, Vgl. IV 16, 5 XI 5, 13 XI 69, 11 und zu I 78, 4 I 101, 5 u. 10.

XXXIX. Vgl. zu I 8.

Quales prisca fides famaque novit anus,
Si quis Cecropiae madidus Latiaeque Minervae
  Artibus et vera simplicitate bonus,
5 Si quis erit recti custos, mirator honesti
  Et nihil arcano qui roget ore deos,
Si quis erit magnae subnixus robore mentis:
  Dispeream, si non hic Decianus erit.

XL.

Qui ducis vultus et non legis ista libenter,
  Omnibus invideas, livide, nemo tibi.

XXXIX 5. mirator *TβQ Schn* imitator *EFNω Rand von Q Scr.*

XXXIX 2. Verg. A. VI 878 IX 79 prisca fides. Catull. 77, 10 fama — anus. 3. Lucan. III 306 Cecropiae — Minervae. 5. Lucan II 389 servator honesti.

5. Claudian. Cons. Stil. I 163 mirator honesti. Ennod. C. II 13, 1 servator honesti.

XL 2. Eugraph. ad Terent. Andr. IV init. Martialis: „omnibus invideas, invide, nemo tibi."

2 *prisca fides* = Sp 66, 3.

fama — anus = XII 4, 4. Vgl. Paukstadt p. 22 charta — anus Catull. 68, 46 . Anus adjektivisch: testa a. M. I 105, 4, amphora a. VI 27, 8, mater a. XI 23, 14, Canusina non cito fiet anus XIV 127, 2 Vgl. senibus autumnis III 58, 7, senem cadum XI 36, 6.

famaque novit. VI 64, 6 quos novit fama.

3. *Cecropiae — Minervae.* Vgl. VII 32, 3 u. V 2, 8 Cecropia puella .

madidus: reichlich getränkt, triefend, wie IV 14, 12 madidos iocis libellos, VII 69, 2 cuius Cecropia pectora voce madent.

6. *arcano qui roget ore deos.* Vgl. die von Jahn ad. Pers. 2, 7 angeführten Stellen. Seneca Epp. 10, 5 citirt aus Athenodorus: »Tunc scito esse te omnibus cupiditatibus solutum, cum eo perveneris ut nil deum roges nisi quod rogare possis palam.« Er fügt hinzu: nunc enim quanta est dementia hominum! turpissima vota dis insusurrant: si quis admoverit aures, conticescent, etc.

8. *Dispeream, si non.* Dispeream, si oder ni, häufige Betheuerungsformel bei M. II 69, 2 IX 95 b X 11, 3 XI 90, 8. Ebenso ne valeam II 5, 1.

XL 1. *ista.* Das Lob des Decianus 39 . So auch Lessing VIII 502.

XLI.

Urbanus tibi, Caecili, videris.
Non es, crede mihi. Quid ergo? verna,
Hoc quod transtiberinus ambulator,
Qui pallentia sulphurata fractis
5 Permutat vitreis, quod otiosae
Vendit qui madidum cicer coronae,
Quod custos dominusque viperarum,
Quod viles pueri salariorum,
Quod fumantia qui tomacla raucus
10 Circumfert tepidis cocus popinis,
Quod non optimus urbicus poeta,

XLI 1. *Urbanus*. Die urbanitas, der feine Witz, wird hier negativ definirt als Gegensatz zu der durch zahlreiche Beispiele illustrirten, plumpen und possenreisserischen Spassmacherei vernilitas, die von den 2—13 aufgezählten Personen mehr oder weniger gewerbsmässig ausgeübt wurde. Vgl. über urbanitas Quintilian. VI 3, 17 SG I 387, 4.

2. *verna*. Vgl. Seneca Dial. I 1, 6 vernularum licentia und vernaculorum dicta M. X 3, 1. Ueber die den vernae gestattete Freiheit Marquardt Prl. I 164, 1.

3—5. Verkäufer von Schwefelfäden, die diese auch gegen zerbrochenes Glas tauschten welches dann wieder mit Schwefel gekittet wurde und hauptsächlich in der von den untersten Klassen bevölkerten regio transtiberina Becker Top. I 655. wohnten, nennt M. als Ausrufer noch X 3, 3 und 4 XII 57, 11. Stat. S. I 6, 73 quique comminutis Permutant vitreis gregale sulphur.

5. 6. Strassenverkäufer von Erbsenbrei einer sehr wolfeilen Nahrung I 103, 10 V 78, 21. Zu I 103, 10 und Marquardt Prl. I 289 f.

7. *dominus viperarum*. Schlangenbändiger, die schon Manil. Astron. V 390 beschreibt, hauptsächlich Marser, die ihre Künste vor dem Gassenpublikum zeigten, vgl. Galen. ed. Kuehn XI 143 und SG I 23, 2.

8. *viles pueri salariorum*. Salarii Salzhändler Marquardt Prl. 452, 3, welcher bestreitet, dass das Wort damals schon mit salsamentarii gleichbedeutend gebraucht wurde, hatten ihre Kunden vorzugsweise in den untersten Klassen. Vgl. IV 86, 9.

9. *tomacla*. Ueber die Syncope LMueller r. m. 366.

10. *popinis*. Dativ für den Bedarf der Garküchen. Seneca Epp. 56, 2 botularium et crustularium et omnes popinarum institores mercem sua quadam et insignita modulatione vendentes.

11. *Urbicus poëta*. Urbicus als Name (so Juven. 6, 71 SG II 571) aufzufassen ist wegen der Stellung von non optimus kaum zulässig.

Quod de Gadibus improbus magister.
Quod bucca est vetuli dicax cinaedi.
Quare desine iam tibi videri
15 Quod soli tibi, Caecili, videris.
Qui Gabbam salibus tuis et ipsum
Posses vincere Tettium Caballum.
Non cuicunque datum est habere nasum.
Ludit qui stolida procacitate.
20 Non est Tettius ille, sed caballus.

XLII.

Coniugis audisset fatum cum Porcia Bruti
Et subtracta sibi quaereret arma dolor,
»Nondum scitis« ait »mortem non posse negari?
Credideram, fatis hoc docuisse patrem.«

XLI 17. Posses *codd. Schn* Possis *Scr*.
XLII 4. fatis hoc docuisse *G Schn* satis h. d. *TQEF* satis hoc edocuisse *C* s. h. vos docuisse *XO Scr*.

Die Bedeutung ist unklar. Vielleicht ein Gassen-Improvisator? Anders XII 61, 8 Nigri fornicis ebrium poëtam.

12. *de Gadibus improbus magister*. Ein Tanzmeister oder Impresario der durch die Unzüchtigkeit ihrer Tänze verrufenen Gaditanischen Tänzerinnen Juv. 11, 162. Vgl. V 78, 26 de Gadibus improbis puellae VI 71, 2 XIV 203. Für den Gebrauch von improbus vgl. II 61, 2 III 75, 4 III 86, 4 IV 63 V 78, 26 und zu XI 103, 1 probitas.

13. *bucca — cinaedi*. Wegen bucca ist vielleicht an einen irrumatus zu denken. Zu II 28, 4.

16. *Gabbam* — 17. *Tettium Caballum*. Der erstere ein Hofnarr Augusts (vgl. X 101, Juv. 5, 3 Si potes illa pati, quae nec Sarmentus iniquas Caesaris ad mensas nec vilis Gabba tulisset SG I 134). Der sonst unbekannte Tettius Caballus war vermuthlich ebenfalls ein durch Witz berühmter Hofnarr.

18. *habere nasum*. Zu I 3, 6.

19. *stolida procacitate*. II 41, 17 lepida procacitate.

XLII. Vielleicht, wie I 13 auf ein Bild bezüglich; beide Bilder könnten demselben Besitzer gehört haben. Ueber den Selbstmord der Porcia Drumann RG V 200.

1. *fatis hoc docuisse patrem*: Cato von Utica. I 78, 9 Fatis — magni Catonis.

5 Dixit et ardentes avido bibit ore favillas.
 I nunc et ferrum, turba molesta, nega.

XLIII.

Bis tibi triceni fuimus, Mancine, vocati
 Et positum est nobis nil here praeter aprum.
Non quae de tardis servantur vitibus uvae
 Dulcibus aut certant quae melimela favis.
5 Non pira quae longa pendent religata genista
 Aut imitata breves Punica grana rosas.
Rustica lactantes nec misit Sassina metas
 Nec de Picenis venit oliva cadis.
Nudus aper, sed et hic minimus qualisque necari
10   A non armato pumilione potest.

XLIII 5. longa *EFω Schn* lenta *QO Scr* genista *XBFO* genesta *Schn*. 6. grana *QT Schn* mala *EFω Scr*. 7. Sassina *Q Hus Schn*³ sasina *T* fuscina *EXBFGO* fiscina *Scr Schn*¹. 10. potest. *Gilbert* potest. *Schn*.

XLIII 3. Ovid. M. VIII 676 XIII 813 vitibus uvae 6. Horat. C. II 3, 14 breves flores — rosae. Ovid Ex P. IV 15, 8 Punica grana 6. Lactant. de ave Phoen. 126 Baehrens Plm III 37, 126.

6. *I nunc et — nega*. Zu Sp 23, 6.
XLIII. 1. XI 65, 1 Sescenti cenant a te, Iustine, vocati.
4. *melimela*. Becker-Goell III 81 n. a. verstehen slisse Aepfel Hehn 199 zu Marmelade eingekochte Quitten span. membrillo, port. marmelo.
5. *genista*. Ueber den Gebrauch der genista zum Anbinden Plin. N. h. XVI 176 XXIV 65 genista quoque vinculi usum praestat.
6. *Punica grana* für P. mala. Petron 31 f. Syriaca pruna cum granis punici mali. Zu VII 20, 10. Das Innere des Granatapfels scheint in Scheiben, welche M. mit Rosen vergleicht, auf die Tafel gekommen zu sein.
7. Schafmilchkäse in Form von Zielsäulen ausgestülpt. M. III 58, 35 metamque lactis Sassinatis. Plin. N. h. XI 241 caseum ovinum maxime e lacte Sassinatem ex Umbria.
8. Picenische Oliven V 78, 19 s. IX 54, 1 XI 52, 11 XIII 36. Ueber den Oelbaum in Picenum Blümner S. 119, 5.
10. *A non armato pumilione*. Domitian liess an dem Decemberfest im J. 88 auch Zwerge mit einander fechten Stat. S. I 6, 57 sqq. Vgl. zu V 43, 8. Nach dieser Stelle und XIV 213 scheinen sie in der

Et nihil inde datum est: tantum spectavimus omnes
  Ponere aprum nobis sic et harena solet.
Ponatur tibi nullus aper post talia facta,
  Sed tu ponaris cui Charidemus apro.

XLIV.

Lascivos leporum cursus lususque leonum
  Quod maior nobis charta minorque gerit
Et bis idem facimus, nimium si, Stella, videtur
  Hoc tibi, bis leporem tu quoque pone mihi.

XLV.

Edita ne brevibus pereat mihi cura libellis,
  Dicatur potius Τὸν δ' ἀπαμειβόμενος?

XLIII 11. omnes: *Gilbert* omnes. *Schn.*
XLV 2. ἀπαμειβόμενος? *Frdl* ἀπαμειβόμενος. *Schn.*

Arena vielleicht auch als Thierkämpfer schon vor 86 aufgetreten zu sein. SG II 321, 6.
12. Die Arena des Amphitheaters, wo wir nur Zuschauer sind.
13. *talia facta* = II 72, 2.
14. *Charidemus.* Ohne Zweifel ein Verbrecher, der vor kurzem in der Arena einem wilden Eber vorgeworfen worden war. Aehnlich II 14, 18 Ad cenam Selium tu, rogo, taure voca.

XLIV. Vgl. zu I 6.
2. *maior charta minorque.* Man kann hier mit Gilbert Zum 1. Buch M.'s Philol. XLI S. 363, an Abschriften von einzelnen Epigrammen denken, die der Dichter vor der Buchausgabe an Freunde gesandt hatte, und von denen I 104 auf der maior, eins der übrigen Epigramme auf denselben Gegenstand zu I 6 auf der minor charta gestanden hatte. Möglich ist aber auch, dass Stella von M. eine grössere und eine kleinere Sammlung von Epigrammen erhalten hatte welche beide Epigramme auf die abgerichteten Hasen vielleicht aus Versehen dieselben enthielten. Birt S. 150 Anm. versteht unter *charta maior* und *minor* Gedichte von verschiedener Grösse. Doch wenn auch die Gedichte je nach ihrem Umfange auf der charta d. h. im Buche einen verschiedenen Raum einnahmen, blieb doch die Grösse dieser der Buchseite immer dieselbe.

XLV. M. fragt, wie es scheint, solche, welche glaubten, dass die Kürze seiner Bücher, die er selbst als einen Vorzug rühmt Birt S. 290, ihrem Erfolge schaden werde, ob er sie etwa durch Wiederholung abgebrannter Phrasen erweitern solle? Anders Gilbert a. a. O.
1. *cura.* Zu I, 25, 6.

XLVI.

Cum dicis „Propero, fac si facis." Hedyle, languet
    Protinus et cessat debilitata Venus.
Expectare iube: velocius ibo retentus.
    Hedyle, si properas, dic mihi, ne properem.

XLVII.

Nuper erat medicus, nunc est vispillo Dianlus:
    Quod vispillo facit, fecerat et medicus.

XLVIII.

Rictibus his tauros non eripuere magistri,
    Per quos praeda fugax itque reditque lepus:
Quodque magis mirum, velocior exit ab hoste
    Nec nihil a tanta nobilitate refert.
5 Tutior in sola non est cum currit harena,
    Nec cavea tanta conditur ille fide.
Si vitare canum morsus, lepus improbe, quaeris,
    Ad quae confugias ora leonis habes.

XLIX.

Vir Celtiberis non tacende gentibus
    Nostraeque laus Hispaniae,

XLVI 1. 4. Hedyle *Ser Sch*[1]   Hedyile βEXBCO helide Q Hedyli *Bentley Sch*[2].

XLVIII 3. velocior] vel laetior, vel tutior *E Rohde*.

XLVIII 2. Verg. A. VI 122 itque reditque viam Ovid. Tr. V 7, 14 itque reditque vias Claudian. carm. min. 34, 4).

XLVII 1. Paulus Exc. Festi p. 369 M. Martialis: Qui fuerat medicus, nunc est vespillo Dianlus.

XLVII Vgl. I 30.
XLVIII Vgl. I 6.
1. *Magistri.* Zu Sp 10, 1.
2. *itque reditque* = VI 10, 8.
3. *velocior.* Anstatt, wie man erwarten sollte, durch die Furcht gelähmt zu sein, also zugleich munterer. I 104, 14 Quos velox leporum timor fatigat.

XLIX. An einen Landsmann, Licinianus, der nach I 61, 11 wie

Videbis altam, Liciniane, Bilbilin
  Equis et armis nobilem,
5 Senemque Caium nivibus, et fractis sacrum
  Vadaveronem montibus,

XLIX 4. Equis *codd.* aquis *RdePrado Hypomnem. p. 81* 5. Senemque Caium *Schn*² Senemque Cainum (vgl. IV 55, 2 *Voss ad Melam III 1* Senemque Caunum *Rader Has* Senemque Catum *EXBCGV Schn*¹ Senemque canum *EO Rand v. Q* Sterilemque Calvum *&QF Scr* et fractis *Junius* effractis *codd.*

XLIX 3. Sidon. Apoll. C. 23, 163 s. quid loquar? illum Quem dat Bilbilis alta Martialem.

M. aus Bilbilis gebürtig war, und als Gerichtsredner v. 35, vielleicht auch als Schriftsteller glänzte, bei seiner Rückkehr aus Rom in die Heimat. Er ist vielleicht der IV 55 angeredete Lucius, auch seine Identification mit Valerius Licinianus praetorius, Teuffel RLG 326, 15) vielleicht richtig. L. hatte verwandtschaftliche oder andere Beziehungen in Laletania v. 22 und scheint am Tagus und bei Tarraco Villen gehabt zu haben, von denen die erste (15—18 zum Sommer-, die zweite 21—36 zum Winteraufenthalt geeignet war.

2. *nostraeque*. Des Celtiberischen.

3. *altam — Bilbilin* = X 104, 6. Die Form des Accusativs, durch die letztere Stelle und IV 55, 11 gesichert, ist auch hier gut bezeugt. Vgl. Peterin IV 55, 18.

4. *equis et armis nobilem*. Pferdezucht, die, wenn auch Bilbilis selbst hoch lag, sehr wohl auf dem Stadtgebiet Marquardt StV I 157 betrieben werden konnte, ist dort sonst nicht bezeugt. Doch vielleicht soll das Bild eines gerüsteten Reiters auf dem Revers einer Münze von Bilbilis Eckhel DN I 35, die Stadt als equis et armis nobilis bezeichnen. Das völlig unbezeugte aquis aquis Hispani Schn¹, womit die aquae Bilbilitanae oder das Wasser des Salo 12 gemeint sein würden, kenne ich nur als Conjektur von RdePrado, der an IV 55 XIV 33 erinnert. Die dortigen Eisenwerke und Waffenschmieden erwähnt M. auch IV 55, 11 XII 18. 9, in welchen Epigrammen auch ein Theil der hier genannten Lokalitäten vorkommt. Vgl. Einl. S. 3 f.

5. *Caium*. Julii Honorii cosmographia 20 B 4 Riese Geographi Latt. minn. p. 36 Fluvius Durius nascitur in Carpitania, exiens de monte Caja sic SP juxta Pyrenaeum. Man glaubt, dass bei Livius XL 50, wo allgemein Drakenborch, Weissenborn, Madvig ad montem Chaunum gelesen wird welcher Name sonst nicht vorkommt , derselbe Berg gemeint ist »jetzt Moncayo, am südlichen Ende des Idubedagebirges«. Weissenborn. Ebenso WKubitschek, Die Erdtafel des Julius Honorius. Wiener Studien VII 1885 S. 279.

5. 6. *et fractis sacrum Vadaveronem montibus*. Der Vadavero war

Et delicati dulce Boterdi nemus,
    Pomona quod felix amat.
Tepidi natabis lene Congedi vadum
10   Mollesque Nympharum lacus.
Quibus remissum corpus astringes brevi
    Salone, qui ferrum gelat.
Praestabit illic ipsa figendas prope
    Vobesca prandenti feras.
15 Aestus serenos aureo franges Tago
    Obscurus umbris arborum;
Avidam rigens Dercenna placabit sitim
    Et Nutha, quae vincit nives.
At cum December canus et bruma impotens
20   Aquilone rauco mugiet.

XLIX 7. Boterdi F Botredi Q Boleti $EBCV$ 11. astringes PO $Rand\ v.\ Q$ astringis Q astringas $XBCGV$ adstringas $EF(so)$ 14. Vobesca $E Gilbert$ Vobis capram n PF Vobis capreas Q Vobisca Ser Vobis erga G Voberca $XBCV$ $Rand\ v.\ Q\ Schn$ 17. rigens $FQ\omega\ Ser$ ingens F recens $EXBGV\ Schn$.

XLIX 19. Horat. Epod. 2, 29 At cum — hibernus annus — imbres nivesque comparat.

wol ein dem Montserrat ähnlicher Berg und mag wie dieser mit Heiligthümern besetzt gewesen sein.

7. *Boterdi*. Auch XII 8, 11.

12. IV 55, 14 Quem fluctu tenui sed inquieto Armorum Salo temperator ambit. XII 21, 1 rigidi Salonis. XIV 33, 2 Stridentem gelidis hunc Salo tinxit aquis. Der Fluss hiess auch Bilbilis. Justin. XLIV 3 praecipua his Gallaecis quidem ferri materia, sed aqua ipso ferro violentior: quippe temperamento eius ferrum acrius redditur; nec ullum apud eos telum probatur, quod non aut Bilbili fluvio aut Chalybe tinguatur. Vgl. auch Plin. N. h. XXXV 14, 41.

13. *figendas prope*. Aus der Nähe, wie v. 30 V 3, 5 IX 45, 4. propius Sp 2, 1 VI 64, 12 VII 5, 5; alte aus der Höhe X 30, 18.

14. *Vobesca*. Dieselbe Endung hat Vativesca IV 55, 26, wie Gilbert[3] 513 erinnert: und Vicovesca, Briviesca, Städte der Vaccaeer. Kiepert Lehrb. d. alten Geogr. 494, 2.

17. *rigens* Fam. B verdient den Vorzug vor recens Fam. Ca auch wegen des folgenden Verses. Vgl. Gilbert[3] 593, der an rigidi Salonis XII 21, 1 erinnert. Vgl. auch zu XIV 117.

Aprica repetes Tarraconis litora
  Tuamque Laletaniam.
Ibi inligatas mollibus dammas plagis
  Mactabis et vernas apros
25 Leporemque forti callidum rumpes equo.
  Cervos relinques vilico.
Vicina in ipsum silva descendet focum
  Infante cinctum sordido:
Vocabitur venator et veniet tibi

XLIX 22. Laletaniam *EXBGV* Rand r. *Q* — eam *C* Taletaniam *M* Lacetaniam QF vgl. die Anm. 23 inligatas *EXF* illigatas ω *Schn.*

22. *Laletaniam.* Wahrscheinlich Laeetaniam, welche Form des Namens dann auch I 26, 9 VII 53, 6 und Plin. N. h. XIV 71 herzustellen ist wo der dortige Wein erwähnt wird. Die Lacetani so Strabo, Plinius, Ptolemaeus; bei Liv. XXI 60 sq. ist der Name in Lacetani verdorben wohnten um Barcelona. »Doch so gut wie noch heute um Barcelona nördlich von Tarraco viel Wein gebaut wird, kann auch südlich davon nach Valencia zu ein weinreicher Küstenstrich gelegen und dem sonst nicht bekannten Stamme der Laletaner so die Ueberlieferung bei Martial an allen drei Stellen gehört haben«. Wahrscheinlich ist die Existenz derselben aber um so weniger, da sie bei den Geographen fehlen. Elluebner, Drei Hispanische Völkerschaften Hermes I 337—342.

23. III 58. 28 Aut impeditam cassibus refert dammam. Den Ueberfluss Spaniens an Wild und anderen Lebensmitteln schildert M. auch X 37.

25. XII 14, 12 Quid te frena iuvant temeraria? Saepius illis, Prisce, datum est equitem rumpere quam leporem. Wol eine technische Bezeichnung der Hetzjagd, hervorgegangen aus der Bedeutung des Worts: durch Ueberanstrengung beschädigen latus rumpere XI 104, 6 XII 97, 4. ruptae mulae IX 57, 4; vgl. daselbst n. zu III, 13, 3).

26. ss. M. liebt die Schilderung des ländlichen Ueberflusses sowie des guten bequemen Lebens in der Provinz, das er dann dem theuern, kargen und beschwerlichen in Rom entgegenstellt, wobei er wiederholt dieselben Züge braucht, so I 55. Vgl. auch IV 66. Das mächtige Heerdfeuer auch XII 18, 19.

27. 28. *Focum — sordido.* III 58, 22 cingunt serenum lactei focum vernae, Et larga festus lucet ad dies silva. Sordidus braucht M. gern bei Beschreibung ländlicher Scenen, ohne damit einen Tadel auszudrücken, so: sordida otia I 55, 4. sordidae cortis III 58. 12. saturae sordida rura casae X 96, 4. s. villa X 98, 8. Larem villae sordidum XII 57. 2.

30   Conviva clamatus prope;
   Lunata nusquam pellis et nusquam toga
      Olidaeque vestes murice;
   Procul horridus Liburnus et querulus cliens
      Imperia viduarum procul;
35 Non rumpet altum pallidus somnum reus,
      Sed mane totum dormies.
   Mereatur alius grande et insanum sophos.
      Miserere tu felicium
   Veroque fruere non superbus gaudio,
40   Dum Sura laudatur tuus.
   Non inpudenter vita quod relicum est petit.
      Cum fama quod satis est habet.

42. satis est sat est wie II 18, 7 VIII 64, 17 ? Gilbert Vgl. Einl. S. 28.

30. *prope.* Zu v. 13.

31. *Lunata — pellis.* Der mit einem Halbmond versehene calceus patricius, damals ein insigne der ganzen Nobilität. Marquardt Prl. 572—574. Vgl. zu II 29, 7.

nusquam toga. XII 18, 17 Ignota est toga. Schon in den Municipien Italiens trug man die lästige, aber in Rom unerlässliche Toga wenig Juven. 3, 171, noch weniger in den Provinzen.

32. *Olidaeque vestes murice.* Die ächten namentlich doppelt gefärbten tyrischen Purpurstoffe hatten einen specifischen Geruch. II 16, 3 IV 4, 6 IX 62.

33. *Liburnus.* Liburnische Sklaven als Sänftenträger Juven. 3, 240; »qui admissionibus praeerat« ib. 4, 75 Schol., unbestimmt 6, 477. Hier offenbar ein Amtsdiener, etwa ein praeco.

querulus cliens = IV 88, 4.

34. *Imperia viduarum.* Kinderlose Wittwen, denen man in der Hoffnung sie zu beerben, den Hof machte. Vgl. II 32, 6 IX 100, 4 Juven. 3, 130 SG I 370, 1. 2.

36. *mane totum.* Mane substantivisch auch III 36, 1 VII 39, 1.

38. *felicium.* Der allgemein für glücklich Geltenden, die aber bei allen Erfolgen und allem äussern Glanz in der That mitleidswerth sind.

40. *Sura.* L. Licinius Sura aus Hispania Tarraconensis, der zu Trajans Thronbesteigung beitrug und unter ihm sein zweites 102 und drittes 107 Consulat bekleidete. Mommsen Ind. Plin. Seine Wohnung neben dem Dianentempel auf dem Aventin VI 64; Glückwunsch zu seiner Genesung aus schwerer Krankheit VII 47.

41. *vita.* Zu I 15, 4.

L.

Si tibi Mistyllos cocus, Aemiliane, vocatur,
  Dicatur quare non Taratalla mihi?

LI.

Non facit ad saevos cervix, nisi prima, leones,
  Quid fugis hos dentes, ambitiose lepus?
Scilicet a magnis ad te descendere tauris
  Et quae non cernunt frangere colla velis.
5 Desperanda tibi est ingentis gloria fati:
  Non potes hoc tenuis praeda sub hoste mori.

LII.

Commendo tibi, Quintiane, nostros —
Nostros dicere si tamen libellos
Possum, quos recitat tuus poeta —
Si de servitio gravi queruntur,
5 Adsertor venias satisque praestes.

L 2. Dicatur *TQEXG Schn* dicetur *Pω Ser.*
LI 4. velis *TC Schn* velint *PQEFω Ser.*
LII 5. adsertor *X* assertor *Eω Schn.*

L. 2. *Taratalla*. Nach dem bekannten homerischen Verse μίστυλ-
λόν τ' ἄρα τἆλλα.

LI. Zu 1 6.

1. *Non facit ad* = X 45, 6.

cervix prima. 1 60, 6 Non nisi delecta pascitur ille fera. Primus von erster Grösse und Güte: prima serica XI 27, 11 prima
testudine XII 66, 5 velleribus primis XIV 155, 1 primo de grege XIV
158. Vgl. auch zu IV 54, 2.

LII 1. *Quintiane*. An ihn auch V 18, wo er als reicher Gönner
M.s erscheint.

3. *tuus poeta*. Derselbe, den M. in den zu 1 29 angeführten Epigrammen Fidentinus nennt.

4 ss. In der hier durchgeführten Metapher vergleicht M. seine
Bücher mit von ihm freigelassenen Sklaven, die der Plagiator als die
seinigen in Anspruch nimmt. Quintianus soll für sie als assertor auftreten, d. h. als Vertreter, der für sie die Freiheit verlangt was diejenigen, deren Stand bestritten war, nicht selbst konnten, und für
ihr Erscheinen zum Termin Bürgschaft leisten. Vgl. über die asser-

Et. cum se dominum vocabit ille,
Dicas esse meos manuque missos.
Hoc si terque quaterque clamitaris,
Impones plagiario pudorem.

LIII.

Una est in nostris tua, Fidentine, libellis
Pagina, sed certa domini signata figura,
Quae tua traducit manifesto carmina furto.
Sic interpositus villo contaminat uncto
5 Urbica Lingonicus Tyrianthina bardocucullus,
Sic Arretinae violant crystallina testae.

LIII 4. villo — uncto *Hns Schn²* vitio — uncto *EXBCGO Schn¹* vilis — uncto unco *BPQF* vili — unco *Scr.*

tio in libertatem die von Rein Teuffel's Realencyclop. 1² 1882 f. angeführten Stellen.

LIII. Verwandt X 100.

2. *signata figura*. Fidentinus hat den Gedichten M. s. die er für die seinigen ausgiebt, eine Seite eigener Poesie hinzugefügt und sich dadurch als Plagiator verrathen, denn diese Seite, der sein geistiges Bild wie ein Stempel aufgedrückt ist, zeigt durch ihre Werthlosigkeit, dass er unmöglich der Verfasser der übrigen Gedichte sein kann. Birt S. 150, 1 hat das Epigramm nicht verstanden.

3. *traducit*. III, 74, 5 miseram traducere calvam. VI 77, 5 rideris multoque magis traduceris.

5. *Urbica — Tyrianthina*. Das Tyrianthinum, eine Mischung von Purpur und Violett, erzeugte man, indem man die Wolle zuerst in der letzteren Farbe, dem Janthin, dann in tyrischer Weise färbte. Marquardt Prl. 492.

bardocucullus. Kapuzenmäntel lieferten hauptsächlich die gallischen hier die Lingonischen, nach XIV 128 und Juven. 8, 145 die Santonischen Webereien, in welchen vorzugsweise grobe, starke, zottige Tuche fabricirt wurden, die überall als Tracht der Soldaten und Feldarbeiter dienten. Blümner S. 137 f.

6. *Arretium*. Ein Hauptfabrikationsort des gewöhnlichen rothen Thongeschirrs, rubra testa XIII 7, 1, Blümner S. 109.

violant: entstellen, wie Verg. A. XII 67 Indum sanguineo veluti violaverit ostro Si quis ebur. M. V 61, 6 crura nullo violata pilo, X 66, 3 XII 85, 1 XIV 24, 1 XIV 97, 1.

crystallina. Gefässe aus Bergcrystall (Marquardt Prl. 743) oder auch aus ganz durchsichtigem Glase. XII 74, 1.

Sic niger in ripis errat cum forte Caystri
Inter Ledaeos ridetur corvus olores,
Sic ubi multisona fervet sacer Atthide lucus,
10 Improba Cecropias offendit pica querellas.
Indice non opus est nostris nec iudice libris
Stat contra dicitque tibi tua pagina „Fur es."

LIV.

Si quid, Fusce, vacas adhuc amari —
Nam sunt hinc tibi, sunt et hinc amici —,
Unum, si superest, locum rogamus.
Nec me, quod tibi sim novus, recuses:
5 Omnes hoc veteres tui fuerunt.
Tu tantum inspice qui novus paratur
An possit fieri vetus sodalis.

LV.

Vota tui breviter si vis cognoscere Marci
  Clarum militiae, Fronto, togaeque decus.

LIII 12. Pers. 5, 96 Stat contra.

7. s. Hom. Il. B 459 ἔθνεα πολλὰ — κύκνων δουλιχοδείρων Ἀσίῳ ἐν λειμῶνι Καϋστρίου ἀμφὶ ῥέεθρα.

9. *Atthide.* Die in eine Nachtigall verwandelte Tochter des Pandion, Philomele. Dagegen V 67, 2 heissen die Schwalben Atthides, da Philomele's Schwester Procne in eine Schwalbe verwandelt wurde.

LIV 1. *Fusce.* Vielleicht der wohlhabende und berühmte Gerichtsredner, an den VII 78 gerichtet ist, schwerlich der praef. praet. Cornelius Fuscus VI 76. Den ersteren mit Mayor für den Juven. 16, 46 vielleicht auch 12, 45 genannten zu halten ist unmöglich, da nicht nur ein Zeitraum von mehr als 40 Jahren zwischen der Abfassung der Stellen des M. und Juvenal liegt, sondern der letztere auch sehr respektlos von seinem Fuscus spricht.

7. *vetus sodalis.* Oefter im Singular und Plural. I 99, 14 II 30, 3 II 43, 15 II 44, 4 VII 86, 5 X 104, 9 XII 25, 3.

LV 2. *Fronto.* Welcher Fronto hier gemeint ist, lässt sich nicht bestimmen. Borghesi hielt ihn für S. Octavius Fronto, cos. 86, Statthalter von Mösien 92, oder für Q. Pactumeius Fronto, cos. 80. Oeuvres III 382, SG III 432. Mommsen Ind. Plin. hat an T. Catius Caesius Fronto, cos. 96 10. Oktober, gedacht.

Hoc petit, esse sui nec magni ruris arator,
  Sordidaque in parvis otia rebus amat.
5 Quisquam picta colit Spartani frigora saxi
  Et matutinum portat ineptus Have,
Cui licet exuviis nemoris rurisque beato
  Ante focum plenas explicuisse plagas
Et piscem tremula salientem ducere saeta
10 Flavaque de rubro promere mella cado?
Pinguis inaequales onerat cui vilica mensas
  Et sua non emptus praeparat ova cinis?
Non amet hanc vitam quisquis me non amat opto,
  Vivat et urbanis albus in officiis.

LVI.

Continuis vexata madet vindemia nimbis,
  Non potes, ut cupias, vendere, copo, merum.

LV 6. Have *Eind. S. 115 f.* ave *codd. Schn.*

LV 9. Ovid. M. III 587 et calamo salientes ducere pisces. M. VIII 217 tremula dum captat harundine pisces. 10. Ovid. F. I 186 condita mella cado. 11. Ovid. M. VIII 660 mensae sed erat pes tertius impar.

3. M. besass jedoch damals bereits sein Nomentanum (XIII 42 XIII 119). Aber es war zu dürftig, um ihn zu ernähren. SG III 397, 4.

4. *Sordida.* Zu I 19, 28.

5. *picta Spartani frigora saxi* d. h. ein mit Säulen und Wänden von grünem lakonischen Marmor Serpentin, Marquardt Prl. 604, 13 prangendes vornehmes Atrium.

6. d. h. stattet als Client den vorgeschriebenen Morgenbesuch (salutatio) bei dem Patron ab.

ineptus. Weil diese Bemühungen für die Patrone lästig waren, überdies meist erfolglos blieben. SG I 338 ff.

9. *tremula — saeta.* Saeta für Angelschnur auch X 30, 16. Tremula linea III 58, 27.

14. *albus.* Von der ungesunden Blässe der Städter. SG I 32 und zu III 58, 24. Bei urbana officia ist vorzugsweise an Clientendienste zu denken.

LVII.

Qualem, Flacce, velim quaeris nolimve puellam?
  Nolo nimis facilem difficilemque nimis.
Illud quod medium est atque inter utrumque probamus:
  Nec volo quod cruciat, nec volo quod satiat.

LVIII.

Milia pro puero centum me mango poposcit;
  Risi ego, sed Phoebus protinus illa dedit.
Hoc dolet et queritur de me mea mentula secum
  Laudaturque meam Phoebus in invidiam.
5 Sed sestertiolum donavit mentula Phoebo
  Bis decies: hoc da tu mihi, pluris emam.

LIX.

Dat Baiana mihi quadrantes sportula centum.

LVII 3. probamus *RPQω Ser Schn²* probatur *EXBFG cod. Salm.* vgl. unten *Schn¹*.

LVII. Auson. epigr. 36 59
  Hanc volo quae non volt, illam quae volt ego nolo.
    Vincere volt animos, non satiare Venus.
  Oblatas sperno illecebras, detrecto negatas
  4   Nec satiare animum, nec cruciare volo.
  6 Callida sed mediae Veneris mihi venditet artem etc.

LVII. Im cod. Salmasianus Baehrens Plm IV p. 6 Riese Anthol. lat. 275 I p. 181). 4. Nec volo quod satiet, nec volo quod cruciet; auch im Parisinus 8069 s. XI Fol. 1ᵇ Baehrens Plm IV p. 17.

LVII. 1. *Flacce.* Gilbert p. 22 s. hält mit Recht diesen Flaccus für den in IV 42 VIII 55 IX 90 Angeredeten wegen des verwandten Inhalts der Epigramme; derselbe gewiss auch I 59 und wahrscheinlich auch IV 49.

LVIII. 1. *Milia — centum.* Ein ungewöhnlich hoher Preis. Vgl. III 62, 1 und XI 70, 1 und Marquardt Prl. 170 f.

5. *Sed sestertiolum donavit mentula Phoebo Bis decies.* Als Belohnung für Dienste, wie sie der Naevolus Juvenals sat. 9 leistete. Der Name für Jemand, der unnatürlicher Wollust ergeben ist, auch III 73 IX 63.

LIX. Die tägliche sportula von 100 Quadranten = 25 as = $6^1/_4$

Inter delicias quid facit ista fames?
Redde Lupi nobis tenebrosaque balnea Grylli:
   Tam male cum cenem, cur bene, Flacce, lavor?

LX.

Intres ampla licet torvi lepus ora leonis,
   Esse tamen vacuo se leo dente putat.
Quod ruet in tergum vel quos procumbet in armos,
   Alta iuvencorum vulnera figet ubi?
5 Quid frustra nemorum dominum regemque fatigas?
   Non nisi delecta pascitur ille fera.

LXI.

Verona docti syllabas amat vatis,
   Marone felix Mantua est,

LIX 4. lavor *PQFω Scr* labor *EA* laver *T Schn.*

LXI 1. 2. 6. Ovid. Am. III 15, 7 Mantua Vergilio gaudet,
Verona Catullo, Paelignae dicar gloria gentis ego.

Sesterzen SG I 348 u. 391 ff.), die dem Dichter oder demjenigen, in dessen Namen er spricht, auch in Bajae von dem Patron, den er als Client dorthin begleitet hat, gezahlt wird, reicht in dem glänzenden und theuern Orte noch weniger zur Befriedigung der nothwendigsten Bedürfnisse hin als in Rom, und die prachtvollen Bäder machen die Armseligkeit der Mahlzeiten noch empfindlicher.

2. *fames.* Vgl. pretiosa f. X 96, 9.

3. Vgl. II 14, 12 Nec Grylli tenebras Aeoliamque Lupi. Den hohen Ansprüchen an die Helligkeit der Räume der Bäder, an die man durch die kaiserlichen Thermen gewöhnt war, genügten wol die von Privatleuten eingerichteten auch in Rom selten. Senec. Epp. 86, 8 nunc blattaria vocantur balnea si qua non ita aptata sunt, ut totius diei solem fenestris amplissimis recipiant etc. Vgl. auch zu VI 42, 8.

4. *Flacce.* Zu I 57.

LX. Zu I 6.

LXI 1. *docti syllabas — ratis.* Doctus stehendes Prädikat des Catull M. VII 99, 7 VIII 73, 8 XIV 100 u. 153, das dem Tibull und Properz nicht gegeben wird, und wobei M. dem Lygdamus und Ovid folgt Paukstadt p. 8. Syllabas die Hendekasyllaben, so auch IX 11, 12. Undenis pedibusque syllabisque X 9, 1.

Censetur Apona Livio suo tellus
  Stellaque nec Flacco minus.
5 Apollodoro plaudit imbrifer Nilus,
  Nasone Paeligni sonant.
Duosque Senecas unicumque Lucanum
  Facunda loquitur Corduba.
Gaudent iocosae Canio suo Gades.
10 Emerita Deciano meo:
  Te, Liciniane, gloriabitur nostra
  Nec me tacebit Bilbilis.

LXII.

Casta nec antiquis cedens Laevina Sabinis
  Et quamvis tetrico tristior ipsa viro

LXI 5. plaudit *PQF* gaudet *EXABCGO*.

LXII 1. Ovid. Med. fac. 11 antiquae — Sabinae.

3. *censetur — Livio.* IX 16, 5 Felix, quae tali censetur munere tellus. Vgl. VIII 6, 9.

Apona tellus. Patavium von der dortigen berühmten Heilquelle Aponus. Adjektivisch scheint das Wort nur hier vorzukommen. Vgl. zu VI 42, 4.

4. Ueber Stella zu I 7. An den Dichter Flaccus nicht der Verfasser der Argonautica SG III 449 auch I 76. Vgl. zu I 57, 1.

5. *Apollodoro.* Wahrscheinlich ein gleichzeitiger alexandrinischer Schriftsteller oder Dichter, der als Bewerber um den Preis für griechische Beredsamkeit oder Poesie im ersten agon Capitolinus 86 nach Rom gekommen sein kann SG II 575, wie der ebenso unbekannte Alexandriner Diodorus zu dem agon des Jahres 94 IX 40. Er braucht daher nicht, wie Giese auch im Progr. d. Realg. St. Johann zu Danzig 1885 p. 6. annimmt, lateinisch geschrieben zu haben.

9. *Canio.* Ueber den sehr heitern und als Dichter und Schriftsteller vielseitigen Canius Rufus aus Gades II 70 III 20 III 64. Seine Gemahlin Theophila VII 69 X 48; sein Mohr VII 87, 2.

10. *Deciano.* Zu I 8.

11. *Liciniane.* Zu I 49.

LXII 1. *Antiquis — Sabinis.* X 33, 1 simplicior priscis — Sabinis. XI 15, 2, horribiles Sabinae.

2. *tetrico — viro.* VII 58, 4 Et coram tetrico casta puella viro.

Dum modo Lucrino, modo se permittit Averno,
  Et dum Baianis saepe fovetur aquis,
5 Incidit in flammas: iuvenemque secuta relicto
  Coniuge Penelope venit, abit Helene.

LXIII.

Ut recitem tibi nostra rogas epigrammata. Nolo.
  Non audire, Celer, sed recitare cupis.

LXIV.

Bella es, novimus, et puella, verum est,
Et dives, quis enim potest negare?
Sed cum te nimium, Fabulla, laudas,
Nec dives neque bella nec puella es.

LXII 5. flammas: *Gilbert*[3] *p. 513* flammas *Schn.*

3. Es ist hier wol an Spazierfahrten auf beiden Seen zu denken. Vgl. III 20, 20 SG II 106, 4. Der Lucriner war eigentlich der innerste, nordwestliche Theil der Seebucht, durch einen Damm vom Meer getrennt, den aber August in der Nähe von Bajae hatte durchstechen lassen.

4. 5. Regianus, Anthol. lat. ed. Riese 270 1 182
  Quis deus has incendit aquas? Quis fontibus ignes
    Miscuit et madidas fecit decurrere flammas?
Vgl. Ejusd. 271 und über die Gefährlichkeit Bajaes für weibliche Tugend SG II 106 f.

6. *Penelope — Helene.* Ueber den Gebrauch homerischer Personennamen für Appellativa SG I 516.

abit. Zu Sp 16, 1.

LXIV 1. *Bella — puella.* Die Verbindung bella puella haben Catull 69, 8 und 78, 4, Lygdamus 4, 52, und Ovid nur am. I 9, 6, an derselben Stelle des Pentameters; Properz nicht. M. ausser dieser Stelle nur bellas ardere puellas II 87, 2. Paukstadt. p. 23 s.

4. *neque bella nec puella es.* Seit der Augusteischen Zeit ist in der Dichtersprache nec ganz überwiegend gebräuchlich, neque selten. Nach Renn Beitr. z. Martial. Bl. f. Baier. Gymnas. XVII 1881, S. 442—444 hat M. nec regelmässig vor vokalisch und mit h anlautenden Wörtern vielleicht ist es auch XIV 94, 2 gegen die Ueberlieferung herzustellen,. Eine Ausnahme macht neque enim: I 92, 11 III 16, 3 VII 51, 11 XI 58, 7 so auch bei Ovid M. II 22; 301 III 524, Juvenal 1, 91 und bei andern Dichtern; Renn S. 442. Ausserdem findet sich neque I 64, 4 VI 19, 1 VII 14, 7 VIII 40, 1 XII 24, 7 XIV 94, 2. L.Mueller r. m. p. 396.

LXV.

Cum dixi ficus, rides quasi barbara verba
Et dici ficos, Caeciliane, iubes.

LXV 1. ficus *RPEF* ficos o auf Rasur) *Q*ϛ 2. ficos *RPEF* ficus *QB*ϛ Caeciliane] Laetiliane *E*.

LXV. Charis. I 15 GL I p. 95 de qua re Martialis elegantissime loquitur, ait enim
,Cum dixi ficus, rides quasi barbara verba
Et dici ficos, Laetiliane, putas.
Dicemus ficus, quas scimus in arbore nasci
Dicamus ficos, Laetiliane, tuos.'
Ebenso Id. I 17 GL I 128 ut sit asyndeton dictum, quamvis quidam ficus vitium esse velint, ut doloris quasi sonitus audiatur: ficos ut fagos moros ulmos.
Prob. Cathol. I 41 GL IV p. 20, 30 haec ficus, hujus fici, pomum. sic Martialis
,dicamus ficos, quas constat in arbore natas'
et hujus ficus
,dicemus ficus.'
Priscian. VI 76 p. 714 P GL II 264 etiam ,hic ficus vitium corporis quartae est. Martialis in I epigrammaton
Cum dixi ficus, rides quasi barbara verba
Et dici ficos Caeciliane, jubes.
Dicemus ficus quas scimus in arbore nasci.
Dicemus ficos, Caeciliane, tuos.
ex quo ostendit et vitium et fructum esse posse quartae declinationis, genere autem differre. Id. VI 83 p. 717 P GL II 267, 16 Martialis in epigrammatibus
Dicemus ficus, quas scimus in arbore nasci.

LXV. Aus den oben angeführten Stellen ergeben sich drei Ansichten über Declination und Genus von ficus in den beiden Bedeutungen »Feige« und »Geschwür«:

1 ficus 4 d. fem. Feige so M. hier und XIII 23 Ueberschrift ficus Chiae *T* civiae *XBGF* Chia , ficus 2. d. masc. Geschwür Charisius und M. hier; wol auch IV 52, 2 qui modo ficus eras; zweifelhaft VI 49, 11 XIV 86, 2.

2 ficus 2. d. f. Feige so Caecilianus hier und M. VII 53, 8 Et Libyeae fici pondere testa gravis VII 71, 6 ficos non habet unus ager; zweifelhaft ficus gelata IV 46, 10 lippa ficus VII 20, 10 ; ficus 4. d. m. Geschwür quidam bei Charisius.

Dicemus ficus, quas scimus in arbore nasci.
Dicemus ficos, Caeciliane, tuos.

LXVI.

Erras meorum fur avare librorum,
Fieri poetam posse qui putas tanti,
Scriptura quanti constet et tomus vilis.
Non sex paratur aut decem sophos nummis.
5 Secreta quaere carmina et rudes curas
Quas novit unus scrinioque signatas

LXV 3. ficus *PQF* ficos *RE* 4. ficos *RPQ* o auf Rasur *EF* ficus *XGz*.

LXVI 2. tanti *codd. Schn¹* tanto *Gronov Schn²* 3. constet *PQF Scr* constat *EXABCG Schn*.

3 ficus 4. d. f. Feige, ficus 4. d. m. Geschwür Priscian. M. unterschied also die beiden Bedeutungen, wie es allgemein geschah, durch das Genus, liess aber bei ficus Feige beide Declinationen zu. Flavius Caper de verb. dub. p. 2248 P 14 sq. verwirft ficus, ūs ganz: ficos non ficus, nec ficibus sed ficis. Vgl. Neue Formenl. I 531—532.

LXVI. Vgl. I 29.

3. 4. Man kann verstehn, dass der Plagiator ein Exemplar des Buchs tomus Birt S. 25 ff. aus dem Laden kauft und dann abschreiben lässt, um es leichter für ein selbstverfasstes ausgeben zu können. Oder man kann mit Birt S. 210 f. Anm. unter tomus die dem Abschreiber gelieferte reine Papyrusrolle verstehn, zu der noch die Bezahlung der Abschrift kommt. Welche Preise M. mit sex — aut decem nummis angiebt, ist zweifelhaft, ja es ist möglich, dass er nicht wirkliche Preise, sondern beliebige Zahlen nennt. Doch sind vielleicht unter 6 und 10 Sesterzen Ladenpreise des ersten Buchs in verschiedener aber sehr einfacher Ausstattung zu verstehn, da ja das 13. Buch für 4 selbst für 2 S. verkauft werden konnte XIII 3, 3, vgl. SG III 371. In beiden Fällen wäre aut gebraucht, wie XII 36, 1 Libras quattuor aut duas. Birt, nach dessen Erklärung Schrift und Papier zusammen 16 S. = 4 Denare kostet, rechnet, da M. I 117, 7 als Preis des 1. Buchs 5 Denare angiebt, 1 D. auf den Umschlag (paenula). Doch kann aut auch in einem negativen Satz unmöglich für et stehn. Ausserdem ist I 117 von einem eleganten Exemplar die Rede, hier von einem gewöhnlichen. Vgl. auch Haenny Schriftsteller u. Buchhändler in Rom 1884 S. 114.

5. *rudes curas*. Zu I 25, 6. Rudes eben vollendete, noch nicht herausgegebene.

Custodit ipse virginis pater chartae,
Quae trita duro non inhorruit mento.
Mutare dominum non potest liber notus.
10 Sed pumicata fronte si quis est nondum
Nec umbilicis cultus atque membrana.
Mercare: tales habeo: nec sciet quisquam.
Aliena quisquis recitat et petit famam.
Non emere librum, sed silentium debet.

LXVII.

Liber homo es nimium, dicis mihi, Ceryle, semper.
In te quis dicit, Ceryle, liber homo es?

LXVII 1. 2. Ceryle Cery‘i le *EXAB* Ca erule *TPQF* Choerile *O Schn*¹ 2. quis dicit *E Wagner* qui dicit qui degit, quid egit *codd. Schn* homo es? *E Wagner* homo es *XBCF* homo est ω *Schn.*

7. *virginis chartae.* Nach der Analogie von fama anus u. dgl. zu I 39, 2.

8. Wollte man das beim Lesen aufgerollte Volumen wieder zusammenrollen, so fasste man den Stab, auf den es gewickelt war umbilicus, mit beiden Händen und zog, indem man den Anfang der Rolle unter das Kinn drückte, die Windungen fester zusammen. Marquardt Prl. 795. Vgl. X 93, 6 nova nec mento sordida charta.

10. *pumicata fronte.* Die Rolle wurde an beiden Basisseiten des Cylinders nach der Beschneidung derselben mit Bimstein geglättet, I 117, 16 VIII 72. Marquardt a. a. O. 793.

11. *umbilicis.* Die sichtbaren Enden des umbilicus, auch cornua genannt; sie wurden gefärbt und vergoldet. III 2, 9 V 6, 15 Marquardt a. a. O.

membrana. Das Futteral von Pergament, vgl. III 2, 10 X 93, 4 Marquardt 795, Birt S. 64.

LXVII. Die Erklärungen der älteren Commentatoren sind ganz unbefriedigend. Den seltenen Namen Cerylus scheint M. mit Erinnerung an den bei Sueton. Vespasian c. 23 erwähnten Freigelassenen Cerylus gewählt zu haben, qui dives admodum ob supterfugiendum ius fisci ingenuum se et Lachetem mutato nomine coeperat ferre. Dies anzunehmen liegt um so näher, als die beiden ersten Bücher wol nicht wenige ältere, zum Theil noch vor Domitians Regierung gedichtete Epigramme enthalten. Vgl. d. Anm. zur praefatio dieses Buchs S. 162. Da nun M. wie Catull öfter ein Distichon mit den Anfangsworten des Hexameters schliesst vgl. Paukstadt p. 34 und das

LXVIII.

Quidquid agit Rufus, nihil est nisi Naevia Rufo.
　Si gaudet, si flet, si tacet, hanc loquitur.
Cenat, propinat, poscit, negat, innuit: una est
　Naevia: si non sit Naevia, mutus erit.
5 Scriberet hesterna patri cum luce salutem:
　»Naevia lux« inquit »Naevia lumen, have.«
Haec legit et ridet demisso Naevia vultu.
　Naevia non una est: quid, vir inepte, furis?

LXIX.

Coepit, Maxime, Pana qui solebat,
Nunc ostendere Canium Tarentos.

LXVIII 5. Scriberet *PQEFω Ser Gilbert*[3] *514* scripserat *T Schn*　6. have *T* habe *EABCG* ave *Qω Schn*.

LXVIII. Io. Sarisb Nug. Curial. p. 456 Amstelod. Desipit Rufus in Naevia, a qua cum teste Coquo nullus casus avertit. Nam Quicquid etc.

dort fehlende Epigramm IX 97, erscheint die Aenderung Wagners homo es« durchaus annehmbar.

LXVIII. 1. *Naevia Rufo.* Beide Namen ebenso I 106.

3. *propinat*. So auch III 82, 25 VIII 6, 13 X 49, 3 XII 74, 9. Dagegen propinas II 15 1 propinamus III 82, 31 propinabit VI 44, 6. Mueller r. m. 363 sq.

7. 8. Der Sinn scheint zu sein: Naevia liest das Epigramm und lacht, aber Rufus ist thöricht sich zu ereifern, wenn er dies hört. Es giebt ja mehr als eine Naevia, ich kann also auch eine andere meinen. Zugleich giebt M. wol zu verstehen: Jedes andere Mädchen kann ihm die Stelle des ihn verschmähenden ersetzen.

LXIX. Lässt sich nur muthmasslich erklären. In der Tarentum oder Tarentus ös IV 1, 8 X 63, 3; richtig wahrscheinlich Terentum: Erdhöhle, vulkanische Spalte, Jordan Top. I 181 f. Marquardt StV III 365, 6 genannten Gegend des campus Martins mag sich ein sehr ins Auge fallender lachender Pan (z. B. eine Maske) befunden haben, der ,wie jetzt etwa die bocca della verità als Wahrzeichen des Ortes galt. Seit Canius Rufus zu I 61, 9, wie es scheint, hierher gezogen war, war sein stets lachendes Gesicht III 20, 21) zum Wahrzeichen des Terentum geworden.

1. *Maxime.* Zu I 7.

LXX.

Vade salutatum pro me, liber: ire iuberis
  Ad Proculi nitidos, officiose, lares.
Quaeris iter, dicam: vicinum Castora canae
  Transibis Vestae virgineamque domum:
5 Inde sacro veneranda petes Palatia clivo,
  Plurima qua summi fulget imago ducis.

LXX 1. Ovid. Tr. III 7,1 Vade salutatum subito perarata Perillam littera. 3. 4. Verg. A. V 744 IX 259 canae penetralia Vestae.

LXX 5. Serv. ad Verg. A. VIII 51. Vgl. die Anm.

LXX. 2. *Proculi*. C. Julius Proculus XI 36, SG III 448 vielleicht identisch mit dem CIL II 2349 genannten.
  officiose. Dienstbeflissen als salutator.
  3 ff. Der beschriebene Weg führt am Castor- und Vestatempel Becker Top. 235 Jordan Top. I 2, 292 f. vorbei, dann auf der sacra via deren vom Forum zum Titusbogen ansteigender Theil der sacer clivus ist, Jordan Top. I 2, 276 A. 102 und 104 längs dem Palatin. Unter dem v. 10 erwähnten Heiligthum der Cybele kann man nach der Inschrift CIL VI 3702 vgl. Notit. X kaum den berühmten Tempel der magna mater verstehen, der auf der nach dem Eingange des circus hin gelegenen Seite des Palatin gestanden haben muss, viel eher einen zweiten sonst nicht bekannten, der dann auf den Denkmälern der Haterii Benndorf und Schöne, die antiken Bildw. d. Lateran. Mus. 358 S. 230 ff. abgebildet sein würde. Der v. 9 erwähnte Tempel des Bacchus ist ebenfalls unbekannt. V. 7 und 8 ist so zu verstehen: Lass dich nicht, wenn du auf der Höhe der sacra via angekommen bist, durch den Anblick des hier hauptsächlich ins Auge fallenden Sonnenkolosses zu Sp 2, 1 fesseln, sondern biege noch vor dem Titusbogen seitwärts ab. Vgl. Top. I, 508. Anders ORichter Hermes XX 107 ff., der den Tempel der magna mater in der bisher für den T. des Jupiter Stator geltenden Ruine zu erkennen glaubt. *Jordan*.
  5. *Palatia clivo*. IV 78, 7 Et sacro decies repetis Palatio clivo, vgl. auch XII 3, 7 Iure tuo veneranda novi pete limina templi.
  Palatia. Serv. Aen. VIII 51 Pa longum est ut M. ponit plerumque. In Wirklichkeit ist die erste Silbe an 6 Stellen lang: VIII 28, 22 VIII 39, 1 IX 25, 1 IX 86, 7 XI 8, 5 XIII 91, 1, an 5 kurz: IV 45, 2 V 5, 1 V 19, 4 VIII 60, 1 IX 39, 1. Ebenso wechselnd ist der Gebrauch bei Statius, Silius, Juvenal, während bei den Aelteren die Silbe stets kurz ist. Lachmann ad Lucret. p. 37.
  6. Wegen fulget ist an goldene oder vergoldete Büsten Domitians zu denken, die vor dem Aufgange zum Palatium standen. Auf dem

Nec te detineat miri radiata colossi
  Quae Rhodium moles vincere gaudet opus.
Flecte vias hac qua madidi sunt tecta Lyaei
10 Et Cybeles picto stat Corybante tholus.
Protinus a laeva clari tibi fronte Penates
  Atriaque excelsae sunt adeunda domus.
Hanc pete: ne metuas fastus limenque superbum
  Nulla magis toto ianua poste patet.
15 Nec propior quam Phoebus amet doctaeque sorores.
  Si dicet »Quare non tamen ipse venit?«
Sic licet excuses »Quia qualiacunque leguntur
  Ista, salutator scribere non potuit.«

LXXI.

Laevia sex cyathis, septem Iustina bibatur,
  Quinque Lycas, Lyde quattuor, Ida tribus.

LXX 10. tholus *PQ Fꞷ Ser* et holus *E* tolus *X* torus *T Sch.* vgl. die Anm. 13. pete: ne metuas *Gilbert³* 514 pete, nec m. *Sch* ne m. *TPQ* nec m. *EX ABCFG*.

LXX 13. Horat. Epod. 2, 7 superba civium Potentiorum limina 14. Prop. III 8, 6 Nunc sine me tota ianua nocte patet. Ovid. F. II 456 ianua laxa patet. Id. ib. V 502 ianua nostra patet. Vgl. Id. ib. I 280. . 15. Tibull. III 4, 45 Bacchus doctaeque sorores.

Capitol durften nur goldene oder silberne von ihm aufgestellt werden SG III 211.

8. *Rhodium — opus.* Zu Sp 1.

10. Vor torus verdient tholus den Vorzug, da es besser bezeugt ist. Auf dem Denkmal der Haterii zu v. 3 ff. steht vor der Cybele ein Altar mit einem kuppelförmigen, schirmähnlichen Dach a. a. O. S. 234. Bei picto Corybante wäre dann an ein Kuppelgemälde zu denken.

15. *propior*: als näherstehender, mit grösserer Geneigtheit.

doctaeque sorores wie IX 42, 3. Novem sorores II 22, 1 V 6, 18. Sorores allein I 76, 3 IV 31, 5.

17. 18. Mit einer ähnlichen Wendung schliesst I 108 Ipse salutabo decima te saepius hora: Mane tibi pro me dicet havere liber.

LXXI. Beim Gesundheittrinken trank man soviel cyathi als der Name der gefeierten Person Buchstaben enthielt. Vgl. VIII 51, 21 IX 93, 3 XI 36, 7 XIV 170, 2. Marquardt Prl. 326, 5.

Omnis ab infuso numeretur amica Falerno,
Et quia nulla venit, tu mihi, Somne, veni.

LXXII.

Nostris versibus esse te poetam,
Fidentine, putas cupisque credi?
Sic dentata sibi videtur Aegle
Emptis ossibus Indicoque cornu;
5 Sic quae nigrior est cadente moro,
Cerussata sibi placet Lycoris.
Hac et tu ratione qua poeta es.
Calvus cum fueris, eris comatus.

LXXIII.

Nullus in urbe fuit tota qui tangere vellet
Uxorem gratis, Caeciliane, tuam,
Dum licuit: sed nunc positis custodibus ingens
Turba fututorum est: ingeniosus homo es.

LXXIV.

Moechus erat: poteras tamen hoc tu, Paula, negare.
Ecce vir est: numquid, Paula, negare potes?

LXXI 4. Et quia' Sed quia *Ph Wagner* Atqui *Schn²* p. *XII*.
LXXIII. 2. Caeciliane] Meciliane *T* Maeciliane *Schn¹*.

LXXII. Zu I 29.
4. *Indicum cornu:* Elfenbein. zu Sp. 19, 3.
5. *cadente moro.* VIII 64, 7 moro — nigrior caduco. Die völlig reife, von selbst abfallende Frucht des Maulbeerbaumes ist tiefschwarz.
6. *cerussata.* Cerussa, Bleiweiss, zum Weissschminken gebraucht VII 25, 2 X 22, 2. Marquardt Prl. 765, 12. Vgl. II 41, 12.
Lycoris. Der Name für ein Frauenzimmer von dunkler Hautfarbe auch IV 62 VII 13.

LXXIV. Auf eine Frau, die den Liebhaber, mit dem sie früher die Ehe gebrochen hatte, nach der Scheidung oder dem Tode des Mannes heirathete und damit das frühere ehebrecherische Verhältniss offenkundig machte.

LXXV.

Dimidium donare Lino quam credere totum
 Qui mavult, mavult perdere dimidium.

LXXVI.

O mihi curarum pretium non vile mearum,
 Flacce, Antenorei spes et alumne laris.
Pierios differ cantusque chorosque sororum:
 Aes dabit ex istis nulla puella tibi.
5 Quid petis a Phoebo? nummos habet arca Minervae:
 Haec sapit, haec omnes fenerat una deos.
Quid possunt hederae Bacchi dare? Palladis arbor
 Inclinat varias pondere nigra comas.
Praeter aquas Helicon et serta lyrasque dearum
10 Nil habet et magnum, sed perinane sophos.
Quid tibi cum Cirrha? quid cum Permesside nuda?
 Romanum propius divitiusque forum est.

LXXVI 3. cantusque chorosque *Qν Ser* c. chornsque *PF* cantus citharamque *EX ABCG Vind.* 3 *Sch.*

LXXVI 1. Ovid. Her. 17 (18), 163 His ego cum dixi: Pretium non vile laboris etc.

1. Claudian. Nupt. Hon. 142 Pretium non vile laboris.

4. Tibull. I 1,52 ulla puella. IV 2,24 Prop. III 22,6 nulla puella.

LXXVI. 2. *Flacce.* Zu I 61, 4.

Antenorei — laris. Patavium war nach der Sage von dem mit den Henetern nach Venetien gekommenen Antenor gegründet. Liv. 1 1 Verg. A. I 246. 3. *sororum.* Zu I 70, 15.

5. *Minervae.* Wie X 19, 14 Göttin der Beredsamkeit, besonders der gerichtlichen.

6. *omnes fenerat una deos.* Deos intellige nota figura deorum dona, sapientiam pulchritudinem potentiam. Gronov. Der Ausdruck ist bei M.'s Neigung zu dieser Art der Metonymie zu Sp 12, 4 minder auffällig; übrigens ist zunächst an Ceres, Bacchus, Venus und deren Gaben zu denken. Fenerat hat hier die seltene Bedeutung des Gewährens, wie Plin. N. h. II 13 hic sol lumen suum ceteris quoque sideribus fenerat. Auf keinen Fall darf man mit Georges die sonst unerhörte Construktion fenerare aliquem, Jemandem gegen Zinsen Geld leihen — annehmen. Cic. Parad. 6, 2, 46 haben alle guten codd. defenerandas, gewiss richtig. *CFWMueller*.   10. *sophos.* Zu I 3, 7.

11. *Permesside.* Die Nymphe des Permessus am Helicon.

Illic aera sonant: at circum pulpita nostra
Et steriles cathedras basia sola crepant.

LXXVII.

Pulchre valet Charinus, et tamen pallet.
Parce bibit Charinus, et tamen pallet.
Bene concoquit Charinus, et tamen pallet.
Sole utitur Charinus, et tamen pallet.
5 Tinguit cutem Charinus, et tamen pallet.
Cunnum Charinus lingit, et tamen pallet.

LXXVIII.

Indignas premeret pestis cum tabida fauces
Inque suos vultus serperet atra lues.
Siccis ipse genis flentes hortatus amicos
Decrevit Stygios Festus adire lacus.

LXXVIII 2. suos P P am Rande: al. ipsos ipsos $QEF\omega$.

LXXVIII 4. Verg. Cul. 372 Ditis opacos Cogor adire lacus.

---

13. *pulpita*. Die erhöhten Bühnen, auf denen die cathedrae der ihre Werke vortragenden Dichter stehen.

14. *steriles cathedras*. Bei Juven. 7. 203 vom Lehrstuhl des Rhetors. *basia* zu I 3, 7, die dem Vorleser als Beifallsbezeugung zugeworfenen Küsse für welche er auf gleiche Weise dankt I 3, 7.

LXXVII. 1. *Charinus*. Der Name zur Bezeichnung eines unnatürlichen Lastern Ergebenen auch IV 39 VI 37 VII 34.

LXXVIII. Auf einen Festus, der sich wegen eines Leidens an einem bösartigen Geschwür im Gesicht erstach v. 7. Nach v. 10 war er ein Freund des Kaisers: vielleicht C. Calpetanus Rantius Quirinalis Valerius Festus, cos. suff. 71 SG I 189, im J. 70 Legat von Numidien Tac. H. II 98 IV 49, curator riparum et alvei Tiberis CIL. VI 1238. Vgl. seine Laufbahn CIL V 531, leg. Aug. pr. pr. von Pannonien im J. 73 Wiener Studien 1882 S. 216, leg. Aug. Tarrac. 79 80. CIL II 2477. 4799 etc. Asbach Consularfasten von 68—96. Rheinl. Jahrbb. LXXIX 1885 S. 110 f.

2. *suos vultus*. Das von ihr in Besitz genommene Antlitz, zu I 111, 2. *lues* nennt Plin. N. h. XXVI 3 die mentagra. XI 91, 6 horrida vultus abstulit et tenero sedit in ore lues.

3. *siccis genis* = XII 3, 16.

4. *Stygios — adire lacus* = V 25, 6. Stygias aquas IV 73, 2. St. undas VI 58, 2 IX 51, 3. St. aqua IX 101, 8. Vgl. auch zu I 101, 5.

5 Nec tamen obscuro pia polluit ora veneno
   Aut torsit lenta tristia fata fame.
Sanctam Romana vitam sed morte peregit
   Dimisitque animam nobiliore via.
Hanc mortem fatis magni praeferre Catonis
10 Fama potest: huius Caesar amicus erat.

LXXIX.

Semper agis causas et res agis, Attale, semper:
   Est, non est quod agas, Attale, semper agis.
Si res et causae desunt, agis, Attale, mulas,
   Attale, ne quod agas desit, agas animam.

LXXX.

Sportula, Cane, tibi suprema nocte petita est.
   Occidit puto te, Cane, quod una fuit.

LXXX 2. una urna *Koestlin* Philol. XXXVI 1877 264 ff. ima *Flach*.

LXXVIII 10. Eleg. de morte Maecen. 103 Baehrens Plm I p. 129
Caesar amicus erat: potuit vixisse solute.

5. *obscuro veneno*. Obscuro: im Verborgenen wirkend.
6. *torsit — fata*: quälte den Tod d. h. machte den Tod qualvoll.
9. *fatis*. Zu I 12, 1.
Catonis, für den die Feindschaft Caesars ein Motiv zum Selbstmorde war, während für Festus die Freundschaft des Kaisers das Leben wünschenswerth machte.

LXXIX. 2. *Est, non est quod agas*. Die Auslassung von sive — sive ist ebenso ungewöhnlich als die von si häufig. Zu II 14, 1.

LXXX. Auf einen armen Clienten, der durch eifrigen Dienst mehr als eine sportula am Tage verdiente, SG I 393. Den Schmerz darüber, dass er am Abende vor seinem Tode nur eine, d. h. nur von einem Patron, hatte einziehen können, giebt M. scherzend als Ursache seines Todes an. Flach vermuthet ima. Doch wenn ima auch die vorausgesetzte Bedeutung »der niedrigste Satz der sportula« haben könnte, hätte M. so nur dann sprechen können, wenn es eine ganze Skala von fest normirten Sporteln gegeben hätte. Es ist aber immer nur von der allgemein üblichen sportula von 25 as die Rede, und wenn manche Patrone mehr oder weniger zahlten SG a. a. O., so erfolgte die Erhöhung oder Verminderung offenbar ausnahmsweise nach Willkür oder Abmachung mit den Clienten, und es gab ausser dem Satz von 25 Sesterzen keine anderen festen Sätze, also auch keine niedrigste sportula.

LXXXI.

A servo scis te genitum blandeque fateris,
  Cum dicis dominum, Sosibiane, patrem.

LXXXII.

Haec quae pulvere dissipata multo
Longas porticus explicat ruinas,
En quanto iacet absoluta casu.
Tectis nam modo Regulus sub illis
5 Gestatus fuerat recesseratque.
Victa est pondere cum suo repente
Et postquam domino nihil timebat,
Securo ruit incruenta damno.
Tantae, Regule, post metum querellae
10 Quis curam neget esse te deorum,
Propter quem fuit innocens ruina?

LXXXIII.

Os et labra tibi lingit, Mancia, catellus.
  Non miror, merdas si libet esse cani.

LXXXIV.

Uxorem habendam non putat Quirinalis,
Cum velit habere filios, et invenit

LXXXII 3. En quanto *Q*ς *Ser Gilbert p. 23* en quarto *corr* quanto *P* in tanto *EXABCFGO*   6. repente, und recesseratque: *Gilbert³ 514* repente: *Schn.*

LXXXI. Die alte Sitte, dass Kinder ihre Väter mit Herr anredeten, hatte sich hiernach in manchen Häusern erhalten. SG I 396.
LXXXII. Vgl. I 12.
3. *absoluta*. Von der Schuld dem Regulus Uebles zugefügt zu haben, freigesprochen.
6. *victa est pondere cum suo.* XI 41, 3 Cedentes oneri ramos silvamque fluentem Vicit.
9. Entweder: nachdem wir Grund zur Furcht vor einer solchen Wehklage gehabt, oder nach Gilbert: nachdem die Götter Furcht vor einer solchen Wehklage gezeigt haben.
10. Vgl. Verg. A. III 475 Anchisa cura deum. Tibull. III 4, 13 Salve cura deum. Ovid. Am. III 9, 17 At sacri vates et divum cura vocamur. Vgl. zu I 111, 1.   9—11. Vgl. I 12, 11 s

Quo possit istud more: futuit ancillas
Domumque et agros implet equitibus vernis.
5 Pater familiae verus est Quirinalis.

LXXXV.

Venderet excultos colles cum praeco facetus
  Atque suburbani iugera pulchra soli.
»Errat« ait »si quis Mario putat esse necesse
  Vendere: nil debet, fenerat immo magis.«
5 »»Quae ratio est igitur?«« »Servos ibi perdidit omnes
  Et pecus et fructus, non amat inde locum.«
Quis faceret pretium nisi qui sua perdere vellet
  Omnia? Sic Mario noxius haeret ager.

LXXXVI.

Vicinus meus est manuque tangi
De nostris Novius potest fenestris.
Quis non invideat mihi putetque
Horis omnibus esse me beatum,
5 Iuncto cui liceat frui sodale?
Tam longe est mihi quam Terentianus
Qui nunc Niliacam regit Syenen.

LXXXV 1. Vgl. zu I 116, 2.

LXXXIV. 5. *pater familiae*. Die übliche Form p. familias L. Mueller r. m. p. 376 hat M. absichtlich vermieden, da der Ausdruck hier einen Doppelsinn haben soll.

LXXXV. 1. *Praeco facetus*. Das Gewerbe des Ausrufers bei Auktionen stand dem des Spassmachers nahe vgl. VI 66 und darum in Missachtung. Mommsen StR I 359. SG I 277 f.

2. I 116, 2 culti iugera pulchra soli. X 58, 9 suburbani iugera.

7. *pretium facere*: bei einer Auktion bieten. Digg. X 3, 19, 1 qui de vestibulo licere cogatur, necesse habeat, interdum totarum aedium pretium facere, si alias aditum non habeat.

LXXXVI. 2. *Novius*. Wahrscheinlich der VII 72, 7 als guter Brettspieler erwähnte Novius Vindex SG III 558?.

6. 7. *Terentianus — Syenen*, d. h. der als Präfekt der dort stationirten 3 Cohorten Strabo XVII 790 an der äussersten Grenze des römischen Reiches stand

Non convivere, nec videre saltim,
Non audire licet, nec urbe tota
10 Quisquam est tam prope tam proculque nobis.
Migrandum est mihi longius vel illi,
Vicinus Novio vel inquilinus
Sit, si quis Novium videre non vult.

LXXXVII.

Ne gravis hesterno fragres, Fescennia, vino,
Pastillos Cosmi luxuriosa voras.
Ista linunt dentes iantacula, sed nihil obstant,
Extremo ructus cum redit a barathro.
5 Quid quod olet gravius mixtum diapasmate virus
Atque duplex animae longius exit odor?
Notas ergo nimis frandes deprensaque furta
Iam tollas et sis ebria simpliciter.

LXXXVIII.

Alcime, quem raptum domino crescentibus annis
Lavicana levi caespite velat humus.

LXXXVI 8. saltim *T*.
LXXXVII 3. jantacula *TPF* jactacula *EXABCG* ientacula *Q (en auf Rasur)* ω obstant *C Schn* obstent *T* obstat *PQFω Scr*.

LXXXVIII 1. Ovid. A. a. I 61 Seu caperis primis et adhuc crescentibus annis.

12. *inquilinus*. Hausgenosse, is qui eundem colit focum. Festus p. 79.
LXXXVII. 1. Vgl. I 29, 1 und V 4.
2. *Cosmi*. Cosmus der damals berühmteste Parfümerien- und Essenzenhändler Roms. Vgl. III 55; 82 VII 41 ? ; XI 8; 15; 18; 50 XII 55; 65 XIV 59; 110; 146.
pastillos. Vgl. Horat. Sat. I 2, 27 und I 4, 92.
5. *diapasmate:* Streupulver. Plin. N. h. XIII 19 Siccis odoribus constat, quae diapasmata vocantur und XXI 125.
LXXXVIII. Auf den Tod eines im Knaben- oder ersten Jünglingsalter stehenden Sklaven M.'s, der an der via Lavicana (Marquardt Prl. 352, 1 begraben war.

Accipe non Pario nutantia pondera saxo,
    Quae cineri vanus dat ruitura labor,
5 Sed faciles buxos et opacas palmitis umbras
    Quaeque virent lacrimis roscida prata meis.
Accipe, care puer, nostri monumenta doloris:
    Hic tibi perpetuo tempore vivet honor.
Cum mihi supremos Lachesis perneverit annos,
10   Non aliter cineres mando iacere meos.

LXXXIX.

Garris in aurem semper omnibus, Cinna.
Garris et illud teste quod licet turba.
Rides in aurem, quereris, arguis, ploras,
Cantas in aurem, iudicas, taces, clamas,
5 Adeoque penitus sedit hic tibi morbus,
Ut saepe in aurem, Cinna, Caesarem laudes.

XC.

Quod nunquam maribus iunctam te, Bassa, videbam
    Quodque tibi moechum fabula nulla dabat,

    LXXXVIII 5. faciles *TEXABCG* fragiles *QFω Ser Bentley*
7. monumenta ω monimenta *PEXAG Schn* momenta *T* 6. meis *Gilbert* meis. *Schn.*
    XC 1. iunctam *PQEFω Frdl Gilbert* cunctam *T* vinctam *M* cinctam *Ser Schn.*

    LXXXIX 5. Catull. 39, 7 Quodcumque agit, renidet. Hunc habet morbum.

    3. *nutantia pondera* = V 12, 4. 2.
    5. *faciles*: leicht beschafft. *Gilbert.*
    6. Ueber gartenähnliche Anlagen bei Gräbern vgl. I 114; 116 Marquardt Prl. 357.   7. *monumenta*: als Denkmäler. *Gilbert.*
    LXXXIX. *Garris in aurem.* Zu III 11, 12.
    XC 1. *iunctam*: in der Nähe von Männern; vgl. I 86, 5 VII 38, 4. IX praef.4 X 75, 11 XI 52, 1 XII 48, 8. Passend wäre auch cinctam. I 49, 28 focum infante cinctum sordido II 74, 1 Cinctum togatis post et ante Saufejum II 62, 2 Quod cincta est brevibus mentula tonsa pilis.
    2. *fabula nulla*: kein Gerede, wie Horat. Epp. I 13, 9. Ep. 11, 8 Ovid. am III 1, 21 etc.

Omne sed officium circa te semper obibat
   Turba tui sexus, non adeunte viro:
5 Esse videbaris, fateor. Lucretia nobis:
   At tu, pro facinus, Bassa, fututor eras.
Inter se geminos audes committere cunnos
   Mentiturque virum prodigiosa Venus
Commenta es dignum Thebano aenigmate monstrum,
10   Hic ubi vir non est. ut sit adulterium.

XCI.

Cum tua non edas, carpis mea carmina, Laeli.
   Carpere vel noli nostra vel ede tua.

XCII.

Saepe mihi queritur non siccis Cestos ocellis,
   Tangi se digito, Mamuriane, tuo.
Non opus est digito: totum tibi Ceston habeto,
   Si deest nil aliud, Mamuriane, tibi.
5 Sed si nec focus est nudi nec sponda grabati
   Nec curtus Chiones Antiopesve calix.

XCII 5. nudi nec *PQEFω Frdl* nec nudi *T Schn.*

XC 4. Ovid. F. VI 470 sacra non adeunda viro. Ovid. Tr. III 10, 76 loca felici non adeunda viro.

XC 8. Claudian. Eutrop. I 340 Semiramis Assyriis mentita virum. Bachrens Plm IV 335, 4 Invasit juvenem prodigiosa Venus.

XCII Catull 24.

XCII 5. Catull 10, 22 veteris pedem grabati.

XCII. M. hat in einigen Epigrammen die Bettelarmuth an sich XI 32 und in Verbindung mit zur Schau getragener Lebensverachtung im stoischen Sinne XI 56 oder auch mit schmählichen Lastern II 51 verhöhnt; immer mit mehr oder weniger Reminiscenz an Catulls Spottgedichte auf Furius und Aurelins c. 15; 21; 23., an welche dies Epigramm sich am engsten anschliesst. Paukstadt p. 14 sq.

1. *Cestos.* Name für einen schönen Knaben auch VIII 46, 2 und VIII 51, 18.

4. *deest.* Stets einsilbig. LMueller r. m. p. 247 und 253.

5. *nudi sponda grabati* = XI 56, 4; XI 32, 11 nec toga nec focus est nec tritus cimice lectus.

6. *Chiones Antiopesve calix.* Der Hausrath von Dirnen der niedrigsten Art bei der Schilderung der äussersten Armuth auch III 82, 2

Cerea si pendet lumbis et scripta lacerna
    Dimidiasque nates Gallica braca tegit.
Pasceris et nigrae solo nidore culinae
10   Et bibis immundam cum cane pronus aquam:
Non culum, neque enim est culus, qui non cacat olim,
    Sed fodiam digito qui superest oculum:
Nec me zelotypum nec dixeris esse malignum.
    Denique paedica, Mamuriane, satur.

XCIII.

Fabricio iunctus fido requiescit Aquinus,
    Qui prior Elysias gaudet adisse domos.
Ara duplex primi testatur munera pili:
    Plus tamen est, titulo quod breviore legis:
5 Iunctus uterque sacro laudatae foedere vitae,
    Famaque quod raro norit, amicus erat.

XCIV.

Cantasti male, dum fututa es, Aegle,
Iam cantas bene: basianda non es.

8. braca *Hos* praeda *T* peda *PQ* plaga *AG* palma *O* palla *Eo Rand c. A u. Q* 12. oculum; 13. malignum. *Gerth* oculum, malignum *Schn.*
XCIII 2. adisse *QEF* abisse *βP*. 4. Wie im Text *PQς Schn²* Inscriptum est Titulo quod breviore leges *EF. ACG Schn¹* legas *X* legis *ω Scr.*

XCII 11. Catull 23, 19 culus tibi purior salillo est Nec toto decies cacas in anno.

curta Ledae testa und IV 4, 9. Vgl. auch XI 32, 4 Nec sera nec clavis nec canis atque calix.
7. *Cerea.* Wie IV 53, 4: von langem Gebrauch gelb geworden.
scripta: beklext. Ueber scribere malen, bemalen Gronov. Diatr. in Stat. 431 (278: zu XI 1, 3. Stat. Theb. XI 514 Arvaque sanguineo scribit rutilantia gyro.

XCIII. Auf zwei Grabaltäre, die als Monumente zweier neben einander begrabener, befreundeter Primipilaren Fabricius und Aquinus dienten.
2. *Elysias — domos.* Elysium — nemus VII 40, 4 XI 5, 6.
adisse. Zu I 78, 4.
3. 4. Von zwei Inschriften, die sich auf den beiden Grabaltären befanden, enthielt vermuthlich die längere die militärischen Chargen und Auszeichnungen der beiden Verstorbenen, den Inhalt der kürzeren umschreibt das letzte Distichon.

XCV.

Quod clamas semper, quod agentibus obstrepis, Aeli,
  Non facis hoc gratis: accipis, ut taceas.

XCVI.

Si non molestum est teque non piget, scazon,
Nostro rogamus pauca verba Materno
Dicas in aurem sic ut audiat solus.
Amator ille tristium lacernarum
5 Et baeticatus atque leucophaeatus.
Qui coccinatos non putat viros esse
Amethystinasque mulierum vocat vestes.
Nativa laudet, habeat et licet semper
Fuscos colores, galbinos habet mores.
10 Rogabit, unde suspicer virum mollem.
Una lavamur: aspicit nihil susum.

XCVI 11. susum *MEX.ABFG Sch*^{2} sursum *PQ Sch*^{1}.

XCVI 1. Catull 55, 1 Oramus, si forte non molestum est.

XCV 1. *agentibus*. Den Sachwaltern.

XCVI 1. VII 26, 1 Apollinarem conveni meum scazon. Et si vacabit (ne molestus accedas etc.

2. *Materno*. Maternus, an den auch II 74 gerichtet ist, nach X 37 ein Rechtsgelehrter aus Bilbilis.

4—9. Mäntel lacernae in lebhaften Farben wurden damals von Männern viel getragen, und daran Anstoss zu nehmen war übertriebene oder affektirte Strenge. Vgl. II 46 SG III 63 f.

5. *baeticatus — leucophaeatus*. Beides wol nur hier. Die bätischen Mäntel waren aus der ungefärbten XIV 133 röthlichen oder goldfarbenen Wolle von Baetica. XII 63, 3—5 XII 98, 2 ; Blümner 129, 1—5.

6. *coccinatos*. Auch V 35, 2. Scharlachmäntel IV 28, 2 nächst Purpurmänteln die kostbarsten SG III 64, 9.

7. *Amethystinasque*. Der violette Amethyst- oder Janthinpurpur zu I 53, 5 gehörte zu den kostbarsten Purpursorten.

8. *Nativa*. Plin. N. h. VIII 191 colorum plura genera —; quas oves nativas appellant, aliquot modis Hispania habet. Non. p. 549 pullus color est, quem nunc Spannm vel nativum dicimus. Marquardt Prl. 462, 1.

9. *galbinos — mores*. Galbina Juven. 2, 90 grüngelbe Gewänder scheinen vorzugsweise von Frauen, und vielleicht auch von Männern als Schlafröcke getragen worden zu sein. Vgl. III 82, 5.

Sed spectat oculis devorantibus draucos
Nec otiosis mentulas videt labris.
Quaeris quis hic sit? Excidit mihi nomen.

XCVII.

Cum clamant omnes, loqueris tunc, Naevole, tantum,
  Et te patronum causidicumque putas.
Hac ratione potest nemo non esse disertus.
  Ecce, tacent omnes: Naevole, dic aliquid.

XCVIII.

Litigat et podagra Diodorus, Flacce, laborat.
  Sed nil patrono porrigit: haec cheragra est.

XCIX.

Non plenum modo vicies habebas,
Sed tam prodigus atque liberalis
Et tam lautus eras, Calene, ut omnes
Optarent tibi centies amici.
5 Audit vota deus precesque nostras
Atque intra, puto, septimas Kalendas
Mortes hoc tibi quattuor dederunt.
At tu sic quasi non foret relictum,
Sed raptum tibi centies, abisti
10 In tantam miser esuritionem,
Ut convivia sumptuosiora,
Toto quae semel apparas in anno,
Nigrae sordibus explices monetae.

12. *oculis devorantibus*, IX 59, 3 oculisque comedit.
13. *labris*, Vgl. Juv. 9, 35 spumanti — labello. *Gilbert*
XCVIII 1. *Flacce*. Vielleicht der I 57 angeredete.
XCIX. Das Thema, dass grosse Vermehrung des Vermögens bisweilen Geiz hervorbringt, hat M. auch I 103 und IV 51 behandelt.
1. *plenum vicies*: soviel als 435000 Mark. Plenum centies V 70, 2 centies laxum III 22, 2 tricies solidum IV 37, 4. Hultsch, Metrologie 2. Ausg. 295, 4.
4. *centies*: 2175000 Mk.
10. *esuritionem*. Catullisches Wort. c. 21, 1; 23, 14.
13. *explices*. Vgl. I 103, 8.

Et septem veteres tui sodales
15 Constemus tibi plumbea selibra.
Quid dignum meritis precemur istis?
Optamus tibi milies. Calene.
Hoc si contigerit, fame peribis.

C.

Mammas atque tatas habet Afra, sed ipsa tatarum
Dici et mammarum maxima mamma potest.

CI.

Illa manus quondam studiorum fida meorum
Et felix domino notaque Caesaribus.

XCIX 17. optamus ω obtamus T optemus ΦPQF milies $TQXFGO$ millies M vgl. Einl. S. 116.

15. *plumbea selibra*. Gilbert Zu Martialis N. Jbb. 1882 S. 132: Der Geizhals nimmt nicht nur abgegriffenes Courant (v. 13), sondern auch, um seine reichen Baarmittel zu schonen, eine plumbea wol nicht unscheinbar gewordene, sondern »lumpige« selibra, d. h. ein silbernes Geräth. Solche wurden auch bei Zahlungen gegeben und genommen SG III 111, womit ihre Bezeichnung nach dem Gewicht SG III 146 ff. zusammenhängt. Selibra IV 46, 7 V 49, 11 VII 72, 3 VIII 71, 8 X 14, 8 X 57, 2, dagegen semodius IV 46, 6 VII 53, 5.

16. IV 51, 5 Quid tibi pro meritis et tantis laudibus optem?

C. Auf ein schon alterndes Mädchen oder Frau, die die Benennungen der Kinder für Eltern, Erzieher und Erzieherinnen, tata und mamma Papa und Mama anwendet, um jünger zu erscheinen. Lessing VIII 515 erinnert an das 4. Epigramm des Myrinus Anthol. Gr. T. II p. 108 ed. Jacobs 1794 II 94 v. 3:

Στόρεσον εἰ μάμμη καὶ Δευκαλίωνος ἀδελφή,
Βάπτε δὲ τὰς λευκάς, καὶ λέγε πᾶσι ΤΑΤΑ.

quo magis puella et juvencula videatur. Jacobs VIII p. 285, der auf M. X 39 und 67 verweist. Uebrigens müssen diese Ausdrücke in der Umgangssprache viel gebraucht sein, da tata, tatula, mamma, mama auch auf Grabschriften vorkommen Orelli 2769, 2813—15 und 4913. papas Orelli II p. 22 Juv. 6, 632. CIL X 7564 Inschrift zu Caralis: Atiliae L. f. Pomptillae mamm(mae o)ptimae. M. Cassio Philippo tatae parentibus sanctis. Vgl. auch Varro ap. Non. 81, 5.

2. *maxima mamma*. Bezeichnet nicht wie Digg. XXXVIII 10, 10 § 17 amita maxima, matertera maxima einen Verwandtschaftsgrad, sondern »die älteste Mama.«

CI. Auf seinen 19jährig gestorbenen, vor dem Tode noch frei-

Destituit primos viridis Demetrius annos.
  Quarta tribus lustris addita messis erat.
5 Ne tamen ad Stygias famulus descenderet umbras,
  Ureret implicitum cum scelerata lues,
Cavimus et domini ius omne remisimus aegro:
  Munere dignus erat convaluisse meo.
Sensit deficiens sua praemia meque patronum
10 Dixit ad infernas liber iturus aquas.

CII.

Qui pinxit Venerem tuam, Lycori,
Blanditus, puto, pictor est Minervae.

CIII.

»Si dederint superi decies mihi milia centum«
  Dicebas nondum, Scaevola, iustus eques.
»Qualiter o vivam, quam large quamque beate!«
  Riserunt faciles et tribuere dei.
5 Sordidior multo post hoc toga, paenula peior,
  Calceus est sarta terque quaterque cute:
Deque decem plures semper servantur olivae.

CIII 6. terque quaterque P (nach Huelsen) Q bisque quaterque
EXABCDFG.

gelassenen Schreiber Demetrius, der Gedichte von M. für die Caesares, d. h. wol für Titus und Domitian geschrieben hatte.
  3. XI 74, 5 Vir rogat ut vivat virides nec deserat annos.
  5. *ad Stygias — umbras* = I 114, 5. XI 84, 1 Stygias — ad umbras = XII 90, 3. XII 52, 12 Non erit in Stygia notior umbra domo. Vgl. auch zu I 36, 5 und I 78, 1.
  9. *deficiens:* sterbend.
  10. *ad infernas — aquas* = IX 29, 2.
  CII. Vgl. V 40.
  CIII. Vgl. I 99.
  1. *decies milia centum.* Der senatorische Census 219521 Mark .
  2. *nondum — iustus eques.* Noch nicht im Besitz des ritterlichen Census von 400000 Sesterzen (87000 Mark). Vgl. IV 67, 4 Ut posset domino plaudere iustus eques.
  5. *paenula.* Regenmantel. Marquardt Prl. 547 f.

Explicat et cenas unica mensa duas.
Et Veientani bibitur faex crassa rubelli.
10   Asse cicer tepidum constat et asse Venus.
In ius, o fallax atque insitiator, eamus:
Aut vive aut decies, Scaevola, redde deis.

CIV.

Picto quod iuga delicata collo
Pardus sustinet improbaeque tigres
Indulgent patientiam flagello.
Mordent aurea quod lupata cervi.
5 Quod frenis Libyci domantur ursi
Et, quantum Calydon tulisse fertur,
Paret purpureis aper capistris:
Turpes esseda quod trahunt bisontes
Et molles dare iussa quod choreas
10 Nigro belua non negat magistro:
Quis spectacula non putet deorum?

CIV 5. frenis' freno *PQ Ser*. 10. non *PQ Sch²* nihil *EX.ABFG*
nil *Sch¹*.

8. Vgl. 1 99, 13.
9. *Veientani*. Eine der geringsten Weinsorten III 49, 1. Marquardt Prl. 436, 20.
10. *Asse cicer constat*. Zu I 41, 5. Petron. c. 14 unum dipondium 2 as, quo cicer lupinosque destinaveramus mercari.
et asse Venus. II 53, 7 Si plebeia Venus gemino tibi iungitur asse. IX 32, 3 Hanc volo, quam totum redimit denarius alter. IX 4, 1 Aureolis futui cum possit Galla duobus Et plus quam futui si totidem addideris etc. X 75 Milia viginti me quondam Galla poposcit etc. VII 10, 3 Centenis futuit Matho milibus. Vgl. Henzen-Orelli 7300. 7306. Rh. Mus. XVII 138 und Buecheler das. XVIII 394.
11. *In ius — eamus*. XII 97, 10 Sit tandem pudor aut eamus in ius   12. *vive*. Zu I 15, 4.
CIV. Zu I 6 und über die Vorführung abgerichteter Thiere im Amphitheater SG II 360 f.
5. *Lybici ursi*. Numidische Bären. SG II 492.
6. *Calydon*. Vgl. IX 48, 6 und XI 69, 10 Quantus erat Calydon aut Erymanthe tuus.
9. 10. Tänze von Elephanten ausgeführt SG II 361. Mohren als Elephantenwärter VI 77, 8 SG I 20, 1.

Haec transit tamen, ut minora, quisquis
Venatus humiles videt leonum,
Quos velox leporum timor fatigat.
15 Dimittunt, repetunt, amantque captos,
Et securior est in ore praeda,
Laxos cui dare perviosque rictus
Gaudent et timidos tenere dentes,
Mollem frangere dum pudet rapinam,
20 Stratis cum modo venerint iuvencis.
Haec clementia non paratur arte,
Sed norunt cui serviant leones.

CV.

In Nomentanis, Ovidi, quod nascitur agris,
  Accepit quotiens tempora longa, merum
Exuit annosa mores nomenque senecta:
  Et quidquid voluit, testa vocatur anus.

CV 1. agris *PQω* vgl. II 38, 1 arvis *EX.ABCFG Schn*[2] 3. Interp. auch Gilbert[3] p 514 *Schn*: longa merum, senecta *ohne Interp.*

CV 3. Ovid. M. VII 237 Et tamen annosae pellem posuere senectae dracones.

---

18. *timidos tenere dentes.* I 6, 2 Inlaesum timidis unguibus haesit onus.
21. 22. Vgl. I 14, 5 ss.
22. *cui.* Zweisilbig auch VIII 52, 3 XI 72, 2 XII 49, 3; überall im zweiten Fusse des Phalaeceus. Vgl. Neue Formenl. II² 229. L. Mueller r. m. 270.
CV 1. *Ovidi.* Ovidius, der den von Nero im J. 65 nach Sicilien verbannten Freund des Philosophen Seneca, Caesonius Maximus, ins Exil begleitet hatte VII 44, vermuthlich wie M. ein Client der Seneca, war M.'s Gutsnachbar bei Nomentum. VII 93 IX 98 XIII 119. Da nun auch der Philosoph Seneca ein grosses Weingut besessen hatte, und das Gütchen M.'s ebenso wie das des Ovid XIII 119 ein Weingut war VII 73 X 44, so liegt die Vermuthung nahe, dass Seneca oder dessen Erben Theile des Hauptgutes an beide verschenkt hatten. Vgl. über Q. Ovidius ausserdem IX 52 und 53 auf seinen Geburtstag, den 1. April, X 44 auf eine von ihm als Begleiter eines Freundes nach Britannien angetretene Reise und SG III 395.
3. 4. Vgl. XIII 117 Amphora Nestorea tibi Mamertina senecta

CVI.

Interponis aquam subinde, Rufe.
Et si cogeris a sodale, raram
Diluti bibis unciam Falerni.
Numquid pollicita est tibi beatam
5 Noctem Naevia sobriasque mavis
Certae nequitias fututionis?
Suspiras, retices, gemis: negavit.
Crebros ergo licet bibas trientes
Et durum iugules mero dolorem.
10 Quid parcis tibi, Rufe? dormiendum est.

CVII.

Saepe mihi dicis, Luci carissime Iuli,
 »Scribe aliquid magnum: desidiosus homo es.«
Otia da nobis, sed qualia fecerat olim

CVI 8. licet bibas *EX.ABFG Sch* bibas licet *PQω Scr.* 9. dolorem *EX.ABGO* pudorem *PQFω* vgl. zu X 98, 11.

CVII 3. Verg. Ecl. 1, 6 deus nobis haec otia fecit.

si detur quodvis nomen habere potest. Nomentaner gehörte ebenso wie Mamertiner zu den besseren Sorten. Wird er alt, so kann man ihm den Namen jedes beliebigen guten Weines geben. Vgl. Marquardt Prl. 433, 12 und 436, 3.
 4. *testa anus*. Zu I 39, 2.
CVI. Vgl. I 68.
 3. *unciam*: einen cyathus. Marquardt Prl. 325.
 6. *fututionis*. Catullisch c. 32, 8.
 8. *trientes*. Becher, die drei cyathi hielten, als gewöhnliche Trinkgefässe oft erwähnt. Marquardt a. a. O.
CVII. Dasselbe Thema ist auch VIII 56 behandelt.
 1. *Luci — Iuli.* Sonst nirgend genannt.
 2. *desidiosus homo es.* Vgl. VIII 3, 12 und desidiosus eques XII 26, 2.
 3. *fecerat.* M. neigt zum Gebrauch des Plusquamperfekts, wo man das Perfekt oder auch das Imperfekt erwartet, namentlich feceram fueram dixeram. Vgl. z. B. II 41, 2 II 83, 2 III 52, 1 V 23, 1 V 52, 4 XI 37, 3 XI 39, 12 XI 71, 1 XI 99, 9 XII 60, 4 Gattmann p. 40—45.

Maecenas Flacco Vergilioque suo:
5 Condere victuras temptem per saecula curas
   Et nomen flammis eripuisse meum.
  In steriles nolunt campos iuga ferre iuvenci:
   Pingue solum lassat, sed iuvat ipse labor.

CVIII.

Est tibi (sitque precor multos crescatque per annos)
 Pulchra quidem, verum transtiberina domus:
At mea Vipsanias spectant cenacula laurus,
 Factus in hac ego sum iam regione senex.
5 Migrandum est, ut mane domi te, Galle, salutem:
 Est tanti, vel si longius illa foret.
Sed tibi non multum est, unum si praesto togatum:
 Multum est, hunc unum si mihi, Galle, nego.

CVII 7. nolunt campos *T Fris. Q₅ Schn* campos nolunt *PEFω Scr*.
CVIII 3. Vipsanias *Gilbert* Vipsanas *P Schn* rupsanas *Q B D i y* psana's) *EXABCFGO* 6. est *PEBFG Gilbert p. 21* es, dahinter ein Buchstabe ausradirt *Q* es ω *Schn*.

CVII 8. Verg. G. 1 64 Pingue solum — Fortes invortant tauri.
CVIII 1. Ovid II. 1, 111 Est tibi, sitque precor, natus, qui etc. Ovid. Tr. I 9, 1 Est mihi, sitque precor, Flavae tutela Minervae Navis. Cons. ad Liv. 471 Est tibi, sitque precor, multorum filius instar.

5. *victuras — curas.* Vgl. zu I 25, 7.
CVIII. Die Beschwerde über die Zumuthung zu vieler Clientendienste hat M. an einen Gallus auch X 56 und 82 gerichtet. Der hier und vielleicht auch in jenen beiden Epigrammen Angeredete ist schwerlich Munatius Gallus X 33.
1. Vgl. IX 18, 1 Est mihi sitque precor longum te praeside Caesar.
3. *Vipsanias — laurus*. Hier und IV 18, 1 Vipsaniis — columnis ist die porticus des Agrippa gemeint, welche einen mit Lorbeerhainen bepflanzten Platz umgab. Becker Top. I p. 597 Anm. 1259. Ueber die Verschleifung des i zu IV 78, 8. M.'s Miethwohnung zu I 117 lag in der Nähe des Floratempels auf dem westlichen Rande des Quirinal. Becker Top. 577, A. 1218.
5. *Migrandum est*. Entweder: ich muss eine Reise machen, oder, wenn longius hier bedeutet: abgelegener Gilbert: ich muss umziehn.
6. *Est tanti* sc. migrare.
7. *togatum*. SG I 339, 5.

Ipse salutabo decima te saepius hora.
10 Mane tibi pro me dicet havere liber.

CIX.

Issa est passere nequior Catulli,
Issa est purior osculo columbae,
Issa est blandior omnibus puellis,
Issa est carior Indicis lapillis.
5 Issa est deliciae catella Publi.
Hanc tu, si queritur, loqui putabis:
Sentit tristitiamque gaudiumque.
Collo nixa cubat capitque somnos.
Ut suspiria nulla sentiantur;
10 Et desiderio coacta ventris
Gutta pallia non fefellit ulla.
Sed blando pede suscitat toroque

CVIII 10. havere *P* avere *Qω Ser* avete *XF* averte *EAB* aveto *CG Schn.*
CIX 1—5. Issa] Ipsa *PQ prBFς*.

9. 10. Vgl. I 70, 17. 18.
CIX. Publius, allem Anschein nach derselbe, der sich durch die Eleganz seiner Kleidung II 57, seiner häuslichen Einrichtung und Dienerschaft X 98 und durch seine Kunst im Brettspiel auszeichnete, hatte seine Lieblingshündin Publius exiguae si flagrat amore catellae VII 87, 3 Issa selbst gemalt. Das Gedicht M.'s erinnert fast nur am Anfang an den passer des Catullus. Der Einfall Bergks Philol. XI 385 bei Catull 3, 7 Issa statt ipsa zu lesen, ist schon deshalb verfehlt, weil passer ein Masculinum ist. Vgl. Pankstadt p. 5 s. Dagegen hält Buecheler (ad Petron. c. 63 ed. maj.) Issa für die volksthümliche Aussprache von Ipsa in der Bedeutung Domina, das dann auch als Liebkosungswort gebraucht worden sei.

1—5. M. liebt es, aufeinander folgende Verse wie Catull. 3, 3 und 4 mit demselben Wort oder derselben Phrase anzufangen, auch zwei gleich oder ähnlich lautende Verse aufeinander folgen zu lassen; vgl. VI 14 X 35 XII 79; zu II 41, 3 und 4. Pankstadt p. 25—27.

4. *Indicis lapillis.* X 38, 5 Caris litoris Indici lapilli.

10. Erinnert dem Klange nach an Catull 2, 5 Cum desiderio meo nitenti

Deponi monet et rogat levari.
Castae tantus inest pudor catellae,
15 Ignorat Venerem: nec invenimus
Dignum tam tenera virum puella.
Hanc ne lux rapiat suprema totam,
Picta Publius exprimit tabella.
In qua tam similem videbis Issam.
20 Ut sit tam similis sibi nec ipsa.
Issam denique pone cum tabella:
Aut utramque putabis esse veram,
Aut utramque putabis esse pictam.

CX.

Scribere me quereris, Velox, epigrammata longa.
   Ipse nihil scribis: tu breviora facis.

CXI.

Cum tibi sit sophiae par fama et cura deorum.

   CIX 13. monet et rogat *MPQABCO Ser Schn²* rogat et monet *EXFG* monet et monet *ed. Ferrar. Schn¹*. 19. Issam] Ipsam *PQFz*.
   CXI 1. deorum *PQω Frdl* laborum *EXABCFG Ser Schn*.

  19. 20. *Issam — ipsa*. Buecheler s. oben glaubt, dass M. die beiden Wörter als so gut wie gleichlautende absichtlich einander entsprechen lässt.

  CXI. 1. *sophiae*. VII 74, 9 Hic pius antistes sophiae sua dona ministrat. Seneca Epp. 89, 7 sapientia est, quam Graeci σοφίαν vocant. Hoc verbo Romani quoque *utebantur*, sicut philosophia nunc quoque utuntur, quod et togatae tibi antiquae probabunt et inscriptus Dossenni monumento titulus: Hospes resiste et sophiam Dossenni lege. Vgl. Ennius Ann. I 15 222. Afranius bei Gell. XIII 8, 3. Cic. de offic. I 43, 153 illa sapientia, quam σοφίαν Graeci vocant. In der Zeit zwischen Seneca und Martial mag das griechische Wort aus der Umgangssprache in die Schriftsprache eingedrungen sein. Vgl. über sophos zu VII 32, 4.

  1. *cura deorum* heisst Regulus selbst I 82, 10, doch ist deorum hier ohne Zweifel als objektiver Genitiv zu fassen wie Liv. VI 41 tradamus — deos deorumque curam, quibus nefas est. Die cura deorum v. 2 pietas ist für M. die Veranlassung ihm Weihrauch zu schenken, wie die fama sophiae v. 2 ingenium die Veranlassung zum Geschenk des Buches.

Ingenio pietas nec minor ipsa suo.
Ignorat meritis dare munera, qui tibi librum
Et qui miratur, Regule, tura dari.

CXII.

Cum te non nossem, dominum regemque vocabam.
Nunc bene te novi: iam mihi Priscus eris.

CXIII.

Quaecunque lusi iuvenis et puer quondam
Apinasque nostras, quas nec ipse iam novi,
Male collocare si bonas voles horas
Et invidebis otio tuo, lector,
5 A Valeriano Pollio petes Quinto,
Per quem perire non licet meis nugis.

CXIII 5. Pollio ω *Schn*¹ Iopolio P Polio *Schn*².

CXII Querolus [Klinkh.] 101 Mirum hoc, si despicit, qui novit; qui non novit, diligit?

CXIII 1. Ovid. Tr. III 1, 7 quod viridi quondam male lusit in aevo.

2. *ingenio — suo*. JFGronov.: ingenio suo, quod ipsa occupavit obtinetque. Sic [I 6, 3 Nunc sua Caesareos exorat praeda leones.] I 78, 2 Inque suos vultus serperet atra lues, i. e. eius hominis, cuius corpus invaserat. — Sic apud Ovidium Nuc. 154 Et crimen vox est inficiata suum. [Et Statium (S. V 2, 14 mentem sua non capit aetas.)]*) Vgl. Gronov Diatribe in Stat. p. 320, ed. Hand. p. 496.

CXII. Vgl. II 68 Quod te nomine iam tuo saluto, quem regem et dominum prius vocabam etc. M. erklärt, sich überzeugt zu haben, dass der von ihm als Patron erwählte Priscus der Name ist gewiss willkürlich gewählt die vorausgesetzten Eigenschaften nicht besitze, entsagt daher seinem Dienst und entzieht ihm die ehrende Anrede, die der Patron von dem Clienten beanspruchte. Vgl. VI 88. SG I 341 f. 399.

CXIII. 2. *Apinasque nostras*. XIV 1, 7 Sunt apinae tricaeque et si quid vilius istis. Plin. N. h. III 104: Diomedes ibi in Apulia delevit urbes duas, quae in proverbi ludicrum vertere, Apinam et Tricam. Richtig Non. p. 8 (Quicherat Tricae sunt impedimenta et implicationes et intricare: impedire, morari. Vgl. Curtius Etymol.⁴ 462. Die Herkunft und Etymologie von apinae ist unbekannt.

5. Dass Q. Pollius Valerianus die Jugendgedichte M.'s verlegte oder neu auflegte, beweist am besten den Erfolg, den die beiden ersten Bücher gehabt hatten. Vgl. oben S. 17 f.

6. *nugis*. Nugas nennt M. mit Vorliebe nach Catull (1, 4 seine

---

*) Die eingeklammerten Stellen sind heterogen. Gilbert.

CXIV.

Hos tibi vicinos, Faustine, Telesphorus hortos
Faenius et breue rus udaque prata tenet.
Condidit hic natae cineres nomenque sacrauit
Quod legis Antullae, dignior ipse legi.
5 Ad Stygias aequum fuerat pater isset ut umbras
Quod quia non licuit, vivat, ut ossa colat.

CXV.

Quaedam me cupit (invide Procille!)
Loto candidior puella cygno,
Argento, niue, lilio, ligustro:
Sed quandam volo nocte nigriorem,
5 Formica, pice, graculo, cicada.
Iam suspendia saeua cogitabas:
Si noui bene te, Procille, vives.

CXIV 5. isset *EXABCFG* isse ς *Rand r. Q* ire ΨPQ.
CXV 1. invide Procille! *Gilbert* invide Procille. *Schn.*

CXIV 1. Seneca Epigr. 15, 1 (Baehrens Plm IV 43) Quaedam me, si credis, amat, sed dissilit, ardet . 2. Verg. Ecl. 7,38 candidior cygno (Galatea). Priap. 46,1. O non candidior puella Mauro Pr. 32, 1 Uuis aridior puella passis'.
CXV 7. Zu III 68, 11.

Gedichte. II 1, 6 IV 72, 3; 82, 4 IV 10, 4 V 80, 3 VI 61, 7 VII 11, 1. 26, 7 VII 54, 1 VIII 3, 11. Paukstadt p. 10 sq.
CXIV. Vgl. 1 116. Beide auf den Tod einer Antulla, der jung verstorbenen Tochter eines Faenius Telesphorus.
  1. *Faustine.* Zu 1 25.
  hortos. Zu 1 88, 5. 6.
  5. Eine Umschreibung der auf Grabschriften üblichen Formeln, z. B. Orelli 4606 Mater feci filiae meae quod aequum fuerat filia hoc faceret mihi. Henzen 7380 Debuit in hoc titulo mater ante legi.
  ad Stygias umbras. Zu 1 101, 5.
CXV 1. *invide.* Imperativ, da Pr nicht Position macht (was jedoch L. Mueller r. m. p. 320 als durch die Licenz der epigrammatischen Sprache entschuldigt, für möglich hält). Gilbert Philol. Anzeiger XII 28. Zu Sp 28, 10.

CXVI.

Hoc nemus aeterno cinerum sacravit honori
Faenius et culti iugera pulchra soli.
Hoc tegitur cito rapta suis Antulla sepulcro,
Hoc erit Antullae mixtus uterque parens.
5 Si cupit hunc aliquis, moneo, ne speret agellum
Perpetuo dominis serviet iste suis.

CXVII.

Occurris quotiens, Luperce, nobis
»Vis mittam puerum« subinde dicis,
»Cui tradas epigrammaton libellum,
Lectum quem tibi protinus remittam?«
5 Non est quod puerum, Luperce, vexes.
Longum est, si velit ad Pirum venire,
Et scalis habito tribus, sed altis.

CXVI 2. pulchra *TEXABCFG* Schn pauca P(?) Scr.

CXVI 2. Tibull I 1, 2 Et teneat culti jugera multa soli.

CXVI = Meyer Anthol. lat. 204; vgl. Riese Anthol. lat. I praef. p. XXXVI.

CXVI. Vgl. I 114.
2. *iugera pulchra soli* = I 85, 2. Iugera pauca soli VI 16, 2.
5. 6. Eine Umschreibung der gewöhnlichen Schlussbestimmung von Grabschriften: hoc monumentum sive sepulcrum heredem non sequitur. Wilmanns Ex. Inser. II 693 sq.

CXVII. Vgl. das verwandte Gedicht IV 72.
1. *Luperce*. Ein willkürlich gewählter Name für einen Leser seiner Epigramme, der aber zu geizig ist, sie zu kaufen. Dass dies geschehe, wünscht M., weil er seinem Buchhändler den Vortheil gönnt, nicht weil er selbst irgend welchen davon hatte, denn buchhändlerische Honorare kannte jene Zeit nicht, wie Birt S. 354 f. irrthümlich annimmt. SG III 351, 5.

6. *ad Pirum*. Es ist weit bis zu meinem Hause »zur Birne«. Einen Ort ad pirum auf dem Quirinal erwähnt die Bulle Innocenz III Reg. 2, 102 vom J. 1199. Jordan, Römische Aushängeschilder Archäol. Zeitung IV (1871) S. 71 Top. I 72°. M. wohnte dort zur Miethe. Vgl. V 22, 4 VI 27, 1 und zu I 108, 3.

7. *sed altis*. Das der Umgangssprache entnommene sed in der

Quod quaeris propius petas licebit.
Argi nempe soles subire letum:
10 Contra Caesaris est forum taberna
Scriptis postibus hinc et inde totis.
Omnes ut cito perlegas poetas.
Illinc me pete. Nec roges Atrectum.
(Hoc nomen dominus gerit tabernae)
15 De primo dabit alterove nido
Rasum pumice purpuraque cultum
Denaris tibi quinque Martialem.
»Tanti non es« ais? Sapis, Luperce.

CXVII 13. pete. Nec *Gilbert*[3] p. 514 pete, nec *Schn* ne P me C nec Qm petes nec *EXAB*G si *Hus*. 17. denaris *EXAB Schn*[2] denariis *QFv Schn*[1].

Bedeutung »und zwar« vgl. Mayor zu Juven. 5, 147 braucht M. mit Vorliebe. II 6, 6 V 44, 9 VI 68, 1 VI 70, 5 VI 78, 7 VI 93, 2 VII 2, 8 VII 28, 8 VII 34, 4 VII 72, 15 X 87, 14 XII 18, 22. Ueber Wohnungen in oberen Stockwerken SG I 7.

9. *Argi — letum.* Die Trennung des Worts beruht auf falscher Etymologie; zu I 3, 1.

10. *Contra Caesaris — forum.* Man könnte allerdings das von dem regierenden Kaiser Domitian erbaute Forum Palladium zu I 2, 8 verstehen, doch ist wol das Forum Julium Becker Top. 362 ff. gemeint.

11. Die Buchläden waren an Pfeilern und Eingängen mit Bücheranzeigen bedeckt. Marquardt Prl. 804, 15.

13. *Illinc me pete. Nec roges Atrectum. — De primo dabit* etc. »Und auch ohne dass du meine Gedichte ausdrücklich verlangst vgl. z. B. den ähnlichen Conjunktiv III 5, 8 wird A. sie als Novität dir vorlegen und für 5 Denare geben. In nec gehört das »Und« nicht zu roges, sondern zum ganzen Satze dabit.« Gilbert. Ueber Atrectus als Buchhändler vgl. Einl. S. 16 u. 17, 1.

15. *nido.* Fach des Büchergestells, vgl. VII 17, 5.

16. Zu I 66, 10. 11. *purpura:* der mit Purpur gefärbte Pergamentumschlag.

17. *Denaris.* Vgl. IX 100, 1 und Vipsanis IV 18, 1. Lachmann ad Lucret. p. 279. L. Mueller r. m. p. 387. *quinque.* Zu I 66, 3. 4.

CXVIII.

Cui legisse satis non est epigrammata centum,
Nil illi satis est, Caediciane, mali.

Subscriptionen: Epigrammaton liber primus explicit. incipit secundus. Ego torquatus gennadius emendavi feliciter qui floreas P. Epigrammaton liber primus explicit incipit secundus. ego torquatus Gennadius emendavi foeliciter qui reflorni Q. M. VALERI. MARTIALIS. EPIGRAMMATON. LIBER. EXPLICIT. INCIPIT. SECVNDVS. FELICITER X. Ego Torquatus Gennadius emendavi feliciter f *Schn*[1] *p. XCIII*. Keine Subscription in *TE.ABF*.

M. Valerii Martialis Epigrammmaton
Liber II.

Valerius Martialis Deciano Suo Sal.

»Quid nobis« inquis »cum epistola? parumne tibi
praestamus, si legimus epigrammata? quid hic porro
dicturus es, quod non possis versibus dicere? Video
quare tragoedia atque comoedia epistolam accipiant,
5 quibus pro se loqui non licet; epigrammata curione non
egent et contenta sunt sua lingua. In quacunque pagina
visum est, epistolam faciunt. Noli ergo, si tibi videtur,
rem facere ridiculam et in toga saltantis inducere personam. Denique videris, an te delectet contra retiarium

Epistola fehlt in TREXABCEFGV.
L. 4 quare tragoedia atque comoedia *Gilbert* qua tragoedia
aut qua comoedia *ΨP* quare tragoedia aut comoedia *Q* quare tragoedi atque comoedi *fehlt ω Ser* quare tragoedi atque comoedi
Schn quare tragoediae aut quare comoediae *Haupt Opp. III 499 sq.*
quare tragoediae et comoediae *Madvig Advers. crit. II 163 sq.* L. 8 et
in toga saltantis inducere personam *Pontanus* et de in toga saltanti
inducere personam *ΨPQ* et in toga saltantem inducere personam *Ser*
et in toga saltanti inducere personam *Schn.*

Epistola. Deciano. Zu 1 8.
4. *epistolam.* Zu I Epist. l. 18. Vgl. auch III 5,11. Vorreden in Briefform vor Tragödien erwähnt Quintilian VIII 3, 31 nam memini juvenis admodum inter Pomponium ac Senecam etiam praefationibus
esse tractatum, an »gradus eliminat« in tragoedia dici oportuisset
Haupt Opp. III 499 sq.
5. *curione.* curio für praeco auch H. A. Gallieni II c. 12. Vgl.
Cassius Dio LXIX 6. Ueber die pronuntiatio tituli von der Bühne
vor dem Anfang der Stücke Friedländer bei Marquardt StV III 513, 2.
8. *in toga saltantis inducere personam.* Inducere: auftreten lassen.
Ebenso lächerlich als auf der Bühne ein Tanz in der toga, ist ein
Buch voll ausgelassener Epigramme mit einer ernsten Vorrede. Vielleicht war der Ausdruck ein sprichwörtlicher.
9. *contra retiarium ferula.* Eine entschuldigende Vorrede, die gegen

ferula. Ego inter illos sedeo qui protinus reclamant.«
Puto mehercules, Deciane, verum dicis. Quid si scias,
cum qua et quam longa epistola negotium fueris habi-
turus? Itaque quod exigis fiat. Debebunt tibi si qui in
hunc librum inciderint, quod ad primam paginam non
15 lassi pervenient.

I.

Ter centena quidem poteras epigrammata ferre,
    Sed quis te ferret perlegeretque, liber?
At nunc succincti quae sint bona disce libelli.
    Hoc primum est, brevior quod mihi charta perit;
5 Deinde, quod haec una peraget librarius hora,

L. 11. mehercules *PQς Gilbert³ p.515* mehercule *OSchn*. 12. fueris
Qω fueras *P*.

I 2. perlegeretque *TEFω Schn* perlegeretque *corr. aus* perlegetque
Q perlegeretve *ξP Ser* 5. peraget *T Frdl EXACFG* peragat *B* peragit *QSchn*.

I 4 Auson. epigr. 35 34 1. 2 charta — incipe versiculis ante
perire meis. Sidon. Apoll. C. 9, 10 jubes — perire chartam..

die Angriffe der Kritik ebenso wenig vermag als ein Rohrstock gegen
den Dreizack und das Netz des Netzfechters. Ueber die Waffen der
retiarii SG II 480 f. Die den Schauspielen im Amphitheater entlehnten sprichwörtlichen Redensarten waren wahrscheinlich sehr
zahlreich.

10. *protinus reclamant*. Diejenigen, welche im Theater, bei Gerichtsverhandlungen, Recitationen ihr Missfallen sofort laut zu erkennen
geben. Cicero de orat. III 10 f. in his si paullum modo offensum
est, theatra tota reclamant.

11. *mehercules*. Cic. orat. 47, 157 libentius dixerim — mehercule
quam mehercules. Das letztere, metrisch geschützt Phaedr. III 17, 8
At, mehercules, narrabit quod quis voluerit; Gilbert³ p. 515°, scheint
der Umgangssprache anzugehören. Petron hat es fast durchweg einmal hercule, einmal hercules und Apulejus neben hercules in den
Metam. desgleichen hercule sehr selten: I 3, 24 IV 2, 7 ; in den
rhetorischen Schriften dagegen hercule und hercle. HBecker Stud.
Apulej. Regim. 1879 p. 11 sq.

14. *quod ad primam paginam non lassi pervenient*. Der Brief an
Decianus befand sich also auf der Aussenseite des Buches. Zu I
Epist. S. 163.

I. 3. *succincti — libelli*. Zu I Epist. l. 1. und I 45.

4. *charta perit*. Vgl. Mayor zu Juvenal 1, 18.

Nec tantum nugis serviet ille meis:
Tertia res haec est, quod si cui forte legeris.
Sis licet usque malus, non odiosus eris.
Te conviva leget mixto quincunce, sed ante
10   Incipiat positus quam tepuisse calix.
Esse tibi tanta cautus brevitate videris?
Hei mihi, quam multis sic quoque longus eris!

II.

Creta dedit magnum, maius dedit Africa nomen,
Scipio quod victor quodque Metellus habet;
Nobilius domito tribuit Germania Rheno,
Et puer hoc dignus nomine, Caesar, eras.
5 Frater Idumaeos meruit cum patre triumphos,
Quae datur ex Chattis laurea, tota tua est.

III.

Sexte, nihil debes, nil debes, Sexte, fatemur.
Debet enim, si quis solvere, Sexte, potest.

IV.

O quam blandus es, Ammiane, matri!
Quam blanda est tibi mater, Ammiane!

II 6 Chattis Castis *T* Chathis *A* Chatbis *X* Chatis *prBC* Cathis *βPQG* Dachis *F* Dacis *ς* Chattis Schn. nach Grimm DGr. I 172 Mythol. p. XXII vgl. auch Grimm Gesch. d. Dtschen Spr. p. 400

6. *nugis.* Zu I 113, 6.

II. 3. *nobilius — domito Rheno.* XIV 170, 1 illi, cui nomina Rhenus Vera dedit. Der Beiname Germanicus, den Domitian im J. 84 nach dem Triumph über die Chatten vor dem 13. September annahm, vgl. Einl. S. 54 f.

4. *puer.* Weil er im J. 70 also im Alter von 19 Jahren an einer gegen Gallien und Germanien veranstalteten Expedition Imhof, Domitian S. 29 ff. Eckhel DN VI p. 368 vgl. 398 Theil genommen hatte.

III. Vgl. IX 102, 4.

IV. Ohne nachweisbare Reminiscenz an die dem Inhalt nach verwandten Gedichte Catulls 88—91; doch mit Wiederholung derselben Worte und Phrasen in Catulls Weise. Paukstadt p. 25.

Fratrem te vocat et soror vocatur.
Cur vos nomina nequiora tangunt?
5 Quare non iuvat hoc quod estis esse?
Lusum creditis hoc iocumque? Non est
Matrem, quae cupit esse se sororem.
Nec matrem iuvat esse nec sororem.

V.

Ne valeam, si non totis, Deciane, diebus
  Et tecum totis noctibus esse velim.
Sed duo sunt quae nos disiungunt milia passum
  Quattuor haec fiunt, cum rediturus eam.
5 Saepe domi non es, cum sis quoque, saepe negaris
  Vel tantum causis vel tibi saepe vacas.
Te tamen ut videam, duo milia non piget ire:
  Ut te non videam, quattuor ire piget.

VI.

I nunc, edere me iube libellos,
Lectis vix tibi paginis duabus

V 7. S. Interp. nach Gilbert. Schm: ire, videam beidemale ohne Interp.

IV 6. (Terent. Eun. II 3, 5 Ludum iocumque dicet fuisse illum alterum. Priap. 43, 2 Nolite omnia, quae loquor, putare Per lusum mihi per iocumque dici).

3. *Fratrem — soror.* Benennungen, die im geschlechtlichen Verkehr gebraucht wurden, daher nomina nequiora. Vgl. X 65, 15 XII 20 und die Erklärer zu Petron. c. 127 feminam ornatam et hoc primo anno virum expertam concilio tibi, o juvenis, sororem. Habes quidem et fratrem, neque enim me piguit inquirere; sed quid prohibet et sororem adoptare?

4. *tangunt:* reizen. Ovid. Metaph. X 614 Nec forma tangor, poteram tamen hac quoque tangi.
7. S. *sororem.* Zu I 7, 4.
V. Vgl. I 108.
1. *Deciane.* Zu I 8.
ne valeam = IV 31, 3. Zu I 39, 8.
3. *passum.* Ueber diese Form des Genitivs Neue Formenl. I 370 f. L.Müller r. m. p. 256.
VI. 1. *I nunc.* Zu Sp 23, 6.

Spectas eschatocollion, Severe,
Et longas trahis oscitationes.
5 Haec sunt, quae relegente me solebas
Rapta exscribere, sed Vitellianis.
Haec sunt, singula quae sinu ferebas
Per convivia cuncta, per theatra,
Haec sunt aut meliora si qua nescis.
10 Quid prodest mihi tam macer libellus,
Nullo crassior ut sit umbilico,
Si totus tibi triduo legatur?
Nunquam deliciae supiniores.
Lassus tam cito deficis viator.

VI 12. totus *codd.* toto *Rde Prado Hypomn. p. 151.*

3. *eschatocollion*. Das auf den umbilicus geklebte letzte Blatt. Marquardt Prl. 793.

Severe. Wahrscheinlich Silius Severus, Sohn des Dichters Silius Italicus, cos. wahrscheinlich Ende 93 Einl. S. 60 ç 94 IX 86, nach welchem Epigramm er auch Dichter war'. An ihn wol auch V 11 V 80 VI 8 VII 34 VII 38 VII 49 VII 79 VIII 61. Dass der mit Statius befreundete Ritter Septimius Severus SG III 457, an den Giese De pers. a M. comm. p. 37 diese Gedichte gerichtet glaubt, mit M. bekannt war, lässt sich nicht nachweisen.

6. *sed Vitellianis*. Codicilli kleinsten Formats, besonders zu Liebesbriefen benutzt, gewiss elegant, vermuthlich nach dem Fabrikanten benannt. Marquardt Prl. 781 f.

8. *convivia — theatra*. Beide öfter als Orte der Conversation genannt SG I 374, 6.

11. *Nullo* vielleicht für omnino non; zu VIII 30, 6. Doch kann M. auch gemeint haben, dass das Buch so dünn war als selbst der dünnste umbilicus.

12. *totus*. Wenn du 3 Tage brauchst, um es ganz zu lesen, während man es in kürzerer Zeit beenden kann als zur Abkühlung eines heissen Getränks erforderlich ist. II 1, 9 s. Doch vielleicht hat M. (wie Ramirez de Prado wollte) toto geschrieben.

13. *Nunquam deliciae supiniores*. Niemals gab es eine mit mehr Uebermuth (d. h. Blasiertheit) getriebene Liebhaberei. Cic. Verr. II 4. 57, 126 Etiamne huius operarii Verris studia ac delicias, indices, perferetis?

15 Et cum currere debeas Bovillas,
Interiungere quaeris ad Camenas?
I nunc, edere me iube libellos.

VII.

Declamas belle, causas agis, Attice, belle,
Historias bellas, carmina bella facis,
Componis belle mimos, epigrammata belle,
Bellus grammaticus, bellus es astrologus,
5 Et belle cantas et saltas, Attice, belle,
Bellus es arte lyrae, bellus es arte pilae,
Nil bene cum facias, facias tamen omnia belle.
Vis dicam quid sis? magnus es ardalio.

15. *currere*: fahren; vgl. III 20, 18.
Bovillas. Etwa 12 Millien von Rom.
16. *ad Camenas*. Bei dem Haine der Camenen vor der Porta Capena Becker Top. 513 ff., wo man die Wagen erst zu besteigen pflegte Juven. 3, 12 ss., da in Rom bei Tage nicht gefahren werden durfte SG I 60 ff., also gleich nach der Ausfahrt.
17. M. schliesst öfter wie Catull mit dem Anfangsverse IV 64 IV 89 VII 26, oder einem sehr ähnlichen II 41 III 20 VII 17 IX 57. Zuweilen entsprechen sich auch der zweite, dritte oder vierte und der Schlussvers IV 2 VI 42 VII 59 IX 55 X 37. Paukstadt p. 34.

VII. Zu I 9.
3. *epigrammata belle* = VII 85, 3.
4. Du hast hübsche literarische und hübsche astronomische Kenntnisse. Beide erwarb man in den Schulen der grammatici, wo bei der Erklärung der Dichter besonders auch die bei denselben viel vorkommenden Angaben über Stand, Auf- und Untergang der Gestirne erörtert wurden. Marquardt Prl. 105.

astrologus für Astrolog schon bei Ennius ist für Astronom gewöhnlich. In der ausschliesslichen Bedeutung »Astrolog« spätlateinisch Hieronymus. astronomus hat erst Firmicus Maternus, obwohl astronomia alt ist.

7. Dieselbe Gegenüberstellung von bene und belle X 46. Vgl. auch XII 39.

8. *ardalio*. Das Wort scheint zur Bezeichnung eines geschäftigen Müssiggängers erst im Anfang der Kaiserzeit in Aufnahme gekommen zu sein. SG I 365. Schon deshalb ist die Vermuthung von MBréal Rev. de philol. IX 1885, 2 p. 137, Ἀρδαλίων sei der Name einer bekannten Figur der palliata gewesen, nicht wahrscheinlich: auch ist ein choriambischer Name für den Scuar nicht bequem. Der Name Ar-

VIII.

Si qua videbuntur chartis tibi, lector, in istis
   Sive obscura nimis sive latina parum,
Non meus est error: nocuit librarius illis,
   Dum properat versus adnumerare tibi.
5 Quod si non illum, sed me peccasse putabis,
   Tunc ego te credam cordis habere nihil.
»Ista tamen mala sunt.« Quasi nos manifesta negemus:
   Haec mala sunt, sed tu non meliora facis.

IX.

Scripsi, rescripsit nil Naevia, non dabit ergo.
   Sed puto quod scripsi legerat: ergo dabit.

X.

Basia dimidio quod das mihi, Postume, labro,
   Laudo: licet demas hinc quoque dimidium.
Vis dare maius adhuc et inenarrabile munus?
   Hoc tibi habe totum, Postume, dimidium.

VIII 4. adnumerare *RXA* annumerare *Schn.*
X 3. munus? *Frdl Gilbert* munus, *Schn.*

VIII 1. Ovid. Tr. III 1, 17 Si qua videbuntur casu non dicta latine. dalio scheint nur in der Hist. Apollon. reg. Tyr. c. 24 Ardaleo, c. 39 Ardalionem vorzukommen; in dem Onomasticon von De Vit fehlt er.
   VIII 3. 4. Ueber die Fehler der Abschreiber klagen die alten Antoren oft. Marquardt Prl. 807.
   7. *quasi nos manifesta negemus.* XIV 1, 8 vel quis Tam manifesta negat?
   8. *sed tu non meliora facis.* Der Sinn scheint zu sein: Du verbesserst die Fehler nicht, was du doch durch stillschweigende Berichtigung leicht könntest und solltest.
   IX 1. *dabit.* dare wie χαρίζεσθαι häufig von der Gewährung der letzten Gunst z. B. II 25 II 49, 2 II 52, 2; 56, 4 IV 71, 6 u. s. w., ebenso negare, wie III 54, 2 IV 71, 6 nil negare; zu XII 71. 2 ; promittere IV 81, 5 X 81, 3.
   X 1. *Postume.* Vgl II 21—23 und 12. Die Begrüssung mit dem Kusse unter Männern, zur Zeit der Republik nicht nachweisbar, wie es scheint, unter August von den orientalischen Höfen an den römi-

XI.

Quod fronte Selium nubila vides, Rufe,
Quod ambulator porticum terit seram,
Lugubre quiddam quod tacet piger vultus,
Quod paene terram nasus indecens tangit,
5 Quod dextra pectus pulsat et comam vellit:
Non ille amici fata luget aut fratris,
Uterque natus vivit et precor vivat,
Salva est et uxor sarcinaeque servique.
Nihil colonus vilicusque decoxit.
10 Maeroris igitur causa quae? Domi cenat.

---

schen übertragen, noch unter Tiberius nur unter den proceres üblich
Plin. N. h. XXVI 3; SG I 141 f., war damals bereits allgemein geworden und wurde oft lästig empfunden. Vgl. besonders VII 95 XI 98 XII 59.

XI 1. Vgl. II 14; 27; 69, 6. wo der Mahlzeitenjäger immer Selius heisst; dagegen Menogenes XII 82.

Rufe. Hier und II 29 wol Canius Rufus; zu I 61. Ueber die andern bei M. vorkommenden Rufi SG III 447.

2. *porticum terit seram.* III 20, 2 porticum terit; II 14, 16 serum carpit iter. Spaziergänge in den von Portiken umgebenen Promenaden des Marsfeldes wurden in der Nachmittagszeit nach Beendigung der Tagesgeschäfte vor der Hauptmahlzeit cena gemacht. Diese Portiken sowie die Thermen, in denen man ebenfalls unmittelbar vor der cena badete, die Tempel im Marsfelde und die Läden, in welchen die elegante Welt einkaufte, werden daher von denjenigen aufgesucht, die sich um eine Einladung zu Tische bemühen.

3. Das träge, verdrossene Gesicht drückt in seinem Schweigen Trauer aus.

5. V 37, 19 Pectusque pulsans pariter et comam vellens.

9. *colonus vilicusque.* VII 31, 9 vilicus aut colonus. Der freie Zeitpächter oder der unfreie Meier. Vgl. Mommsen Die Italische Bodentheilung u. die Alimentartafeln. Hermes XIX (1884 S. 412 f.). Columella I 7 cum omne genus agri tolerabilius sit sub liberis colonis SG I 328 quam sub vilicis servis habere, tum praecipue frumentariam.

10. *Domi cenat.* ceno domi II 79. 2 III 50, 10 V 47, 1 V 50, 1 XI 24. 15 XII 19, 2. Domicenium V 78, 1 XII 77. 6; cenare foris II 53. 3; 69. 1 IX 10. 1.

XII.

Esse quid hoc dicam, quod olent tua basia myrrham
  Quodque tibi est nunquam non alienus odor?
Hoc mihi suspectum est, quod oles bene, Postume, semper
  Postume, non bene olet qui bene semper olet.

XIII.

Et iudex petit et petit patronus.
Solvas censeo, Sexte, creditori.

XIV.

Nil intemptatum Selius, nil linquit inausum,
  Cenandum quotiens iam videt esse domi.
Currit ad Europen et te, Pauline, tuosque
  Laudat Achilleos, sed sine fine, pedes.

XII 1. Ovid. Am. I 2, 1 Esse quid hoc dicam Priap. 44, 1 Velle quid hanc dicas hastam?
XII 4. Auson. epigr. 76 (125 Toll.), 2 Nec male olere mihi, nec bene olere placet.
XIV 1. Horat. A. P. 285 Nil intemptatum nostri liquere poetae. Verg. A. VII 308 Nil linquere inausum.

XII 4. Hieronym. Epp. 130 1 p. 995 Vallars.) de quibus illud Arbitri est „non bene — semper olet.“

XII 1. *Esse quid hoc dicam* = V 10, 1.
3. 4. VI 55, 5 Malo quam bene olere, nil olere. Plaut. Mostell. 236 citirt von Cic. ad Att. II 1, 1 mulier recte olet, ubi nil olet.
XIII 2. *solvas — creditori.* Weil die Bezahlung der Schuld weniger kostet als bei einem zur Aberkennung derselben geführten Process die Bestechung des Richters und das Honorar des Anwalts.
XIV. Vgl. zu II 11.
3. *Europen.* Die im Marsfelde (ante frontem septorum (Jordan Forma Urbis p. 37 a) d. h. bei der Kirche S. Ignazio Lanciani Le acque 1880 p. 126) von Agrippas Schwester, Vipsania Polla, erbaute porticus Pollae, nach einem die Entführung der Europa darstellenden Gemälde auch p. Europae genannt. Becker Top. 596. Laufübungen in derselben erwähnt M. auch VII 32, 11.
3. 4. *Pauline.* Vermuthlich der III 78 angeredete, der sich also dort bei Wettläufen hervorthat. SG I 373, 10.
4. *Achilleos — pedes.* Vgl. Achilleas — comas in einem ähnlichen Epigramm, XII 82, 10.

5   Si nihil Europe fecit, tum Saepta petuntur.
    Si quid Phillyrides praestet et Aesonides.
    Hic quoque deceptus Memphitica templa frequentat
    Adsidet et cathedris, maesta iuvenca, tuis.
    Inde petit centum pendentia tecta columnis,
10 Illinc Pompei dona nemusque duplex.

XIV 6. Ph,i y llirides *PXBFG* Philyr. *EQ*?) 7. Hic *Ser* hinc codd. Schn.

XIV 7. Ovid. A. a. I 77 Memphitica templa. 9. Verg. A. VII 170 Tectum augustum, ingens, centum sublime columnis.

5. *Saepta.* Die von Caesar begonnenen, von Agrippa vollendeten hauptsächlich zu Volksversammlungen bestimmten Saepta Julia hatten auf der Seite der 'ihrer Richtung nach dem Corso entsprechenden via lata Becker Top. 595) eine siebenfache, durch acht Reihen von Säulen oder Pfeilern gebildete Halle, auf der andern Seite wahrscheinlich schmalere Säulenstellungen, die einen freien Platz einschlossen. Damals befanden sich dort die elegantesten Kaufläden II 57 IX 59 X 80. Becker Top. 632 f.

6. *Phillyrides.* Chiron, der Sohn der Philyra. Eine Gruppe des Chiron und Achill in den Saepta erwähnt Plin. N. h. XXXVI 29 nec minor quaestio est in saeptis Olympam et Pana, Chironem cum Achille qui fecerint. Jordan l. l.

Aesonides. Jason, ohne Zweifel eine hervorragende Figur in den Gemälden der von Agrippa erbauten, von M. auch III 20 XI 1, 12 genannten porticus Argonautarum, in unmittelbarer Nähe der Saepta. Becker Top. 636 f.

7. *Memphitica templa.* Den ebenfalls im Marsfeld gelegenen, vorzugsweise von Frauen besuchten (Marquardt StV III 78 f.) Tempel der Isis Campensis unweit S. Maria sopra Minerva. Becker S. 645. Marucchi L'Iscum et Serapeum della reg. IX. Bull. d comm. arch. com 1883 p. 33 ff. (vgl. p. 54).

8. *cathedris.* Lehnsessel der Frauen Marquardt Prl. 705. M. III 63, 7 femineas — cathedras.

maesta iuvenca. Die in eine Kuh verwandelte Io wurde allgemein mit der (ebenfalls mit Kuhhörnern dargestellten) Isis identificirt. Preller GM II 39 ff. Vgl. Niliacae iuvencae VIII 82, 2 Phariae iuvencae X 48, 1.

9. *centum — columnis.* Das sog. Hekatostylon neben der porticus des Pompejus 10). Vgl. III 19,1. Becker Top. 616. Jordan F. u. p. 22 b.

10. *dona.* Wie anderwärts munera, zu Sp 2.7. Die sich an die scena des theatrum Pompei anschliessende porticus Pompei, welche, wie es scheint, eine doppelte Platanenpflanzung umschloss. Becker

Nec Fortunati spernit nec balnea Fausti,
　Nec Grylli tenebras Aeoliamque Lupi:
Nam thermis iterum ternis iterumque lavatur.
　Omnia cum fecit, sed renuente deo,
15 Lotus ad Europes tepidae buxeta recurrit,
　Si quis ibi serum carpat amicus iter.
Per te perque tuam, vector lascive, puellam,
　Ad cenam Selium tu, rogo, taure, voca.

XV.

Quod nulli calicem tuum propinas,
Humane facis, Horme, non superbe.

XIV 13. thermis iterum ternis *Gilbert*[3] p. 515 thermis iterumque iterumque iterum iterum *F*, iterumque *FFO* termis ternis *prB* iterumque iterumque *EXAB* thermis iterum cunctis iterumque *GSc* thermis iterum iterumque *am Rande* cunctis *Q* ternis iterum thermis iterumque *Hus Schn*.

XIV 14. Tibull. I 5, 20 sed renuente deo.

614 ff. *nemus duplex* hält Becker für Platanengänge zu beiden Seiten der porticus Pompeia, Top. 616 Anm. 1300. Ebenso *Jordan*.

11. 12. Von diesen Badeanstalten kommen die beiden letzteren auch I 59, 3 vor: Lupi — tenebrosaque balnea Grylli. Die Aeolia mag den Namen von einem Bilde gehabt haben, das die Aeolu-insel aus der Odyssee darstellte und vielleicht auch als Aushängeschild diente.

13. *Nam* elliptisch. Ebenso wenig verschmäht er die Thermen: denn u. s. w.

thermis — ternis. Die 3 Thermen des damaligen Rom (des Agrippa, Titus und Nero) heissen triplices thermae X 51, 12. Becker Top. 286.

15. *Europes tepidae buxeta*. III 20, 12 An delicatae sole rursus Europae Inter tepentes post meridiem buxos: die von der Nachmittag-Sonne erwärmten, mit Buxhecken eingefassten Gänge in dieser Porticus. Vgl. über die geschützte Lage der Promenaden im Marsfelde, die sie zum Spazierengehen in jeder Jahreszeit geeignet machte Lanciani, I portici della regione IX Ann. d. Inst. arch. 1883 p. 17.

16. *serum iter*. Zu II 11, 2.

17. 18. Der Stier, der in dem Bilde der Porticus die Europa trägt, soll Selius zur Mahlzeit laden, d. h. S. soll einem Stier in der Arena des Amphitheaters vorgeworfen werden. Zu I 43, 14.

XV 1. *própinas*. Zu I 68, 3.

2. *humane facis*. In demselben Sinne wie XII 55, 11 Humane

XVI.

Zoilus aegrotat: faciunt hanc stragula febrem.
 Si fuerit sanus, coccina quid facient?
Quid torus a Nilo, quid Sidone tinctus olenti?
 Ostendit stultas quid nisi morbus opes?
5 Quid tibi cum medicis? dimitte Machaonas omnes.
 Vis fieri sanus? stragula sume mea.

XVII.

Tonstrix Suburae faucibus sedet primis,
Cruenta pedent qua flagella tortorum

XVI 6. sanus? *Gilbert* sanus *Schn.*

tamen hoc facit, sed unum, Gratis quae dare basium recusat, Gratis lingere nec recusat, Aegle.
Horme. Der Name ist vielleicht mit Erinnerung an den Freigelassenen des Vespasian SG I 81, 1 gewählt, da der Hochmuth der kaiserlichen Freigelassenen oft erwähnt wird SG I 90. In diesem Fall würde das Epigramm wol zu M.'s älteren Gedichten gehören. Vgl. Einl. S. 53.

XVI 1. *Zoilus.* M. braucht den Namen meistens zur Bezeichnung eines reichen, plumpen Emporkömmlings aus dem Sklavenstande: II 19; 42; 58; 81 III 29; 82 V 79 VI 91 XI 12; 37. SG I 350 f.; für lasterhafte oder widerwärtige Menschen: IV 77 XI 30; 54; 85; 92 XII 54. Vgl. Einl. S. 22. Hier stellt Z. sich krank, um die prachtvolle Ausstattung seines Bettes zeigen zu können.

3. *torus a Nilo.* Bettpfühle und Kopfkissen aus Antinoopolis in Aegypten. Marquardt Prl. 473, 4. Doch vielleicht sind auch bunte gewebte Bettdecken (XIV 150, Blümner S. 15) gemeint.

Sidone olenti. Sidon für sidonischen Purpur auch XI 1, 2, wie Tyrus für tyrischen II 29, 3 VI 11, 7. *olenti.* Zu I 49, 32.

5. *Machaonas.* Aerzte, nach dem in der Ilias B 732 Δ 193 Λ u. Ξ vorkommenden Sohne des Aeskulap Machaon. Andere ebenso gebrauchte Namen SG I 516.

XVII 1. *Suburae faucibus primis.* Die Subura ist im wesentlichen die von Esquilin, Quirinal und Viminal eingeschlossene Tiefe, wo noch jetzt eine Strasse und am Quirinal die nahe Kirche Sta. Agata alla Subura denselben Namen bewahren. Primae fauces Suburae bezeichnet die Gegend, wo die Spitzen des Quirinal und Esquilin sich gegen einander biegen (dasselbe wahrscheinlich prima Subura XII 3, 9). Becker Top. 257 f. Dort waren nach v. 2 Läden von Peitschenmachern und Schuhwerkstätten.

Argique letum multus obsidet sutor.
Sed ista tonstrix, Ammiane, non tondet.
5 Non tondet, inquam. Quid igitur facit? Radit.

XVIII.

Capto tuam, pudet heu, sed capto, Maxime, cenam,
　Tu captas aliam: iam sumus ergo pares.
Mane salutatum venio, tu diceris isse
　Ante salutatum: iam sumus ergo pares.
5 Sum comes ipse tuus tumidique anteambulo regis,
　Tu comes alterius: iam sumus ergo pares.
Esse sat est servum, iam nolo vicarius esse.
　Qui rex est, regem, Maxime, non habeat.

XIX.

Felicem fieri credis me, Zoile, cena?
　Felicem cena, Zoile, deinde tua?
Debet Aricino conviva recumbere clivo,
　Quem tua felicem, Zoile, cena facit.

XIX 1. cena? 2. Zoile, *Gilbert*[3] *p.* 515 cena: Zoile? *Schu.*
3. Ueber das an die Subura grenzende Argiletum zu I 2, 8.
5. *Radit* in obscönem Sinne Jordan Hermes IV 229 ähnlich wie scalpi III 93, 23. Vermuthlich verkehrte der Ammianus, der Name für einen Blutschänder II 4 Genannte in jener tonstrina, und M. will sagen, man wisse wohl, wozu.

XVIII. Vgl. II 32.
1. *captŏ — captō.* Zu I 36, 1. Ueber die Quantität der Endsilbe LMueller r. m. p. 336 ss. III 44, 12—16 fugiō properō veniō — peto dormio XII 40, 1. 2 credō — canto.
Maxime. Ein willkürlich gewählter Name, an den I 7 angeredeten Freund des Dichters ist hier nicht zu denken.
2. Derselbe Pentameterschluss fast durch das ganze Gedicht, vgl. IX 96.
5. *tumidique anteambulo regis.* Der seinem Patron auf der Strasse vortretende Client. anteambulo auch III 7, 2. Vgl. II 74, 1. tumidique — reges V 19, 13. Ueber rex als Bezeichnung des Patrons zu I 112, 1.

XIX. Vgl. zu II 16.
3. *Aricino — clivo.* In der Nähe des sehr besuchten Wallfahrtsorts Aricia hatte sich eine auch von Juvenal 4, 117 erwähnte Bettlercolonie angesiedelt, welche die Reisenden anbettelte, wenn sie einen der dortigen Hügel heraufführen. Vgl. XII 32, 10 und SG II 103, 8.

XX.

Carmina Paulus emit, recitat sua carmina Paulus.
  Nam quod emas, possis iure vocare tuum.

XXI.

Basia das aliis, aliis das, Postume, dextram.
  Dicis »Utrum mavis? elige.« Malo manum.

XXII.

Quid mihi vobiscum est, o Phoebe novemque sorores?
  Ecce nocet vati Musa iocosa suo.
Dimidio nobis dare Postumus ante solebat
  Basia, nunc labro coepit utroque dare.

XXIII.

Non dicam, licet usque me rogetis,
Quis sit Postumus in meo libello,
Non dicam: quid enim mihi necesse est
Has offendere basiationes,
5 Quae se tam bene vindicare possunt?

XXIV.

Si det iniqua tibi tristem fortuna reatum,
  Squalidus haerebo pallidiorque reo:

XX 2. iure vocare *R Schn*² dicere iure *QE Schn*¹.

XXII 1. 2. Ovid. Tr. II 1 Quid mihi vobiscum est, infelix cura libelli? Tr. II 354 III 2, 5 Musa iocosa mea Tr. II 13 Si saperem, doctas odissem iure sorores, Numina cultori perniciosa meo. II 411 Nec nocet auctori III 7, 9 Ad Musas, quamvis nocuere III 14, 6 artifici quae nocuere suo V 12, 45 Pace novem vestra liceat dixisse sorores etc. Ex P. IV 13, 41 nocuerunt carmina quondam.

XX. Vgl. XII 46 und SG III 412.
XXII. *novemque sorores.* V 6, 18 dominum novem sororum. XII 3. 14 novem dominas. Vgl. zu I 70, 15.
XXIII 4. *basiationes.* Hier und VII 95, 17, nach Catull 7. 1.
XXIV. Eine Variation desselben Themas II 43.
  1. *reatum.* Ein nach Quintilian. III 8, 34 zuerst von Messala gebrauchtes Wort.

Si iubeat patria damnatum excedere terra,
   Per freta, per scopulos exulis ibo comes.
5 Dat tibi divitias: ecquid sunt ista duorum?
   Das partem? Multum est? Candide, das aliquid?
Mecum eris ergo miser: quod si deus ore sereno
   Adnuerit, felix, Candide, solus eris.

XXV.

Das nunquam, semper promittis, Galla, roganti.
   Si semper fallis, iam rogo, Galla, nega.

XXVI.

Quod querulum spirat, quod acerbum Naevia tussit,
   Inque tuos mittit sputa subinde sinus,
Iam te rem factam, Bithynice, credis habere?
   Erras: blanditur Naevia, non moritur.

XXIV 5. 6. *Interp. nach Buchmann bei Gilbert p. 7. Ebenso Munro, nur 6* Multum est *als Worte des Candidus. Bei Schn auch* Ecquid sunt ista duorum *als Worte des Candidus.*

XXIV 8. adnuerit *T.A* annuerit *Schn.*

XXV. In der Handschrift der Leipziger Stadtbibliothek De Galla puella. Haupt Opp. I p. 290.

---

5. *Ecquid* VII 6, 1 VII 35, 7? X 103, 3 XI 1, 7 Ecquis V 25.
3. 4 braucht M. nicht in rhetorischer Frage, sondern wo eine Bejahung vermuthet oder gehofft wird. Gilbert p. 7.

6. *partem*. Für partem dimidiam. Ebenso III 86, 1. Vgl. Munro zu Lucret. II 200.

Candide. So heisst ein anspruchsvoller Freund auch III 46; ein karger III 43.

XXV 1. 2. *Das — promittis — nega.* Zu II 9.

Galla. M. braucht denselben Namen oft in Gedichten verwandten Inhalts: III 54 IV 38 III 90, 1 X 75, und sonst in obscönen Epigrammen III 51 VII 18 IX 4 XI 19 u. a.

XXVI 1. *tussit*. Vgl. I 10, 4.

3. *rem factam — habere*. Zu I 27, 1.

Bithynice für einen Erbschleicher auch IX 8.

XXVII.

Laudantem Selium cenae cum retia tendit
  Accipe, sive legas, sive patronus agas:
»Effecte! graviter! cito! nequiter! euge! beate!
  Hoc volui!« »Facta est iam tibi cena, tace.«

XXVIII.

Rideto multum qui te, Sextille, cinaedum
  Dixerit et digitum porrigito medium.
Sed nec paedico es nec tu, Sextille, fututor.
  Calda Vetustinae nec tibi bucca placet.
5 Ex istis nihil es, fateor, Sextille: quid ergo es?
  Nescio, sed tu scis res superesse duas.

XXIX.

Rufe, vides illum subsellia prima terentem,
  Cuius et hinc lucet sardonychata manus

XXVII 3. cito *codd. Schn*[1] st *Schn*[2] *Philol. III 131 vgl. zu V 25,2*.

XXVII 1. Ovid. Am. I 8,69 A. a. 1 45 M. VIII 331: retia tendit.

XXVII. Vgl. zu II 11.
  1. *Laudantem — cenae etc.* Nach Plin. Epp. II 14, 5 wurden die für eine Einladung zur Mahlzeit applaudirenden Zuhörer mit einem unübersetzbaren Wortspiel Laudiceni genannt.
  3. *effecte:* vollendet, als Adv. auch Ammian. Marcellin. XVI 5, 7. *cito:* hier eine, dem ital. zitto entsprechende, Schweigen gebietende Interjektion. Zu V 25, 2. *nequiter:* etwa »heillos«.
  XXVIII 2. *digitum medium*. Jahn ad Pers. 2, 33 infami digito: id est medio. Medius enim digitus tam apud Graecos quam apud Romanos obscoenam habebat significationem, unde impudicus vocabatur. (M. VI 70, 5 Priap. 56, 1 sq. und die übrigen dort angeführten Stellen.)
  3. *Sed nec.* Zu XII 97, 6.
  4. *bucca.* Vgl. XI 61, 2.
  XXIX 1. *Rufe.* Zu II 11, 1.
  subsellia prima. Die vordersten der quattuordecim (bis septem V 27, 3 subsellia der Ritter. Frdl. bei Marquardt StV III 534.
  2. *sardonychata*. Wol nur hier. Sardonyches als Ringsteine bei M. häufig. Zu IV 28, 4.
  hinc. Von hier gesehen.

Quaeque Tyron totiens epotavere lacernae
Et toga non tactas vincere iussa nives,
5 Cuius olet toto pinguis coma Marcelliano
Et splendent volso brachia trita pilo.
Non hesterna sedet lunata lingula planta,
Coccina non laesum pingit aluta pedem,
Et numerosa linunt stellantem splenia frontem.
10   Ignoras quid sit? splenia tolle, leges.

XXX.

Mutua viginti sestertia forte rogabam,
Quae vel donanti non grave munus erat.

XXIX 5. Marcelliano *PQXFO Schn* Marcelliniano *E* Marcellino *G* Marcerliano *prB* Marcelliano ω Marcellano *Sabnasius Scr L.Mueller r. m.256*.
8. pingit ΨPQF cingit *Eω* 10. quid *QEX.ABFG Schn* quis *PO Scr*.

XXIX 4. Ovid. Ex P. II 5, 38 Et non calcata candidiora nive.

3. *Tyron*. Zu III 6, 3.

4. *non tactas — nives*. V 37, 6 Nivesque primas lilimnque non tactum.

5. *Marcelliano*. Ueber die von L.Mueller r. m. p. 256 hier für unmöglich gehaltene consonantische Aussprache des i: zu IV 78, 8 und Lachmann ad Lucret. III 915. Marcellianum das Marcellus-Theater, wie Pompeianum X 51, 11 Marcelli Pompeianumque und XI 21, 6. Sueton. Vespasian. c. 19 scena Marcelliani theatri.

6. *volso brachia trita pilo*. III 63, 6 brachia volsa.

7. *lunata planta*. Mommsen StR I 408 glaubt, hier sei vom senatorischen Schuh. Marquardt Prl. 572 f. es sei vom patricischen die Rede; doch der Ungenannte geberdet sich nach v. 1 als Ritter, aber weder als Senator noch als Mitglied der Nobilität, ein Fall, der auch ebenso unerhört, als die Anmassung des Ritterstandes von Seiten Unbefugter vielfach bezeugt ist. Der rothe mit einer lunula geschmückte Schuh ist daher »ein besonderer Luxus der hier geschilderten Person« Marquardt Privatalterthümer II[1] 1867, 192, 1769. Ueber lingula zu XIV 120.

9. *splenia*. ↓ Schönpflästerchen VIII 33, 22 , welche in diesem Falle dazu dienen Brandmarken zu verdecken. SG I 350. Anders spleniato mento X 22, 1.

stellantem — frontem. Stellare, gestirnt sein, nur im Particip. Praesentis.

XXX 1. VI 20, 1 Mutua te centum sestertia, Phoebe, rogavi. X 14, 3 Mutua cum peterem sestertia quinque, negasti.

Quippe rogabatur felixque vetusque sodalis
Et cuius laxas arca flagellat opes.
5 Is mihi ›Dives eris, si causas egeris‹ inquit.
Quod peto da. Gai: non peto consilium.

XXXI.

Saepe ego Chrestinam futui. Det quam bene quaeris?
Supra quod fieri nil. Mariane. potest.

XXXII.

Lis mihi cum Balbo est, tu Balbum offendere non vis.
Pontice: cum Licino est, hic quoque magnus homo est.
Vexat saepe meum Patrobas confinis agellum.
Contra libertum Caesaris ire times.

XXXI 1. futui] tetigi *R*.

3. *vetusque sodalis.* Zu I 54, 8.
4. *laxas arca flagellat opes.* V 13, 6 Et libertinas arca flagellat opes. Opes flagellare wie annonam flagellare Plin. N. h. XXXIII 164. Jahn ad Pers. 4, 49 in demselben Sinne, wie Seneca Epp. 101, 4 ille, qui et mari et terra pecuniam agitabat, und wol auch M. IX 59, 2 Roma suas aurea vexat opes. Wie ein Thier durch die Peitsche zum Laufen, wird das Kapital zum schnellsten Umlauf getrieben, um einen möglichst hohen Ertrag zu bringen. Pers. 5, 149 ut nummos, quos hic quincunce modesto Nutrieras, peragant avido sudore deunces. Dagegen M. III 40, 2 Ex opibus tantis, quas gravis arca premit. Stat. S. II 250 Non tibi sepositas infelix strangulat arca Divitias.
5. 6. Vgl. I 17.
6. *Gai.* Ebenso heisst ein nicht zum Geben geneigter Freund X 16. An Gaius Julius Proculus XI 36, 1 ist hier nicht zu denken.
XXXI 1. *Det.* Zu II 9.
2. Mit diesem Wortspiel wird die Genannte als fellatrix bezeichnet.
XXXII. Vgl. II 18.
1—4. *Balbus* Cognomen in vielen römischen Familien. StRE I² 2241 bezeichnet einen Mann von Stande vielleicht dachte M. an den Günstling Caesars Cornelius Balbus; *Licinus* wie bei Juven. 14,306 mit Erinnerung an den Freigelassenen Augusts SG I 76 f. und 85, 3 einen sehr reichen Mann. *Patrobas*, familiäre Form von Patrobius über die Nominia auf ā: Lobeck Proleg. ad pathol. p. 105 ss. mit Erinnerung an den Freigelassenen Neros SG I 79, 6 und 86, 7 einen

5 Abnegat et retinet nostrum Laronia servum.
Respondes ›Orba est, dives, anus, vidua.‹
Non bene, crede mihi, servo servitur amico:
Sit liber, dominus qui volet esse meus.

XXXIII.

Cur non basio te, Philaeni? calva es.
Cur non basio te, Philaeni? rufa es.
Cur non basio te, Philaeni? lusca es.
Haec qui basiat, o Philaeni, fellat.

XXXIV.

Cum placeat Phileros tota tibi dote redemptus,
Tres pateris natos, Galla, perire fame.
Praestatur cano tanta indulgentia cunno,
Quem nec casta potest iam decuisse Venus.
5 Perpetuam di te faciant Philerotis amicam,
O mater, qua nec Pontia deterior.

XXXIV 2. tres *codd.* tris *O Schn.*

mächtigen kaiserlichen Freigelassenen vermuthlich ist also das Epigramm wie II 15 nicht allzulange nach 68 verfasst. Patroclas so N. cod. exc. Parisin., was Schneidewin p. VII für vielleicht richtig hält, kommt weder im Lateinischen noch im Griechischen vor.

5. *Laronia*. Der Name auch bei Juven. 2, 36, von beiden Dichtern vielleicht ebenfalls mit Erinnerung an eine bekannte Person der früheren, etwa Neronischen Zeit gebraucht. Vgl. SG III 469.

6. Zu I 49, 34.

XXXIII 3. *lusca es*. Vgl. IX 37, 10.

XXXIV 6. *Pontia*. Eine Giftmischerin und Mörderin ihrer eigenen Kinder; nach Schol. Juven. 6,638. Tochter eines von Nero wegen einer Verschwörung zum Tode verurtheilten P. Petronius Valla l. l. Drymionis uxor. M. IV 43, 5 Iratam mihi Pontiae lagonam; vgl. VI 75. Nach der Vermuthung von Borghesi, Oeuvres III 365, war der Vater der Giftmischerin ein von C. Petronius Nigrinus adoptirter Pontius, der nun statt seines früheren Vornamens Publius den seines Adoptivvaters annahm, und also C. Petronius Pontius Nigrinus, cos. 37, sein kann, und nach dem Schol. Juven. einer der Consularen gewesen wäre, die Nero hinrichten liess. Seine Tochter müsste den alten Familiennamen behalten haben.

XXXV.

Cum sint crura tibi simulent quae cornua lunae.
In rhytio poteras, Phoebe, lavare pedes.

XXXVI.

Flectere te nolim, sed nec turbare capillos:
Splendida sit nolo, sordida nolo cutis;
Nec tibi mitrarum nec sit tibi barba reorum:
Nolo virum nimium, Pannyche, nolo parum.
5 Nunc sunt crura pilis et sunt tibi pectora saetis
Horrida, sed mens est, Pannyche, volsa tibi.

XXXVII.

Quidquid ponitur hinc et inde verris.

XXXV 1. Ovid. M. XIV 33, 346 cornua lunae.
XXXVI 1. Ovid. A. a. II 169 turbare capillos.
XXXVI 5. Verg. A. VIII 266 villosaque saetis pectora Ovid. M. XIII 846 rigidis horrent densissima saetis Corpora Sil. Ital. V 140 et villosa feris horrebant pectora saetis.

XXXV 2. *rhytio*, ῥυτόν, ein spitz zulaufendes Trinkhorn, aus dessen unterem Ende man den Wein in den Mund laufen liess. Das Deminutiv ῥυτίον wird im Thesaurus des Stephanus nur aus dieser Stelle angeführt.

XXXVI 2. *nolo — nolo*. Zn I 36, 1 und II 18, 1.

3. *mitrarum*. Metonymisch für Personen, welche die mitra tragen wie Juven. 3, 115 facinus maioris abollae. Die mitra gehörte zur Tracht der Frauen, der Orientalen, auch der Griechen. Cic. pr. Rabir. 10, 26 cives Romanos — in Neapoli — cum mitella saepe videmus. Entweder denkt M. hier an griechische Stutzer, die sich den Bart ausrupfen liessen, oder auch an die entmannten Cybele-Priester. Ueber die mitra als insigne des archigallus Marquardt StV III 369 Anm.

barba reorum. Ueber die Sitte der Angeklagten, Haar und Bart lang wachsen zu lassen, zu II 74 und Marquardt Prl. 582 f.

5. VI 56,1 Quod tibi crura rigent saetis et pectora villis.

XXXVII. Auf den Missbrauch der Sitte, dass die Gäste von Mahlzeiten in Servietten eingepackte Speisen mit nach Hause nahmen vgl. Marquardt Prl. 304, bezieht sich auch III 23 VII 20. Lucill. 22 Anthol. Gr. ed. Jacobs III p. 33 T. II p. 321:

Οὐδὲν ἀφῆκεν ὅλως, Διονύσιε, δεῖπνον Ἄβλῳ
Εὐτυχίδης δειπνῶν, ἦρε δὲ πάντ' ὀπίσω κτλ.

Mammas suminis imbricemque porci
Communemque duobus attagenam,
Mullum dimidium lupumque totum
5 Muraenaeque latus femurque pulli
Stillantemque halica sua palumbam.
Haec cum condita sunt madente mappa,
Traduntur puero domum ferenda:
Nos accumbimus otiosa turba.
10 Ullus si pudor est, repone cenam:
Cras te, Caeciliane, non vocavi.

XXXVIII.

Quid mihi reddat ager quaeris, Line, Nomentanus?
Hoc mihi reddit ager: te, Line, non video.

XXXIX.

Coccina famosae donas et ianthina moechae:
Vis dare quae meruit munera, mitte togam.

XXXVII 6. halica *PENABFGO* aliea *ς Schn.*

Id. 24:
    καὶ τρώγεις ὅσα πάντε λύκοι, ἴάγε, καὶ τὰ περισσά,
    (ὃ τὰ σά, τῶν δὲ πέριξ, πάντα δίδως ὀπίσω κτλ.
Vgl. Einl. S. 19, 1.

2. *imbricem*. Ein Bratenstück in Form eines Hohlziegels.

3. *attagenam*. Hier und XIII 61 Femininum sonst attagen. Marquardt Prl. 415,14.

4. Vgl. II 40,4 III 45,5 X 31,3 XI 50,9 XIII 79 und zu II 43,11.

6. *halica*: Speltgraupe, nach Hehn S. 107 »Reisbrei«. Vgl. XII 81,5 XIII 6; 9. Die Schreibung ohne h bevorzugen wenn auch vielleicht nach falscher Etymologie von alere, Verrius Flaccus und Caper. Brambach Neugestaltg. d. latein. Orthographie 268.

11. *Caeciliane*. Zu I 20,2.

XXXVIII. 1. *ager Nomentanus*. Zu I 105,1.

XXXIX. 1. *famosae moechae* = II 47,1.

2. *togam*. Das Kleid der meretrices und beschollenen Frauen, namentlich der iudicio publico damnatae, in adulterio deprehensae. Vgl. X 52 und die übrigen von Marquardt Prl. 42 Anm. 7 angeführten Stellen.

XL.

Uri Tongilius male dicitur hemitritaeo.
Novi hominis fraudes: esurit atque sitit.
Subdola tendantur crassis nunc retia turdis.
Hamus et in mullum mittitur atque lupum.
5 Caecuba saccentur quaeque annus coxit Opimi.
Condantur parco fusca Falerna vitro.
Omnes Tongilium medici iussere lavari:
O stulti, febrem creditis esse? Gula est.

XLI.

»Ride si sapis, o puella, ride«
Paelignus, puto, dixerat poeta.

XL 2. fraudes $T\Phi PQ$ mores $EF\omega$ Rand $r. Q$ 3. turdis ω cervis T.

XLI 1. Martian. Cap. VIII 809 Paeligni de cetero juvenis versiculo resipisce, et ni tragicum conrugaris ‚ride, si sapis, o puella, ride.'

XL. *Tongilius*. Ein Mann, der eine Krankheit simulirt, um von seinen Freunden, d. h. Erbschleichern, Zusendungen von Leckerbissen zu erhalten. SG I 368 f.

1. *hemitritaeo*. Die gewöhnlichste Form des Fiebers in Rom. Galen. ed. Kühn XVII A, 121. SG I 32,5. M. XII 90,1 Pro sene sed clare votum Maro fecit amico, Cui gravis et fervens hemitritaeos erat.

4. Vgl. II 37,4.

5. *Caecuba*. Der Caecuber (bei Terracina und Fundi) wurde schon zu Plinius Zeit nicht mehr gebaut, doch erhielt sich der Name als Bezeichnung alten Weins. Marquardt Prl. 433 f. M. XII 60,9 XIII 115.

saccentur. saccare das Durchgiessen des Weines durch siebartige Trichter, um ihn vom Bodensatze zu reinigen und zugleich milder zu machen. Marquardt Prl. 324.

Opimi. Zu I 26,5.

8. *Gula est* = XI 86,6. Zu I 20,3.

XLI 1. 2. Die Stelle findet sich in den erhaltenen Gedichten Ovids nicht. Martial schwebte vielleicht die Stelle A. a. III 281 ss. Quis credat? discunt etiam ridere puellae und zugleich III 513 rideti mollia ride vor. Zingerle, M.'s Ovidstudien S. 5.

2. *dixerat*. Zu I 107,3.

Sed non dixerat omnibus puellis.
Verum ut dixerit omnibus puellis.
5 Non dixit tibi: tu puella non es.
Et tres sunt tibi, Maximina, dentes.
Sed plane piccique buxeique.
Quare si speculo mihique credis,
Debes non aliter timere risum.
10 Quam ventum Spanius manumque Priscus.
Quam cretata timet Fabulla nimbum,
Cerussata timet Sabella solem.
Vultus indue tu magis severos,
Quam coniunx Priami nurusque maior.
15 Mimos ridiculi Philistionis
Et convivia nequiora vita
Et quidquid lepida procacitate
Laxat perspicuo labella risu.
Te maestae decet adsidere matri

XLI 19. adsidere *TX* assidere ω *Sch*.

XLI 13. Seneca Epigr. 19, 1 Baehrens Plm IV 43) Corduba solve comas et tristes indue voltus.

19. 20. Catull. 39, 4 si ad pii rogum fili Lugetur, orba cum flet unicum mater Renidet ille.

3. 4. *puellis — puellis*. M. schliesst nicht bloss oft wie Catull aufeinanderfolgende Verse mit demselben Wort zu I 7,3 u. 4, sondern lässt auch öfter zwei fast gleich lautende Verse auf einander folgen. So II 4 II 68 IV 2 IV 43 VI 14 VII 39 VII 45 IX 55 X 35 XII 79. Paukstadt p. 25—27.

6. Zu I 19, 1. 2.

10. *Spanius*. Vermuthlich ein Kahlkopf, der das Haar von der Seite sorgfältig über die Glatze kämmte vgl. X 83 und dann der Name wol als bezeichnender σπάνιος gewählt. Vgl. Einl. S. 21, 1.

Priscus ein Stutzer, der jede Berührung vermeidet, die die Falten seiner Toga zerstören könnte. Vgl. III 63,10 Pallia vicini qui refugit cubiti.

11. *cretata — Fabulla*. Vgl. VIII 33,17 creta Fabullae.

15. *Mimos — Philistionis*. Die wahrscheinlich griechisch geschriebenen Mimen des Ph. Teuffel RLG 254,6 wurden also damals noch aufgeführt.

17. *lepida procacitate*. Zu I 41,19.

20 Lugentive virum piumve fratrem.
   Et tantum tragicis vacare Musis.
   At tu indicium secuta nostrum
   Plora, si sapis, o puella, plora.

XLII.
Zoile, quid solium subluto podice perdis?
   Spurcius ut fiat, Zoile, merge caput.

XLIII.
Κοινὰ φίλων haec sunt, haec sunt tua, Candide, κοινά.
   Quae tu magnilocus nocte dieque sonas:
Te Lacedaemonio velat toga lota Galaeso
   Vel quam seposito de grege Parma dedit.
5 At me, quae passa est furias et cornua tauri:
   Noluerit dici quam pila prima suam.
Misit Agenoreas Cadmi tibi terra lacernas:
   Non vendes nummis coccina nostra tribus.
Tu Libycos Indis suspendis dentibus orbes:

XLIII 5 cornua tauri. Vgl. Zingerle, Zu spätlat. Dichtern I 61.
    9. Lucan. X 144 Dentibus hic niveis sectos Atlantide silva Imposuere orbes.

---

20. Zu II 6,17.
XLII. Zu II 16.
XLIII. Vgl. II 24 VI 11.
  1. Κοινὰ φίλων. Eine vielgebrauchte sprichwörtliche Redensart Paroemiogr. Gr. ed. Leutsch et Schneidewin I p. 106 u. 266 II p. 76 u. 481.
  Candide. Der Name ähnlich gebraucht II 24 III 46.
  3. Die Wolle von Tarent einer spartanischen Colonie, gehörte zu den feinsten; und dem Wasser des dortigen Flusses Galaesus, in dem sie gewaschen wurde, schrieb man einen Einfluss auf ihre Güte zu. Vgl. die von Blümner S. 122 angefürten Stellen: IV 28,3 V 37,2 VIII 28,4 XII 63,3 XIII 125.
  4. Parmensische Wolle wurde der Tarentinischen gleichgeschätzt. XIV 155 IV 37,5, Blümner S. 100.
  5. 6. Zu Sp 9,4. Die erste, dem Stier oder einem anderen wilden Thier vorgeworfene Strohpuppe ist auch die am meisten zerzauste.
  7. *Agenoreas*. Tyrische von Agenor, dem Vater des Kadmus. X 16,7 Quidquid Agenoreo Tyros improba cogit aheno.
  9. Du besitzest Tischplatten von afrikanischem Citrusholz auf

10 Fulcitur testa fagina mensa mihi.
   Immodici tibi flava tegunt chrysendeta mulli:
     Concolor in nostra, cammare, lance rubes.
   Grex tuus Iliaco poterat certare cinaedo:
     At mihi succurrit pro Ganymede manus.
15 Ex opibus tantis veteri fidoque sodali
     Das nihil et dicis, Candide, κοινὰ φίλων?

XLIV.

Emi seu puerum togamve pexam
Seu tres, ut puta, quattuorve libras.
Sextus protinus ille feuerator.
Quem nostis veterem meum sodalem.
5 Ne quid forte petam timet cavetque,
Et secum, sed ut audiam, susurrat:

XLIV 2. tres *P* tris ꝓ *Schn* ut puta *PEXBCF* vel puta ꝓQ ut puto *AGO* vel puto ꝯ.

---

elfenbeinernen Füssen. IX 22,5 Ut Mauri Libycis centum stent dentibus orbes. X 98,6 Aut citrum vetus Indicosque dentes. Vgl. IX 59,7—10 XIV 3; 91 Marquardt, Prl. 702.

11. *chrysendeta*. Silberne Schüsseln mit Goldrändern. Vgl. II 53,5 VI 94,1 XI 29,7 XIV 97, Marquardt Prl. 676,9.

Immodici — mulli: mulli von ungewöhnlicher Grösse, die mit ungeheuern Preisen bezahlt wurden. X 31,3 Marquardt Prl. 418.

12. *Cammarus* der Meerkrebs (als geringe Speise auch Juven. 5,84 auf einer rothen Arretinischen Thonschüssel zu I 53,6).

13. III 39 Iliaco similem puerum — ministro.

14. Vgl. IX 73,4 XI 22,2.

15. *veteri — sodali*. Zu I 54,8.

XLIV 1. Die Auslassung von si ist bei M. häufig vor dem Praesens III 44, 11—16 V 56, 8, vor dem 1. Futurum III 46, 9, vor dem 2. Futurum III 38, 8; 46, 5; 46, 9. Sive — sive ausgelassen I 79, 2.

pexa. Ein Kleid, das aus der Appretur kommt und die volle Wolle hat, im Gegensatz zu trita. Marquardt Prl. 512.

2. *puta*. Auch III 26,5 IX 95 b, 5 XI 95,2. L. Mueller r. m. p. 340.

libras. Nicht rohes Silber, sondern Silbergeschirr, auf dem das Gewicht angegeben zu sein pflegte. SG III 146 ff.

4. *veterem sodalem*. Zu I 54, 8.

»Septem milia debeo Secundo,
Phoebo quattuor. undecim Phileto.
Et quadrans mihi nullus est in arca.«
10 O grande ingenium mei sodalis!
Durum est. Sexte, negare. cum rogaris.
Quanto durius, antequam rogeris!

XLV.

Quae tibi non stabat praecisa est mentula. Glypte.
Demens. cum ferro quid tibi? Gallus eras.

XLVI.

Florida per varios ut pingitur Hybla colores.
  Cum breve Sicaniae ver populantur apes.
Sic tua subpositis conlucent prela lacernis.
  Sic micat innumeris arcula synthesibus,
5 Atque unam vestire tribum tua candida possunt.
  Appula non uno quae grege terra tulit.
Tu spectas hiemem succincti lentus amici

XLVI 3. Conlucent *TXAC* collucent *BG Sehn* perlucent *PQ*
6. Appula *ω* Apula *EXABCF*.

XLVI 1. Ovid. Tr. V 6, 38 Florida quam multas Hybla tuetur apes.

---

7. *Secundo*. Einem Wucherer. Vgl. VII 92, 3.
8. *Phoebo*. Ebenfalls als Wucherer genannt VI 20, 1 IX 92, 7
IX 102, 1.
Phileto. Nur hier.
XLVI. 2. IX 13, 2 Cum breve Cecropiae ver populantur apes.
Sicaniae — apes = XI 8, 8. Vgl. auch XIII 104.
3. *prela*. Pressen dienten auch zum Aufbewahren von Kleidern.
XI 8, 5 De Palatinis domini quod serica prelis.
3—6. Die genannten Gattungen von Kleidungsstücken sind: die
lacerna Mantel Marquardt Prl. 550, die synthesis Tafelkleid. Zu
V 79, 2, Marquardt Prl. 312 f., und die toga.
6. *Appula*. Stets mit langer erster Silbe. Lachmann ad Lucret.
p. 37. Die Apulische Wolle war in Italien die beste. VIII 28, 30
XIV 155 und die bei Blümner S. 121 angeführten Stellen.
7. *hiemem*: Das Frieren.

Pro scelus! et lateris frigora trita tui.
Quantum erat, infelix, pannis fraudare duobus —
10   Quid renuis? — non te, Naevole, sed tineas?

XLVII.

Subdola famosae moneo fuge retia moechae.
Levior o conchis, Galle, Cytheriacis.
Confidis natibus? non est paedico maritus:
Quae faciat duo sunt: irrumat aut futuit.

XLVIII.

Coponem laniumque balneumque,
Tonsorem tabulamque calculosque
Et paucos, sed ut eligam, libellos:
Unum non nimium rudem sodalem
5 Et grandem puerum diuque levem
Et caram puero meo puellam:
Haec praesta mihi, Rufe, vel Butuntis,
Et thermas tibi habe Neronianas.

XLVI 8. tui *Frdl* times tumes *prC codd. Schn* mei *Scr* frigora tanta times *Giese Progr. d. Realg. StJohann Danzig 1885 p. 8.* 10. Quid renuis? $PQXFGO Scr Quod renuis EAB Quid metuis T Schn Quod metuis C.

XLVIII 8. Sidon. Apoll. C. 23, 495 Hinc ad balnea non Neroniana.

8. *lateris frigora trita tui.* Frigora trita die abgeschabte, nicht wärmende Kleidung. Für das überlieferte, jedenfalls verdorbene times, vielleicht durch tineas v. 10. veranlasst schrieb Scriver mei; doch eben so gut konnte M. tui schreiben, wobei latus in dem Sinne von Begleiter zu verstehen ist, wie VI 68, 4, Stat. S. V praefatio.

9. *Quantum erat.* Juven. 9, 59 Quantum erat exhausti lumbos donare clientis etc. Vgl. zu Sp 15, 2.

XLVII. 1. *famosae — moechae* = II 39, 1.

XLVIII. 2. *tabulamque calculosque.* Ein Brettspiel. Marquardt Prl. 831 ff.

7. *Butuntis* d. h. selbst in dem armseligsten Ort. Butuntum 'us in Calabrien an der Strasse von Canusium nach Brundusium, jetzt Bitonto, wurde also auch Butunti genannt; ebenso IV 55, 29.

8. *thermas Neronianas.* Die Thermen des Nero werden von M.

XLIX.

Uxorem nolo Telesinam ducere: quare?
  Moecha est. Sed pueris dat Telesina. Volo.

L.

Quod fellas et aquam potas, nil. Lesbia, peccas.
  Qua tibi parte opus est. Lesbia, sumis aquam.

LI.

Unus saepe tibi tota denarius arca
  Cum sit et hic culo tritior. Hylle, tuo.
Non tamen hunc pistor, non auferet hunc tibi copo.
  Sed si quis nimio pene superbus erit.
5 Infelix venter spectat convivia culi
  Et semper miser hic esurit, ille vorat.

LII.

Novit loturas Dasius numerare: poposcit
  Mammosam Spatalen pro tribus: illa dedit.

LIII.

Vis fieri liber? mentiris. Maxime, non vis:
  Sed fieri si vis, hac ratione potes.

LIII. Vincent. Bellov. Sp. D. V 156 Marcialis Coquus: Liber non potes et gulosus esse IX 10; Liber eris, cenare foris si, Maxime, nolis, Vegetana tuam si domet uva sitim.

---

und Statius als Inbegriff des höchsten Glanzes der Hauptstadt genannt. M. VII 34 Stat. S. I 5, 62. SG I 17, 6.

XLIX. 2. *dat.* Zu II 9.

volo. Um die pueri mit dem II 47 und II 60 erwähnten supplicium puerile bestrafen zu können.

LI. Zu I 92.

LII. Dasius ist der Einnehmer des Eintrittsgeldes in einem Frauenbade. Er fordert von Spatale das Dreifache, weil sie so viel Raum einnimmt wie drei gewöhnliche Badende, und sie erkennt selbst die Gerechtigkeit seiner Forderung an.

1. *Novit — numerare.* Vgl. VII 25, 8 X 15, 2 X 33, 9. 10 XIV 201, 1.

Liber eris, cenare foris si, Maxime, nolis.
  Veientana tuam si domat uva sitim.
5 Si ridere potes miseri chrysendeta Cinnae.
  Contentus nostra si potes esse toga.
  Si plebeia Venus gemino tibi iungitur asse.
  Si tua non rectus tecta subire potes.
  Haec tibi si vis est, si mentis tanta potestas,
10   Liberior Partho vivere rege potes.

LIV.

Quid de te, Line, suspicetur uxor
Et qua parte velit pudiciorem,
Certis indiciis satis probavit.
Custodem tibi quae dedit spadonem.
5 Nil nasutius hac maligniusque.

LV.

Vis te, Sexte, coli: volebam amare.
Parendum est tibi: quod iubes, colere:
Sed si te colo, Sexte, non amabo.

LIII 3. nolis *TQω Gilbert*³ *p. 515* nollis *F* nobis *P* nolles *EX ABCG* voles *D Nohl* noles *Schn* 7. iungitur *Hns* vincitur *codd. Schn.* Vgl. vinetam st. iunctam *M* I 90, 1.
  LIV 5. maligniusque *EX ABCGF Gilbert* maligniusque est *Qω Schn.*
  LV 2. colere *EXBC corr. G* colere *Apr G Gilbert*² *p. 643* coleris *PQω Schn.*

LIII. 3. *cenare-foris.* Zu II 11, 10.
  nolis. »Der Conjunktiv Praesentis im Condicionalsatz neben einem Futur im Hauptsatz ist bei Martial ungemein häufig: vgl. Sp 27, 9 sq. I 68, 4 V 16, 5 ss. IX 11, 4 IX 65, 14 XI 5, 5—14 XII 34, 5 ss.« Gilbert³ p. 515.
  5. *chrysendeta.* Zu II 43, 11.
  7. Zu I 103, 10.
  LIV. 1. Die Frau des Linus glaubt, dass er ein pathicus sei, wie daraus hervorgeht, dass sie ihm einen Eunuchen als Wächter giebt.
  5. *nasutius.* Zu I 3, 6.
  LV. 2. *colere.* Verdient wegen des höchst angemessenen Gleichklanges mit amare den Vorzug vor coleris. Gilbert² p. 643.

LVI.

Gentibus in Libycis uxor tua, Galle, male audit
  Immodicae foedo crimine avaritiae.
Sed mera narrantur mendacia: non solet illa
  Accipere omnino. Quid solet ergo? Dare.

LVII.

Hic quem videtis gressibus vagis lentum,
Amethystinatus media qui secat Saepta,
Quem non lacernis Publius meus vincit,
Non ipse Cordus alpha paenulatorum,
5 Quem grex togatus sequitur et capillatus
Recensque sella linteisque lorisque:

LVI 1. Verg. A. IV 320 Libycae gentes.

LVI. *Galle.* Bezeichnung eines Statthalters oder höheren Beamten in Afrika, deren Frauen oft der Erpressung beschuldigt wurden. SG I 441, 4.

4. *dare.* Zu II 9, 2.

LVII. Vgl. SG I 22, 1.

2. *Amethystinatus.* Zu I 96, 7.

Saepta. Zu II 14, 5.

3. *Publius.* Zu I 109.

1. V 26 Quod alpha dixi, Corde, paenulatorum. Ueber die sonstige Benutzung griechischer Buchstabennamen zur Bezeichnung von Personen oder als Beinamen Lehrs Quaest. epp. p. 19—21. Jahn Spec. epigr. p. 138 LCassi Principis tibicinis | cappae? Vgl. Buecheler Conjectanea N. Rh. Mus. XXXVII 332.

Ueber *paenulati* Marquardt Prl. 547.

5. *grex togatus.* Greges togatorum II 74, 6. Ein Gefolge von Clienten (SG I 336 und 339 f.); und *capillatus,* von Pagen. Vgl. III 58, 31. Die Letzteren liess man bis zur Mannbarkeit Locken tragen, auf deren Pflege grosse Sorgfalt verwandt wurde. Vgl. zu I 31 und Marquardt Prl. 144, 20. crinita turba XII 49, 1, comati XII 70, 9; 97, 1. Wie ein solches Gefolge ein Beweis der Ueppigkeit ist, so eine Bedienung durch tonsi ministri ein Beweis der Einfachheit: X 98, 9 XI 11, 3 XII 18, 25 XIV 158, 1.

6. *sella.* Ein Tragsessel. Marquardt Prl. 716. IX 22, 10 culto — sella cliente frequens.

Oppigneravit modo modo ad Cladi mensam
Vix octo nummis anulum, unde cenaret.

LVIII.

Pexatus pulchre rides mea, Zoile, trita.
  Sunt haec trita quidem, Zoile, sed mea sunt.

LIX.

Mica vocor: quid sim cernis, cenatio parva:
  Ex me Caesareum prospicis ecce tholum.
Frange toros, pete vina, rosas cape, tinguere nardo,
  Ipse iubet mortis te meminisse deus.

LVIII 1. Horat. Epp. I 1, 95 Si forte subucula tritae Pexa
subest tunicae).
LIX 3. Auson. Epp. II 15 Gramineos nunc frango toros.

---

7. *ad Cladi mensam*. An der Bank des Geldverleihers Cladus oder
Cladius.
LVIII 1. *Pexatus*. Zu II 44, 1.
Zoile. Zu II 16.
LIX 1. *Mica*. Hieronymus und Cassiodor nennen unter den Bauten Domitians eine Mica aurea, welcher in dem Verzeichnis der Stadtchronik von 354 ein Palatium entspricht Jordan. Top. II 33. Der Name derselben kommt in einer Urkunde von 999 auf dem Janiculum vor, falls es dort nicht eine zweite Mica aurea gab. Jordan das. I 1,69 u. 71 A. 55. Dass das von Cassiodor und Hieronymus erwähnte Gebäude der hier von M. besungene kleine Speisesaal ist, kann kaum zweifelhaft sein. Der Name mica aurea scheint in der Umgangssprache für niedliche Lieblingsgegenstände etwa wie bijou Monbijou Name eines Schlosses in Berlin gebraucht worden zu sein. Valentinian nannte so eine zum Menschenfressen abgerichtete Lieblingsbärin. Ammian. Marc. XXIX 3, 9.
2. *Caesareum — tholum*. Wahrscheinlich ist hier mit Gilbert nach RdePrado an das bis zur Erbauung des templum gentis Flaviae zu IX 1) zur Bestattung aller Caesaren bestimmte, daher von Tac. A. III 9 tumulus Caesarum genannte Mausoleum Augusts Becker Top. 639 f.) zu denken.
prospicis. Vgl. V 1, 2 und VII 73, 4.
3. *Frange toros*. IV 8, 6 Imperat exstructos frangere nona toros. Vgl. Mayor Journal of philol. VII (1877) p. 52 f.
tinguere nardo. Vgl. III 65, 8.
4. *deus*: der vergötterte August. Aehnlich V 64, 5 Iam vicina iubent nos vivere Mausolea, cum doceant, ipsos posse perire deos.

LX.

Uxorem armati futuis, puer Hylle. tribuni.
  Supplicium tantum dum puerile times.
Vae tibi. dum ludis, castrabere. Iam mihi dices
  »Non licet hoc.« Quid? tu quod facis. Hylle. licet?

LXI.

Cum tibi vernarent dubia lanugine malae.
  Lambebat medios improba lingua viros.
Postquam triste caput fastidia vispillonum
  Et miseri meruit taedia carnificis.
5 Uteris ore aliter nimiaque aerugine captus
  Allatras nomen quod tibi cunque datur.
Haereat inguinibus potius tam noxia lingua.
  Nam cum fellaret. purior illa fuit.

LX 2. dum *PQEFω Ser* times.. nec *RM* num *GO* corr. *A Schn* times?;
  LXI 7. tam noxia *Q* jam noxia *XF* via noxia vel jam *G* tua noxia *C Ser* tibi noxia *Hus*.

LXI 1. Lucret. V 889 Verg. A. X 324 Ecl. II 51 Ovid. M. IX 398 XIII 754: lanugine malae malas.
  LXI 2. Auson. Epigr. 66, 1 120 Toll. Lambere cum vellet mediorum membra virorum.

LX 1. *puer Hylle* = IV 17, 1.
  2. *Supplicium — puerile*. Zu II 49.
  3. *Iam mihi dices*. II 63, 4 Iam dices.
  4. *Non licet hoc*. Anspielung auf das später z. B. VI 2 öfter gepriesene. von Domitian i. J. 81 82 SG III 429. erlassene Verbot der Entmannung.
  Hylle. Zu I 16, 2.
  LXI 2. III 81, 2 Haec debet medios lambere lingua viros. Vgl. VII 67, 15 XI 61. 5. Catull. 80, 6 medii tenta vorare viri.
  5. *aerugine*. X 33, 5 viridi aerugine Scheelsucht.

LXII.

Quod pectus, quod crura tibi, quod brachia vellis,
  Quod cincta est brevibus mentula tonsa pilis:
Hoc praestas, Labiene, tuae — quis nescit? — amicae.
Cui praestas, culum quod, Labiene, pilas?

LXIII.

Sola tibi fuerant sestertia, Miliche, centum,
  Quae tulit e sacra Leda redempta via.
Miliche, luxuria est, si tanti dives amares.
  ›Non amo‹ iam dices: haec quoque luxuria est.

LXIV.

Dum modo causidicum, dum te modo rhetora fingis
  Et non decernis, Laure, quid esse velis,
Peleos et Priami transit et Nestoris aetas
  Et fuerat serum iam tibi desinere.
5 Incipe, tres uno perierunt rhetores anno,
  Si quid habes animi, si quid in arte vales.
Si schola damnatur, fora litibus omnia fervent.
  Ipse potest fieri Marsua causidicus.

LXII. Auson. Epigr. 92 131 Toll..

LXIII 2. Hiernach scheinen an der sacra via auch Bordelle gewesen zu sein. *tulit:* kostete, nicht: erhielt. *Leda.* Name einer meretrix auch III 82, 5 IV 4 XI 61.
  4. *Iam dices.* Zu II 60, 3.
  luxuria est = V 19, 13 X 70, 11. 12. Eine Sklavin, die man nicht begehrt, für einen so hohen Preis zu kaufen, ist auch Verschwendung.
  LXIV. 1. *causidicum — rhetora.* Manche vereinigten beide Berufsarten, andere gingen von der einen zu der anderen über. SG I 290, 3. 4.
  3. *transit.* Zu Sp 16, 1.
  Priami — et Nestoris aetas. V 58, 5 Priami vel Nestoris annos. Vgl. VI 70, 12 VIII 64 XI 56, 13.
  8. *Marsua.* Die Statue des Marsyas auf dem Forum Hor. S. I 6, 120 und die übrigen von Becker Top. 321 f. angeführten Stellen. Doch für Beckers Annahme, dass sie in der Nähe der rostra war, fehlt jedes Zeugniss, dagegen war sie wahrscheinlich am unteren Ende des Forums, in der Nähe des prätorischen Tribunal. Jordan in

Heia age, rumpe moras: quo te sperabimus usque?
10 Dum quid sis dubitas, iam potes esse nihil.

LXV.

Cur tristiorem cernimus Salcianum?
»An causa levis est?« inquit. »extuli uxorem.«
O grande fati crimen! o gravem casum!
Illa, illa dives mortua est Secundilla.
5 Centena decies quae tibi dedit dotis?
Nollem accidisset hoc tibi, Saleiane.

LXVI.

Unus de toto peccaverat orbe comarum
    Anulus, incerta non bene fixus acu.
Hoc facinus Lalage speculo, quo viderat, ulta est
    Et cecidit saevis icta Plecusa comis.
5 Desine iam, Lalage, tristes ornare capillos.
    Tangat et insanum nulla puella caput.

LXV 2. extuli extulit E inquit EX ABCG Schn¹ Gilbert³ p. 515 inquis extuli PQ Schn¹ p. 696 extuli, inquis Fω Ser.
LXVI 3. quo QEFω Schn¹ Gilbert p. 25 quod T Schn².

LXIV 9. Verg. A. IV 569 Eia age, rumpe moras. Ovid. M. XV 583 Tu modo rumpe moras.
LXIV 9. Claudian. C. min. II 19 Quin age rumpe moras.

Bursians Jahresb. Jahrg. I Bd. II 1876 S. 755—758. Derselbe, Marsyas auf dem Forum (1883) S. 12 und 23 mit Topogr. d. St. Rom I 2, 265, 96.

LXV 2. *inquit*. »Inquis ist anstössig, da v. 1 Salejanus nicht mit Verwendung der zweiten Person genannt ist. Freilich wendet sich der Dichter in den folgenden Versen direkt gegen Salejanus. Aber dieser Uebergang in die zweite Person ist hier eben durch die mit inquit eingeführten direkten Worte desselben vermittelt«. Gilbert³ p. 515.

LXVI. Ueber die Misshandlungen, denen die bei der Toilette beschäftigten Sklavinnen durch ihre Herrinnen ausgesetzt waren: Juv. 6, 490 ff. SG I 430.

1. *saevis — comis*. Abl. statt propter c. Acc. Zu Sp 1, 3.

Hoc salamandra notet vel saeva novacula nudet,
Ut digna speculo fiat imago tuo.

LXVII.

Occurris quocunque loco mihi, Postume, clamas
 Protinus et prima est haec tua vox »Quid agis?«
Hoc, si me decies una conveneris hora,
 Dicis: habes puto tu, Postume, nil quod agas.

LXVIII.

Quod te nomine iam tuo saluto,
Quem regem et dominum prius vocabam,
Ne me dixeris esse contumacem:
Totis pillea sarcinis redemi.
5 Reges et dominos habere debet,
Qui se non habet atque concupiscit
Quod reges dominique concupiscunt.
Servum si potes, Ole, non habere,
Et regem potes, Ole, non habere.

LXIX.

Invitum cenare foris te, Classice, dicis:
 Si non mentiris, Classice, dispeream.

LXVI 8. tuo *PEF*ω *Ser Schn*² tua *Tpr Gz Schn*¹.
LXVIII 4. pillea *PQXA* pilea *Schn*.

7. *salamandra*. Plin. N. h. X 188 salamandrae sanie quacumque parte corporis humani contacta toti defluunt pili. Ib. XXIX 116 pilos in his incommodos evolsos renasci non patitur salamandrae cinis. Petron. Sat. 107 f. quae salamandra supercilia tua excussit?

8. *digna speculo*. Würdig des Spiegels, der zur Verübung einer solchen Rohheit gedient hat, d. h. abschreckend. Ueber die Verlängerung des a durch das sp des nächsten Wortes LMueller r. m. p. 329.

LXVIII. 1. 2. Ueber die Anrede des Patrons von Seiten der Clienten zu I 112.

4. D. h. ich habe meine Freiheit deren Zeichen der Hut war mit Aufgebung aller Vortheile, die mir das Clientel-Verhältnis bot erkauft. Ueber totis zu VI 85, 10.

5—8. Die Wiederholung derselben Worte und Wendungen in Catulls Manier. Paukstadt p. 24—27 und zu II 41, 34.

LXIX. 1. *cenare foris*. Zu II 11, 10.   2. *dispeream*. Zu I 39, 8.

Ipse quoque ad cenam gaudebat Apicius ire.
Cum cenaret, erat tristior ille, domi.
5 Si tamen invitus vadis, cur, Classice, vadis?
»Cogor« ais: verum est: cogitur et Selius.
En rogat ad cenam Melior te, Classice, rectam.
Grandia verba ubi sunt? si vir es, ecce, nega.

LXX.

Non vis in solio prius lavari
Quemquam, Cotile: causa quae, nisi haec est.
Undis ne fovearis irrumatis?
Primus te licet abluas: necesse est
Ante hic mentula, quam caput, lavetur.

LXXI.

Candidius nihil est te, Caeciliane. Notavi.
Si quando ex nostris disticha pauca lego,
Protinus aut Marsi recitas aut scripta Catulli.
Hoc mihi das, tanquam deteriora legas.
5 Ut conlata magis placeant mea? Credimus istud:
Malo tamen recites, Caeciliane, tua.

LXXI 1. Candidius *QEω Schn*[2] Gallidius *T* Callidius *Schn*[1] Caeciliane, Notavi: *Gilbert* Caeciliane: notavi, *Schn* 5. conlata *TXBF* collata *Schn*.

LXIX 8. Ovid. F. VI 594 si vir es, i — exige opes.

3. M. Gavius Apicius, der bekannte Schlemmer unter August und Tiber, dessen Name sprichwörtlich geworden war. Vgl. II 89 III 22 X 73, Juven. 4, 23; 11, 3, Senec. ad Helviam 10, 3, Dio LVII 19. SG III 16.
6. *Selius*. Zu II 11.
7. *Atedius Melior*. Ein durch die Eleganz seines Haushalts IV 54 ausgezeichneter Freund des M. und Statius, vermuthlich vom Ritterstande. M. VI 28; 29 VIII 38 Stat. S. II praef. und I 3; 4 SG III 449.
cenam — rectam. Zu einer ordentlichen Mahlzeit. Vgl. IV 20, 2 VIII 50, 10. Suet. August. c. 74 Domitian. c. 7.
8. *si vir es, ecce nega*. Vgl. VI 14, 4.
LXXI. 3. *Marsi — Catulli*. Zu I Epist. l. 11.

LXXII.

Hesterna factum narratur, Postume, cena
    Quod nollem — quis enim talia facta probet? —
Os tibi percisum quanto non ipse Latinus
    Vilia Panniculi percutit ora sono:
5 Quodque magis mirum est, auctorem criminis huius
    Caecilium tota rumor in urbe sonat.
Esse negas factum: vis hoc me credere? credo.
    Quid, quod habet testes, Postume, Caecilius?

LXXIII.

† Quid faciat vult scire Lyris: quod sobria: fellat.

LXXIV.

Cinctum togatis post et ante Saufeium,
Quanta reduci Regulus solet turba,
Ad alta tonsum templa cum reum misit,
Materne, cernis? invidere nolito.

LXXIII. quod sobria *XABF* quod *Q* quid *PE*ω quid? sobria fellat *Scr* Quid faciat, vis scire, Lyris, quom est sobria? fellat *Bachrens* Quid faciat, vult scire Lyris? quin sobria fellat *Grasberger*. Quid faciat, se scire, Lyris negat ebria semper. Quid faciat vult scire Lyris? quod sobria: fellat *Munro* In *O folgt*: Gaudeo, quid faciet facies *Bodleianus* ebria facta Lyris.

LXXII. 3. 4. Der Mimenspieler Latinus zu I 4, 5 ohrfeigte in einer Posse seinen Collegen Panniculus, welcher die Rolle des Stupidus spielte. Vgl. III 86, 2 V 61, 11 u. 12. Schallende Ohrfeigen gehörten zu den Hauptspässen der Mimi SG II 394.

LXXIII. Vermuthlich ist dieser unverständliche Vers ein Fragment vgl. die Ergänzung von Munro in den kritischen Anm. Die beiden andern rein hexametrischen Gedichte, die bei M. vorkommen I 53 VI 64, bestehen aus mehreren Versen.

LXXIV. 1. Zu II 18, 5.

3. 4. Ein Gefolge wie das, mit welchem Regulus zu I 12, 8 aus einer Gerichtsverhandlung zurückkehrt, in welcher er die Freisprechung des Angeklagten erwirkt hat. Dieser hat sich nun das Haar, das er bis dahin wie den Bart lang hatte wachsen lassen zu II 36, 5, geschoren.

4. *Materne.* Zu I 96.

5 Comitatus iste sit precor tuus nunquam.
　　Hos illi amicos et greges togatorum
　　Fusiculenus praestat et Faventinus.

LXXV.

Verbera securi solitus leo ferre magistri
　　Insertamque pati blandus in ora manum
Dedidicit pacem subito feritate reversa,
　　Quanta nec in Libycis debuit esse iugis.
5 Nam duo de tenera puerilia corpora turba,
　　Sanguineam rastris quae renovabat humum,
Saevus et infelix furiali dente peremit:
　　Martia non vidit maius harena nefas.
Exclamare libet: »crudelis, perfide, praedo,
10　A nostra pueris parcere disce lupa!«

LXXVI.

Argenti libras Marius tibi quinque reliquit,
　　Cui nihil ipse dabas: hic tibi verba dedit?

LXXIV 7. Fusiculenus *NBCprG* Fusciculenus *P corr. G Schn*[1]
Ruricolonus *Q* Fustilenus *A* Fuficulenus *EF Ser Schn.*
　　LXXV 7. Saevus *Schn*[1] saevos *Schn*[2].
　　LXXVI. *Interp. nach Gilbert*[3] *p. 515 f. Bei Schn*: reliquit. Cui
— dabas, hic — dedit.

　6. *greges togatorum*. Zu II 57, 5.
　7. *Fusiculenus — et Faventinus*. Vermuthlich Wucherer, die ihm zu
unerschwinglichen Zinsen Geld liehen, um seine Clienten zu bezahlen.
　LXXV. 1. *securi — magistri* = Sp 18, 1. Vgl. zu Sp 10, 1.
　5. 6. Vgl. SG II 346, 6 u. 7.
　8. *Martia:* Romana, wie I 3, 4. Martia Roma V 19, 5.
　LXXVI. »M. hält dem mit einer Lappalie zu II 44, 2, abge-
fundenen Marius vor, dass er sich nicht, als in seinen Erbschafts-
hoffnungen getäuscht, beklagen dürfe, weil er nicht seinerseits dem
zu Beerbenden nach Sitte der heredipetae Geschenke gemacht hat«.
Gilbert[3] p. 516.
　2. *ipse*. Die von Domitius Calderinus aus Handschriften angeführte Lesart Isse ist wol nur eine durch das Fehlen der Anrede
veranlasste Conjektur. Das Fehlen der Anrede ist aber bei M. keineswegs selten: IV 88 vgl. zu v. 2. V 27 absichtlich V 60 V 62
VI 41; 64; 71; 73; 76 VII 94 VIII 14; 29; 34; 35; 47; 94 **etc.**

LXXVII.

Cosconi, qui longa putas epigrammata nostra,
  Utilis unguendis axibus esse potes.
Hac tu credideris longum ratione colosson
  Et puerum Bruti dixeris esse brevem.
5 Disce quod ignoras: Marsi doctique Pedonis
  Saepe duplex unum pagina tractat opus.
Non sunt longa quibus nihil est quod demere possis,
  Sed tu, Cosconi, disticha longa facis.

LXXVIII.

Aestivo serves ubi piscem tempore, quaeris?
  In thermis serva, Caeciliane, tuis.

LXXIX.

Invitas tunc me, cum scis, Nasica, vocatum.
  Excusatum habeas me rogo: ceno domi.

LXXIX 1. vocatum *Ew Rand von Q Schn*[1] vocasse $RP\zeta\jmath QF$
Ser Schn[2].

LXXVII. 1. *Cosconi.* Derselbe, den M. III 69 als Dichter durchaus
anständiger Epigramme ironisch lobt. Ob aber an eine wirkliche Person zu denken ist, erscheint zweifelhaft.
  2. Die älteren Erklärer erkennen hierin wol mit Recht eine sprichwörtliche Redensart. Leute, die zum Schmieren der Achsen gut sind,
sind solche, denen nichts schnell genug geht.
  3. *colosson.* Der in einen Sonnencoloss verwandelte des Nero.
Zu Sp 2, 1.
  4. *puerum Bruti.* Plin. N. h. 34, 82: idem Strongylion fecit puerum, quem amando Brutus Philippensis cognomine suo illustravit.
Brunn Künstlergesch. I 268. Als Beispiel für die Gattung der Kunst
im Kleinen nennt M. diese Figur auch IX 50,5; nach XIV 177 Βρούτου
παιδίον fictile scheint sie in Copieen aus verschiedenen Materialen
sehr verbreitet gewesen zu sein.
  5. *Marsi doctique Pedonis.* Zu I Epist. l. 11.
  6. D. h. Epigramme der beiden genannten Dichter füllen oft zwei
Seiten.
  8. *disticha longa.* D. h. deine Epigramme sind auch dann zu lang,
wenn sie nur aus zwei Zeilen bestehn.
  LXXIX. Insofern Nasica nur solche einlädt, von denen er glaubt,
dass sie verhindert sind die Einladung anzunehmen, würde in v. 1

LXXX.

Hostem cum fugeret, se Fannius ipse peremit.
 Hic, rogo, non furor est, ne moriare, mori?

LXXXI.

Laxior hexaphoris tua sit lectica licebit:
 Cum tamen haec tua sit, Zoile, sandapila est.

LXXXII.

Abscisa servum quid figis, Pontice, lingua?
 Nescis tu populum, quod tacet ille, loqui?

LXXXII 2. Nescis *PQE*ω *Ser Gilbert p. 26* Nesci *T* Nesciu *Beverland Schn.*

LXXX. In der Handschrift der Leipziger Stadtbibliothek. De Fannio Haupt Opp. I p. 291. Vincent. Bellov. Sp. D. V 143 u. VI 111 Hostem cum — mori? an der letztern Stelle steht num furor est.

LXXXI 1. 2. Florileg. Sangallense Cramer Praef. Scholl. Juvenal. p. 16. Stephan Rhein. Mus. XL (1885) p. 267. 1. exaphoris 2. hec — zoiles scandapila.

vocasse und vocatum gleich gut passen. Aber nur zu vocatum bildet ceno domi zu II 11, 10 den erforderten Gegensatz, M. kann also nur dies geschrieben haben. Dass M. als Grund für seine Ablehnung der Einladung Nasicas angiebt, er sei nicht verhindert, heisst so viel, als: er wisse sehr wohl, dass jener ihn nur in der Erwartung einer Ablehnung eingeladen habe.

LXXX. 2. Zu I 20, 1.

LXXXI. 1. lectica heisst nicht nur die Sänfte, sondern auch das Paradebett, auf die die Leichen der Vornehmen Marquardt Prl. 343, 10. sandapila die Bahre, auf der die der Armen getragen wurden VIII 75, 11 IX 2, 12 vgl. X 5, 9. Wie es scheint, waren bei der sandapila sechs Träger gewöhnlich vier nur bei der allerärmlichsten Bestattung: VIII 75, 9) und hexaphoros deshalb auch eine Bezeichnung der Totenbahre: VI 77, 10 Non debes ferri mortuus hexaphoro. Martial, durch die sechs Träger an die Bestimmung der lectica für die Toten erinnert, erklärt diese für eine sandapila, weil der niedrige Emporkömmling, der ehemalige Sklave zu II 16, nur einer solchen würdig sei. Vielleicht spielt M. zugleich auf das leichenhafte Aussehen des Verhöhnten an.

LXXXII. Vgl. Cic. pro Cluent. 66, 187 Nam Stratonem quidem, judices, in crucem esse actum exsecta scitote lingua — mulier amens — metuit ne condemnaretur extrema servuli voce morientis.

1. *figis* für cruci figis mag der Umgangssprache angehört haben.

LXXXIII.

Foedasti miserum, marite, moechum.
Et se, qui fuerant prius, requirunt
Trunci naribus auribusque vultus.
Credis te satis esse vindicatum?
5 Erras: iste potest et irrumare.

LXXXIV.

Mollis erat facilisque viris Poeantius heros
   Vulnera sic Paridis dicitur ulta Venus.
Cur lingat cunnum Siculus Sertorius, hoc est
   Esse huic occisus, Rufe, videtur Eryx.

LXXXIV 4. Esse huic *Rooy Gilbert*[3] p.516 Ab hoc *QEX.ABFG* Abs hoc *Guyet Schn* Ex hoc *Pu Scr*.

LXXXIV 1. Ovid. Rem. am. 111 Poeantius heros
Es findet sich sonst absolut gebraucht, wie auch configere suffigere erst bei christl. Schriftstellern. Tertullian de patient. c. 3 taceo quod figitur. Id. Apolog. c. 21 suffixus. Lactant. Inst. div. IV 10, 3 IV 18, 18 IV 26, 32. Vgl. die Anm. v. Buenemann zu der letztern Stelle und Lipsius De cruce I c. 3.
Pontice. Aus keinem Epigramm, in dem M. sonst diesen Namen braucht, ergiebt sich, welche Schandthaten dem so Bezeichneten vorgeworfen wurden.
LXXXIII. Vgl. III 84.
2. *fuerant.* Zu I 107, 3.
LXXXIV. 1. 2. Schol. Thuc. I 10 Φιλοκτήτης διὰ τὸν Πάριδος θάνατον θήλειαν νόσον νοσήσας κτλ. Dagegen Ausonius Epigr. 67 Sch. 71 Toll, 2 vitiosa libido Herculis heredi quam Lemnia suasit egestas. Wenn, so scherzt M., das schändliche Laster des Siciliers Sertorius ebenfalls eine Rache der Venus sei, so werde er wol den Eryx als von Hercules besiegt V 65, 4 erschlagen haben, da dieser der einzige Sohn der Venus war, den die Sage auf Sicilien kannte. Diodor. IV 23. Preller GM II 214 f. 337, 2.
1. *Mollis.* Soviel als cinaedus III 73, 4 s.
4. *Esse huic.* Das nur in einem jungen Guelferb. s überlieferte abs findet sich vor Vokalen erst bei Späteren. Neue Formenl. II² 738. Falls M., wie Rooy vermuthete, Esse huic schrieb, brauchte er den Dativ ebenso wie Sp 27, 6 III 22, 5 VII 14, 5. Gilbert[3] p. 516.
Rufe. Zu I 61, 9.

LXXXV.

Vimine clusa levi niveae custodia coctae.
Hoc tibi Saturni tempore munus erit.
Dona quod aestatis misi tibi mense Decembri.
Si quereris, rasam tu mihi mitte togam.

LXXXVI.

Quod nec carmine glorior supino
Nec retro lego Sotaden cinaedum.

LXXXV 3. Ovid. Tr. I 11,3 gelido tremerem cum mense Decembri.

LXXXV. 1. Eine Korbflasche von erst gekochtem, dann mit Schnee gekühltem Wasser, einer Erfindung Neros, decocta genannt. XIV 116—118, Marquardt Prl. 323 f.
4. *rasam — togam*. Die toga rasa, die als Sommerkleid diente, war nach Fenestella bei Plin. N. h. VIII 195 erst in der letzten Zeit Augusts gebräuchlich geworden.
LXXXVI. 1. 2. Carmen supinum, Verse, die auch rückwärts gelesen werden konnten Ovid. Ex Pont. IV 5, 43 fluminaque in fontes cursu reditura supino, vgl. Medic. fac. 40 : also versus recurrentes oder reciproci, wobei entweder das Metrum dasselbe blieb oder ein anderer Vers entstand. Von beiden Gattungen gab es mehrere Arten: Verse, die sich Buchstabe für Buchstabe rückwärts lesen liessen καρκίνοι. Sidon. Apoll. Epp. IX 14 illud antiquum »Roma tibi subito motibus ibit amor«. CIL IV 2400 = Kaibel epigr. Graec. 1124 = Dübner. Anth. Palat. II p. 608 ἤδη μοι Διὸς ἄρ᾽ ἀπάτα παρὰ σοὶ Διομήδη : Verse, die man Wort für Wort rückwärts lesen konnte Verg. A. I 8 Musa mihi causas memora, quo carmine laeso und elegische Distichen, die man ebenso umkehren konnte, ut per duos versus duo alii recurrant Diomed. I p. 515, Marius Vict. p. 2562, ein anderes Sidon. Apoll. Epp. IX 14: 8 solche Distichen des Optatianus Porphyrius XXVIII versus anacyclici], Optatian. ed. L. Mueller p. 30 . Oefter aber entstand durch die Umkehrung ein anderer Vers, vgl. Optat. ed. M. p. 31s.: Incertorum auctorum versus reciproci. Ganz besonders wurden Verse Hexameter gebildet, die rückwärts gelesen Sotadeen ergaben, oder Sotadeen, die rückwärts gelesen andere Verse gaben. Quint. IX 1. 90 Astra tenet caelum, mare classes, area messem — hic retrorsum fit Sotadeus, itemque e Sotadeo trimetros: caput exseruit mobile pinus repetita. Vgl. Optat. ed. M. p. 31 s. und dessen Gedichte XV p. 17 m XIII p. 15. Sotades hatte den Vers II. X 133 durch Umstellung der Worte in einen Sotadeus verwandelt. Schol. V. Hephaestio p. 8. Vgl. G. Hermann Doctr. metr. p. 444 sqq. Capellmann Alexandri Aetoli fr. Bonn 1830 p. 25 sq. Veränderungen des Me-

Nusquam Graecula quod recantat echo
Nec dictat mihi luculentus Attis
5 Mollem debilitate galliambon:
Non sum, Classice, tam malus poeta.
Quid, si per graciles vias petauri
Invitum iubeas subire Ladan?
Turpe est difficiles habere nugas
10 Et stultus labor est ineptiarum.
Scribat carmina circulis Palaemon,
Me raris iuvat auribus placere.

LXXXVII.

Dicis amore tui bellas ardere puellas,
Qui faciem sub aqua, Sexte, natantis habes.

LXXXVII 2. natantis *RPQ* cacantis *EXABCFG* vgl. III 89, 2.

trums durch Umstellung auch Simonides fr. CLXXII und Timocreon fr. X. M. will sagen, er mache keine Verse, die rückwärts gelesen den von Sotades in den Κίναιδοι angewandten gleichen.

3. Versus echoïci erwähnt Sidon. Apoll. Epp. VIII 11; vgl. Sirmond's Anmerkung. Callim. epigr. 30 28 ed. Schneider 1 80 Λυσανίη, σὺ δὲ ναιχὶ καλός καλός· ἀλλὰ πρὶν εἰπεῖν Τοῦτο σαφῶς, ἠχώ φησί τις ἄλλον ἔχειν. Vgl. Politian. Miscell. c. XXII der selbst solche Verse gemacht hatte. Gauradas Anthol. Planud. 152.

4. 5. *luculentus Attis*. Das treffliche in Galliamben verfasste 63. Gedicht Catulls »Attis« fordert mich nicht zur Nachahmung auf.

debilitate. Durch seinen gebrochenen Rhythmus.

6. *Classice*. An denselben XII 49.

7. *petauri*. Hölzernes Gerüst für Equilibristen. Anders XI 21, 3.

8. *Ladan*. Entweder der berühmte Olympionike, oder ein damaliger, nach ihm benannter Wettläufer. X 100, 5 Juven. 13, 97 SG II 571.

9. *nugas*. Zu I 113, 6.

11. *Palaemon*. Ein Dichter, der vielleicht durch die von M. verschmähten Künsteleien den Beifall grösserer Kreise über circuli SG I 374, 6 gefunden hatte; möglicher Weise der Grammatiker A. Remmius Palaemon, der damals in sehr hohem Alter) noch gelebt haben kann Teuffel RLG 282, 3. Sueton. de gramm. c. 22 nec non etiam poemata fecit extempore; scripsit vero variis nec volgaribus metris.

LXXXVII. 1. *bellas — puellas*. Zu I 64, 1.

LXXXVIII.

Nil recitas et vis, Mamerce, poeta videri.
  Quidquid vis esto, dummodo nil recites.

LXXXIX.

Quod nimio gaudes noctem producere vino,
  Ignosco: vitium, Gaure, Catonis habes.
Carmina quod scribis Musis et Apolline nullo,
  Laudari debes: hoc Ciceronis habes.
5 Quod vomis, Antoni; quod luxuriaris, Apici,
  Quod fellas, vitium dic mihi cuius habes?

XC.

Quintiliane, vagae moderator summe iuventae,
  Gloria Romanae, Quintiliane, togae,
Vivere quod propero pauper nec inutilis annis,
  Da veniam: properat vivere nemo satis.
5 Differat hoc patrios optat qui vincere census

XC 3. Verg. A. II 647 Et inutilis annos Demoror. 5. Ovid. Am.
I 10, 11 census augere paternos.

XC 2. Auson. XVI Profess. 2, 2 Alter rhetoricae Quintiliane
togae.

LXXXIX 2. *Catonis*. Des Cato von Utica. Vgl. Plin. Epp. III 12.
  4. *Ciceronis*. Ueber Ciceros ridenda poëmata scherzt auch Juvenal. 10, 122 ss.
  5. *Quod vomis, Antoni*. Cic. Phil. II 25, 63 tantum vini in Hippiae nuptiis exhauseras, ut tibi necesse esset, in populi Romani conspectu vomere etc.
  Apici. Zu II 69, 3.
  XC. 1. An den berühmten Rhetor Quintilian, der damals noch den ihm von Vespasian verliehenen Lehrstuhl der Beredsamkeit inne hatte. Erst um das Jahr 90 gab er die Stelle auf.
  2. *togae*. In der toga traten die Gerichtsredner auf, die daher auch togati genannt wurden SG I 290, 7.
  Ueber Q. als Gerichtsredner Teuffel RLG 325, 2.
  3. Dass ich eile mein Leben zu geniessen zu I 15, 11, obwol arm und noch nicht durch Alter zur Arbeit untauglich gemacht. M. war damals schon über die Mitte der vierziger Jahre hinaus. Vgl. die Einleitung S. 3 u. 5.

Atriaque inmodicis artat imaginibus.
Me focus et nigros non indignantia fumos
  Tecta iuvant et fons vivus et herba rudis.
Sit mihi verna satur, sit non doctissima coniunx,
10 Sit nox cum somno, sit sine lite dies.

XCI.

Rerum certa salus, terrarum gloria, Caesar,
  Sospite quo magnos credimus esse deos,
Si festinatis totiens tibi lecta libellis
  Detinuere oculos carmina nostra tuos,
5 Quod fortuna vetat fieri, permitte videri.

XC 9. Paulin. Nolan. C. 4, 15 verna satur — morigera conjux
XCI 2. Cons. ad Liv. 130 Iam dubito magnos an rear esse deos. Seneca Epigr. 24, 2—4 Baehrens PlM IV 43 credimus esse deos. 4. Ovid. Tr. II 520 Saepe oculos etiam detinuere tuos.

6. Der, dessen atrium von einer unermesslichen Zahl von Ahnenbildern Mommsen StR I 429, 1 denkt an Bilder in ganzer Figur erfüllt und der durch seine Abkunft darauf gewiesen ist, nach einer hohen Stellung zu streben.

7—10. Vgl. M.'s Aufzählung seiner Lebenswünsche X 47.

9. *verna satur*. III 58, 22 laetei vernae; ib. 44 satur minister.

non doctissima coniunx. Ueber die Abneigung gegen gelehrte Frauen SG I 445.

XCI. 1. 2. V 1, 7 u. 8 o rerum felix tutela salusque Sospite quo gratum credimus esse Iovem. VIII 66, 6 Rerum prima salus — et una. VII 60, 2 Tarpeiae — rector aulae, Quem salvo duce credimus Tonantem.

3. *festinatis — libellis* X 2, 1 festinata cura libelli; wol die beiden ersten dem Domitian gleichzeitig überreichten Bücher. Zu I Epist. S. 162. Das 3. und 4. Buch überreichte M. gleichzeitig dem Venuleius IV 82.

5. 6. Gesuch um Verleihung des ius trium liberorum, für dessen Gewährung M. im folgenden Gedicht dankt. Dagegen III 95, 5 Praemia laudatı tribuit mihi Caesar uterque IX 97, 5 tribuit quod Caesar uterque Ius mihi natorum. Mommsen StR II 852, 3 denkt bei Caesar uterque an Vespasian und Titus; doch ist eine Zurückbeziehung auf eine so ferne Vergangenheit an der zweiten Stelle sehr unwahrscheinlich. Vermuthlich hatte M. von Titus als Alleinherrscher eine Zusage der Verleihung erhalten, die dann Domitian bestätigte. Ueber den Uebergang des Verleihungsrechts vom Senat an den Kaiser unter Claudius Mommsen a. a. O.

5. *Quod fortuna vetat fieri*. Cass. Dio LV 2 οἷς γὰρ ἂν τὸ ἔσω-

Natorum genitor credar ut esse trium.
Haec, si displicui, fuerint solacia nobis:
Haec fuerint nobis praemia, si placui.

XCII.

Natorum mihi ius trium roganti
Musarum pretium dedit mearum
Solus qui poterat. Valebis, uxor.
Non debet domini perire munus.

XCIII.

»Primus ubi est« inquis »cum sit liber iste secundus?«
Quid faciam, si plus ille pudoris habet?
Tu tamen hunc fieri si mavis, Regule, primum,
Unum de titulo tollere iota potes.

Subscriptionen. Epigrammaton liber secundus explicit, incipit liber tertius. Ego torquatus gennadius emendavi, lege feliciter P. Epigrammaton liber II explicit incipit III Ego torquatus gennadius emendavi. Lege foeliciter Q. Liber II explicit. Incipit III. F. Ego Torquatus Gennadius emendavi feliciter f Schu¹ p. XCIII.

μόνον μή, ὅη τοσαυτάκις τεκνῶσαι. Plin. Epp. ad Traj. 94. Keil Quod illi fortunae malignitas denegavit.

XCII. Lessing Ausg. v. Lachmann VIII 481 hat dies Epigramm richtig dahin erklärt, dass M., der unverheirathet war, nun entschlossen ist, auch in Zukunft nicht zu heirathen, um die erfolgte Verleihung des Drei-Kinder-Rechts nicht überflüssig zu machen.

2. *Musarum — mearum.* Zu VII 46, 5.

3. *Solus qui poterat.* IV 27, 4 dedisti Non alius poterat quae dare dona mihi.

4. *domini.* Ueber diese Benennung des Kaisers Eckhel DN VIII p. 364. Schöner, über die Titulaturen d. röm. Kaiser Erlangen 1881) S. 26—33. Fincke De appellationib. Caesarum honorif. Regim. 1867 p. 31s.

XCIII. M. hatte hiernach ein Exemplar des zweiten und zwar als zweiten bezeichneten Buches seinem Gönner Regulus zu I 12 ohne das erste überreicht, nach welchem dieser nun fragt. Vgl. die Einleitung S. 53.

4. *iota* dreisilbig, da M. innerhalb der letzten 5 Moren des Pentameters Elision auch I 15, 12 VII 73, 6 zugelassen hat. Vgl. Birt Einl. S. 33 f.

M. Valerii Martialis Epigrammaton
Liber III.

I.

Hoc tibi quidquid id est longinquis mittit ab oris
 Gallia Romanae nomine dicta togae.
Hanc legis et laudas librum fortasse priorem:
 Illa vel haec mea sunt, quae meliora putas.
5 Plus sane placeat domina qui natus in urbe est:
 Debet enim Gallum vincere verna liber.

II.

Cuius vis fieri, libelle, munus?
Festina tibi vindicem parare,
Ne nigram cito raptus in culinam
Cordylas madida tegas papyro

I 1. Ovid. Ex P. I 1, 2 Naso Hoc tibi de Getico littore mittit opus.
II 1. Catull. 1, 1 Cui dono lepidum novum libellum. 3—5. Horat. Epp. II 1, 269 Deferar in vicum vendentem tus et odores Et piper et quidquid chartis amicitur ineptis; vgl. Pers. 1, 43 Stat. S. IV 9, 12. Sidon. Apoll. C. 9, 321 ss. quae scombros merito piperque portet.

 1. 3. *librum — priorem*. Man muss hiernach wol annehmen, dass die beiden ersten, gleichzeitig veröffentlichten Bücher auch in einer Ausgabe erschienen waren, die nur aus einem volumen bestand, und dass dieselbe neben der uns erhaltenen zweiten in zwei Büchern damals noch in Umlauf war. Vgl. v. 6 Debet enim Gallum vincere verna liber; zu I Epist. S. 162 und Einl. S. 53.
 5. *domina — in urbe*. Zu I 3, 3.
 II 3. *nigram — culinam*. Wie X 66, 3.
 4. *Cordylas*. Κορδύλη, Athenaeus III p. 120 κράτιστα δὲ [τῶν τα-]
ρίχων — τῶν — πιόνων τὰ θύννεια καὶ κορδύλη, gehörte zu dem aus halb gesalzenen Thunfischen bereiteten τάριχος. Marquardt Prl. 422. M. XI 52, 7 XIII 1, 1.

5 Vel turis piperisve sis cucullus.
   Faustini fugis in sinum? sapisti.
   Cedro nunc licet ambules perunctus
   Et frontis gemino decens honore
   Pictis luxurieris umbilicis.
10 Et te purpura delicata velet.
   Et cocco rubeat superbus index.
   Illo vindice nec Probum timeto.

III.

Formosam faciem nigro medicamine celas.
Sed non formoso corpore laedis aquas.

II 5. piperisve *PQF Schn*² piperisque *Ew Schn*¹.
III 1. Formosam formonsam 2. formonso *T* 1. celas ω velas *QBς*.

II 5. Luxor. de Olympio venatore Aegyptio Baehrens Plm IV 507 = Riese Anth. I. 353, 12 Sic turis piperisque Indi nigredo placeseit.

5. *turis piperisve* = IV 46, 7. Ueber den Gebrauch der Maculatur zur Einwickelung von Krämerwaren Marquardt Prl. 792. 7. M. III 50, 9 IV 86, 8 XIII 1, 1.

6. *Faustini*. Zu I 25, 1.

7. *cedro — perunctus*. Mit Cedernöl zum Schutz gegen die Motten und Würmer bestrichen, wodurch die Bücher eine gelbe Farbe erhielten. V 6, 14 VIII 61, 4. Marquardt Prl. 793, 1.

8. *frontis gemino decens honore*. Durch die beiden über die Rolle hinausragenden Enden des umbilicus. Zu I 66, 11.

10. *purpura*. Das Futteral von Pergament. Zu I 66, 11.

11. *index*. Der an die Rolle geklebte Pergamentstreifen, der den Titel enthielt und hier scharlachroth gefärbt war. Marquardt Prl. 794, 4.

12. *Probum*. Der berühmte Grammatiker M. Valerius Probus aus Berytus, dessen Blüthezeit Hieronymus ins Jahr 56 setzt, war nach dieser Stelle damals noch am Leben und als Kritiker gefürchtet. Teuffel RLG 300, 2.

III. Dies von Schneidewin edit. 2 p. XIII wol mit Recht für unächt gehaltene Epigramm hat bereits früh in den Text Aufnahme gefunden, da es in T einer Handschrift des 9. Jahrhunderts steht, welche übrigens ein ebenfalls unächtes Suppos. I. Schn. edit. I p. 632 als V 1 hat vgl. Einl. S. 71. In dem Original der Fam. B stand es wol nicht; denn es fehlt in P; ebenso im Text von Q. ist aber

Ipsam crede deam verbis tibi dicere nostris:
 »Aut aperi faciem, aut tunicata lava.«

IV.

Romam vade, liber: si, veneris unde, requiret,
 Aemiliae dices de regione viae.
Si, quibus in terris, qua simus in urbe, rogabit,
 Corneli referas me licet esse Foro.
5 Cur absim, quaeret: breviter tu multa fatere:
 »Non poterat vanae taedia ferre togae.«
»Quando venit?« dicet: tu respondeto: »Poeta
 Exierat: veniet, cum citharoedus erit.«

IV 3. rogabit *PQFω Schn*² rogavit *EA* rogarit *T Schn*¹.

IV 1. Ovid. Tr. I 1, 15 Vade liber — 1s Si quis, qui, quid agam, forte requirat, erit. Ovid. Ex P. IV 5, 1 Ite leves elegi — 11 Si quis, — qui sitis et unde requiret.

IV 8. Auson. Epigr. 40, 4 Omnia mercatus, cras citharoedus eris.

am Rande (aus einer Handschrift der Fam. C Einl. S. 81) hinzugefügt mit der Ueberschrift: consilium deformi. Schon dass es zwischen den Einleitungsgedichten an ganz ungehöriger Stelle steht, weshalb es bei Domitius Calderinus 1475 und in der editio Veneta 1480 nach I. V gesetzt ist, was Scriver billigt, ohne es selbst zu thun, erregt Verdacht. Die Unklarheit von deam v. 3. würde nicht anstössig sein, wenn diese Verse (was wol möglich ist) ein Fragment wären. Doch Ausdruck und Inhalt sind mehr in der Art der untergeschobenen als der ächten Epigramme M.'s. Dazu kommt, dass die von Lachmann ad Lucret. p. 99 zulässig erachtete Dihaerese faciem aut einem Dichter von solcher Eleganz des Versbaues, qui ne in hexametro quidem et longa syllaba admiserit dihaeresim, nicht zuzutrauen ist. L. Mueller r. m. p. 311.

1. *nigro medicamine*. Es ist hier an eine, bei übermässigem Gebrauch die Haut dunkel färbende Toilettenessenz zu denken, wie solche öfter erwähnt werden. Zu VI 55, 2 und VI 57, 2.

3. IX 41, 9 Ipsam crede tibi naturam dicere rerum.

IV. 2. *Aemiliae*. Der Name allein als Bezeichnung der Region VI 85, 6 X 12, 1.

6. *vanae — togae*. D. h. des nichts einbringenden Clientendienstes SG I 338, 7.

8. *citharoedus*. Weil diese Kunst damals eine ars pecuniosa V 56, 9 war. SG I 279 III 315 f.

V.

Vis commendari sine me cursurus in urbem,
　Parve liber, multis, an satis unus erit?
Unus erit, mihi crede, satis, cui non eris hospes,
　Iulius, assiduum nomen in ore meo.
5 Protinus hunc primae quaeres in limine Tectae:
　Quos tenuit Daphnis, nunc tenet ille lares.
Est illi coniunx, quae te manibusque sinuque
　Excipiet, tu vel pulverulentus eas.
Hos tu seu pariter sive hanc illumve priorem
10　Videris, hoc dices »Marcus havere iubet.«
Et satis est: alios commendet epistola: peccat
　Qui commendandum se putat esse suis.

VI.

Lux tibi post Idus numeratur tertia Maias,
　Marcelline, tuis bis celebranda sacris.

V 5. primae quaeres in limine Tectae *Gronov Hus Schn* primi — tecti $PQFO Ser primae que res C in crimine Tectae EX.ABCG 9. hanc illumve PQω Schn² hunc illamve EX.ABCFG Schn¹. 10. havere habere PEX.ABG.

V 1. Ovid. Tr. I 1, 1 Parve, nec invideo, sine me liber, ibis in urbem. 4. Ovid. F. VI 528 Estque frequens Ino nomen in ore tuo.
VI 1. Ovid. F. IV 629 Tertia post Veneris cum lux surrexerit Idus.

V. 3. *crede mihi*. Zu I 3, 4.
4. *Iulius*. Wohl gewiss Iulius Martialis; zu I 15.
5. *Tectae*. Auch VIII 75, 2. Etwa eine via fornicata wie die von Livius XXII 36 erwähnte, quae ad campum erat zwischen der via Flaminia und dem Flusse, beiden nicht fern, und höchst wahrscheinlich in der Gegend des Tarentum, nahe dem Mausoleum Augusts. Becker Top. 641.
6. *Daphnis*. Wie es scheint ebenfalls ein Bekannter M.'s.
11. *epistola*. Zu I Epist. 1. 18.
VI. 2. *Marcelline*. Marcellinus, der Sohn eines Freundes M.'s, VI 25, diente im Sarmatenkriege, nach dessen Beendigung M. ihm durch den Dichter Faustinus der möglicherweise sein Vater war seine Gedichte sandte, VII 80; später stand er in der Nähe des Caucasus IX 45 SG III 450.

Imputat aetherios ortus haec prima parenti,
Libat florentes haec tibi prima genas.
5 Magna licet dederit iucundae munera vitae,
Plus numquam patri praestitit ille dies.

VII.

Centum miselli iam valete quadrantes,
Anteambulonis congiarium lassi,
Quos dividebat balneator elixus.
Quid cogitatis, o fames amicorum?
5 Regis superbi sportulae recesserunt.
»Nihil stropharum est: iam salarium dandum est.«

VII 6. »Nihil — est.« *Frdl Ohne Anführungszeichen Schn.*

3, 1. Der 1ste Mai war zugleich der Geburtstag des Vaters des Marcellinus und der Tag, an welchem der letztere den zum ersten Mal rasierten Bart den Göttern weihte. Ueber diesen Gebrauch Marquardt Prl. 584.

3. *aetherios ortus* i. e. ortus in aetherias auras. Munro zu Lucret. III 405.

4. *libat.* Vgl. IX 76, 5.

VII. 1. Bezieht sich auf die nur in diesem Buch erwähnte, also wie es scheint, bald wieder aufgehobene Einrichtung, dass die Clienten statt der sonst üblichen Geld-Sportula von 100 Quadranten = 25 as = $6^{1}/_{4}$ Sesterzen eine wirkliche Speisung erhielten. Vgl. III 14 30; 60 und SG I 392.

2. *anteambulonis.* Zu II 18, 5.

3. *balneator elixus.* Die Clienten erhielten die sportula, wenn sie abends entlassen wurden, nachdem sie den Patron noch ins Bad begleitet hatten um die 8. oder 9. Tagesstunde III 36, 5. Daher erscheint hier einer der zur Bedienung im Bade mitgenommenen Sklaven mit der Vertheilung beauftragt; elixus wegen der in den Baderäumen herrschenden Hitze.

4. *fames amicorum.* Für famelici amici. Vgl. esuritor Tuccius III 14, 1.

5. *Regis superbi.* Anders XII 15, 4 u. 5. Vgl. XII 48, 16 regna superba.

6. M. legt seine eigene Antwort auf die gestellte Frage den Clienten in den Mund, die Patrone müssten, da die jetzt eingeführte Speisung keinen hinreichenden Ersatz für die Geld-Sportula bietet, ausser derselben noch ein Jahrgehalt geben; aber eben die Erfül-

VIII.

Thaida Quintus amat.« Quam Thaïda? »Thaïda luscam.«
Unum oculum Thais non habet, ille duos.

IX.

Versiculos in me narratur scribere Cinna.
  Non scribit, cuius carmina nemo legit.

X.

Constituit, Philomuse, pater tibi milia bina
  Menstrua perque omnes praestitit illa dies,
Luxuriam premeret cum crastina semper egestas
  Et vitiis essent danda diurna tuis.
5 Idem te moriens heredem ex asse reliquit:
  Exheredavit te, Philomuse, pater.

XI.

Si tua nec Thais nec lusca est, Quinte, puella,
  Cur in te factum distichon esse putas?
Sed simile est aliquid? pro Laide Thaïda dixi?
  Dic mihi, quid simile est Thais et Hermione?

VIII 1. *Anführungszeichen und Punkt hinter* amat *nach Gilbert.*
X 4. essent' esset *PQEXBCF scisset? Schn² p. XIII.*
XI 3. aliquid? dixi? *Frdl* aliquid, dixi. *Schn.*

lung dieser Forderung war von den Patronen keineswegs zu erwarten, da sie ihnen eine Mehrausgabe verursacht haben würde, während sie die neue Einrichtung doch ohne Zweifel gerade der Ersparnis halber getroffen hatten. SG I 302.

VIII. Vgl. III 11.

IX. 1. *Versiculos — scribere.* Scribere versiculos VI 64, 23.

X. 1—4. Ein Jahreseinkommen von 24000 Sesterzen 5220 Mark scheint hiernach für einen einzelnen als hinreichend gegolten zu haben. Juvenals Naevolus 9,140 wünscht sich 20000, aber noch einiges ausserdem. SG I 264, 1 u. 2.

XI. Vgl. III 8. M. lässt einen Quintus sich über das 8. Epigramm beklagen, welches er auf sich bezieht. Hierzu würde er, meint M., allenfalls Grund haben, wenn der Name seiner Geliebten wenigstens denselben prosodischen Werth hätte, wie Thais (wenn sie z. B. Laïs hiesse); in der That heisst sie aber Hermione. Um nun den Verdacht des Quintus ganz zu beseitigen, erbietet er sich im 8. Epigramm Sextus an die Stelle von Quintus zu setzen.

5 Tu tamen es Quintus: mutemus nomen amantis
 Si non vult Quintus, Thaida Sextus amet.

XII.

Unguentum, fateor, bonum dedisti
Convivis here. sed nihil scidisti.
Res salsa est bene olere et esurire.
Qui non cenat et unguitur, Fabulle,
5 Hic vere mihi mortuus videtur.

XIII.

Dum non vis pisces, dum non vis carpere pullos,
 Et plus quam putri, Naevia, parcis apro.
Accusas rumpisque cocum, tanquam omnia cruda
 Attulerit. Nunquam sic ego crudus ero.

XIV.

Romam petebat esuritor Tuccius
 Profectus ex Hispania.

XI 6. Quintus, Thaida *Gilbert* Quintus Thaida, *Schn.*
XIII 2. putri *Hns Schn* patri *codd. Scr.*

XII 1. 2. Priscian. Inst. X 4, 24 GL II 516, 25; ‚scidit‘ ponit Martialis in III epigrammaton ‚Unguentum — scidisti.‘

XII. 4. *Fabulle.* Der Name ist mit Erinnerung an Catull. 13 gewählt.
XIII. III 94 über dasselbe Thema.
1. *carpere*: zerlegen, wie Petron. c. 36 wo der scissor des Trimalchio Carpus heisst,' Itaque quotiescunque dicit »carpe« eodem verbo et vocat et imperat.
3. *rumpisque cocum.* Digg. IX, 2, 27 Ulpian. l. XVIII ad Edictum § 5 lex Aquilia — si qui alteri damnum faxit, quod usserit fregerit ruperit injuria etc. § 17. Rupisse enim utique accipiemus, qui vulneraverit vel virgis vel loris vel pugnis cecidit, vel telo vel quo alio, ut scinderet alieni corpus vel tumorem fecerit. Vgl. XIX 2, 30 § 2. XLVII 10, 9 Ulpian. servus Praesidi offerendus est, qui eum flagris rumpat.
3. 4. *cruda — crudus.* Spiel mit dem Doppelsinn von crudus, das sowol von nicht gargekochten Speisen als von Menschen gesagt wird, die sich im Zustand der Unverdaulichkeit befinden.
XIV. 1. *esuritor.* Zu III 7, 5.

Occurrit illi sportularum fabula:
A ponte rediit Mulvio.

XV.

Plus credit nemo tota quam Cordus in urbe.
»Cum sit tam pauper, quomodo?« Caecus amat.

XVI.

Das gladiatores, sutorum regule, cerdo.
Quodque tibi tribuit subula, sica rapit.
Ebrius es: neque enim faceres hoc sobrius unquam.
Ut velles corio ludere, cerdo, tuo.
5 Lusisti corio: sed te, mihi crede, memento
Nunc in pellicula, cerdo, tenere tua.

XVII.

Circumlata diu mensis scriblita secundis

XV 1. tota quam *G Munro Gilbert³ p. 516* quam tota *Eω Schn.* Cordus *codd. Schn²* Codrus *Rand v. Q Schn¹.*

XVII 1. scriblita; scribit ita *X A B G* scripsit ita *E* inscripta $\Psi P Q C$; incripta *corr.* inscripta *R Schn¹ p. 699 dachte an* enthrypta, intrita, sorptita, scribitilla, scriblita *Rand von Q.*

3. *sportularum fabula.* Das Gerede von der Aufhebung der Geldsportula. Zu III 7.

4. *ponte — Mulvio.* Er kam also auf der via Flaminia nach Rom, war folglich nicht direkt zur See gereist.

XV. Vgl. VIII 49.

XVI. 1. Auf ein Fechterspiel, das ein reich gewordener Schuster in Bononia gegeben hatte: III 59,1 Sutor cerdo dedit tibi, culta Bononia munus. Vgl. III 99 und SG II 382, 2.

2. *sica.* Das krumme oder gebogene Schwert der Thraeces genannten Gladiatoren, die thraeische Nationalwaffe. SG II 484 f.

4. Mit Anspielung auf die sprichwörtliche Redensart: de alieno corio ludere Apuleius Metamorph. VII 468. Vgl. Tertullian. de pallio c. 3, Kretschmann de latinitate Apul. p. 27.: um eine fremde Haut spielen. Wer um die eigene Haut spielt wobei corium zugleich das aus Leder erworbene Vermögen des Schusters bezeichnet, muss betrunken sein. 5. *mihi crede.* Zu I 3, 4.

6. *in pellicula sua se tenere* offenbar sprichwörtlich, in dem Sinne von »bei seinem Leisten bleiben« wol aus der Fabel vom Esel und der Löwenhaut. Gilbert. Anders Persius 5, 116 pelliculam veterem retines.

Urebat nimio saeva calore manus:
Sed magis ardebat Sabidi gula: protinus ergo
Sufflavit buccis terque quaterque suis.
5 Illa quidem tepuit digitosque admittere visa est,
Sed nemo potuit tangere: merda fuit.

XVIII.

Perfrixisse tuas questa est praefatio fauces,
Cum te excusaris, Maxime, quid recitas?

XIX.

Proxima centenis ostenditur ursa columnis,
Exornant fictae qua platanona ferae.
Huius dum patulos adludens temptat hiatus
Pulcher Hylas, teneram mersit in ora manum.
5 Vipera sed caeco scelerata latebat in aere
Vivebatque anima deteriore fera.

XIX 3. adludens F alludens Q adludet $E.X.1$.

XIX. Baehrens Plm IV 436 Aere cavo falsam serpens impleverat ursum, Addidit et morsum et jubet esse feram . . . . . Implevit serpens quod minus? artis erat.

XVII. Vgl. das verwandte Epigramm VII 94.
3. *gula*. Hier fast metonymisch für Fressgier. Zu I 20, 3.
6. *merda fuit*. Durch den Athem des Sabidius zu I 32 stinkend wie Koth geworden.

XVIII. Der Autor, den M. Maximus nennt, hatte vor Beginn seiner Vorlesung seine Heiserkeit entschuldigt. Verwandt sind IV 41 VI 41. Vgl. auch XIV 142 und SG III 575, 4.
2. Ueber die Elision von te Mueller r. m. p. 283 und Birt in der Einl. S. 33.

XIX. Eine Platanenpflanzung in der Nähe des Hecatostylon zu II 14, 9. war mit Broncefiguren wilder Thiere geschmückt. Ein Knabe, der spielend die Hand in den Rachen einer dazu gehörigen Bärin gesteckt hatte, war von einer in derselben versteckten giftigen Schlange getötet worden.

Non sensit puer esse dolos, nisi dente recepto,
Dum perit: o facinus, falsa quod ursa fuit!

XX.

Dic, Musa, quid agat Canius meus Rufus
Utrumne chartis tradit ille victuris
Legenda temporum acta Claudianorum?
An quae Neroni falsus astruit scriptor,
5 An aemulatur improbi iocos Phaedri?
Lascivus elegis an severus herois?
An in cothurnis horridus Sophocleis?
An otiosus in schola poetarum
Lepore tinctos Attico sales narrat?
10 Hinc si recessit, porticum terit ✝ templi

XX 4. scriptor, *Frdl* scriptor? *Sch*   10. templi, Magni? *vgl. die Anm.*

8. *falsa quod ursa fuit*. D. h. dass es keine wirkliche Bärin war die ihm weit weniger gefährlich gewesen wäre.

XX. 1. *Canius Rufus*. Zu I 61, 9.

2. *chartis — victuris*. Zu I 25, 7.

4. Ein dem Anschein nach nicht verdorbener, doch sehr unklarer Vers. Wenn der Satz quae — scriptor als Objekt von aemulatur v. 5 abhängt, ahmte Canius Rufus die Werke eines Dichters nach, die ein damaliger Schriftsteller irrthümlich dem Nero beilegte. Es könnte damit einer der Dichter gemeint sein, die Nero bei der Abfassung seiner Gedichte unterstützt haben sollen. Tacit. A. XIV 16.

5. *improbi iocos Phaedri*. Unmöglich kann man mit Teuffel RLG 281, 3 an die erhaltenen Fabeln des Phaedrus denken, die ebenso wenig ioci als in irgend einem Sinne improbi sind. Das letztere Wort braucht M. öfter im Sinne von lascivus zu I 41, 12. Am nächsten liegt es daher Mimen eines unbekannten Phaedrus zu verstehen. III 86, 4 Non sunt haec mimis improbiora.

7. *cothurnis — Sophocleis*. Vgl. V 30, 1.

8. *schola poetarum*. Diesen Versammlungsort der Dichter Roms erwähnt M. auch IV 61, 3. Wie es scheint, war er nicht identisch mit der XI 1, 9 genannten Halle des Quirinustempels. SG I 374, 1 u. 2.

9. *Lepore — Attico*. IV 23, 6 Cecropio lepore.

10. *porticum terit* = II 10, 2.

templi: Wenn auch die Bemerkung Jordan's Hermes VII 86 dass

An spatia carpit lentus Argonautarum?
An delicatae sole rursus Europae
Inter tepentes post meridiem buxos
Sedet ambulatve liber acribus curis?
15 Titine thermis an lavatur Agrippae
An inpudici balneo Tigillini?
An rure Tulli fruitur atque Lucani?

templum allein nicht einen bestimmten Tempel bezeichnen könne, der Einschränkung bedarf SG II 156, 6, so konnte doch hier der Name des Gottes des Tempels, von dem die Rede ist, unmöglich fehlen. Die hier genannte porticus konnte kaum eine andere sein als die zusammen mit der p. Argonautarum auch II 14 und XI 1 unter den besuchtesten Spaziergängen genannte porticus Pompeia. Vielleicht hatte M. mit Erinnerung an Catull. 55, 6 in Magni simul ambulatione geschrieben; porticum Magni Magnus wird Pompeius auch X 5, 11 genannt. Da die Lesart von M., eben so wie die des einzigen reinen Vertreters der Fam. B 𝔓 an dieser Stelle unbekannt ist, darf man vermuthen, dass die Uebereinstimmung der Hdschrr. der Fam. C und der mit Benutzung derselben geschriebenen der Fam. B PQ in der Lesart templi daher rührt, dass in der Urhandschrift von C das letzte Wort des Verses unleserlich geworden und aufs Gerathewol ergänzt worden ist: eben so wie XII 50, 2 das in den Handschrr. der Fam. A und B auf verschiedene Weise entstellte pityonas in dem archetypus von C durch cyparissos ersetzt ist. Zu der Ergänzung templi könnte XI 1, 9 porticum Quirini Veranlassung gegeben haben. Munro hat wegen der in den Handschriften häufigen Verwechslung von tecta und templa zu XII 3, 8 an Tectae zu III 5, 5 gedacht; doch erscheint es nicht bloss äusserst fraglich, ob die via Tecta mit porticus Tectae bezeichnet werden konnte, sondern sie war auch gewiss keine Promenade.

12. 13. Zu II 14. 15.

15. Zu III 36, 6.

16. *Tigillini*. Das von dem bekannten praef. praet. unter Nero im Amt seit 62, †70 Sofonius Tigillinus erbaute Bad kommt auch in den Colloquia scholastica ed. Haupt, Ind. lect. Berol. hib. 1871 p. 7, 29 = Opp. II 447 vor: ἀπελθάτω τις καὶ ἀγγειλάτω, ἐπειδὶ, ἔρχομαι εἰς βαλανεῖον Τιγιλλίνου. Vgl. das Verzeichnis der bekannten balnea, Jordan Forma urbis, p. 42. Tigellinus lautet der Name bei Cass. Dio und Juv. 1, 155, Tigillinus ausser den angeführten Stellen in den codd. des Sueton und Tacitus nur Ann. XIV 48 Tigellani. Haupt Opp. III 572.

17. *Tulli — atque Lucani*. Zu I 36.

An Pollionis dulce currit ad quartum?
An aestuantes iam profectus ad Baias
20 Piger Lucrino nauculatur in stagno?
»Vis scire quid agat Canius tuus? Ridet.«

XXI.

Proscriptum famulus servavit fronte notata.
Non fuit haec domini vita, sed invidia.

XXII.

Dederas, Apici, bis trecenties ventri.
Et adhuc supererat centies tibi laxum.

XX 18. Pollionis *codd Schn*[1] Polionis *O Schn*[2].
XXI 1. notata *RQ Schn*[2] notatus *Ew Schn*[1].

XX 20. Sidon. Apoll. c. 18, 7 'Lucrinum stagnum dives Campania nollet'.

---

18. *Pollio*, vielleicht der berühmte Citharöde IV 61 XII 12 Juv 6, 387 7, 176, besass hiernach ein Landgut 4 Millien von Rom, das vielleicht im Gegensatz zu einem anderen weiter entfernten sein quartum genannt wurde. Vgl. VII 31, 11 Aut rus marmore tertio notatum.

currit: fährt er, wie II 6, 15.

19. *iam*. Die Hauptsaison in Bajae war im März und April SG II 94, 6. Das Epigramm ist also wol zu Anfang des März oder noch früher verfasst, in den ersten Frühlings- oder Vorfrühlingstagen, deren man sich auch auf dem Lande bei Rom gern erfreuen mochte.

20. Zu I 62, 3.

21. Zu II 6, 17.

XXI. Der von den zweiten Triumvirn im Jahre 43 v. Chr. proscribirte Antius Restio wurde nach Appian, B. c. IV 40 durch seine Frau, dagegen nach Valer. Max. VI 8, 7, Macrob. Sat. I 11, 19 von einem Sklaven gerettet, den er hatte brandmarken lassen. Was dieser vor dem Untergange bewahrte, sagt M., war nicht sowol das Leben seines Herrn als der demselben aus der Grausamkeit gegen einen so treuen Sklaven erwachsende Hass. Gilbert p. 6, 4 findet in vita — invidia vielleicht mit Recht eine gesuchte Aehnlichkeit des Klanges.

XXII. 1. *Apici*. Zu II 69, 3.

bis trecenties. Als die von Apicius verschwendete Summe giebt Seneca cons. ad Helv. 10, 8 100 Millionen Sesterzen, als die ihm

Hoc tu gravatus ut famem et sitim ferre
Summa venenum potione perduxti.
5 Nil est, Apici, tibi gulosius factum.

XXIII.

Omnia cum retro pueris obsonia tradas,
Cur non mensa tibi ponitur a pedibus?

XXIV.

Vite nocens rosa stabat moriturus ad aras
Hircus, Bacche, tuis victima grata focis.

XXII 4. perduxti *Ser Hns* perduxit $EXABCFG$ duxisti $PQ\omega$.
5. Nil $P Schn^2$ Nihil Q Nullum $E\omega Schn^1$.
XXIV 2. focis T sacris $PEFO$ vs. 9 salis *so* Q *Rand* sacris.

XXIV 1. Ovid. M. XV 114 Vite caper morsa Bacchi mactandus ad aras Ducitur. F. I 357 Rode, caper, vitem, tamen hinc cum stabis ad aram. 2. Ovid. F. I 440 Hellespontiaco victima grata deo.

XXIV. Incerti De lenone uxoris suae Baehrens Plm IV 315 9, 10 Solus vera probas jucundi verba poetae ,Dum jugulas hircum factus es ipse caper.'

übrig gebliebene und seiner Meinung nach zum Lebensunterhalt nicht ausreichende wie M. 10 Millionen an.
2. *centies laxum*. Reichliche 10 Millionen. Zu I 99, 1.
4. *perduxti*. M. hat derartige Formen öfter: V 79, 1 surrexti VI 30, 2 dixti, X 31, 1 und XII 15, 1 addixti. Neue Formenl.² 535. ff.
XXIII. Entweder werden hier die Speisen von einem Gast zum Mitnehmen zu II 37 seinem mitgebrachten, hinter ihm ad pedes XII 87, 2 oder a pedibus Marquardt Prl. 146, 1 und 313, 4 stehenden Sklaven übergeben; oder nach Gilbert der Wirth füttert damit seine hinter ihm stehenden Lieblingssklaven, wie III 82, 18 ss.
XXIV. Dass die hier erzählte Anekdote eine sehr bekannte war zeigt die Inschrift eines bei Gallipoli gefundenen, seit 1877 im Museum von Smyrna befindlichen, von S. Reinach im Bulletin de correpond. hellénique VI 1882 p. 353—355 bekannt gemachten silbernen Löffels: Θύων τήρι (so) τὴν χίλην σου.
1. *vite nocens rosa*. Vgl. XIII 39.

Quem Tuscus mactare deo cum vellet haruspex,
  Dixerat agresti forte rudique viro,
5 Ut cito testiculos et acuta falce secaret,
  Taeter ut immundae carnis abiret odor.
Ipse super virides aras luctantia pronus
  Dum resecat cultro colla premitque manu,
Ingens iratis apparuit hirnea sacris.
10 Occupat hanc ferro rusticus atque secat.
Hoc ratus antiquos sacrorum poscere ritus
  Talibus et fibris numina prisca coli.
Sic modo qui Tuscus fueras, nunc Gallus haruspex,
  Dum iugulas hircum, factus es ipse caper.

XXV.

Si temperari balneum cupis ferveus,
Faustine, quod vix Iulianus intraret,
Roga, lavetur, rhetorem Sabineium.
Neronianas hic refrigerat thermas.

XXIV 9. hirnea *PQEXABFO* hircania *T* vgl. *Buecheler Rhein. Mus.* 1880 *S.* 391 *ff.* 1883 *S.* 521.
  XXV. 3. Sabineium *QEXAB Schn¹ Gilbert² p.* 643 Sabinae eum *PFω Schn².*

---

9. *iratis — sacris.* Nach der Analogie von dis iratis (vgl. IV 43, 5 Iratam mihi Pontiae lagonam etc.. M. hat den heiligen Brauch gleichsam personificirt, dessen Zorn der haruspex erregt hatte. Ähnlich wie IV 31, 5 'averso fonte sororum' die Musenquelle.
  13. *Gallus.* Spiel mit der doppelten Bedeutung von Gallus wie XI 74, Gallier und verschnittener Priester der magna mater.
  14. *caper.* Gellius IX 9 auctore — M. Varrone is demum latine caper dicitur, qui excastratus est.
  XXV. 2. Zu I 25. Iulianus muss ein Bekannter Beider gewesen sein.
  3. *Sabineium.* Von Sabinus gebildet wie Apuleius von Apulus. Gilbert² p. 643.
  4. Er ist so frostig, dass er selbst die Neronischen Thermen abkühlen kann.

XXVI.

Praedia solus habes et solus, Candide, nummos,
　Aurea solus habes, murrina solus habes.
Massica solus habes et Opimi Caecuba solus,
　Et cor solus habes, solus et ingenium.
5 Omnia solus habes — nec me puta velle negare —
　Uxorem sed habes, Candide, cum populo.

XXVII.

Nunquam me revocas, venias cum saepe vocatus
　Ignosco, nullum si modo, Galle, vocas.
Invitas alios: vitium est utriusque. »Quod?« inquis.
　Et mihi cor non est, et tibi, Galle, pudor.

XXVIII.

Auriculam Mario graviter miraris olere.
　Tu facis hoc: garris, Nestor, in auriculam.

XXVI 5. nec me puta *Madvig Advers. cr. II 163* hoc me puta
RξP hoc me puto QEXBCFGO *corr. A* nec me puto *Scr* hoc me
puta velle negare' *Schn* ne me puta *Gilbert*.
XXVII 1. venias cum quom *P* saepe vocatus rogatus *P*
RPQOξ *Scr Schn*[2] cum sis prior ipse vocatus *Ew Schn*[1].

XXVI 5. Auson. Mosell. 31 Omnia solus habes.

XXVI. In der Handschrift der Leipziger Stadtbibliothek. De
Candido qui uxorem adulteram habebat. Haupt Opp. I p. 291. Vincent. Bellov. Sp. D. VII 3 mit Auslassung von vs. 2. 3., vs. 5: hoc
te puto velle negare.

XXVI. 2. *Aurea*. Goldenes Geschirr, obwol seit Tiberius für
Privatpersonen nur bei Opferhandlungen erlaubt, erwähnt M. selbst
noch III 31, 4, und auch Andere. SG III 105 f.
　murrina = IX 59, 11 XIII 110, 1. Gefässe aus der dem Golde
gleich geachteten murra, die früher für Flussspat, jetzt auch für eine
Art des Achats gehalten wird. Marquardt Prl. 745.
　3. *Massica*. Zu I 26, 5.
　Caecuba. Zu II 40, 5.
　5. *puta*. Zu II 44, 2.
XXVII. 4. *cor*: Verstand, wie III 26, 4. *non est*. Vgl. III 8, 2
XXVIII. 2. *garris in auriculam*. Zu III 44, 12.

XXIX.

Has cum gemina compede dedicat catenas,
Saturne, tibi Zoilus, anulos priores.

XXX.

Sportula nulla datur; gratis conviva recumbis
　Dic mihi, quid Romae, Gargiliane, facis?
Unde tibi togula est et fuscae pensio cellae?
　Unde datur quadrans? unde vir es Chiones?
5 Cum ratione licet dicas te vivere summa,
　Quod vivis, nulla cum ratione facis.

XXXI.

Sunt tibi, confiteor, diffusi iugera campi
　Urbanique tenent praedia multa lares,
Et servit dominae numerosus debitor arcae
　Sustentatque tuas aurea massa dapes.

XXXI fehlt in *EF*. 2. Urbanique *PQω Schn²* Albanique *TX Schn¹*. 3. dominae numerosus *PQω Schn²* domino numerosa *T* d-o n-ae *Schn¹*. 4. massa *TQ* mensa *ω*.

XXIX. Ueber Zoïlus zu II 16. Eine Variation über dasselbe Thema, dass Zoïlus jetzt so schwere Ringe an den Fingern trägt wie früher an den Beinen XI 38. Dem Saturn weiht er die Ketten, weil an dessen Feste die Sklaven frei waren. Das Sotadeische Metrum nur hier. Einl. S. 27.

XXX. 1. *Sportula nulla datur*. Zu III 7.

3. *togula*. Häufig von der toga der Clienten IV 26, 4 V 22, 11 VI 50, 2 IX 100, 5 und sonst IV 66, 3 VII 10, 10 XII 70, 2.

fuscae pensio cellae. pensio Miethzins, auch III 38, 6 VII 92, 5. Miethwohnungen scheinen häufig finster gewesen zu sein. Juven. 3, 225.

4. *quadrans*. Für den Eintritt in das gewöhnliche Männerbad. Marquardt Prl. 267, 1. Vgl. VIII 42, 3. — *Chiones*. Zu I 34, 7.

5. *cum ratione summa*: mit strengster Rechnung.

6. *nulla cum ratione*: ohne vernünftigen Grund.

XXXI. 2. Dein Haus in der Stadt nimmt den Raum mehrerer Grundstücke ein. SG III 83 f.

3. *dominae — arcae*. Zu I 3, 3.

4. *aurea massa*. Zu III 26, 2. Massa *T* verdient den Vorzug vor mensa Fam. Ca., da goldene oder vergoldete Tische nie erwähnt

5 Fastidire tamen noli, Rufine, minores:
   Plus habuit Didymus, plus Philomelus habet.

XXXII.

An possim vetulam quaeris, Matronia: possum
Et vetulam, sed tu mortua, non vetula es.
Possum Hecaben, possum Nioben, Matronia, sed si
Nondum erit illa canis, nondum erit illa lapis.

XXXIII.

Ingenuam malo, sed si tamen illa negetur,
Libertina mihi proxima condicio est:
Extremo est ancilla loco: sed vincet utramque,
Si facie nobis haec erit ingenua.

XXXIV.

Digna tuo cur sis indignaque nomine, dicam.
Frigida es et nigra es: non es et es Chione.

XXXV.

Artis Phidiacae toreuma clarum
Pisces aspicis: adde aquam, natabunt.

XXXII 1. An possim *Heraldus* An possim *R* Non possum *PQEFω* Num possum *O* Num possum *Hns Ser*. Matronia *R Gilbert* Matria *PQEB* Matrinia *Fω Schn*. 3. Hecaben *vgl. zu III 76*. 4 Hecube *Gz* Hecubam *QEω Schn* Nioben *Qω* Niobam *PXAEBFG Schn*.

werden. Massa von Metall VIII 51, 4 XII 57, 8 bezeichnet wie VIII 51, 4 das Material des Geschirrs.

6. *Didymus — Philomelus*. Auf den Reichthum des schon sehr alten III 93, 22 Philomelus wird auch IV 5, 10 angespielt. Er sowol wie der sonst nicht vorkommende, bereits verstorbene Didymus beide, wie es scheint Wucherer vom Stande der Freigelassenen waren offenbar sehr übel berüchtigt.

XXXII. 1. *Possim vetulam*. Posse in obscöner Bedeutung wie III 76, 4 XI 97, 1.

XXXIII. 2. *condicio*. Hier im Sinne eines ausserehelichen Verhältnisses wie Cic. Cael. c. 15 s., Suet. August. c. 69, HA Antonin. phil. c. 19 Elagabal c. 5, anders an derselben Versstelle M. V 17. 2. wieder anders XI 52, 2.

XXXIV. 2. *Chione*. Zu 1 34. 7.

XXXV. Auf ein eiselirtes mit erhaben gearbeiteten Fischen ver-

XXXVI.

Quod novus et nuper factus tibi praestat amicus.
Hoc praestare iubes me, Fabiane, tibi:
Horridus ut primo te semper mane salutem
Per mediumque trahat me tua sella lutum,
5 Lassus ut in thermas decima vel serius hora
Te sequar Agrippae, cum laver ipse Titi.
Hoc per triginta merui, Fabiane, Decembres.
Ut sim tiro tuae semper amicitiae?
Hoc merui, Fabiane, toga tritaque meaque.
10 Ut nondum credas me meruisse rudem?

XXXVII.

Irasci tantum felices nostis amici.
Non belle facitis, sed invat hoc facere.

XXXVII 2. juvat hoc facere *PQω Ser* juvat hoc facite *EXB CFX juvat hoc: facite Schn.*

ziertes Gefäss. Ob es M. für eine Arbeit des Phidias hielt oder dafür ausgeben wollte, ist mindestens zweifelhaft, da ars Phidiaca auch Sculptur bedeuten kann, wie ars Apellea XI 9, 2 Malerei opus Apelleum VII 84, 8 ein Gemälde. SG III 273, 5.

XXXVI. 1. *novus — amicus*. Vgl. I 54, 4. Ein neueintretender also in der Erfüllung seiner Pflichten noch sehr eifriger Client.
3. *horridus*: vor Kälte schauernd, wie Pers. 1, 54. Die Besuche der Clienten wurden in der ersten Morgenstunde gemacht. SG I 338 f., vgl. IV 8, 1. *mane* substantivisch: zu I 49, 36.
4. Zu II 57, 5 u. 6. *Per medium — lutum* = X 10, 8. medio luto VII 61, 6.
5. Zu III 7, 5.
6. *Agrippae — Titi*. Vgl. III 20, 10. Die Ersteren auf dem Marsfelde, die Letzteren auf dem Esquilin, vielleicht eine halbe Stunde von einander entfernt.
9. *toga tritaque meaque*. Vgl. IX 100, 5. *meaque*, die du mir nicht einmal geschenkt hast.
10. *meruisse rudem*. Das Stockrapier als Zeichen der Entlassung der Gladiatoren, bei denen übrigens auch tirones und veterani unterschieden wurden (SG II 339—341), sehr gewöhnlich für Entlassung überhaupt.

XXXVII. 1. *felices — amici*. Es sind die Patrone gemeint, die ihren Clienten gegenüber nur Rechte, keine Pflichten zu haben glaubten. Vgl. auch XII 13 und SG I 342, 4.

XXXVIII.

Quae te causa trahit vel quae fiducia Romam,
  Sexte? quid aut speras aut petis inde? refer.
»Causas« inquis »agam Cicerone disertior ipso
  Atque erit in triplici par mihi nemo foro.«
5 Egit Atestinus causas et Civis (utrumque
  Noras): sed neutri pensio tota fuit.
»Si nihil hinc veniet, pangentur carmina nobis
  Audieris, dices esse Maronis opus.«
Insanis: omnes gelidis quicunque lacernis
10 Sunt ibi, Nasones Vergiliosque vides.
»Atria magna colam.« Vix tres aut quattuor ista
  Res aluit, pallet cetera turba fame.
»Quid faciam? suade: nam certum est vivere Romae.«
  Si bonus es, casu vivere, Sexte, potes.

XXXIX.

Iliaco similem puerum, Faustine, ministro
  Lusca Lycoris amat. Quam bene lusca videt!

XXXVIII. Eine Variation des Themas, dass in Rom der Lebensunterhalt auf ehrliche Weise schwer zu erwerben war: IV, 5.

4. *triplici — foro* = VIII 44, 6. Die auch von Ovid. Tr. III 12, 24 genannten, für die Rechtspflege bestimmten fora: Romanum, Julium, Augusti. Stat. S. IV 9, 15 Quae trino juvenis foro tonabas. Vgl. zu VII 65, 2 und Becker Top. 367, 696. Jordan Top. 1 2, 437 Anm. Das forum Palladium war zwar 86 schon begonnen, blieb aber bis 98 unvollendet. Zu 1 2, 8. Jordan Top. 1 2, 450 Anm.

5. *Atestinus — Civis.* Zwei Rechtsanwälte, die, wie es scheint aus Mangel an genügendem Einkommen Rom schon wieder verlassen hatten.

6. *pensio.* Für pensio annua, Jahresmiethe. Zu III 30, 3.

8. *audieris.* Ueber die Auslassung von si zu II 44, 1.

9. *gelidis lacernis.* VI 50, 3 gelida in togula; vgl. zu IV 34, 2 und IX 49, 8.

10. SG III 383, 2.

11. 12. SG I 338, 7.

14. *casu.* Durch einen glücklichen Zufall, also, wenn du Glück hast.

XXXIX. 1. *Iliaco — ministro.* II 43, 13 Iliaco cinaedo. XII 15, 7 Phrygium ministrum.

XL.

Mutua quod nobis ter quinquagena dedisti
  Ex opibus tantis, quas gravis arca premit,
Esse tibi magnus, Telesine, videris amicus.
  Tu magnus, quod das? immo ego, quod recipis.

XLI.

Inserta phialae Mentoris manu ducta
Lacerta vivit et timetur argentum.

XLII.

Lomento rugas uteri quod condere temptas,
  Polla, tibi ventrem, non mihi labra linis.
Simpliciter pateat vitium fortasse pusillum:
  Quod tegitur, magnum creditur esse malum.

XLII 4. magnum *T* majus *PQEFo* malum *TPQ* nefas *EX.A BCDFG* vgl. III 72, 2.

XLII. Vincent. Bellov. Sp. D. VI 21 »Simpliciter — esse nefas«

XL 2. *gravis arca*. Zu II 30, 4.

3. *magnus — amicus*. Hier nicht in der bei M. und Juvenal gewöhnlichen Bedeutung »vornehmer Freund« Mayor zu Juven. 1, 33, sondern soviel als magnopere amicus.

XLI. Auf eine angeblich von Mentor, dem berühmtesten Toreuten caelator argenti des Alterthums (in der ersten Hälfte des 4. Jahrhunderts v. Chr.) gearbeitete Schale mit einer Eidechse von so grosser Natürlichkeit, dass man davor erschrak. Mentors Name wurde viel gemissbraucht, wie überhaupt Kunstbetrug vorzugsweise mit Arbeiten in Edelmetall verübt wurde. Vgl. auch IV 39, 1 VIII 41, 2 IX 60, 16 XI 11, 5 XIV 93. SG III 274.

XLII. 1. *Lomento*. Bohnenmehl, sonst statt Seife gebraucht. Becker-Goell III 162. Hier und XIV 60 zur Verdeckung von Hautfalten.

rugas uteri. III 72, 4 sulcos uteri.

2. *non mihi labra linis*. »Du betrügst mich nicht«. Die Redensart rührt wol daher, dass der Rand von Gefässen, in denen man Kindern bittere Medikamente eingab, mit Süssigkeiten bestrichen wurde. Lucr. 1 939 Ut puerorum aetas improvida ludificetur Labrorum tenus.

4. *magnum — malum*. Wie III 72, 2 magnum — nefas.

XLIII.

Mentiris iuvenem tinctis, Laetine. capillis.
 Tam subito corvus, qui modo cygnus eras.
Non omnes fallis: scit te Proserpina canum
 Personam capiti detrahet illa tuo.

XLIV.

Occurrit tibi nemo quod libenter.
Quod, quacunque venis, fuga est et ingens
Circa te, Ligurine, solitudo.
Quid sit, scire cupis? Nimis poeta es.
5 Hoc valde vitium periculosum est.
Non tigris catulis citata raptis.
Non dipsas medio perusta sole.
Nec sic scorpios improbus timetur.
Nam tantos, rogo, quis ferat labores?
10 Et stanti legis et legis sedenti.
Currenti legis et legis cacanti.
In thermas fugio: sonas ad aurem.
Piscinam peto: non licet natare.
Ad cenam propero: tenes euntem.
15 Ad cenam venio: fugas sedentem.
Lassus dormio: suscitas iacentem.

XLIII. In der Handschrift der Leipziger Stadtbibliothek Ad Levinum (sic). Haupt Opp. I p. 291.

XLIV. Vgl. III 45 und 50 und SG III 373 f.
6. Die Flucht der Jäger vor der Tigerin, deren Junge sie geraubt haben, wird öfter erwähnt. SG II 498.
7. *dipsas*. Eine Schlange, deren Biss angeblich durch die Qual unauslöschlichen Durstes den Tod brachte. Lucian. de dipsadibus.
12—16. Ueber das abwechselnd kurz und lang gebrauchte o der Verbalendung zu II 18. 1.
12. *sonas ad aurem*. I 89, 1 V 61, 3 garris garrit in aurem. III 28, 4 garris in auriculam. III 63, 8 in aure sonat. Vgl. zu VI 21. 3.
15. *fugas sedentem*. Die Gäste setzten sich, ehe man zur Tafel ging, wie die Aufforderung VIII 67, 6 Caeciliane sede zeigt. Die Versschlüsse euntem, sedentem geben also die zwei aufeinanderfolgenden Zustände richtig an. Gilbert p. 19 s. Die Assonanz am Versschluss auch IV 43, 7 u. 8 X 35, 11 u. 12.

Vis, quantum facias mali, videre?
Vir iustus, probus, innocens timeris.

XLV.

Fugerit an Phoebus mensas cenamque Thyestae
Ignoro: fugimus nos, Ligurine, tuam.
Illa quidem lauta est dapibusque instructa superbis,
Sed nihil omnino te recitante placet.
5 Nolo mihi ponas rhombos mullumve bilibrem,
Nec volo boletos, ostrea nolo: tace.

XLVI.

Exigis a nobis operam sine fine togatam:
Non eo, libertum sed tibi mitto meum.
›Non est‹ inquis »idem.« Multo plus esse probabo:
Vix ego lecticam subsequar, ille feret.
5 In turbam incideris, cuneos umbone repellet:
Invalidum est nobis ingenuumque latus.
Quidlibet in causa narraveris, ipse tacebo:
At tibi tergeminum mugiet ille sophos.

XLVI 1. togatam: 5. repellet: *Gilbert*. 5. cunctos *codd Schn*[1]
cuneos *Turnebus Hus Schn*[2].

XLV 1. Horat. AP 91 cena Thyestae.
XLVI 6. Ovid. Tr. I 4, 72 Invalidae vires ingenuaeque mihi.

XLV. 5. *rhombos*. Vgl. III 60, 6 X 30, 21 XIII 81, 2 Marquardt Prl. 119, 4.
mullumve bilibrem. Zu II 37, 4 und II 43, 11.
6. *boletos.* Zu I 20, 2.
ostrea. Marquardt Prl. II 426 f. VII 87, 3 boletos, ostrea, mullos. Eine ähnliche Zusammenstellung von Leckerbissen IX 147, 3.
XLVI. 1. *operam — togatam.* Clientendienst. SG I 339. Vgl. zu I 15, 7. Dagegen X 51, 6 o tunicata quies.
4. *lecticam subsequar.* X 10, 6 Lecticam sellamve sequar. SG I 340.
5. *In turbam incideris.* Ueber die Auslassung von si hier und v. 7 und 9 zu II 44, 1.
6. *ingenuum.* Als die eines Freigeborenen zu gut oder auch zu schwach für die Balgerei. Zu X 46, 6.
8. *sophos.* Zu I 3, 7.

Lis erit ingenti faciet convicia voce:
10   Esse pudor vetuit fortia verba mihi.
»Ergo nihil nobis« inquis »praestabis amicus?«
Quidquid libertus, Candide, non poterit.

XLVII.

Capena grandi porta qua pluit gutta
Phrygiumque Matris Almo qua lavat ferrum.
Horatiorum qua viret sacer campus
Et qua pusilli fervet Herculis fanum.

XLVI 9. Ovid. Am. III 41 facio convicia caelo M. IX 302 facio convicia demens. 10. Prop. I 5, 14 Cum tibi — fortia verba cadent. Cons. ad Liv. 10 facile est fortia verba loqui.

12. *Candide.* Zu II 24.

XLVII. 1—5. Bassus, ein sonst unbekannter Freund des Dichters, auf den sich wol auch VII 96 bezieht; an allen übrigen Stellen ist der Name Bassus willkürlich gebraucht. Bassus reist nach seinem suburbanum vor der porta Capena an der via Appia, an welcher auch die genannten Lokalitäten liegen. Sein Landgut wird hier und III 58, 45 als ein eleganter aber nichts eintragender und darum nicht wahrhaft ländlicher Landsitz verspottet, und in dem letzten an Bassus gerichteten Gedicht dem an Erzeugnissen aller Art reichen Gute des Faustinus bei Bajae gegenübergestellt.

1. Ueber die porta Capena lief ein Canal der aqua Marcia der rivus Herculaneus Becker Top. 168, Lanciani Le acque (1880 p. 93., von welchem fortwährend Tropfen durch das Gewölbe sickerten. Juven. 3, 11 madidamque Capenam. Bassus konnte erst hier seinen Wagen besteigen, da in der Stadt bei Tage nicht gefahren werden durfte. SG I 60 f.

2. Für den Almo hält man den Bach Aqua.uccio zwischen der porta Appia der aurelianischen Mauer und der Kirche Domine quo vadis. Preller Reg. 117. Nach diesem Verse wurde ausser dem Bilde der magna Mater, deren Bad im Almo am 27. März stattfand Marquardt StV III 372 f., dort unter den sacra Ovid. F. IV 340 auch ein Messer gewaschen, vermuthlich das, mit welchem der Archigallus am 24. März seinen Arm ritzte.

3. *Horatiorum — campus.* Das Grabmal der Horatia an der Stelle wo sie getötet wurde ante portam Capenam, erwähnt Livius I 26. Becker Top. 517 f.

4. *pusilli — Herculis fanum.* Wie die Vergleichung mit IX 64; 65; 101 lehrt, war das fanum wahrscheinlich nicht fern von dem Tempel, in welchem sich Domitian als Hercules darstellen liess, am 8. Meilen-

5 Faustine, plena Bassus ibat in raeda.
   Omnes beati copias trahens ruris.
   Illic videres frutice nobili caules
   Et utrumque porrum sessilesque lactucas
   Pigroque ventri non inutiles betas:
10 Illic coronam pinguibus gravem turdis
   Leporemque laesum Gallici canis dente
   Nondumque victa lacteum faba porcum.
   Nec feriatus ibat ante carrucam,
   Sed tuta feno cursor ova portabat.
15 Urbem petebat Bassus? immo rus ibat.

XLVIII.

Pauperis extruxit cellam, sed vendidit Olus
Praedia: nunc cellam pauperis Olus habet.

XLVII 15. Urbem ΨQ Romam *PXEABCFGO*.

XLVII 6. Horat. Epp. I 10, 14 rure beato. S. Priap. 51, 19 sessilesque lactucas.

stein der via Appia. Becker Top. 518, 1088. Unter Hercules pusillus ist wol nicht mit Preller RM II 298, 2 ein H. puerinus, sondern eine kleine Statue zu verstehen.

3. *raeda*: vierräderiger Reisewagen. Marquardt Prl. 711 f.

8. *utrumque porrum*. D. h. porrum sectile XIII 18 sectivum X 48, 9 tonsile. vgl. XI 52, 6: Schnittlauch und capitatum. Nach XIII 18 und 19 war das erste in Tarent, das zweite in Aricia am besten. Becker-Goell III 356.

sessilesque lactucas X 48, 9 lactuca sedens : Salat. Vgl. XI 52, 5 XIII 14. Becker-Goell III 352.

9. *betas*. XIII 13, 1.

11. *Gallici canis*. Die gallischen Jagdhunde rühmen Gratius Cyneg. 155. Oppian Cyneg. I 373. Zu XIV 200.

12. Eine Umschreibung von porci nefrendes. Varro R. r. II 4, 17 porci dicuntur nefrendes ab eo quod nondum fabam frendere possunt. i. e. frangere fabaeque fresae IV 46, 6.

13. *carrucam*. Wie diese Stelle zeigt, war die carruca der reda sehr ähnlich, da M. mit beiden Namen denselben Wagen bezeichnet. Marquardt Prl. 714 f.

14. *cursor*. Der dem Wagen voranslief: XII 24, 7 Succinctus neque cursor antecedit. Marquardt Prl. 147, 10.

XLVIII 1. *Pauperis — cellam.* Pauperum cellae Senec. Epp. 18, 7

XLIX.

Veientana mihi misces, ubi Massica potas:
Olfacere haec malo pocula, quam bibere.

L.

Haec tibi, non alia, est ad cenam causa vocandi,
Versiculos recites ut, Ligurine, tuos.
Deposui soleas, affertur protinus ingens
Inter lactucas oxygarumque liber.
5 Alter perlegitur, dum fercula prima morantur,
Tertius est, nec adhuc mensa secunda venit.
Et quartum recitas et quintum denique librum.
Putidus est, toties si mihi ponis aprum.
Quod si non scombris scelerata poemata donas,
10   Cenabis solus iam, Ligurine, domi.

L 5. perlegitur *PQFω Frdl* pergetor *AprBE* perletor *pr G* porrigitur *XC Schn*   6. nec *EFω Schn*[1] neque *PQ Schn*[2] venit *PQω Ser Schn*[1]   fuit *EXABCFG Schn*[1]   7. librum *PQFω Ser* bruun n a *EABG* broma *XC* βρῶμα *Gilbert p. 1.*

u. 100. 6; vgl. Becker-Goell I 115 künstliche Nachahmungen von Zimmern armer Leute wurden in Palästen eingerichtet, um einen Contrast mit der Pracht der übrigen Räume zu bieten. Dass Reiche sich durch Bauen zu Grunde richteten, wird oft erwähnt. SG III 96 ff.

XLIX. 1. *Veientana.* Zu I 103, 9.
Massica. Zu I 26, 5.
2. Ich will lieber an den letzteren Bechern riechen als aus den mir vorgesetzten trinken.

L. Vgl. III 44. Verwandt ist das Epigramm des Lucillius 72 Anthol. Gr. ed. Jacobs III p. 43 (T II p. 331).
3. *Deposui soleas.* Soleae. Sandalen trug man nur, wenn man zur Tafel ging und legte sie ab, wenn man auf dem lectus tricliniaris Platz nahm. Marquardt Prl. 312 f.
4. *Inter lactucas oxygarumque.* Während des Voressens, wozu kalte und den Appetit reizende Speisen gehörten. Marquardt Prl. 314 ff.
oxygarum eine pikante Fischsauce. Marquardt Prl. 423 ff.
6. *nec adhuc.* Auch VI 38, 1 VIII 28, 11. Zu I 64, 1.
mensa secunda: der Nachtisch. Marquardt Prl. 318.
9. Zu III 2, 5.
10. *Cenabis — domi.* Zu II 11, 10.

LI.

Cum faciem laudo, cum miror crura manusque.
Dicere, Galla, soles »Nuda placebo magis.«
Et semper vitas communia balnea nobis.
Numquid, Galla, times, ne tibi non placeam?

LII.

Empta domus fuerat tibi, Tongiliane, ducentis:
Abstulit hanc nimium casus in urbe frequens.
Collatum est decies. Rogo, non potes ipse videri
Incendisse tuam, Tongiliane, domum?

LIII.

Et vultu poteram tuo carere
Et collo manibusque clunibusque.
Et mammis natibusque cruribusque.
Et, ne singula persequi laborem,
5 Tota te poteram, Chloe, carere.

LIV.

Cum dare non possim quod poscis, Galla, rogantem,
Multo simplicius, Galla, negare potes.

LII 1. ducentis *codd. Gilbert p. 14* ducenis *Scr Schn.*
LIII 1. vultu ω voltu *P Schn.*

LI. 2. *Galla.* Zu II 25, 1.
3. *communia balnea.* Ueber die gemeinschaftlichen Bäder von Männern und Frauen III 72 und Marquardt Prl. 275.
LII. 1. *fuerat.* Zu I 107, 3.
ducentis sc. milibus HS, wie centum VI 5, 2 ducenta XII 66, 9 trecenta XII 70, 7. Gilbert[3] p. 516. Vgl. SG III 84, 3 u. 4.
2. *nimium casus in urbe frequens.* Ein Brand; SG I 25 ff.
3. 4. Auch bei Juven. 3, 220 ss. geräth ein Abgebrannter, der durch Beisteuern mehr erhält als er vorloren hat, in Verdacht, tamquam ipse suas incenderit aedes.
LIV. Zu II 25, 1 und II 9.

LV.

Quod quacunque venis, Cosmum migrare putamus
  Et fluere excusso cinnama fusa vitro.
Nolo peregrinis placeas tibi, Gellia, nugis.
  Scis, puto, posse meum sic bene olere canem.

LVI.

Sit cisterna mihi, quam vinea, malo Ravennae,
  Cum possim multo vendere pluris aquam.

LVII.

Callidus imposuit nuper mihi copo Ravennae:
  Cum peterem mixtum, vendidit ille merum.

LVIII.

Baiana nostri villa, Basse, Faustini
Non otiosis ordinata myrtetis
Viduaque platano tonsilique buxeto

LVI. Sidon. Apoll. C. 9, 299 Undosae petiit sitim Ravennae.

LV. Ioann. Sarisb. Nug. Curial. p. 517 Peregrinos odores nonnisi dissolutis et amatoribus convenire Comicus et Coquus docent.

LV. 1. Zu I 87. 2. *migrare*: umziehn.
  2. *cinnama*. Vgl. III 63, 4 IV 13, 3 VI 55, 1 XI 54, 3. Mit Ausnahme der letzten Stelle ist überall Zimmtsaft ius cinnami gemeint.
  LVI. Ravenna hatte kein Trinkwasser. Strabo V. p. 213 ἐν δὲ τοῖς ἕλεσι μεγίστη μέν ἐστι Ῥάουεννα, ξυλοπαγὴς ὅλη, καὶ διάρρυτος, γεφύραις καὶ πορθμείοις ὁδευομένη. Δέχεται δ᾽ οὐ μικρὸν τῆς θαλάττης μέρος ἐν ταῖς πλημμυρίσιν, ὥστε καὶ ὑπὸ τούτων καὶ ὑπὸ τῶν ποταμῶν ἐκκλυζόμενον τὸ βορβορῶδες πᾶν ἰᾶται τὴν δυσαερίαν.
  LVIII. Vgl. III 47.
  1. *Baiana — villa*. In Bajae war ein wahrhaft ländliche Besitzung wie die hier beschriebene des Faustinus zu I 25, gewiss eine Ausnahme. SG II 105, 2.
  3. *Viduaque platano*. Viduae heissen Bäume, an welchen keine Weinstöcke gezogen werden Horat C. IV 5, 30 Juven. 8, 78 Columella V 6, 31, wie die rebenumrankten maritatae Horat. ep. II 10 Colum. IV 1, 6, 2, 1 etc. und maritae Cato R. r. 32, 2. Catull 62, 54, Colum. III 11, 3 V 2, 32 Quintil. VIII 3, 8. Die Platane gehörte zu den beliebtesten Zierbäumen. SG II 174.
  tonsilique buxeto. Buchspflanzungen und Hecken wurden wie auch jetzt besonders häufig geschoren. Becker-Goell III 70 f.

Ingrata lati spatia detinet campi.
5 Sed rure vero barbaroque laetatur.
Hic farta premitur angulo Ceres omni
Et multa fragrat testa senibus autumnis;
Hic post Novembres imminente iam bruma
Seras putator horridus refert uvas.
10 Truces in alta valle mugiunt tauri
Vitulusque inermi fronte prurit in pugnam.
Vagatur omnis turba sordidae chortis.
Argutus anser gemmeique pavones
Nomenque debet quae rubentibus pinnis
15 Et picta perdix Numidicaeque guttatae
Et impiorum phasiana Colchorum:
Rhodias superbi feminas premunt galli:
Sonantque turres plausibus columbarum.
Gemit hinc palumbus, inde cereus turtur.
20 Avidi secuntur viliicae sinum porci
Matremque plenam mollis agnus expectat.

LVIII. *Die Interp. am Schluss der Verse 7, 9, 17, 18, 19, 28, 29, 36 nach Gilbert*[3] *p. 516.*

LVIII 10. Horat. Epod. 2, 11 in reducta valle mugientium greges.

4. *Ingrata.* Die sich nicht durch einen Ertrag dankbar erweisen.
5. *barbaroque*: inculto. X 92, 3 barbari decus luci. Vgl. zu Sp 27, 2.
7. *senibus autumnis*: alte Weinlesen; zu I 39, 2.
12. *sordidae.* Zu I 49, 28.
14. Der Flamingo, phoenicopterus. Marquardt Prl. 116, 14.
15. *guttatae*: Perlhühner. Marquardt a. a. O.
16. *phasiana.* Damals also schon in Italien gezüchtet ebendas.
17. Rhodische Hühner, eine besonders starke Art, vorzüglich ihrer Kampffähigkeit wegen gehalten. Becker-Goell I 110.
18. *turres.* Ebendas. I 112.
19. *cereus turtur.* III 60, 7 aureus turtur: die gerupfte und gebratene. vgl. XIII 5, 1. Gilbert.

Cingunt serenum lactei focum vernae
Et larga festos lucet ad lares silva.
Non segnis albo pallet otio copo.
25 Nec perdit oleum lubricus palaestrita.
Sed tendit avidis rete subdolum turdis
Tremulave captum linea trahit piscem.
Aut impeditam cassibus refert dammam:
Exercet hilares facilis hortus urbanos.
30 Et paedagogo non iubente lascivi
Parere gaudent vilico capillati,
Et delicatus opere fruitur eunuchus.
Nec venit inanis rusticus salutator:
Fert ille ceris cana cum suis mella

LVIII 22. Hor. Epod. 2,65 positosque vernas — Circa renidentes lares. 26. Hor. Epod. 2, 33 rara tendit retia Turdis edacibus dolos. 27. Ovid.M. VIII 217 tremula dum captat harundine pisces.

22. *lactei — vernae*. Zu II 90, 9. Ueber das Essen der vernae mit dem Hausherrn am Heerde Marquardt Prl. I 164, 1.

22. 23. Zu I 49, 27 u. 28.

23. *festos — ad lares*. Beim Fest der Laren. Preller RM II 106 ff.

24. Auf Gütern, die an Strassen grenzten, wurden oft Schenken und Herbergen erbaut, welche Freigelassene und Sklaven für Rechnung der Herren verwalteten. SG II 35, 2. Becker-Goell III 34.

albo — otio. Durch den eine ungesunde Farbe erzeugenden Müssiggang. Albus von der Gesichtsfarbe I 56, 14 X 12, 9. Ueber die metonymische Uebertragung des Adjektivs zu I 15, 7.

25. *palaestrita*. Solche gehörten damals zu den Luxussklaven reicher Häuser III 82, 20 VI 39, 9. SG II 441 ff.

27. *Tremula — linea*. I 55, 9 tremula sacta.

28. Vgl. I 49, 23.

29. *urbanos*. Urbani können hier nur Sklaven der familia urbana sein. Der sonst schwerlich vorkommende elliptische Gebrauch erklärt sich daraus, dass M. hier überhaupt nur an Sklaven dachte.

30. *paedagogo*: der Pagenaufseher. Marquardt Prl. 155.

31. *capillati*. Zu II 57,5.

32. *opere fruitur*. Er hat Freude an der Arbeit, ähnlich VIII 50, 3 poena — fruatur. Vgl. Juven. 1. 49 fruitur dis Iratis.

35 Metamque lactis Sassinatis; e silva
   Somniculosos ille porrigit glires;
   Hic vagientem matris hispidae fetum,
   Alius coactos non amare capones.
   Et dona matrum vimine offerunt texto
40 Grandes proborum virgines colonorum.
   Facto vocatur lactus opere vicinus:
   Nec avara servat crastinas dapes mensa.
   Vescuntur omnes ebrioque non novit
   Satur minister invidere convivae.
45 At tu sub urbe possides famem mundam
   Et turre ab alta prospicis meras laurus,
   Furem Priapo non timente securus:
   Et vinitorem farre pascis urbano
   Pictamque portas otiosus ad villam
50 Holus, ova, pullos, poma, caseum, mustum.
   Rus hoc vocari debet, an domus longe?

LVIII 35. Sassinatis; e silva *Rony* Sassinatis, de silva *Hus* Sassinate de silva *codd. Schn* 39. vimine offerunt *Hus Ser Schn*[2] *Lachmann ed. Bahr. p. XII Guttmann p. 48* vimineo ferunt *codd. Schn*[1].

35. Zu I 43, 7. Doch sind hier wol Käse nach Art der Sassinatischen zu verstehen. Gilbert.
36. *glires* XIII 59 galten als Leckerbissen. Marquardt Prl. II 415, 5.
37. Ein Böckchen.
38. *capones*. Vgl. Varro R. r. III 9.
40. *Grandes — virgines*: heranwachsende Mädchen, wie VIII 3, 16. III 68, 10 proba virgo.
42. *crastinas*. Proleptisch: auf morgen.
44. *Satur minister*. Zu II 90, 9.
45. *famem mundam*. Einen schmucken, aber keine Nahrung gebenden Landsitz.
46. *turre ab alta*. Turres, zu Aussichten erbaut, werden auf Villen nicht selten gewesen sein. Becker-Goell I 150.
47. Ueber das Bild des Priapus in Gärten Preller RM I 450 f.
48—50. Vgl. III 47.
51. IV 64, 25 Hoc rus seu potius domus vocanda est. Domus

LIX.

Sutor cerdo dedit tibi, culta Bononia, munus.
Fullo dedit Mutinae: nunc ubi copo dabit?

LX.

Cum vocer ad cenam non iam venalis ut ante,
Cur mihi non eadem, quae tibi, cena datur?
Ostrea tu sumis stagno saturata Lucrino,
Sugitur inciso mitulus ore mihi.
5 Sunt tibi boleti, fungos ego sumo suillos:
Res tibi cum rhombo est, at mihi cum sparulo.

LX 3. Vgl. zu III 20, 20.

longe ein abgelegenes Haus, wie Vergil A. I 13 Tiberinaque longe Ostia, i. e. procul sita. Vgl. zu X 58, 2 propius Bajas und Reisig-Haase Vorl. über lat. Sprachw. 224, 391. Draeger histor. Syntax I² 131 ff.

LIX. 1. Vgl. III 16.
cerdo. Vgl. Jahn ad Pers. 4, 51.
2. *Fullo dedit Mutinae*. Die Wolle von Mutina war berühmt, daher blühte dort auch das Gewerbe der Walker. Bluemner S. 100, 6.
copo. Diese standen im Allgemeinen in noch geringerer Achtung als die Handwerker. Marquardt Prl. 453 f.

LX. 1. Zu III 7.
venalis. Mit einer Geldsportula bezahlt.
2. Zu I 20.
3. Austern aus dem Luciner-See waren berühmt. Marquardt Prl. 427.
4. *mitulus* Miessmuschel. Horat. S. II 4, 27 si dura morabitur alvus, Mitulus et viles pellent obstantia conchae.
5. *boleti*. Zu I 20, 2.
fungos — suillos: Steinpilze. Marquardt Prl. 345. Plin. N. h. XXII 96 fungi suilli venenis accommodatissimi familias nuper interemere et tota convivia — quae voluptas tam ancipitis cibi? Sie wurden also nicht wegen ihres schlechten Geschmacks sondern wegen ihrer Gefährlichkeit ungern gegessen. Juven. 5, 146 Vilibus ancipites fungi ponentur amicis, Boletus domino.
6. *rhombo*. Zu III 45, 5.
sparulo. Ovid. Halieut. 106 Et super aurata sparulus cervice refulgens.

Aureus inmodicis turtur te clunibus implet.
Ponitur in cavea mortua pica mihi.
Cur sine te ceno, cum tecum, Pontice, cenem?
10   Sportula quod non est, prosit: edamus idem.

LXI.

Esse nihil dicis quidquid petis, improbe Cinna:
Si nil, Cinna, petis, nil tibi, Cinna, nego.

LXII.

Centenis quod emis pueros et saepe ducenis,
Quod sub rege Numa condita vina bibis,
Quod constat decies tibi non spatiosa supellex,
Libra quod argenti milia quinque rapit,
5 Aurea quod fundi pretio carruca paratur,
Quod pluris mula est, quam domus empta tibi:
Haec animo magno credis te, Quinte, parare?
Falleris: haec animus, Quinte, pusillus emit.

7. *Aureus — turtur.* Zu III 58, 19. Vgl. auch XIII 53, 1 VII 20, 15.
clunibus. III 82, 21 turturum nates.
8. Elstern werden häufig als Käfigvögel erwähnt. Jahn ad Pers. prolog. 8.
LXII. Die Preise für die angegebenen Gegenstände sind natürlich ungewöhnlich hohe. SG III 102, 3
1. 100 000 Sesterzen für eine Sklavin II 63. Zu I 58, 1.
2. *sub rege Numa.* X 39, 2 nata es rege Numa. XIII 111, 2 Condita quo quaeris consule? Nullus erat.
4. Auch hier ist eine künstliche Silberarbeit zu verstehen, bei der der Hauptwerth in der Façon bestand. SG III 103, 8 u. 9. Das römische Pfund Silber, das Metall fein gerechnet, ist auf 58 Mk. 94 Pf. anzusetzen Hultsch Metrol.² 283.; d. h. etwa auf 270 Sesterzen. Hier überstieg also der Werth der Façon den Werth der Masse mehr als achtzehnfach.
5. *Aurea — carruca.* Nur zum Gebrauch ausserhalb der Stadt. Zu III 17, 1 u. 13.
7. 8. *magno — pusillus.* Derselbe Gegensatz I 9.

LXIII.

Cotile, bellus homo es: dicunt hoc, Cotile, multi.
Audio: sed quid sit. dic mihi, bellus homo.
Bellus homo est, flexos qui digerit ordine crines,
Balsama qui semper, cinnama semper olet:
5 Cantica qui Nili, qui Gaditana susurrat,
Qui movet in varios brachia volsa modos:
Inter femineas tota qui luce cathedras
Desidet atque aliqua semper in aure sonat:
Qui legit hinc illinc missas scribitque tabellas,
10 Pallia vicini qui refugit cubiti:
Qui scit, quam quis amet, qui per convivia currit,
Hirpini veteres qui bene novit avos.«

LXIII. Vgl. SG I 385.
1. *Cotile*. Der Name κωτίλος Schwätzer ist als ein bezeichnender gewählt.
bellus. I 9, 1.
4. *cinnama.* Zu III 55, 2.
5. *Cantica — Nili*: Alexandrinische Melodieen: derartige Musik war in Rom sehr beliebt. SG III 304.
Gaditana. Tanzmelodieen der Gaditanischen Tänzerinnen. Zu I 41, 12.
6. *brachia volsa.* Vgl. II 62, 1.
in varios — modos. Tänzerartig.
7. *cathedras.* Zu II 14, 8. Vgl. XII 38, 1 Hunc qui femineis dies noctesque cathedris etc.
8. *in aure sonat.* Zu III 44, 12. Juv. 11, 59 pultes Coram aliis dictem puero, sed in aure placentas. Apulej. Metam. V 28 in auribus Veneris — ganniebat.
9. *tabellas.* Schreibtafeln wurden auch zu Billets, namentlich Liebesbriefen verwandt und dann, mit einem Faden umschlungen, von aussen versiegelt. Marquardt Prl. 781—783.
10. Um die kunstvollen Falten seines Anzugs unversehrt zu erhalten. Marquardt Prl. 540, 3.
Pallia. Von römischen Oberkleidern auch VIII 59 XI 16 XI 23 XIV 136, 2.
12. Liebhaber der Circusspiele waren mit den Stammbäumen der Rennpferde bekannt. Hirpiner Pferde wurden sehr geschätzt. SG II 294 f. Hirpinus auch als Name von Rennern wie andere Gentilnamen Frdl. de nominibus equorum Circensium Ind. lect. aestiv. Regim. 1875 gebraucht. Juven. 8, 63.

Quid narras? hoc est, hoc est homo. Cotile, bellus?
Res pertricosa est, Cotile, bellus homo.

LXIV.

Sirenas hilarem navigantium poenam
Blandasque mortes gaudiumque crudele,
Quas nemo quondam deserebat auditas,
Fallax Ulixes dicitur reliquisse.
5 Non miror: illud, Cassiane, mirarer,
Si fabulantem Canium reliquisset.

LXV.

Quod spirat tenera malum mordente puella,
Quod de Corycio quae venit aura croco;
Vinea quod primis cum floret cana racemis,
Gramina quod redolent, quae modo carpsit ovis;
5 Quod myrtus, quod messor Arabs, quod sucina trita,
Pallidus Eoo ture quod ignis olet;
Gleba quod aestivo leviter cum spargitur imbre,
Quod madidas nardo passa corona comas;

LXV 8. passa *T Schn* parta *X ABC pr G* sparta *corr. G* sparsa *PQ Fw Scr.*

LXIV. Vgl. Carmen in Sirenas. Claudian. ed. Jeep p. 203.
LXV 2. Horat. S. II 4, 68 Corycio croco.
LXV 5. Sidon. Apoll. Epp. IX 13, 2, 44 Arabumque messe pinguis.

LXIV. 5. *Cassiane.* Ein sonst nicht bekannter Freund des Dichters.
6. *Canium.* Zu I 61, 9.
LXV. Vgl. die Zusammenstellung von Wohlgerüchen XI 8 die auch dort mit Küssen verglichen werden und von übeln Gerüchen IV 4.
2. *Corycio — croco.* Der besonders am Corycus gedeihende Safran war das berühmteste Produkt Ciliciens. Vgl. IX 38, 15 Bluemner S. 30, 1.
5. *sucina.* Geriebene und dadurch erwärmte Bernsteinstücke. Vgl. V 37, 11 XI 8, 6.
8. Vgl. XI 8, 10. Nardum gehörte zu den feinsten und kostbarsten Wohlgerüchen. IV 13, 3 XIII 51.

Hoc tua, saeve puer Diadumene, basia fragrant.
10   Quid, si tota dares illa sine invidia?

LXVI.

Par scelus admisit Phariis Antonius armis:
Abscidit vultus ensis uterque sacros.
Illud, laurigeros ageres cum laeta triumphos,
Hoc tibi, Roma, caput, cum loquereris, erat.
5 Antoni tamen est peior, quam causa Pothini:
Hic facinus domino praestitit, ille sibi.

LXVII.

Cessatis, pueri, nihilque nostis,
Vaterno Rasinaque pigriores.

LXVI 2. vultus] voltus *X Schn.*
LXVII 2. Vaterno *BPQEXABCF Schn* Veterno *ω* Vatreno *Ser Hus Clarer* Rasinaque *BPQ Schn* res inique *EXABCG* Resinaque *Fω* Tesinaque *Ser* Natisique *Hus* Eridanoque *Clarer*.

LXVI. Vgl. Meyer Anthol. lat. 558 Riese Anthol. lat. II praef. p. XXXVI: »Hoc ex Martial. III 66, 1—4 — et Martial. V 69, 7, 8 — recenti ut puto tempore conflatum et Valeriani nomine ex Valerio Martiale errore facili detorto inscriptum est. Primum exstat fonte non indicato in G. Fabricii Roma ed. 1587 p. 156, quo libro vetera recentiaque mixta continentur«.

9. Vgl. XI 8, 12 und V 46 VI 34. Der Name Diadumenos wurde schönen Knaben nach der berühmten Statue Polyklets gegeben, die einen jugendlichen, sich die Stirnbinde anlegenden Sieger διαδούμενος darstellte und für ein Non plus ultra jugendlicher Schönheit galt. Plin. N. h. XXXIV 55 Polycletus — diadumenum fecit molliter puerum. KOMueller Archaeol. d. K. 120, 3.
LXVI. Vgl. V 69, wo ebenso wie hier Antonins als Mörder Ciceros mit Pothinus als Mörder des Pompejus verglichen wird.
1. *Phariis — armis.* V 69, 1 Antoni, Phario nil obiecture Pothino.
LXVII. 2. Für Vaterno so die Handschriften der Familien B und Ca steht bei Plin. N. h. III 16, 120 Vatrenus: anget ibi Padum Vatrenus, amnis ex Forocorneliensi agro. Ob der zweite Flussname Rasina richtig ist, muss dahingestellt bleiben. Jedenfalls wird auch hier

Quorum per vada tarda navigantes
Lentos tinguitis ad celeuma remos.
5 Iam prono Phaethonte sudat Aethon
Exarsitque dies, et hora lassos
Interiungit equos meridiana.
At vos tam placidas vagi per undas
Tuta luditis otium carina.
10 Non nautas puto vos, sed Argonautas.

LXVIII.

Huc est usque tibi scriptus, matrona, libellus.
Cui sint scripta, rogas, interiora? mihi.
Gymnasium, thermae, stadium est hac parte: recede.

LXVIII 1. Priap. 8 Matronae procul hinc abite castae etc.

ein Flüsschen in der Nähe von Forum Cornelii gemeint sein, und schon aus diesem Grunde ist weder die Vermuthung Cluvers Eridanoque, noch die von Heinsius Natisique wobei er an den von Plinius N. h. III 126 Natiso genannten Fluss bei Aquileja dachte annehmbar.
4. *celeuma.* Vgl. IV 64, 21.
5. *Phaethonte.* Hier der Sonnengott, wie Verg. A. V 115.
Aethon. Sonnenross. Vgl. Ovid. Met. II 153.
9. *luditis otium,* i. e. otiamini ludentes, luditis per otium, luditis otiose. Ludere operam Plaut. Pseud. I 3, 135 est ludendo consumere operam seu inter operam ludere: sic ludere otium ludendo conterere otium seu inter otium et ferias ludere. Nihil hic incommodi. JFGronov. Vgl. Lorenz zu Plaut. Pseud. 357 vgl. Capt. 344. Cas. II 7, 2. Terent. Phormio 332. In der Regel ist der Accusativ bei ludere der durch das Spiel oder den Scherz hervorgebrachte Gegenstand. convicia VII 8, 7 elegos XII 94, 8 pericla IX 38, 1.
10. *Argonautas.* Dasselbe Wortspiel bei Eustath. ad Od. v 156 p. 1737 511 und in den Ἑρμηνεύματα ed. Boucherie (περὶ ἄστρων οὐρανίων Ἀργοναύτης piger nauta. Haupt Herm. VII 373 CXVIII = Opp. III 599. Ein ähnlicher nicht besserer Witz III 78 und IV 52.

LXVIII. Vgl. III 86.
2. *interiora.* Nicht bloss dies Epigramm, sondern der ganze von hier ab folgende, vorwiegend obscöne Theil des Buches stand auf den beim Lesen zuletzt aufgerollten, dem umbilicus nächsten also innern paginae des volumen. Birt S. 150, 1.

Exuimur: nudos parce videre viros.
5 Hinc iam deposito post vina rosasque pudore
Quid dicat, nescit saucia Terpsichore:
Schemate nec dubio, sed aperte nominat illam.
Quam recipit sexto mense superba Venus.
Custodem medio statuit quam vilicus horto.
10 Opposita spectat quam proba virgo manu.
Si bene te novi, longum iam lassa libellum
Ponebas, totum nunc studiosa legis.

LXIX.

Omnia quod scribis castis epigrammata verbis
Inque tuis nulla est mentula carminibus.
Admiror, laudo, nihil est te sanctius uno:
At mea luxuria pagina nulla vacat.
5 Haec igitur nequam iuvenes facilesque puellae.
Haec senior, sed quem torquet amica, legat.
At tua, Cosconi, venerandaque sanctaque verba
A pueris debent virginibusque legi.

LXVIII 4. viros *TQF* mares *EX.ABCG* 12. totum *PQEFω Ser Gilbert p. 24* tantum *T Schn* legis *PQFω Ser Gilbert p. 19* leges *EX.ABGO Schn*.

LXVIII 9. Priap. 24, 1 Hic me custodem fecundi vilicus horti. 11. Ovid. Ex P. 1 6, 4 II 3, 19 Si bene te novi. Horat. S. I 9, 22 Si bene me novi.

LXIX 8. Ovid. Tr. II 370 Et solet hic pueris virginibusque legi.

6. *saucia*. IV 66, 12 saucia vena mero.

Terpsichore. Die heitere Muse, sonst bei M. Thalia. Zu IV 8, 12 und X 19, 13 Thalia ebria.

7. *Schemate*: mit figürlichem Ausdruck.

8. Marquardt StV III¹ 1878, 555: »Ein Fest der Venus und des Priapus, welches M. III 68, 8 im Juni sexto mense begehen lässt, wird sonst nirgend erwähnt.«

LXIX. 6. *torquet*. Wie XI 56, 12.

7. *Cosconi*. Derselbe, der II 77 angeredet wird.

8. *pueris virginibusque*. In der Schule vgl. VIII 3, 16 IX 68, 2, SG I 409, womit zugleich gemeint ist, dass sie für Erwachsene zu langweilig sind.

LXX.

Moechus es Aufidiae, qui vir, Scaevine, fuisti:
    Rivalis fuerat qui tuus, ille vir est.
Cur aliena placet tibi, quae tua non placet, uxor?
    Numquid securus non potes arrigere?

LXXI.

Mentula cum doleat puero, tibi, Naevole, culus.
    Non sum divinus, sed scio quid facias.

LXXII.

Vis futui, nec vis mecum, Saufeia, lavari.
    Nescio quod magnum suspicor esse nefas.
Aut tibi pannosae dependent pectore mammae,
    Aut sulcos uteri prodere nuda times,
5 Aut infinito lacerum patet inguen hiatu,
    Aut aliquid cunni prominet ore tui.
Sed nihil est horum, credo, pulcherrima nuda es.
    Si verum est, vitium peius habes: fatua es.

LXXIII.

Dormis cum pueris mutuniatis,
    Et non stat tibi, Phoebe, quod stat illis.
Quid vis me, rogo, Phoebe, suspicari?
    Mollem credere te virum volebam,
5 Sed rumor negat esse te cinaedum.

    LXX 3. quae tua non placet. *Gilbert p. 7* quae tua, non placet *Schn.*
    LXXII 2. magnum *TPQ* majus *EX.ABCFG.*

    LXX. 3. *aliena — tua.* Als Fremde — als die Deine.
    LXXII. Ueber gemeinschaftliche Bäder von Männern und Frauen zu III 51, 3.
    2. *magnum — nefas.* Zu III 42, 4.
    4. *sulcos uteri.* Zu III 42, 1.
    LXXIII. 1. *Mollem.* Vgl. II 84, 1.
    5. *rumor.* Vgl. III 80, 2.

LXXIV.

Psilothro faciem levas et dropace calvam.
  Numquid tonsorem, Gargiliane, times?
Quid facient ungues? nam certe non potes illos
  Resina, Veneto nec resecare luto.
5 Desine, si pudor est, miseram traducere calvam:
  Hoc fieri cunno, Gargiliane, solet.

LXXV.

Stare, Luperce, tibi iam pridem mentula desit,
  Laetaris demens tu tamen arrigere.
Sed nihil erucae faciunt bulbique salaces,
  Improba nec prosunt iam satureia tibi.
5 Coepisti puras opibus corrumpere buccas:
  Sic quoque non vivit sollicitata Venus.
Mirari satis hoc quisquam vel credere possit,
  Quod non stat, magno stare, Luperce, tibi?

LXXVI.

Arrigis ad vetulas, fastidis, Basse, puellas,
  Nec formosa tibi, sed moritura placet.

LXXIV 1. Auson. Epigr. 92, 1 131 Toll Inguina quod calido levas tibi dropace, causa est.
  LXXV 3. Ovid. Rem. am. 799 Nec minus erucas aptum vitare salaces. Ovid. A. a. II 422 Bulbus et ex horto quae venit herba salax.

LXXVI. Steht in Parisinus 8069 s. XI. Baehrens Plm IV p. 18.

LXXIV. 1. *Psilothro — dropace.* Haartilgungsmittel. Vgl. VI 93, 9 Psilothro viret X 65, 8 Levis dropace tu cotidiano. Resina und lutum Venetum offenbar Bestandtheile jener Mittel.
  5. *traducere calvam* Zu I 53, 1.
  LXXV. 1. *desit.* Zu Sp 16, 1.
  3. 4. *erucae — bulbi — satureia.* Angebliche Aphrodisiaca bulbi so auch XIII 34.
  4. *Improba.* Zu I 41, 12.
  LXXVI. 1. *puellas.* Junge Weiber, gleichviel ob Frauen oder Mädchen, im Gegensatz zu anus und vetula.

Hic, rogo, non furor est, non haec est mentula demens?
Cum possis Hecaben, non potes Andromachen!

LXXVII.

Nec mullus nec te delectat. Baetice, turdus.
Nec lepus est umquam nec tibi gratus aper:
Nec te liba iuvant nec sectae quadra placentae.
Nec Libye mittit nec tibi Phasis aves:
5 Capparin et putri cepas allece natantes
Et pulpam dubio de petasone voras.
Teque iuvant gerres et pelle melandrya cana.

LXXVI 4. Hecaben *B* Haec aben *EAF* Hecuben *QXC Schn*
Hecube *G* Ecuben *P* Hecubam *TO Schn¹*.
LXXVII 5. allece ae *PQF* alece *ωSer* hallece *EXAB G Schn*.

LXXVII 5. 6. Priscian. Inst. VI 20 GL II 212 allec, allecis, sic
Martialis ‚Capparin — voras'. Glossar. vetus Scriverii Petaso, peta-
sonis: perna, baconus. Martialis Coquus: Et pultem dubiam de petasone voras. Mai Anct. Class. VIII 419 Unde Martialis Coquus: Et
pultem dubio cum petasone voras. 5. Steht im Florileg. Sangallense
Stephan Rhein. Mus. XL p. 270: Caparin et putrice pas allece natantes.

3. *Hic, rogo, non furor est.* Zu I 20, 1.
4. *possis.* Zu III 32, 1.
LXXVII. 1. *mullus.* Zu III 45, 5.
3. *sectae quadra placentae.* IX 90, 18 Secta — quadra de placenta.
4. *aves.* Perlhühner und Fasanen als Leckerbissen regelmässig
zusammengenannt. SG III 29, 1. Vgl. XIII 45.
5. *allece.* Fischsauce, die auch von ordinären Fischen bereitet
wurde. Marquardt Prl. 425 f. Als gemeine Speise auch IX 27, 5
6. *petasone.* XIII 54 de petasone vorent. XIII 55 cum vetulo
petasone.
7. *gerres:* eine Art gemeiner gesalzener Fische. XII 32, 15 Fuisse
gerres aut inutiles maenas Odor impudicus urcei fatebatur.
melandrya. Plin. N. h. IX 47 hi thynni, membratim caesi cervice et abdomine commendantur atque clidio das Bauchstück eines
grossen Seefisches Athen. VIII 315 D recenti dumtaxat et tum quoque
gravi ructu, cetera parte plenis pulpamentis sale asservantur. Melandrya vocantur quercus assulis similia.

Resinata bibis vina, Falerna fugis.
Nescio quod stomachi vitium secretius esse
10 Suspicor: ut quid enim, Baetice, σαπροφαγεῖς?

LXXVIII.
Minxisti currente semel, Pauline, carina.
Meiere vis iterum? iam Palinurus eris.

LXXIX.
Rem peragit nullam Sertorius, inchoat omnes.
Hunc ego, cum futuit, non puto perficere.

LXXX.
De nullo loqueris, nulli maledicis, Apici:
Rumor ait linguae te tamen esse malae.

LXXVII 10. σαπροφαγεῖς *Frdl* saprophagis $PQEX.ABFG Schn
saprofagis *OSer*   coprofagis ς *Raud von Q.*
LXXX. 1. loqueris *TSchn*   quereris *PQE*ς   quaereris *F*.

8. *Resinata — vina.* Geringe Weine, denen man nur durch einen
Zusatz von Harz Haltbarkeit verleihen konnte. Marquardt Prl. 441, 5.
9. *stomachi vitium secretius:* fellandi. Stomachi in dem Doppelsinn von Magen und Geschmack. Der Name Baeticus für einen fellator auch III 81. Die Veranlassung der σαπροφαγία ist der Wunsch
des Baeticus für den übeln Geruch des Mundes einen entschuldigen-
den Grund angeben zu können.
10. *ut quid.* Warum? Auch VII 34, 8 XI 75, 2. Sittl, d. lo-
kalen Verschiedenheiten d. lat. Sprache S. 116, welcher glaubt, dass
ut quid von der Bibelübersetzung abgesehen hauptsächlich von Afri-
kanern angewendet wird, hat ausser den Stellen Martials auch Cic.
Quinct. 15, 44 u. ad Attic. VII 7, 7 übersehen. *CFWMueller.*].
σαπροφαγεῖς. Das im Griechischen nicht nachweisbare Wort
ist zwar in den codd. mit lateinischen Buchstaben geschrieben, aber
ohne Zweifel griechisch, da es ein lateinisches saprofago oder sapro-
fagio nicht gegeben haben kann.
LXXVIII 2. *Palinurus* Wortspiel mit πάλιν οὐρῶν: zu III 67, 10
eris, d. h. wol: du wirst ins Wasser fallen, wie Palinurus Verg. A.
VI 357 ss. Gilbert.
LXXX. 1. *De nullo loqueris.* VII 18, 1. 2 de qua nec femina
possit Dicere.
2. *Rumor.* Vgl. III 73, 5.

LXXXI.

Quid cum femineo tibi, Baetice Galle, barathro?
  Haec debet medios lambere lingua viros.
Abscisa est quare Samia tibi mentula testa,
  Si tibi tam gratus, Baetice, cunnus erat?
5 Castrandum caput est: nam sis licet inguine Gallus,
  Sacra tamen Cybeles decipis: ore vir es.

LXXXII.

Conviva quisquis Zoili potest esse,
Summoenianas cenet inter uxores
Curtaque Ledae sobrius bibat testa:
Hoc esse levius puriusque contendo.
5 Iacet occupato galbinatus in lecto
Cubitisque trudit hinc et inde convivas
Effultus ostro Sericisque pulvinis.

LXXXI 3. abscisa *QEX.ABCG Gilbert*[3] *p.* 516 abscissa *Fω Ser Schn.*

LXXXII 4. contendo *PQFSer* contendi it *O EX.ABCG Schn.*
7. pulvinis *PQFSer* pulvillis *EXABCGO Schn.*

LXXXI. Vgl. zu II 61, 2. 6. Auson. epigr. 92 (131 Toll), 6 pube vir es.

LXXXII 7. Horat. Epod. 8, 15 sericos — pulvillos.

LXXXI. 1. *Baetice.* Zu III 78, 9.
2. Zu II 61, 2.
3. *Abscisa.* »Schlagend für abscisa gegen abscissa sind die Parallelen: III 66, 2 allein bezeugt und nicht angezweifelt; III 85, 1 abscidere RTC³ und Schn gegen P und Ser; II 82, 4 abscisa TC³ und Schn gegen PQ und Ser. Zu vergleichen sind auch die ganz in gleichem Sinne gebrauchten praecisa mentula II 45, 1) und excidunt senis mentulam III 91, 9«. Gilbert[3] p. 516.

Samia — testa. Angeblich konnte die Kastration nur mit Scherben der damals sehr verbreiteten Samischen Thongeschirre ohne Schaden vollzogen werden. Plin. N. h. XXXV 165. Bluemner S. 47.

LXXXII. 1. *Zoili.* Zu II 16, 1.
2. *Summoenianas uxores.* Zu I 34, 6.
3. *Curtaque Ledae — testa.* Zu I 92, 6.
5. Zu I 96, 9.

Stat exoletus suggeritque ructanti
Pinnas rubentes cuspidesque lentisci.
10 Et aestuanti tenue ventilat frigus
Supina prasino concubina flabello.
Fugatque muscas myrtea puer virga.
Percurrit agili corpus arte tractatrix
Manumque doctam spargit omnibus membris:
15 Digiti crepantis signa novit eunuchus
Et delicatae sciscitator urinae
Domini bibentis ebrium regit penem.
At ipse retro flexus ad pedum turbam
Inter catellas anserum exta lambentes
20 Partitur apri glandulas palaestritis

LXXXII 18. ipse *PQω Ser* ille *EX ABCFG Sch ω*.

9. *Pinnas rubentes*. Mit Federn hier des Flamingo kitzelte man den Schlund, um Erbrechen zu erregen, doch sollen sie hier vielleicht auch als Zahnstocher dienen. XIV 22 si tibi frondea cuspis Defuerit, dentes pinna levare potest.

13. *tractatrix*. Seneca Epp. 66, 53 an potius optem, ut malaxandos articulos exoletis meis porrigam? ut muliercula aut aliquis in muliercula ex viro versus digitulos meos ducat? quidni ego feliciorem putem Mucium, quod sic tractavit ignem, quasi illam manum tractatori praestitisset? Inschrift eines Grabsteins in Rom Lanciani Bull. comun. d. R. 1880 p. 24 Ti. Iulio Aug. lib. Xantho tractatori Ti. Caesaris et divi Claudi et subpraef. classis Alexandriae etc. Das Verfahren war wol ein ähnliches, wie es in den türkischen Bädern Moltke Briefe aus d. Türkei S. 15, in China, Ostindien und auf den Südseeinseln üblich war oder ist Forster Reise um die Welt. Werke Ausg. v. Brockhaus I 287 f. wo diese Stelle angeführt ist.

15. *Digiti crepantis signa*. Vgl. VI 89, 2 XIV 119. Petron. c. 27 Trimalchio digitos concrepuit, ad quod signum matellam spado ludenti subiecit.

16. Ein ärztlicher Sklave.

18. *ipse*. Der Hausherr. Zu VII 15, 6.

pedum turbam. Soviel als turbam a pedibus. Der Hausherr hatte also hier wie die Gäste, eine Anzahl Sklaven zu seiner besonderen Bedienung unmittelbar hinter sich. Vgl. zu III 23.

20. *apri glandulas* = VII 20, 4. Werden für identisch mit den

Et concubino turturum nates donat:
Ligurumque nobis saxa cum ministrentur
Vel coeta fumis musta Massilitanis.
Opimianum morionibus nectar
25 Crystallinisque murrinisque propinat.
Et Cosmianis ipse fusus ampullis
Non erubescit murice aureo nobis
Dividere moechae pauperis capillare.
Septunce multo deinde perditus stertit.
30 Nos accubamus et. silentium rhonchis

als Leckerbissen erwähnten glandia Nierenstücke? Plin. N. h. VIII 209. Marquardt Prl. 32 4. 6) gehalten.
palaestritis. Zu III 58, 25.
21. *turturum nates.* Zu III 60, 7.
22. *Ligurum — saxa.* Metonymisch für den auf den Ligurischen Felsen gewachsenen Wein. Aehnlich kühne Metonymieen von Appellativen XIV 160, 1 concisa palus zerschnittene Binsen. XIV 118. 1 Massiliae fumos den räucherigen Wein aus Massilia. XI 1, 11 Nostrarum tineas ineptiarum meine den Motten verfallenen Albernheiten. V 65, 3 Libycae ceroma palaestrae der Libysche Ringer. VIII 36, 10 Nascentis Circe quam videt ora patris der Sonne. Vgl zu Sp. 12, 1 und zu IV 19, 5. Uebrigens galt der Wein von Genua sonst als gut. Plin. N. h. XIV 68. Marquardt Prl. 436, 24.
23. Ueber das Räuchern der Weine, welches in Gallien so übertrieben wurde, dass der Wein den Rauchgeschmack gar nicht mehr verlor X 36, vgl. Marquardt Prl. 412, 3. M. rechnet den Massilitaner überall zu den schlechten Sorten XIII 123 XIV 118. Marquardt Prl. 137, 9. — *Massilitanis:* L. Mueller r. m. 367.
24. *Opimianum — nectar.* Zu I 26, 5.
morionibus. Crétins, die damals als Luxussklaven gehalten wurden. Vgl. VI 39, 17 VIII 13 XII 93, 3 XIV 210 Marquardt Prl. 149, 5. 328, 6.
25. *Crystallinis.* Zu I 53, 6.
murrinis. Zu III 26, 2.
propinat. dagegen v. 31 propinamus. Zu I 68, 3.
26. *Cosmianis.* Zu I 87.
28. *capillare.* sc. unguentum. Die Pomade einer armen meretrix. Vgl. v. 3.
29. *Septunce multo.* Durch viele Trunke von je 7 cyathi. Zu I 27, 2.

Praestare iussi, nutibus propinamus.
Hos malchionis patimur improbi fastus.
Nec vindicari. Rufe, possumus: fellat.

LXXXIII.

Ut faciam breviora mones epigrammata, Corde.
Fac mihi, quod Chione: non potui brevius.

LXXXIV.

Quid narrat tua moecha? Non puellam
Dixi. Gongylion. Quid ergo? linguam.

LXXXV.

Quis tibi persuasit nares abscidere moecho?
Non hac peccatum est parte, marite, tibi.
Stulte, quid egisti? nihil hic tibi perdidit uxor.
Cum sit salva tui mentula Deiphobi.

LXXXII 32. malchionis *Frdl* Malchionis *Schn* 33. vindicari *PQO Schn* vindicare *EFω Scr* possumus *PQFω Scr Gilbert* p. 22 possimus *EXABC* poscimus *Rutgers Schn*.
LXXXIV 2. Gongylion *Schn*² vgl. *Rhein. Mus. N. F. IV* 149 Congyilion *EXABFGO* Goncyilium *PQ* Tongilion *Schn*¹ Tongilium *ς*.
LXXXV 3. tibi *T Schn* tua *PQEω* Non hic — tua *Scr* 4. tui *EABCF Schn* sui *PQO Scr* tibi *T*.

31, *propinamus*. Zu v. 25.
32. *malchionis*. Cyrilli, Philoxeni aliorumque Veterum Glossaria ed. Labbaeus 1679 p 110: malchio ἀτζής. Malchio als Name CIL VI 2. 11410 Urbano Gorgiae Malchioni CIL IX 41 Malchionis Caesaris trierarchi und 5028.
33. *Nec vindicari possumus*. II 23, 4 quid mihi necesse est Has offendere basiationes, Quae se tam bene vindicare possunt.
fellat. Dasselbe Laster wird dem Zoilus auch XI 30 vorgeworfen. Der Sinn ist nach Gilbert Und wir können uns nicht durch irrumatio rächen, denn das ist für ihn keine Strafe. Vgl. XII 63. 8—10. Bei Rufe wird man schon wegen III 20 hier wie 94; 97 und 100 an Canius Rufus zu I 61. 9 denken.
LXXXIII. 2. *Chione*. Eine fellatrix. Vgl. III 87; 92. Ueber den Namen zu I 34, 7.
LXXXV. 4. *Deiphobi*. Menelaus rächte sich an Deiphobus, weil er nach dem Tode des Paris der Gemahl der Helena gewesen war, durch grausame Verstümmelung. Vergil. A. VI 494 ss. Deiphobus

LXXXVI.

Ne legeres partem lascivi, casta, libelli,
  Praedixi et monui: tu tamen, ecce, legis.
Sed si Panniculum spectas et, casta, Latinum,
  Non sunt haec mimis improbiora. — lege.

LXXXVII.

Narrat te, Chione, rumor nunquam esse fututam
  Atque nihil cunno purius esse tuo.
Tecta tamen non hac, qua debes, parte lavaris:
  Si pudor est, transfer subligar in faciem.

LXXXVIII.

Sunt gemini fratres, diversa sed inguina lingunt.
  Dicite, dissimiles sunt magis, an similes?

LXXXIX.

Utere lactucis et mollibus utere malvis:
  Nam faciem durum, Phoebe, cacantis habes.

LXXXVI 3. spectas et casta *T Schn*[2] sp. tu casta *PQ* si sp. casta *EFω Ser Schn*[1] *Interp. nach Gilbert*[3] p. 516.

LXXXVII 1. Chione, rumor *T* rumor, Chione *PEFω* rumor te, Chione *Q*.

LXXXVIII 1. Verg. A. VII 670 Tum gemini fratres. sieht also hier für den Ehebrecher, während der betrogene Gemahl wie gewöhnlich als Menelaus gedacht ist. SG I 516.

LXXXVI. Vgl. III 68.
1. *partem*. Die Hälfte 43 von 100 Epigrammen. Zu II 25, 6.
3. *Panniculum — Latinum*. Zu I 4, 5 und II 72, 4.
4. *mimis improbiora*. Zu I 41, 12. Ueber die Unanständigkeit der Mimen SG II 394 f.

LXXXVII. 1. *Chione*. Zu III 83.
4. *subligar*. Schurz, auch von Frauen getragen. Marquardt Prl. 467, 9.

LXXXIX. Sueton. Vespas. c. 20 Vespasianus fuit vultu veluti nitentis: de quo quidam urbanorum non infacete, si quidem petenti ut et in se aliquid diceret, Dicam, inquit, cum ventrem exonerare desieris.

1. *lactucis*. XI 52, 5 ventri lactuca movendo Utilis.

XC.

Vult, non vult dare Galla mihi, nec dicere possum.
Quod vult et non vult, quid sibi Galla velit.

XCI.

Cum peteret patriae missicius arva Ravennae,
   Semiviro Cybeles cum grege iunxit iter.
Huic comes haerebat domini fugitivus Achillas
   Insignis forma nequitiaque puer.
5 Hoc steriles sensere viri: qua parte cubaret
   Quaerunt. Sed tacitos sensit et ille dolos:
Mentitur, credunt. Somni post vina petuntur:
   Continuo ferrum noxia turba rapit
Exciduntque senem, spondae qui parte iacebat:
10   Namque puer pluteo vindice tutus erat.
Suppositam quondam fama est pro virgine cervam:
   At nunc pro cervo mentula supposita est.

XCI 6. 7. *Interpunktion nach Gilbert.* 9. qui — iacebat *EFa Rand c. Q* qui — latebat *PQ Ser Gilbert p. 22* cum — iaceret *T Schn* 12. cervo *BPQEXABFG* puero *Tm Rand c. Q* servo *Grotius*.

XCI 4. Verg. A. V 295 Euryalus forma insignis. 11 Ovid. M XII 34 Supposita fertur mutasse Mycenida cerva. Tr. IV 4. 67 Hic pro supposita virgo Pelopeia cerva.

  XC. 1. *Galla.* Zu II 25, 1.
  XCI. 2. D. h. er schliesst sich einer umherziehenden Bande von Cybelepriestern an, wie sie Apulej. Metam. VIII p. 571 schildert.
  9. 10. *spondae — pluteo.* Ersteres die offene Seite, letzteres die Wandseite des Bettes. Marquardt Prl. 703, 16.
  12. *cervo.* Die verkehrte Etymologie bei Festus s. v. servorum dies: cuius Dianae tutelae sunt cervi a quorum celeritate fugitivos vocant servos zeigt, wie Gilbert bemerkt, dass ein Wortspiel mit cervus und servus nahe lag, und lässt es wenigstens als möglich erscheinen, dass cervus als Bezeichnung eines fugitivus bereits im Gebrauch war.

XCII.

Ut patiar moechum, rogat uxor. Galle, sed unum.
  Huic ego non oculos eruo, Galle, duos?

XCIII.

Cum tibi trecenti consules, Vetustilla,
Et tres capilli quattuorque sint dentes,
Pectus cicadae, crus colorque formicae;
Rugosiorem cum geras stola frontem
5 Et araneorum cassibus pares mammas;
Cum comparata rictibus tuis ora
Niliacus habeat corcodilus angusta
Meliusque ranae garriant Ravennates
Et Atrianus dulcius culix cantet
10 Videasque quantum noctuae vident mane,
Et illud oleas quod viri capellarum,
Et anatis habeas orthopygium macrae
Senemque Cynicum vincat osseus cunnus:
Cum te lucerna balneator extincta
15 Admittat inter bustuarias moechas:
Cum bruma mensem sit tibi per Augustum

XCIII 1. Vetustilla *TPQF* Vetustina *Eω.*
XCIII 7. corcodilus *Gudius in Phaedr. ed Burmann p. 36 * Schn* corcodrillus *TE* crocodrillus *X* cocodrillus *ACFG* crocodillus *BO* crocodilus *P* crochodilus *Rand* cocrodillus *Q.*

XCII. Zu VI 90.
1. *sed unum.* Ueber sed zu 1 117, 7. Das dauernde Verhältnis mit einem Liebhaber, also gleichsam einem zweiten Manne Senec. Benef. III 16, 3 matrimonium vocari *unum* adulterium galt für schlimmer als Ehebruch mit mehreren.

XCIII. 2. *tres capilli.* VI 74. 2 calvam trifilem.
quattuorque — dentes. Zu I 19, 1 u. 2.
5. Vgl. Catull. 25, 3 mollior situ — araneoso.
11. Vgl. hircus, hircosus Catull. 37. 5; M. IX 47. 5 XII 59. 5.
14. 15. Die Prostitution in Bädern war ohne Zweifel ebenso allgemein wie im Mittelalter.
15. *bustuarias moechas.* Zu I 34, 38.

Regelare nec te pestilenties possit:
Audes ducentas nupturire post mortes
Virumque demens cineribus tuis quaeris
20 Prurire. Quid? sarire quis velit saxum?
Quis coniugem te, quis vocabit uxorem.
Philomelus aviam quam vocaverat nuper?
Quod si cadaver exigis tuum scalpi.
Sternatur Orci de triclinio lectus.
25 Talassionem qui tuum decet solas.
Ustorque taedas praeferat novae nuptae:
Intrare in istum sola fax potest cunnum.

XCIII 17. pestilenties *Guyet Schn*² pestilentia *codd. Schn*¹. 18. nupturire *Junius, Gilbert p. 23.* 16 nuptuire *TEA Schn* numtuire *XBC* nuptum ire *PQF Scr.* 30. sarrire *so* quis velit? *Schn*¹ (*Anm.*) Si satire velit *QAG* si satiare v. *EXBC* si satiari v. *O* si satirae v. *P* si saciae v. *F* salire si velit *Roop* surire si velit *Grotius Eldik* sarrire si velit *Schn*¹ *Text* futuere *als durch salire verdrängt Philol. III 131 f.* quis velit *Schn*². 24. Orci de triclinio *Roeper Philol. X 1855 p. 573* a corinde triclinio *M* acoridet tr. *P* acoride tr. *QEF* a Coricle clinico *Scaliger Scr* a Coride archiclinico *Schn vgl. Guttmann p. 48*.

17. *pestilenties*. Diese von Guyet hergestellte Form fehlt bei Neue Formenl. II² 386. Eine schwere besonders epidemische SG 1 32 f Krankheit, hier mit hohem Fieber.

22. *Philomelus*. Zu III 34. 6.

24. *Orci de triclinio*. Dass die Lesarten Scrivers a Coricle clinico und Schneidewins a Coride archiclinico, unzulässig sind, hat Roeper In Martialis epigrammata. Philol. X 1855 p. 573 nachgewiesen. Der Name Κορικλῆς könnte nur ein Spottname von κόρη sein, und kommt ebenso wenig vor als Κόρις Κορίδης; ausserdem findet sich der Anapäst im Choliambus bei M. sonst nur im 1. Fuss vgl. Guttmann p. 48 Einl. S. 27. Das von Schneidewin gebildete Wort archiclinicus wäre nur dann passend, wenn es einen Vorsteher einer Genossenschaft von vespillones bedeuten könnte. Doch dass diese jemals clinici genannt worden sind, ist nicht nachzuweisen; aus I 30 folgt es keineswegs. Roeper erinnert zur Unterstützung seiner ebenso gelinden als dem Sinne nach befriedigenden Emendation an Orci familia Apulej. Metam. III 9. Orci penates Ib. IV 6. Oreinus thesaurus Naev. ap. Gell. I 4. Oreiniana sponda M. X 5, 9. Triclinio ist trotz triclinia X 13. 3 unbedenklich.

XCIV.

Esse negas coctum leporem poscisque flagella.
  Mavis, Rufe, cocum scindere, quam leporem.

XCV.

Nunquam dicis have, sed reddis, Naevole, semper.
  Quod prior et corvus dicere saepe solet.
Cur hoc expectas a me, rogo, Naevole, dicas:
  Nam puto nec melior, Naevole, nec prior es.
5 Praemia laudato tribuit mihi Caesar uterque
  Natorumque dedit iura paterna trium.
Ore legor multo notumque per oppida nomen
  Non expectato dat mihi fama rogo.
Est et in hoc aliquid: vidit me Roma tribunum
10 Et sedeo qua te suscitat Oceanus.
Quot mihi Caesareo facti sunt munere cives,
  Nec famulos totidem suspicor esse tibi.
Sed paedicaris, sed pulchre, Naevole, ceves:
  Iam iam tu prior es, Naevole: vincis, have.

XCV 4. nec melior *PQω Ser* Gilbert *p. 20* ne melior *EX.AF* me melior *CSchn.* 14. have habe *EX.ABC.*

XCV 7. Ovid. M. XV 578 Ore legar populi.

XCIV. Vgl. III 13.
XCV. 2. *corvus.* Vgl. XIV 74 und Jahn ad Pers. prol. 13.
5. *Caesar uterque.* Zu II 91, 5. Welche praemia ausser dem Dreikinderrecht M. erhalten hatte, ist unbekannt.
9. *tribunum.* D. h. er hatte den Titel eines Militärtribunen erhalten, womit die Erhebung in den Ritterstand verbunden war. SG I 253, 3. u 4. 10. D. h. auf den Ritterplätzen.
Oceanus. V 23; 27 VI 9. Ein dissignator theatralis, der darüber zu wachen hatte, dass die von Domitian neu eingeschärfte lex Roscia theatralis genau beobachtet wurde. Frdl bei Marquardt StV III 534—536 und zu V 8, 3.
11. Auf meine Verwendung haben zahlreiche peregrini vermuthlich Spanier durch kaiserliche Verleihung das Bürgerrecht erhalten.
14. *have.* Scheint ein Zuruf an Sieger gewesen zu sein. Huebner, Monatsber. d. Berl. Akad. 1868, S. 87 Glasbecher mit Circusspielen, wo bei dem Namen des siegreichen Wagenlenkers ave, bei denen der übrigen vale beigeschrieben ist CIL VII 1273 s.

XCVI.

Lingis, non futuis meam puellam
Et garris quasi moechus et fututor.
Si te prendero, Gargili, tacebis.

XCVII.

Ne legat hunc Chione, mando tibi, Rufe, libellum.
  Carmine laesa meo est, laedere et illa potest.

XCVIII.

Sit culus tibi quam macer, requiris?
Paedicare potes, Sabelle, culo.

XCIX.

Irasci nostro non debes, cerdo, libello.
  Ars tua, non vita est carmine laesa meo.
Innocuos permitte sales. Cur ludere nobis
  Non liceat, licuit si iugulare tibi?

C.

Cursorem sexta tibi, Rufe, remisimus hora.
  Carmina quem madidum nostra tulisse reor.
Imbribus immodicis caelum nam forte ruebat.
  Non aliter mitti debuit iste liber.

XCIX 3. Innocuos *PQEFeiNer* Non nocuos *TSchn*.

Subscriptionen. FINIT. EX. III. INCIP. EX. V *T M V*. Martialis Epigrammaton liber tercius explicit. incipit quartus. Emendavi ego torquatus gennadius constantine feliciter flores *P* M. V. M. epigrammaton li. III explicit incipit IIII Emendavi ego Torquatus Gennadius constantinae so foeliciter florens. *Q* Marci Valerii Martialis epigrammaton liber tertius explicit. Incipit quartus. Emendavi ego Torquatus Genadius. Constantine feliciter floreas *Cod. mus. Britann.* 12004 *Einl. S. 69, 1* Ego Torquatus Gennadius emendavi feliciter. Constantine feliciter floreas *f Schn p. XCIII.*

XCVI 3. *tacebis:* wol dum a me irrumaberis.
XCVII. 1. *Chione*. Zu 1 34, 7. Der Name hier in demselben Sinne gebraucht wie III 83; 87.
  2. *Carmine laesa meo* = III 99, 2. *laedere:* durch ihre Küsse.
XCIX. Zu III 16. 2. Zu III 97, 2. 3. *Innocuos — sales*. Zu I 4, 7.
C. 1. *Rufe*. Zu I 61.
  4. Weil sein Inhalt nichts besseres verdient als weggewaschen zu werden. Zu I 5.

M. Valerii Martialis Epigrammaton

Liber IV.

1.

Caesaris alma dies et luce sacratior illa,
Conscia Dictaeum qua tulit Ida Iovem,
Longa, precor, Pylioque veni numerosior aevo
Semper et hoc vultu vel meliore nite.
5 Hic colat Albano Tritonida multus in auro
Perque manus tantas plurima quercus eat;
Hic colat ingenti redeuntia saecula lustro
Et quae Romuleus sacra Tarentos habet.
Magna quidem, superi, petimus, sed debita terris
10   Pro tanto quae sunt improba vota deo?

1 1. vultu voltu *NFSchn.*

1. Domitians Geburtstag, der 24. Oktober des Jahres 88, an welchem er 37 Jahre alt wurde. Bei dem Vergleich mit Jupiter zu Sp. 16 b, 3 wird der Gott wie hier dem Kaiser nachgesetzt IV 3 VI 8 IX 35; 91.
3. *Pylio — aevo.* VIII 2, 7 Pyliam senectam.
5. M. wünscht hier dem Domitian häufige Wiederholungen des von ihm jährlich am 19. März auf seinem Albanum begangenen Minervenfestes, an dem der Sieger im Wettkampf der Dichter einen goldenen Olivenkranz erhielt. SG III 384.
6. *quercus.* Der Eichenkranz wurde vom Kaiser als Preis im Wettkampf der Dichter in dem von Domitian 86 gestifteten, in 4jährigen Perioden sich wiederholenden agon Capitolinus ertheilt. SG III 379 f.
7. 8. Die auf dem Terentum zu 1 69 gefeierten ludi saeculares hatte Domitian im Jahre 88 beim Beginn der Erntezeit zum siebenten Male veranstaltet. Marquardt StV III 389 f. Den hier von M. geäusserten Wunsch hatte auch L. Vitellius, der Vater des Kaisers miri in adulando ingenii dem Claudius zugerufen. Sueton. Vitell. c. 2 cuius et illa vox est ,saepe facias' cum saeculares ludos agenti Claudio 47 p. Chr. gratularetur.
10. *deo.* Zu Sp 17, 4.

II.

Spectabat modo solus inter omnes
Nigris munus Horatius lacernis.
Cum plebs et minor ordo maximusque
Sancto cum duce candidus sederet,
Toto nix cecidit repente caelo:
Albis spectat Horatius lacernis.

III.

Aspice quam densum tacitarum vellus aquarum
  Defluat in vultus Caesaris inque sinus.
Indulget tamen ille Iovi, nec vertice moto
  Concretas pigro frigore ridet aquas.
5 Sidus Hyperborei solitus lassare Bootae
  Et madidis Helicen dissimulare comis.
Quis siccis lascivit aquis et ab aethere ludit?
  Suspicor has pueri Caesaris esse nives.

III 7. Quis *Schn*² qui *codd. Schn*¹.

III 4. Ovid. Tr. III 10, 32 undas frigore concretas ungula pulsat equi.

II. Domitian gestattete bei Schauspielen den Zuschauern in der Regel nur weisse Kleidung, ausnahmsweise, wie es scheint, auch scharlachne und purpurrothe. SG II 268. 3 u. 4. Das Epigramm ist wol im December 88 gedichtet.
4. *Sancto*. Sanctissimus censor heisst Domitian Quintil. IV prooem. 3. Stat. S. III 5, 29 sancto Caesaris auro. Fincke de appellat. Caesarum p. 54.
6. Zu II 6, 17.

III. Bezieht sich auf dasselbe Schauspiel wie das vorige.
5. M. will sagen, Domitian habe sich bei der von ihm nach Gallien und Germanien im J. 70 zu II 2, 4 unternommenen Expedition gewöhnt, die nordische Kälte gleichsam durch seine Standhaftigkeit zu ermüden. Aehnlich lassare V 64, 4 delassare X 5, 17. Gilbert.
6. Der Sinn ist: mit vom Schnee durchnässten Haaren gegen die Kälte sich gleichgiltig zu zeigen.
Helicen. Das Sternbild des grossen Bären Cic Acad. II 20, 66. Ovid. Fast. III 108 etc. metonymisch für nordische Kälte.
9. *pueri Caesaris*. Des im Jahre 73 von Domitia geborenen, damals also schon verstorbenen Sohnes des Domitian. SG III 442.

IV.

Quod siccae redolet palus lacunae,
Crudarum nebulae quod Albularum,
Piscinae vetus aura quod marinae,
Quod pressa piger hircus in capella,
5 Lassi vardaicus quod evocati,
Quod bis murice vellus inquinatum,
Quod ieiunia sabbatariarum,
Maestorum quod anhelitus reorum,
Quod spurcae moriens lucerna Ledae,
10 Quod ceromata faece de Sabina,
Quod vulpis fuga, viperae cubile,
Mallem quam quod oles olere, Bassa.

V.

Vir bonus et pauper linguaque et pectore verus.

IV 7. sabbatariarum βEXABFG Schn² sabbatariorum P Scr sabbatariārum Q 11 vulpis, volpis B Schn.

V 1. Horat Epp. I 7, 22 Vir bonus et sapiens. Horat. Epp. I 16, 32 Vir bonus et prudens'.
V 1. Auson. XXX 1 Vir bonus et sapiens.

IV. Zu III 65. 2. *Albularum*. Zu I 12, 2.
Crudarum. Wol der am frühen Morgen gleichsam noch unreifen, von der Sonnenwärme noch nicht gelösten Dünste. Oder: der dort frisch aus dem Wasser aufsteigenden. Gilbert.
5. *vardaicus*. Juven. 16, 13 Bardaicus — calceus von den Illyrischen Bardaei oder Vardaei, der auf langem Marsche durchgeschwitzte Soldatenstiefel.
evocati. Nochmals in Dienst getretene Veteranen. Marquardt StV II 433 f. 6. Zu I 49, 32.
7. *sabbatariarum*. Frauen, die den Sabbath durch Fasten feiern. Die Anhängerinnen des Judenthums waren in Rom zahlreich. SG I 151, 5. 9. Zu I 92, 6 und III 82, 3.
10. *ceromata*. Die bei gymnastischen Uebungen gebräuchliche Wachssalbe, zu deren Bestandtheilen jedenfalls auch Oel gehörte.
faece de Sabina. Aus verdorbenem sabinischem Oel, denn das reine galt für vorzüglich. Marquardt Prl. II 127.
12. *Bassa*. Der Name ähnlich gebraucht IV 87.
V. Vgl. III 38.

Quid tibi vis, urbem qui, Fabiane, petis?
Qui nec leno potes nec comissator haberi,
Nec pavidos tristi voce citare reos,
5 Nec potes uxorem cari corrumpere amici,
Nec potes algentes arrigere ad vetulas,
Vendere nec vanos circum Palatia fumos,
Plaudere nec Cano, plaudere nec Glaphyro.
Unde miser vives? »Homo certus, fidus amicus« —
10 Hoc nihil est: nunquam sic Philomelus eris.

VI.

Credi virgine castior pudica
Et frontis tenerae cupis videri,
Cum sis improbior, Malisiane,
Quam qui compositos metro Tibulli
5 In Stellae recitat domo libellos.

VII.

Cur here quod dederas, hodie, puer Hylle, negasti,
Durus tam subito, qui modo mitis eras?

V 2. Horat. Epod. 12, 1 Quid tibi vis, mulier.

6. Vgl. Juven. I 37s.

7. *vendere — fumos.* Ein Ausdruck, den die späteren Kaiserbiographen fast wie einen technischen gebrauchen, kommt hier von betrügerischen Mittheilungen über den Kaiser und den Hof zuerst vor, mit welchen die angeblich genau Unterrichteten einen Handel trieben. SG I 81.

8. *Cano.* Berühmter Flötenspieler in der ersten Hälfte des 2. Jahrhunderts. Vgl. X 3, 8 und SG III 301.

Glaphyro. Berühmter Musiker. Juv. 6, 77. SG II 572.

10. *Philomelus.* Zu III 31, 6.

VI 4. *metro Tibulli.* Unter den Priapeia tragen 82 und 83 den Namen des Tibull, das erste in elegischem Versmass, das zweite in jambischen Senaren. Die Gedichte verwandten Inhalts, welche der ungenannte Dichter in Stellas Hause vorlas, waren gewiss in dem ersteren Metrum, welches hier das des Tibull als eines Hauptrepräsentanten der Elegie genannt wird.

5. *Stellae.* Zu I 7, 1.

VII 1. *puer Hylle.* Vgl. II 60, 1.

Eine Nachahmung ist vielleicht das Epigramm des Strato Anthol. Palat. c. XII Μοῦσα παιδική, 191:

Sed iam causaris barbamque annosque pilosque.
O nox quam longa es, quae facis una senem!
5 Quid nos derides? here qui puer, Hylle, fuisti.
Dic nobis, hodie qua ratione vir es?

VIII.

Prima salutantes atque altera continet hora.
Exercet raucos tertia causidicos:

VIII 1. continet *PQ* conterit *EX.ABCFG Schn vielleicht richtig*.

Οὐκ ἐχθὲς παῖς ἦσθα; καὶ οὐδ᾽ ὄναρ οὗτος ὁ πώγων
ἦλθε· πῶς ἀνέβη τοῦτο τὸ δαιμόνιον
καὶ τρυφὶ πάντ᾽ ἐκάλυψε τὰ πρὶν καλά· φεῦ, τί τὸ θαῦμα;
ἐχθὲς Τρωΐλος ὤν, πῶς ἐγένου Πρίαμος;

VIII. Die Zeitangaben in diesem Epigramm hat GBilfinger zum Gegenstande einer ausführlichen Erörterung gemacht Antike Stundenzählung, Programm des Eberhard-Ludwiggymnasiums zu Stuttgart zum Schluss des Schuljahres 1882/83. 4. 41 S.; vgl. bes. S. 30—41. B. hat überzeugend nachgewiesen, dass hora quarta, quinta u. s. w. in der Regel einen Zeitpunkt, und zwar den Endpunkt der betreffenden Stunde bedeutet, also unserem ›vier Uhr, fünf Uhr‹ u. s. w. entspricht, während jedoch diese Ausdrücke deshalb niemals aufgehört haben, zugleich einen Zeitraum ›die vierte, fünfte Stunde u. s. w.‹ zu bezeichnen. Wenn B. aber in diesem Epigramm nur die erstere Bedeutung finden will, so ist dieselbe offenbar im ersten Verse nicht zulässig, mag man continet oder conterit lesen. B. liest continet, nimmt es in dem Sinne einer zeitlichen Begrenzung, und übersetzt S. 39: ›Ein und zwei Uhr findet die Besucher an ihrem Geschäft‹, d. h. ›das eine Mal brauchte man zu den Besuchen bis ein Uhr, das andere Mal bis zwei Uhr.‹ Aber auch abgesehen davon, dass dann aut für atque erforderlich wäre, kann continet nicht so verstanden werden. Der Sinn ist vielmehr: Die ersten beiden Stunden schliessen die Morgenbesucher in sich, d. h. die Morgenbesuche füllen diese Stunden aus SG I 338 f. u. 357. Der Ausdruck ist derselbe wie bei Festus Mueller 245 A prima aut secunda hora dicantur sponsalibus wo B. S. 9 selbst die Bedeutung des Zeitraums anerkennt, und der Sinn entsprechend. V. 2 kann man eben so wol mit B. verstehen: 3 Uhr setzt die Advokaten in Bewegung, als: Die dritte Stunde setzt sie in Bewegung, je nachdem die Gerichtsverhandlungen erst bei Ablauf der dritten Stunde, oder schon während derselben begannen B. S. 40. Jedenfalls spricht M. nur von dem Beginn der Gerichtsverhandlungen, da die Reden der Advokaten oft mehrere Stunden dauer-

In quintam varios extendit Roma labores.
Sexta quies lassis, septima finis erit;
5 Sufficit in nonam nitidis octava palaestris.
Imperat extructos frangere nona toros:
Hora libellorum decima est, Eupheme, meorum,
Temperat ambrosias cum tua cura dapes
Et bonus aetherio laxatur nectare Caesar
10   Ingentique tenet pocula parca manu.

VIII 6. extructos *Em Rand* r. *Q* excelsos *PQ*.

VIII 6. Verg. A. XI 66 Exstructosque toros.

ten Vertagung des Termins in oder nach der vierten VIII 67, 3, ja ganze Tage ausfüllten B. 34 f. In den folgenden Versen ist mit B. durchweg bei den Ordinalzahlen der Endpunkt der betreffenden Stunde zu verstehen: Bis 5 Uhr hat Rom verschiedene Arbeiten. Um 6 Uhr beginnt die Siesta meridiatio, die bis 7 Uhr dauerte oder auch darüber hinaus vit. Alex. Severi c. 61. B. S. 33; man wird also septima finis erit mit B. verstehen: Um 7 Uhr ist sie zu Ende, was M. nach seiner Weise Einl. S. 20, 1 nachlässig ausgedrückt hat. In die von M. übergangene Stunde von 5 bis 6 Uhr fiel das prandium. V. 5: 8 bis 9 Uhr ist hinreichende Zeit für gymnastische Uebungen und für das Bad, mit dem dieselben verbunden wurden ; 9 Uhr giebt das Zeichen sich zu Tische zu begeben; 10 Uhr ist dann der richtige Augenblick mein Buch zu überreichen.« B. S. 39.

1. *continet.* Vielleicht schrieb M. jedoch conterit fam. Ca. Cic de orat. I 58, 249 eum in causis et in negotiis et in foro conterimur

1. Anthol. Palat. X 43 ἓξ ὦραι μοχθοῖς ἱκανώταται· αἱ δὲ μετ' αὐτὰς γράμμασι δεικνύμεναι ΖΗΘΙ λέγουσι βροτοῖς. Marquardt Prl. 256. Auch diese Stelle zeigt, dass die Siesta in die erste Nachmittagsstunde fiel Bilfinger S. 33.

6. *frangere — toros.* Zu II 59, 3.

7. *Eupheme.* Wahrscheinlich ein Tafelaufseher tricliniarcha Domitians und dessen Freigelassener. SG I 171.

8. *ambrosias — dapes.* Die Speisen der kaiserlichen Tafel, insofern der Kaiser als Gott betrachtet wird v. 12. Vgl. VIII 39, 3; 50, 8 XIII 91, 2 Stat. S. III 4. 61. Fincke, de appell. Caesar. p. 42.

9. *nectare.* So auch VIII 39, 3. Zu v. 8.

10. *Ingenti — manu.* Ingentem dextram von der Hand Domitians Stat. S. III 4, 62.

pocula parca. Stat. S. V 1, 121 sobria pocula.

Tunc admitte iocos: gressu timet ire licenti
Ad matutinum nostra Thalia Iovem.

IX.

Sotae filia clinici, Labulla,
Deserto sequeris Clytum marito
Et donas et amas: ἔχεις ἀσώτως.

X.

Dum novus est nec adhuc rasa mihi fronte libellus,
Pagina dum tangi non bene sicca timet,
I puer et caro perfer leve munus amico,
Qui meruit nugas primus habere meas.
5 Curre, sed instructus: comitetur Punica librum
Spongea: muneribus convenit illa meis.

IX 1. Labulla *Eω Gilbert*[3] *p. 516 f* bulla *PQ* Fabulla *BF O Schn* vgl. zu XII 93, 2.

X 1. est nec adhuc rasa *P Gilbert p. 16* est neque adhuc rasa *Ser* est rasa nec adhuc *R Schn*[2] est et adhuc rasa *EFω* est nec adhuc mihi rasa *Q* est et adhuc crassa *Schn*[1] 6. spongea *A* spongia *Schn*.

VIII 12. Claudian. de Manl. Theod. cons. praef. 2 Audebisne — nostra Thalia loqui? Bell. Pollent. praef. 2 Romanis fruitur nostra Thalia choris.

12. *Ad matutinum — Iovem*. Den nüchternen, der Ausgelassenheit abgeneigten. XI 17, 2 Invenies et quod mane — legas. XIII 2, 10 matutina — fronte.
Thalia. Die Muse des Epigramms zu III 68, 6. IV 28, 4 VII 17, 4; 46, 4 VIII 73, 3 IX 26, 8; 73, 9 X 19, 3 XII 94, 3.
IX 1. *clinici*. Zu I 30, 2.
Labulla. Verdient, als besser bezeugt, den Vorzug vor Fabulla, also auch XII 93, wo der Name ebenfalls eine Ehebrecherin bezeichnet vgl. Einl. S. 22 und Labulle XI 24 XII 36. Gilbert[3] p. 516.
X 1. *rasa — fronte*. Noch nicht beschnitten und mit Bimstein abgerieben. Zu I 66, 10.
1. *nugas*. Zu I 113, 6.
5. 6. *Punica — Spongea*. Plin. N. h. IX 149 erwähnt blutrothe Schwämme, Africis — quae generantur in Syrtibus.

Non possunt nostros multae, Faustine, liturae
Emendare iocos: una litura potest.

XI.

Dum nimium vano tumefactus nomine gaudes
Et Saturninum te, miser, esse pudet,
Impia Parrhasia movisti bella sub ursa.
Qualia qui Phariae coniugis arma tulit.
5 Excideratne adeo fatum tibi nominis huius,
Obruit Actiaci quod gravis ira freti?
An tibi promisit Rhenus quod non dedit illi
Nilus, et Arctois plus licuisset aquis?
Ille etiam nostris Antonius occidit armis,
10 Qui tibi collatus, perfide, Caesar erat.

XII.

Nulli, Thai, negas, sed si te non pudet istud,
Hoc saltim pudeat, Thai, negare nihil.

XI 2. te miser esse pudet *PQ Ser* te pudet esse miser *EX AB CF G Schn.*
XII 2. saltim *R.*

7. *Faustine.* Zu I 25.
liturae. Zu I 4, 9.
8. Sueton. August. c. 85 tragoediam magno impetu exorsus non succedente stilo, abolevit, quaerentibusque amicis, quidnam Aiax ageret, respondit, Aiacem suum in spongiam incubuisse.
XI. Antonius Saturninus empörte sich als Statthalter des oberen Germaniens, gegen Ende 88, und wurde von Appius Norbanus Maximus im Januar 89 besiegt. Suet. Domit. c. 6, 7; Dio LXVII 11; Aurel. Victor. epit. c. 11. Imhof, Domitian S. 62 f. Mommsen RG V 137. Einl. S. 54 f.
1. *vano tumefactus nomine.* Durch den Namen des Antonius als desjenigen, der dem Octavian die Weltherrschaft streitig gemacht hatte.
3. *Parrhasia — sub ursa.* Ovid. Her. 18, 152 Parrhasis ursa die Parrhasische, d. h. Arcadische in das Gestirn der Bärin versetzte Kallisto. Preller GM I 385. Vgl. auch VI 25, 2; 58, 1.
XII 2. *negare nihil.* XII 79, 4 Quisquis nil negat, Atticilla, fellat. Der Name Thais für eine fellatrix auch IV 84.

XIII.

Claudia. Rufe. meo nubit Peregrina Pudenti:
Macte esto taedis, o Hymenaee, tuis.
Tam bene rara suo miscentur cinnama nardo,
Massica Theseis tam bene vina favis,
5 Nec melius teneris iunguntur vitibus ulmi,
Nec plus lotos aquas, litora myrtus amat.
Candida perpetuo reside, Concordia, lecto,
Tamque pari semper sit Venus aequa iugo.
Diligat illa senem quondam, sed et ipsa marito
10 Tum quoque cum fuerit, non videatur anus.

XIV.

Sili, Castalidum decus sororum,
Qui periuria barbari furoris
Ingenti premis ore perfidosque
Astus Hannibalis levesque Poenos
5 Magnis cedere cogis Africanis:

XIV 1. Astus BPQ Ser Schn² fastus $EF\omega$ Schn¹.

XIII 5. Ovid. Ex P. III 8, 13 Non hic pampineis amicitur vitibus ulmus. Her. 5, 47 Non sic adpositis vincitur vitibus ulmus. M. X 100 amictae vitibus ulmi. Tr. II 143 oneratam vitibus ulmum. Tibull. I 4, 7 teneras — vites.

XIII. Auf die Hochzeit des Centurio A. Pudens zu I 31 mit Claudia Peregrina.
1. *Rufe*. Wol Canius Rufus, zu I 61.
1. *Massica*. Zu I 26, 5.
Theseis — favis. Mit hymettischem Honig; über das aus beiden bereitete mulsum Marquardt Prl. 314.
XIV. Das Gedicht, mit dem sich M. bei dem Consularen Silius Italicus (cos. 68), dem Dichter der Punica Mommsen Ind. Plin., einführte, dessen Bekanntschaft er vermuthlich am Golf von Neapel machte wo Silius wol damals schon lebte (Plin. Epp. III 7), und Martial sich im Sommer 88 aufhielt, und zu welchem er fortan bis zu seiner Rückkehr nach Spanien in einem Clientelverhältnis blieb. VI 64, 10 VII 63 VIII 66 IX 86 XI 48 s.
2. VI 19, 6 Et periuria Punici furoris.

Paulum seposita severitate,
Dum blanda vagus alea December
Incertis sonat hinc et hinc fritillis
Et ludit tropa nequiore talo,
10 Nostris otia commoda Camenis.
Nec torva lege fronte, sed remissa
Lascivis madidos iocis libellos.
Sic forsan tener ausus est Catullus
Magno mittere Passerem Maroni.

XV.

Mille tibi nummos hesterna luce roganti
In sex aut septem, Caeciliane, dies,
Non habeo« dixi; sed tu causatus amici
Adventum lancem paucaque vasa rogas.
5 Stultus es? an stultum me credis, amice? negavi
Mille tibi nummos, milia quinque dabo?

XIV 9. tropa *Brodaeus Schn*[1] popa PQF ora B rota *Ea Rand*
c. Q Ser 14. Passerem *Birt S. 407* passerem *Schn.*

7. 8. Während der Saturnalien war das sonst verbotene Würfelspiel um Geld erlaubt. V 84 XI 6, 2 XIV 1. 3. Marquardt StV III 588.

8. *hinc et hinc*. Vgl. hinc et illinc XI 98, 3 XII 34, 5.

9. *tropa.* Pollux Onom. IX 193 ἡ δὲ τρόπα καλουμένη, παιδιά γίνεται μὲν ὡς τὸ πολὺ δι' ἀστραγάλων οὓς ἀφιέντες στοχάζονται βόθρου τινὸς εἰς ὑποδοχὴν τῆς τοιαύτης βόλου ἐξεπίτηδες πεποιημένου· πολλάκις δὲ καὶ καρύοις καὶ βαλάνοις ἀντὶ τῶν ἀστραγάλων οἱ ῥίπτοντες ἐχρῶντο Schol. Plat. p. 320 τρόπα δ' ἐστὶν ἡ εἰς βόθυνον ἐκ διαστήματος βολή. Jahn ad Pers. S. 3, 50. Becq de Fouquières Jeux des anciens p. 113—118. Grasberger, Erziehung und Unterricht. I 1, S. 65 und 158; Marquardt Prl. 817; 827.

13. 14. In Wirklichkeit hat zwischen Catull und Virgil kein Verhältnis bestanden, da der Letztere (geb. 684 u. c. erst 16 Jahr alt war, als der Erstere um 700; Teuffel RLG 214, 2) starb.

13. *tener.* So heisst Catull auch VII 14, 3 XII 44, 5.

14. *Passerem.* Titel des Buchs des Catull nach den beiden ersten Nummern. Birt S. 407.

XV 6. Die Schale und die Gefässe müssen also von Silber gewesen sein, doch von einfacher Arbeit, denn bei künstlicher kam das Pfund Silber auf 5000 Sesterzen zu stehen. Zu III 62, 4.

XVI.

Privignum non esse tuae te, Galle, novercae
    Rumor erat, coniunx dum fuit illa patris.
Non tamen hoc poterat vivo genitore probari.
    Iam nusquam pater est. Galle, noverca domi est
5 Magnus ab infernis revocetur Tullius umbris
    Et te defendat Regulus ipse licet.
Non potes absolvi: nam quae non desinit esse
    Post patrem, nunquam, Galle, noverca fuit.

XVII.

Facere in Lyciscam, Paule, me iubes versus,
    Quibus illa lectis rubeat et sit irata.
O Paule, malus es: irrumare vis solus.

XVIII.

Qua vicina pluit Vipsanis porta columnis
    Et madet assiduo lubricus imbre lapis,
In iugulum pueri, qui roscida tecta subibat,
    Decidit hiberno praegravis unda gelu:
5 Cumque peregisset miseri crudelia fata,
    Tabuit in calido vulnere mucro tener.

XVI 6. *Regulus*. Zu I 12.

XVIII. Ein Fall wie der hier erzählte ist jetzt in Rom unerhört. Die Winter waren dort im Alterthum kälter. Nissen Ital. Landeskunde I 400 f.

1. *qua vicina pluit Vipsanis porta columnis.* »Becker Top. 578, 1218 verstand unter Vipsaniae columnae die Porticus des Agrippa im Marsfelde: aber in seinem (in meinem Besitz befindlichen) Handexemplar bemerkt er dazu: nein, vielmehr den Campus Agrippae östlich vom Corso ; A. 1259 erklärt er jenes für möglich aber zweifelhaft: porta pluens könne dann ein Bogen der aqua Virgo sein. Sicher ist die porta pluens ähnlich hiess die madida Capena im Volksmunde arcus stillans Schol. Juv. 3, 11 ein Strassenübergang der Virgo, ob aber der noch erhaltene arco del Nazareno, ist nicht auszumachen und deshalb wol auch nicht zu entscheiden, ob die columnae der porticus oder dem campus gehören. Aehnlich Lanciani Acque e acquedotti Roma 1880 p. 125.« *Jordan.*

Ueber die einsilbige Casusendung von Vipsanis zu I 117, 17.

Quid non saeva sibi voluit Fortuna licere?
   Aut ubi non mors est, si iugulatis aquae?

XIX.

Hanc tibi Sequanicae pinguem textricis alumnam,
   Quae Lacedaemonium barbara nomen habet,
Sordida, sed gelido non aspernanda Decembri
   Dona, peregrinam mittimus endromida: —
5 Seu lentum ceroma teris tepidumve trigona,
   Sive harpasta manu pulverulenta rapis,
Plumea seu laxi partiris pondera follis.

XIX 4. endromida *F Schn*¹ endromeda *P* endromedam *Q* endromaedam *T* eudromiam n *BC* endromia *X A G corr* endromiam *E* endromidam *Schn*².

XVIII 7. Prop. I 6, 25 quem semper voluit Fortuna iacere.

XIX 1. *Sequanicae — textricis*. Wollenwebereien der Sequaner lieferten, wie die gallischen überhaupt, dicke, grobe Stoffe. Bluemner S. 145.

2. *Lacedaemonium — nomen*. Ἐνδρομίς, eine Decke aus dickem, zottigem Zeuge, in die man sich nach gymnastischen Uebungen hüllte, um sich nicht zu erkälten. VI 19 XIV 126, Juven. 6, 246. Becker-Goell III 222.

5. *lentum ceroma teris*. Man kann allerdings mit Gronov Diatrib. in Stat. p. 146 250 buchstäblich verstehen: Du reibst durch das Ringen die Wachssalbe ab; doch eher scheint ceroma den Platz zu gymnastischen Uebungen zu bedeuten, obwol das Prädikat von der ursprünglichen Bedeutung vgl. XI 47, 5 XIV 50, 1 entnommen ist. Ebenso VII 32, 9 Vara nec in lento ceromate bracchia tendis und ähnlich VIII 36, 16 Nascentis Circe quam videt ora patris die aufgehende Sonne. Dann ist trigon hier ebenfalls der Platz für das so genannte Ballspiel, bei dem 3 Spieler an den Ecken eines gleichseitigen Dreiecks standen. Marquardt Prl. 821 f.

6. *harpasta*. Harpastum ein kleiner fester Ball, mit dem ein Massenspiel von zwei Parteien Marquardt Prl. 823 gespielt wurde.

7. *follis*. Ein grosser mit Luft gefüllter oder auch mit Federn gestopfter Ball. Marquardt Prl. 819, 10.

partiris. Advertis et metiris motum et cursum follis plumei et levissimi, ita ut scias, quantum spatii missus follis decursurus sit. Schrevel.

Sive levem cursu vincere quaeris Athan: —
Ne madidos intret penetrabile frigus in artus,
10 Neve gravis subita te premat Iris aqua.
Ridebis ventos hoc munere tectus et imbres:
Nec sic in Tyria sindone tutus eris.

XX.

Dicit se vetulam, cum sit Caerellia pupa:
Pupam se dicit Gellia, cum sit anus.
Ferre nec hanc possis, possis, Colline, nec illam:
Altera ridicula est, altera putidula.

XXI.

Nullos esse deos, inane caelum
Affirmat Segius: probatque, quod se
Factum, dum negat hoc, videt beatum.

XXII.

Primos passa toros et adhuc placanda marito
Merserat in nitidos se Cleopatra lacus,
Dum fugit amplexus: sed prodidit unda latentem.
Lucebat, totis cum tegeretur aquis.
5 Condita sic puro numerantur lilia vitro,
Sic prohibet tenuis gemma latere rosas.

XIX 8. cursu *PQF Ser Schn*² fors *EXAC* forsan *pr.B corr. G Schn*¹ 12. tutus *TPQ Ser Gilbert* cultus *EXABCFG Schn*.
XXI 2. Segius: *Gilbert. Ohne Interp. Schn.* 3 hoc *QPFω Ser Gilbert*³ *p.* 517 haec *EXAB Schn*.
XXII 5. condita *PEFω Rand r, Q Schn* candida *TQO Ser*.

XIX 9. Verg. G. I 93 penetrabile frigus.
XXII 4. 5. Ovid. M. IV 354 In liquidis translucet aquis, ut eburnea si quis Signa tegat claro vel condita lilia vitro.

8. *Athan.* Ein sonst nicht vorkommender, damals jedenfalls allbekannter Läufer.
12. *sindone.* Feiner baumwollener Stoff. Marquardt Prl. 472 f.
XX 3. *Colline.* Zu III 54.
XXI 3. *hoc* nicht haec »ist erforderlich, da es nur auf die Aufstellung nullos esse deos, inane caelum zurückweist«. Gilbert³ p. 517.
XXII 4. *totis cum tegeretur aquis.* Für tota c. t. a. Zu VIII 30, 6.
5. 6. Hier ist an Glashäuser oder Frühbeete zu denken, die mit

Insilui mersusque vadis luctantia carpsi
  Basia: perspicuae plus vetustis aquae.

XXIII.

Dum tu lenta nimis diuque quaeris,
Quis primus tibi quisve sit secundus
Graium quos epigramma comparavit:
Palmam Callimachus, Thalia, de se
5 Facundo dedit ipse Brutiano.
Qui si Cecropio satur lepore
Romanae sale luserit Minervae,
Illi me facias, precor, secundum.

XXIV.

Omnes quas habuit, Fabiane, Lycoris amicas
  Extulit: uxori fiat amica meae.

XXIII 3. Graium quos ep. comparavit *Köstlin* Philol. XXXVI 264 ff. *Munro* gratum quisque *E* Graium quique *O* gratum que *PQ Fω* quisque *Rand v. Q* comparavit *Q* comparavit *PFO* com n parabit *Eω* Graium dumque ep. comparatur *Hω* Gr. quisve ep. comparabit *Schn*[1] Gr. quisve ep. comparavit *Schmieder Schn*[2] Gr. quisque i. e. quisquis ep. comparavit *Baehrens*.

XXII 7. Ovid. M. IV 357 mediis immittitur undis Pugnantemque tenet luctantiaque oscula carpit.
XXII 8. Baehrens Plm IV 333, 2 Cum modo perspicua se speculatur aqua.

specularia VIII 14, 3 belegt sind. Gemma ist entweder Glas wie XIV 94, 2 oder Fraueneis. Der Ausdruck der Verse kehrt ähnlich wieder VIII 68, 5 ss.
7. 8. *luctantia carpsi Basia* = V 46, 1.
XXIII 3. *Graium quos epigramma comparavit*. D. h. der Beiden, welche das griechische Epigramm als das erste Paar in dieser Gattung der ganzen übrigen Masse vorausgestellt hat, des Callimachus und Brutianus.
4. *Palmam — de se*. Sil. Ital. VII 455 victoria nostra Cypro Idumaeas referat de Pallade palmas.
Thalia. Zu IV 8, 12.
5. *Brutiano*. Nur hier. Ein Lustricius Brutianus Plin. Epp. VI 22.
7. 8. Wenn er der griechischen Epigrammendichtung müde sich zur römischen gewendet haben wird.

XXV.

Aemula Baianis Altini litora villis
Et Phaethontei conscia silva rogi,
Quaeque Antenoreo Dryadum pulcherrima Fauno
Nupsit ad Euganeos Sola puella lacus.
5 Et tu Ledaeo felix Aquileia Timavo,
Hic ubi septenas Cyllarus hausit aquas:
Vos eritis nostrae requies portusque senectae.
Si iuris fuerint otia nostra sui.

XXVI.

Quod te mane domi toto non vidimus anno.

XXV 6. hausit *PQFω Ser Stephenson* haurit *EXABFG* aurit *T Schn*.

XXV 7. Horat. C. II 6, 6 Tibur sit meae sedes utinam senectae.
XXV 1. Sidon. Apoll. C. 18, 3 Aemula Bajano tolluntur culmina cono.

XXV. Ein wol noch in Forum Cornelii gedichtetes Epigramm.
1. *Altini*. Altinum am Flusse Silis an der Strasse von Patavium nach Aquileja, wo man durch die Pokanäle und Lagunen bis Ravenna gelangen konnte. Vgl. SG II 102.
3. *Antenoreo*. Zu I 76, 2.
4. *Sola*. Vielleicht Name eines Waldes, etwa nordwestlich von Altinum, der an einen zu Patavium gehörigen Waldbezirk grenzte. Schrevel denkt an einen in neuerer Zeit La Solana genannten See ad radices collium Euganeorum nach Laur. Signorius epistol. Symbol. XIV.
5. *Ledaeo* — *Timavo*. XIII 89, 1 Euganeus — Timavus. Wahrscheinlich folgte M. einer Tradition, nach welcher die Argonauten, etwa unter Führung des Castor und Pollux der Söhne der Leda, zu v. 6 auf dem Timavus ins adriatische Meer hinabfuhren. Plin. N. h. III 128 Argo navis flumine in mare Hadriaticum descendit, non procul Tergeste, nec iam constat quo flumine.
6. *Cyllarus*. Eins der Rosse der Dioskuren. VIII 21, 5 VIII 28, 8. Preller GM II 101.
septenas — *aquas*. Der Timavus entsprang aus 7 Quellen. Strabo V p. 214.

XXVI. Das Epigramm setzt die Wiedereinführung der Geldsportula voraus (SG I 392). Der Patron, den M. hier Postumus nennt, zahlte sehr schlecht, da M. durch Versäumung der salutatio zu IV

Vis dicam, quantum. Postume, perdiderim?
Tricenos, puto, bis, vicenos ter, puto, nummos.
Ignosces: togulam, Postume, pluris emo.

XXVII.

Saepe meos laudare soles, Auguste, libellos.
Invidus ecce negat: num minus ergo soles?
Quid, quod honorato non sola voce dedisti.
Non alius poterat quae dare dona mihi?
5 Ecce iterum nigros conrodit lividus ungues.
Da, Caesar, tanto tu magis, ut doleat.

XXVIII.

Donasti tenero, Chloe, Luperco
Hispanas Tyriasque coccinasque.
Et lotam tepido togam Galaeso.
Indos sardonychas, Scythas zmaragdos.

XXVII 2. num — soles? *PEXABFG Schn* non — soles. *QCO* corr. *R Ser*.

S. 1 bei ihm während eines ganzen Jahres nur 60 Sesterzen eingebüsst zu haben glaubte, während sonst die tägliche sportula 6¼ Sesterzen betrug. 2. u. 4. *Postume*. Zu I 16, 2.

XXVII 1. *Auguste*. Als Anrede des Kaisers im ersten Jahrhundert, sonst sehr selten Horat. C. IV 14, 3 Ovid. Tr. II 569 Propert. III 1, 15; V 6, 38 vgl. IV 10, 50; IV 11, 2 V 6, 29 V 6, 81. Schoener Titulaturen d. röm. Kaiser Erlangen 1881 p. 13., kommt bei M. häufig vor: V 15, 1 V 65, 15 VIII tit. und 36, 11 VIII 80, 7 VIII 82, 1 IX 3, 13 IX 18, 7 IX 80, 3 XI 20, 9.

3. 4. *dona*. Die Verleihung des Dreikinderrechts zu II 92, des Titulartribunats zu III 95, 9, vielleicht auch Ertheilung des Bürgerrechts an Andere auf M.'s Fürsprache zu III 95, 11.

4. II 92, 3 Solus qui poterat.

XXVIII 2. *Hispanas* sc. lacernas Bätische Mäntel, zu I 96, 5. *coccinasque*. Zu I 96, 6. 3. *Galaeso*. Zu II 43, 3.

4. *Indos sardonychas*. Plin. N. h. XXXVII 86—90. Besonders als Ringsteine beliebt, quoniam solae prope gemmarum scalptae ceram non auferunt. Persuasimus deinde et Indis, ut ipsi quoque his gauderent, utiturque perforatis utique vulgus in collo et hoc nunc est Indicarum argumentum. KOMueller Hdbch. d. Arch. der Kunst 313, 3. M. IV 61, 6 V 11, 1 IX 60, 19 X 87, 14 XI 27, 10 XI 37, 2.

Scythas zmaragdos. Plin. N. h. XXXVII 65 genera eorum duo-

5 Et centum dominos novae monetae.
Et quidquid petit usque et usque donas.
Vae glabraria, vae tibi misella:
Nudam te statuet tuus Lupercus.

XXIX.

Obstat, care Pudens, nostris sua turba libellis
Lectoremque frequens lassat et implet opus.
Rara iuvant: primis sic maior gratia pomis.
Hibernae pretium sic meruere rosae:
5 Sic spoliatricem commendat fastus amicam.
Ianua nec iuvenem semper aperta tenet.
Saepius in libro numeratur Persius uno.
Quam levis in tota Marsus Amazonide.
Tu quoque de nostris releges quemcunque libellis,
10 Esse puta solum: sic tibi pluris erit.

---

decim. nobilissimi Scythici ab ea gente, in qua reperiuntur appellati, nullis maior austeritas nec minus vitii. Quantum zmaragdi a gemmis distant, tantum Scythicus a ceteris zmaragdis. Wol aus den Gruben des Ural und Altai, die auch in neuerer Zeit sehr schöne Smaragde geliefert haben. Geschnittene kommen kaum vor Hadrian vor. SG III 71, 5 u. 72, 1. M. V 11, 1 IX 59, 17 XI 27, 10 XII 15, 3 XIV 109.

5. XII 65, 6 An de moneta Caesaris decem flavos. Domitian liess sich gern dominus nennen zu II 92, 4, nennt sich aber niemals, wie es nach dieser Stelle scheinen könnte, selbst auf den Legenden seiner Münzen so. Dies that erst Aurelian.

7. *glabraria*. Nur hier. Liebhaberin von glabri, glatten jungen Leuten.

8. Die Pointe liegt wol in dem Namen Lupercus: Dein Lupercus wird dich nackt hinstellen, während sonst die Luperci an den Lupercalia selbst nackt erschienen. Marquardt StV III 444, 5. So verstehen auch die älteren Erklärer.

XXIX 1. *Pudens*. Zu I 31.
2. *implet*: sättigt.
4. *Hibernae — rosae*. Vgl. VI 80, 2.
5. *spoliatricem — amicam*. Vgl. XI 27, 9 ss.
7. 8. Die Amazonis des Domitius Marsus zu I Epist. S. 163, 11, die nach dieser Stelle aus vielen Büchern bestanden zu haben scheint, wird sonst nirgend erwähnt. Das eine Buch des Persius ist das noch erhaltene seiner 6 Satiren. Zu v. 7 vgl. V 65, 13 Saepe licet Grajae numeretur belua Lernae.

XXX.

Baiano procul a lacu, monemus
Piscator, fuge, ne nocens recedas.
Sacris piscibus hae natantur undae
Qui norunt dominum manumque lambunt
5 Illam, qua nihil est in orbe maius.
Quid, quod nomen habent et ad magistri
Vocem quisque sui venit citatus?
Hoc quondam Libys impius profundo
Dum praedam calamo tremente ducit.
10 Raptis luminibus repente caecus
Captum non potuit videre piscem.
Et nunc sacrilegos perosus hamos
Baianos sedet ad lacus rogator.
At tu, dum potes, innocens recede
15 Iactis simplicibus cibis in undas.
Et pisces venerare delicatos.

XXXI.

Quod cupis in nostris dicique legique libellis
Et nonnullus honos creditur iste tibi.
Ne valeam, si non res est gratissima nobis
Et volo te chartis inseruisse meis.

XXX 1. monemus *PQ Ser Gilbert p. 22* recede *EFω Schn.*
XXXI 2. iste *T Schn* esse *PQEFω Ser.*

XXX 3. *Sacris*. Insofern sie kaiserlich sind. Zu Sp 24, 2.
4. 7. Abgerichtete Fische auch X 30, 22—24.
8. *Hoc — profundo* aus dieser Tiefe. X 37, 15 Illic piscoso
modo vix educta profundo etc.
14. *innocens recede*. Der Schluss erinnert in Catullischer Weise
Paukstadt p. 34, an den Anfang v. 2 ne nocens recedas.
16. *pisces — delicatos*. X 30, 22 Natat ad magistrum delicata
muraena.
XXXI 1. Von einem berühmten Dichter angesungen zu werden,
war Vielen ohne Zweifel nu so erwünschter, als die Gelegenheitspoesie bis auf einen gewissen Grad die Stelle der fehlenden Journa-
listik vertrat. SG III 400, 8.
3. *Ne valeam* = II 5, 4.

5 Sed tu nomen habes averso fonte sororum
    Impositum, mater quod tibi dura dedit:
   Quod nec Melpomene, quod nec Polyhymnia possit,
    Nec pia cum Phoebo dicere Calliope.
   Ergo aliquod gratum Musis tibi nomen adopta:
10   Non semper belle dicitur »Hippodame.«

XXXII.

Et latet et lucet Phaethontide condita gutta,
 Ut videatur apis nectare clusa suo.
Dignum tantorum pretium tulit illa laborum:
 Credibile est ipsam sic voluisse mori.

XXXIII.

Plena laboratis habeas cum scrinia libris,
 Emittis quare, Sosibiane, nihil?
»Edent heredes« inquis »mea carmina.« Quando?
 Tempus erat iam te, Sosibiane, legi.

XXXI 10. Hippodame *Sch.* Ippodame *T* Hi *y* ppodamus *PQ E ω Scr.*

XXXII 1. Auson. Mosella 66 lucetque latetque Calculus.

5. *averso fonte sororum.* Vgl. averso deo VIII 62, 2 und zu III 24, 9. Die von Persius fons caballinus genannte Hippokrene ist hier gleichsam personificirt gedacht. O!Hirschfeld Zu Martial, Wiener Studien I 1882 S. 113 f.
    sororum. Zu I 70, 15.
    10. *Hippodame.* Griechische Uebersetzung des Namens der Angeredeten denn dass es eine Frau ist, darf man nach mater in v. 6 annehmen. Hirschfeld a. a. O. vermuthet einen Namen etwa wie Domitia Caballina. M. will übrigens nur sagen, dass es nicht angenehm sei, immer einen griechischen Namen statt des lateinischen brauchen zu müssen und nimmt nicht etwa, wie L. Mueller r. m. p. 389 meint, an der auch von Virgil und Ovid gebrauchten Form Hippodame Anstoss.
   XXXII. Vgl. IV 59 auf eine Schlange und VI 15 auf eine Ameise in Bernstein.
    1. *Phaethontide — gutta* wie VI 15, 1 Phaethontea — in umbra.
   XXXIII 4. D. h. es wäre bereits Zeit gewesen für dich zu sterben.

XXXIV.

Sordida cum tibi sit, verum tamen, Attale, dixit,
Quisquis te niveam dixit habere togam.

XXXV.

Frontibus adversis molles concurrere dammas
  Vidimus et fati sorte iacere pari.
Spectavere canes praedam, stupuitque superbus
  Venator, cultro nil superesse suo.
5 Unde leves animi tanto caluere furore?
  Sic pugnant tauri, sic cecidere viri.

XXXVI.

Cana est barba tibi, nigra est coma: tinguere barbam
Non potes — haec causa est — et potes, Ole, comam.

XXXVII.

Centum Coranus et ducenta Mancinus,
Trecenta debet Titius, hoc bis Albinus,
Decies Sabinus alterumque Serranus;
Ex insulis fundisque tricies soldum,
5 Ex pecore redeunt ter ducena Parmensi«,
Totis diebus, Afer, hoc mihi narras

    XXXIV 1. Attale Attice? *Schn*² p. *XIV* *T*. Ad Attilum cgl. II 7.
    XXXV 5. animi *PQEFω Ser Gilbert* p. 26 animae *T Schn*.
    XXXVI 2. et *RGilbert*³ p. 517 sed 'set *QEω Schn*.
    XXXVII 6. hoc *codd* haec? *Schn*² p. *XIV*.

    XXXIV 2. *niveam*. Hier in dem Sinne, dass sie nicht wärmt, wie III 38, 9 gelidis lacernis und XII 36, 2 algentem togam. IX 49, 8 mit Anspielung auf diese Stelle: 'toga, Quam possis niveam dicere jure tuo.
    XXXV. Vgl. IV 74.
    1. *dammas*. Antilopen. SG II 196.
    2. *Vidimus*. Im Amphitheater. SG II 361, 10.
    XXXVII 4. *tricies soldum*. Zu I 99, 1. Die synkopirte Form auch Horat. S. I 2, 113. L. Mueller r. m. 366.
    5. Ueber die Schafzucht in Parma zu II 43, 4.

Et teneo melius ista, quam meum nomen.
Numeres oportet aliquid, ut pati possim:
Cotidianam refice nauseam nummis:
10 Audire gratis, Afer, ista non possum.

XXXVIII.

Galla, nega: satiatur amor, nisi gaudia torquent.
Sed noli nimium, Galla, negare diu.

XXXIX.

Argenti genus omne comparasti,
Et solus veteres Myronos artes,
Solus Praxitelus manum Scopaeque,
Solus Phidiaci toreuma caeli,
5 Solus Mentoreos habes labores.

XXXIX 3. manum *EXABCFG Sch* manus *PQ Ser.*

XXXIX 2—5. Priap. 10, 2: Non me Praxiteles Scopasve fecit
Nec sum Phidiaca manu politus. Vgl. Stat. S. II 2, 65 ss. IV 6, 25 ss.

XXXVIII 1. *Galla.* Zu II 25, 1.
XXXIX 2. *Myronos artes* = VI 92, 2. Ueber den Genitiv auf os
auch VIII 51, 1 Neue Formenl. I 305. Ueber Myrons Schätzung bei
den Römern SG III 272. Als Toreut in Silber wird er ausser bei M.
auch VIII 51, 1 Quis labor in phiala? docti Myos anne Myronos?
nur noch bei Phaedr. V prol. genannt. Brunn Künstlergesch. I 145.
artes: Kunstwerke. Horat. C. IV 8, 5. Epp. I 6, 17.
3. *Praxitelus.* Ueber die Form des Genitivs Neue Formenl. I 308.
Charis. Ex arte gramm. Exc. Gramm. lat. ed. Keil I 542, 3: Si qua
autem flexo accentu reperiuntur, haec in suo remanent statu et Grae-
cam declinationem secuntur, velut hic Eumenes hujus Eumenus. Euprepes Euprepus: quamquam quidam Euprepes Euprepetis Eumenes
Eumenetis declinari voluerunt.
4. *Phidiaci toreuma caeli* = X 87, 16. Vgl. VI 13, 1 Quis te Phidiaco formatam, Iulia, caelo, etc. Brunn Künstlergesch. I 187 sieht
keinen Grund an der Aechtheit dieser angeblich von Phidias herrührenden Ciselirung zu zweifeln. Unmöglich ist sie freilich nicht; aber
Martials Zeugnis bietet für sie nicht die geringste Gewähr, selbst
wenn ars Phidiaca hier nicht bloss »bildende Kunst« bedeutet, wie ars
Apellea IX 9, 2 Malerei. SG III 273, 5.
5. *Mentoreos — labores.* Zu III 41.

Nec desunt tibi vera Gratiana,
Nec quae Callaico linuntur auro,
Nec mensis anaglypta de paternis.
Argentum tamen inter omne miror.
10 Quare non habeas, Charine, purum.

XL.

Atria Pisonum stabant cum stemmate toto
Et docti Senecae ter numeranda domus:
Praetulimus tantis solum te, Postume, regnis:
Pauper eras et eques, sed mihi consul eras.
5 Tecum ter denas numeravi, Postume, brumas:
Communis nobis lectus et unus erat.
Iam donare potes, iam perdere, plenus honorum.

6. *Gratiana.* Nach dem Fabrikanten benannte Silberarbeiten wie Clodiana, Furniana Plin. N. h. XXXIII 139. Vgl. auch IV 88, 3.
7. Silbergefässe mit Goldrändern chrysendeta. Zu II 43, 11.
Callaico. Gallaeci Callaeci Callaiei die Bewohner des heutigen Galicia in Hispania Tarraconensis. Kiepert Lehrb. d. alt. Geogr. 423. Vgl. Callaicis arvis X 16, 3, Callaicum oceanum X 37, 4 Callaico metallo XIV 95, 1.
8. *anaglypta.* Halberhabene Arbeiten in Silber.
10. *purum.* Doppelsinnig: 1 glatt 2 nicht durch den Mund des Besitzers verunreinigt, da der Name Charinus offenbar zur Bezeichnung desselben Lasters gebraucht ist wie I 77.
XL. Als M. nach Rom kam, stand ihm der Palast der Pisonen, deren Haupt C. Calpurnius Piso in Folge der nach ihm benannten Verschwörung gegen Nero 65 den Tod fand SG I 220 f. III 392, und die drei Häuser seiner Landsleute, der drei Seneca des Philosophen, des Junius Gallio und des Annaeus Mela, Vater des Lucan, Teuffel RLG 269, 2. 287.) offen. Einl. S. 4 f.
1. *cum stemmate toto:* mit dem ganzen Stammbaum. Marquardt Prl. 237, 3.
3. *regnis.* Wie Petilianis in regnis XII 57, 19. Doch auch mit Beziehung auf die Bezeichnung des Patrons als rex des Clienten. Zu I 112. Vgl. v. 9.
Postume. Jedenfalls ein willkürlich gewählter Name.
5. *ter denas — brumas.* 30 ist hier eine willkürlich gewählte Zahl, denn da M. im J. 95 X 103: 104 die Dauer seines Aufenthaltes in Rom auf 34 Jahre angiebt SG III 436 f., war er damals erst seit 21 Jahren in Rom.

Largus opum: expecto, Postume, quid facias.
Nil facis, et serum est alium mihi quaerere regem.
10 Hoc, Fortuna, placet? »Postumus imposuit.«

XLI.

Quid recitaturus circumdas vellera collo?
Conveniunt nostris auribus ista magis.

XLII.

Si quis forte mihi possit praestare roganti,
Audi, quem puerum, Flacce, rogare velim.
Niliacis primum puer hic nascatur in oris:
Nequitias tellus scit dare nulla magis.
5 Sit nive candidior; namque in Mareotide fusca
Pulchrior est, quanto rarior, iste color.
Lumina sideribus certent mollesque flagellent
Colla comae: tortas non amo, Flacce, comas.
Frons brevis atque modus leviter sit naribus uncis.

XL 10. »Postumus imposuit« Gilbert[3] p. 517. Ohne Anführungszeichen Schn.

XLI 2. ista EXABG Schn illa PQFω Ser vgl. IV 49, 2.

10. »Postumus imposuit«. Die Pointe des Epigramms ist eine viel bessere, wenn man mit Gilbert[3] p. 517 diese Worte der Fortuna in den Mund legt, die sich damit entschuldigt, dass sie ihm ihre Gaben spendete: sie habe besseres von ihm erwartet.

XLI. SG III 375, 4. Vgl. III 18 XIV 142.

2. *ista*. Die codd. schwanken hier und IV 49, 2 zwischen ista und illa. M. braucht das Erstere oft, um auf etwas unmittelbar vorhergehendes zurückzuweisen; z. B. II 24, 5 Dat tibi divitias. »Ecquid sunt ista duorum?« Vgl. IV 37, 10 VI 17, 4 VIII 4, 17 XI 16, 2 XII 57, 18. Auf dasselbe bezieht sich ista und illa II 8.

XLII. 2. *Flacce*. Zu I 57.

3. 4. Alexandrinische Sklaven waren wegen ihres frechen und obscönen Witzes (sales Nili XI 13, 3) in Rom beliebt. Marquardt Prl. 150, 1. SG III 127, 4.

5. *nive candidior*. Vgl. VII 33, 2 XII 82, 7.

9. *Frons brevis*. Nach antiken Schönheitsbegriffen ein Erfordernis vollkommener Schönheit. Petron. c. 126 frons minima. KO Mueller Handbuch d. Archäol. 329, 3.

Paestanis rubeant aemula labra rosis.
Saepe et nolentem cogat nolitque volentem.
Liberior domino saepe sit ille suo:
Et timeat pueros, excludat saepe puellas:
Vir reliquis, uni sit puer ille mihi.
15 Iam scio, nec falles: nam me quoque iudice verum est:
Talis erat« dicis »noster Amazonicus.«

XLIII.

Non dixi, Coracine, te cinaedum:
Non sum tam temerarius nec audax.
Nec mendacia qui loquar libenter.
Si dixi, Coracine, te cinaedum.
5 Iratam mihi Pontiae lagonam.
Iratum calicem mihi Metili
Iuro per Syrios tibi tumores.
Iuro per Berecyntios furores.
Quod dixi tamen, hoc leve et pusillum,
10 Quod notum est, quod et ipse non negabis.
Dixi te, Coracine, cunnilingum.

XLII 15. falles *R T Scha*² fallis *PQ? Schn*¹ facilis *EX ABCFG*.

XLII 10. Ovid. Ex P. II 4. 28 Paestanas vincet odore rosas.
XLII 10. Baehrens Plm IV 320, 4 Paestanis lucent floridiora
rosis

10. *Paestanis — rosis*. Vgl. V 37, 9 VI 80, 6 IX 26, 3 IX 60, 1
XII 31, 3. Verg. Georg. IV 119 biferi rosaria Paesti.
XLIII. 1. *Coracine*. Vgl. VI 55, 4.
1. 2. Zu II 41, 3. 4.
5. Zu II 34, 6. Die lagona eines anderen Giftmischers IV 69, 3
und über Iratam mihi lagonam zu III 24, 9.
6. *Metili*. Ebenfalls eines sonst unbekannten Giftmischers.
7. *Syrios — tumores*. Wie es scheint, wurden Anschwellungen
und Geschwülste dem Zorn orientalischer Götter zugeschrieben. Vgl.
Pers. 5, 187 deos inflantes corpora mit Jahns Anm.
7. 8. Ueber die Assonanz zu III 44, 15 u. 16.
8. *Berecynthios furores*. Die Raserei der Priester der von dem
Berge Berecynthus in Phrygien Berecynthia genannten grossen Mutter.

XLIV.

Hic est pampineis viridis modo Vesbius umbris,
Presserat hic madidos nobilis uva lacus.
Haec iuga quam Nysae colles plus Bacchus amavit,
Hoc nuper Satyri monte dedere choros.
5 Haec Veneris sedes, Lacedaemone gratior illi,
Hic locus Herculeo nomine clarus erat.
Cuncta iacent flammis et tristi mersa favilla:
Nec superi vellent hoc licuisse sibi.

XLV.

Haec tibi pro nato plena dat laetus acerra,
Phoebe, Palatinus munera Parthenius.

XLIV 1. Vesbius *TQEF*ω ‚Vesbrius *P* Ueberschr. De Vesbio monte *Schu*[1] *Gilbert*[3] p. 517 Vesvius *XOSer Schu*[2]. 6. nomine *TPQ*ω *Ser Gilbert*[3] p. 517 numine *EXABFG Schu*.

XLIV 1. Verg. Copa 31 pampinea — umbra.
XLIV 6. Prop. V 7, 82 Et nunquam Herculeo numine pallet ebur.
XLV 1. Verg. A. V 745 plena — acerra.

XLIV. 1. *modo*. Vor dem Ausbruch am 24. August 79 9 Jahre vor der Abfassung dieses Gedichts; war der Vesuv mit Ausnahme des Kraters mit Feldern und Weinbergen bedeckt gewesen. SG II 99 f. *Vesbius*. Hier besser bezeugt als Vesvius Lachmann ad Lucret. V 679.
5. *Veneris sedes*. Venus war die Schutzgöttin von Pompeji, welches in einer Inschrift aus dem J. 10 v. Chr. CIL I 1252 = Orelli 2416 = Wilmans Ex. Inser. 908 officiell col onia Veneria Cornelia heisst. Nissen Pompejanische Studien S. 328 f.
6. *Herculeo nomine*. Ob M. das besser bezeugte nomine oder numine schrieb, ist an sich kaum zu entscheiden. Gemeint ist Herculaneum.
8. *licuisse sibi*. Licuisse tibi VII 21, 4.

XLV. Zum fünften Geburtstage des Burrus, eines Sohnes des Parthenius, Kämmerers und Günstlings des Domitian, an dessen Ermordung er Theil nahm. M. rühmt ihn auch als Dichter IX 49 XI 1 XII 11. Vgl. IV 78 V 6 mit Anm. VIII 28 IX 45. SG I 81, 3; 88, 1; 101 f.
2. *Phoebe*. Das Opfer wurde wol in dem Apollotempel auf dem Palatin gebracht.

Ut qui prima novo signat quinquennia lustro.
Impleat innumeras Burrus Olympiadas.
5 Fac rata vota patris: sic te tua diligat arbor
Gaudeat et certa virginitate soror.
Perpetuo sic flore mices, sic denique non sint
Tam longae Bromio, quam tibi, Phoebe, comae.

XLVI.
Saturnalia divitem Sabellum

XLV 3. Ciris 24 quinquennia lustro. Stat. S. IV 2, 62 V 3, 253 quinquennia lustris. 5. Ovid. Am. III 2, 80 dominae fac rata vota meae.

XLV 5. Auson. IV Eph. 3, 58 Da pater haec nostro fieri rata vota precatu.

3. *quinquennia lustro* — 4. *Olympiadas*. Offenbar ist hier Olympias dasselbe wie lustrum: ein Zeitraum von 5 Jahren. Serv. Aen. I 283 lustris: quinquenniis. Et bene Olympiadibus computat tempora quod magis ad Jovem pertinet, quia nondum erant vel Roma vel consules. Lustrum bei M. ein 5jähriger Zeitraum auch X 38, 9: gewiss auch I 101, 3 X 71, 5 eine Säcularperiode IV 1, 7. Im Gebrauch von Olympias scheint er, wie Renn bemerkt Beitr. zu Martial Bl. f. d. Baier. Gymnas. XVII (1881 S. 411, Ovid zu folgen, für den Olympiaden als 5jährige Zeiträume mit Lustren identisch sind. So Tr. IV 8, 33 Iamque decem lustris omni sine labe peractis. Ibis 1. lustris bis iam mihi quinque peractis. und von denselben 50 Jahren Tr. IV 10, 95 Postque meos ortus Pisaea vinctus oliva Abstulerat decies praemia victor equus. Ex. P. IV 6, 5 In Scythia nobis quinquennis Olympias acta est: Iam tempus lustri transit in alterius. Auch bei M. X 23 Iam numerat *placido* felix Antonius aevo Quindecies actas Primus Olympiadas ist wol sicher mit Renn ein Alter von 75 Jahren zu verstehen, und dann auch das Alter des Vaters des Claudius Etruscus VII 40, 6 hic prope ter senas vixit Olympiadas als eines von 90 Jahren anzusehen; seine Verbannung erfolgte im Alter von 80 Jahren: Stat. S III 3, 146 Dextra bis octonis fluxerunt saecula lustris; wonach SG I 82 und 93 f. zu berichtigen ist. Doch M. VI 85, 8 heisst es von dem 20 Jahre alt gestorbenen IX 76, 3 Camonius Rufus: Viderat Alphei praemia quinta modo. Renns Erklärung: »er hatte 4 Olympiaden verlebt, da ja von der ersten zur zweiten Festfeier nur eine Olympiade zu rechnen ist«, erscheint gekünstelt. Man erwartet nach den übrigen Stellen quarta, und vielleicht hat M. wirklich so geschrieben; vgl. die Anm.

XLVI. Dass sich Clienten bei Rechtsanwälten mit Geschenken wohlfeiler Lebensmittel abfanden, wird öfter erwähnt. SG I 292.

Fecerunt: merito tumet Sabellus.
Nec quemquam putat esse praedicatque
Inter causidicos beatiorem.
5 Hos fastus animosque dat Sabello
Farris semodius fabaeque fresae.
Et turis piperisque tres selibrae.
Et Lucanica ventre cum Falisco.
Et nigri Syra defruti lagona.
10 Et ficus Libyca gelata testa
Cum bulbis cocleisque caseoque.
Piceno quoque venit a cliente
Parcae cistula non capax olivae.
Et crasso figuli polita caelo
15 Septenaria synthesis Sagunti
(Hispanae lutcum rotae torcuma

XLVI 15. 16. *Interp. nach Gilbert*[5] *p.* 517 Sagunti. *v.* 16 *ohne Parenthese Schn.*

6. 7. *semodius — selibrae*. Zu I 99, 15.
6. *fabaeque fresae*. Zu III 47, 12.
8. *Lucanica*. Eine Lukanische Bratwurst. V 57, 9 VI 80. 6 IX 26. 3 IX 60 1 XII 31, 3 XIII 35. Bluemner S. 121. 3.
ventre cum Falisco: Schweinemagen aus Falerii.
9. *defruti:* gekochter Most. Ueber die Syrischen Weine Marquardt Prl. 440.
lagona. Zu VI 89, 4.
10. *ficus Libyca (VII 53, 8) gelata testa*. Gelata ein technischer Ausdruck, wie es scheint, für eine Art Gelée geln vom Festwerden einer Flüssigkeit ohne Gefrieren IV 59, 4. Lac gelatum Columella X 397. Id. VII 8, 7 bei der Käsebereitung ipsos quidam virides conterunt nucleos et lacti permiscent atque ita congelant. — Illa vero notissima est ratio faciendi casei quem dicimus manu pressum, nam is paulum gelatus in mulctra — rescinditur etc.
12. *Piceno*. Zu I 43. 8.
13—16. *synthesis*. Eine bestimmte Anzahl hier 9, zusammengehöriger Gefässe. Stat. S. IV 9, 44 synthesin Alborum calicum atque caccaborum. Marquardt Prl. 554, 11. Die calices Saguntini XIV 108 vgl. VIII 6, 2; Sagunti gehört zu polita, nach v. 14 u. 16 vermuthlich mit erhabenen Ornamenten versehen, waren nach dieser Stelle wohlfeil und mögen ihren Ruf wol besonders ihrer Brauchbarkeit ver-

Et lato variata mappa clavo.
Saturnalia fructuosiora
Annis non habuit decem Sabellus.

XLVII.
Encaustus Phaethon tabula tibi pictus in hac est.
Quid tibi vis. dipyrum qui Phaethonta facis?

XLVIII.
Percidi gaudes. percisus. Papile. ploras.
Cur. quae vis fieri. Papile. facta doles?
Paenitet obscenae pruriginis? an magis illud
Fles. quod percidi. Papile. desieris?

XLIX.
Nescit. crede mihi. quid sint epigrammata. Flacce,
Qui tantum lusus ista iocosque vocat.
Ille magis ludit. qui scribit prandia saevi

XLVIII 1. 2. Papile Phapyre E Papyle F Paphile X Phapyle T Pamphile Q Ueberschr. ad Papilum Schu² p. XIV.
XLIX 2. ista T Schu illa PQEFω Ser vgl. IV 41. 2.

dankt haben. Bluemner S. 152. Ueber luteum to eum: Ders. Technol. u. Terminol. d. Gewerbe u. Künste II S. 2.
17. Eine wol gewöhnliche Art der Verzierung von Servietten. Petron c. 32 laticlaviam immiserat mappam fimbriis hinc atque illinc pendentibus.
XLVII 1. *Encaustus.* Ueber encaustische Malerei KOMueller Hdbch. d. Archäol. S. 320.
XLIX 1. *Flacce.* Zu 1 57.
Die geringschätzigen Bemerkungen über grosse mythologische Epen, die sich in den späteren Büchern mehrmals wiederholen V 35 VIII 3 IX 50 X 4; eine ähnliche Aeusserung schon XIV 1. 11 beziehen sich wahrscheinlich auf die Thebaïde des Statius, zu dem M. ohne Zweifel nicht in einem freundlichen Verhältnisse stand. da beide einander nie nennen. obwol sie vielfach in denselben Kreisen verkehrten. Statius arbeitete an seiner Thebaïde etwa 80—92 und hatte damals 88 ohne Zweifel schon mehrere Gesänge derselben unter grossem Beifall vorgetragen. SG III 402 f. Einl. S. 9 und 21.
2. *ista.* Zu IV 41. 2.

Tereos, aut cenam, crude Thyesta, tuam.
5 Aut puero liquidas aptantem Daedalon alas,
Pascentem Siculas aut Polyphemon oves.
A nostris procul est omnis vesica libellis,
Musa nec insano syrmate nostra tumet.
»Illa tamen laudant omnes, mirantur, adorant.«
10 Confiteor: laudant illa, sed ista legunt.

L.

Quid me, Thai, senem subinde dicis?
Nemo est, Thai, senex ad irrumandum.

LI.

Cum tibi non essent sex milia, Caeciliane,
Ingenti late vectus es hexaphoro;
Postquam bis decies tribuit dea cacca sinumque
Ruperunt nummi, factus es, ecce, pedes.
5 Quid tibi pro meritis et tantis laudibus optem?
Di reddant sellam, Caeciliane, tibi.

LII.

Gestari iunctis nisi desinis, Hedyle, capris,
Qui modo ficus eras, iam caprificus eris.

LIII.

Hunc, quem saepe vides intra penetralia nostrae
Pallados et templi limina, Cosme, novi

4. *Thyestā*. Neue Formenl. I 41.
5. *Daedalon*. 6. *Polyphemon*. Ders. das. I 129.
7. *vesica*. Geschwulst Plin. N. h. XX 51 attritisque corporum partibus, vel si in vesicas intumuerint. Schwulst wol nur hier.
8. *syrmate*. Vgl. XII 94,4. Das Schleppkleid der tragischen Muse.
LI. Zu I 99.
LII 2. *ficus* offenbar für ficosus ganz Feige. Aehnlicher Wortwitz III 67, 10.
LIII. Lucill. ep. 50 Anthol. Gr. ed. Jacobs III p. 35 T. II p. 323:
  Εἶναι μὲν Κυνικόν σε, Μενέστρατε, κἀνυπόδητον,
  Καὶ ῥιγοῦν, οὐδεὶς ἀντιλέγει καθόλου.
  Ἂν δὲ παραρπάξῃς ἄρτους καὶ κλάσματ' ἀναιδῶς,
  Κἠγὼ ῥάβδον ἔχω, καί σε λέγουσι κύνα.
1. 2. *penetralia nostrae Pallados*. Nostrae als Beschützerin des

Cum baculo peraque senem, cui cana putrisque
Stat coma et in pectus sordida barba cadit:
5 Cerea quem undi tegit uxor abolla grabati,
Cui dat latratos obvia turba cibos:
Esse putas Cynicum deceptus imagine ficta:
Non est hic Cynicus. Cosme: quid ergo? Canis.

LIV.

O cui Tarpeias licuit contingere quercus
Et meritas prima cingere fronde comas.
Si sapis, utaris totis, Colline, diebus

LIII 7. ficta *TPQF Schn* falsa *Ew Rand r. Q Scr*.

LIII 1 Horat. Epp. II 2, 114 intra penetralia Vestae 7. Ovid.
M. III 385 deceptus imagine vocis Id. ib. XIII 216 deceptus imagine
somni. Id. ib. XIV 323 imagine ficta.
LIV 2. Verg. A. VIII 274 Cingite fronde comas.

Kaisers und folglich Roms. Ein Tempel der Minerva etwa der auf
dem von Domitian erbauten forum Palladis Becker Top. 374 ; der
vielleicht wie der Tempel des Friedens und das Forum und die Thermen Trajans SG I 17, 4 III 643, 8, in welchen letzteren in Galens
Zeit der Cyniker Theagenes täglich disputirte, zu öffentlichen Vorträgen benutzt wurde.
et templi limina — novi. XII 3, 7 Iure tuo veneranda novi pete
limina templi. Das von Livia begonnene, von Caligula dedizirte templum Divi Augusti auf dem Palatin wird häufig templum novum genannt. Tiberius hatte hier eine den Musen geweihte Bibliothek angelegt. Zu XII 3, 7.
3. ff. Ueber Cyniker in Rom SG III 643.
5. *Cerea*. Wie I 92, 7.
abolla. Dicker, doppelter Mantel, zur ausländischen Tracht gehörig. Marquardt Prl. 553.
6. *latratos — cibos:* Hundebrot panis furfurens Phaedr. IV 18, 4.
M. X 5, 5 caninas panis improbi buccas. Juven. 5, 11 sordes farris
mordere canini. SG I 262, 10 u. 11.
LIV. 1—3. Der hier und IV 20 angeredete Collinus hatte bei
dem ersten capitolinischen Agon im Jahre 86 daher v. 2 prima fronde,
was freilich auch Laub ersten Ranges (zu I 51, 1] heissen kann, den
Preis der Dichter, einen Eichenkranz erhalten. SG II 575 III 379.
1. IX 23, 1 O cui virgineo flavescere contigit auro.

Extremumque tibi semper adesse putes.
5 Lanificas nulli tres exorare puellas
Contigit: observant quem statuere diem.
Divitior Crispo, Thrasea constantior ipso
Lautior et nitido sis Meliore licet:
Nil adicit penso Lachesis fusosque sororum
10 Explicat, et semper de tribus una negat.

LV.

Luci, gloria temporum tuorum,
Qui Gaium veterem Tagumque nostrum
Arpis cedere non sinis disertis:
Argivas generatus inter urbes
5 Thebas carmine cantet aut Mycenas,
Aut claram Rhodon aut libidinosae
Ledaeas Lacedaemonos palaestras.

LIV 10. negat EFNs Schn¹ neget Q sceat P Hss Ser Schn². LV 5. aut PQF Ser Gilbert p. 23 et EX ABCG.

LIV 4. Horat. Epp. I 4. 13 Omnem crede diem tibi diluxisse supremum. 5. Ovid. A. a. I 37 F. IV 114 exorare puellam. LV 6. Horat. C. I 7, 5 claram Rhodon.
LV 5. Claudian. Bell. Gildon. 287 haec trucibus Thebis, haec digna Mycenis.

5. *Lanificas — puellas.* VI 58, 7 lanificae sorores.
7. *Divitior Crispo.* Vibius Crispus soll 200 Millionen Sesterzen besessen haben. SG I 231, 6. Doch könnte auch Passienus Crispus, der zweite Gemahl der Mutter Neros. Agrippina gemeint sein. Das Grabmal des Letztern X 2. 10. Vgl. XII 36, 9.
Thrasea constantior. Zu I 8, 1.
8. *Lautior — nitido — Meliore.* Zu II 69, 7.
10. *negat.* Selbst wenn zwei Parzen zum Pensum zulegen wollen was bei Seneca Apocol. c. 4 geschieht, schlägt die dritte es stets ab.
LV 1. *Luci.* Vielleicht der I 49 angeredete Licinianus.
2. *Gaium.* Zu I 49, 5.
3. *Arpis.* Arpi aus Versehen statt Arpinum, Ciceros Geburtsort, genannt. Gilbert p. 4, 3.
3. *Thebas — aut Mycenas.* Anders XIV 1.11 Thebas malasve Mycenas.
6. *libidinosae.* Wegen des als Päderastie im gemeinen Sinne aufgefassten Verhältnisses des αἰσχρίλα; und ἄἴτος. OGilbert Hdbch. d. griech. Staatsalterth. I 70.

Nos Celtis genitos et ex Hiberis
Nostrae nomina duriora terrae
10 Grato non pudeat referre versu:
Saevo Bilbilin optimam metallo.
Quae vincit Chalybasque Noricosque,
Et ferro Plateam suo sonantem.
Quam fluctu tenui, sed inquieto
15 Armorum Salo temperator ambit.
Tutelamque chorosque Rixamarum.
Et convivia festa Carduarum.
Et textis Peterin rosis rubentem.
Atque antiqua patrum theatra Rigas.
20 Et certos iaculo levi Silaos.
Turgontique lacus Perusiaeque.
Et parvae vada pura Tvetonissae.
Et sanctum Buradonis ilicetum.
Per quod vel piger ambulat viator.
25 Et quae fortibus excolit iuvencis

LV 18. Peterin *Gilbert*[3] p. 517 Peter in *EXAB* Paterim C Peterem PF poterem *corr. aus* peterem Q Peteron *Scr* Peterum *Schn*
21. Perusiaeque *EXABCG* T C urasi a eque PQF 22. Tvetonissae
E *Gilbert*[3] p. 518 Tentonissae $ Toutonissa e *PQF* tuae tonisse
ABpr.X tuae Conissae *G corr.* X Vetonissae *C Schn.*

8. VII 52, 3 Ille meas gentes et Celtas rexit Hiberos. X 65, 4
Ex Hiberis Et Celtis genitus. X 78, 9. Celtas — et truces Hiberos.

9. XII 18, 12 Haec sunt nomina crassiora terris.

11. 12. Ueber die Eisenwerke von Bilbilis zu I 49, 4. die der
Chalyber Bluemner S. 40. der Noriker Bluemner S. 146.

13. *Plateam.* Vgl. XII 18, 11.

14. 15. Zu I 49, 12.

16. *Tutelamque.* Wie es scheint die Schutz-Gottheit, die vielleicht
mit Chören verehrt wurde.

18. *textis — rosis.* XIII 51, 1 texta rosis.
Peterin. Vgl. Bilbilin I 49 IV 55, 11 X 104, 6.

19. Wie es scheint, diente der hier bezeichnete Ort damals nicht
mehr wie früher als Schauplatz für Festlichkeiten oder Wettkämpfe.

22. *Tvetonissae.* Ein ähnlicher spanischer Ortsname CIL II 3406».
Gilbert[3] p. 518.

Curvae Manlius arva Vativescae.
Haec tam rustica, delicate lector.
Rides nomina? rideas licebit.
Haec tam rustica malo, quam Butuntos.

LVI.

Munera quod senibus viduisque ingentia mittis,
  Vis te munificum, Gargiliane, vocem?
Sordidius nihil est, nihil est te spurcius uno.
  Qui potes insidias dona vocare tuas.
5 Sic avidis fallax indulget piscibus hamus.
  Callida sic stultas decipit esca feras.
Quid sit largiri, quid sit donare, docebo.
  Si nescis: dona, Gargiliane, mihi.

LVII.

Dum nos blanda tenent lascivi stagna Lucrini
  Et quae pumiceis fontibus antra calent.
Tu colis Argei regnum, Faustine, coloni.

LVII 1. Lucrini *codd.* lavini *Rand* lucrini *Q* Neronis *T* 3. Argei *Hus* Argoi *EXABCG* Argii *T* Argivi *PQF Sch*.

LVI 5. Ovid. Ex P. II 7, 9 fallaci piscis ab hamo.
LVII 3. Horat. C. II 6, 5 Tibur Argeo positum colono.

LVI. Ioann. Sarisb. Nug. Curial. p. 602 Unde Coquus Munera quod etc.

26. *Vativescae.* Zu I 49, 14.
LVI. Ueber die Geschenke der Erbschleicher SG I 368 f.
5. *hamus.* V 18, 7 Imitantur hamos dona. Namque quis nescit Avidum vorata decipi scarum musca VI 63, 5 »Munera magna tamen misit«. Sed misit in hamo.
8. *Gargiliane.* Zu I 16, 2.
LVII. 1. *lascivi stagna Lucrini.* Zu I 62, 3. Lascivi wegen der Ueppigkeit des Bajanischen Badelebens.
2. *pumiceis fontibus.* Stat. S. III 1, 144 Ipsae pumiceis virides Nereides antris Exsiliunt.
3. *Faustine.* Zu I 25.

Quo te bis decimus ducit ab urbe lapis.
5 Horrida sed fervent Nemeaei pectora monstri.
Nec satis est, Baias igne calere suo.
Ergo sacri fontes et litora grata valete,
Nympharum pariter Nereïdumque domus.
Herculeos colles gelida vos vincite bruma.
10   Nunc Tiburtinis cedite frigoribus.

LVIII.
In tenebris luges amissum. Galla, maritum
Nam plorare pudet te, puto, Galla, virum.

LIX.
Flentibus Heliadum ramis dum vipera repit,
Fluxit in obstantem sucina gutta feram.

LVIII 2. Nam *PQ Ser Schmieder Guttmann p. 55 ss. Gilbert p. 643* Iam *TC Sch* Non *EFω* Nec *G* Num *Rand r. Q.* virum] palam Has vicem *Guttmann a. a. O. Tittler NJbb 1865 p. 185.*

LVIII. Steht in der Handschrift der Leipziger Stadtbibliothek, Haupt Opp. 1 p. 291.

5. Die Sonne steht im Zeichen des Löwen im August, vgl. IV 60, 2. Die Hauptsaison für Bajae war im März und April, zu III 20, 19.

6. *igne — suo.* Die Hitze seiner Schwefelquellen und Schwefeldämpfe.

9. *Herculeos colles.* Vgl. I 12, 1.

10. Tibur war einer der im Hochsommer gern gewählten Aufenthalte. IV 60 u. 64, 32 *gelidum Tibur*, SG II 91.

LVIII. Galla verbirgt die Trauer um ihren Gatten, mit der andere Witwen Ostentation treiben; doch während es sonst lächerlich ist, etwas zu verheimlichen, das zur Ehre gereicht, als ob man sich dessen zu schämen hätte I 89, hat es bei ihr einen triftigen Grund. Es ist notorisch, dass sie eine schlechte Gattin gewesen ist und zwar, wie der Name Galla zu II 25 vermuthen lässt, wahrscheinlich eine Ehebrecherin.

LIX. Zu IV 32.
1. *Flentibus Heliadum ramis.* Stat. S. V 3. 86 Heliadum ramos lacrimosaque germina. Die Zweige der in Bäume verwandelten Töchter des Sonnengottes, deren Thränen zu Bernstein wurden. Vgl. IX 13, 6. Preller GM I 358.

2. *sucina gutta feram* = VI 15, 2.

Quae dum miratur pingui se rore teneri.
Concreto riguit vineta repente gelu.
5 Ne tibi regali placeas, Cleopatra, sepulcro.
Vipera si tumulo nobiliore iacet.

LX.

Ardea solstitio Castranaque rura petantur
Quique Cleonaeo sidere fervet ager,
Cum Tiburtinas damnet Curiatius auras
Inter laudatas ad Styga missus aquas.
5 Nullo fata loco possis excludere: cum mors
Venerit, in medio Tibure Sardinia est.

LXI.

Donasse amicum tibi ducenta, Mancine,
Nuper superbo laetus ore iactasti.
Quartus dies est, in schola poetarum
Dum fabulamur, milibus decem dixti
5 Emptas lacernas munus esse Pompullae.

LX 1. Castranaque *PQF Ser Scha*? Paestaque *EXAB* Paesta-
naque pestana *Raud r. Q ω Scha*¹.

1. *gelu.* Als wenn das Gerinnen ein Erfrieren wäre. Zu IV 46,
10. IV 3, 4 concretas aquas.
LX 1. Ardea und Castrum Inui in dessen unmittelbarer Nähe vgl.
Zumpt ad Rutil. Namat. It. I 227, hier als heisse und ungesunde
Orte genannt.
2. *Cleonaeo sidere.* Dem Zeichen des Löwen, von Cleonae bei
Nemaea; zu IV 57, 5, Stat. S. IV 4, 28 flagrat Torva Cleonaei iuba
sideris.
4. *laudatas — aquas.* Des Anio.
6. *Sardinia.* Sprichwörtlich wegen seiner Ungesundheit. Pomponius Mela II 7, 19, Strabo V p. 225, Tacit. Ann. II 85 etc. Nissen
Ital. Landeskunde I 357, 2.
LXI 3. *schola poëtarum.* Zu III 20, 8.
5. *lacernas.* Nach dem Preise wol Purpurmäntel; vgl. VIII 10 SG
III 64 s.

Sardonycha verum lineisque ter cinctum
Duasque similes fluctibus maris gemmas
Dedisse Bassam Caeliamque iurasti.
Here de theatro. Pollione cantante.
10 Cum subito abires, dum fugis, loquebaris.
Hereditatis tibi trecenta venisse.
Et mane centum et post meridiem centum.
Quid tibi sodales fecimus mali tantum?
Miserere iam. crudelis. et sile tandem
15 Aut. si tacere lingua non potest ista.
Aliquando narra. quod velimus audire.

LXII.

Tibur in Herculeum migravit nigra Lycoris.
Omnia dum fieri candida credit ibi.

LXI 6. lineisque ter cinctum *PQ*; *Scr* ter unctum *EX.ABCFG* iichnisque perunctum *Rand r*. Q lychnidemque ceriten *Rutgers Schn* 9. Pollione] Polione *PX.A Schn*² 12. centum et post *PQF Scr Gilbert p. 23* centum, post *EX.ABCG Schn*.

LXII 1. Prop. III 30, 5 in Herculeum — Tibur.

6. *Sardonycha*. Zu IV 28. 4. sardonychas veros IX 59. 19. X 87, 14.
lineisque ter cinctum. Ein Sardonyx kann als Unterlage eine Achatschicht haben, die in ovalem Schliff in 3 runden Bändern den eigentlichen Sardonyx umgiebt. Oder die 3 Bänder können auch aus dem Sardonyx, und das Bild einfarbig aus der obersten Schicht geschnitten sein. Vgl. HKEKoehler Kl. Abhandlungen z. Gemmenkunde I 118 ff.
7. Ohne Zweifel sind Aquamarine gemeint. KOMueller Hdbch. d. Arch. 313, 2.
9. *Pollione cantante*. Ueber diesen berühmten Citharöden zu III 20, 18.
13. *mali tantum*. Vgl. I 18, 3. 4.
LXII. Vgl. VII 13 über dasselbe Thema, wo ebenfalls der Name Lycoris wie bereits I 72, 5 gebraucht ist.
1. *Tibur in Herculeum*. Zu I 12, 1.
2. Angeblich wurde in Tibur das Elfenbein weisser; VII 13, 1. 2 VIII 28, 12. Vgl. Propert. V 7, 82. Sil. Ital. XII 229 Quale micat semperque novum est quod Tiburis aura Pascit ebur.

LXIII.

Dum petit a Baulis mater Caerellia Baias,
  Occidit insani crimine mersa freti.
Gloria quanta perit vobis! haec monstra Neroni
  Nec iussae quondam praestiteratis aquae.

LXIV.

Iuli iugera pauca Martialis
Hortis Hesperidum beatiora
Longo Ianiculi iugo recumbunt
Lati collibus imminent recessus,
5 Et planus modico tumore vertex
Caelo perfruitur sereniore.
Et curvas nebula tegente valles
Solus luce nitet peculiari:
Puris leniter admoventur astris
10 Celsae culmina delicata villae.
Hinc septem dominos videre montes
Et totam licet aestimare Romam.

LXIII 4. *Nec iussae.* Für ne iussae quidem, weil der Anschlag Neros, Agrippina auf einer Fahrt von Bajae nach Bauli vermittelst eines zum Versinken vorbereiteten Schiffes zu ertränken, missglückte. Tacit. A. XIV 4, Suet. Nero c. 34. Caerellia war auf der Fahrt zwischen denselben beiden Punkten, aber in umgekehrter Richtung, ertrunken.

3. *monstra:* unerhörte Dinge. Aehnlich X 4, 2.

LXIV 1. *Iuli — Martialis.* Zu I 15. Auf die Bibliothek des hier beschriebenen Landsitzes VII 17.

4. „Die Erklärer fassen sämmtlich collibus als einen von imminent abhängenden Dativ. Ich kann es nur als Ablativ verstehen, der den Gegenstand bezeichnet, mit welchem die recessus die jugera pauca überragen: ‚tiefe Schluchten überragen mit ihren überhangenden Höhen die Gefilde.' Bei Plin. N. h. VI 71 hi — multis urbibus montanos obtinent colles sind die colles Erhöhungen, die aus der ganzen Bergkette hervorragen und sich besonders zur Anlegung von Festungen eignen." *Munro.*

9. *admoveantur astris.* Sp 2, 1 propius videt astra.

10. *culmina delicata.* Vgl. ruris delicati von demselben Landsitz VII 17, 1.

11. 12. „Die Villa lag auf dem höheren Theil des Berges zwischen

Albanos quoque Tusculosque colles
Et quodcunque iacet sub urbe frigus,
15 Fidenas veteres brevesque Rubras,
Et quod virgineo cruore gaudet
Annae pomiferum nemus Perennae.
Illinc Flaminiae Salariaeque
Gestator patet essedo tacente.

LXIV 16. virgineo cruore] virgineo canore, rubore, virginea cohorte *Hns* virgine nequiore *Munro* 18. Illinc *PQ Schn*² Illic *Eω Schn*¹.

aequa Paola und S. Onofrio, näher an jener als an dieser. Denn nur von hier sieht man hinab bis in die Gegend von Fidenae und die via Salaria und Flaminia, alles übrige so ziemlich auch von den niedrigern Theilen. *Jordan.* Vgl. Topogr. II 143 f.
11. VII 17, 2 Vicinam videt unde lector urbem.
14. *quodcunque — frigus.* Soviel als: quicunque locus frigidus, d. h. und die übrigen durch ihre Höhe kalten Orte in der Nähe Roms.
15. *Rubras.* Rubra saxa bei dem Flüsschen Cremera an der via Flaminia.
16. 17 Preller RM I 344 bezieht gewiss mit Recht diese Stelle auf das von Ovid. Fast. III 523 ss. wo allerdings kein Hain erwähnt wird am 15. März am 1. Meilenstein der via Flaminia also wol nicht weit von porta del popolo gefeierte Fest festum geniale der Anna Perenna. Für die gewiss verdorbenen Worte virgineo cruore schlug Heinsius virgineo canore oder rubore, oder virginea cohorte vor, da nach Ovid bei dem Feste von den Mädchen ausgelassene Lieder gesungen wurden 675 Nunc mihi, cur cantent, superest, obscena puellae Dicere nam coeunt, certaque probra canunt. 695 Inde joci veteres obscenaque dicta canuntur. Ansprechender ist Munros Conjektur: virgine nequiore, zumal da M. mit Vorliebe den Singular statt des Plurals braucht. Munro erinnert an Stellen wie I 49, 27 focum Infante cinctum sordido IX 22, 10 culto sella cliente frequens X 6. 4 Latia culta fenestra nuru I 70, 10 picto stat Corybante torus. Vgl. auch vox diversa Sp 3. 11 multa avis Sp 21, 6 multa testa III 58, 7 ore multo III 95, 7 multus lector V 15, 3 multo fune V 22, 8 plurima palma VII 28, 6 innumero leone VIII 55, 2 elephanta frequentem VIII 65, 9 innumera compede IX 22. 4 variae alae IX 43. 11 plurima ales IX 55, 1 plurima quadra IX 90, 19 multa olla XII 18, 29 u. s. w.
18. *Flaminiae* der 534 = 220 v. Chr. erbauten Nordstrasse.
Salariaeque, die von porta Collina auslief. Strabo V 3, 1.
19. *essedo tacente,* weil das Geräusch der Räder in dieser Entfernung unhörbar ist.

20 Ne blando rota sit molesta somno,
Quem nec rumpere nauticum celeuma
Nec clamor valet helciariorum,
Cum sit tam prope Mulvius, sacrumque
Lapsae per Tiberim volent carinae.
25 Hoc rus, seu potius domus vocanda est,
Commendat dominus: tuam putabis:
Tam non invida tamque liberalis,
Tam comi patet hospitalitate.
Credas Alcinoi pios Penates
30 Aut facti modo divitis Molorchi.
Vos nunc omnia parva qui putatis,
Centeno gelidum ligone Tibur
Vel Praeneste domate pendulamque
Uni dedite Setiam colono:

LXIV 22. Sidon. Apoll. Epp. II 10; vgl. unten.
LXIV 28. Sidon. Apoll. C. 24,85 Sancta suscipit hospitalitate.

20. *somno.* Den Schlaf der Bewohner der Villa.
21. *celeuma.* Zu III 67, 4.
22. *helciariorum:* die die Schiffe auf dem Tiber aufwärts ziehen Sidon. Apoll. Epp. II 10: Curvorum hinc chorus helciariorum Responsantibus alleluja ripis Ad Christum levat amnicum celeuma.
23. *Mulvius* sc. pons an der via Flaminia ponte molle.
25. III 58, 51 Rus hoc vocari debet, an domus longe?
26. *Commendat dominus:* durch seine liebenswürdige Gastfreiheit.
30. *Aut (facti modo divitis Molorchi.* Molorchus, der Wirth des Hercules IX 43, 13, als er gegen den nemäischen Löwen zog. Preller GM II 191. Facti modo divitis Gilbert p. 8 : »der dann aber auch reich geworden sein muss«. In seiner Armuth war Molorchus parcus gewesen Stat. S. IV 6, 5 qualem parci domus admirata Molorchi.
30—34. Möget ihr weite Felder bei Tibur oder Praeneste bebauen oder das ganze Gebiet von Setia in eurem Besitz vereinen.
pendulamque — *Setiam* wie XIII 112, 1 Pendula Pomptinos qua spectat Setia campos, weil es sich vom Kamm des Volskergebirges auf dessen Abhänge herunter zog. Ebenso pendula — patriae — tecta X 20, 2. Der dortige Boden war wegen des daselbst gebauten, sehr

35 Dum me iudice praeferantur istis
Iuli iugera pauca Martialis.

LXV.

Oculo Philaenis semper altero plorat.
Quo fiat istud quaeritis modo? lusca est.

LXVI.

Egisti vitam semper. Line. municipalem.
Qua nihil omnino vilius esse potest.
Idibus et raris togula est excussa Kalendis
Duxit et aestates synthesis una decem.
5 Saltus aprum, campus leporem tibi misit inemptum.
Silva graves turdos exagitata dedit.
Captus flumineo venit de gurgite piscis.
Vina ruber fudit non peregrina cadus.

LXVI 3. excussa *PQ Ser Schn*[2] tibi excussa *F* tibi sumpta *EX ABCGO Schn*[1] 7. captus *T Schn* raptus *PQEFω Ser*.

LXVI 5. Horat. Epod. 2. 48 Claudian. in Rufin. I 206 dapes inemptas Verg. G. IV 133 dapibus — inemptis Paulin. Nolan. C. 4, 15 epulae inemptae.

hoch geschätzten Weines besonders werthvoll. Vgl. X 74, 11 und zu IV 69, 1. Marquardt Prl. 433, 18.

36. Ueber die von Catull angenommene Gewohnheit M.'s, Epigramme mit demselben Verse anzufangen und zu schliessen zu II 6, 17.

LXVI 1. *vitam — municipalem*. Ueber die Wohlfeilheit des Lebens in den Municipien Italiens und der Provinzen gegenüber den hohen Preisen in Rom Juvenal. 3, 165 ss. SG I 21.

3. Kalenden. Nonen und Iden wurden von den Familien als Feste der Laren begangen. Marquardt StV III 127, 9. Preller RM II 107.

raris auf beide Substantiva bezogen, da sie nur je einmal im Monat eintreten.

excussa: zum Anlegen ausgestäubt.

4. Aehnlich XII 36, 4 aureolos possint ducere qui duas Kalendas.

synthesis. Ein bei der Mahlzeit und bei den Saturnalien getragenes, farbiges, wie es scheint, anziehbares Kleid. Marquardt Prl. 512 und 554.

Nec tener Argolica missus de gente minister.
10   Sed stetit inculti rustica turba foci,
Vilica vel duri compressa est nupta coloni,
Incaluit quotiens saucia vena mero.
Nec nocuit tectis ignis, nec Sirius agris,
Nec mersa est pelago, nec fuit ulla ratis.
15 Subposita est blando nunquam tibi tessera talo,
Alea sed parcae sola fuere nuces.
Dic, ubi sit decies, mater quod avara reliquit.
Nusquam est: fecisti rem, Line, difficilem.

LXVII.

Praetorem pauper centum sestertia Gaurus
  Orabat cana notus amicitia.

LVI 9. missus $QE\omega$ Ser Schn² iussus T Schn¹. 14. fuit EX ABG Munro, Gilbert³ p. 518 fugit C finit F Schn fluvio Grasberger vgl. Le Foyer Nouv. Rev. de philol. V 3(1881) p. 191 pelagi fluctibus Has.

LXVI 9. Verg. A. II 7s Argolica de gente.

10. *stetit:* aufwartend, wie stat III 82, 8. Vgl. Sueton. Caes. c. 49 Galba c. 22. Gilbert.

14. *nec fuit ulla ratis:* noch hast du überhaupt ein Schiff besessen. Ullus ebenso gebraucht Liv. VIII 34, 4 quae in discrimine fuerunt, an ulla post hanc diem essent. Munro Criticisms of Catullus p. 29.

15. Entweder bedeutet supposita »angefügt« und es gab ein Hazardspiel mit tesserae und tali zugleich; oder, was viel wahrscheinlicher ist: an die Stelle gesetzt. Dann muss das Spiel mit den ganz unseren Würfeln entsprechenden tesserae für ein gefährlicheres Hazardspiel gegolten haben als das mit den auch bloss zu harmloser Unterhaltung benutzten tali. Vgl. Marquardt Prl. 825 f. und M. XIV 15 Non sim talorum numero par tessera, dum sit Maior, quam talis, alea saepe mihi.

LXVII. Vgl. das verwandte Epigramm V 25.

1—4. Ein Census von 400000 Sesterzen war die Bedingung der Ritterwürde, zu deren Auszeichnungen namentlich das Recht gehörte, in den Schauspielen auf den Ritterplätzen zu sitzen v. 4. Männer senatorischen Standes gewährten nicht selten ihren Clienten die Mittel, in den Ritterstand einzutreten. SG I 221. So schenkte der jüngere Plinius einem Freunde 300000 Sesterzen zu diesem Zweck, das S. 225.

Dicebatque suis haec tantum deesse trecentis,
Ut posset domino plaudere iustus eques.
5 Praetor ait »Scis me Scorpo Thalloque daturum.
Atque utinam centum milia sola darem.«
Ah pudet ingratae, pudet ah male divitis areae.
Quod non vis equiti, vis dare, praetor, equo?

LXVIII.

Invitas centum quadrantibus et bene cenas.
Ut cenem invitor, Sexte, an ut invideam?

LXIX.

Tu Setina quidem semper vel Massica ponis,
Papile, sed rumor tam bona vina negat.

LXVII 8. non vis β Ser non das corr. aus non vis Q non das EFω Schn.

LXIX 2. Tibull. I 1. 24 bona vina.

3. deesse. Stets zweisilbig. LMueller r. m. p. 247. 253. M. VII 34.
6 VIII 56, 3; ebenso deest stets einsilbig: X 18, 3 X 48, 10 XI 52,
9 XII 14, 7 XII 29, 13 XII 32, 18 XII 44, 7 XIV 105, 1.

4. domino. Zu IV 28, 5.

iustus eques. Vgl. I 103, 2.

5. praetor. Den Prätoren hatte August im J. 732 die Veranstaltung der sämmtlichen, in der Republik von den Aedilen verwalteten Spiele übertragen Mommsen StR II² 510, 3, welche immer grosse Zuschüsse erforderten und zuweilen die Prätoren zu Grunde richteten. Vgl. V 25 X 41. SG II 269 f.

5. Scorpo Thalloque. Die berühmtesten Wagenlenker jener Zeit. Ueber Flavius Scorpus vgl. XI 1, 16 und auf seinen Tod X 15 und 53. SG II 289; 470. Ueber Thallus ebendas. 467.

6. Ueber die den Wagenlenkern ertheilten Preise X 74 und SG II 456 f.

LXVIII. Du ladest mich ein für 100 Quadranten bei dir zu speisen, während du selbst gut speisest. Zu I 21 und SG I 394.

LXIX 1. Setina. Ueber den Setinerwein zu IV 64. 31; vgl. VI 86 XIII 23, 1 XIII 112.

Massica. Zu I 26, 5.

Diceris hac factus caelebs quater esse lagona.
Nec puto, nec credo, Papile, nec sitio.

LXX.
Nihil Ammiano praeter aridam restem
Moriens reliquit ultimis pater ceris.
Fieri putaret posse quis, Marulline,
Ut Ammianus mortuum patrem nollet?

LXXI.
Quaero diu totam, Safroni Rufe, per urbem.
Si qua puella neget: nulla puella negat.
Tanquam fas non sit, tanquam sit turpe negare,
Tanquam non liceat: nulla puella negat.
5 Casta igitur nulla est? sunt castae mille: quid ergo
Casta facit? non dat, non tamen illa negat.

LXXII.
Exigis, ut donem nostros tibi, Quinte, libellos.
Non habeo, sed habet bibliopola Tryphon.
»Aes dabo pro nugis et emam tua carmina sanus?
Non« inquis »faciam tam fatue.« Nec ego.

LXXIII.
Cum gravis extremas Vestinus duceret horas

LXXI 2 u. 4. Zu 1 76, 1.
3. D. h. 4 Frauen vergiftet zu haben. *lagona*. Wie IV 43, 5.
LXX 2. *ceris*. Cerae die einzelnen Seiten des Testaments. Marquardt Prl. 782, 10.
LXXI. Vgl. IV 81.
1. *Safroni Rufe*. Vgl. XI 103.
6. *dat — negat*. Vgl. III 54 und zu II 9.
LXXII 2. *bibliopola Tryphon*. Als M.'s Verleger auch XIII 3; vgl. Einl. S. 16 f. Er war auch der Quintilians Inst. orat. praef. .
LXXIII 1. *Vestinus*. V., der hiernach im J. 88 noch nicht alt v. S. starb, kann nicht L. Tullius Vestinus sein, dem Vespasian im J. 71 die Herstellung des Capitols übertrug, der unter Nero praefectus Aegypti gewesen war und schon im J. 48 zu den Freunden des Claudius gehört hatte (SG I 186; III 450. Wäre er damals auch nur 24 Jahre alt gewesen, so wäre er in der That als senex gestorben.
gravis: krank, wie Verg. Eclog. 1 49.

Et iam per Stygias esset iturus aquas.
Ultima volventes oravit pensa sorores,
Ut traherent parva stamina pulla mora.
5 Iam sibi defunctus caris dum vivit amicis.
Moverunt tetricas tam pia vota deas.
Tunc largas partitus opes a luce recessit
Seque mori post hoc credidit ille senem.

LXXIV.

Aspicis, inbelles temptent quam fortia dammae
Proelia? tam timidis quanta sit ira feris?
In mortem parvis concurrere frontibus ardent.
Vis, Caesar, dammis parcere? mitte canes.

LXXV.

O felix animo, felix, Nigrina, marito

LXXIII 1. 5. mora, amicis. *Frdl Gilbert* mora, amicis. *Scha.*
LXXIV 3. parvis *codd.* varis *Has* pavidis *Koestlin* paribus *Munro*
ardent *T (vgl. IV 35, 5)* audent *PQEFω.*

LXXIII 4. Ovid. Ibis 244 Clotho Nevit et infecta stamina pulla manu.

2. *Stygias — aquas.* Zu I 78, 4.
3. *volventes — sorores.* Die Parzen wie XI 36, 3: lanificae sorores VI 58, 7.
4. *stamina pulla.* VI 58, 7 pulla — stamina.
6. *tetricas — deas.* VII 96, 4 tetricae — deae.
7. Ueber die Sitte zahlreiche Freunde im Testament zu bedenken SG I 235.
8. *credidit ille senem.* X 53, 4 credidit esse senem.

LXXIV 3. IV 35 *Frontibus* adversis molles *concurrere* dammas Vidimus et fati sorte iacere pari. Doch scheint mir dies ebenso wenig für paribus statt parvis an dieser Stelle zu beweisen, als die von Munro angeführten Virgilischen Ausdrücke paribus armis, paribus concurrere telis (Georg. I 489 und Sp 29, 8 Pugnavere pares, succubuere pares.
Ob M. ardent T oder audent fam. B u. C schrieb, kann zweifelhaft erscheinen. Doch für das erstere lässt sich IV 35,5 anführen Unde leves animi tanto *caluere* furore? Auch ist audent etwas matt.

LXXV 1. **Nigrina** hatte mit ihrem Gemahl Antistius Rusticus, der

Atque inter Latias gloria prima nurus:
Te patrios miscere iuvat cum coniuge census.
Gaudentem socio participique viro.
5 Arserit Euhadne flammis iniecta mariti.
Nec minor Alcestin fama sub astra ferat:
Tu melius: certo meruisti pignore vitae,
Ut tibi non esset morte probandus amor.

LXXVI.

Milia misisti mihi sex bis sena petenti:
Ut bis sena feram, bis duodena petam.

LXXVII.

Nunquam divitias deos rogavi
Contentus modicis meoque laetus.
Paupertas, veniam dabis, recede.
Causa est quae subiti novique voti?
5 Pendentem volo Zoilum videre.

LXXV 4. participique 'eque *PF* emque *Q Eω Schn*[2] participare *T Schn*[1] *Gilbert*[3] *p. 518* 7. pignore vitae *PQEF Scr Schn*[2] pignora vitae *XABCG* pignore famam *T Schn*[1].

LXXV 2. Ovid. M. XV 486 Latiae — nurus.
LXXV 6. Ennod. C. II 12, 10 Quod vincens aevum nomen ad astra ferat.

später in Cappadocien starb IX 30, ihr väterliches Vermögen getheilt. SG I 118, 4.
2. *gloria prima.* Vgl. Sp 18, 2.
4. *participique.* Tac. A. VI 10 ed. Nipperdey: Marino participi Med. participis) Sejanus Curtium Atticum oppresserat. Nach dem Fragm. Bob. de nom. et pronom. p. 136 (562) bildet hic et haec et hoc particeps ab hoc participe et hoc participi. Neue Formenl. II[2] 14 f. Participare T Schn[1], dem Gilbert[3] p. 518 den Vorzug giebt) mittheilen« wird mit dem Dativ 'statt mit cum mit dem Ablativ nur bei Späteren verbunden, z. B. Auson. Parent. 11, 16 quod mala non cuiquam, non bona participo ; namentlich bei christlichen Autoren Buenemann ad Lactant. V 6, 1.
7. *Tu melius.* XII 52, 7 Tu melior.
LXXVII 5. Da Zoilus sich aus Grimm über die Verbesserung

LXXVIII.

Condita cum tibi sit iam sexagesima messis
Et facies multo splendeat alba pilo.
Discurris tota vagus urbe, nec ulla cathedra est,
Cui non mane feras inrequietus Have;
5 Et sine te nulli fas est prodire tribuno,
Nec caret officio consul uterque tuo:
Et sacro decies repetis Palatia clivo
Sigerosque meros Partheniosque sonas.
Haec faciant sane iuvenes: deformius, Afer,
10 Omnino nihil est ardalione sene.

LXXIX.

Hospes eras nostri semper. Matho, Tiburtini.
Hoc emis. Imposui: rus tibi vendo tuum.

LXXVIII 8. Sigerosque *Ser Schn*² Sigeriosque *PG Schn*¹ -eosque *EXABCF* Segereosque *M* Siger̂osque *Q*.
LXXIX 2. rus *PFω Rand von Q Ser Schn*² jus *QEXABG Schn*¹.

LXXVIII 6. Tibull. III 5, 18 = Ovid. Tr. IV 10, 6 Cum cecidit fato consul uterque pari.

meiner Umstände erhängen würde vgl. I 115, 6. Der Name Zoilus ist hier in einem anderen Sinne gebraucht als gewöhnlich. Vgl. zu II 16.
 LXXVIII 3. *Discurris* wie XII 26, 3.
tota vagus urbe. 1 2, 6 urbe vagus tota.
cathedra. Zu II 14, 8.
 5. 6. Beim Amtsantritt der Beamten pflegten alle Freunde derselben gegenwärtig zu sein. SG I 361. consul uterque = VIII 78, 14.
 7. *sacro — clivo.* Zu I 70, 3.
 8. *Sigeros — Partheniosque.* Die Form Sigerios SG I 101, 4, die alle Handschriften haben, ist auch bezeugt durch CIL VIII 10983 Flavius Sigerius summa rudis. Die Verschleifung des i auch in Vipsanias I 108, 3 Marcelliano II 29, 5. Gilbert p. 14. Dennoch dürfte M. die in den Inschriften durchaus gewöhnliche Form des Namens Sigerus gewählt haben.
 10. *ardalione.* Zu II 7, 8.

LXXX.

3 Declamas aeger, declamas hemitritaeos:
1   Si sudare aliter non potes, est ratio.
4 Declamas in febre, Maron: hanc esse phrenesin
2   Si nescis, non es sanus, amice Maron.
5 »Magna tamen res est.« Erras: cum viscera febris
6   Exurit, res est magna tacere, Maron.

LXXXI.

Epigramma nostra cum Fabulla legisset,
Negare nullam quo queror puellarum,
Semel rogata bisque terque neglexit
Preces amantis. Iam, Fabulla, promitte,
5 Negare iussi, pernegare non iussi.

LXXXII.

Hos quoque commenda Venuleio, Rufe, libellos

LXXX. *Die Umstellung nach Bochmann bei Gilbert p. 4. 3. 4. in Klammern Schn².*

LXXX. Scriver glaubte, dass das Epigramm aus zweien zusammengesetzt sei, deren erstes aus dem ersten Distichon, das zweite aus den beiden letzten bestanden habe. Rutgers hielt es ganz für unächt, Schneidewin ed. II p. XIV das zweite Distichon für eingeschoben. Doch nach der von Bochmann bei Gilbert p. 4 vorgeschlagenen Umstellung ergiebt sich ein annehmbarer Sinn: Als Mittel zum Schwitzen mag ein Fieberkranker allerdings eine Redeübung vornehmen, aber während des Anfalls selbst ist es Raserei. — Auch dass dem fünfsilbigen Versschluss nur hier und XIV 128, 1 kein Dactylus vorausgeht vgl. Birt Einl. S. 40, ist kein hinreichender Grund das Distichon für unächt zu halten.

3. *hemitritaeos* hier ausnahmsweise für den an dreitägigem Fieber Leidenden. Es fehlt in dem Verzeichnis der die griechische Endung beibehaltenden Wörter bei Nene Formenl. I 130 f.

LXXXI. Vgl. IV 71.
4. *promitte.* Zu II 9.

LXXXII 1. *Venuleio.* Vermuthlich L. Venuleius Montanus Apronianus, cos. 92. SG III 448. Asbach Consularfasten 68—96. Rheinl. Jahrbb. LXXIX S. 124.

Rufe. Vielleicht Canius Rufus. Zu I 61.

libellos. Das dritte und vierte Buch. Vgl. v. 7.

Imputet et nobis otia parva, roga.
Immemor et paulum curarum operumque suorum
Non tetrica nugas exigat aure meas.
5 Sed nec post primum legat haec summumve trientem,
Sed sua cum medius proelia Bacchus amat.
Si nimis est legisse duos, tibi charta plicetur
Altera: divisum sic breve fiet opus.

LXXXIII.

Securo nihil est te, Naevole, peius; eodem
Sollicito nihil est, Naevole, te melius.
Securus nullum resalutas, despicis omnes.
Nec quisquam liber, nec tibi natus homo est.
5 Sollicitus donas, dominum regemque salutas.
Invitas: esto, Naevole, sollicitus.

LXXXIV.

Non est in populo nec urbe tota,
A se Thaida qui probet fututam,
Cum multi cupiant rogentque multi.
Tam casta est, rogo, Thais? Immo fellat.

LXXXII 8. opus *PQF Ser Schn*² onus *EX ABCG Schn*¹.

LXXXIII 5. Juvenal. S. 164 Hospitis affectu dominum regemque salutas.

4. *nugas*. Zu I 113, 6. 5. *Sed nec:* für sed ne quidam. Vgl. II 28, 3 V 44, 4 X 70, 11. Gilbert⁴ 221. *trientem*. Zu I 106, 8.
7. *tibi charta plicetur Altera.* Falte, d. h. rolle (ebenso Senec. Epp. 95, 2 das eine Buch ganz zusammen, um es ungelesen zu lassen; ebenso Birt S. 19. Der Sinn ist convolvatur tibi liber alter, vel convolutus maneat.
LXXXIII. 4. *natus.* Nach dem Ausdruck des gewöhnlichen Lebens aliquem natum non putare, d. h. ihn nicht als vorhanden betrachten. VIII 64, 8 nec natum putabo. X 27, 4 Nemo tamen natum te, Diodore, putat. XI 87, 2 Et tibi nulla diu femina nata fuit. Vgl. XI 12, 2 Dum matrem nemo det tibi, nemo patrem.
5. *dominum regemque.* D. h. so unterwürfig wie ein Client gegen seinen Patron. Zu I 112 u. II 68, 2.
6. *Naevole.* Zu I 16, 2.

LXXXV.

Nos bibimus vitro, tu murra. Pontice. Quare?
Prodat perspicuus ne duo vina calix.

LXXXVI.

Si vis auribus Atticis probari.
Exhortor moneoque te, libelle.
Ut docto placeas Apollinari.
Nil exactius eruditiusque est.
5 Sed nec candidius benigniusque
Si te pectore, si tenebit ore.
Nec rhonchos metues maligniorum.
Nec scombris tunicas dabis molestas.
Si damnaverit, ad salariorum
10 Curras scrinia protinus licebit.
Inversa pueris arande charta.

LXXXVII.

Infantem secum semper tua Bassa, Fabulle,
Collocat et lusus deliciasque vocat.

LXXXVI 8. Catull. 95, 6 laxas scombris saepe dabunt tunicas.

LXXXV. Zu I 21.
1. *murra*. Zu III 26, 2.
LXXXVI. 3. *Apollinari*. Besitzer eines Gutes bei Formiae X 30,
auf dessen feines Urtheil M. grossen Werth legte, V 86 VII 26; 89
XI 15. kann Domitius Apollinaris Plin. Epp. IX 13, 13, Mommsen
Hermes III 37, 4 und dann auch der X 12 angeredete Domitius sein.
SG III 448.
7. *rhonchos*. Zu I 3, 5.
8. *tunicas — molestas*. Zu III 2, 5. Der in anderm Sinne X 25,
2 volksthümliche Ausdruck ist hier wol nur aus Nachlässigkeit gebraucht.
9. *salariorum*. Zu I 41, 8.
11. Die Rückseiten der zu Maculatur gewordenen Bücher die immer nur auf einer Seite des Papyrusstreifen geschrieben waren dienten zu Schreibübungen der Schulknaben oder werthlosen Schreibereien. Marquardt Prl. 792, 4—6.
LXXXVII. 1. *Bassa*. Zu IV 1, 12.

Et. quo mireris magis, infantaria non est.
Ergo quid in causa est? Pedere Bassa solet.

LXXXVIII.

Nulla remisisti parvo pro munere dona,
Et iam Saturni quinque fuere dies.
Ergo nec argenti sex scripula Septiciani
   Missa nec a querulo mappa cliente fuit.
5 Antipolitani nec quae de sanguine thynni
   Testa rubet, nec quae cottana parva gerit.
Nec rugosarum vimen breve Picenarum.
   Dicere te posses ut meminisse mei?
Decipies alios verbis vultuque benigno.
10   Nam mihi iam notus dissimulator eris.

LXXXVII 3. quo *T Schn* quod *PQEFα Scr.*
LXXXVIII 2. quinque, Quinte? *Schn²* p. *XIV* vgl. unten. 8. posses possis *T*.

LXXXVIII. 1. 2. An den Saturnalien, die M. gewöhnlich nach den von Caligula angesetzten Gerichtsferien als fünftägig bezeichnet VII 53,2 XIV 79.2; 141.1. doch als siebentägig XIV 72, sandte man sich gegenseitig Geschenke. IX 53, 2 XIV 79, 2; 141, 1. Marquardt StV III 557 f.
   2. *quinque.* Schn² p. XIV: fortasse pro *quinque*, ne nomen desideretur, *Quinte* scribendum est. Doch fehlt die Anrede häufig. Zu II 76.
   3. 1 scripulum = 1,137 Gramm; unter argentum ist hier wie überall etwas aus Silber Gearbeitetes zu verstehen. SG III 146 ff.
   Septiciani. Nach dem Namen des Fabrikanten zu IV 39, 6. VIII 71, 6 Libra fuit quinto Septiciana quidem.
   4. *querulo* I 49. 33, *cliente.* Ueber die Saturnaliengeschenke der Clienten vgl. V 18 VII 53; 72 X 87, die Einleitung zum XIV Buch und SG I 346. Dergleichen auch bei Stat. S. IV 9, 24 ss.
   5. *Antipolitani — thynni* = XIII 103, 1. Die muria genannte Sauce wurde aus dem Thunfisch namentlich zu Antipolis hergestellt Marquardt Prl. 425, 7.
   6. *cottana parva.* Eine kleine Art syrischer Feigen Vgl. VII 53, 7 XIII 128.
   7. *vimen — Picenarum.* Picenische Oliven zu I 43, 8 in einem Korbe von Weidenruthen. VII 53, 5 cum vimine Picenarum.
   10. *dissimulator.* Vgl. V 25, 11.

LXXXIX.

Ohe, iam satis est, ohe, libelle,
Iam pervenimus usque ad umbilicos.
Tu procedere adhuc et ire quaeris,
Nec summa potes in schida teneri,
5 Sic tanquam tibi res peracta non sit,
Quae prima quoque pagina peracta est.
Iam lector queriturque deficitque,
Iam librarius hoc et ipse dicit
»Ohe, iam satis est, ohe, libelle.«

LXXXIX 4. schida *ABF* scheda *Qω Scha* 6. peracta est *PQF Scha* notatur *EXABCGO*.

LXXXIX 1. Horat. S. 15, 13 Ohe Iam satis est.

Subscriptionen. Epigrammaton liber IV explicit, incipit liber quintus. Ego torquatus gennadius emendavi floreas *P*. Epigrammaton liber IIII explicit incipit V. Ego Torquatus Gennadius emendavi *Q*. Ego Torquatus Gennadius emendavi feliciter *f*.

LXXXIX. 1. *ŏhe — ohe.* L. Mueller p. 246. Vgl. zu I 36, 1.
2. *usque ad umbilicos.* Zu I 66, 11. usque ad umbilicum VI 37, 1 u. 3.
4. *schida* eine nur im Lateinischen vorkommende Bezeichnung) hier nicht, wie Birt S. 229, 2 übersetzt, das Einzelblatt, sondern die einzelne Columne, da die summa schida der prima pagina v. 6 offenbar völlig entspricht.
10. Zu II 6, 17.

M. Valerii Martialis Epigrammmaton
Liber V.

I.

Hoc tibi, Palladiae seu collibus uteris Albae.
  Caesar, et hinc Triviam prospicis, inde Thetin,
Seu tua veridicae discunt responsa sorores,
  Plana suburbani qua cubat unda freti:
5 Seu placet Aeneae nutrix, seu filia Solis,
  Sive salutiferis candidus Anxur aquis:

I 1. Hoc *PQEF*ω *Ser* Haec *T Schn.*

I 5. Verg. A. VII 1 Aeneia nutrix Id. ib. 11 Solis filia Ovid. M. XIV 33; 346 filia Solis. 6. Horat. 1 5, 26 saxis late candentibus Anxur.

I. Ueber die kaiserlichen Villen vgl. SG II 94.
1. Domitian bewohnte oft sein Albanum, zu IV 1, 5.
2. *Triviam — Thetin.* Wenn man von dem dortigen Palast Domitians den See von Nemi, an den bei Triviam zu denken ist nemorosa — Triviae regna IX 64, 3 , sehen konnte, so muss er einen hohen Aussichtsthurm gehabt haben. Die Aussicht auf die See hat man dort auch in geringer Höhe. Ueber die Metonymie Thetin zu Sp 12, 1. *prospicis.* Wie II 59, 2 und VII 73, 4.
3. *veridicae — sorores.* Die beiden in Antium verehrten Fortunen, deren Orakel berühmt war. Preller RM 193, 1. Domitian ist bei seinem Aufenthalt in Antium als der sie inspirirende Gott gedacht.
5. *Aeneae nutrix:* Cajeta. Verg. A. VII 1. Vgl. X 30, 8.
filia Solis: Circe, nach welcher Circeji benannt ist. Die dortige kaiserliche Villa auch XI 7, 4.
6. *Anxur.* Bei Horaz und Livius Neutrum, bei M. V 1, 6 VI 42, 6 X 51, 8 Masculinum Neue Formenl. I 660, wobei an den Berg gedacht ist, auf dem die Stadt liegt. Ueber die Heilquellen von Terracina VI 42. 6.

Mittimus, o rerum felix tutela salusque.
Sospite quo gratum credimus esse Iovem.
Tu tantum accipias: ego te legisse putabo
10   Et tumidus Galla credulitate fruar.

II.

Matronae puerique virginesque,
Vobis pagina nostra dedicatur.
Tu, quem nequitiae procaciores
Delectant nimium salesque nudi,
5 Lascivos lege quattuor libellos:
Quintus cum domino liber iocatur;
Quem Germanicus ore non rubenti
Coram Cecropia legat puella.

III.

Accola iam nostrae Degis, Germanice, ripae.

I 7. Horat. Epp. I 1, 103 Ovid. Tr. V 14, 15 rerum tutela.
10. Ovid. Am. III 14, 30 Et liceat stulta credulitate frui.

II 2. Ciris 41 nostra — pagina.

7. 8. Variation von II 91, 1. 2.

8. *gratum*. Für die angebliche Vertheidigung des Capitols IX 101, 14, besonders aber für den Bau des neuen Tempels und die Stiftung des agon Capitolinus IX 3, 7 sq.

10. Die Neugier und Leichtgläubigkeit der Gallier erwähnt Caesar B. G. IV 5 Est enim hoc Galliae consuetudinis, uti et viatores etiam invitos consistere cogant, et quid quisque eorum de quaque re audierit aut cognoverit, quaerant et mercatores in oppidis vulgus circumsistat quibusque ex regionibus veniant quasque ibi res cognoverint, pronuntiare cogant. His rebus atque auditionibus permoti de summis saepe rebus consilia ineunt, quorum eos in vestigio poenitere necesse est, cum incertis rumoribus serviant, et plerique ad voluntatem eorum ficta respondeant. Vgl. Caes. B. G. VI 20. Nach der Stelle M.'s scheint die Galla credulitas sprichwörtlich gewesen zu sein. Desjardins Géogr. de la Gaule Romaine II 554 ff. aptitudes, qualités — lois et moeurs erwähnt den den Galliern gemachten Vorwurf der Leichtgläubigkeit nicht.

II 1. 2. Vgl. III 68, 1.   7. *Germanicus*. Zu II 2.

8. Vgl. VIII 1. *Cecropia — puella*. Zu I 39, 3. Ueber Domitians Minervenkult Preller RM I 297 f.

III 1. *Degis* bei Dio LXVII 7 Δέγης: ein Bruder des Decebalus, der von diesem an Domitian nach Pannonien als Friedensver-

A famulis Histri qui tibi venit aquis.
Laetus et attonitus viso modo praeside mundi
   Adfatus comites dicitur esse suos:
5 »Sors mea quam fratris melior, cui tam prope fas est
   Cernere, tam longe quem colit ille deum.«

IV.

Foetere multo Myrtale solet vino.
Sed fallat ut nos folia devorat lauri
Merumque cauta fronde, non aqua miscet.
Hanc tu rubentem prominentibus venis
5 Quotiens venire, Paule, videris contra,
Dicas licebit »Myrtale bibit laurum.«

V.

Sexte, Palatinae cultor facunde Minervae,
Ingenio frueris qui propiore dei —
Nam tibi nascentes domini cognoscere curas
   Et secreta ducis pectora nosse licet —:
5 Sit locus et nostris aliqua tibi parte libellis,
   Qua Pedo, qua Marsus quaque Catullus erit.

III 1. adfatus *EX*.

III 2. Ovid. F. 1 286 famulas — aquas.

mittler gesandt worden war zu VI 10, 7). Vielleicht hatte auch M Diegis geschrieben vgl. Vipsanias I 108, 3 Marcelliano II 29, 5. Gilbert[3] p. 518. *iam nostrae — ripae:* des angeblich bereits unterworfenen nördlichen Donauufers vgl. v. 2 famulis — aquis und VI 76. Gilbert.

3. *praeside*. Vgl. V 7, 4 VI 2. 5 Fincke de appell. Caes. p. 31.
5. *prope — longe*. Zu I 49, 13.

IV. Vgl. I 87.

V. 1 *Sexte*. Sextus scheint hiernach das Amt a studiis bei Domitian bekleidet zu haben und zugleich Bibliothekar gewesen zu sein. Vgl. V 38, 2 und SG 1 95 f. Schwerlich ist der X 21, 2 angeredete Sextus derselbe. *Palatinae*. Zu I 70, 5.

2. VII 5, 5 Terrarum dominum propius videt ille tuoque terretur vultu barbarus et fruitur. *dei*. Zu Sp 17, 4.

3. *domini*. Zu IV 28, 5.   *curas*. Zu I 66, 5.

6. Vgl. I Epist. l. 11.

Ad Capitolini caelestia carmina belli
Grande cothurnati pone Maronis opus.

VI.

Si non est grave nec nimis molestum.
Musae, Parthenium rogate vestrum:
Sic te serior et beata quondam
Salvo Caesare finiat senectus
5 Et sis invidia fatente felix.
Sic Burrus cito sentiat parentem:
Admittas timidam brevemque chartam
Intra limina sanctioris aulae.
Nosti tempora tu Iovis sereni,
10 Cum fulget placido suoque vultu,
Quo nil supplicibus solet negare.
Non est quod metuas preces iniquas:
Nunquam grandia nec molesta poscit

VI 5. fatente *Hus Gilbert*³ *p. 518* favente *codd. Schn* s. aulae
PFScr aule *Q* aevi *EXABCG Schn* Intra lumina s. aevi i. e. intra
praeclara ingenia melioris aevi *Munro* 10. placido *P Hus Schn*
placidus *QEFω Scr*.

VI 9. Verg. A. IV 423 Sola viri molles aditus et tempora noras.

7. *Capitolini caelestia carmina belli.* Domitian hatte hiernach ein
Gedicht über den Kampf um das Capitol im December 68, wobei er
selbst in Gefahr gewesen war, verfasst. SG III 367, 2. Ueber caele-
stris in der Bedeutung »kaiserlich« so auch M. VIII Epist. Stat. S. III
4. 53 Qnintil. IV prooem. 2 Fincke, de appell. Caes. p. 42.
   VI. Vgl. zu I 97, 1.
   2. *Parthenium — vestrum.* Zu IV 45.
   4. *finiat.* Vgl. VIII 77, 7.
   6. *Burrus.* Zu IV 45.
sentiat. Vgl. VI 38, 4.
   7. *timidam brevemque chartam.* XII 11, 7 timidumque brevemque
libellum.
   8. *sanctioris aulae.* Des vom Kaiser selbst bewohnten Theils des
Palastes.
   9. *Iovis sereni* = IX 24, 3.
   10. *placido.* VI 10, 6 placido — ore; dagegen V 78, 24 Et vultu
placidus tuo recumbes.

Quae cedro decorata purpuraque
15 Nigris pagina crevit umbilicis.
Nec porrexeris ista, sed teneto
Sic tanquam nihil offeras agasque.
Si novi dominum novem sororum.
Ultro purpureum petet libellum.

VII.

Qualiter Assyrios renovant incendia nidos
  Una decem quotiens saecula vixit avis.
Taliter exuta est veterem nova Roma senectam
  Et sumpsit vultus praesidis ipsa sui.
5 Iam precor oblitus nostrae, Volcane, querellae
  Parce: sumus Martis turba, sed et Veneris
Parce, pater, sic Lemniacis lasciva catenis
  Ignoscat coniunx et patienter amet.

VIII.

Edictum domini deique nostri,
Quo subsellia certiora fiunt
Et puros eques ordines recepit,
Dum laudat modo Phasis in theatro.

16—18. Horat. Epp. I 13, 1—5. vgl. Bentley zu v. 12.

14. 15. Zu III 2, 7—11.
18. *dominum novem sororum.* Zu I 70, 15 u. II 22, 1.
VII. Ueber die häufigen Brände in Rom vgl. SG I 25 ff. Jordan Top. I 491, 11.
4. *praesidis.* Zu V 3, 3.
VIII. 1. *domini deique.* Diese Benennung Domitians findet sich hier zum ersten Male deus allein schon Sp 17, 4 etc. dann VII 34, 8 und X 72, 3; was also Sueton Domit. c. 13 erzählt vgl. Mommsen StR II² 736, 1, scheint erst im J. 89 oder kurz vorher geschehen zu sein: pari arrogantia cum procuratorum suorum nomine formalem dictaret epistolam, sic coepit: dominus et deus noster hoc fieri iubet. Unde institutum posthac, ut ne scripto quidem ac sermone cuiusdam appellaretur aliter.
3. 4. Das Theateredikt, durch welches Domitian die Bestimmungen der lex Julia über die Benutzung der Plätze im Theater, namentlich der ausschliesslichen Benutzung der quattuordecim subsellia durch

5 Phasis purpureis ruber lacernis
 Et iactat tumido superbus ore:
 ›Tandem commodius licet sedere.
 Nunc est reddita dignitas equestris.
 Turba non premimur nec inquinamur«
10 Haec et talia dum refert supinus,
 Illas purpureas et arrogantes
 Iussit surgere Leïtus lacernas.

IX.

Languebam: sed tu comitatus protinus ad me
 Venisti centum, Symmache, discipulis.
Centum me tetigere manus aquilone gelatae:
 Non habui febrem, Symmache, nunc habeo.

X.

›Esse quid hoc dicam, vivis quod fama negatur
 Et sua quod rarus tempora lector amat?«
Hi sunt invidiae nimirum, Regule, mores,
 Praeferat antiquos semper ut illa novis.

VIII 12. Leïtus *Schn*[2] Lectius *Schn*[1] *vgl. unten.*
 X 1. »Esse — amat?« *Gilbert*[3] *p. 518. Ohne Anführungszeichen Schn.*

X 1. Vgl. zu II 12, 1.

die Ritter neu einschärfte, wird in diesem Buch sehr oft erwähnt V
 s. 14; 23; 25; 27; 35; 38; 41, und wird also im J. 89 oder kurz vorher erlassen sein. Vgl. Frdl. bei Marquardt StV III 536, 6.
 12. *Leïtus* Der in E durchweg erhaltene, sonst in Ca mehrfach in Lectus, in P in Letus verdorbene Name kommt auch II. B 494 etc. vor. Einer der mit der Aufsicht über die Beobachtung des Theatergesetzes beauftragten Beamten dissignatores a. a. O. 537, 2. Vgl. V 14; 25; 35.
 IX. 2. *Symmache.* Ein damals in Rom bekannter Arzt. VI 70, 6 VII 18. 10. Ueber die Begleitung der Aerzte durch eine grosse Anzahl von Schülern bei ihren Krankenbesuchen vgl. SG I 302, 1 u. 5.
 X. 1. *Esse quid hoc dicam* = II 12, 1. Doch sind wegen nimirum v. 3 die beiden ersten Verse mit Gilbert als eine Frage des Regulus aufzufassen. 3. *Regule.* Zu I 12.

5   Sic veterem ingrati Pompei quaerimus umbram.
    Sic laudant Catuli vilia templa senes.
    Ennius est lectus salvo tibi, Roma, Marone
    Et sua riserunt saecula Maeoniden:
    Rara coronato plausere theatra Menandro.
10   Norat Nasonem sola Corinna suum.
    Vos tamen, o nostri ne festinate libelli
    Si post fata venit gloria, non propero.

XI.

Sardonychas, zmaragdos, adamantas, iaspidas uno
    Versat in articulo Stella, Severe, meus.
Multas in digitis, plures in carmine gemmas
    Invenies: inde est haec, puto, culta manus.

XI 2. Versat BPQ Ser Schn² portat TEX ABCFG Rand von Q Schn¹.

X 8. 9. Theodor. Priscian. l. IV init. Sua tempora lector non amat. hinc est illud clarissimum satyri distichon: Parva coronato plausere theatra Menandro Riseruntque suum saecula Maeoniden.

5. *Pompëi — umbram:* vgl. XI 47. 3 die oft erwähnte Platanenpflanzung bei der porticus Pompeia (Zu II 14. 10). Nach dieser Stelle gab es neuere schönere Promenaden und darunter wahrscheinlich von Domitian angelegte.

6. Der im J. 84 v. Chr. abgebrannte Capitolinische Jupitertempel wurde von Q. Lutatius Catulus neu erbaut, nach der abermaligen Zerstörung im Dezember 69 (zu V 5) und einem neuen Brande von Domitian mit einer vorher noch nicht dagewesenen Pracht neu aufgeführt. Becker Top. 399 f.

XI. 1. *Sardonychas zmaragdos.* Vgl. IV 28, 4. Für zmaragdos will L.Mueller r. m. p. 313 f. mit Heinsius smaragos schreiben. Doch auch wenn so ausgesprochen wurde, konnte M. sehr wohl die gewöhnliche Schreibung beibehalten.   *iaspidas.* Vgl. IX 59, 20.

2. *Stella.* Zu I 7.   *Severe.* Zu II 6, 3.

3. *gemmas.* In übertragener Bedeutung sehr selten: wol nur Sidon. Apoll. Epp. IV 22 Hesperius, gemma amicorum. Vgl. das scherzhafte Schreiben Augusts an Maecenas Macrob. Sat. II 4, 12: adamas Supernas, Tiberinum margaritum, Cilniorum smaragde, berulle Porsennae, carbunculum Hadriae.

4. *inde.* Aus dem Schatz von Juwelen, womit gleichsam seine Gedichte geschmückt waren.

XII.

Quod nutantia fronte perticata
Gestat pondera Maselion superbus
Aut grandis Linus omnibus lacertis
Septem quod pueros levat vel octo,
5 Res non difficilis mihi videtur,
Uno cum digito vel hoc vel illo
Portet Stella meus decem puellas.

XIII.

Sum, fateor, semperque fui, Callistrate, pauper,
Sed non obscurus nec male notus eques,
Sed toto legor orbe frequens et dicitur »Hic est«,
Quodque cinis paucis, hoc mihi vita dedit.
5 At tua centenis incumbunt tecta columnis

XII 1. perticata *BPQEF Ser Schn²* pertinaci *m Rand von QSchn¹*.
XII 2. Maselion *QEXBCFGO Gilbert* Meselion *P* Maxlion
A Masthlion *Scaliger Schn* Malchion *Bentley* 3. Linus *PQm Ser*
Ninus *EXABCGO Schn* nimis *F* 3. omnibus *codd.* obviis *Hus*
eminens *Schott*.

XIII 3. Ovid. Tr. IV 10, 128 et in toto plurimus orbe legor.
Pers. I 28 digito monstrari et dicier 'hic est.'

XII. Ueber die Künste der Athleten und Equilibristen vgl. IX 38
und SG II 274 ff.

1. *perticata*. Die mit einer Stange auf deren Spitze er die Gewichte balancirt versehene Stirn. Die Bedeutung wie bei dem ebenso gebildeten semitatus VI 74, 2.

3. *omnibus lacertis* für totis lacertis i. e. tota vi lacertorum im Gegensatz zu uno digito v. 6. Munro, Gilbert.

7. *decem puellas*. Vielleicht die neun Musen und Stellas Geliebte Violentilla auf einem mit 10 Steinen besetzten Ringe. Professor King in Cambridge dachte an die neun Musen und Minerva. Froehner Kritische Analekten Philol. Spplmtbd. V p. 36 f. Froehners eigene Erklärung: 10 weibliche Edelsteine weil die Alten bei den Edelsteinen mares und feminae unterschieden ist verfehlt.

XIII 2. *eques*. Zu III 95, 9.

3. 4. Derselbe Gedanke ähnlich ausgedrückt I 1.

5. XII 50, 3 Et tibi centenis stat porticus alta columnis. Anders centenis columnis III 19, 1.

Et libertinas arca flagellat opes.
Magnaque Niliacae servit tibi gleba Syenes.
Tondet et innumeros Gallica Parma greges.
Hoc ego tuque sumus: sed quod sum, non potes esse:
10 Tu quod es, e populo quilibet esse potest.

XIV.

Sedere primo solitus in gradu semper
Tunc, cum liceret occupare, Nanneius
Bis excitatus terque transtulit castra.
Et inter ipsas paene tertius sellas
5 Post Gaiumque Luciumque consedit.
Illinc cucullo prospicit caput tectus
Oculoque ludos spectat indecens uno.
Et hinc miser deiectus in viam transit.

6. *libertinas — opes.* Die Reichthümer der Freigelassenen waren sprichwörtlich. Senec. Epp. 27, 5 Calvisius Sabinus — et patrimonium habebat libertini et ingenium. SG I 348 ff.
flagellat. Zu II 30, 4.
7. *Niliacae — Syenes.* Vgl. I 86, 7 und X 11, 6 Cum tua Niliacus rura colonus aret.
8. *Parma.* Zu II 43, 4.
XIV. Vgl. zu V 8.
4. *sellas.* Wie es scheint die Sessel der Senatoren in der Orchestra, hinter welchen unmittelbar der primus gradus v. 1, die erste Reihe der quattuordecim subsellia ist. Dort bleibt Nanneius sitzen, indem er sich zwischen zwei Sesseln vor ihm sitzender Senatoren versteckt.
5. *Post Gaiumque Luciumque.* Beide Namen gehören zu denen, welche die Juristen zur Bezeichnung beliebiger Personen neben Maevius, Sejus und Titius oder in Verbindung mit denselben gebrauchen. Plutarch qu. Rom. 30 ὥσπερ οἱ νομικοὶ Γάιον Σήιον καὶ Λούκιον Τίτιον καὶ οἱ φιλόσοφοι Δίωνα καὶ Θέωνα παραλαμβάνουσιν. Tertullian. ad nat. I 4 quo more etiam nobis soletis: ›bonus vir L. Titius tantum quod Christianus‹, item alius: ›ego miror C. Sejum gravem virum factum Christianum‹. Vgl. Dirksen Manuale unter den angeführten Namen und Juv. 4, 13.
8. *viam.* Viae die auf den praecinctiones der cavea hinlaufenden Gänge, wo diejenigen standen, welche keine Sitzplätze finden konnten. Vgl. Frdl. bei Marquardt StV III 532, 1.

Subsellioque semifultus extremo
10 Et male receptus altero genu iactat.
Equiti sedere Leïtoque se stare.

XV.

Quintus nostrorum liber est, Auguste, iocorum,
  Et queritur laesus carmine nemo meo.
Gaudet honorato sed multus nomine lector,
  Cui victura meo munere fama datur.
5 »Quid tamen haec prosunt quamvis venerantia multos?«
  Non prosint sane, me tamen ista iuvant.

XVI.

Seria cum possim, quod delectantia malo
  Scribere, tu causa es, lector amice, mihi.
Qui legis et tota cantas mea carmina Roma:
  Sed nescis, quanti stet mihi talis amor.
5 Nam si falciferi defendere templa †Tonantis

XV 3. nomine *TPF* carmine *QE*ω *also* honoratus sed multo carmine . 5. multos *PQFω Schn*² multis *TEXAC*(*pr.B Schn*¹.

XVI 5. Tonantis' parentis *Frdl* tenacis *Haupt Opp. III* 500 togatus *Baehrens OHirschfeld* vocantis *Munro*.

XVI 2. Ovid. Tr. III 1, 2 lector amice Sidon. Apoll. Epp. IV 11, 22 amice lector .

11. *Leïto.* Zu V 8, 12.
XV. Vgl. SG III 398, 5 und 400, 8.
2. Zu I Epist. 1. 2.
XVI 3. VI 61, 3 Laudat, amat, cantat nostros mea Roma libellos.
5. *falciferi — Tonantis.* Tonantis ist verdorben, und jedenfalls der Tempel des auch XI 6, 1 falcifer genannten Saturn am Capitol gemeint, in welchem sich das Aerarium befand. Der Sinn: wenn ich Processe für das Aerarium führen wollte Mommsen StR II² 543—515 . Dann ist aber im folgenden Verse ve statt que unerlässlich, da die hier angeführten Vertheidigungen mit den Processen für das Aerar in durchaus keinem Zusammenhange stehen. Welches Wort es war, an dessen Stelle Tonantis vielleicht durch Reminiscenz an XI 94, 7 per templa Tonantis getreten ist, bleibt dahingestellt. Haupt unterstützt seine Vermuthung tenacis durch Hinweisung auf Saturnus tenax Firmic. Mat. II 10, Saturni quae stella tenax Aetna 244. Doch ist es

Sollicitisve velim vendere verba reis,
Plurimus Hispanas mittet mihi nauta metretas
Et fiet vario sordidus aere sinus.
At nunc conviva est comissatorque libellus,
10   Et tantum gratis pagina nostra placet.
Sed non et veteres contenti laude fuerunt,
Cum minimum vati manus Alexis erat.
»Belle« inquis »dixti: iuvat. et laudabimus usque.«
Dissimulas? facies me, puto, causidicum.

XVII.

Dum proavos atavosque refers et nomina magna.
Dum tibi noster eques sordida condicio est,
Dum te posse negas nisi lato, Gellia, clavo
Nubere, nupsisti, Gellia, cistifero.

XVIII.

Quod tibi Decembri mense, quo volant mappae

XVI 6. Sollicitisve *Frdl* Sollicitis velim *P* sollicitis vellem *Q* sollicitisque velim *Eω* Rand r. *Q Schn*.   13. juvat *nicht* vivat et laudabimus *T Schn* satis laudabimus *ür EXABFpr G* satius laudabimur *C* satis est, laudabimus *O Scr* satis est, laudabimur *PQω*.

XVI 6. Horat. C. IV 1, 11 pro sollicitis non tacitus reis.
10. Vgl. zu V 2, 2.
XVII 1. Ovid. Her. 16, 51 Et genus et proavos et regia nomina jactas. Ovid. Am. I 8, 17 Evocat antiquis atavos proavosque sepulcris.

fraglich, ob M. astrologische Kenntnis besass. Am annehmbarsten erscheint togatus d. h. als Anwalt, weil diese vor dem Gerichtshof in der Toga auftraten SG I 290, 7 und 8.

7. *Hispanas — metretas*. Oelfässer statt des Honorars; Oel gehörte zu den Hauptausfuhrartikeln Spaniens. Bluemner S. 130.

12. *Alexis*. Der angeblich von Maecenas dem Virgil geschenkte Lieblingsknabe. Vgl. VI 68, 6 VII 29, 7 VIII 56, 12 und Teuffel P. Vergilius Maro, StRE VI 2649 f.

14. *Dissimulas*. XI 108, 4 Lector, solve. Taces dissimulasque? Vale.
XVII 2. *condicio*. Zu III 33, 2.
3. 4. *lato — clavo Nubere*. SG I 235 f.
XVIII. Vgl. zu IV 88, 4.

Gracilesque ligulae cereique chartaeque
Et acuta senibus testa cum Damascenis.
Praeter libellos vernulas nihil misi.
5 Fortasse avarus videar aut inhumanus.
Odi dolosas munerum et malas artes:
Imitantur hamos dona: namque quis nescit.
Avidum vorata decipi scarum musca?
Quoticns amico diviti nihil donat.
10 O Quintiane. liberalis est pauper.

XIX.

Si qua fides veris. praeferri. maxime Caesar.
Temporibus possunt saecula nulla tuis.
Quando magis dignos licuit spectare triumphos?

XVIII 8. vorata musca *codd.* Schn[1] Gilbert[3] p. 518 musco *Brodaeus* Schn[2].
XIX 1. veris *TPF Schn* veri *QE-ϱ Scr.*

XIX 1. Ovid. Her. 17, 119 Si qua fides vero est. 3. Ovid. Ex P. II 2. 93 Felices. quibus hos licuit spectare triumphos. Ovid. Tr. IV 2. 19 Ergo omnis poterit populus spectare triumphos.

2. Sämmtlich wolfeile Saturnaliengeschenke. Zu ligulae vgl. V 19. 11 VIII 71, 9 XIV 120 Marquardt Prl. I 305.
3. XIII 29 vas Damascenorum.
4. *libellos vernulas.* Aus meinem Hause stammende: dagegen verna liber III 1. 6 stadtrömisch.
7. *hamos.* Zu IV 56, 5 und V 59. 3.
8. *vorata — musca.* Vorato — musco wollte Brodaeus lesen wegen der von Athenaeus VII p. 319 F aus Aristoteles angeführten Stelle: χαίρει δὲ ὁ σκάρος τῇ τῶν φυκίων τροφῇ· διὸ καὶ τούτοις θηρεύεται. Plin. N. h. IX 62 scarus solus piscium dicitur ruminare herbisque vesci. Falls M. dies wusste. war doch hier, wo er den scarus nur als Vertreter aller Fische nennt. nicht der Ort es anzubringen. vollends mit einem quis nescit. Vgl. Gilbert[3] p. 519.
10. *Quintiane.* Zu I 52.
XIX. Ueber die häufigen Klagen M.'s über den Geiz der Patrone gegen die Clienten SG I 337.
1. *maxime Caesar.* VI 4, 1 maxime censor. IX 36, 4 maxime rector.

Quando Palatini plus meruere dei?
5 Pulchrior et maior quo sub duce Martia Roma?
Sub quo libertas principe tanta fuit?
Est tamen hoc vitium, sed non leve, sit licet unum.
Quod colit ingratas pauper amicitias.
Quis largitur opes veteri fidoque sodali.
10 Aut quem prosequitur non alienus eques?
Saturnaliciae ligulam misisse selibrae
E lamnisve Tagi scripula tota decem

XIX 12. E lamnisve Tagi *oder* Flammea sive Tagi *Munro* Flammarisve togereri pala *T* flammarisve togae script ula *PQFO* flammarisve tole ser. *EX* flammaris vetulae scriptula scrupula *C ABCG* Flammarisve stolae *oder* Lamnalis cotulae *Hus* Flammataeve *so Rand von Q* togae scriptula *Ser* Flammarisve togae scripula *Sehn* Flaventisve auri ser. *Frdl*.

XIX 5. Cons. ad Liv. 246 Martia Roma.

4. Wann haben die Götter, die den Palatin beschützen, vor Allen Minerva, mehr Dank von uns verdient?

8. *colit — amicitias.* IX 84, 4 cultor amicitiae.

9. *veteri — sodali.* Zu I 54, 8.

10. Wem giebt ein Ritter das Geleit, dem er selbst durch das Geschenk des erforderlichen Census diesen Stand verliehen hat? XIV 122, 2 Felix, cui comes est non alienus eques. Vgl. zu IV 67, 1—4.

11. selibrae. Zu I 99, 15.

12. Flammarisve togae ist verdorben. Ohne Zweifel war der Gegenstand, der 10 scripula wog, von Gold. War das Wort vor scripula auri, so konnte das erste Wort Flammantis vgl. Scythicas virentis auri flammas XII 15, 3 oder Flaventis sein vgl. flavum metallum VIII 51, 5, decem flavos XII 65, 6, flava chrysendeta II 43, 11, flavescere auro IX 23, 1, flaventis auri auch Apulej. Met. VI 13. Da aber auri von dem überlieferten togae ziemlich weit ab liegt, hat Munro wol richtig E lamnisve Tagi vermuthet. Er erinnert an aurea lamna M. IX 22, 6 und Horat. C. II 2, 2 inimice lamnae.

scripula tota decem. 10 scripula = 11,37 Gramm. $\frac{1}{2}$ libra v. 11 = 163,73 Gr. Nimmt man den Werth des Goldes etwa 12 mal so hoch als den des Silbers an (Hultsch Metrol.[2] 306), so ist der Werth der beiden in diesem Verse genannten Geschenke nicht sehr verschieden.

Luxuria est, tumidique vocant haec munera reges:
   Qui crepet aureolos, forsitan unus erit.
15 Quatenus hi non sunt, esto tu, Caesar, amicus:
   Nulla ducis virtus dulcior esse potest.
Iam dudum tacito rides, Germanice, naso,
   Utile quod nobis do tibi consilium.

XX.

Si tecum mihi, care Martialis,
Securis liceat frui diebus,
Si disponere tempus otiosum
Et verae pariter vacare vitae:
5 Nec nos atria nec domos potentum
Nec lites tetricas forumque triste
Nossemus, nec imagines superbas;
Sed gestatio, fabulae, libelli,
Campus, porticus, umbra, Virgo, thermae
10 Haec essent loca semper, hi labores.

XIX 17. 18. *Interp. nach Gilbert³ p. 519 Schn*: naso nobis.

XIX 14. Ovid. A. a. III 422 Quem trahat, e multis forsitan unus erit.

XX 5. 6. Horat. Epod. 2, 7 Forumque vitat et superba civium Potentiorum limina.

13. *luxuria est* = II 63, 3 XI 70, 11 und 12.
tumidi — reges = II 18, 5.
14. *crepet aureolos*. XII 36, 3 Interdum aureolos manu crepantes.
17. *Germanice*. Zu II 2, 3.
naso. Zu I 3, 6.
XX. Vgl. zu I 15.
4. *verae — vitae*. Vgl. vivere v. 14 und zu I 15, 4.
5. *domos potentum*. XII 18, 4 limina — potentiorum.
9. *Virgo*. Die von Agrippa für die Speisung seiner Thermen im Marsfelde nach Rom geführte aqua Virgo, die jetzt Fontana Trevi bildet. Ihr Wasser galt für besonders angenehm zum Bade. Vgl. VI 42, 18 VII 32, 11 XI 48, 6 XIV 163, 2 Becker Top. 703 f. Jordan Topogr. I 1, 471 f. Lanciani Acque e acquedotti cap. VI dell'acqua Vergine.

Nunc vivit neenter sibi bonosque
Soles effugere atque abire sentit.
Qui nobis pereunt et inputantur.
Quisquam vivere cum sciat, moratur?

XXI.

Quintum pro Decimo, pro Crasso, Regule, Macrum
  Ante salutabat rhetor Apollodotus.
Nunc utrumque suo resalutat nomine. Quantum
  Cura laborque potest! Scripsit et edidicit.

XXII.

Mane domi nisi te volui meruique videre.
  Sint mihi, Paule, tuae longius Esquiliae.
Sed Tiburtinae sum proximus accola pilae.
  Qua videt antiquum rustica Flora Iovem:

XX 11. *neenter sibi bonosque* Sch nec ut ejus evis *A* ibo *bonosque* EXABC venter sibi bonosque F neuter s. b. que Q sibi neuter, heu, bonosque Ser Nunc vivi necem uterque scit bonosque *Madvig Adrers. II 163 f.*
XXI 2. *Apollodotus* Has Gronov Sch Ap p ollo dorus codd. Apollonius O Ser 4. *Scripsit et edidicit* PQEFω Ser *Gilbert*[2] *p. 643 (vgl. Gilbert*[3] *p. 519)* scripserat et dedicit T (didicit Sch.

XX 12 Catull. 5. 4 Soles occidere et redire possunt.

11. *neenter* statt des an dieser Stelle nicht verwendbaren neuter LMueller r. m. 268. ne alteruter quidem. Lachmann ad Lucr. V 839. Munro zu Lucr. II 23 IV 1217. Ribbeck Beitr. z. Lehre v. d. Latein. Partikeln S. 24.
14. *vivere*. Zu v. 4.
XXI. Aehnlich V 54. Verwandt sind die Epigramme des Lucillius 85 und 86 Anth. Gr. ed. Jacobs III p. 16 sq. T. II p. 335. Einl. S. 19 Anm.
1. *Regule*. Zu I 12.
XXII 2. *Paule*. Vielleicht ist hier an Velius Paulus zu denken Vgl. Mommsen Ind. Plin. SG III 446.
tuae — Esquiliae. X 56, 2 Aventinum — tuum.
3. *Tiburtinae — pilae*. Der nur hier vorkommende Name ist wahrscheinlich von einem am compitum oder im vicus aufgestellten Monument entlehnt. Jordan. Archaeol. Zeitg. IV 1871 S. 71.
4. *rustica Flora*. Der Floratempel auf dem Quirinal, wo M. da-

5 Alta Suburani vincenda est semita clivi
   Et nunquam sicco sordida saxa gradu.
   Vixque datur longas mulorum rumpere mandras
   Quaeque trahi multo marmora fune vides.
   Illud adhuc gravius, quod te post mille labores,
10 Paule, negat lasso ianitor esse domi.
   Exitus hic operis vani togulaeque madentis:
   Vix tanti Paulum mane videre fuit.
   Semper inhumanos habet officiosus amicos:
   Rex, nisi dormieris, non potes esse meus.

XXIII.

Herbarum fueras indutus, Basse, colores,
  Iura theatralis dum siluere loci.
Quae postquam placidi censoris cura renasci
  Iussit et Oceanum certior audit eques,

XXII 5. Suburani· suburbani *codd* 7. rumpere *PQSer Schn²* vincere *EFω Schn¹*.

XXII 10. Tibull. II 6, 48 haec negat esse domi.
mals zur Miethe wohnte zu I 117, 6. später ein eigenes Haus hatte
IX 97 X 58, 10 SG III 397, 9 und 10. Becker Top. 577.
antiquum — lorem. Varro L. l. V 32 p. 158 clivus proximus a
Flora susus versus Capitolium vetus, quod ibi sacellum Iovis, Iunonis, Minervae. Becker Top. 577.
5. X 19, 5 Altum vincere tramitem Suburae. Becker Top. I 533,
Jordan Top. I 510, 34 II 128.
7. *mulorum — mandras.* Vgl. Juven. 3, 237 stantis convicia
mandrae.
8. Vgl. die Schilderung der mit Marmorblöcken beladenen Lastwagen Juv. 3, 257 ss.
14. *Rex.* Zu I 112.
XXIII. Entweder war in dem Theateredikt Domitians zu V 8,
der früher geduldete Gebrauch farbiger bis auf scharlachrothe und
purpurne Kleidungsstücke verboten. Zu IV 2 und SG II 268. Oder
nach Gilbert Bassus muss jetzt kostbarere Tracht anlegen als vor
dem Edikt, um als Ritter zu gelten.
1. *fueras.* Zu I 103, 7.
3. *censoris.* Zu I 4, 7.   *placidi.* Zu VI 10, 6.
4. *Oceanum.* Zu III 95, 10.

5 Non nisi vel cocco madida vel murice tincta
Veste nites et te sic dare verba putas.
Quadringentorum nullae sunt, Basse, lacernae,
Aut meus ante omnes Cordus haberet equum.

XXIV.

Hermes Martia saeculi voluptas,
Hermes omnibus eruditus armis,
Hermes et gladiator et magister,
Hermes turba sui tremorque ludi,
5 Hermes, quem timet Helius, sed unum,
Hermes, cui cadit Advolans, sed uni,
Hermes vincere nec ferire doctus,
Hermes suppositicius sibi ipse,
Hermes divitiae locariorum,
10 Hermes cura laborque ludiarum.

XXIII 5. Horat. C. II 16, 36 murice tinctae Id. Epp. II 2, 181.
Ovid. F. II 319 murice tinctas Claudian. in Rufin. I 384 murice tinctis.

8. *Cordus* zeichnete sich durch die Eleganz seiner Kleidung aus.
II 57, 4 V 26. Der Sinn des letzten Distichon ist: Wenn elegante
Kleidung ausreichte, um einen Anspruch auf die Ritterplätze zu geben
wofür die Hauptbedingung der Census von 400000 Sesterzen war,
die Bassus eben nicht besass, so würde Cordus ihn vor Allen haben.
XXIV 3. *magister*. Lehrer der andern Gladiatoren. SG II 339 f.
4. D. h. um den sich die ganze Schule drängt, und den sie zugleich fürchtet.
5. 6. *Helius* und *Advolans* zwei damals berühmte, sonst nicht genannte Gladiatoren.
7. *vincere nec ferire*. Ohne Verwundung zu siegen wie X 56, 5
Non secat et tollit d. h. durch Entwaffnung des Gegners. Vgl. auch
zu V 70, 6.
8. *suppositicius sibi ipse*. Nach dem Kampfe noch so frisch, wie
ein für den Ermüdeten oder Ueberwundenen neu Eintretender. SG
II 346, 5. PJMeier De gladiatura Romana Bonn 1881 p. 50.
9. *locariorum*. Vermuthlich Spekulanten, die bei Schauspielen, die
für Eintrittsgeld gegebnen wurden, Plätze kauften, um sie höher wieder zu verkaufen. Frdl. bei Marquardt StV III 493, 2.
10. *ludiarum*. Vgl. Juven. 6, 104 und 266.

Hermes belligera superbus hasta.
Hermes aequoreo minax tridente.
Hermes casside languida timendus.
Hermes gloria Martis universi.
15 Hermes omnia solus et ter unus.

XXV.

»Quadringenta tibi non sunt, Chaerestrate: surge.
Leitus ecce venit: sta, fuge, curre, late.«
Ecquis, io, revocat discedentemque reducit?
Ecquis, io, largas pandit amicus opes?
5 Quem chartis famaeque damus populisque loquendum?
Quis Stygios non vult totus adire lacus?
Hoc, rogo, non melius, quam rubro pulpita nimbo
Spargere et effuso permaduisse croco?
Quam non sensuro dare quadringenta caballo,
10 Aureus ut Scorpi nasus ubique micet?
O frustra locuples, o dissimulator amici.
Haec legis et laudas? Quae tibi fama perit!

XXV 2. sta codd. Schn¹ st Schn² (vgl. zu II 27, 3).

11—13. Hermes war hiernach in 3 Waffengattungen geübt: 1 als veles diese führten Lanzen, 2 als retiarius, 3 in einer nicht zu bestimmenden Gattung. SG II 488 f.
13. casside languida bezieht Stephenson auf the drooping crest of the helmet eines Samniten, sehr unwahrscheinlich. Vielleicht sind die Worte verdorben.
XXV. Vgl. V 8 und 57 und in Bezug auf das Thema IV 67.
2. Leïtus. Zu V 8, 12.
6. Stygios — adire lacus = I 78, 4. Vgl. dort die Anm.
7. 8. Sprengungen mit Safran waren im Theater sehr beliebt. Frdl. bei Marquardt StV III 534, 3. Dass Freigebigkeit an arme Freunde behufs Erhebung in den Ritterstand der Verschwendung bei Schauspielen vorzuziehen sei, ist auch das Thema von IV 67.
10. Damit überall vergoldete Broncebüsten des Scorpus IV 67, 5 zu sehen sind. Ueber die Statuen und Büsten der Wagenlenker SG II 289 f.
11. dissimulator amici. Vgl. IV 88, 10.

XXVI.

Quod alpha dixi, Corde, paenulatorum
Te nuper, aliqua cum iocarer in charta,
Si forte bilem movit hic tibi versus,
Dicas licebit beta me togatorum.

XXVII.

Ingenium studiumque tibi moresque genusque
  Sunt equitis, fateor. Cetera plebis habes?
Bis septena tibi non sunt subsellia tanti,
Ut sedeas viso pallidus Oceano.

XXVIII.

Ut bene loquatur sentiatque Mamercus,
Efficere nullis, Aule, moribus possis:
Pietate fratres Curvios licet vincas,
Quiete Nervas, comitate Rusones.

XXVII 2. fateor. Cetera plebis habes? *Frdl* fateor, cetera pl
habes *Schn*. Ohne Annahme einer Lücke *Schn*[1] Lücke nach 3 *Schn*[2].
XXVIII 3. Curvios *Frdl* Curtios *Douza Schn* Curios *codd.*

XXVI. Vgl. II 57, 4.
4. *togatorum*. Mit der Nebenbedeutung von Clienten. Vgl. II 57, 5.
XXVII. Zu V 8.
2. *Cetera plebis habes?* XIV 174, 2. Fasst man dies als Frage, so
passt dazu das folgende Distichon als Antwort vollkommen und die
Annahme einer Lücke so Schn[2] p. XIV wird überflüssig. Der Mangel einer Anrede ist keineswegs auffallend: zu II 76. Das Lemma
ad Paulum in TR ist ein durch die Anrede Aule im folgenden Epigramm herbeigeführtes Versehen Q hat Ad Aulum.
4. *Oceano*. Zu III 95, 10.
XXVIII 2. *Aule*. Der Freund des Dichters Aulus Pudens. Zu
I 31.
3. *Curvios*. Die Brüder Domitius Tullus und Domitius Lucanus
die auch den Geschlechtsnamen Curvius führten. Zu I 36. Mommsen
Ind. Plin.: Cn. Domitius Afer Titius Marcellus Curvius Lucanus. SG
III 446.
4. *Nervas*. Eine Schmeichelei für den späteren Kaiser Nerva, dem
M. vom 8. Buch ab öfter huldigt: VIII 70 IX 26 X 72 XI 2; 4; 7
XII 6.
Rusones. Welcher Ruso hier gemeint ist, lässt sich nicht bestim-

5 Probitate Macros, aequitate Mauricos,
Oratione Regulos, iocis Paulos:
Robiginosis cuncta dentibus rodit.
Hominem malignum forsan esse tu credas
Ego esse miserum credo, cui placet nemo.

XXIX.

Si quando leporem mittis mihi, Gellia, dicis:
»Formosus septem, Maree, diebus eris.«
Si non derides, si verum, lux mea, narras,
Edisti nunquam, Gellia, tu leporem.

XXIX. Ael. Lamprid. vit. Alexandri Severi c. 38 multi septem diebus pulchros esse dicunt, qui leporem comederint, ut Martialis etiam epigramma significat, quod contra quandam Gelliam scripsit hujus modi:
Cum leporem mittis, semper mihi, Gellia, mandas:
»Septem formosus, Maree, diebus eris.«
Si verum dicis, si verum, Gellia, mandas,
Edisti nunquam, Gellia, tu leporem.

men. Ruso ist ein cognomen der Cremutii und Calvisii. SG III 415. Vgl. Asbach Consularfasten 68—96 Rheinl. Jahrbb. LXXIX 1885 S. 152 f. P. Calvisius Ruso .

5. *Macros*. Gemeint ist wahrscheinlich der Macer, an den X 17 und 78 gerichtet sind, wo er ebenfalls als rechtschaffen gerühmt wird. Nach X 17 war er curator viae Appiae, dann nach X 78 legatus Augusti pro praetore in Dalmatien. SG a. a. O.

Mauricos. Der hier gemeinte Iunius Mauricus kann, als dies Buch im Herbst 89 erschien, noch nicht verbannt gewesen sein.

6. *Regulos*. Zu I 12.

Paulos. Auch der hier gemeinte Paulus ist nicht mit Sicherheit zu bestimmen.

XXIX 1. 2. Plin. N. h. XXVIII 260 somnos fieri lepore sumpto in cibis Cato arbitrabatur, volgus et gratiam corporis in novem dies, frivolo quidem ioco, cui tamen aliqua subesse debeat caussa in tanta persuasione. H. A. Alex. Sever. c. 38 et quoniam de lepusculis fa ta est mentio, quod ille leporem cotidie haberet, iocus poëticus emersit ideirco, quod multi septem diebus pulchros esse dicunt eos qui leporem comederint, ut Martialis etiam epigramma significat, quod contra quandam Gelliam scripsit huiusmodi — — — sed hos versus Martialis in eam, quae deformis esset, composuit.

3. *lux mea*. Vgl. VII 14, 7.

XXX.

Varro, Sophocleo non infitiande cothurno,
  Nec minus in Calabra suspiciende lyra.
Differ opus, nec te facundi scaena Catulli
  Detineat, cultis aut elegia comis:
5 Sed lege fumoso non aspernanda Decembri
  Carmina, mittuntur quae tibi mense suo.
Commodius nisi forte tibi potiusque videtur.
  Saturnalicias perdere, Varro, nuces.

XXXI.

Aspice, quam placidis insultet turba iuvencis
  Et sua quam facilis pondera taurus amet.
Cornibus hic pendet summis, vagus ille per armos
  Currit et in toto ventilat arma bove.
5 At feritas immota riget: non esset harena
  Tutior et poterant fallere plana magis.
Nec trepidant gestus, sed de discrimine palmae
  Securus puer est, sollicitumque pecus.

XXX 1. Verg. Ecl. 8, 10 sola Sophocleo tua carmina digna cothurno. Ovid. Am. I 15, 15 Sophocleo venit iactura cothurno.
XXX 5. Ovid. Tr. II 491 fumosi mense Decembris.

XXX 1. *Varro*. Sonst nicht erwähnt. Vgl. SG III 449.
Sophocleo — cothurno. Vgl. III 20, 7.
non infitiande. IX 99, 3 Marcus Palladiae non infitiande Tolosae Gloria etc.
2. *Calabra — lyra*. Die Lyra des Horaz, der auch VIII 18, 5 XII 94. 5 irrthümlich Calabrier statt Apulier genannt wird. Gilbert p. 4, 3.
3. *facundi scaena Catulli*. Die Bühne der Mimen, zu deren hervorragendsten Dichtern im 1. Jahrhundert ein Catullus gehörte. Teuffel RLG 285, 1 wo die Martialstellen fehlen. Er ist auch vielleicht einer der duo Catuli XII 83, 4 doch vgl. die Anm.
8. *Saturnalicias — nuces* = VII 91, 2. Das Spielen mit Nüssen an den Saturnalien auch V 84, 1 XIII 1, 7 XIV 1, 12 XIV 185, 2.

XXXI. Auf Darstellungen und Tänze, die von Knaben im Amphitheater auf dem Rücken von Stieren ausgeführt wurden. SG II 361, 2.

XXXII.

Quadrantem Crispus tabulis, Faustine, supremis
Non dedit uxori. »Cui dedit ergo?« Sibi.

XXXIII.

Carpere causidicus fertur mea carmina: qui sit,
Nescio: si sciero, vae tibi, causidice.

XXXIV.

Hanc tibi, Fronto pater, genetrix Flaccilla, puellam
Oscula commendo deliciasque meas.
Parvula ne nigras horrescat Erotion umbras
Oraque Tartarei prodigiosa canis.
5 Inpletura fuit sextae modo frigora brumae,
Vixisset totidem ni minus illa dies.
Inter tam veteres ludat lasciva patronos
Et nomen blaeso garriat ore meum.

XXXIII 1. qui sit *RTQEF*ω *Ser Gilbert*² *p. 643* quis *CG corr. B Schn.*
XXXIV 3. Parvula *RTQE.ACG corr. B* parvola *pr B V* pallida *PXFO corr. V*.

XXXIV. 5. Ovid. Tr. IV 7, 1 post frigora brumae Tibull. I 4, 5 producis frigora brumae.

XXXII. Philogelos Hieroclis et Philagrii facetiae ed. Eberhardt p. 26 φιλάργυρος διαθήκας γράφων ἑαυτὸν κληρονόμον ἔταξε. Lucill. ep. 99 Anth. Gr. ed. Jacobs III p. 49 T. II p. 338,:
Θνήσκων Ἑρμοκράτης ὁ φιλάργυρος ἐν διαθήκαις
αὑτὸν τῶν ἰδίων ἔγραψε κληρονόμον κτλ.
1. *Quadrantem.* Den vierten Theil der Erbschaft. *tabulis supremis* = VI 63, 3. Vgl. V 39, 1.
XXXIII 1. *qui sit.* Qui kann adjektivisch gefasst werden; doch auch substantivisch. Gilbert² 643 f. und Neue Formenl. II² 219.
XXXIV. Auf den Tod einer beinahe sechsjährig gestorbenen Lieblingssklavin oder Freigelassenen Erotion vgl. V 37 X 61 in der Form einer Empfehlung an die Seelen seiner Eltern, Valerius Fronto und Flaccilla, in der Unterwelt.
5. *sextae — frigora brumae.* VII 65, 1 bis decimae numerantem frigora brumae.
8. *blaeso — ore.* X 65, 10.

Mollia non rigidus caespes tegat ossa, nec illi,
10   Terra, gravis fueris: non fuit illa tibi.

XXXV.

Dum sibi redire de Patrensibus fundis
Ducena clamat coccinatus Euclides
Corinthioque plura de suburbano
Longumque pulchra stemma repedit a Leda
5 Et suscitanti Leito reluctatur:
Equiti superbo, nobili, locupleti
Cecidit repente magna de sinu clavis.
Nunquam, Fabulle, nequior fuit clavis.

9. 10. Eine erweiternde Umschreibung des auf Grabschriften gewöhnlichen Nachrufes: sit tibi terra levis. Wilmans. Exempl. inscr. II p. 693 und Jahn ad Pers. 1, 37. Vgl. VI 52, 5 VI 68, 12 u. IX 29, 11 wo diese Formel zu einer Verwünschung benutzt ist. Aehnliches auch auf griechischen Grabschriften: Kaibel Epigr. 538, 7 = CIG II 2113 c Theudosia: ἔστω σοι ὁ πᾶς κοῦφος λίθος. 551, 4 = CIG III 6261 cf. p. 1266 Rom: κούφη, σοι κόνις ἥδε πέλοι. 569 = CIG 6200 Rom 5 ἀλλά σὺ γαῖα πᾶσιν ἀγαθὴ κούφη, τ'Αχολάιῳ. 329 Mytilene. εὐξάμενος κούφην sc. γῆν. Daher ist schwerlich mit Lessing VIII 514 an Nachahmung eines bestimmten Epigramms zu denken, wie Meleager Anth. Gr. T. 1 35 CXXI ed. Jacobs 1794:

Παμμῆτορ γῆ, χαῖρε, σὺ τὸν πάρος οὐ βαρὺν εἰς σὲ
Αἰσγίνην καὐτή, νῦν ἐπέχοις ἀβαρίς.

Wie nahe diese Wendung lag, zeigt auch der von Jahn l. l. angeführte Schluss einer Grabschrift Meyer Anthol. lat. 1349: Terraque, quae mater nunc est, sibi sit levis, oro. Namque gravis nulli vita fuit pueri.

XXXV 1. *redire de Patrensibus fundis*. Vgl. IV 37, 4.

2. *Ducena* sc. annua.

coccinatus. Zu V 23, 1.

4. Stammbäume, die bis in die Heroenzeit zurückreichten, waren damals in Griechenland nicht selten. SG I 216, 2.

5. *Leito*. Zu V 8, 12.

6. Vgl. V 37, 22.

7. *clavis*. Vielleicht verrieth sich der angebliche Ritter durch den Schlüssel als ein Sklave, dem der Verschluss eines Theils des Hausraths aufgetragen war. Jedenfalls war es undenkbar, dass Leute von Stande etwas derartiges bei sich trugen.

8. *Fabulle*. An einen Fabullus auch XII 20 und 22 VI 72.

XXXVI.

Laudatus nostro quidam, Faustine, libello
Dissimulat, quasi nil debeat: imposuit.

XXXVII.

Puella senibus dulcior mihi cygnis,
Agna Galaesi mollior Phalantini,
Concha Lucrini delicatior stagni,
Cui nec lapillos praeferas Erythraeos,
5 Nec modo politum pecudis Indicae dentem
Nivesque primas liliumque non tactum:
Quae crine vicit Baetici gregis vellus
Rhenique nodos aureamque nitellam:
Fragravit ore, quod rosarium Paesti.

XXXVII 8. n'm itellam *QEXBFO Schn* nitelam ω.

XXXVII 2. Horat. C. II 6, 10 Dulce pellitis ovibus Galaesi Flumen et regnata — Laconi Rura Phalantho. 3. Vgl. zu III 20, 20. 9. Zu XII 31, 3.

9. *rosarium Paesti.* Zu IV 42, 10.
XXXVI 1. *Faustine.* Zu I 27.
2. Er thut so, als ob er mir für das Lob nicht ein Geschenk schuldig sei; ich habe mich in ihm getäuscht. Vgl. IV 40, 10 SG III 398, 4.
XXXVII. Zu V 34.
1. *senibus — cygnis* = IX 12, 2. Die dem Tode nahen und daher mit Gesang begabten Schwäne, vgl. XIII 77.
2. *Galaesi.* Zu II 43, 3.
Phalantus. Der Gründer von Tarent. VIII 28, 3.
3. *Lucrini — stagni.* Zu I 62, 3.
4. *lapillos — Erythraeos* = IX 2, 9; 13, 5. Vgl. VIII 28, 14. Nach der Bedeutung von mare Erythraeum als dem an die Küsten Arabiens, Persiens und Indiens reichenden Meer; daher dentis Erythraei XIII 100 von indischen Elephanten.
5. *pecudis Indicae dentem.* X 98, 6 Indicosque dentes.
6. *Nivesque primas.* Vgl. I 115, 3 II 29, 4 VIII 28, 15.
7. *Baetici gregis vellus.* Zu I 96, 5.
8. *Rhenique nodos.* Zu Sp 3, 9.
aureamque nitellam. Nitella zusammengezogen aus nitedula, auch Plin. N. h. VIII 224 conditi enim et hi glires cubant — simili et nitellis quiete; über die Schreibung mit ll Lachmann ad Lucret. p. 204. Die Farbe ihres Felles zur Bezeichnung einer Farbe auch Plin. N. h. XVI 177 alteram salicem vocant nitellinam a colore.

10 Quod Atticarum prima mella cerarum,
  Quod sucinorum rapta de manu gleba:
  Cui comparatus indecens erat pavo,
  Inamabilis sciurus et frequens phoenix:
  Adhuc recenti tepet Erotion busto.
15 Quam pessimorum lex amara fatorum
  Sexta peregit hieme, nec tamen tota.
  Nostros amores gaudiumque lususque,
  Et esse tristem me meus vetat Paetus,
  Pectusque pulsans pariter et comam vellens.
20 »Deflere non te vernulae pudet mortem?
  Ego coniugem« inquit »extuli, et tamen vivo.
  Notam, superbam, nobilem, locupletem.«
  Quid esse nostro fortius potest Paeto?
  Ducenties accepit, et tamen vivit.

XXXVIII.

Calliodorus habet censum — quis nescit? — equestrem.
  Sexte, sed et fratrem Calliodorus habet.
»Quadringenta secа.« qui dicit. σύκα μερίζει·

XXXVII 12. pavo *QF* *Ser* pano *T*   pavus *EXABCG Schn*.
16. peregit *codd*.   peremit *O Polak Progr. Erasmianensch. Gymnas.
1882 83 p. 3; vgl. unten*.   22. fehlt in *T*   Notam *P?Q*   Noram
EXBFG Noras *Sch*[1] *Anmerkung*.
XXXVIII 3. seca — μερίζει *Paley*   secat — me i rice *codd*.
secat — μίσχε *Schn*   seca *Rutgers*   seca et qui *Rooy*.

10. *Atticarum — cerarum*. Vgl. z. B. XIII 104 u. 108.
11. Zu III 65, 5 und XI 8.
16. *peregit*. X 61 Ille festinata requiescit Erotion umbra, Crimine
quam fati sexta *peremit* hiems. Trotzdem ist die durchaus überein-
stimmende Ueberlieferung weder hier mit Polak in peremit, noch X
61, 2 mit Hs. in peregit zu ändern.
19. Vgl. II 11, 5.
22. *Notam*. VI 28, 1 libertus Melioris ille notus. VII 29, 2 Quo
nemo est toto notior orbe puer. Die übrigen Prädikate auch V 35, 6.
XXXVIII 2. *Sexte*. Vermuthlich der V 5 angeredete.
Calliodorus habet = IX 21, 2.
3. σύκα μερίζει. So ist zu lesen, da durch die sprichwörtliche

Uno credis equo posse sedere duos?
5 Quid cum fratre tibi, quid cum Polluce molesto?
　Non esset Pollux si tibi, Castor eras.
Unus cum sitis, duo, Calliodore, sedetis?
　Surge: σολοικισμόν, Calliodore, facis.
Aut imitare genus Ledae — cum fratre sedere
10 　Non potes —: alternis, Calliodore, sede.

XXXIX.

Supremas tibi tricies in anno
Signanti tabulas, Charine, misi
Hyblaeis madidas thymis placentas.
Defeci: miserere iam, Charine:
5 Signa rarius, aut semel fac illud,
Mentitur tua quod subinde tussis.
Excussi loculosque sacculumque:
Croeso divitior licet fuissem,
Iro pauperior forem, Charine,
10 Si conchem toties meam comesses.

XXXVIII 7. sedetis? *Gilbert* sedetis. *Schn.*

XXXVIII 8. Auson. epigr. 73 (138, 4 da rectum casum: jam solicismus eris.)

Redensart die Aufforderung zur Theilung des ritterlichen Census als ungereimt charakterisirt werden soll, nicht umgekehrt.
　6. *Pollux* ist hier als Faustkämpfer, *Castor* als Reiter Κάστορα δ' ἱππόδαμον καὶ πὺξ ἀγαθὸν Πολυδεύκεα Il. T 237. Preller GM II 102, 1 gedacht, wobei M. mit der doppelten Bedeutung von eques Reiter und Ritter spielt.
　XXXIX 1. *Supremas.* Zu V 32, 1. Ueber den Kunstgriff zur Anlockung von Erbschleichern, oft zu testiren. SG I 370, 5 und 6.
　6. Vgl. II 26, 1.
　7. *sacculumque.* Hier und XI 3, 6 nescit sacculus ista meus catullisch Catull. 13, 8. Paukstadt p. 23.
　9. *Iro.* Vgl. VI 77, 1 XII 32, 9.
　10. *conchem.* Ein sehr grobes und wohlfeiles Bohnengericht. VII 78 XIII 7. Juven. 3, 293.

XL.

Pinxisti Venerem, colis, Artemidore, Minervam
Et miraris, opus displicuisse tuum?

XLI.

Spadone cum sis eviratior fluxo,
Et concubino mollior Celaenaeo,
Quem sectus ululat matris entheae Gallus,
Theatra loqueris et gradus et edicta,
5 Trabeasque et Idus fibulasque censusque,
Et pumicata pauperes manu monstras.
Sedere in equitum liceat an tibi scamnis,
Videbo, Didyme: non licet maritorum.

XLII.

Callidus effracta nummos fur auferet arca,
Prosternet patrios impia flamma lares:
Debitor usuram pariter sortemque negabit.

XLII. Vincent. Bellov. Spec. D. VI 73. Callidus afflata — aufert.
3. pariter cum sorte.

XL. Vgl. I 102.
1. *colis — Minervam*. Als Schutzgöttin aller Künstler. Ovid. Fast.
III 809.
XLI. 2. *Celaenaeo*: Attis, von Celaenae in Gross-Phrygien. Vgl.
XIV 204.
3. *entheae*. Vgl. XI 84, 4; entheata XII 57, 11. Ueber die Aufzüge der Galli Marquardt StV III 369.
4. *gradus et edicta*. D. h. das oder die Theateredikte, welche die Benutzung der verschiedenen Sitzreihen gradus regelten, namentlich die der Ritterplätze. Zu V 8.
5. Lauter Insignien und Kennzeichen der Ritter: trabea ihre Festtracht, in der sie an den Iden des Juli an dem Censor vorbeidefilirten. Madvig Verf. und Verw. d. r. St. I 164; fibulae wol als Auszeichnungen der Militärtribunen, die dem Ritterstande angehörten. SG I 176.
6. *pumicata*. Mit Bimstein geglättet. Vgl. z. B. XIV 205.
7. S. *scamnis — maritorum*. Suet. Aug. c. 44 maritis e plebe propius ordines assignavit. Frdl. bei Marquardt StV III 535, 3. Auch diese Bestimmung Augusts war ohne Zweifel von Domitian neu eingeschärft worden.

Non reddet sterilis semina iacta seges.
5 Dispensatorem fallax spoliabit amica,
   Mercibus extructas obruet unda rates.
Extra fortunam est, si quid donatur amicis.
   Quas dederis, solas semper habebis opes.

XLIII.

Thais habet nigros, niveos Laecania dentes.
   Quae ratio est? Emptos haec habet, illa suos.

XLIV.

Quid factum est, rogo, quid repente factum est.
Ad cenam mihi, Dento, quod vocanti —
Quis credat? — quater ausus es negare?
Sed nec respicis et fugis sequentem.
5 Quem thermis modo quaerere et theatris
Et conclavibus omnibus solebas.
Sic est, captus es unctiore mensa
Et maior rapuit canem culina.
Iam te, sed cito, cognitum et relictum
10 Cum fastidierit popina dives.
Antiquae venies ad ossa cenae.

XLII 7. si quid *Fris.* QEX.ABCFG *Schn* quidquid ω *Ser.*
XLIV 1. factum est PQ *Schn*² factum EF ω *Schn*¹.

XLII 5. Priap. 68, 13 spoliavit amica. 6. Ovid. Her. 7, 78 obruet unda deos Tr. I 2, 106 obruat unda caput Tr. I 2, 31 vultus obruit unda meos. Prop. I 8, 10 provectas auferet unda rates.
XLIV 7. S. S. unten.

XLII. Vincent. Bellov. Sp. D. VI 73 4. steriles — fruges.
5. spoliabat. 6. obruit. 7. quidquid — opes. v. s auch Sp. D.
V 47 Quasi — sic — dederis etc.] und VI 72.

XLIII. Vgl. XII 23.
XLIV 2. *Dento.* Ein bezeichnender Name.
7. 8. Vielleicht mit Reminiscenz an Horat. Sat. II 5, 83 ut canis a corio nunquam absterrebitur uncto.
9. *sed.* Zu I 117, 7.

XLV.

Dicis formosam, dicis te, Bassa, puellam.
Istud quae non est dicere, Bassa, solet.

XLVI.

Basia dum nolo nisi quae luctantia carpsi,
Et placet ira mihi plus tua, quam facies.
Ut te saepe rogem, caedo, Diadumene, saepe.
Consequor hoc, ut me nec timeas nec ames.

XLVII.

Nunquam se cenasse domi Philo iurat, et hoc est:
Non cenat, quotiens nemo vocavit eum.

XLVIII.

Quid non cogit amor? secuit nolente capillos
Encolpos domino, non prohibente tamen.
Permisit flevitque Pudens: sic cessit habenis
Audaci questus de Phaethonte pater:
5 Talis raptus Hylas, talis deprensus Achilles
Deposuit gaudens, matre dolente, comas.
Sed tu ne propera — brevibus ne crede capillis —
Tardaque pro tanto munere, barba, veni.

XLV 2. quae ꝓEXABCFGO quod *T (nicht quae) R*ω quod
aus quae corr. *Q.* solet *PQEF*ω soles *R corr. T.*
XLVIII 2. Encolpos *QF* olpo *P* Encolpus *Eω Schn* 5. Talis
— talis *Gilbert* 7. ne propera *PQEX corr. ABFG* nec ω *Scr* ne
crede *PFCG Gilbert*[3] *p.* 519 nec crede *Fω* nec corr. aus ne *Q.*

XLVI 1. Vgl. zu IV 22, 7.

XLV 1. *formosam — puellam.* Schön und jung. Vgl. IX 66, 1.
XLVI 1. *luctantia carpsi.* Vgl. IV 22, 7.
3. *Diadumene.* Vgl. III 65, 9.
XLVII. Zu II 11.
XLVIII. Zu I 31.
5. *Talis raptus Hylas.* X 4, 3 Quid tibi raptus Hylas. Vgl. auch
XII 84, 3.
deprensus Achilles. Unter den Töchtern des Lycomedes. XII 82,
10 Achilleas disposuisse comas.
7. 8. Derselbe Wunsch in andrer Form IX 17, 7. 8.

XLIX.

Vidissem modo forte cum sedentem.
Solum te, Labiene, tres putavi.
Calvae me numerus tuae fefellit:
Sunt illinc tibi, sunt et hinc capilli.
5 Quales vel puerum decere possint:
Nudum est in medio caput, nec ullus
In longa pilus area notatur.
Hic error tibi profuit Decembri,
Tum, cum prandia misit Imperator:
10 Cum panariolis tribus redisti.
Talem Geryonem fuisse credo.
Vites, censeo, porticum Philippi:
Si te viderit Hercules, peristi.

L.

Ceno domi quotiens, nisi te, Charopine, vocavi,
Protinus ingentes sunt inimicitiae.
Meque potes stricto medium transfigere ferro,

L. 3. potes *EXABFG Gilbert?* p. *644* putes *PQ* petis ω *Raudr Q Ser* velis *T Sehn.*

XLIX. Verwandt X 83. Sehr auffallend ist bei M. der oft wiederholte Spott über Kahlköpfigkeit, da Domitian, dem dies Buch gewidmet ist, calvitio ita offendebatur, ut in contumeliam suam traheret, si cui alii ioco vel iurgio obiectaretur. Suet. Dom. c. 18. Da Domitian bereits in adulescentia das Haar zu verlieren anfing l. l., muss er damals im Alter von 38 Jahren schon kahl gewesen sein. Eine Mahnung zur Vorsicht bei der Benutzung von Aeusserungen der Autoren zu chronologischen Bestimmungen.

8. *Decembri.* Wol bei dem von Stat. S. I 6 besungenen Nachtfest am 1. Dezember, wobei eine Bewirthung des ganzen Volks im Amphitheater stattfand SG III 442. Die Gründe, nach welchen Kerekhoff Duae Quaestiones Papinianae p. 12 sq. dasselbe nicht in das J. 88, sondern 82 setzen will, finde ich nicht überzeugend.

12. *porticum Philippi.* Dieselbe umgab den von Fulvius Nobilior erbauten, von L. Marcius Philippus erweiterten Tempel des Hercules Musarum. Becker Top. 612.

L. 1. *Ceno domi.* Zu II 11.
3. *potes.* Du bist dazu im Stande, kannst es über dich gewinnen,

Si nostrum sine te scis caluisse focum.
5 Nec semel ergo mihi furtum fecisse licebit?
Improbius nihil est hac, Charopine, gula.
Desine iam nostram, precor, observare culinam.
Atque aliquando meus det tibi verba cocus.

LI.

Hic, qui libellis praegravem gerit laevam,
Notariorum quem premit chorus levis,
Qui codicillis hinc et inde prolatis
Epistolisque commodat gravem vultum
5 Similis Catoni Tullioque Brutoque,
Exprimere, Rufe, fidiculae licet cogant,
Have Latinum, χαῖρε non potest Graecum.
Si fingere istud me putas, salutemus.

LII.

Quae mihi praestiteris memini semperque tenebo.
Cur igitur taceo, Postume? Tu loqueris.
Incipio quotiens alicui tua dona referre,
Protinus exclamat »Dixerat ipse mihi.«
5 Non belle quaedam faciunt duo: sufficit unus

1. 8 cocus *QEXACF* cocuus *P* coquus *ω* See Gilbert p. 25.
focus *T Schu.*
LI 4. vultum] volitum *E* voltum *X Schu.*

LII. Vincent. Bellov. Sp. D. V 52 Marcialis coquus ,Quae mihi
etc. — 4. dixerat ille mihi. — 5. quoddam —.'

wie I 11, 5 Unde potest avidae captae leo parcere praedae? Vgl.
Verg. G. III 153. A. XI 325. Gilbert² p. 644.
LI 2. *Notariorum — chorus levis.* Die Stenographie wurde noch
zu Diocletians Zeit in den Schulen gelehrt. Edict. Diocl. c. 7 de
mercedibus operariorum. L. 68 notario in singulis pueris menstruos
denarios septuaginta quinque.
Der Verspottete giebt sich den Anschein eines gelehrten und
vielbeschäftigten Sachwalters, während er kein Wort richtig zu sprechen im Stande ist.
LII 4. *dixerat.* Zu I 107, 3.

Huic operi: si vis, ut loquar, ipse tace.
Crede mihi, quamvis ingentia, Postume, dona
Auctoris pereunt garrulitate sui.

LIII.
Colchida quid scribis, quid scribis, amice, Thyesten?
Quo tibi vel Nioben, Basse, vel Andromachen?
Materia est, mihi crede, tuis aptissima chartis
Deucalion vel, si non placet hic, Phaethon.

LIV.
Extemporalis factus est meus rhetor:
Calpurnium non scripsit, et salutavit.

LV.
Dic mihi, quem portas, volucrum regina? »Tonantem.«
Nulla manu quare fulmina gestat? »Amat.«
Quo calet igne deus? »Pueri.« Cur mitis aperto
Respicis ore Iovem? »De Ganymede loquor.«

LVI.
Cui tradas, Lupe, filium magistro.
Quaeris sollicitus diu rogasque.

LII. Vincent. Bellov. Sp. D. V 52. 7. Postume donec. 8. Auctoris peremit garrulitate sui.
LVI. Steht im Parisin. 8069. s. XI Fol. 1ᵇ am Rande. Baehrens Phu IV p. 17.

LIII 4. Für deine Schriften passt am besten Wasser oder Feuer. Zu I 5, 2. Lucill. 93 Anthol. Gr. ed. Jacobs III p. 48 T. II p. 337;:
Γράφεις Δευκαλίωνα, Μενέστρατε, καὶ Φαέθοντα,
Ζητεῖς τίς τούτων ἄξιός ἐστι τίνος.
Τοῖς ἰδίοις αὐτοὺς τιμήσομεν, ἄξιος ὄντως
Ἔστι πυρὸς Φαέθων, Δευκαλίων ὕδατος.

LIV. Aehnlich V 21.
LV. Auf ein Bild des vom Adler getragenen Jupiter.
LVI. 1. *Lupe.* Ein Freund des Dichters; vgl. X 48, 6. An ihn X 40 XI 88, wol auch VI 79; an den übrigen Stellen, wo der Name vorkommt, ist es theils sicher, dass er als ein beliebiger gewählt ist, theils wenigstens unwahrscheinlich, dass der hier Angeredete gemeint ist VII 10 XI 55; 108; zweifelhaft ist es auch XI 18.

Omnes grammaticosque rhetorasque
Devites, moneo: nihil sit illi
5 Cum libris Ciceronis aut Maronis:
Famae Tutilium suae relinquas:
Si versus facit, abdices poetam.
Artes discere vult pecuniosas?
Fac discat citharoedus aut choraules:
10 Si duri puer ingeni videtur,
Praeconem facias vel architectum.

LVII.

Cum voco te dominum, noli tibi, Cinna, placere:
Saepe etiam servum sic resaluto tuum.

LVIII.

Cras te victurum, cras dicis, Postume, semper.
Dic mihi, cras istud, Postume, quando venit?

LVI 5—9. *Interp. nach Gilbert p. s. Schm.* Maronis. relinquas. poetam: pecuniosas, choraules.

LVII. Vincent. Bellov. Sp. d. V 128 Martialis coquus .Cum voco — cuna placere Sepe etenim servum sic resaluto meum'.

LVIII. Vincent. Bellov. Sp. d. VI 23 Martialis coquus Cras te victurum etc. — posthume. 2. quandoque.

2—6. Ueber die geringen Einnahmen der Rhetoren und Sachwalter SG I 288 und 291 f.

6. *Tutilium* der Name richtig erhalten nur in pr.P und pr.Q. Ein als Schriftsteller damals bekannter Rhetor. Quintil. III 1, 21. Plin. Epp. VI 32. 1. Teuffel RLG 326, 1.

7. Ueber die Aussichtslosigkeit des dichterischen Berufes SG III 381 ff.

8. Ueber die Auslassung von si vgl. II 44, 1.

9. *discat:* er gehe in die Lehre als etc. discens Lehrling . *citharoedus aut choraules* = XI 75, 3. Ueber die grossen Einnahmen der Musiker SG I 279 III 315 f.

10. *ingeni.* Zu I 26. 7.

11. *Praeconem — architectum.* Ueber die sehr grossen Einnahmen der praecones Auktionatoren SG I 278; der Baumeister I 279.

LVII. Begegnende, auf deren Namen man sich nicht besann, wurden nach Seneca Epp. 3, 1 mit domine angeredet; so konnte diese Anrede selbst einem Sklaven zu Theil werden. SG I 400.

Quam longe eras istud, ubi est? aut unde petendum?
Numquid apud Parthos Armeniosque latet?
5 Iam eras istud habet Priami vel Nestoris annos.
Cras istud quanti, die mihi, possit emi?
Cras vives? hodie iam vivere, Postume, serum est:
Ille sapit, quisquis, Postume, vixit heri.

LIX.

Quod non argentum, quod non tibi mittimus aurum,
  Hoc facimus causa, Stella diserte, tua.
Quisquis magna dedit, voluit sibi magna remitti:
  Fictilibus nostris exoneratus eris.

LX.

Allatres licet usque nos et usque
Et gannitibus improbis lacessas,
Certum est hanc tibi pernegare famam.
Olim quam petis, in meis libellis
5 Qualiscunque legaris ut per orbem.
Nam te cur aliquis sciat fuisse?
Ignotus pereas, miser, necesse est.
Non deerunt tamen hac in urbe forsan

LVIII 3. longe eras istud, ubi est? longe *PQEFω Gilbert*³ p. 520 *f.* longe est ℔ *Fris. Ser Schn Interp. nach Gilbert* eras istud? ubi est? *Schn*   7. serum est *QEFω Ser* tardum est *P Fris. Schn.*
  LX 5. orbem *Eω* urbem *PQF.*

LVIII. Vincent. Bellov. Sp. d. VI 23. 3. Quam longe eras istud ubi est: aut etc. 7. hodie jam vives — serum est — 8. vixit heri. Non est, crede mihi, sapientis dicere, vivam I 15, 11.

LVIII. Zu I 15. Den Namen Postumus in einer Ermahnung das Leben zu geniessen', ehe es zu spät ist, hat M. mit Erinnerung an das Horazische Eheu fugaces Postume, Postume C. II 14 gewählt.
 5. *Priami vel Nestoris.* Zu II 64, 3.
 LIX 1. *argentum — aurum.* Silberne und goldene Geräthe. Zu IV 88, 3.
 2. *Stella.* Zu I 7, 1.
 3. Vgl. V 18.

Unus vel duo tresve quattuorve.
10 Pellem rodere qui velint caninam:
Nos hac a scabie tenemus ungues.

LXI.

Crispulus iste quis est, uxori semper adhaeret
Qui, Mariane, tuae? crispulus iste quis est?
Nescio quid dominae teneram qui garrit in aurem
Et sellam cubito dexteriore premit?
5 Per cuius digitos currit levis anulus omnes.
Crura gerit nullo qui violata pilo?
Nil mihi respondes? »Uxoris res agit« inquis
»Iste meae.« Sane certus et asper homo est.
Procuratorem vultu qui praeferat ipso:
10 Acrior hoc Chius non erit Aufidius.
O quam dignus eras alapis. Mariane, Latini:

LXI 3. Pers. 5, 96 secretam garrit in aurem.

LX 9. *duo tresve quattuorve*. d. h. höchstens 2 bis 4. Bentley ad Horat. epod. 5, 33; A. P. 358.

LXI 1. *uxori semper adhaeret*. XII 38, 5 Uxori qui saepe tuae comes improbus haeret.
3. *dominae*. Gewöhnliche Bezeichnung der verheiratheten Frau, auch Seitens ihres Mannes. SG 1 400 f.
garrit in aurem. Zu III 11, 12.
5. Der Sinn ist wol der die Ringe an allen Fingern spielend hin und her schiebt, ähnlich wie Juven. 1, 28 Ventilet aestivum digitis sudantibus aurum.
6. *violata*. Zu I 53, 6, XII 38, 4 crure glaber.
7. *uxoris res agit*. Als procurator Vermögensverwalter. Ueber die Procuratoren der Frauen, die freie Verfügung über ihr Vermögen hatten, und das Gerede, welches diese Verhältnisse veranlassten, wenn die Procuratoren jung und schön waren SG 1 419 f.
10. *Chius — Aufidius*. Ein Rechtsgelehrter, der zugleich als Ehebrecher berüchtigt war. Juven. 9, 25 Notior Aufidio moechus. Tenffel RLG 328, 1.
11. *alapis Latini*. Latinus zu I 4, 5 spielte in den Ehebruchsstücken die Hauptperson, den Liebhaber, Panniculus (zu II 72, 3) den Stupidus, den betrogenen Ehemann, der von jenem geohrfeigt wurde.

Te successurum credo ego Panniculo.
Res uxoris agit? res ullas crispulus iste?
Res non uxoris, res agit iste tuas.

LXII.

Iure tuo nostris maneas licet hospes in hortis,
Si potes in nudo ponere membra solo,
Aut si portatur tecum tibi magna supellex:
Nam mea iam digitum sustulit hospitibus.
5 Nulla tegit fractos — nec inanis — culcita lectos,
Putris et abrupta fascia reste iacet.
Sit tamen hospitium nobis commune duobus:
Emi hortos; plus est: instrue tu; minus est.

LXIII.

»Quid sentis« inquis »de nostris, Marce, libellis?«
Sic me sollicitus, Pontice, saepe rogas.
Admiror, stupeo: nihil est perfectius illis,
Ipse tuo cedet Regulus ingenio.
5 »Hoc sentis?« inquis »faciat tibi sic bene Caesar,
Sic Capitolinus Iuppiter.« Immo tibi.

LXIV.

Sextantes, Calliste, duos infunde Falerni,
Tu super aestivas, Alcime, solve nives.

LXII 1. licet hospes *Gilbert* licet, hospes, *Schn.*

LXII. Ueber das Fehlen der Anrede zu II 76.
1. *digitum sustulit.* Die verwundeten und um Gnade bittenden Gladiatoren hoben einen Finger in die Höhe. SG II 345, 2. Der Sinn ist also: mein Hausrath hat sich gegen die Gäste für invalide erklärt.
6. *fascia:* Bettgurt. Marquardt Prl 703, 2. *reste:* Schnur zu dessen Befestigung am lectus.

LXIII 4. *Regulus.* Zu I 12.
6. *immo tibi.* Der Gelobte wünscht dem Dichter, dass ihm Jupiter und der Kaiser ebenso gnädig sein möchten, wie er ihn aufrichtig lobe; da der Dichter aber keineswegs so denkt, wie er spricht, also von der Erfüllung dieses Wunsches für sich nichts erwarten kann, giebt er ihn dem andern zurück.

LXIV 1. *Sextantes.* Ein sextans so viel als 2 cyathi. Vgl. XII 28, 1 und Marquardt Prl. 325, 7.

Pinguescat nimio madidus mihi crinis amomo
  Lassenturque rosis tempora sutilibus.
5 Tam vicina iubent nos vivere Mausolea,
  Cum doceant, ipsos posse perire deos.

LXV.

Astra polumque dedit, quamvis obstante noverca,
  Alcidae Nemees terror et Arcas aper
Et castigatum Libycae ceroma palaestrae
  Et gravis in Siculo pulvere fusus Eryx.

LXIV 5. Tam ΨP (nach Huelsen) FGO Schn¹ Gilbert p. 520
Iam QEω Ser Schn².
  LXV 4. fusus EFω Ser Gilbert tusus P Schn fusus corr.
aus tusus Q.

  LXV 1. Sidon. Apoll. C. 9. 97 Portatusque polus polum dederunt Herculi.

  3. Vgl. VIII 77, 3.   3. 4. Ueber Kränze und Salben bei der
comissatio vgl. Marquardt Prl. 321, 9.
  1. *rosis — sutilibus*. IX 90, 6 sutilibus coronis. IX 93, 5 sutilis
rosa. Becker-Goell III 450.   5. *Tam vicina* = VII 50, 6 Tam prope.
  5. 6. Die benachbarten Mausoleen müssen nach v. 6 kaiserliche
gewesen sein, da deos ohne Zweifel die Kaiser bedeutet. Becker
Top. I 586 denkt hier an das templum gentis Flaviae, aber dies war
nach IX 1. 6 und IX 3, 12 beim Erscheinen des 9. Buchs im J. 94
eben erst vollendet, kann also hier noch nicht gemeint sein; dagegen
etwa die Mausoleen des Cäsar und August Becker Top. I 639; vgl.
zu II 59, 2.
  LXV 1. *Astra polumque* = VII 56, 1. Vgl. auch XIV 124, 2
magno qui dedit astra patri.
  2. *Nemees terror*. IX 71, 7 terror Nemees. Ueber die Genetivform
Nemees Neue Formenl. 1² 63.
  3. *castigatum Libycae ceroma palaestrae*. Die Bestrafung des An-
taeus durch die Ueberwindung im Ringkampf. Die Erklärung Gronovs Diatr. in Stat. p. 145 (246 ed. H.), welcher unter castigare de-
stringere versteht, ist sicher falsch. Stat. S. III 1, 157 Libycas no-
dare palaestras wo Marklands Conjektur liquidas falsch ist. Ueber
die Metonymie ceroma für luctator zu III 82, 2.
  4. *fusus* nach den codd. der Familie Ca ist besser als tusus P,
da Eryx Sohn des Butes oder Poseidon und der Erycinischen Aphro-
dite nicht im Faust- sondern im Ringkampf besiegt wurde. Preller
GM II 214 f. Gilbert p. 19, 11.

5 Silvarumque tremor, tacita qui fraude solebat
　　Ducere non rectas Cacus in antra boves.
　Ista tuae, Caesar, quota pars spectatur harenae?
　　Dat maiora novus proelia mane dies.
　Quot graviora cadunt Nemeaeo pondera monstro!
10　　Quot tua Maenalios collocat hasta sues!
　Reddatur si pugna triplex pastoris Hiberi,
　　Est tibi qui possit vincere Geryonem.
　Saepe licet Graiae numeretur belua Lernae,
　　Improba Niliacis quid facit Hydra feris?
15 Pro meritis caelum tantis, Auguste, dederunt
　　Alcidae cito di, sed tibi sero dabunt.

LXVI.

Saepe salutatus nunquam prior ipse salutas:
　Sic eris »Aeternum«, Pontiliane, »vale.«

  LXV 6. non rectas ΨP (nach Huelsen) Q nec rectas Ev
Schn nectareas F 12. Geryonem] wol Geryonen.
  LXVI 2. »Aeternum — vale« Gilbert p. 9 aeternum — Vale
Schn Sic eris aeternum, Pontiliane? Vale Munro.

  LXV 6. Ovid. F. I 550 Traxerat aversos Cacus in antra boves.
Prop. V 9, 12 Aversos cauda traxit in antra boves. 11. Ovid. M. IX
184 pastoris Hiberi Forma triplex.
  Sidon. Apoll. C. 13. Id. C. 9, 91—97.
  LXVI 2. Verg. A. XI 98 Aeternumque vale.

---

  6. *non rectas*, aversas. Hand ad Gronov. Diatr. in Stat. I 247.
  7. Zu Sp 15, 2.
  8. *mane*. Weil die Thierhetzen bei Tagesanbruch gegeben wurden.
SG II 349, 11 u. 12.
  9. 10. Vgl. Sp 27.
  10. *tua — hasta.* D. h. die Lanze der dir gehörigen Jäger.
 collocat erklärt Schrevel nach Lipsius Elect. I 6 richtig von dem
Gebrauch des Wortes für das Ausstellen von Leichen. Suet. Aug.
c. 100.
  11. *pugna triplex pastoris Hiberi.* Der Kampf mit dem aus 3 Leibern bestehenden Geryones.
  14. Was vermag die Lernäische Hydra gegen Crocodile?
  LXVI 2. *Aeternum* ist mit vale zu verbinden, wie schon Heraldus

LXVII.

Hibernos peterent solito cum more recessus
  Atthides, in nidis una remansit avis.
Deprendere nefas ad tempora verna reversae,
  Et profugam volucres diripuere suae.
5 Sero dedit poenas: discerpi noxia mater
  Debuerat, sed tunc, cum laceravit Ityn.

LXVIII.

Aretoa de gente comam tibi, Lesbia, misi,
  Ut scires, quanto sit tua flava magis.

LXIX.

Antoni Phario nil obiecture Pothino
  Et levius tabula, quam Cicerone nocens:
Quid gladium demens Romana stringis in ora?
  Hoc admisisset nec Catilina nefas.
5 Impius infando miles corrumpitur auro,
  Et tantis opibus vox tacet una tibi.
Quid prosunt sacrae pretiosa silentia linguae?
  Incipient omnes pro Cicerone loqui.

LXVII 4. suae *QEF*ω *Scr Gilbert p. 25* suam *TN Schn.*
sah: Du wirst für mich ein ›Lebe wohl auf ewig‹ sein Verg. A. XI 98 aeternumque vale., Gilbert p. 9. Anders gewendet ist IX 7, 4.
LXVII 2. *Atthides.* Zu I 53, 11.
   4. *suae:* ipsius sociae. Gilbert p. 25.
   6. *Ityn.* Der Sohn der Progne. Preller GM II 143.
LXVIII. Ueber die Beliebtheit des blonden Haares der Nordländer in Rom Marquardt Prl. 586, 5 u. 6. Vgl. M. VI 12, 1 XII 23, 1.
LXIX. 1. Vgl. III 66.
   2. *tabula:* welche die Proscriptionen enthielt.
   3. *Romana — in ora.* Wol nicht ora vere Romana, sondern soviel als os Romae. III 66, 4 Hoc tibi Roma caput, cum loquereris, erat. Vgl. auch IX 24, 3 Haec *mundi facies,* haec sunt Iovis ora sereni. Ueber die Verlängerung des Schlussvokals von Romana durch das folgende str Lennep Add. ad Terent. Maur. ed. Santen 1059 ss. p. 411 ss. L. Mueller r. m. p. 320.
   5. *Impius — miles.* Der von Cicero früher in einem Process vertheidigte Tribun C. Popillius Laenas. Drumann RG VI 376—379.

LXX.

Infusum sibi nuper a patrono
Plenum. Maxime, centies Syriscus
In sellariolis vagus popinis
Circa balnea quattuor peregit.
5 O quanta est gula, centies comesse!
Quanto maior adhuc, nec accubare!

LXXI.

Umida qua gelidas submittit Trebula valles
Et viridis cancri mensibus alget ager.
Rura Cleonaeo nunquam temerata leone
Et domus Aeolio semper amica Noto,
5 Te, Faustine, vocant: longas his exige messes
Collibus; hibernum iam tibi Tibur erit.

LXX. Auf einen mit seinem Sklavennamen Syriscus bezeichneten Freigelassenen, der ein von seinem Patron vermuthlich bei der Freilassung erhaltenes Geschenk von 10 Millionen Sest. = 2175000 Mk in Bädern und Garküchen durchgebracht hatte.
1. *Infusum:* eingefüllt oder eingeschenkt.
2. *Plenum — centies.* Zu I 99, 1.
3. *sellariolis — popinis.* In Schenken, wo man sitzend nicht wie bei einer regelmässigen Mahlzeit liegend ass und trank. Marquardt Prl. 453, 5. Die Deminutivform des Adjektivs nur hier.
4. *Circa balnea quattuor.* Bei Bädern wie bei Thermen befanden sich wol in der Regel Restaurationen. Quintil. I 6, 44 in balneis perpotare. Becker-Goell I 157 f. III 156.
6. *nec accubare.* Ohne sich hinzulegen (zu V 21, 7), also ohne sich die gewöhnlichste Bequemlichkeit zu gönnen und Zeit zu lassen.

LXXI. Welche von den drei Trebula genannten Städten gemeint ist, ist hier eben so wenig zu entscheiden als XIII 33.
2. *cancri mensibus.* In der Zeit des Sonnen-Solstitiums.
3. *Cleonaeo — leone.* Zu IV 57, 5.
5. *Faustine.* Zu I 25.
6. *hibernum iam tibi Tibur erit.* Wenn du in jenen kalten Thälern den Sommer zugebracht hast, wird das sonst als Sommeraufenthalt dienende Tibur für dich ein Winteraufenthalt sein. d. h. dir verhältnismäsig warm erscheinen.

LXXII.
Qui potuit Bacchi matrem dixisse Tonantem.
Ille potest Semelen dicere. Rufe, patrem.

LXXIII.
Non donem tibi cur meos libellos
Oranti totiens et exigenti.
Miraris, Theodore? Magna causa est.
Donec tu mihi ne tuos libellos.

LXXIV.
Pompeios iuvenes Asia atque Europa, sed ipsum
Terra tegit Libyae, si tamen ulla tegit.
Quid mirum toto si spargitur orbe? Iacere
Uno non poterat tanta ruina loco.

LXXV.
Quae legis causa nupsit tibi Laelia, Quinte,
Uxorem potes hanc dicere legitimam.

LXXVI.
Profecit poto Mithridates saepe veneno.

LXXIV 2. Libyae *QE Sch* Lybiae *T* Lybie *R* Li y by i es F*ω* libies *Rand von Q*.

LXXIV. Vgl. Seneca Epigr. 10—14. 64—66. Baehrens Plm IV p. 59, p. 82. 10, 2. Fortuna Tam late sparsit funera, Magne, tua. 12, 5 divisa ruina est. Uno non potuit tanta jacere loco. 13 Aut Asia aut Europa tegit aut Africa Magnos: Quanta domus toto quae jacet orbe, fuit! 14, 1 Quantus quam parvo vix tegeris tumulo. 66, 1 Diversis juvenes Asia atque Europa sepulcris Distinet: infida, Magne, jaces Libya.

LXXIV 1. Von den Söhnen des Pompejus fiel Gnaeus bei Munda, Sextus durch die Soldaten des Antonius bei Milet, Pompejus selbst bei seiner Landung in Aegypten auf Befehl des Pothinus III 66.

LXXV 1. *legis causa*. Vielleicht um die Gesetze gegen Ehelosigkeit (namentlich lex Julia de maritandis ordinibus und lex Papia Poppaea zu umgehn. Doch eher ist auch hier schon die von Domitian erneuerte lex Julia de adulteriis zu VI 2 zu verstehn. Vgl. besonders XI 7. SG I 421, 6.

Toxica ne possent saeva nocere sibi.
Tu quoque cavisti cenando tam male semper,
Ne posses unquam, Cinna, perire fame.

LXXVII.

Narratur belle quidam dixisse, Marulle,
Qui te ferre oleum dixit in auricula.

LXXVIII.

Si tristi domicenio laboras,
Torani, potes esurire mecum.
Non deerunt tibi, si soles προπίνειν,
Viles Cappadocae gravesque porri,
5 Divisis cybium latebit ovis.
Ponetur digitis tenendus ustis

LXXVIII. *Interp. nach Gilbert p. 9. Schn:* 4. porri. 5. ovis,

LXXVI 2. *Toxica — saeva.* Zu I 18, 6.
LXXVII 2. *ferre oleum — in auricula.* Soll vielleicht nur die schiefe Kopfhaltung bedeuten, womit sich aber wol noch ein anderer uns unbekannter Sinn der vielleicht sprichwörtlichen Redensart verbindet.
LXXVIII 1. *domicenio.* Zu II 40, 11.
2. *Torani.* Derselbe Freund des Dichters, der IX Epist. mit frater carissime angeredet wird.
4. προπίνειν. Heisst hier vor der Mahlzeit trinken, nämlich mulsum, da die von v. 4 und 5 ab genannten Speisen zum Voressen promulsio gehören. Marquardt Prl. 314.
4. *Cappadocae* sc. lactucae. Colum. X 184 Haec tertia lactuca) sua Cappadocae servat cognomina gentis 197 Cappadocamque premit ferali mense Lupercus. Plin. N. h. XIX 126 diligentiores lactucae plura genera faciunt, purpureas, crispas, Cappadocias, Graecas etc. M. XIII 14. Sie wurden eben so wie porri bei der gustatio gegessen. Marquardt Prl. 315.
5. *cybium.* Gehackter und gesalzener Thunfisch. Vgl. XI 27, 3 XI 31, 14. Marquardt Prl. 316.
6. Mit ponetur beginnt die Beschreibung des bei Unbemittelten aus einem Gange bestehenden Marquardt a. a. O.) caput cenae, welche bis zum Schluss von v. 10 reicht. Vgl. X 48, 13 Gustus in his; una ponetur cenula mensa. Gilbert p. 9.

Nigra coliculus virens patella.
Algentem modo qui reliquit hortum.
Et pultem niveam premens botellus,
10 Et pallens faba cum rubente lardo.
Mensae munera si voles secundae,
Marcentes tibi porrigentur uvae
Et nomen pira quae ferunt Syrorum,
Et quas docta Neapolis creavit,
15 Lento castaneae vapore tostae.
Vinum tu facies bonum bibendo.
Post haec omnia forte si movebit
Bacchus quam solet esuritionem,
Succurrent tibi nobiles olivae.
20 Piceni modo quas tulere rami.
Et fervens cicer et tepens lupinus.
Parva est cenula, quis potest negare?,
Sed finges nihil audiesve fictum
Et vultu placidus tuo recumbes;
25 Nec crassum dominus leget volumen.
Nec de Gadibus improbis puellae

LXXVIII 26—28. Schol. Juvenal. 11, 162 Martialis .Ita ne Gadibus improbis puellae Vibrabunt sed nec in fine prurientes Lascivos docili tremore lombos.'

7. *coliculus virens*. Winterkohl Broccoli? in Salpeter gekocht, so dass er eine hellgrüne Farbe bekommt. Vgl. XIII 17. Marquardt Prl. 315, 6.
9. *pultem niveam*. XIII 35, 2 pultibus — niveis.
11—15. Beschreibung des Nachtisches.
13. Die syrischen Birnen gehörten zu den geschätztesten. Becker-Goell III 81.
14. 15. Die besten Kastanien kamen von Tarent und Neapel a. a. O. S. 84.
16. Anders Petron S. c. 39 hoc vinum, inquit, vos oportet suave faciatis.
17—21. Eine Nachkost für den durch Trinken neu angeregten Appetit.   20. *Piceni*, Zn I 43, 8.   21. Zu I 41, 5 u. I 103, 10.
25. *volumen*. Ein Band eigener Gedichte. SG I 387, 7—9.
26. *de Gadibus improbis*. Zu I 41, 12; SG a. a. O.

Vibrabunt sine fine prurientes
Lascivos docili tremore lumbos;
Sed quod non grave sit nec infacetum.
30 Parvi tibia condyli sonabit.
Haec est cenula. Claudiam sequeris.
Quam nobis cupis esse tu priorem.

LXXIX.

Undecies una surrexti. Zoile, cena.
Et mutata tibi est synthesis undecies.
Sudor inhaereret madida ne veste retentus
Et laxam tenuis laederet aura cutem.
5 Quare ego non sudo, qui tecum, Zoile, ceno?
Frigus enim magnum synthesis una facit.

LXXVIII 32. tu priorem *codd.* turpiorem *O* quae nobis cupit esse te priorem *oder* credo jam sequeris, Iam nobis cupis esse te priorem *Heraldus* »Haec est cenula?« — Claudiam Claudiae sequeris, etc. *Oder* Haec est cenula. Claudiam sequeris? Quam nobis cupis esse tu priorem? *Munro.* 31. Quam novi, cupis etc. *I Duff* Claudiam sequeris, Quam noris. Cupis esurire mecum? *Iackson (Cambridge Philol. Society 18 October 1883).*

LXXVIII 27. Priap. 26, 4 Vicinae sine fine prurientes.
30. Ueber die Allgemeinheit der Tafelmusik SG III 309 f.
31. 32. *Claudiam sequeris etc.* Eine ganz unverständliche Stelle. Die Erklärer verstehn unter Claudia eine Geliebte des Toranius die jedenfalls von der Frau des Pudens IV 13 zu unterscheiden sein würde, aber auch dann bleibt der Sinn völlig dunkel; weder bietet die Vergleichung mit XII 32, 7 Has tu priores — sequebaris noch mit Horat. Epp. I 5, 27 Et nisi cena prior potiorque puella Sabinum Detinet, adsumam eine befriedigende Erklärung, noch ist mit den Conjekturen des Heraldus oder der Cambridger Gelehrten geholfen. Wie man auch den letzten Satz lesen, fassen und interpungiren mag, immer bleibt sein abruptes Eintreten am Schluss des langen Gedichts von ganz heterogenem Inhalt höchst auffallend. Auch zu Claudiam cenam etwa eine Mahlzeit des Claudius Etruscus VI 83 zu ergänzen und esse für essen zu nehmen XIII 16 und 20 XIV 69, ist unmöglich.

LXXIX 1. *surrexti.* Zu III 22, 4.
Zoile. Zu II 16.
2. *synthesis.* Zu IV 66, 4. Ueber den Luxus des häufigen Kleiderwechsels SG III 63.

LXXX.

Non totam mihi, si vacabis, horam,
Dones et licet imputes, Severe,
Dum nostras legis exigisque nugas.
»Durum est perdere ferias«: rogamus.
5 Iacturam patiaris hanc ferasque.
Quod si legeris ista cum diserto
— Sed numquid sumus improbi? — Secundo,
Plus multo tibi debiturus hic est.
Quam debet domino suo, libellus.
10 Nam securus erit, nec inquieta
Lassi marmora Sisyphi videbit,
Quem censoria cum meo Severo
Docti lima momorderit Secundi.

LXXXI.

Semper pauper eris, si pauper es, Aemiliane.
Dantur opes nulli nunc nisi divitibus.

LXXXII.

Quid promittebas mihi milia, Gaure, ducenta,
Si dare non poteras milia, Gaure, decem?
An potes et non vis? Rogo, non est turpius istud?
÷ I. tibi dispereas, Gaure: pusillus homo es.

LXXX 1. vacabis *QEFω Ser Gilbert p. 21* vacabit *BC Schn.*
5. ista *PQ* ipsam *EXBC corr. G* ipsa *Fω* ipse *Q Schn.*
LXXXII 4. I tibi dispereas *PQEABCFO Schn* Si t. d. *TRX Ve al. Sic'* tibi *G* I tibi disperdas *Scaliger Ser* Di tibi, dispereas *Gruter* Vae tibi, disperream *oder* Tu nisi, disperream *Hus* I. tibi des, parcas *Munro* I tibi dispendas *Grasberger* I tumidis parcas *O Hirschfeld.*

LXXXI. Vincent. Bellov. Sp. d. V 48 Marcialis coquus „Semper — Emiliane — divitibus.'

LXXX 1. *si vacabis.* II 5, 6 Vel tantum caussis vel tibi saepe vacas. 2. *Severe.* Zu II 6, 3.
7. *Secundo.* Entweder Caecilius Secundus, an den VII 84 gerichtet ist oder der jüngere Plinius vgl. X 19 und Mommsen Zur Lebensgeschichte des Plinins Hermes III 77.
11. Vgl. X 5, 15 Nunc inquieti monte Sisyphi pressus.
LXXXII 4. Von den Versuchen zur Herstellung der ersten Vershälfte ist keiner befriedigend.

LXXXIII.

Insequeris, fugio; fugis, insequor: haec mihi mens est
Velle tuum nolo, Dindyme, nolle volo.

LXXXIV.

Iam tristis nucibus puer relictis
Clamoso revocatur a magistro,
Et blando male proditus fritillo
Arcana modo raptus e popina,
5 Aedilem rogat udus aleator.
Saturnalia transiere tota.
Nec munuscula parva, nec minora
Misisti mihi, Galla, quam solebas.
Sane sic abeat meus December:
10 Scis certe, puto, vestra iam venire
Saturnalia, Martias Kalendas:
Tunc reddam tibi, Galla, quod dedisti.

LXXXIV 9. abeat *QEF* habeat *PXABCG*.

LXXXIII. Auson. Epigr. 36 39 Toll 1 Hanc volo quae non volt, illam quae volt ego nolo — 6 femina quae iungat quod volo nolo' vocant).

Subscriptionen. FINIT. EX. LIB. VI. INCP. CAPT. so i. e. capitula EX. VII. ET RELIQVIS *T*. M. V. Martialis liber V. explicit. incipit VI. Gennadius Torquatus emendavi Constantiē. *P*. M. V. M. epigrammaton liber V explicit incipit VI. Gennadius Torquatus emendavi Lege feliciter *Q*. Ego Torquatus Gennadius emendavi feliciter *f*.

LXXXIII 2. *Dindyme.* Zu VI 39, 21.
LXXXIV 1. Die Schulen hatten während der Saturnalien Ferien. Ueber die Spiele mit Nüssen und die Freiheit des Würfelspiels in diesen Tagen: zu IV 14, 7 und V 30, 8.
3—5. XIV 1, 3 Nec timet aedilem moto spectare fritillo. Marquardt Prl. 826, 1.
11. *Martias Kalendas.* Der erste März (M.'s Geburtstag) war der Tag der Matronalia, an welchem man die Frauen beschenkte. Marquardt StV III 571 f.

M. Valerii Martialis Epigrammaton
Liber VI.

I.

Sextus mittitur hic tibi libellus,
In primis mihi care Martialis:
Quem si terseris aure diligenti,
Audebit minus anxius tremensque
5 Magnas Caesaris in manus venire.

II.

Lusus erat sacrae conubia fallere taedae,
Lusus et immeritos excecuisse mares.
Utraque tu prohibes, Caesar, populisque futuris
Succurris, nasci quod sine fraude iubes.
5 Nec spado iam nec moechus erit te praeside quisquam
At prius (o mores!) et spado moechus erat.

II 1. taedae] thedae *TP'Schn* sede *Q (Rand* thede) 4. quod *TQ Schn*² quos *EFω Ser Schn*¹.

I. 2. *Martialis.* Zu I 15.
II. 1. 2. Die in diesem Buch öfter 4; 7; 22; 45; 91 erwähnte lex de adulteriis, eine Erneuerung der von August gegebenen lex Julia de adulteriis et stupro oder de pudicitia VI 7, 1, war ohne Zweifel ganz kürzlich (vgl. auch zu V 75) erlassen worden. SG III 482. Ueber das Verbot der Entmannung zu II 60.
5. *praeside.* Zu V 3, 3.
6. *spado moechus.* Juv. 6, 366 Sunt quas eunuchi imbelles ac mollia semper Oscula delectent.

III.

Nascere Dardanio promissum nomen Iulo.
Vera deûm suboles, nascere, magne puer.
Cui pater aeternas post saecula tradat habenas,
Quique regas orbem cum seniore senex.
5 Ipsa tibi niveo trahet aurea pollice fila
Et totam Phrixi Iulia nebit ovem.

IV.

Censor maxime principumque princeps,
Cum tot iam tibi debeat triumphos,
Tot nascentia templa, tot renata,
Tot spectacula, tot deos, tot urbes,
5 Plus debet tibi Roma, quod pudica est.

V.

Rustica mercatus multis sum praedia nummis:
Mutua des centum, Caeciliane, rogo.

III 1. Verg. A. I 288 Julius a magno demissum nomen Julo.
2. Verg. Ecl. 4, 49 Cara deum suboles, magnum Jovis incrementum
— 60 u. 62 incipe parve puer. Tibull. IV 1, 68 magna deum proles.
4. Ovid. Tr. II 166 Imperium regat hoc cum seniore senex. 5. Ovid.
M. IV 36 deducens pollice filum.

III. Da Domitians Geliebte, seine Nichte Julia, schon zu Ende 89
starb, muss sich dies Gedicht auf eine Schwangerschaft der Gemahlin
Domitians Domitia beziehen. SG III 431.
1. Der Sinn scheint zu sein, dass der Knabe, dessen Geburt jetzt
bevorstand, ein Ersatz für den sein sollte, den Julia nicht mehr zur
Welt gebracht hatte.
5. *aurea — fila*. Senec. Apocoloc. 4, 9 Aurea formoso descendunt saecula filo.
6. *Iulia*. Auf einer Münze des Jahres 90 bereits als diva bezeichnet, hier als Schutzgöttin des erwarteten Kindes gedacht.

IV 1. Zu I 4, 7.
2. *tot — triumphos*. M. denkt hier hauptsächlich an den kürzlich erfolgten dacischen Triumph. Einl. S. 57.
4. *tot deos*. So viel neue Göttertempel vgl. IX 3. *tot urbes*. So viel Erweiterungen Roms, dass es gleichsam neue Städte sind.

V. Zu VI 2.

Nil mihi respondes? Tacitum te dicere credo
»Non reddes«: ideo, Caeciliane, rogo.

VI.

Comoedi tres sunt, sed amat tua Paula, Luperce.
Quattuor: et κωφόν Paula πρόσωπον amat.

VII.

Iulia lex populis ex quo, Faustine, renata est.
 Atque intrare domos iussa Pudicitia est.
Aut minus aut certe non plus tricesima lux est,
 Et nubit decimo iam Telesilla viro.
5 Quae nubit totiens, non nubit: adultera lege est:
 Offendor moecha simpliciore minus.

VIII.

Praetores duo, quattuor tribuni,
Septem causidici, decem poetae
Cuiusdam modo nuptias petebant
A quodam sene. Non moratus ille

VIII 1. Praetores *QEFω Ser Gilbert p. 25* praecones *T Schu.*

VI 1. *Comoedi tres sunt.* Mehr als drei Schauspieler traten in der griechischen Komödie nicht auf. Frdl bei Marquardt StV III 511, 1. Da Paula vier Männer liebt, muss man zu jenen noch einen Statisten hinzurechnen.

VII 1. *Iulia lex.* Zu VI 2, 1.
Faustine. Zu I 25.

5. *adultera lege est:* sie ist eine Ehebrecherin, nur ohne gegen das Gesetz zu verstossen. Ueber die Leichtigkeit und Häufigkeit der Ehescheidung SG I 427 ff.

VIII. 1. *praetores duo.* Hier genannt als Repräsentanten des Senatorenstandes.

quattuor tribuni. Wirkliche oder titulare Militärtribunen, welche mit dieser Stellung den Ritterstand erhielten, wenn sie ihn nicht bereits besassen. SG I 252 f.

2. Die Zahl der Bewerber jeder Klasse ist um so grösser, je weniger vortheilhaft ihre Stellung ist. Zu V 56, 2—7.

5 Praeconi dedit Eulogo puellam.
Dic, numquid fatue. Severe. fecit?

IX.

In Pompeiano dormis, Laevine, theatro
Et quereris, si te suscitat Oceanus?

X.

Pauca Iovem nuper cum milia forte rogarem.
»Ille dabit« dixit »qui mihi templa dedit.«
Templa quidem dedit ille Iovi, sed milia nobis
Nulla dedit: pudet, ah, pauca rogasse Iovem.
5 At quam non tetricus, quam nulla nubilus ira,
Quam placido nostras legerat ore preces!
Talis supplicibus tribuit diademata Dacis

X 4. pudet ah pauca *Schn* p. a pauca *T* p. pauca *PEX.AF* pr.*B* p. et pauca *QCO* p. heu pauca *G Ser.*

X 6. Verg. A. XI 251 placido — ore.

5. *Eulogo.* Ein bezeichnender Name, da der Auktionsausrufer verstehen muss, die angebotenen Gegenstände anzupreisen (I 85, 1 praeco facetus). Einl. S. 21, 1.

6. *fatue — fecit.* Wie manche vielleicht glauben möchten, da er einen so niedrigen Bewerber das Gewerbe der praecones stand in Missachtung SG I 278 Männern des höchsten Standes vorzog.

Severe. Zu II 6, 3.

IX 2. *suscitat.* Doppelsinnig: »aufweckt« und von dem Platz wegtreibt, den du unberechtigter Weise eingenommen hast.« Zu V 8, 3 u. 4.

Oceanus. Zu III 95, 10.

X 2. *templa.* Vgl. VI 4, 3 XIII 74.

4. *pudet, ah, pauca rogasse Iovem.* Eine abschlägige Antwort auf eine so kleine Bitte ist beschämend, auf eine grosse würde sie es weniger sein. Vgl. XI 68.

6. *placido — ore* = VI 13, 4. Placidus von Domitian auch V 6, 10 V 23, 3 VII 99, 1. Mit Vorliebe braucht das Wort von Personen Statius S. I 2, 204 II 1, 167 III 3, 43; 167 I 3, 22 III 1, 179 V 1. 252. P. Kerckhoff Duae quaest. Papinianae (Berol. 1884) p. 54).

7. Dio LXVII 7: Δομιτιανὸς τῷ Δηγίδι zu V 3' διάδημα ἐπέθηκε καθάπερ ὡς ἀληθῶς κεκρατηκὼς καὶ βασιλέα τινὰ τοῖς Δακοῖς δοῦναι δυνάμενος. Imhof Domitian S. 59.

Et Capitolinas itque reditque vias.
Dic, precor, o nostri die conscia virgo Tonantis,
10 Si negat hoc vultu, quo solet ergo dare?
Sic ego: sic breviter posita mihi Gorgone Pallas:
»Quae nondum data sunt, stulte, negata putas?«

XI.

Quod non sit Pylades hoc tempore, non sit Orestes,
  Miraris? Pylades, Marce, bibebat idem,
Nec melior panis turdusve dabatur Orestae,
  Sed par atque eadem cena duobus erat.
5 Tu Lucrina voras, me pascit aquosa peloris:
  Non minus ingenua est et mihi, Marce, gula.
Te Cadmea Tyros, me pinguis Gallia vestit:
  Vis te purpureum, Marce, sagatus amem?
Ut praestem Pyladen, aliquis mihi praestet Oresten.
10 Hoc non fit verbis, Marce: ut ameris, ama.

X 8. Zu I 48, 2. 11. Ovid. F. II 655 Sic ego: sic posita Tritonia cuspide dixit F. III 171 Sic ego, sic posita dixit mihi casside Mavors.

XI 10. Auson. Epigr. 94 94 Toll Hoc tibi tu praesta, Marce ut ameris, ama.

8. *itque reditque* = I 48, 2 als Triumphator.
9. *Tonantis*. Diese Bezeichnung Domitians kommt hier zuerst und dann öfter vor. VII 56, 4 VII 99, 1 IX 40, 1 IX 65, 1 IX 86, 7 X 51, 13. Doch nostrum — Jovem schon XIV 1, 2.
XI. Vgl. II 43.
1. *Pylades — Orestes*. Vgl. VII 24, 3 X 11, 7. Pylades allein VII 45, 8.
5. 6. Dieselbe Gegenüberstellung von Austern (Lucrina zu III 60, 3 und peloris auch X 37, 9.
6. *ingenua — gula*. Die eines Freien vgl. ingenuae pigritiae XII 4, 6, d. h. anspruchsvoll und verwöhnt wie ingenuae vires X 47, 6.
7. 8. Derselbe Gegensatz I 53, 4. *pinguis:* vgl. IX 19, 1.
7. *Tyros*. Zu II 16, 3.
10. *ut ameris ama*. Senec. Epp. 9, 6 Hecaton ait: Ego tibi monstrabo amatorium sine medicamento, sine herba, sine ullius veneficae carmine. Si vis amari, ama.

XII.

Iurat capillos esse, quos emit, suos
Fabulla: numquid ergo, Paule, peierat?

XIII.

Quis te Phidiaco formatam, Iulia, caelo,
Vel quis Palladiae non putet artis opus?
Candida non tacita respondet imagine lygdos
Et placido fulget vivus in ore liquor.
5 Ludit Acidalio, sed non manus aspera, nodo,
Quem rapuit collo, parve Cupido, tuo.
Ut Martis revocetur amor summique Tonantis,
A te Iuno petat ceston et ipsa Venus.

XII 2. numquid ergo, Paule, peierat? *Munro* numquid Paule peierat, peierat, peiurat *EXABCFG* numquid Paule dejerat *Q* numquid ista P. p. *O* n. illa P. p. *Ser HI Polak Progr. Erasmiaansch Gymnas Rotterdam 1882,83 p. 4* n. P. p. nego *Ser (vgl. Birt Einl. S. 49)* n. P. p. tibi *Grasberger*.

XIII 4. liquor *Eω Rand v. Q* decor *ψQF*.

XIII 2. Prop. IV 8, 42 Palladiae ligneus artis equus Priap. 68, 34 artis opus. 4. Zu VI 10, 6.

XII. Ueber Perücken Marquardt Prl. 585 f.

2. *numquid ergo:* M. liebt die Verbindung quid ergo I 10, 4 1 42, 2 II 28, 5 III 84, 2 IV 53, 8 IV 71, 5 IX 5, 4 IX 96, 2 XII 36, 6; mit einem dazwischengestellten Wort II 56, 4 X 74, 12; ergo quid IX 22, 16 XI 57, 6; cur ergo VI 82, 9; cui dedit ergo V 32, 2; ex quavis causa — ergo VIII 23, 4.

XIII 1. *Iulia*. Das Gedicht ist wol erst nach dem Tode der 89 verstorbenen Julia verfasst, die M. hier als Diva anredet. Als solche erscheint sie auf einer Münze d. J. 90. Vgl. die Einl. S. 57.

Phidiaco — caelo. Phidiaci — caeli IV 39, 4.

3. Der Sinn scheint zu sein: Der glänzende Marmor (hier und VI 42, 21 lygdos) antwortet (auf die vorhergehende Frage) durch das redende Bild.

4. *placido — ore* = VI 10, 6.

fulget — liquor. Das Gesicht ist so lebendig, als wenn das Blut wirklich darin circulirte.

5. 6. Julia scheint hiernach in einer Gruppe als Venus mit Amor dargestellt gewesen zu sein, dem sie spielend den cestos entriss, welchen er sich um den Hals gelegt hatte, vgl. XIV 206. Auf einem

XIV.
Versus scribere posse te disertos
Affirmas, Laberi: quid ergo non vis?
Versus scribere qui potest disertos.
Conscribat. Laberi: virum putabo.

XV.
Dum Phaethontea formica vagatur in umbra,
Inplicuit tenuem sucina gutta feram.
Si modo quae fuerat vita contempta manente,
Funeribus facta est nunc pretiosa suis.

XVI.
Tu qui pene viros terres et falce cinaedos,
Iugera sepositi pauca tuere soli.
Sic tua non intrent vetuli pomaria fures,
Sed puer et longis pulchra puella comis.

XVII.
Cinnam, Cinname, te iubes vocari.
Non est hic, rogo, Cinna, barbarismus?

XIV 4. Conscribat *Schn*² Non scribat *codd. Schn*¹.
XVI 2. soli *TRM Schn* loci *QEFω Scr* 4. et *TRXBC Sch* et *fehlt E* aut *QFω Scr*.

XVI 2. Ovid. F. III 192 Iugeraque inculti pauca tenere soli.
4. Ovid. Am. I 1, 20 Aut puer aut longis compta puella comis.

Basrelief Lancelotti hält Amor neben Venus den cestos in Händen. Welcker zu KOMüller Hdb. d. Archäol. 377, 5.
Acidalia Venus. Bei Verg. A. I 127 nach Servius von der Quelle Acidalia bei Orchomenos in Bocotien, wo Venus mit den Grazien badete.
XIV 1. 3. Zu II 41, 34.
4. *virum putabo*. Sprichwörtlich, wie bei Cicero ad Quintum fratrem II 9, 3. Vgl. II 69, 8 si vir es, ecce nega.
XV. Vgl. zu IV 32.
XVII. Ueber derartige Namensänderungen, namentlich von Freigelassenen, die ihren früheren Sklavenstand vergessen zu machen wünschten SG I 177.

Tu si Furius ante dictus esses.
Fur ista ratione dicereris.

XVIII.

Sancta Salonini terris requiescit Hiberis,
  Qua melior Stygias non videt umbra domos.
Sed lugere nefas: nam qui te, Prisce, reliquit,
  Vivit qua voluit vivere parte magis.

XIX.

Non de vi neque caede nec veneno.
Sed lis est mihi de tribus capellis:
Vicini queror has abesse furto.
Hoc iudex sibi postulat probari:
5 Tu Cannas Mithridaticumque bellum
Et periuria Punici furoris

XIX 5. Cannas] Cinnas *Hus* Carrhas *L.Mueller Rhein. Mus.
XXXI 307.*

XVIII 4. Horat. C. II 17, 5; vgl. unten.)

XVIII 1. *Salonini.* Ein Verwandter oder Freund des Terentius Priscus, dem M. das 12. Buch dedicirte.
4. Wol mit Anspielung auf den Pythagoräischen Spruch: φίλων σώματα μὲν δύο, ψυχὴ δὲ μία. Saloninus wollte lieber, dass die Hälfte der ihm und Priscus gemeinsamen Seele, welche in dem Leibe des Letzteren wohnte, leben sollte als die in dem seinigen. M. dachte vielleicht auch an Horat. C. II 17, 5 Ah te meae si partem animae rapit Maturior vis, quid moror altera?

XIX. Durchaus verwandt, wie schon Farnabius bemerkt hat Lessing VIII 516, ist das 84. Epigramm des Lucillius Anthol. Gr. ed. Jacobs III p. 46 T II 334:

  Χοιρίδιον καὶ βοῦν ἀπολώλεκα καὶ μίαν αἶγα,
    Ὧν χάριν εἴληφας μισθάριον, Μενέκλεις.
  Οὔτε δέ μοι κοινόν τι πρὸς Ὀθρυάδαν γεγένηται,
    Οὔτ' ἀπάγω κλέπτας τοὺς ἀπὸ Θερμοπυλῶν·
  Ἀλλὰ πρὸς Εὐτυχίδην ἔχομεν κρίσιν· ὥστε τί ποιεῖ
    Ἐνθάδε μοι Ξέρξης καὶ Λακεδαιμόνιοι;
  Πλὴν κἀμοῦ μνήσθητι νόμου χάριν, ἢ μέγα κράξω·
    ΑΛΛΑ ΛΕΓΕΙ ΜΕΝΕΚΛΗΣ, ΑΛΛΑ ΤΟ ΧΟΙΡΙΔΙΟΝ.

6. Vgl. IV 14, 2 Qui periuria barbari furoris. Der Vers enthält

Et Sullas Mariosque Muciosque
   Magna voce sonas manuque tota.
Iam dic, Postume, de tribus capellis.

XX.

Mutua te centum sestertia, Phoebe, rogavi,
   Cum mihi dixisses »exigis ergo nihil?«
Inquiris, dubitas, cunctaris meque diebus
   Teque decem crucias: iam rogo, Phoebe, nega.

XXI.

Perpetuam Stellae dum iungit Ianthida vati
   Laeta Venus, dixit »Plus dare non potui.«
Haec coram domina: sed nequius illud in aure:
   »Tu ne quid pecces, exitiose, vide.
5 Saepe ego lascivum Martem furibunda cecidi,
   Legitimos esset cum vagus ante toros.
Sed postquam meus est, nulla me paelice laesit:
   Tam frugi Iuno vellet habere Iovem.«
Dixit, et arcano percussit pectora loro.
10 Plaga iuvat: sed tu iam, dea, caede duos.

XXI 3. in aure *TQ Schn*² in aurem *EFω Schn*¹ *vielleicht richtig* 7. paelice *XAF* pellice *Schn* 10. caede cede duos *PFO Ser* parc deo *EXABCG* parce deo *Q Schn*¹ *Munro* parce tuo *Hus Schn*².

XXI 2. Horat. C. III 21, 21 laeta Venus. 7. Ovid. A. am. III 739 Ante diem morior, sed nulla paelice laesa.

keine Wiederholung von Cannas v. 5, wofür weder mit Heinsius Cinnas noch mit LMueller Carrhas zu lesen ist.

XX. Verwandt VI 30 und VII 43.
1. *Phoebe.* Zu II 44, 8.
XXI. Auf die auch von Stat. S. I 2 besungene Hochzeit des Stella 1 7 mit der von M. VII 14 u. 15; 50 XII 3 Ianthis genannten Violentilla.
3. *domina.* Vgl. VI 86, 4 VII 50, 4 und zu V 61, 3.
in aure. Zu III 44, 12.
10. *caede duos.* Die von Munro vertheidigte Lesart der Fam. Ca parce deo Spare — den Schlag — von nun an für den Gott vgl. Verg. A. X 532 G. IV 239; Lucret. VI 399 passt nicht zu v. 7 u. 8.

XXII.

Quod nubis, Proculina, concubino
Et. moechum modo, nunc facis maritum.
Ne lex Iulia te notare possit:
Non nubis. Proculina, sed fateris.

XXIII.

Stare iubes nostrum semper tibi, Lesbia, penem:
Crede mihi, non est mentula, quod digitus.
Tu licet et manibus blandis et vocibus instes.
Te contra facies imperiosa tua est.

XXIV.

Nil lascivius est Charisiano:
Saturnalibus ambulat togatus.

XXV.

Marcelline, boni suboles sincera parentis,
Horrida Parrhasio quem tenet ursa iugo.

XXIII 4. Te contra *Schn* E contra *T* Contra te *QEFω Scr*.
XXV 2. tenet *Schn*² teget *T* tegit *EFω Schn*¹ tremit *Gilbert*.

XXIII 4. Juvenal. 6, 198 dicas haec mollius Haemo Quamquam et Carpophoro, facies tua computat annos.)

XXIII. Steht im Parisin. 8069 s. XI. fol. 127/128. Baehrens Plm IV p. 18.

XXII. Vgl. I 74 V 75 VI 2 VI 45. Die von Domitian erneuerte lex Julia de adulteriis (zu VI 2) verbot also auch Concubinate.
XXIV. 2. An den Saturnalien trug man allgemein statt der Toga die Synthesis. XIV 1, 1; 141. Marquardt StV III 587.
XXV 1. *Marcelline*. Zu III 6, 2.
2. *Horrida Parrhasio quem tenet ursa iugo*. IV 11,3 Parrhasia sub ursa. Hier ist falls nicht Parrhasinm iugum selbst das Nordische Gebirge sein soll, auf dem Marcellinus sich befindet) wol (mit Gilbert zu verstehn: die Bärin, welche dem Arkadischen Gebirge furchtbar war Callisto, und dies bezeichnet dann den Norden.
tenet: VII 7, 1—4 Hiberna quamvis Arctos — Teneat.

Ille vetus pro te patriusque quid optet amicus.
Accipe et haec memori pectore vota tene:
5 Cauta sit ut virtus, nec te temerarius ardor
In medios enses saevaque tela ferat.
Bella velint Martemque ferum rationis egentes,
Tu potes et patris miles et esse ducis.

XXVI.

Periclitatur capite Sotades noster.
Reum putatis esse Sotaden? non est.
Arrigere desit posse Sotades: lingit.

XXVII.

Bis vicine Nepos — nam tu quoque proxima Florae
Incolis et veteres tu quoque Ficelias —

XXV 8. *Wie im Text TEX.ABCFG* et esse decus *O* et patriae m. et esse ducis *P* et patrie m. et e. decus *Q* m. et esse tuus *Beverland* et partes miles obisse ducis *Eldik* Tu patris esse potes miles et esse ducis? *vgl. unten.*

XXV 4. Ovid. Her. 13, 66 Signatum memori pectore nomen habe. Ovid. Ex P. II 10, 52 Istic me memori pectore semper habe. Ovid. F. III 178 et memori pectore vota nota.

3. *vetus — amicus* = VIII 14, 7; 43, 3.
8. Vielleicht schrieb M.: Tu patris esse potes miles et esse ducis. Patris IV 16, 2 IV 45, 5 VI 54, 4 XIV 174, 2 und öfter. Patres XIV 43, 2 pátres VI 27, 10 XI 5. 5. Der Sinn: Du kannst zugleich ein Soldat nach dem Wunsche deines Vaters d. h. so viel als möglich auf Erhaltung deines Lebens bedacht und des Feldherrn sein d. h. den Ansprüchen desselben genügen.

XXVI. 1. *Sotades.* Der Name ist deshalb gewählt, weil in den Gedichten des Sotades als des Hauptdichters des λόγος κιναιδολόγος zu II 86, 2 ohne Zweifel unnatürliche Laster oft vorkamen.

3. *desit.* Zu III 75, 1. Vgl. XI 25; 85; 61.

XXVII. 1. *Nepos.* Ein Freund des Dichters X 48; über seinen Wein XIII 124.

proxima Florae. Zu V 22. 4.

2. *veteres Ficelias.* Das Gebiet der früh verschwundenen altlati-

Est tibi, quae patria signatur imagine vultus,
   Testis maternae nata pudicitiae.
5 Tu tamen annoso nimium ne parce Falerno,
   Et potius plenos acre relinque cados.
Sit pia sit locuples, sed potet filia mustum:
   Amphora cum domina nunc nova fiet anus.
Caecuba non solos vindemia nutriat orbos:
10   Possunt et patres vivere, crede mihi.

XXVIII.

Libertus Melioris ille notus,
Tota qui cecidit dolente Roma,
Cari deliciae breves patroni,

XXVII 7. Sit pia, Est pia, I Duff Munro. 8. fiet PEXACFG Schn¹ Gilbert³ p. 520 fiat QBO Ser Schn² Paukstadt p. 16 stellt um: 4. 7. 8. 5. 6. 9. 10.

XXVII 4. Catull. 61, 221 Sit suo similis patri Manlio et facile
insciis noscitetur ab omnibus Et pudicitiam suae Matris indicet ore.
XXVIII. Auson. XVII Epitaphia 35. De Glancia inmatura morte praevento.

nischen Stadt, die sonst Ficulea oder Ficuluea heisst an der via Salaria vor Nomentum, vgl. Nibby Analisi della carta de' contorni di Roma p. 44, auf welchem das Gut des Nepos und M.'s Nomentanum lag.

3 ss. M. fordert Nepos auf, sich alten Falerner zu gönnen und ihn nicht für seine Tochter aufzuheben, wenn er auch im Uebrigen spare, um ihr ein Vermögen zu hinterlassen. Vgl. XIII 126.

7. »Mag die gute Tochter pia ist nicht mit locuples coordinirtes Prädikat, sondern Attribut, mag sie reich werden; aber sie mag jungen Wein trinken; übrigens wird ja auch die jetzt junge Amphora mit ihrer Herrin altern«. Gilbert³ p. 520.

9. Alter Wein auch sonst als Geschenk der Erbschleicher an kinderlose Greise erwähnt. SG I 369, 1. Doch kann M. auch gemeint haben, dass diese ihn sich gönnen, weil sie nicht für ihre Kinder zu sparen brauchen.

10. *patres*. Zu VI 25, 8.   *vivere*. Zu I 15, 4.

XXVIII. Auf den auch von Stat. S. II 1 besungenen Tod des dreizehnjährigen Glancias, Freigelassenen des Atedius Melior zu II 69, 7. Vgl. VI 29.   1. *notus*. Zu V 37, 22.

Hoc sub marmore Glaucias humatus
5 Iuncto Flaminiae iacet sepulcro:
Castus moribus, integer pudore,
Velox ingenio, decore felix.
Bis senis modo messibus peractis
Vix unum puer applicabat annum.
10 Qui fles talia, nil fleas, viator.

XXIX.

Non de plebe domus nec avarae verna catastae,
Sed domini sancto dignus amore puer.
Munera cum posset nondum sentire patroni,
Glaucia libertus iam Melioris erat.
5 Moribus hoc formaeque datum: quis blandior illo?
Aut quis Apollineo pulchrior ore fuit?
Inmodicis brevis est aetas et rara senectus.
Quidquid amas, cupias non placuisse nimis.

XXX.

Sex sestertia si statim dedisses,
Cum dixti mihi »Sume, tolle, dono«.

XXVIII 6. integer *EF*ω *Rand r. Q Schn* innocens ψQ *Ser*.

5. *Iuncto Flaminiae*. Aehnlich von unmittelbarer Nähe XII 18,
8 iunctaque testa viae. Zu I 90, 1.
10. *nil fleas viator*. Möge es dir für deine Theilnahme stets wol
ergehen. Dergleichen Zurufe an den theilnehmenden Wanderer in
Grabschriften bei Wilmanns Exempl. inscr. 118.
XXIX 1. *nec avarae verna catastae*. Als verna bezeichnet den
Glaucias auch Stat. S. II 1, 7 Non te barbaricae versabat turba catastae. Der Sinn von M.'s Worten kann kaum sein: kein verna, dessen
man sich durch Verkauf entledigt, der also auf die catasta kommt.
Sondern M. hat gemeint: ein verna, nicht ein auf der catasta ge-
kaufter Sklave, und sich mit einer auch für ihn ungewöhnlichen Einl.
S. 20, 1 Nachlässigkeit ausgedrückt.
3. *Munera*. Wie munere I 101, 8.
7. 8. Ueber die Vorstellung, dass besonders früh und schön ent-
wickelte Kinder immodici, die das gewöhnliche Mass überschreiten
jung sterben, vgl. Lehrs Populäre Aufsätze[2] S. 46.
XXX. Vgl. VI 20.
2. *dixti*. Zu III 22, 4.

Deberem tibi, Paete, pro ducentis.
At nunc cum dederis diu moratus,
5 Post septem, puto, vel novem Kalendas,
Vis dicam tibi veriora veris?
Sex sestertia, Paete, perdidisti.

XXXI.

Uxorem, Charideme, tuam scis ipse sinisque
A medico futui: vis sine febre mori.

XXXII.

Cum dubitaret adhuc belli civilis Enyo
  Forsitan et posset vincere mollis Otho,
Damnavit multo staturum sanguine Martem
  Et fodit certa pectora tota manu.
5 Sit Cato, dum vivit, sane vel Caesare maior:
  Dum moritur, numquid maior Othone fuit?

XXXIII.

Nil miserabilius, Matho, paedicone Sabello
  Vidisti, quo nil laetius ante fuit.
Furta, fugae, mortes servorum, incendia, luctus
  Affligunt hominem, iam miser et futuit.

XXXIV.

Basia da nobis, Diadumene, pressa. »Quot?« inquis.
  Oceani fluctus me numerare iubes

XXXII 3. multo staturum] multum staturum *T* multo staturum $Q (in Q das erste t radiert) multos saturum *XAB* multo saturum *EF* m. saturum jam *GO* m. saturatum *C* 4. tota *TQ Schn* inda *XprB* nuda *EFω Ser.*

XXXIV. Catull. 5. 7.

XXXI 2. *sine febre:* nämlich durch Gift. Ueber die den Aerzten gemachten Vorwürfe des Ehebruchs und der Giftmischerei SG I 319, 4 u. 5.

XXXII 1. *civilis Enyo.* Wie navalis Enyo Sp 24, 3 und civilis Erinys Lucan. IV 188 Stat. S. V 3, 195. Zu Sp 12, 1.

XXXIV. Mit Erinnerung an Catull 5 und 7. Vgl. Paukstadt p. 7 und M. XI 6, 14 Da nunc basia sed Catulliana. Vgl. auch XII 59.
1. *Diadumene.* Zu III 65, 9.

Et maris Aegaei sparsas per litora conchas
Et quae Cecropio monte vagantur apes.
5 Quaeque sonant pleno vocesque manusque theatro,
Cum populus subiti Caesaris ora videt.
Nolo quot arguto dedit exorata Catullo
Lesbia: pauca cupit, qui numerare potest.

XXXV.

Septem clepsydras magna tibi voce petenti
Arbiter invitus, Caeciliane, dedit.
At tu multa diu dicis vitreisque tepentem
Ampullis potas semisupinus aquam.
5 Ut tandem saties vocemque sitimque, rogamus,
Iam de clepsydra, Caeciliane, bibas.

XXXVI.

Mentula tam magna est, quantus tibi, Papile, nasus,
Ut possis, quotiens arrigis, olfacere.

XXXVII.

Secti podicis usque ad umbilicum
Nullas relliquias habet Charinus.
Et prurit tamen usque ad umbilicum.

XXXV 3. dicis R (nach Deiter EF ω Sch u[1] Paley Munro Gilbert[3] p. 520 ducis TQ derselbe Fehler VI 44, 3 X 25, 6 Sch u[2].

3. 4. Ovid. A. a. II 517 quot apes pascuntur in Hybla, Littore quot conchae.

7. *arguto* — *Catullo*. VIII 73, 7 arguti Tibulli.
XXXV 1. *clepsydras*. Nach Wasseruhren wurde den Anwälten die Zeit für ihre Reden vor Gericht bestimmt. Plin. Epp. II 14 dixi horis paene quinque; nam duabus clepsydris quas acceperam, sunt additae quattuor. Id. VI 2, 6 quia paucioribus clepsydris praecipitamus caussas. Bethmann-Hollweg D. röm. Civilprocess II 592 f. Vgl. auch lex col. Genetivae c. 102 Ephem. epigr. II p. 111 u. 144 s.
XXXVII 1. *usque ad umbilicum*. Zu IV 89, 2.
2. *Charinus*. Zu I 77.

O quanta scabie miser laborat!
5 Culum non habet, est tamen cinaedus.

XXXVIII.

Aspicis, ut parvus nec adhuc trieteride plena
Regulus auditum laudet et ipse patrem?
Maternosque sinus viso genitore relinquat
Et patrias laudes sentiat esse suas?
5 Iam clamor centumque viri densumque corona
Vulgus et infanti Iulia tecta placent.
Acris equi suboles magno sic pulvere gaudet.
Sic vitulus molli proelia fronte cupit.
Di, servate, precor, matri sua vota patrique.
10 Audiat ut natum Regulus, illa duos.

XXXIX.

Pater ex Marulla, Cinna, factus es septem
Non liberorum: namque nec tuus quisquam
Nec est amici filiusve vicini.
Sed in grabatis tegetibusque concepti

XXXVIII 8. Auson. Epigr. 56 58 Toll.] 4 sic vitulus sitiens ubera nostra petit.

1. *scabie*. Soviel als prurigine hier und XI 7, 6.
XXXVIII 1. Der hiernach im Jahre 87 spätestens 88 geborene Sohn des Regulus zu I 12 starb noch als puer Plin. Epp. IV 2, also schwerlich später als 102 103, was mit der Ansetzung der Briefe des vierten Buchs des Plinius in der Zeit von 102 bis 105 Mommsen oder 103 bis 106 Asbach Rhein. Mus. XXXVI (1881) S. 49, sich sehr wol vereinigen lässt.
4. Vgl. V 6, 6.
5. *centumque viri*. Bei dem in der Kaiserzeit in Civilsachen urtheilenden Centumviralgericht machte sich die Anwaltsberedsamkeit am meisten geltend. Vgl. VII 63, 7ss. Bethmann-Hollweg röm. Civilprocess II 53 ff. Madvig Verfassg. u. Verwaltg. d. röm. St. II 220 ff. Die am forum befindliche Basilica Julia als Sitz dieses Gerichts Plin. epp. V 9, 1. 2 II 14 VI 33. Becker Top. S. 243.
XXXIX. Ueber die Liebschaften der Frauen mit ihren Sklaven SG I 129 f.
4. *tegetibus*. IX 92, 3 Dat tibi servo securos vilis tegeticula somnos. XI 32, 2 de bibula sarta palude teges.

5 Materna produnt capitibus suis furta.
Hic, qui retorto crine Maurus incedit,
Subolem fatetur esse se coci Santrae.
At ille sima nare, turgidis labris
Ipsa est imago Pannychi palaestritae.
10 Pistoris esse tertium quis ignorat,
Quicunque lippum novit et videt Damam?
Quartus cinaeda fronte, candido vultu
Ex concubino natus est tibi Lygdo:
Percide, si vis, filium: nefas non est.
15 Hunc vero acuto capite et auribus longis,
Quae sic moventur, ut solent asellorum,
Quis morionis filium negat Cyrtae?
Duae sorores, illa nigra et haec rufa,
Croti choraulae vilicique sunt Carpi.
20 Iamque hybridarum grex tibi foret plenus,
Si spado Coresus Dindymusque non esset.

XL.

Femina praeferri potuit tibi nulla, Lycori:
   Praeferri Glycerae femina nulla potest.
Haec erit hoc quod tu: tu non potes esse quod haec est.
   Tempora quid faciunt! hanc volo, te volui.

XXXIX 17. negat *PQEABFO Sch*.² neget ω *Sch*.¹

XL. 2. Priap. 18, 2 Laxa quod esse mihi femina nulla potest. Prop. IV 7, 10 femina nulla.

   5. *furta*. Zu I 34, 2.   9. *palaestritae*. Zu III 58, 25.

   13. *Lygdo*. Name eines puer exoletus oder Eunuchen von der marmorähnlichen Weisse der Haut oder der Bildschönheit VI 45, 3 XI 73, 1 XII 71.

   17. *morionis*. Zu III 82, 24.

   19. *Croti*. Der Name vielleicht, wie der entsprechende lateinische Favor, ein Künstlern und Musikern öfter gegebener. SG II 571.

   21. *Dindymus*. Name eines Eunuchen auch XI 81, eines exoletus V 83 X 42 XI 6 XII 75 nach dem so genannten Heiligthum der Cybele in Cyzicus.

   XL 3. *Haec erit hoc quod tu*. Vgl. V 45, 2 Istud quae non est, dicere Bassa solet.

XLI.

Qui recitat lana fauces et colla revinctus,
Hic se posse loqui, posse tacere negat.

XLII.

Etrusci nisi thermulis lavaris,
Illotus morieris, Oppiane.
Nullae sic tibi blandientur undae,
Nec fontes Aponi rudes puellis,
5 Non mollis Sinuessa fervidique
Fluctus Passeris aut superbus Anxur,
Non Phoebi vada principesque Baiae.
Nusquam tam nitidum vacat serenum:
Lux ipsa est ibi longior, diesque
10 Nullo tardius a loco recedit.
Illic Taygeti virent metalla
Et certant vario decore saxa,

XLII 8. vacat *QEFω* micat *P*.

XLI. Zu III 18.
XLII. Früher abgefasst als Stat. S. 1 5 auf denselben Gegenstand. Zu v. 14 f.

1. *Etrusci*. Ueber Claudius Etruscus, den Sohn des von M. und Statius mehrfach besungenen kaiserlichen Freigelassenen a rationibus vgl. VI 83 VII 40 und SG I 82, 8; 85, 6; 87, 1; 90, 3; 93 f.; 153.

2. *Oppiane*. Wol nur hier der Name eines Freundes M.'s, an den übrigen Stellen VI 62 VII 4 VIII 25 willkürlich gewählt.

4. Diese berühmten heissen Schwefelquellen bei Patavium schildert ausführlich Cassiodor Variar. II 39. Vgl. Aquae StRE I² S. 1369.

5. Ueber die aquae Sinuessanae Strabo V 234. Plin. XXXI 8. Tacit. H. 1 72. Sil. Ital. VIII 528.

6. *Fluctus Passeris*. Aquae Passerianae in Etrurien an der Strasse von Volsinii nach Rom. St.RE a. a. O. *Anxur*. Zu V 1. 6.

7. *Phoebi vada*. Aquae Apollinares in Etrurien, jetzt Bagni di Vicarello. A. a. O. S. 1366.

8. In keinem Bade giebt es einen so hell erleuchteten freien Raum. Vgl. Stat. S. 1 5, 45. Ueber die hohen Ansprüche an die Helligkeit der Bäder zu I 59, 3.

11—15. Ueber den Luxus des bunten Gesteins SG III 85 f.

11. *Taygeti — metalla*. Der grüne lakonische Marmor. Vgl. IX 75, 9.

Quae Phryx et Libys altius cecidit.
Siccos pinguis onyx anhelat aestus
15 Et flamma tenui calent ophitae:
Ritus si placeant tibi Laconum.
Contentus potes arido vapore
Cruda Virgine Marciave mergi;
Quae tam candida, tam serena lucet.
20 Ut nullas ibi suspiceris undas
Et credas vacuam nitere lygdon.
Non attendis, et aure me supina
Iam dudum quasi neglegenter audis.
Illotus morieris. Oppiane.

XLIII.

Dum tibi felices se indulgent, Castrice, Baiae
Canaque sulphureis nympha natatur aquis.

XLII 18. Marciave *PQ Schn*² Marciaque *EFω Schn*¹.
XLIII 1. felices se indulgent *Munro* felices indulgent *codd. Schn*
2. nympha *QEFω Schn* lympha *Koestlin* limpha *N* unda *T*.

13. Der Phrygische Synnadische violett gefleckte pavonazzetto;
und der gelbröthliche numidische Marmor giallo antico,.
14. 15. Stat. S. I 5, 35 sagt ausdrücklich das Gegentheil: Mae-
ret onyx longe queriturque exclusus ophites. Offenbar eine Berichtigung der Angabe M.'s, dessen Gedicht Statins also bereits kannte.
SG III 85. 7. Mit Unrecht glaubt Kerckhoff Duae Quaest. Papinianae
Berol. 1884 p. 11, dass eine solche erst nach der Herausgabe des
ganzen sechsten Buches des M. hätte erfolgen können. Ueber onyx
Alabaster Marquardt Prl. 604 SG III 85, 2 u. 7.
16—18. Nach dem lakonischen, d. h. trockenen Schwitzbade in
stark erhitzten Räumen 14. 15 übergoss man sich mit kaltem Wasser,
welches zu diesem Behufe aus der aqua Virgo zu V 20, 9 und Marcia
146 v. Chr. von Q. Marcius Rex erbaut Becker Top. 703 herbei-
geleitet war. Marquardt Prl. 273, 1—3.
21. *lygdon*. Zu VI 13, 3.   24. Zu II 6, 17.
XLIII. 1. *se indulgent*. Stat. S. IV 6, 36 deus ille, deus, seseque
videndum Indulsit, Lysippe, tibi. Juv. 2, 165 ardenti sese indulsisse
tyranno. Vgl. Stat. Theb. VI 232 S. II 2, 36. Juv. 2, 167. M. I 104,
2. Munro. *Castrice*. Ein Freund M.'s, der selbst Dichter war. VI 68
VII 4; 37; 42.
2. *nympha*. Die Metonymie nympha natatur ist kaum kühner als
nympha — quae — laberis VI 47, 1. 2. Zu Sp 12, 1.

Me Nomentani confirmant otia ruris
Et casa iugeribus non onerosa suis.
5 Hoc mihi Baiani soles mollisque Lucrinus.
Hoc mihi sunt vestrae. Castrice, divitiae.
Quondam laudatas quocunque libebat ad undas
Currere nec longas pertimuisse vias.
Nunc urbis vicina iuvant facilesque recessus,
10 Et satis est. pigro si licet esse mihi.

XLIV.

Festive credis te. Calliodore. iocari
Et solum multo permadnisse sale.
Omnibus adrides. dicteria dicis in omnes:
Sic te convivam posse placere putas.
5 At si ego non belle, sed vere dixero quiddam,
Nemo propinabit. Calliodore. tibi.

XLV.

Lusistis, satis est: lascivi nubite cunni:
Permissa est nobis non nisi casta Venus.
Haec est casta Venus? nubit Laetoria Lygdo:
Turpior uxor erit, quam modo moecha fuit.

XLVI.

Vapulat adsidue veneti quadriga flagello.
Nec currit: magnam rem. Catiane. facit.

XLVI 1. adsidue/ae *TXA* assidue *Schn* 2. facit *EFω Scr Gilbert p.* 25 facis *Q* facis *T Schn.*

3. *Nomentani — ruris.* Zu 1 105, 1 und II 38, 1.
4. Vgl. Horat. C. I 12, 44 avitus apto Cum lare fundus. Cato R. r. c. 3 ne villa fundum quaerat neve fundus villam. Beide Stellen vergleicht auch Munro Journal of philology XI p. 286.
8. *longas — rias.* Zu 1 2. 2.
XLIV 5. *si ego.* Die Elision von si auch VII 18, 14. LMueller r. m. 283. *quiddam* sc. te esse oris impuri.
6. *propinabit.* Zu I 68, 3.
XLV. Vgl. VI 22.
1. XIV 79, 1 Ludite lascivi, sed tantum ludite servi.
3. *Lygdo.* Zu VI 39, 13. Hier wol ein Eunuch; vgl. VI 67.
XLVI. Vgl. XIV 55. Eine Verspottung der von Domitian mit

XLVII.

Nympha. mei Stellae quae fonte domestica puro
  Laberis et domini gemmea tecta subis.
Sive Numae coniunx Triviae te misit ab antris,
  Sive Camenarum de grege nona venis:
5 Exolvit votis hac se tibi virgine porca
  Marcus, furtivam quod bibit aeger aquam.
Tu contenta meo iam crimine gaudia fontis
  Da secura tui: sit mihi sana sitis.

XLVIII.

Quod tam grande sophos clamat tibi turba togata,
  Non tu. Pomponi. cena diserta tua est.

XLIX.

Non sum de fragili dolatus ulmo.
Nec quae stat rigida supina vena.
De ligno mihi quolibet columna est.

Ungunst behandelten blauen Partei im Circus SG II 299. 5. *Catianus* nur hier. Ueber die Stellung des Vokativs zu I 16. 2.

XLVII. M. hatte während einer Krankheit vgl. VI 58 trotz des ärztlichen Verbots kalter Getränke VI 86, aus der auch VII 15 und 50 besungenen, XII 3, 12 als Jauthea aqua bezeichneten Quelle im Hause des Stella wo er vermuthlich damals wohnte getrunken. Das Opfer scheint er der Quelle darzubringen, damit ihm der Trunk nicht schade.

   1. 2. Vgl. VI 43. 2 und zu Sp 12. 1.

   3. Auch im Hain der Diana Trivia von Aricia wurde eine Egeria verehrt. Preller RM II 129, 3.

   4. Die Camenen. Quellnymphen, fasst M. hier. wie die römischen Dichter gewöhnlich, als die griechischen Musen auf. Preller RM II 129 f.

nona auch hier wol wie VIII 3, 9 Thalia, als Muse des Dichters.

   5. *virgine porca* = XIII 56, 1.

   7. *contenta meo iam crimine*. Zufrieden mich einmal zur Uebertretung der ärztlichen Vorschrift verführt zu haben.

   8. *sit mihi sana sitis*. Möge mein Durst meiner Gesundheit nicht unzuträglich sein.

   XLVIII 1. *grande sophos*. Zu I 3, 7 und über den durch Einladungen erkauften Beifall SG I 340, 7 u. 8. Vgl. III 376.

   XLIX. Vgl. VI 73.

Sed viva generata de cupressu:
5 Quae nec saecula centies peracta
Nec longae cariem timet senectae.
Hanc tu, quisquis es, o malus, timeto.
Nam si vel minimos manu rapaci
Hoc de palmite laeseris racemos,
10 Nascetur, licet hoc velis negare.
Inserta tibi ficus a cupressu.

L.

Cum coleret puros pauper Telesinus amicos,
  Errabat gelida sordidus in togula:
Obscenos ex quo coepit curare cinaedos,
  Argentum, mensas, praedia solus emit.
5 Vis fieri dives, Bithynice? conscius esto:
  Nil tibi vel minimum basia pura dabunt.

LI.

Quod convivaris sine me tam saepe, Luperce,
  Iuveni, noceam qua ratione tibi.
Irascor: licet usque voces mittasque rogesque —
  »Quid facies?« inquis. Quid faciam? veniam.

L 5. Bithynice? *Frdl Gilbert* Bithynice, *Schn.*
LI 3. *Interp. nach Munro. Schn:* Irascor. rogesque.

XLIX 8. Priap. 52 Heus tu, non bene qui manum, rapacem — contines ab horto.

---

6. Plin. N. h. XVI 212 Cariem vetustatemque non sentiunt cupressus cedrus hebenus etc. — rimam fissuramque non capit sponte cedrus, cupressus etc. maxume aeternam putant hebenum et cupressum etc. M. VI 73, 7 Sed mihi perpetua nunquam moritura cupressu Phidiaca rigeat mentula digna manu. *viva* v. 4 soviel als vivaci.
11. *ficus.* Zu 1 65.
L. 2. *gelida — in togula.* Zu III 38, 9.
5. *conscius esto.* Juv. 3, 49 Quis nunc diligitur nisi conscius et cui fervens Aestuat occultis animus semperque tacendis.

LII.

Hoc iacet in tumulo raptus puerilibus annis
  Pantagathus, domini cura dolorque sui.
Vix tangente vagos ferro resecare capillos
  Doctus et hirsutas excoluisse genas.
5 Sis licet, ut debes, tellus, placata levisque.
  Artificis levior non potes esse manu.

LIII.

Lotus nobiscum est, hilaris cenavit, et idem
  Inventus mane est mortuus Andragoras.
Tam subitae mortis causam, Faustine, requiris?
  In somnis medicum viderat Hermocraten.

LIV.

Tantos et tantas si dicere Sextilianum,
  Aule, vetes, iunget vix tria verba miser.
»Quid sibi vult?« inquis. Dicam, quid suspicer esse:
  Tantos et tantas Sextilianus amat.

LII 1. Ovid. Her. 5, 157 M. H 85 F. IV 117 puerilibus annis.
5. Ovid. M. XI 182 longos ferro resecare capillos. 6. Tibull. I 8, 12 Artificis docta subsecuisse manu.
LII 1. Basilii Tetrastich. de Vergilio Baehrens Plm IV p. 128:
1 Hoc iacet in tumulo vates imitator Homeri.

LIII. Steht in der Handschrift der Leipziger Stadtbibliothek De Andragora ad Faustinum. Haupt Opp. I p. 291.

LI 4. *veniam*. Παρὰ προσδοκίαν, da Lupercus M. nur dann einladet, wann er erwartet, dass er nicht werde kommen können.
LII. Ein geschickter tonsor auch VIII 52.
4. *excoluisse* scheint zwar sonst nicht so vorzukommen, ist aber vollkommen passend, daher nicht mit Le Foyer Rev. de philol. VII 1, p. 64 in expoliisse zu ändern. 5. Vgl. V 34, 9.
LIII. Schon Lessing VIII 516 hat an das 57. Epigramm des Lucillius (Anthol. Gr. ed. Jacobs III 36 T II p. 324) erinnert:
  Ἑρμογένη τὸν ἰατρὸν ἰδὼν Διόφαντος ἐν ὕπνῳ
    οὐκ ἔτ' ἀνηγέρθη, καὶ περίαμμα φέρων.
LIV 4. *Tantos et tantas*. Praegrandes draucos eorumque caudas. Schrevel.

LV.

Quod semper casiaque cinnamoque
Et nido niger alitis superbae
Fragras plumbea Nicerotiana,
Rides nos. Coracine, nil olentes:
5 Malo, quam bene olere, nil olere.

LVI.

Quod tibi crura rigent saetis et pectora villis,
   Verba putas famae te, Charideme, dare?
Extirpa, mihi crede, pilos de corpore toto
   Teque pilare tuas testificare nates.
5 ›Quae ratio est?‹ inquis. Scis multos dicere multa
   Fac paedicari te, Charideme, putent.

LVII.

Mentiris fictos unguento, Phoebe, capillos

LV. Sidon. Apoll. C. 9, 324 Nardum ac pingnia Nicerotianis Quae fragrant alabastra tincta sucis, Indo cinnamon ex rogo petitum. Quo Phoenix juvenescit occidendo etc.

LVI 1. Vgl. zu II 36, 5.

3. Verg. A. XII 728. 929 Ovid. M. XI 460 corpore toto. Zingerle Ovid in s. Verh. I 23; Sp l. D. S. 61.

LV 2. IX 11. 4 Quod nidos olet alitis superbae. Plin. N. h. XII 85 Cinnamomum et casias fabulose narravit antiquitas princepsque Herodotus avium nidis et privatim phoenicis, in quo situ Liber pater educatus esset, ex inviis rupibus arboribusque decuti. Vgl. X 16, 6.

niger. Wie XII 38, 3 niger unguento. Vgl. auch VI 57, 1 und XII 17. 7 nigra amomo.

3. *plumbea*. Plin. N. h. XIII 19 unguenta — meliora — conduntur plumbeis vasis. *Nicerotiana*. Niceros ein bekannter Händler mit Salben und Wohlgerüchen; vgl. X 38 XII 65.

4. *Coracine*. M. bezeichnet auch hier wie IV 43, 1 mit diesem Namen einen cunnilingus, der sich aus demselben Grunde parfümirt, wie Baeticus III 77 üble Gerüche anwendet.

5. II 12, 4 Non bene olet, qui bene semper olet.

LVI 1. Vgl. II 36, 5.

2. *Charideme*. Der Name für einen cunnilingus auch VI 81.

6. Um den Verdacht seines wirklichen Lasters abzuwenden.

LVII 1. 2. Vgl. VI 74, 2.

1. *fictos unguento — capillos*. Die Haare müssen also mit einer

Et tegitur pictis sordida calva comis.
Tonsorem capiti non est adhibere necesse:
Radere te melius spongea, Phoebe, potest.

LVIII.

Cernere Parrhasios dum te iuvat, Aule, triones
Cominus et Getici sidera pigra poli.
O quam paene tibi Stygias ego raptus ad undas
Elysiae vidi nubila fusca plagae!
5 Quamvis lassa, tuos quaerebant lumina vultus
Atque erat in gelido plurimus ore Pudens.
Si mihi lanificae ducunt non pulla sorores
Stamina nec surdos vox habet ista deos,
Sospite me sospes Latias reveheris ad urbes
10   Et referes pili praemia clarus eques.

LVII 4. spongea *TAB* pr *G* spongia *Schn.*
LVIII 2. pigra $EPQF$ *Ser Gilbert p. 23* ferre *Eω Schn (vgl. IX 46, 2).*

LVIII 3. Verg. A. VII 773 Stygias detrusit ad undas. Stat. S. III 5, 37 Qualem te nuper Stygias prope raptus ad umbras. 8. Ovid. Ex P. II 8, 28 Per numquam surdos in tua vota deos.

schwarzfärbenden Salbe zu VI 55, 2 auf der Glatze wirklich gemalt gewesen sein. Vgl. v. 2.
LVIII 1. *Aule:* Aulus Pudens: zu I 31. Er scheint auch damals noch wie zur Zeit von XIII 69 in Pannonien gestanden zu haben.
Parrhasios — triones. VII 80, 1 Odrysios — triones IX 45, 1 Hyperboreos — triones.
2. *Getici sidera pigra poli.* IX 45, 2 Et Getico tuleras sidera pigra polo. Pigra verdient an dieser Stelle den Vorzug vor ferre, weil die Beziehung auf den Hexameter so bequemer ist und ferre zu cominus nicht recht passt. Gilbert p. 23.
3. *O quam paene.* Zu I 12, 6.
Stygias — ad undas. Zu I 78, 4.
7. *lanificae — sorores.* Zu IV 54, 5.
8. *pulla — Stamina.* Zu IV 73, 4.
10. Zu I 31.

LIX.

Et dolet et queritur. sibi non contingere frigus.
Propter sescentas Baccara gausapinas.
Optat et obscuras luces ventosque nivesque.
Odit et hibernos, si tepuere. dies.
5 Quid fecere mali nostrae tibi. saeve. lacernae.
Tollere de scapulis quas levis aura potest?
Quanto simplicius, quanto est humanius illud.
Mense vel Augusto sumere gausapinas!

LX.

Rem factam Pompullus habet. Faustine: legetur
Et nomen toto sparget in orbe suum.
Sic leve flavorum valeat genus Usiporum.

LX 3. Usiporum *P Schn²* usiporum *Q* Visiporum *T* Usipiorum *EFω Schn¹*.

LIX 2. *Baccara.* Name für einen in Rom lebenden Nordländer auch XI 74.
5. *Quid fecere mali.* Vgl. I 18. 3. 4.
5—8. Wenn Baccara nicht, um die gewünschte Kälte zu empfinden. dünne Mäntel tragen, sondern durchaus seine vielen gausapinae zeigen will, so ist es das einfachste, sie auch im Sommer zu tragen. und zugleich das humanste gegen die Armen, deren Neid er dann nicht (wie im Winter) erregt.
LX. Ein Gespräch zwishen dem Dichter und Faustinus, wobei v. 1, 2 u. 5 von dem Erstern, alles Uebrige von dem Letztern gesprochen wird. Ebenso Gilbert p. 9.
1. *Rem factam.* Vgl. I 27, 4.
Faustine. Zu I 25, 1.
3. *Usiporum.* Die Usipetes Caesar, Tac. A. I 51; oder Usipi Tac. A. XIII 55 s. H. IV 37 Agr. 28 u. 32 Germ. 32 Strabo 292 Ptolem. (Ούσιπι): vgl. Grimm Gesch. d. dtschen. Spr. I² 373 Zeuss D. Deutschen u. die Nachbarstämme I 88—90 erscheinen in den Zügen des Germanicus noch in der Gegend der Lippe, in Vespasians Zeit, wahrscheinlich eben in Folge jener Expeditionen, weiter südwärts Mainz gegenüber. Dass sie im J. 83 zum Reich gehört haben, vielleicht aber erst kurz vorher unterworfen waren, geht aus der Erzählung von ihrer Aushebung und ihrem verzweifelten Fluchtversuch Agr. 28 hervor. Mommsen RG V 113 u. 136 f.

Quisquis et Ausonium non amat imperium.«
5 Ingeniosa tamen Pompulli scripta feruntur.
»Sed famae non est hoc, mihi credo, satis:
Quam multi tineas pascunt blattasque diserti.
Et redimunt soli carmina docta coci!
Nescio quid plus est, quod donat saecula chartis:
10   Victurus genium debet habere liber.«

LXI.

Laudat, amat, cantat nostros mea Roma libellos.
Meque sinus omnis, me manus omnis habet.
Ecce rubet quidam, pallet, stupet, oscitat, odit.
Hoc volo: nunc nobis carmina nostra placent.

LXII.

Amisit pater unicum Silanus:
Cessas mittere munera, Oppiane?
Heu, crudele nefas malaeque Parcae!
Cuius vulturis hoc erit cadaver?

LXIII.

Scis te captari, scis hunc qui captat, avarum,
  Et scis qui captat, quid, Mariane, velit.
Tu tamen hunc tabulis heredem, stulte, supremis
  Scribis et esse tuo vis, furiose, loco.
5 »Munera magna tamen misit.« Sed misit in hamo:
  Et piscatorem piscis amare potest?

LXI 2. sinus omnis *codd. (R) Schn*   omnes *pr. X Has Scr.*
LXII 1. Silanus *PQFω Scr*   Salnus *EXABCG Schn.*

LX 7. Horat. Epp. I 20, 12 tineas pasces taciturus inertes.
LXII 3. Stat. S. II 7, 89 Heu saevae nimium gravesque Parcae.

---

8. Zu II 3, 5.
10. *Victurus — liber.* Zu I 25, 7.
genium: zugleich Schutzgeist und wie VII 78, 4 Juv. 6, 562 Geist.
LXI. 2. *sinus omnis.* Plural. Lachmann ad Lucret. p. 56.
LXII. LXIII. Vgl. SG I 367 ff.
LXIII. 3. *tabulis — supremis* = V 32, 1.
5. *in hamo.* Vgl. IV 56, 3.

Hicine deflebit vero tua fata dolore?
Si cupis, ut ploret, des, Mariane, nihil.

LXIV.

Cum sis nec rigida Fabiorum gente creatus
Nec qualem Curio, dum prandia portat aranti,
Hirsuta peperit deprensa sub ilice coniunx,
Sed patris ad speculum tonsi matrisque togatae
5 Filius et possit sponsam te sponsa vocare:
Emendare meos, quos novit fama, libellos
Et tibi permittis felices carpere nugas, —
Has, inquam, nugas, quibus aurem advertere totam
Non aspernantur proceres urbisque forique,
10 Quas et perpetui dignantur scrinia Sili
Et repetit totiens facundo Regulus ore,
Quique videt propius magni certamina Circi
Laudat Aventinae vicinus Sura Dianae,
Ipse etiam tanto dominus sub pondere rerum
15 Non dedignatur bis terque revolvere Caesar.
Sed tibi plus mentis, tibi cor limante Minerva
Acrius et tenues finxerunt pectus Athenae.
Ne valeam, si non multo sapit altius illud,

LXIV 3. deprensa *T Schn* rubicuonda *QEFω Scr.*

LXIV 12. Ovid. Ex P. 1 4, 15 circi — certamina.

LXIV 1—3. VII 58, 7 u. s. Quaere aliquem Curios semper Fabiosque loquentem Hirsutum et dura rusticitate trucem. Zu I 24, 3.
4. *Sed patris ad speculum tonsi.* VIII 52, 7 Censura speculi manum regente.
togatae. Zu II 39, 2.
6. *quos novit fama.* I 39, 2 Quales — fama novit anus.
7. *nugas.* Zu I 113, 6.
10. VII 63, 1 Perpetui nunquam moritura volumina Sili.
11. *Regulus.* Zu I 12.
12. *videt propius.* Zu Sp II 1 und I 49, 13.
13. *Sura.* Zu I 49, 40.
14. *dominus.* Zu IV 28, 5.
18. *illud:* cor pecudum.

Quod cum panticibus laxis et cum pede grandi
20 Et rubro pulmone vetus nasisque timendum
Omnia crudelis lanius per compita portat.
Audes praeterea, quos nullus noverit, in me
scribere versiculos miseras et perdere chartas.
At si quid nostrae tibi bilis inusserit ardor,
25 Vivet et haerebit totaque legetur in urbe,
Stigmata nec vafra delebit Cinnamus arte.
Sed miserere tui, rabido nec perditus ore
Fumantem nasum vivi temptaveris ursi.
Sit placidus licet et lambat digitosque manusque,
30 Si dolor et bilis, et iusta coegerit ira.
Ursus erit: vacua dentes in pelle fatiges
Et tacitam quaeras, quam possis rodere, carnem.

LXV.

»Hexametris epigramma facis« scio dicere Tuccam.
  Tucca, solet fieri, denique, Tucca, licet.
»Sed tamen hoc longum est.« Solet hoc quoque, Tucca,
  licetque:
  Si breviora probas, disticha sola legas.
5 Conveniat nobis, ut fas epigrammata longa
  Sit transire tibi, scribere, Tucca, mihi.

LXIV 20. nasisque *QEFω* nasique *T* 25. totaque — urbe *T Sehn* totoque — orbe *QEFω Ser*.

LXIV 23. Horat. Epod. 11.2 scribere versiculos amore percussum gravi. 25. Horat. S. II 1, 46 Qui me commorit — Flebit et insignis tota cantabitur urbe. Consol. ad. Liv. 267 totoque legetur in aevo. 27. Verg. A. VII 451 rabido — ore.

---

23. *perdere chartas*. II 1, 4 brevior — charta perit. XIII 1, 3 Perdite — Musae — papyros.
26. *Cinnamus*. Offenbar einer der Aerzte, die sich darauf verstanden, ehemaligen Sklaven Brandmarken aus der Haut zu tilgen. Vgl. X 56. 6 SG I 303 und 350, 4.

LXVI.

Famae non nimium bonae puellam,
Quales in media sedent Subura,
Vendebat modo praeco Gellianus.
Parvo cum pretio diu liceret,
5 Dum puram cupit approbare cunctis,
Attraxit prope se manu negantem
Et bis terque quaterque basiavit.
Quid profecerit osculo, requiris?
Sescentos modo qui dabat, negavit.

LXVII.

Cur tantum eunuchos habeat tua Caelia, quaeris,
Pannyche? vult futui Caelia nec parere.

LXVI 4. liceret *codd. Schn*[1] *Gilbert p. 14* licerent *Gronov Schn*[2].
LXVII. Caelia *T Schn* Gelia *P* Gellia *QEFω Ser.*

LXVI 1. Priap. 2. 3 Scripsi non nimium laboriose. 49, 2. Non nimium casti carmina plena joci.

LXVI 2. *Subura*. Zu II 17, 1. Als Aufenthalt feiler Dirnen oft erwähnt; zu XI 61, 3; 78, 11.
3. *praeco*. Zu I 85, 1.
4. *liceret*. Entweder: als die Sklavin lange für einen niedrigen Preis feilstand oder wie Plin. N. h. XXXV 88 percontantique quanti liceret opera effecta als der Auktionator sie lange für einen niedrigen Preis ausbot. Die von Schneidewin aufgenommene Conjektur Gronovs licerent ist unzulässig; »als man bot« müsste licerentur heissen. Wie es scheint, nannte der Auktionator den Preis selbst und die Käufer drückten ihre Zustimmung durch Kopfnicken aus 'Suet. Calig. c. 38'. Gilbert p. 14.
9. *Sescentos*. 600 Sest. sind ein äusserst niedriger Preis. Marquardt Prl. I 170. Doch Denare, nach denen selten gerechnet wurde Hultsch Metrol.[2] 292.4 , können hier eben so wenig als X 31, 1 mit Wallon Hist. del' esclavage II[1] 168 verstanden werden, da die in blossen Zahlen angegebene Summe nur Summe der üblichen Rechnungsmünze des Sesterz) sein kann. Dass selbst ein Gebot von 600 S. zurückgezogen wurde, soll zeigen, dass die Sklavin nun überhaupt zu keinem annehmbaren Preise mehr verkauft werden konnte.

LXVII. Zu VI 2, 6.

LXVIII.

Flete nefas vestrum, sed toto flete Lucrino,
  Naides, et luctus sentiat ipsa Thetis.
Inter Baianas raptus puer occidit undas
  Eutychus ille, tuum, Castrice, dulce latus.
5 Hic tibi curarum socius blandumque levamen,
  Hic amor, hic nostri vatis Alexis erat.
Numquid te vitreis nudum lasciva sub undis
  Vidit et Alcidae nympha remisit Hylan?
An dea femineum iam neglegit Hermaphroditum
10 Amplexu teneri sollicitata viri?
Quidquid id est, subitae quaecunque est causa rapinae,
  Sit, precor, et tellus mitis et unda tibi.

LXIX.

Non miror, quod potat aquam tua Bassa, Catulle:
  Miror, quod Bassi filia potat aquam.

LXX.

Sexagesima, Marciane, messis
Acta est et, puto, iam secunda Cottae.

LXIX 2. potat *PQFωSchn*², potet *EXABF Schn*¹.
LXVIII 7. Verg. A. VII 759 vitrea — Fucinus unda.

LXX. Vincent. Bellov. Sp. d. VI 14 Martialis 7 ‚Heu nostri male computantur anni‘ so nur *De* 11 Infantes sumus et senes videmur 15 non enim vivere sed valere vita est.

LXVIII 1. *sed*. Zu I 117, 7.
4. *Castrice*. Zu VI 43, 1.
dulce latus: angenehmer Begleiter. Zu II 46, 8.
5. *curarum socius*. Gehülfe bei litterarischen Arbeiten. Zu I 25, 6.
6. *Alexis*. Zu V 16, 12.
9. *An dea*. Hier kann M. wol nur an Salmacis Preller GM I 420 denken, deren Verwandlung er auch X 30 in den Lucrinersee verlegt, wol nach dem Vorgange Anderer, da er hier so spricht, als wenn er auf etwas bekanntes anspiele.
12. Zn V 34, 9.
LXX 1. *Marciane*. Ein nur hier vorkommender Freund des Dichters.
2. *Cottae*. Hier wol Name einer wirklichen Person.

Nec se taedia lectuli calentis
Expertum meminit die vel uno.
5 Ostendit digitum, sed impudicum,
Alconti Dasioque Symmachoque.
At nostri bene computentur anni
Et quantum tetricae tulere febres
Aut languor gravis aut mali dolores.
10 A vita meliore separentur:
Infantes sumus, et senes videmur.
Aetatem Priamique Nestorisque
Longam qui putat esse, Marciane,
Multum decipiturque falliturque.
15 Non est vivere, sed valere vita.

LXXI.

Edere lascivos ad Baetica crusmata gestus
Et Gaditanis ludere docta modis,
Tendere quae tremulum Pelian Hecubaeque maritum
Posset ad Hectoreos sollicitare rogos.

LXX 15. vita ωSer vita est QEXABCDFG Schn.
LXXI 4. sollicitare ωSer Schn² sollicitata Q (darunter geschrieben sollicitare) ΨPEXABFG Schn¹.

LXX 5. Priap. 56, 1 et impudicum Ostendis digitum. 12. Priap. 57, 4 Tithoni Priamique Nestorisque 76, 4 Tithonum Priamumque Nestoremque.
LXX 6. Auson. Epigr. 69 73 Toll 3 medicus — Alcon.
LXXI 1—4. Priap. 19 Telethusa circulatrix — crissavit — sic ut — posset Privignum quoque — movere Phaedrae.

5. sed. Zu I 117, 7.
impudicum. Zu II 28, 2.
6. Drei damals in Rom bekannte Aerzte. Alcon XI 86, 5 SG I 394. 2 , Symmachus V 9 VII 18, 10; der Arzt Dasius kommt sonst nicht vor ein Badediener dieses Namens II 52 .
12. Zu II 64, 3.
LXXI 1. 2. Zu I 41, 12.
3. Pelian. XI 60, 4 Quodque senem Pelian non sinat esse senem.
4. sollicitare. Wie VIII 56, 16.

5 Urit et excruciat dominum Telethusa priorem:
  Vendidit ancillam, nunc redimit dominam.

LXXII.

Fur notae nimium rapacitatis
Compilare Cilix volebat hortum.
Ingenti sed erat, Fabulle, in horto
Praeter marmoreum nihil Priapum.
5 Dum non vult vacua manu redire,
Ipsum surripuit Cilix Priapum.

LXXIII.

Non rudis indocta fecit me falce colonus:
  Dispensatoris nobile cernis opus.
Nam Caeretani cultor notissimus agri
  Hos Hilarus colles et iuga laeta tenet.
5 Aspice, quam certo videar non ligneus ore
  Nec devota focis inguinis arma geram.
Sed mihi perpetua nunquam moritura cupressu
  Phidiaca rigeat mentula digna manu.
Vicini, moneo, sanctum celebrate Priapum
10 Et bis septenis parcite iugeribus.

LXXI 6. redimit *QωSer Schn*[2]   redimet *EXABCFG Schn*[1].
LXXIII 7. cupressu *scribendum videtur Schn*[1]   cupresso *codd.*
Schn im Text (vgl. VI 49, 4 u. 11).

5. *Telethusa.* Schwerlich die VIII 51, 23 genannte.
6. *dominam.* Wie XI 70, 2 und XII 66, 8 *dominos.*
LXXIII. Vgl. VI 49. Ueber die Paarung der Penthemimeres und
Hephthemimeres in allen 7 Hexametern vgl. Birt, Einl. S. 42.
2. *nobile — opus* = Sp 6, 2 IX 93, 6 IX 43, 6 Nobile — munus
opusque; VIII 6, 8 debile cernis opus. Vgl. XIV 3, 2 nobile dentis
opus.
Dispensatoris. Als einer der vornehmsten kaiserlichen? Sklaven
Marquardt Prl. 152; mit Respekt genannt.
5. *certo — ore.* VII 84, 6 Certior — vultus.
7. *Perpetua — cupressu.* Zu VI 49, 4. VII 63, 1 Perpetui nunquam moritura volumina Sili.

LXXIV.

Medio recumbit imus ille qui lecto,
Calvam trifilem semitatus unguento,
Foditque tonsis ora laxa lentiscis,
Mentitur. Aesculane: non habet dentes.

LXXV.

Cum mittis turdumve mihi quadramve placentae,
 Sive femur leporis, sive quid his simile est,
Bucellas misisse tuas te, Pontia, dicis.
 Has ego non mittam, Pontia, sed nec edam.

LXXVI.

Ille sacri lateris custos Martisque togati,
Credita cui summi castra fuere ducis,
Hic situs est Fuscus. Licet hoc, Fortuna, fateri:

LXXIV 2. semitatus ᵖQEFω Turnebus Gilbert p. 21, 6. semitactus G(?)Scaliger Hns Schn segmentatus C 4. Aesculane Schn² Esculane ω Ser Ac E fulane EX ABCFG Schn¹ Aefculane P exulane Q.
 LXXV 2. simile est T Schn simile QEFωSer 4. non mittam TQE Schn nec mittam ωSer.

 LXXVI 3. Lucan. VIII 793 Hic situs est Magnus. Placet hoc, Fortuna, sepulcrum?

 LXXIV 2. *semitatus.* Turnebus Advers. XXVI 27 cum in capite tamquam sulcos duxisset unguenti lituris et veluti vias secuisset, semitatus dixit: quae est antiquorum librorum scriptura d. h. also gescheitelt. Gegen die Conjektur von Scaliger und Heinsius semitactus bemerkt Gilbert p. 21, 6 mit Recht, dass man bei einer derartigen Bemalung der Glatze zu VI 57, 2 eher eine zu reichliche Anwendung von Salbe erwartet als eine theilweise. Ein ebenso gebildetes Wort wie semitatus mit entsprechender Bedeutung ist perticatus »mit einer Stange versehen« V 12, 1.
 3. *lentiscis.* Zu III 82, 9.
 LXXV 3. *Pontia.* Durch diesen Namen zu II 34, 6 wird die Senderin als Giftmischerin bezeichnet.
 LXXVI. Cornelius Fuscus unter Domitian praef. praetor. ,Giese de personis etc. s. v. Juven. 4, 111 war in Dacien gefallen.
 1. Bezieht sich darauf, dass die cohortes praetoriae die Wache im kaiserlichen Palast stellten. Marquardt StV II 476, 9.
 sacri. Zu IV 30, 3.
 3—6. Das in einem Hain befindliche Denkmal, auf welches das

Non timet hostiles iam lapis iste minas.
5 Grande iugum domita Dacus cervice recepit
Et famulum victrix possidet umbra nemus.

LXXVII.

Cum sis tam pauper, quam nec miserabilis Iros,
  Tam iuvenis, quam nec Parthenopaeus erat,
Tam fortis, quam nec, cum vinceret, Artemidorus,
  Quid te Cappadocum sex onus esse iuvat?
5 Rideris multoque magis traduceris, Afer,
  Quam nudus medio si spatiere foro.
Non aliter monstratur Atlans cum compare ginno

LXXVII 1. Iros *Hns Schn*² heros *T* Irus *EFωSchn*¹ 2. 3. Parthenopaeos? Artemidoros? Artemidos *EXAB* 7. ginno *Scr* gi y bbo *EABCFGO* mulo *₽Q*.

LXXVI 6. Prop. I 18, 2 Et vacuum victrix possidet aura nemus.

LXXVI 4. Schluss der Grabschrift eines Bischofs von Hispalis † 641 Huebner Inscr. Hispan. christ. 65 Non timet ostiles so jam lapis iste minas.

Epigramm sich bezieht, muss hiernach an der Stelle, wo Fuscus gefallen war, in der Nähe der Donau gewesen sein. Nur dann konnte M. sagen, dass der Grabstein die feindlichen Drohungen nicht mehr zu fürchten habe. Vgl. zu VI 4, 2 und VI 10, 7.

LXXVII. 1. *Iros.* Zu V 39, 9.
2. *Parthenopaeus.* Zu IX 56, 8.
3. *Artemidorus.* T. Flavius Artemidorus aus Adana siegte im ersten Capitolinischen Agon 86 n. Chr. SG II 577. Nach dieser Stelle scheint er bald nachher, also im Agon des Jahres 90 unterlegen zu sein, denn nur dann ist der Ausdruck tam fortis cum vinceret, völlig passend. Einl. S. 57.
4. *Cappadocum.* Sänftenträger Marquardt Prl. 146, 8.
7. *Atlans.* Die Erklärer verstehen unter Atlans einen Zwerg nach Juven. S. 32. Doch wird hier offenbar ein wirklicher Riese mit einem kleinen Maulthier ginnum i. e. parvum mulum Plin. N. h. VIII 174. M. XIV 197 mulae pumilae des Contrastes wegen zusammengestellt; ebenso wie in v. 8 der Elephant mit dem kleinen Mohren similem in Bezug auf die Farbe. Senec. Epp. 85, 41 elephantem *minimus* Aethiops iubet subsidere in genua et ambulare per funem. Vgl. SG I 20, 1. Marquardt Prl. 146, 8.

Quaeque vehit similem belua nigra Libyn.
Invidiosa tibi quam sit lectica, requiris?
10 Non debes ferri mortuus hexaphoro.

LXXVIII.
Potor nobilis, Aule, lumine uno
Luscus Phryx erat alteroque lippus.
Huic Heras medicus »Bibas caveto:
Vinum si biberis, nihil videbis.«
5 Ridens Phryx oculo »Valebis« inquit.
Misceri sibi protinus deunces.
Sed crebros iubet. Exitum requiris?
Vinum Phryx, oculus bibit venenum.

LXXIX.
Tristis es et felix. Sciat hoc Fortuna caveto:
Ingratum dicet te, Lupe, si scierit.

LXXX.
Ut nova dona tibi, Caesar, Nilotica tellus
Miserat hibernas ambitiosa rosas.

LXXX 2. rosas. *Gronov, Gilbert p. 10* rosas, *Schu.*

LXXX 1. Lucan. IX 130 Nilotica rura.

10. Selbst für deine Todtenbahre zu II 81, 2 würden wegen deiner Armuth die gewöhnlichen sechs Träger schon zu viel sein, um so mehr Anstoss erregt deine deiner Armuth völlig unangemessene Sänfte mit sechs Trägern.
LXXVIII 1. *Aule.* A. Pudens. Zu I 31.
3. *Heras medicus.* CIL V 2, 6064 Mediolani M. Petronius Herasmidicus. Mommsen: Heras medicus Gruter, fortasse recte emendans. Der Name scheint hiernach als der eines berühmten Arztes Heras aus Cappadocien, nächster Vorgänger des Andromachus vgl. Celsus V 22 von Aerzten öfters angenommen zu sein. Vgl. SG II 573.
6. *deunces.* Elf cyathi, also fast das Dreifache des gewöhnlichen Trinkbechers triens. Zu I 37, 2.
7. *Sed.* Zu I 117, 7.
LXXX. 1. *Ut nova dona.* Soviel als quasi nova dona, also Punkt am Schluss von v. 2. Gronov. bei Schrevel Addenda p. 794 : neque exponendum. Ubi tibi allatae sunt ex Aegypto rosae hibernae sed,

Navita derisit Pharios Memphiticus hortos.
Urbis ut intravit limina prima tuae:
5 Tantus veris honos et odorae gratia Florae.
Tantaque Paestani gloria ruris erat:
Sic quacunque vagus gressumque oculosque ferebat,
Tonsilibus sertis omne rubebat iter.
At tu Romanae iussus iam cedere brumae,
10 Mitte tuas messes, accipe, Nile, rosas.

LXXXI.

Iratus tanquam populo, Charideme, lavaris:
Inguina sic toto subluis in solio.
Nec caput hic vellem sic te, Charideme, lavare.
Et caput, ecce, lavas: inguina malo laves.

LXXXII.

Quidam me modo, Rufe, diligenter
Inspectum, velut emptor aut lanista,
Cum vultu digitoque subnotasset,
»Tune es, tune« ait »ille Martialis,
5 Cuius nequitias iocosque novit.«

LXXX 7. vagus *RQ Ew Ser Schn*² vagos *T Schn*¹ S. Tonsilibus *T R M Φ P Q Schn* textilibus *E X B F G O* texilibus *Rand v. Q* sutilibus *Ser.*

LXXX 6. Verg. G. I 168 divini gloria ruris.

Tellus Nilotica miserat tibi rosas hibernas, ut, i. e. tanquam dona nova et insolita.
  6. IX 60, 4 Seu modo Paestani gloria veris erat.
  8. *Tonsilibus.* Salmas. Exerc. ad Solin. p. 703 erklärt coronas tonsas oder tonsiles mit Servius für Kränze aus einzelnen Blättern. Becker-Goell III 450 stimmt bei.
  9. *brumae.* Der Winter, in dem die Pästanischen Rosen zu V 37, 9. blühten, von denen Rom damals so voll war, war der Winter von 89 90. Einl. S. 58. Ueber den Luxus der Rosen im Winter Hehn S. 206.
  LXXXI 1. *Charideme.* Zu VI 56.
  LXXXII 1. *Rufe.* Vielleicht Iustantius Rufus, zu VII 68. SG III 447.

Aurem qui modo non habet Batavam?«
Subrisi modice, levique nutu
Me quem dixerat esse non negavi.
»Cur ergo« inquit »habes malas lacernas?«
10 Respondi: »quia sum malus poeta.«
Hoc ne saepius accidat poetae,
Mittas, Rufe, mihi bonas lacernas.

LXXXIII.

Quantum sollicito fortuna parentis Etrusco,
    Tantum, summe ducum, debet uterque tibi.
Nam tu missa tua revocasti fulmina dextra:
    Hos cuperem mores ignibus esse Iovis;
5 Si tua sit summo, Caesar, natura Tonanti,
    Utetur toto fulmine rara manus.
Muneris hoc utrumque tui testatur Etruscus,
    Esse quod et comiti contigit et reduci.

LXXXIV.

Octaphoro sanus portatur, Avite, Philippus.
    Hunc tu si sanum credis, Avite, furis.

LXXXV.

Editur en sextus sine te mihi, Rufe Camoni.

LXXXII 6. Batavam *codd.* hēbatavā $\mathfrak{B}$ habebat anas *corr.* habet batavas Q habebat avamam P habebat avam F *Schn*[1] *Gilbert*[3] p. 520 severam *CO Rand r. Q Schn*[2] *(LMueller r. m. p. 247)* Boeotam *Ruhnken*.
    LXXXIII 5. Si tua sit $QE\omega$ *Ser Gilbert p. 21* Sit tua *A F Schn.*

6. *Batavam.* Batava VIII 33, 20 Batavi XIV 176, 1. Ruhnkens patriotische Conjektur Boeotam ist auch prosodisch schwerlich zulässig. LMueller r. m. p. 247 s.
    LXXXIII. Auf die in Folge der Fürbitte des Claudius Etruscus erfolgte Zurückberufung seines Vaters aus der Verbannung nach Campanien, wohin ihn sein Sohn hatte begleiten dürfen v. S. Stat. S. III 3. 156 ss. SG I 94, 3.
    3. *fulmina.* Stat. l. l. tu — attonitum et venturi fulminis ictus Horrentem tonitru tantum lenique procella Contentus monuisse senem.
    6. *toto fulmine.* Der ganze Blitz so viel als der vernichtende.
    LXXXIV 1. *Avite.* Zu I 16, 2.
    LXXXV 1. Camonius Rufus aus Bononia, wol ein Bekannter

Nec te lectorem sperat, amice, liber:
Impia Cappadocum tellus et numine laevo
Visa tibi cineres reddit et ossa patri.
5 Funde tuo lacrimas orbata Bononia Rufo.
Et resonet tota planctus in Aemilia:
Heu qualis pietas, heu quam brevis occidit aetas!
Viderat Alphei praemia quinta modo.
Pectore tu memori nostros evolvere lusus.
10 Tu solitus totos, Rufe, tenere iocos.
Accipe cum fletu maesti breve carmen amici
Atque haec absentis tura fuisse puta.

LXXXVI.

Setinum dominaeque nives densique trientes.
Quando ego vos medico non prohibente bibam?

LXXXV 8. quinta *TQ* (in *Q* wol aus *quanta*) quinque *EF* ο Rand von *Q* quanta 𝔓 quarta Gruter (vgl. unten.)

M.'s aus der in Forum Cornelii zugebrachten Zeit in Cappadocien im Alter von 20 Jahren IX 76. 3 Creverat hic vultus bis denis fortior annis gestorben. IX 74 u. 76.

8. *quinta.* Da bei M. sonst Olympiaden fünfjährige Zeiträume sind zu IV 45, 3. 4 , erwartet man quarta, und nach der Lesart von 𝔓 7 und wol auch Q. quanta hat M. vielleicht wirklich wie Gruter annahm, so geschrieben.

10. *totos — iocos.* Der meine Scherze ganz auswendig zu wissen pflegte; falls hier totos nicht für omnes steht. Woelfflin Zur latein. Lexikographie N. Rhein. Mus. XXXVII 1882 S. 107 nennt Apulejus als den ersten Prosaiker, der toti für omnes und zwar massenweise braucht. Doch hat es schon Plin. N. h. XV 100 totisque acinis sucus et caro est auch Stat Theb. I 81 totos in poenam ordire nepotes. Häufig ist es bei denPanegyrikern z. B. V 9, 1 etc. totum Alles X 26, 1 und den Kirchenschriftstellern z. B. Minuc. Fel. 21, 12. Vgl. auch Vit. Alex. Sev. 51. 5; 67, 3; Solin. p. 220, 4; Macrob. Sat. I 26 ext.; Pallad. II 10. *CFWMueller.*

LXXXVI. Vgl. zu VI 47.
1. *Setinum.* Zu IV 69, 1.
dominae. Der Violentilla, zu VI 21, 3.
densique trientes. Zu I 106, 8 IX 87, 2 denso triente.

Stultus et ingratus nec tanto munere dignus
Qui mavult heres divitis esse Midae.
5 Possideat Libycas messes Hermumque Tagumque.
Et potet caldam, qui mihi livet, aquam.

LXXXVII.

Di tibi dent et tu, Caesar. quaecunque mereris:
Di mihi dent et tu, quae volo, si merui.

LXXXVIII.

Mane salutavi vero te nomine casu.
Nec dixi dominum, Caeciliane, meum.
Quanti libertas constat mihi tanta, requiris?
Centum quadrantes abstulit illa mihi.

LXXXIX.

Cum peteret seram media iam nocte matellam
Arguto madidus pollice Panaretus.
Spoletina data est, sed quam siccaverat ipse,
Nec fuerat soli tota lagona satis.
5 Ille fide summa testae sua vina remensus
Reddidit oenophori pondera plena sui.
Miraris, quantum biberat, cepisse lagonam?
Desine mirari, Rufe: merum biberat.

LXXXVIII 3. constat *TXB Schn*[1] *Gilbert*[2] *p. 644*   constet *Q Fω Schn*[2].
LXXXIX 4. tota *TQ Schn*   tanta   tonta *B, EFω Rand v. Q Ser.*

LXXXVI 3. Ovid. M. V 475   XV 122 nec frugum munere dignus.

6. *mihi livet.* Livere für invidere mit dem Dativ auch IX 23, 5.
X 42, 10 X 37, 11 XI 94, 1.
LXXXVIII. Zu I 112.   4. *Centum quadrantes.* Zu I 59.
LXXXIX 2. *Arguto — pollice.* Zu III 82, 15.
3. *Spoletina* bei Bluemner nicht erwähnt von Thon.
4. *lagona.* Weinkanne mit engem Halse, erweiterter Mündung und Henkel, abgebildet bei Marquardt Prl. 630.
6. Gab seinem oenophorum der allgemeinere Name für das v. 1 als lagona bezeichnete Gefäss Marquardt a. a. O. den Inhalt vollwichtig zurück.
8. *Rufe.* Zu VI 82, 1.   *Desine mirari* = Sp 25, 2.

XC.

Moechum Gellia non habet nisi unum.
Turpe est hoc magis: uxor est duorum.

XCI.

Sancta ducis summi prohibet censura vetatque
Moechari. Gaude. Zoile. non futuis.

XCII.

Caelatus tibi cum sit. Anniane,
Serpens in patera. Myronos arte.
Vaticana bibis: bibis venenum.

XCIII.

Tam male Thais olet. quam non fullonis avari
Testa vetus. media sed modo fracta via.

XC 2. turpe est hoc magis: *Gilbert p. 10* turpe est: hoc magis. *Schn.*
XCII 2. arte *QFuSer Gilbert³ p. 520* artes *EXAB Schn.*

XC 2. *Turpe est hoc magis: uxor est duorum.* So ist zu interpungiren; da nämlich das Verhältnis einer Frau mit nur einem Ehebrecher als eine Art zweiter Ehe galt zu III 92, so ist diese Bigamie noch schimpflicher als Ehebruch mit mehreren.
XCI. Zu VI 2. 1. *censura.* Zu I 4, 7.
2. *Zoile.* Zu II 16 und zu I 16, 2.
XCII 2. *Myronos arte.* Die Aechtheit dieser ciselirten Arbeit, an welche Brunn Künstlergesch. I 115 glaubt, ist um so problematischer, da nach einem ausdrücklichen Zeugnis Phaedr. V praef. 7 der Missbrauch gerade von Myrons Namen bei gefälschten Silberarbeiten bekannt war. SG III 273. 3. *Vaticana.* Zu I 19, 2.
XCIII. Zu IV 4. Lucill. SS Anth. Gr. ed. Jacobs III p. 47 T. II
p. 336 : Οὔτε Νίμαιρα τοσοῦτον ἔπνει κακόν, ἡ κατ᾽ Ὅμηρον,
Οὔτ᾽ ἀγέλη ταύρων, ὡς ὁ λόγος, παρίπνους,
Οὐ Λῆμνος σύμπασα καὶ Ἁρπυιῶν τὰ περισσά,
Οὐδ᾽ ὁ Φιλοκτήτου πους ἀποσηπόμενος.
Ὥστε σε παμψηφεὶ νικᾶν, Τελέσιλλα, Χιμαίρας,
Σηπεδόνας, ταύρους, ὄρνεα, Ἀργυνέλας.
Id. 89: Οὐ μόνον αὐτή πνεῖ Δημοστρατίς, ἀλλὰ καὶ αὐτῆς
Τοὺς ὁσφρηομένους πνεῖν πεποίηκε τράγου.
Vgl. Einl. S. 19,1.
1. Ueber den Gebrauch des Urins beim Walken Marquardt Prl. 511. *Fullonis avari*, der, um zu sparen, lange dieselbe testa benutzt.
2. *sed.* Zu I 117, 7.

Non ab amore recens hircus, non ora leonis.
Non detracta cani transtiberina cutis.
5 Pullus abortivo nec cum putrescit in ovo.
Amphora corrupto nec vitiata garo.
Virus ut hoc alio fallax permutet odore.
Deposita quotiens balnea veste petit.
Psilothro viret aut acida latet oblita creta
10 Aut tegitur pingui terque quaterque faba.
Cum bene se tutam per fraudes mille putavit.
Omnia cum fecit. Thaida Thais olet.

XCIV.

Ponuntur semper chrysendeta Calpetiano
Sive foris, seu cum cenat in urbe domi.
Sic etiam in stabulo semper, sic cenat in agro.
Non habet ergo aliud? Non habet immo suum.

Subscriptionen. EXPLICIT EX·VII·LIBRO. INCIPIT EX·
VIII· *R* Epigrammaton li. VI. explicit. incipit. VII. Ego Torquatus
Gennadius emendavi feliciter *Q*. Ego Torquatus Gennadius emendavi
feliciter *f*.

3. *ab amore recens hircus*. IV 4, 1 Quod pressa piger hircus in
capella.
ora leonis. Plin. N. h. XI 277 animae leonis virus grave.
4. In der regio transtiberina wohnten auch viele Gerber. Juven.
14, 203 ss. Becker Top. 655.
detracta cani transtiberina cutis. Das Adjectivum transtiberina, das
eigentlich zu canis gehört, ist mit cutis verbunden, wie sonst häufig
Adjectiva mit dem attributiven Substantivum, obwol der Prädikats-
begriff nicht zu diesem, sondern zu dem von demselben abhängenden
Genetiv gehört fulva leonis ira: ebenso ditataque nomina vatum VIII
56, 21. Lobeck Sophocl. Aiax 7. Reisig-Haase 349 Anm. 522. We-
senberg ad Cic. Tusc. IV 3, 6. Ellendt ad Cic. De orat. 1 45, 199 u. a.
6. *garo*. [Eine aus den inneren Theilen des Skomber bereitete
Fischsauce. Marquardt Prl. 423.
9. *Psilothro*. Zu III 74, 1.
XCIV 1. *chrysendeta*. Zu II 43, 11.
4. Wenn das kostbare Geschirr dem Calpetianus gehörte, würde
er es nur ausnahmsweise brauchen, um es zu schonen. Dass er es
stets und überall braucht, ist ein Beweis dass es nur geborgt ist.

M. Valerii Martialis Epigrammaton
Liber VII.

I.

Accipe belligerae crudum thoraca Minervae.
 Ipsa Medusaeae quem timet ira comae.
Dum vacat, haec, Caesar, poterit lorica vocari:
 Pectore cum sacro sederit, aegis erit.

II.

Invia Sarmaticis domini lorica sagittis
 Et Martis Getico tergore fida magis.

1 2. quem timet ira comae FO q. t. ira comae deae Q (am Rande alii quo tumet quem — deae Fc quo — deae C quae que — deae $EXAB$.

1. Die beiden ersten Epigramme beziehen sich auf einen aus Eberklauen gearbeiteten, wahrscheinlich sarmatischen Brustharnisch Pausanias I 21, 7 s. beschreibt einen sarmatischen Harnisch aus Pferdehufen, welcher vermuthlich als Merkwürdigkeit in einem Minerventempel zu Rom aufbewahrt wurde, wie der von Pausanias beschriebene in einem Aesculaptempel bei Athen. SG II 158, 2. Er wurde jetzt dem Domitian in den sarmatischen Krieg nachgesandt.

1. *crudum*. Wol »rauh«.
2. Du Domitian, den selbst der Zorn der Schlangen fürchtet, welche das Haar der wol auf dem Panzer angebrachten Medusa bilden. Gilbert.
4. *sacro*. Zu IV 30, 3.

aegis. Die Aegis ursprünglich der Schild des Zeus, in Kunstdarstellungen gewöhnlich Panzer der Minerva, erscheint zuweilen auch in diesen als Panzer des Zeus. Overbeck Griech. Kunstmythol. I 243—251. CLVisconti Di una statua rappresentante il Genio di Giove con l'egida Bull. munic. d. R. 1882 p. 173 ff.

II. Zu VII 1.
1. *Martis Getico tergore*. Vielleicht ein getischer Schild oder

Quam vel ad Aetolae securam cuspidis ictus
Texuit innumeri lubricus unguis apri.
5 Felix sorte tua, sacrum cui tangere pectus
Fas erit et nostri mente calere dei.
I comes et magnos inlaesa merere triumphos
Palmataeque ducem, sed cito, redde togae.

III.

Cur non mitto meos tibi, Pontiliane, libellos?
Ne mihi tu mittas, Pontiliane, tuos.

IV.

Esset, Castrice, cum mali coloris,
Versus scribere coepit Oppianus.

III 2. Ne mihi tu mittas *Q* Ne m. t. mittis *A* Nec m. t. mittis *EXBCFG* Nec m. t. mittas *R* Gilbert⁴ p. 210.

II 5. Horat. Epp. I 10, 44 Laetus sorte tua. Id. Epod. 14, 15. Gaude sorte tua. Verg. A. XI 159 felix morte tua. Ovid. M. XIII 521 felix morte sua est.

Panzer in einem Tempel des Mars, der bei der Sendung des sarmatischen Panzers ebenfalls in Frage gekommen sein mochte. Vielleicht ist aber auch bloss der Schild des Mars gemeint und Martis Getico tergore steht für Martis Getici i. e. Thracii vgl. z. B. Stat. S. I 2, 53) tergore mit der gewöhnlichen Beziehung des Adjektivs auf das attributive Substantivum statt auf den davon abhängigen Genetiv zu VI 93, 4.

3. *Aetolae — cuspidis*. Vgl. XIII 93, 1. Der Lanze des Meleager, mit welcher er den Calydonischen Eber tötete.

5. *Felix sorte tua* = VII 8, 5. *sacrum*. Zu IV 30, 3.

6. *nostri — dei*. Zu V 8, 1.

8. *Palmataeque — togae*. Die Tracht der triumphirenden Feldherrn, früher toga picta, Marquardt StV II 587; jetzt nachdem sie die Stickerei der tunica angenommen hatte, palmata. So zuerst hier und später häufig. Marquardt Prl. 526.

8. *sed*. Zu I 117, 7.

III. Vgl. V 73, welches auch für ne in v. 2 entscheidet.

IV 1. *Castrice*. Zu VI 43, 1.

2. Weil man glaubte, dass Dichter blass aussehen müssten Jahn ad Pers. 1, 24, sieht Oppianus in der Blässe schon einen Beweis des Berufs zur Dichtkunst. SG III 385.

V.

Si desiderium, Caesar, populique patrumque
　Respicis et Latiae gaudia vera togae,
Redde deum votis poscentibus. Invidet hosti
　Roma suo, veniat laurea multa licet:
5 Terrarum dominum propius videt ille, tuoque
　Terretur vultu barbarus et fruitur.

VI.

Ecquid Hyperboreis ad nos conversus ab oris
　Ausonias Caesar iam parat ire vias?
Certus abest auctor, sed vox hoc nuntiat omnis.
　Credo tibi, verum dicere, Fama, soles.

V. Horat. C. IV 5; vgl. unten. 1. Verg. A. IV 682 populumque patresque. Id. ib. IX 192 Ovid. M. XV 486 populusque patresque etc. Vgl. Bentley ad Horat. C. III 6, 20. 5. Zu I 4, 2.

V 2. Claudian. C. min. III 14 Latia — toga.

V. Die Epigramme 5—8 beziehen sich auf die bevorstehende Rückkehr Domitians aus dem Sarmatenkrieg, die nach einer Abwesenheit von 8 Monaten IX 32 im Januar 93 VIII 8 erfolgte, im December 92, in welchem das Buch erschien, bereits angekündigt war VII 8, 3. Es sind also die zuletzt verfassten Gedichte dieses Buchs. Einl. S. 58. Vielleicht schwebte M. hierbei eine Erinnerung an Horat. C. IV 5 vor. v. 5. Lucem redde tuae, dux bone, patriae. 13. Votis ominibusque et precibus vocat. 15. Sic desideriis icta fidelibus.

1. *populique patrumque*. Wie VIII 50, 7 IX 48, 7. equitesque patresque XIV 120, 1.

2. *Latiae — togae*. VII 63, 2 Latia carmina digna toga.

3. *Redde deum*. VII 8, 2 redditur — deus.

4. *laurea — multa*. VII 6, 6 Plin. N. h. XV 133 laurus Romanis praecipue laetitiae victoriarumque nuntia additur litteris et militum lanceis pilisque. Seneca Agamemnon. 390 Namque hasta summo lauream ferro gerit. Stat. S. V 1, 92. H. A. Alex. Severus c. 58 mit der Anmerkung von Salmasius. Schol. Juven. 4, 149.

5. *Terrarum dominum*. Zu I 4, 2.
propius videt. Zu VI 64, 12.

6. *fruitur cultu*. Etwas anders VII 99, 1 Namque solent sacra Caesaris aure frui.

5 Publica victrices testantur gaudia chartae.
   Martia laurigera cuspide pila virent.
   Rursus, io, magnos clamat tibi Roma triumphos
      Invictusque tua, Caesar, in urbe sonas.
   Sed iam laetitiae quo sit fiducia maior,
10   Sarmaticae laurus nuntius ipse veni.

VII.

   Hiberna quamvis Arctos et rudis Peuce
   Et ungularum pulsibus calens Hister
   Fractusque cornu iam ter improbo Rhenus
   Teneat domantem regna perfidae gentis
5 Te, summe mundi rector et parens orbis:

  VI 8. Invictusque *QEFω Ser Schn²* Invitusque *T Schn¹* Invisusque *Rooy*.

  VI 7. Ovid. Am. I 2, 34 Volgus ‚io' magna voce ‚triumphe' sonat. Tr. IV 2, 52 = Tibull. II 5, 118 Miles ‚io' magna voce ‚triumphe' canet.

  VII 2. Ennod. Carm. II 136, 3 Cornipedes Algida qui Tanais domuistis dorsa profundi Quorum praevalidas ungula calcat aquas. Vgl. zu X 7, 4 sq.

  VI 5. 6. Zu VII 5, 4.   5. *pila:* der Boten vom Kriegsschauplatze (zu VII 5, 4 oder der in Rom stehenden Truppen.

  7. *Rursus.* Wie vor 4 Jahren bei den Erfolgen gegen Dacien.

  8. *Invictus sonas.* Du wirst überall mit dem Zuruf »der Unbesiegte« vgl. Sp 20, 4, begrüsst.

  10. *Sarmaticae laurus:* des sarmatischen Triumphes.

  VII 1. *Peuce.* Eine von den beiden südlichsten Mündungen des Danubius gebildete, von ihren vielen Fichten benannte grosse Insel. VII 84, 3 ad gelidam Peucen. Valer. Flacc. Arg. VIII 317.

  3. IX 101, 17 Cornua Sarmatici ter perfida contudit Histri. Von den 3 angeblichen Siegen über die Anwohner des Rheins muss als der erste der bei der Expedition im J. 70 zu II 2 gemeint sein, als letzter der im Chattenkriege 84. Als den zweiten zählte M. vielleicht die Gefangennahme der Veleda durch Rutilius Gallicus unter Titus? Vgl. SG III 455.

  cornu. M. denkt hier an die gewöhnliche Darstellung der Flussgötter mit Hörnern oder Stierhäuptern. Preller GM I 448 ff.

  4. *Teneat* wie tenet VI 25, 2.

  5. IX 6, 1. Tibi summe Rheni domitor et parens orbis. Vgl. Fincke de appell. Caes. p. 30 s.

Abesse nostris non tamen potes votis.
　Illic et oculis et animis sumus. Caesar,
Adeoque mentes omnium tenes unus,
　Ut ipsa magni turba nesciat Circi.
10　Utrumne currat Passerinus an Tigris.

VIII.

Nunc hilares, si quando mihi, nunc ludite, Musae:
　Victor ab Odrysio redditur orbe deus.
Certa facis populi tu primus vota, December:
　Iam licet ingenti dicere voce »Venit!«
5 Felix sorte tua! Poteras non cedere Iano,
　Gaudia si nobis, quae dabit ille, dares.
Festa coronatus ludet convicia miles,
　Inter laurigeros cum comes ibit equos.
Fas audire iocos levioraque carmina, Caesar,
10　Et tibi, si lusus ipse triumphus amat.

IX.

Cum sexaginta numeret Cascellius annos,
　Ingeniosus homo est: quando disertus erit?

　　VII 6. Ovid. Tr. IV 2, 41 Cornibus hic fractis — Rhenus. Claudian. Cons. Stilich. I 220 Rhenumque minacem Cornibus infractis adeo mitescere cogis.
　　VIII. 2. Cons. ad Liv. 381 Quod semper domito rediit tibi Caesar ab orbe. 5. Vgl. zu VII 2, 5. 7. Lucan II 369 festa — convicia.

　　10. *Passerinus an Tigris* XII 36, 12 Tigrim vince levemque Passerinum: berühmte Circuspferde SG II 296. Die Circusspiele, welche M. meint, könnten die zweiten Consualia am 15. Dezember, vielleicht aber auch die ludi plebei 4—17. November sein.
　　VIII 2. *ab Odrysio — orbe.* IX 93, 8 Nomen ab Odrysio quod deus orbe tulit. VII 80, 1 Odrysios triones, X 7, 2 Odrysias pruinas. Vgl. auch IX 101, 20 Victor Hyperboreo nomen ab orbe tulit.
　　deus. Zu V 8, 1 u. VII 5, 3.
　　5. *Felix sorte tua!* = VII 2, 5.
　　7. Bekanntlich sangen die Soldaten beim Triumph Spottlieder auf den Feldherrn. Zu I 4, 3 s.

X.

Paedicatur Eros, fellat Linus: Ole, quid ad te.
   De cute quid faciant ille vel ille sua?
Centenis futuit Matho milibus: Ole, quid ad te?
   Non tu propterea, sed Matho pauper erit.
5 In lucem cenat Sertorius: Ole, quid ad te.
   Cum liceat tota stertere nocte tibi?
Septingenta Tito debet Lupus: Ole, quid ad te?
   Assem ne dederis crediderisve Lupo.
Illud dissimulas, ad te quod pertinet, Ole,
10 Quodque magis curae convenit esse tuae.
Pro togula debes: hoc ad te pertinet, Ole.
Quadrantem nemo iam tibi credit: et hoc.
Uxor moecha tibi est: hoc ad te pertinet, Ole.
Poscit iam dotem filia grandis: et hoc.
15 Dicere quindecies poteram, quod pertinet ad te:
   Sed quid agas, ad me pertinet, Ole, nihil.

XI.

Cogis me calamo manuque nostra
Emendare meos, Pudens, libellos.
O quam me nimium probas amasque,
Qui vis archetypas habere nugas!

XII.

Sic me fronte legat dominus, Faustine, serena

X 1. Linus *Rω Schn*² Linuos *P* Linos *Q* Pinus *EXAFG Schn*.

X. Ueber die 4 Mal wiederholte Interpunktion nach dem 4. Fuss vgl. Einl. S. 44.

7. *Lupus*. Nicht der mit dem Dichter befreundete Lupus. Zu V 56.

15. *quindecies*. Ebenso für eine beliebige grosse Zahl XI 6. 13 quindecim poetae.

XI 2. *Pudens* zu I 31 hatte M. gebeten das sehr fehlerhafte Buchhändlerexemplar seiner Gedichte eigenhändig zu verbessern, was M. auch für Julius Martialis that. VII 17. 7. Ueber die Fehlerhaftigkeit der Buchhändlerausgaben Marquardt Prl. 807. 4. *nugas*. Zu I 113, 6.

XII. Wie hier klagt M. auch VII 72 X 3; 5; 33 darüber, dass unter seinem Namen giftige Schmähgedichte veröffentlicht wurden. SG III 404, 1. 1. *Faustine*. Zu I 25.

Excipiatque meos, qua solet aure, iocos.
Ut mea nec iuste quos odit, pagina laesit,
Et mihi de nullo fama rubore placet.
5 Quid prodest, cupiant cum quidam nostra videri,
Si qua Lycambeo sanguine tela madent,
Vipereumque vomat nostro sub nomine virus,
Qui Phoebi radios ferre diemque negat?
Ludimus innocui: scis hoc bene; iuro potentis
10 Per genium Famae Castaliumque gregem
Perque tuas aures, magni mihi numinis instar,
Lector, inhumana liber ab invidia.

XIII.

Dum Tiburtinis albescere solibus audit
Antiqui dentis fusca Lycoris ebur,
Venit in Herculeos colles. Quid Tiburis alti
Aura valet! Parvo tempore nigra redit.

XIV.

Accidit infandum nostrae scelus, Aule, puellae:
Amisit lusus deliciasque suas

XII 7. vomat P vomant QEF_{ω} Schn vomunt C s. negat $\$PENACF$ corr G Gilbert⁴ p. 210 negant $Q\omega$ Schn.

XII 11. Ovid. Am. III 11, 47 Perque tuam faciem, magni mihi numinis instar Priap. 40, 4 Hunc pathicae magni numinis instar habent.

2. VII 28, 8 Exige, sed certa, quos legis aure iocos.
5. X 3, 6 Et vult videri nostra.
6. *Lycambeo sanguine.* Lycambes wurde durch den Spott des Archilochus, dem er seine Tochter, die er ihm versprochen, später nicht geben wollte, der Sage nach zum Selbstmorde getrieben.
8. *ferre.* Ueber die Auslassung des Subjektspronomens Draeger, Hist. Syntax II² 410 f.
9. *Ludimus innocui.* Zu I 4, 7: Innocuos — lusus.
XIII. Vgl. das verwandte Epigramm IV 62 nebst der Anmerkung.
3. *Herculeos colles.* Zu I 12, 1.
XIV 1. *Aule.* Zu I 31.
2. *delicias.* Mit Anspielung auf Catull 2, 1. Vgl. v. 3 u. 4.

Non quales teneri ploravit amica Catulli
Lesbia, nequitiis passeris orba sui.
5 Vel Stellae cantata meo quas, flevit Ianthis,
Cuius in Elysio nigra columba volat.
Lux mea non capitur nugis neque moribus istis,
Nec dominae pectus talia damna movent:
Bis denos puerum numerantem perdidit annos,
10 Mentula cui nondum sesquipedalis erat.

XV.

Quis puer hic nitidis absistit Ianthidos undis
Et fugitat dominam Naida? numquid Hylas?

XIV 5. quas BP quas Q quam EFω (quam).
XIV 7. neque moribus $BPQXCFG$ neque emoribus AE nec moribus O nec amoribus ς *L.Mueller r. m. p. 396* 9. b^{i}s denos ωSer *Gilbert p. 15* bis senos Qς*Hns Schn (vgl. zu IX 50, 3)*.

3. *teneri*. Zu IV 14, 3 und XII 44, 5.
5. *Stellae*. Zu I 7.
Ianthis. Zu VI 21.
6. Das hier gemeinte Gedicht Stellas auf die todte Taube erwähnt schon Stat. S. I 2, 102. Zu I 7.
7. *Lux mea*. Zu V 29, 3.
neque. LMueller r. m. p. 396. Zu I 64, 1.
moribus istis. Etwa in dem Sinne von tali simplicitate.
8. *dominae*. Hier Bezeichnung der Geliebten. SG I 395.
XV. Die Statue eines fliehenden Knaben an der Quelle im Garten oder Park des Stella VI 47 hält Schrevel für die des Argynnus v. 5, des Lieblings des Agamemnon, der im Kephissus Athen. XIII p. 603 oder im Meer Propert. IV 6 7 21ss. Vgl. Herzberg II p. 280 ertrank. Wenn aber M. nach v. 5 wusste, dass die Statue den Argynnus vorstellte, konnte er nicht wol fragen, ob es Hylas sei. Wie es scheint, beziehen sich die beiden ersten Distichen auf die Knabenstatue, zu der vielleicht erst später noch andere der Ganymedeus chorus VII 50, 4 aufgestellt wurden, während die dort erwähnte Herculesstatue in der Grotte bei der Abfassung unseres Epigramms bereits vorhanden war. Dagegen scheint im letzten Distichon ein (Page und Mundschenk des Stella angeredet zu werden, der so schön war, dass man auch für ihn das Schicksal des Hylas befürchten konnte.
1. *Ianthidos*. Zu VII 21 und VII 50, 1 u. 2.

O bene. quod silva colitur Tirynthius ista
Et quod amatrices tam prope servat aquas!
5 Securus licet hos fontes, Argynne. ministres:
Nil facient Nymphae: ne velit ipse. cave.

XVI.

Aera domi non sunt, superest hoc. Regule. solum.
Ut tua vendamus munera: numquid emis?

XVII.

Ruris bibliotheca delicati.
Vicinam videt unde lector urbem.
Inter carmina sanctiora si quis
Lascivae fuerit locus Thaliae.
5 Hos nido licet inseras vel imo.
Septem quos tibi misimus libellos
Auctoris calamo sui notatos:
Haec illis pretium facit litura.
At tu munere. delicata. parvo

XVII 9. delicata *QEFω Schn* dedicata *PScr* munere. delicata, parvo Quae *Munro* munere delicata parvo. Quae *Schn*.

XV 3. Ovid. Tr. I 2, 41 O bene, quod non sum mecum conscendere passus.

3. *silva — ista* = VII 50, 5.
4. VII 50, 7 Numquid Nympharum notos observat amores?
6. *ipse.* Hercules. doch soll der Leser vielleicht zugleich an den Herrn des Hauses denken, der von dessen Angehörigen mit ipse bezeichnet zu werden pflegte. Vgl. Buecheler ad Petron. ed. 1862 c. 63.
XVI 1. *Regule.* Zu I 12 und SG III 398, 3.
XVII 1. *Ruris — delicati.* Vgl. die Beschreibung dieses Landsitzes des Julius Martialis zu I 15 auf dem Janiculus IV 64 10 Celsae culmina delicata villae.
2. IV 64, 11 Hinc septem dominos videre montes Et totam licet aestimare Romam.
4. *Thaliae.* Zu IV 8, 12.
5. *nido.* Zu I 117, 15.
7. *calamo — notatos.* Zu VII 11, 2. X 78, 12 Piscosi calamo Tagi notata.
9. *delicata.* Vgl. v. 1. Munro Horatiana Journal of philology IX p. 219 fasst delicata als Anrede und zieht munere parvo i. e. propter

10 Quae cantaberis orbe nota toto,
  Pignus pectoris hoc mei tuere.
  Iuli bibliotheca Martialis.

XVIII.

Cum tibi sit facies, de qua nec femina possit
  Dicere, cum corpus nulla litura notet,
Cur te tam rarus cupiat repetatque fututor,
  Miraris? Vitium est non leve, Galla, tibi:
5 Accessi quotiens ad opus mixtisque movemur
  Inguinibus, cunnus non tacet, ipsa taces.
Di facerent, ut tu loquereris et ille taceret:
  Offendor cunni garrulitate tui.
Pedere te vellem: namque hoc nec inutile dicit
10 Symmachus et risum res movet ista semel:
Quis ridere potest fatui poppysmata cunni?
  Cum sonat hic, cui non mentula mensque cadit?
Dic aliquid saltem clamosoque obstrepe cunno,
  Et si adeo muta es, disce vel inde loqui.

XIX.

Fragmentum quod vile putas et inutile lignum,
  Haec fuit ignoti prima carina maris.

XVIII 5. movemur $QEF\omega$ Schn¹ Gilbert¹ p. 210 movetur TSchn² moventur X 10. semel $TQEXAC$ Rand r. 1ᵃ Schn simul $F\omega$ Scr.

XIX 1. Horat. S. I 8, 1 Ovid. Am. I 12, 13 III 7, 15 Priap. 73, 3 inutile lignum. Verg. G. II 413 utile lignum. 2. Prop. III 22, 20 ignoto missa columba mari .

munus zu Sp 1, 3 zu cantaberis. Vielleicht quae delicata cantaberis d. h. »die du in Folge meines Geschenkes als reizend gepriesen werden wirst«.
  10. VIII 61, 3 orbe cantor — toto.   12. Zu II 6, 17.
  XVIII 1. de qua nec femina possit Dicere. Zu III 80, 1.
  10. Symmachus. Zu VI 70, 6.
  14. si adeo. Zu VI 44, 5.
  XIX. Auf ein angebliches Fragment der Argo. Ueber dergleichen Reliquien aus der Heroenzeit vgl. VIII 6 und SG II 159 ff.

Quam nec Cyaneae quondam potuere ruinae
Frangere nec Scythici tristior ira freti.
5 Saecula vicerunt: sed quamvis cesserit annis,
Sanctior est salva parva tabella rate.

XX.

Nil est miserius nec gulosius Santra.
Rectam vocatus cum cucurrit ad cenam,
Quam tot diebus noctibusque captavit,
Ter poscit apri glandulas, quater lumbum,
5 Et utramque coxam leporis et duos armos,
Nec erubescit peierare de turdo
Et ostreorum rapere lividos cirros,
Buccis placentae sordidam linit mappam:
Illic et uvae collocantur ollares
10 Et Punicorum pauca grana malorum
Et excavatae pellis indecens vulvae

XX 1. Nil *PQ Frdl* Nihil *EFω Schn* nec *ωSer L Mueller c. m. p. 396* neque *PQ EX.ACFG Schn* 8. buccis placentae *Ser Gilbert*[4] *p. 211* buccis placente (mit Rasuren vor c und am Schluss Q dulci placente *am Rande* b. plangentem *PF* dulcis es *corr C* placenta as *C EX.AG Schn* Dulci placenta *O* 10. Et *codd.* Nec *Hns.*

XIX 6. Ovid. F. II 408 quantum fati parva tabella vehit.

XX 1. *nec gulosius.* Zu I 64, 4.
2. *Rectam — cenam.* Da er sich sonst in der Regel mit der sportula begnügen muss. SG I 393 f.
7. *cirros.* Die Lappen oder Fasern der Austern; polyporum cirri die Fangarme der Polypen Plin. N. h. XXVI 58.
8. *mappam.* Zu II 37, 4.
8. *Buccis placentae.* X 5, 5 Oret caninas panis improbi buccas. Petron. 44 Non, mehercules, hodie buccam panis invenire potui.
9. *uvae — ollares.* Vgl. über dieselben Cato R. r. 7, 2 u. 143, 3. Plin. N. h. XIV 29 u. 34. Schneider zu Columella XII 45.
10. *Punicorum grana — malorum* metonymisch für Granatäpfel, wie cum granis Punici mali Petron. c. 31 f. Punica grana M. I 43, 6. Gilbert[4] p. 211.
11. *excavatae* durch die Jungen; vgl. XIII 56 Plin. N. h. XI 209 ss. — *vulvae.* Marquardt Prl. 320, 4.

Et lippa ficus debilisque boletus.
Sed mappa cum iam mille rumpitur furtis,
Rosos tepenti spondylos sinu condit
15 Et devorato capite turturem truncum.
Colligere longa turpe nec putat dextra,
Analecta quidquid et canes reliquerunt.
Nec esculenta sufficit gulae praeda,
Mixto lagonam replet ad pedes vino.
20 Haec per ducentas cum domum tulit scalas
Seque obserata clusit anxius cella
Gulosus ille, postero die vendit.

XXI.

Haec est illa dies, quae magni conscia partus
   Lucanum populis et tibi, Polla, dedit.
Heu! Nero crudelis nullaque invisior umbra.
   Debuit hoc saltim non licuisse tibi.

XXII.

Vatis Apollinei magno memorabilis ortu
   Lux redit: Aonidum turba, favete sacris.

XX 20. domum tulit $Q\omega\,Schn^2$ domo t. *AEFG* in domo t. *XC* domo intulit *Hns Schn*[1].
XXI 1. quae magni *RQEF* ω *Ser Schn*[1] magni quae *P Schn*[1].

XXI 1. Ovid. F. VI 713 Haec est illa dies. Tr. V 3, 1 Illa dies haec est. Stat. S. I 2, 241 Hic fuit ille dies.
XXII 2. Stat. S. II 7, 19 favete linguis — favete Musae.

12. *lippa ficus:* safttriefend.   *boletus.* Zu I 20, 2.
14. *spondylos.* Eine im Meere lebende Muschel Plin. N. h. XXXII 151; auch der fleischige Theil der Austern und Muscheln ibid. XXXII 60 und 154. Oder Wirbelknochen?
17. *Analecta.* Der die Reste der Mahlzeit vom Boden aufsammelnde Sklave. XIV 82, 2. Marquardt Prl. 145, 2.
20. *ducentas — scalas.* Zweihundert Stiegen, nicht Stufen, wie SG I 7 übersetzt ist.
XXI—XXIV. Auf den Geburtstag Lucans an dessen Wittwe Polla Argentaria vgl. auch X 64 SG III 394, 1, die Patronin M.'s, gerichtet. Auf dieselbe Veranlassung Stat. S. II 7.
XXI 4. *licuisse tibi.* IV 44, 8 licuisse sibi.

Haec meruit, cum te terris, Lucane, dedisset,
Mixtus Castaliae Baetis ut esset aquae.

XXIII.

Phoebe, veni, sed quantus eras, cum bella tonanti
Ipse dares Latiae plectra secunda lyrae.
Quid tanta pro luce precer? Tu, Polla, maritum
Saepe colas et se sentiat ille coli.

XXIV.

Cum Iuvenale meo quae me committere temptas,
Quid non audebis, perfida lingua, loqui?
Te fingente nefas Pyladen odisset Orestes,
Thesea Pirithoi destituisset amor.
5 Tu Siculos fratres et maius nomen Atridas
Et Ledae poteras dissociare genus.
Hoc tibi pro meritis et talibus imprecor ausis,
Ut facias illud, quod, puto, lingua, facis.

XXIV 1. quae me *QEFω* quid me *R* quid tu *T*.

XXIII 1. Stat. S. II 7, 66 Pharsalica bella detonabis.
XXIV 3. 4. Sidon. Apoll. C. 5, 287 Thesea Pirithoi, Pyladen si stravit Orestae Vel furibunda manus. Claudian. in Rufin. I 107 Pirithoum fugeret Theseus, Offensus Oresten Desereret Pylades, odisset Castora Pollux.

XXII 4. *Baetis.* Lucan stammte aus der an diesem Flusse gelegenen Stadt Corduba.
XXIII 1. *bella tonanti* wie VIII 3, 14. 2. *plectra secunda.* Als dem nächsten nach Virgil. VII 27, 2 fama secunda.
XXIV 1. *Iuvenale.* Der hier zuerst und dann VII 91 XII 18 als mit M. befreundet genannte Juvenal hatte in der Zeit, wo M. diese drei Gedichte an ihn richtete, noch keine Satiren veröffentlicht und war nur als Rhetor thätig. Daher VII 91, 1 facunde Iuvenalis.
3. *Pyladen — Orestes.* Zu VI 11.
4. *Thesea Pirithoi.* X 11, 1 Thesea Pirithoumque.
5. *Siculos fratres.* Amphinomus und Anapias aus Catana, welche bei einem Ausbruch des Aetna ihre Eltern retteten. Strabo VI 269. Anthol. Palat. III 17. Sil. Ital. XIV 197.

XXV.

Dulcia cum tantum scribas epigrammata semper
Et cerussata candidiora cute.
Nullaque mica salis nec amari fellis in illis
Gutta sit, o demens, vis tamen illa legi!
5 Nec cibus ipse iuvat morsu fraudatus aceti.
Nec grata est facies, cui gelasinus abest.
Infanti melimela dato fatuasque mariscas:
Nam mihi, quae novit pungere, Chia sapit.

XXVI.

Apollinarem conveni meum. Scazon.
Et si vacabit, ne molestus accedas)
Hoc qualecunque, cuius aliqua pars ipse est.
Dabis: hac facetae carmen imbuant aures.
5 Si te receptum fronte videris tota,
Noto rogabis ut favore sustentet.
Quanto mearum, scis, amore nugarum

XXVI 4. hac *Gilbert⁴ p. 211* haec $EX.1F haec Q hoc ꝏ hoc
Schn facetae *Gronov Schn* facetum *codd. Ser (vgl. Gilbert a. a. O.)*

XXV 3. Catull. 86, 4 mica salis Plin. Epp. III 21, 1: vgl. unten.
XXVI 3. Catull. 1, 8 quidquid hoc libelli. Qualecunque.

7. *nugarum*. Zu I 113, 6.
XXV. 2. *cerussata*. Zu I 72, 6.
3. *mica salis nec amari fellis*. Vielleicht dachte Plinius Epp. III 21, 1 an diese Stelle, er sagt dort von Martial: qui plurimum in scribendo et salis haberet et fellis nec candoris minus.
7. *melimela*. Zu I 43, 4.
mariscus — 8. *Chia*. XII 96, 9 Chiam volo, nolo mariscam. Vgl. VII 31, 2 und XIII 23, wo es von der Chia heisst: Ipsa merum secum portat et ipsa salem.
8. *novit pungere*. Zu II 52, 1.
XXVI 1. *Apollinarem*. Zu IV 86, 3.
5. *fronte — tota*. Mit einer Stirn, die in keiner Falte eine Zurückweisung verräth.

Flagret: nec ipse plus amare te possum.
Contra malignos esse si cupis tutus,
10 Apollinarem conveni meum. Seazon.

XXVII.

Tuscae glandis aper populator et ilice multa
    Iam piger. Aetola fama secunda ferae.
Quem meus intravit splendenti cuspide Dexter.
    Praeda iacet nostris invidiosa focis.
5 Pinguescant madido laeti nidore penates
    Flagret et exciso festa culina iugo.
Sed cocus ingentem piperis consumet acervum
    Addet et arcano mixta Falerna garo.
Ad dominum redeas. noster te non capit ignis.
10   Conturbator aper: vilius esurio.

XXVIII.

Sic Tiburtinae crescat tibi silva Dianae
    Et properet caesum saepe redire nemus.
Nec Tartesiacis Pallas tua. Fusce. trapetis

    XXVI 9. si cupis *Ser*   si potes *EX.AFG*   si voles *GO Sch*
si petes *Hns*.
    XXVII 5. madido laeti *Gilbert*[1] *p. 211*   madidi laeto *CGO Sch*
madido laeto *EXAF*   madido tetri *FPQ Ser*   madidi lauto *Hns*.

    XXVII 2. Ovid. Tr. I 5, 22 Penelopes esset fama secunda tuae
Claudian. carm. min. 4, 2 Romani fama secunda fori.

    10. Zu II 6, 17.
    XXVII 2. *fama secunda*. Zu VII 23, 2.
    3. *Dexter*. Als Jäger auch XI 69, 3.
    6. *exciso — iugo*. Nach Abholzung des Bergrückens.
    8. *arcano — garo*. Zu VI 93, 6 . Ein in einer geheimen Schublade aufbewahrtes, also besonders kostbares garum.
    10. *Conturbator*: Vermögenszerrütter. X 96, 9 conturbatorque macellus.
    XXVIII. 3. *Pallas tua*. Ueber diese von Ovid öfter Heroid. 9, 44 Am. II 16, 8 Tr. IV 5, 4 gebrauchte Metonymie Haupt Opp. II 168

Cedat et immodici dent bona musta lacus:
5 Sic fora mirentur, sic te palatia laudent.
Excolat et geminas plurima palma fores:
Otia dum medius praestat tibi parva December.
Exige, sed certa, quos legis, aure iocos.
»Scire libet verum? res est haec ardua.« Sed tu
10   Quod tibi vis dici, dicere, Fusce, potes.

XXIX.

Thestyle, Victoris tormentum dulce Voconi,
Quo nemo est toto notior orbe puer.
Sic etiam positis formosus amere capillis
Et placeat vati nulla puella tuo:
5 Paulisper domini doctos sepone libellos,
Carmina Victori dum lego parva tuo.
Et Maecenati, Maro cum cantaret Alexin,
Nota tamen Marsi fusca Melaenis erat.

XXIX 2. toto — orbe *EFω Ser Gilbert*[4] *p. 211* toto — urbe
ΨP tota — urbe *Q Hos Schn.*

XXVIII 4. Ovid. F. III 558 tertia musta lacus Id. Tr. III 10,
72 fervida musta lacus Tibull. 1 1, 10 pinguia musta lacu.
XXIX 4. Zu I 76, 4.

und zu Sp 12, 1. Ebenso Stat. S. II 7, 28 Quae Tritonide fertiles
Athenas Unctis Baetica provocas trapetis. Ueber das Oel aus Baetica
XII 63. Bluemner S. 130.
Fusce. Zu I 54.
6. *palma.* Mit Palmzweigen als Siegeszeichen wurden die Thüren
der Rechtsanwälte nach gewonnenen Processen geschmückt. Juven.
7, 118 SG I 291. 7.
8. IV 82, 4 Non tetrica nugas exigat aure meas. VII 12. 2 Excipiatque meos, qua solet aure, iocos.
sed. Zu I 117, 7.
XXIX 1. *Voconi.* Voconius Victor. Auf seine Hochzeit XI 78.
2. *nemo — toto notior orbe.* Zu V 37, 22. Weltbekannt ist Thestylus durch die docti libelli Gedichte: v. 4 vati tuo, des Voconius.
VII 17. 10 Quae cantaberis orbe nota toto. Gilbert[4] p. 211 f.
7. *Alexin.* Zu V 16, 12.
8. *Marsi.* Zu I Epist. l. 11.   *Melaenis.* Sonst nirgend erwähnt.

XXX.

Das Parthis, das Germanis, das, Caelia, Dacis,
Nec Cilicum spernis Cappadocumque toros:
Et tibi de Pharia Memphiticus urbe fututor
Navigat, a rubris et niger Indus aquis:
5 Nec recutitorum fugis inguina Iudaeorum,
Nec te Sarmatico transit Alanus equo.
Qua ratione facis, cum sis Romana puella,
Quod Romana tibi mentula nulla placet?

XXXI.

Raucae chortis aves et ova matrum
Et flavas medio vapore Chias
Et fetum querulae rudem capellae
Nec iam frigoribus pares olivas
5 Et canum gelidis holus pruinis
De nostro tibi rure missa credis?
O quam, Regule, diligenter erras!
Nil nostri, nisi me, ferunt agelli,
Quidquid vilicus Umber aut colonus.

XXXI 6. rure missa $QEF\omega$ Ser missa rure T Schn 9. colonus codd. Schn¹ Gilbert¹ p. 212 Calenus Hns Schn².

XXX 4. Ovid. A. a. III 130 decolor Indus aqua Tr. V 3. 24 decolor Indus aquas.
XXX 5. Sidon. Apoll. C. 22. 201 Fert recutitorum primordia Iudaeorum.

XXX 1. *Das*. Zu II 9.
4. *Indus*. Hier wol in dem weiteren Sinne zu verstehen, in welchem es auch Nubier und Aethiopier bezeichnet. Letronne mémoires de l'acad. d. inser. IX 158 X 235.
XXXI. 1. *chortis aves* = VII 54, 7 = XIII 45, 2. XI 52, 14 Et chortis saturas atque paludis aves.
2. *Chias*. Zu VII 25, 8. 3. *rudem* wie IX 71, 6.
4. Oliven mit Frostzeichen, oder abgefallene.
7. *diligenter erras*. Du irrst gründlich, wol ein Ausdruck der Umgangssprache. »Geflissentlich« passt hier kaum.
9—11. Aufzählung der Güter des Regulus SG I 218, 6.
vilicus — colonus. Zu II 11, 9.

11 Aut rus marmore tertio notatum.
10 Aut Tusci tibi Tusculive mittunt,
    Id tota mihi nascitur Subura.

XXXII.

Attice, facundae renovas qui nomina gentis
Nec sinis ingentem conticuisse domum.
Te pia Cecropiae comitatur turba Minervae,
Te secreta quies, te sophos omnis amat.
5 At iuvenes alios fracta colit aure magister
Et rapit immeritas sordidus unctor opes.
Non pila, non follis, non te paganica thermis
Praeparat, aut nudi stipitis ictus hebes.

XXXI 11. 10. *So:* ΨQ *Scr Gilbert*[4] *p. 212*   10. 11. ω *(10 fehlt in X) Schn.*

XXXII 3. Zu I 39, 3.

10. *Tusci — Tusculive.* Der Nomin. Plur. so öfter zur Bezeichnung eines Gutes. Vgl. zu X 41, 9 und Haupt Hermes VII 180 f. = Opp. III 578.
12. *marmore tertio.* IX 64, 4 Octavum — marmor. Vgl. zu I 12, 4.
12. *Subura.* Zu II 17, 1. Tota Subura, d. h. überall in der Subura, wo also zahlreiche Läden von Lebensmitteln waren. X 94, 5. Doch vgl. zu VIII 30, 6.
XXXII 1. *Attice.* An denselben I 91. Vielleicht ein Pomponius Atticus, welche Familie aber nach v. 2 ingentem domum; damals bereits in den Senatorenstand erhoben gewesen sein müsste. SG III 449.
4. *sophos.* Dies Wort, das sonst noch als Beiname des P. Sempronius Livius IX 45 X 2, als Prädikat des Laelius bei Cic. Fin. II 8 und bei Phaedrus III 14, 9 victor sophus IV 17, 8 gubernator sophus factus später bei Auson. und Venant. Fortunat. vorkommt, mag der Umgangssprache entnommen sein. Vgl. zu I 111, 1.
5. *fracta — aure magister.* Die Ohren der Faustkämpfer waren oft durch Schläge verstümmelt οἱ τὰ ὦτα κατεαγότες. Eustath. p. 1324: ὀφθαλμῶν ἐστοχάζοντο πάντως οἱ πύκται καθὰ καὶ ὤτων ὅθεν ὠτοκάταξις κατὰ Αἴλιον Διονύσιον ὠτοθλαδίας, τὰ ὦτα τεθλασμένος ἐν παλαίστρᾳ. Vgl. H. Stephan. Thesaur. s. ὠτοθλαδίας und ὠτοκάταξις.
6. *unctor.* Hier wol für aliptes, also zugleich Lehrer der Gymnastik: über die Abneigung der Römer gegen dieselbe SG II 443.
7. *pila — follis — paganica.* Pila der gewöhnliche, mit Haaren,

Vara nec in lento ceromate brachia tendis.
10 Non harpasta vagus pulverulenta rapis.
Sed curris niveas tantum prope Virginis undas.
Aut ubi Sidonio taurus amore calet.
Per varias artes, omnis quibus area servit.
Ludere, cum liceat currere, pigritia est.

XXXIII.

Sordidior caeno cum sit toga, calceus autem
Candidior prima sit tibi, Cinna, nive:
Deiecto quid, inepte, pedes perfundis amictu?
Collige, Cinna, togam; calceus ecce perit.

XXXIV.

Quo possit fieri modo, Severe,
Ut vir pessimus omnium Charinus
Unam rem bene fecerit, requiris?
Dicam, sed cito. Quid Nerone peius?
5 Quid thermis melius Neronianis?

XXXIII 9. in lento *P Sch a* inlecto illecto *EX ACF GO* injecto *Raud r. Q ω Ser* ingesto *Has* malim inducto *Sch n*[1] 13. servit codd. *Sch n*[1] *Gilbert*[4] *p. 212* fervet *Rutgers Has Sch a*[2] fervit *Schnieder*.

XXXIV 5. Zu II 48, 8.

paganica, ein grosser mit Federn gestopfter Ball; über follis zu IV 19, 7. Marquardt Prl. 819, 8. *stipitis*: der zur Uebung mit Rappieren diente. SG II 331, 4; 339 f.
  9. *lento ceromate*. Zu IV 19, 5.
  10. *harpasta*. Zu IV 19, 6.
  11. *Virginis*. Zu V 20, 9.
  12. D. h. in der Porticus der Europa. Zu II 14, 3.
  13. *servit*. Vgl. X 30, 29 XIV 101, 2. Gilbert[4] p. 212.
  XXXIII 2. *Candidior — nive*. Zu IV 42, 5. Weisse Halbstiefel in der Regel von Frauen, doch auch von Männern II. A. vita Aurel. c. 39 getragen. Marquardt Prl. 576, 2.
  XXXIV 1. *Severe*. Zu II 6, 3.
  2. *Charinus*. Der mit diesem Namen zu I 77 Bezeichnete cinaedus v. 10 scheint vortreffliche, vielleicht zum öffentlichen Gebrauch bestimmte Badeanstalten gebaut zu haben.
  4. *sed*. Zu I 117, 7.   5. Zu II 48, 8.

Non deest protinus. ecce. de malignis.
Qui sic rancidulo loquatur ore:
»Ut quid tu domini deique nostri
Praefers muneribus Neronianas?«
10 Thermas praefero balneis cinaedi.

XXXV.

Inguina succinctus nigra tibi servus aluta
  Stat. quotiens calidis tota foveris aquis.
Sed meus. ut de me taceam. Laecania. servus
  Iudaeum nuda sub cute pondus habet.
5 Sed nudi tecum iuvenesque senesque lavantur
  An sola est servi mentula vera tui?
Ecquid femineos sequeris. matrona. recessus.
  Secretusque tua. cunne. lavaris aqua?

XXXVI.

Cum pluvias madidumque Iovem perferre negaret
  Et rudis hibernis villa nataret aquis.
Plurima. quae posset subitos effundere nimbos.
  Muneribus venit tegula missa tuis.

XXXV 4. nuda *T Schn* nulla *EFω Ser* nullum *Q*

---

6. deest. Zu IV 67, 3.
7. *rancidulo loquatur ore*. Persius 1, 33 Rancidulum quiddam balba de nare locutus.
8. *Ut quid*. Zu III 77, 10.
domini deique nostri. Zu V 8. 1.
9. *muneribus:* Prachtbauten; zu Sp 2. 7.
XXXV. Ueber dasselbe Thema XI 75.
4. *Iudaeum pondus*. Vgl. VII 55. 6—8.
5. Zu III 51, 3.
iuvenesque senesque. Zu I 3, 5.
7. 8. Wenn man mit Gilbert annimmt, dass ecquid im Sinne einer Aufforderung gesetzt ist. so haben diese Verse allerdings einen Zusammenhang mit den früheren. doch fehlt dem Epigramm die Pointe.
XXXVI 3. 4. Ueber die Construktion der Dächer. bei welcher das Regenwasser durch die Löcher der tegulae deliciares träufelt und

5 Horridus, ecce. sonat Boreae stridore December:
Stella. tegis villam. non tegis agricolam.

XXXVII.

Nosti mortiferum quaestoris. Castrice, signum?
Est operae pretium discere theta novum.
Exprimeret quotiens rorantem frigore nasum.
Letalem inguli iusserat esse notam.
5 Turpis ab inviso pendebat stiria naso.
Cum flaret media fauce December atrox:
Collegae tenuere manus: quid plura requiris?
Emungi misero. Castrice. non licuit.

XXXVIII.

Tantus es et talis nostri, Polypheme, Severi.
Ut te mirari possit et ipse Cyclops.

XXXVII 6. media *TRMQ Schn²* madida *EF co Schn¹*.

XXXVII 2. Horat. S. II 4, 63 Est operae pretium duplicis pernoscere juris Naturam. S. I 2. 37 Audire est operae pretium. Epp. II 1. 229 Sed tamen est operae pretium cognoscere. Juvenal. 6, 474 Est pretium curae penitus cognoscere.

durch eine tegula colliciaris zum Ausfluss gelangt, Marquardt Prl. 619. Die von Stella gesandten Ziegel sind also solche, welche den Abfluss auch eines starken Regens herbeiführen können. v. 3.
6. *Stella.* Zu I 7.
XXXVII 1. *Castrice.* Zu VI 43.
quaestoris. Wol des quaestor pro praetore, der in den senatorischen Provinzen dem Proconsul zur Seite stand, Mommsen StR II 236 Marquardt StV I 530 f., da die militärischen Quästoren keine Kriminal-Jurisdiktion besassen. Mommsen das. 552.
2. *theta.* Bedeutete auf Grabinschriften und in Verzeichnissen neben einem Namen, dass der Betreffende gestorben war θανών, daher nigrum theta Persius 4, 13, Jahn specimen epigraph. p. 54 s, Marquardt StV II 446, 3; hier, dass er hingerichtet werden sollte θανατοῦν). Auson. Epigramm. 79 Schenkl = 128 Toll. 13 Tuumque nomen theta sectilis signet.
XXXVIII. Auf einen Riesen und eine Riesin des Severus; zu II 6, 3. Ueber die Liebhaberei für Riesen, Zwerge und andere derartige Abnormitäten SG I 39.

Sed nec Scylla minor. Quod si fera monstra duorum
Iunxeris, alterius fiet uterque timor.

XXXIX.

Discursus varios vagumque mane
Et fastus et Have potentiorum
Cum perferre patique iam negaret,
Coepit fingere Caelius podagram.
5 Quam dum vult nimis approbare veram
Et sanas linit obligatque plantas
Inceditque gradu laborioso.
— Quantum cura potest et ars doloris! —
Desit fingere Caelius podagram.

XL.

Hic iacet ille senex. Augusta notus in aula.
Pectore non humili passus utrumque deum:
Natorum pietas sanctis quem coniugis umbris
Miscuit: Elysium possidet ambo nemus.
5 Occidit illa prior viridi fraudata iuventa:

XL. 2. Tibull. I 4, 38 utrumque deum. — 4. Zu VI 76, 6. — 5. Ovid.
M. X 196 prima fraudate juventa. Verg. A. V 295 viridique juventa.

XXXIX 1. Ueber die Beschwerden der salutatio der Clienten
SG I 338—340.

vagumque mane. Mane substantivisch zu I 49, 36; über den metonymischen Gebrauch des Adjektivs zu I 15, 7.

2. SG I 341, 9—11.

3. *perferre patique*. XII 26, 8 ferre patique = Lucret. II 291 vgl. die Anm. von Munro.

9. *Desit*. Zu III 75, 4. Die Wiederholung von vs. 4 in Catulls Manier. Zu II 6, 17.

XL. Auf den Tod des Vaters des Claudius Etruscus. vgl. Stat.
S. III 3 consolatio ad Claudium Etruscum. SG I 94.

2. *utrumque deum*. Intelligit Domitianum iratum et placatum.
Scriver. Diese wie es scheint richtige Erklärung setzt einen nicht zu freien Gebrauch von passus, und eine nicht zu gewagte Ausdehnung des Gebrauchs voraus, den Beispiele wie uterque Neptunus Catull 31, 3. uterque Phoebus Ovid. M. I 338. uterque Oceanus ib. XV 829 zeigen. 4. *Elysium — nemus* = XI 5, 6.

Hic prope ter senas vixit Olympiadas.
Sed festinatis raptum tibi credidit annis.
Aspexit lacrimas quisquis, Etrusce, tuas.

XLI.

Cosmicos esse tibi, Semproni Tucca, videris:
Cosmica, Semproni, tam mala, quam bona sunt.

XLII.

Muneribus cupiat si quis contendere tecum,
Audeat hic etiam, Castrice, carminibus.
Nos tenues in utroque sumus vincique parati:
Inde sopor nobis et placet alta quies.
5 Tam mala cur igitur dederim tibi carmina, quaeris?
Alcinoo nullum poma dedisse putas?

XLIII.

Primum est, ut praestes, si quid te, Cinna, rogabo:
Illud deinde sequens, ut cito, Cinna, neges.
Diligo praestantem; non odi, Cinna, negantem:
Sed tu nec praestas nec cito, Cinna, negas.

XLIV.

Maximus ille tuus, Ovidi, Caesonius hic est,
Cuius adhuc vultum vivida cera tenet.

XL 6. Auson. Parent. 1, 4 Undeciens binas vixit Olympiadas.
XLII 4. Verg. A. VI 522 alta quies.
XLIV 2. Prop. III 28, 8 vivida signa.

6. *Olympiadas*. Fünfjährige Zeiträume. Zu IV 45, 4.
XLI 1. *Cosmicos*. Etwa ein aufs feinste Parfümirter, nach dem Geschäft des Cosmus zu I 87, 2? Die sonstigen Erklärungsversuche sind sicher verfehlt.
XLII 2. *Castrice*. Zu VI 43. Erwiderung auf ein von einem Gedicht begleitetes Geschenk.
6. *Alcinoo — poma*. Vgl. VIII 68, 1 X 94, 2 XIII 37.
XLIII. Vgl. VI 20.
XLIV. Vgl. VII 45.
1. *tuus* wie X 89, 1. LMueller r. m. 331. Einl. S. 49.
Ovidi. Zu I 105, 1. Ueber Caesonius Maximus ebend. Vgl. auch

Hunc Nero damnavit: sed tu damnare Neronem
Ausus es et profugi, non tua, fata sequi:
5 Aequora per Scyllae magnus comes exulis isti.
Qui modo nolueras consulis ire comes.
Si victura meis mandantur nomina chartis
Et fas est cineri me superesse meo:
Audiet hoc praesens venturaque turba, fuisse
10 Illi te, Senecae quod fuit ille suo.

XLV.

Facundi Senecae potens amicus,
Caro proximus aut prior Sereno.
Hic est Maximus ille, quem frequenti
Felix littera pagina salutat.
5 Hunc tu per Siculas secutus undas,
O nullis, Ovidi, tacende linguis,
Sprevisti domini furentis iras.
Miretur Pyladen suum vetustas.

XLIV 5. magnus *codd*, magni *Hns*.

Senec. Epp. 87, 2 Maximus meus. Tacit. A. XV 71 Caedicia — et Caesennins vgl. die Anm. von Nipperdey Maximus Italia prohibentur, reos fuisse se tantum poena experti 65 p. Chr..
6. Das Consulatsjahr des Caesonius Maximus ist unbekannt.
7. *victura — nomina chartis*. Zu I 25, 7.
9. 10. Ob man hieraus mit Teuffel RLG 287, 1 schliessen darf, dass Caesonius Maximus Seneca nach Corsica begleitet habe, ist sehr zweifelhaft.

XLV 2. *Sereno.* Annaeus Serenus, ein Freund des Seneca Tacit. A. XIII 13 , der ihm die dialogi 2, 8 n. 9 gewidmet hat. Er gab sich dazu her, für den Liebhaber von Neros Maitresse Acte zu gelten, wurde praefectus vigilum und starb vor Seneca bald nach 62. Plin. N. h. XXII 96, Senec. epp. 63, 14 s. Hirschfeld Verwaltungsgesch. S. 146. M. erwähnt ihn auch VIII 81.
4. *Felix littera*. Wol das in der Aufschrift der Briefe gewöhn-8 Salutem. Es müsste dann freilich Briefe des Seneca an ihn gegeben haben, die sonst nirgend erwähnt werden.
6. Zu I 15, 1.
8. *Pyladen*. Zu VI 11, 1.

Haesit qui comes exuli parentis.
10 Quis discrimina comparet duorum?
Haesisti comes exuli Neronis.

XLVI.

Commendare tuum dum vis mihi carmine munus
Maeonioque cupis doctius ore loqui.
Excrucias multis pariter me teque diebus.
Et tua de nostro. Prisce. Thalia — tacet.
5 Divitibus poteris Musas elegosque sonantes
Mittere: pauperibus munera πεζά dato.

XLVII.

Doctorum Licini celeberrime Sura virorum.
Cuius prisca graves lingua reduxit avos.
Redderis. heu. quanto fatorum munere! nobis.
Gustata Lethes paene remissus aqua.

XLVI 6. πεζά Palmer pisce (mit einem von erster Hand über pi übergeschriebenen r) R(HIMueller) pexa PQSer plena ENω Rand r. Q Schn[1] Prisce Schn[2].

9. 11. Zu II 41, 34.

XLVI 4. *Prisce*. Vielleicht Terentius Priscus VIII 11; 45 XII praef. XII 1: 4; 72. SG III 448, der Landsmann M.'s, dem der Dichter bei dessen Aufenthalt in der Heimat sein 12. Buch überreichte und den er XII 4 seinen Maecenas nennt.

de nostro: auf meine Kosten auch VIII 42, 3, ähnlich X 29, 4.

tacet. Quod enim versus se scribere accuratos simularet vel etiam meditaretur et tamquam ruminaret nec interea dona remitteret, silentium eius merito sibi conqueritur damnosum Martialis. Turnebus Advers. XXIV 28. Zugleich steht aber, wie Ollirschfeld bemerkt, tacet παρὰ προσδοκίαν.

5. *Musas* metonymisch zu Sp 12. 1 wie II 92, 2 IX 99, 1 vgl. auch IX 58, 6 XI 1, 7,; doch zugleich mit Beziehung auf Thalia v. 4.

6. *munera* πεζά. Scherzhaft: prosaische Geschenke, vielleicht zugleich mit der Nebenbedeutung φολά, die πεζός in der Musik hat Gesang ohne Musik, Musik ohne Gesang also unbegleitete. Diese sehr leichte und ansprechende Emendation Palmers giebt zugleich den zu Musas erwarteten Gegensatz. Dass πεζός im Lateinischen sonst nicht so vorkommt, kann kein Grund gegen die Lesung sein.

XLVII. 1. *Licini — Sura*. Zu I 49, 40.

5 Perdiderant iam vota metum securaque flebat
   † Tristitia et lacrimis iamque peractus eras.
   Non tulit invidiam taciti regnator Averni
   Et raptas Fatis reddidit ipse colus.
   Scis igitur, quantas hominum mors falsa querellas
10 Moverit, et frueris posteritate tua.
   Vive velut rapto fugitivaque gaudia carpe:
   Perdiderit nullum vita reversa diem.

XLVIII.

Cum mensas habeat fere trecentas,
Pro mensis habet Annius ministros:
Transcurrunt gabatae volantque lances.
Has vobis epulas habete, lauti:
5 Nos offendimur ambulante cena.

XLVII 5. 6. flebat Tristitia Tristia *PF* Tristia *Q* et lacrimis *codd* flebant Tristia jam lacrimae *Gronov* Tristia; jam Lachesi jamque *oder* Tristitiae; Lachesi jamque *Hus* Tristia cum lacrimis *Scr* Tristitiam Lachesis *Genetic Koestlin* flebat Tristitia a lacrimis i. e. secura a. l. *Munro* Tristitia illacrimans *Gilbert* 5. Fatis *Frdl* fatis *Schu* 5. raptas, ruptas *Gronov* wie VII 96, 4 XI 36, 3.

XLVII 5. Ovid. M. XIV 489 dum pejora timentur Est in vota locus, sors autem ubi pessima rerum Sub pedibus timor est securaque summa malorum. 7. Zu I 12, 9, 10. (11. Ovid. A. a. III 661 aliae tua gaudia carpent.

5. 6. Tanquam in certa morte deposueramus spem et cum votis metum curamque pro te, qui iam pro mortuo deploratus eras et conclamatus. Schrevel. Ausser lacrimis oder et lacrimis v. 6 scheint hier nichts verdorben zu sein. Die Herstellungsversuche sind sämmtlich unbefriedigend. Vielleicht hatte M. neben die Tristitia noch eine zweite allegorische Person als trauernde gesetzt z. B. Tristitia et Pietas.
7. I 12, 10 Fortuna par tam magnae non erat invidiae.
8. *Fatis.* Fatae die Parzen. Jordan bei Preller RM II 194, 4.
11. *velut rapto.* Wie vom Raube, den man aus Furcht, seiner wieder verlustig zu gehen, schnell geniesst.
fugitivaque gaudia. Vgl. I 15, 8.
XLVIII 3. *gabatae.* Vgl. XI 31, 18.

XLIX.

Parva suburbani munuscula mittimus horti:
Faucibus ova tuis, poma, Severe, gulae.

L.

Fons dominae, regina loci quo gaudet Ianthis,
   Gloria conspicuae deliciumque domus,
Cum tua tot niveis ornetur ripa ministris
   Et Ganymedeo luceat unda choro:
5 Quid facit Alcides silva sacratus in ista?
   Tam vicina tibi cur tenet antra deus?
Numquid Nympharum notos observat amores,
   Tam multi pariter ne rapiantur Hylae?

LI.

Mercari nostras si te piget, Urbice, nugas
   Et lasciva tamen carmina nosse libet.
Pompeium quaeres — et nosti forsitan — Auctum:
   Ultoris prima Martis in aede sedet.
5 Iure madens varioque togae limatus in usu.

L. 1. regina loci quo *Frdl* r. loci, quo *Schw*.

XLIX 2. *Severe*. Zu II 6, 3.
L. Zu VII 15.
1. *dominae*. Der Hausherrin zu V 61, 3 Violentilla, die M. auch VI 21 Ianthis nennt. IX 58, 1 Nympha sacri regina lacus cui grata Sabino.
3. *niveis — ministris*. Marmorstatuen von Knaben als Mundschenken.
4. *Ganymedeo — choro*. Der Vergleich schöner Knaben exoleti oder Mundschenken mit Ganymed ist ein stehender. VIII 39, 4 VIII 46, 5 IX 16, 6 IX 22, 12 etc.
5—8. Vgl. VII 15, 3, 4.
LI 1. *Urbice*. Ein XI 55 als kinderloser Ehemann erwähnter Bekannter des Dichters.
3. *Pompeium — Auctum*. Vgl. VII 52 IX 21 XII 13. SG III 450 f.
4. D. h. er hatte an der Vorderseite des Tempels des Mars Ultor Becker Top. 373 seine sogenannte Station Geschäftslokal. SG I 295 f.
5. Er war also wol zugleich Sachwalter und juristischer Respondent, SG I 296 f., da auch die Sachwalter die toga trugen. SG I 290.

Non lector meus hic, Urbice, sed liber est.
Sic tenet absentes nostros cantatque libellos,
Ut pereat chartis littera nulla meis.
Denique, si vellet, poterat scripsisse videri:
10   Sed famae mavult ille favere meae.
Hunc licet a decima — neque enim satis ante vacabit —
Sollicites: capiet cenula parva duos.
Ille leget, bibe tu; nolis licet, ille sonabit:
Et cum »Iam satis est« dixeris, ille leget.

LII.

Gratum est, quod Celeri nostros legis, Aucte, libellos,
Si tamen et Celerem, quod legis, Aucte, iuvat.
Ille meas gentes et Celtas rexit Hiberos,
Nec fuit in nostro certior orbe fides.
5 Maior me tanto reverentia turbat, et aures
Non auditoris, iudicis esse puto.

LI 13. nolis *PQ Ser Gilbert p. 22*   nolles *EX ACGO*   noles *Fz Schn.*

LII 3. Lucan. IV 10 Celtae — miscentes nomen Hiberis. Sil. III 340 Celtae — sociati nomen Hiberis.

Der sonstige Gebrauch der toga, in dem er ebenfalls geübt war, kann wol nur ein Clientelverhältnis andeuten. SG I 340. In einem solchen kann er z. B. zu dem VII 52 erwähnten Celer gestanden haben.

13. *nolis licet*. Licet mit dem Indikativ Schneidewin noles ist in M.'s Zeit unerhört; vgl. Draeger Hist. Synt. II² 771. Die sämmtlichen Fälle bei M., wo es mit dem Infinitiv oder Conjunktiv verbunden ist, bei Renn Beiträge zu Martial. Bl. f. d. Bair. Gymnasialschulwesen XVII 1881, S. 444 f. Licet nolis IX Epist. 1 licet velis VI 49, 10 XII 82, 2.

LII 1. Zu VII 51, 5.

Celeri. Celer, der nach Vers 3 legatus Aug. pr. pr. oder Legat eines solchen im diesseitigen Spanien gewesen war SG III 147, kommt sonst nicht vor.

3. *Celtas — Hiberos*. Zu IV 55, 8 XII 9, 1 Palma regit nostros — Hiberos.

LIII.

Omnia misisti mihi Saturnalibus, Umber,
　　Munera, contulerant quae tibi quinque dies:
Bis senos triplices et dentiscalpia septem:
　　His comes accessit spongea, mappa, calix.
5　Semodiusque fabae cum vimine Picenarum,
　　Et Laletanae nigra lagona sapae:
Parvaque cum canis venerunt cottana prunis
　　Et Libycae fici pondere testa gravis.
Vix puto triginta nummorum tota fuisse
10　Munera, quae grandes octo tulere Syri.
Quanto commodius nullo mihi ferre labore
　　Argenti potuit pondera quinque puer!

LIV.

Semper mane mihi de me tua somnia narras,
　　Quae moveant animum sollicitentque meum.

LIII 4. spongea *XABG* spongia *Sch* 6. Laletanae codd. laetane *Q* vgl. zu *I* 26, 5; *I* 49, 22.

LIV 1. tua *Sch²* mera *EF* m Rand *v. Q Sch¹* mihi *PQ* nova *Rooy* mala *oder* fera *Gilbert⁴ p. 212.*

LIII 1. *Umber*. Der Name in einem Epigramm verwandten Inhalts XII 81.　　2. *quinque dies.* Zu IV 88, 1. 2.

3. Ueber die wohlfeilen Saturnaliengeschenke besonders der Clienten zu IV 88, 2.

triplices. Notizbücher mit 3 Tafeln VII 72, 2 X 87, 6 XIV 6. Marquardt Prl. 780, 6.

dentiscalpia. XIV 22.

5. *vimine Picenarum.* Zu IV 88, 7.

6. *Laletanae — sapae.* Wahrscheinlich Lacetanae. Zu I 26, 5 u. I 49, 22.

7. Zu IV 88, 6.

8. *Libycae fici.* Zu I 65 und IV 46, 10.

10. *octo — Syri.* Sonst als Träger der grössten Sänften genannt IX 2, 11 IX 22, 9.

12. *Argenti — pondera quinque.* Silbergeschirr im Gewicht von 5 Pfund. Zu II 44.

Iam prior ad faecem, sed et haec vindemia venit.
Exorat noctes dum mihi saga tuas':
5 Consumpsi salsasque molas et turis acervos;
Decrevere greges, dum cadit agna frequens:
Non porcus, non chortis aves, non ova supersunt.
Aut vigila aut dormi, Nasidiane, tibi.

LV.

Nulli munera, Chreste, si remittis,
Nec nobis dederis remiserisque:
Credam te satis esse liberalem.
Sed si reddis Apicio Lupoque
5 Et Gallo Titioque Caesioque,
Linges non mihi — nam proba et pusilla est —
Sed quae de Solymis venit perustis
Damnatam modo mentulam tributis.

LVI.

Astra polumque pia cepisti mente, Rabiri.

LIV 8. *Nasidiane* *EFω* — ana *P* ad Nasidianum *Ueberschrift in Q* Nasidiene *G*.

LV 8. *tributis codd. Schn* tributi $\mathfrak{P}$ *Turnebus Hns Scr*.

LVI 1. pia cepisti $\mathfrak{P}$ω *Frdl* pia (*Rand tua*) caepisti *Q* precepisti (recepisti) *E* praecepisti *FG* percepisti *XAB* pia percepisti *Scr Schn*.

LIV 3. Der aus der diesjährigen und vorjährigen Ernte gewonnene Wein ist bis auf die Hefe durch die Lieferungen für die Opfer der Wahrsagerin zur Sühne deiner beunruhigenden Träume erschöpft. XI 50, 8 Expiet ut somnos garrula saga tuos. Vgl. Ovid. Trist. II 22 III 13, 23 Horat. Epp. I 1, 6.

4. *Exorat*. Gloss.: exorare ἐξιλάσεσθαι. Schrevel.

5. *salsasque molas*. Marquardt StV III 343, 10.

7. *chortis aves* = VII 31, 1.

LV 2. Mit Gilbert[4] p. 210 als Hauptsatz zu fassen: »so magst du auch mir keine geben«.

8. *Damnatam modo — tributis*. Lucret. VI 1235 morti damnatus. Verg. A. IV 699 Stygioque caput damnaverat Orco. Modo ein eben erst aus Jerusalem angelangter, also auch eben erst zur Steuer herangezogener, daher unzweifelhaft echter Jude. Die den Juden nach 70 auferlegte Kopfsteuer von zwei Drachmen wurde unter Domitian mit besonderer Härte eingetrieben. Suet. Domitian c. 12 SG III 580.

LVI 1. *Astra polumque* = V 65, 1. Ein ἓν διὰ δυοῖν. Jeden-

Parrhasiam mira qui struis arte domum.
Phidiaco si digna Iovi dare templa parabit.
Has petat a nostro Pisa Tonante manus.

LVII.

Castora de Polluce Gabinia fecit Achillan:
Πὺξ ἀγαθὸς fuerat, nunc erit ἱππόδαμος.

LVIII.

Iam sex aut septem nupsisti, Galla, cinaedis.
Dum coma te nimium pexaque barba iuvat.
Deinde experta latus madidoque simillima loro
Inguina nec lassa stare coacta manu.
5 Deseris imbelles thalamos mollemque maritum
Rursus et in similes decidis usque toros.
Quaere aliquem Curios semper Fabiosque loquentem,
Hirsutum et dura rusticitate trucem:
Invenies: sed habet tristis quoque turba cinaedos.
10 Difficile est vero nubere, Galla, viro.

LIX.

Non cenat sine apro noster, Tite, Caecilianus.
Bellum convivam Caecilianus habet.

LVI 3. parabit *Q Schn²* paravit *EFω Schn¹* 4. petat *E A F Rand r. Q Schn¹* spectet *P* ap petet *Q* petet *Schn².*
LVII 2. Πὺξ ἀγαθὸς — ἱππόδαμος *Gilbert.* Pyxagathos — Hippodamus *Schn.*

LVI 3. Prop. IV 8, 15 Phidiacus – Iuppiter.
falls spricht M. von einem Kuppelbau in Domitians Palast, der damals im J. 92 eben vollendet war.
Rabiri. Als Baumeister von Domitians Palast SG III 89 nur hier genannt SG III 266, 3. Auf den Tod seiner Eltern X 71.
2. *Parrhasiam — domum.* Vgl. VII 99, 3. VIII 36, 3 IX 12, 8 XII 15, 1 Parrhasia aula. Soviel als palatinisch, von der Niederlassung des Arcadiers Euander auf dem Palatin.
4. *Tonante.* Zu VI 10, 9.
LVII. Ueber Liebesverhältnisse der Frauen mit Athleten SG I 434 II 445, 11.
LVIII 7. *Curios — Fabiosque.* Zu I 24, 3.
8. Vgl. VI 64, 1—3.
LX 1. *Caecilianus.* Ueber den Gebrauch des Namens in ver-

LX.

Tarpeiae venerande rector aulae,
Quem salvo duce credimus Tonantem,
Cum votis sibi quisque te fatiget
Et poscat dare, quae dei potestis:
5 Nil pro me mihi, Iuppiter, petenti
Ne suscensueris velut superbo.
Te pro Caesare debeo rogare:
Pro me debeo Caesarem rogare.

LXI.

Abstulerat totam temerarius institor urbem
    Inque suo nullum limine limen erat.
Iussisti tenues, Germanice, crescere vicos,
    Et modo quae fuerat semita, facta via est.
5 Nulla catenatis pila est praecincta lagonis,
    Nec praetor medio cogitur ire luto.
Stringitur in densa nec caeca novacula turba.

LX 2. Horat. C. III 5, 1 Caelo tonantem credidimus Jovem.
LXI 4. Prop. IV 12, 4 facta via est.

---

wandten Epigrammen zu I 20, 3. C. lässt den Eber für sich allein auftragen. Das Laster der μονοφαγία auch Juven. 1, 95.

LX 1. *Tarpeiae — rector aulae.* Jupiter als Herr des Capitolinischen Tempels.

2. Aehnlich II 91, 2 Sospite quo magnos credimus esse deos.

7. S. Zu II 41, 34.

LXI. Das Edikt über den Abbruch der die Strassen verengenden Tabernen SG I 8 und der fliegenden Kauf- und Geschäftsstände unter den Strassenhallen (Jordan Top. I 491, 11) scheint Domitian im Spätherbst oder Winter 92 erlassen zu haben, wenigstens denkt man bei v. 6 an diese Jahreszeit, vgl. XII 2 also aus dem Lager. Einl. S. 58 f.

2. Vgl. Sp 7, 6 Inque omni nusquam corpore corpus erat. In suo limine nachlässig für: da, wo eine Schwelle sein soll. Vgl. die Einleitung S. 20, 1.

5. *pila.* Pfosten einer Taberne. Catull. 37, 2. Horat. S. I 4, 71.

7. *caeca novacula.* Das blind die Vorübergehenden treffende Scheermesser.

Occupat aut totas nigra popina vias.
Tonsor, copo, cocus, lanius sua limina servant.
10   Nunc Roma est, nuper magna taberna fuit.

LXII.

Reclusis foribus grandes percidis, Amille,
Et te deprendi, cum facis ista, cupis,
Ne quid liberti narrent servique paterni
Et niger obliqua garrulitate cliens.
5 Non paedicari qui se testatur, Amille,
Illud saepe facit, quod sine teste facit.

LXIII.

Perpetui nunquam moritura volumina Sili
Qui legis et Latia carmina digna toga,
Pierios tantum vati placuisse recessus
Credis et Aoniae Bacchica serta comae?
5 Sacra cothurnati non attigit ante Maronis,
Implevit magni quam Ciceronis opus;

LXII 1 u. 5. *Amille* QFω   *Amulle* EXABC   *Hamille*? vgl. *unten.*   5. *qui se* PSer   *se qui* QEXABFG Schn.

LXIII 1. Zu VI 73, 7.   2. Zu VII 5, 2.   4. Ovid. Tr. I 6, 2 Deme meis hederas, Bacchica serta, comis. Tibull. I 3, 66 myrtea serta coma I 10, 22 spicea serta comae = Ovid. Am. III 10, 36 F. IV 616.

LXII. Verwandt VI 56.

1. *Amille*. Juven. 10, 224 quot discipulos inclinet Hamillus. Der seltne Name scheint beide Male derselbe, vermuthlich von beiden Dichtern von einem durch das Laster Berüchtigten entlehnt zu sein; in diesem Falle würde, da bei Juven. PS Hamillus und nur ein Theil der interpolierten jüngern Handschriften Amillus haben, die aspirirte Form auch bei Mart. vorzuziehen sein.

LXIII 1. *Perpetui — Sili* = VI 64, 10.
nunquam moritura = VI 73, 7.
2. *Latia — toga.* Vgl. V 7, 2.

Hunc miratur adhuc centum gravis hasta virorum,
  Hunc loquitur grato plurimus ore cliens.
Postquam bis senis ingentem fascibus annum
10   Rexerat, adserto qui sacer orbe fuit.
Emeritos Musis et Phoebo tradidit annos,
  Proque suo celebrat nunc Heliconem foro.

LXIV.

Qui tonsor fueras tota notissimus urbe,
  Et post hoc dominae munere factus eques,
Sicanias urbes Aetnaeaque regna petisti,
  Cinname, cum fugeres tristia iura fori.
5 Qua nunc arte graves tolerabis inutilis annos?
  Quid facit infelix et fugitiva quies?
Non rhetor, non grammaticus ludive magister,
  Non Cynicus, non tu Stoicus esse potes.

LXIV 1. fueras tota *EFα Scr.* tota fueras *TQ Schn.*

LXIII 9. Lucan. II 190 Septimus hic sequitur repetitis fascibus annus.

LXIV 2. Ovid. Tr. IV 10, 8 Non modo fortunae munere factus eques. Id. Am. III 15, 6 Non modo militiae turbine factus eques.

LXIV 1. Asclepiadii Hexastich. de tit. cfc. Baehrens Plm IV p. 141, 25 Marcus eram Cicero toto notissimus orbe.

7. Ueber das Centumviralgericht bei welchem eine hasta aufgepflanzt war, Sueton. Aug. c. 36 Valer. Max. VII 8, 1. 4 Stat. S. IV 4, 43 Quintil. V 2, 1 Gaius IV 16 zu VI 38, 5.

8. *cliens.* Der Client vor Gericht.

9. 10. M. nennt das Jahr 68, in welchem Silius Consul gewesen war, heilig wegen der Befreiung der Welt adserto orbe von Nero. Plin. N. h. XX 14, 160 Julius Vindex ille adsertor a Nerone libertatis. Unter seinen Münzen findet sich Hercules adsertor und Mars adsertor. Mommsen Der letzte Kampf der röm. Republ. Hermes XIII 93, 3.

LXIV 4. *Cinname.* Als Name eines Sklaven der sich die Freiheit anmasst auch VI 17.

cum fugeres tristia iura fori. Als du die Verantwortung wegen Anmassung des Ritterstandes SG I 249 f. flohst.

6. *fugitiva quies.* Zu I 15, 7.

Vendere nec vocem Siculis plausumque theatris:
10   Quod superest, iterum, Cinname, tonsor eris.

LXV.

Lis te bis decimae numerantem frigora brumae
Conterit una tribus, Gargiliane, foris.
Ah miser et demens! viginti litigat annis
Quisquam, cui vinci, Gargiliane, licet?

LXVI.

Heredem Fabius Labienum ex asse reliquit:
Plus meruisse tamen se Labienus ait.

LXVII.

Paedicat pueros tribas Philaenis
Et tentigine saevior mariti
Undenas dolat in die puellas.

LXVII 3. dolat *Gruter Gilbert*[1] *212* dolet R$IQ solet *Rutgers* vorat EFω *Rand c. Q Schn.*

LXIV 9. Querolus Klinkhamer 224 Vende vocem, vende linguam, iras atque odium loca.

LXV 1. Zu V 34, 5.

9. *Vendere — vocem — plausumque theatris.* Als Beifallrufer und -Klatscher SG II 430.

LXV 1. *decimae — frigora brumae.* V 34,5 sextae modo frigora brumae.

2. *tribus — foris* hier wol so viel als tribus judiciis, d. h. in drei Instanzen. Ueber Appellation Bethmann-Hollweg röm. Civilprocess II 45 ff. und 700 Madvig Verf. und Verw. d. röm. St. II 264. Diese Bedeutung von forum z. B. bei Cic. Verr. II 3, 15, 38 Ne quis extra suum forum vadimonium promittere cogatur. Id. Att. V 16, 4 ibi forum agit. Vgl. Dirksen Manuale s. v. forum § 3—3 B. *PKrueger.* Sonst wird tria fora und ähnliches nur in lokaler Bedeutung gebraucht Ovid. Tr. III 12, 24 M. III 38, 4 VIII 44, 6 Stat. S. IV 9 15. Jordan Top. I 2, 437, 7. Waren etwa die drei Gerichtshöfe auf die drei fora vertheilt?

4. *cui vinci — licet.* Dem es freisteht, seinen Prozess sofort verloren zu geben und seinen Gegner zu befriedigen, was ihm viel weniger Verdruss und Kosten verursacht haben würde als die zwanzigjährige Führung des Prozesses.

LXVII. Vgl. VII 70.

3. *dolat.* Obscön, wie bei Pompon. ap. Non. 166, 4 und dedolo Apulej. Metam. IX c. 7.

Harpasto quoque subligata ludit
5 Et flavescit haphe, gravesque draucis
Halteras facili rotat lacerto,
Et putri lutulenta de palaestra
Uncti verbere vapulat magistri:
Nec cenat prius aut recumbit ante,
10 Quam septem vomuit meros deunces:
Ad quos fas sibi tunc putat reverti,
Cum colephia sedecim comedit.
Post haec omnia cum libidinatur,
Non fellat — putat hoc parum virile —,
15 Sed plane medias vorat puellas.
Di mentem tibi dent tuam, Philaeni,
Cunnum lingere quae putas virile.

LXVIII.

Commendare meas, Instanti Rufe, Camenas
    Parce precor socero: seria forsan amat.
Quod si lascivos admittit et ille libellos,
    Haec ego vel Curio Fabricioque legam.

LXVII 11. reverti *EXBFGO Schn* revera *A* redire *QωScr*.

LXVII 15. Catull. 80, 6 Grandia te medii tenta vorare viri.

1. *Harpasto*. Zu IV 19, 5.
5. *flavescit haphe*. Der gelbe Staubsand, mit dem sich die Ringer einrieben. Ueber athletische Uebungen von Frauen Juv. 2, 53. 6, 246 ss. SG I 139, 5.
10. *deunces*. Zu VI 78, 6.
12. *colephia*. Eine nahrhafte Speise der Athleten. Juv. 2, 53.
15. *medias vorat puellas*. Vgl. Catull. 80, 6 oben und zu II 61, 2.
16. Eine Verschmelzung von Di tibi dent mentem und Di tibi reddant mentem tuam.
LXVIII 1. *Instanti Rufe*. Wol der Nachfolger des Macer in der Statthalterschaft von Baetica XII 98, 7. An ihn auch VIII 51; 73 XII 95. SG III 147.
4. *Curio Fabricioque*. Zu I 21, 3.

LXIX.

Haec est illa tibi promissa Theophila, Cani,
 Cuius Cecropia pectora voce madent.
Hanc sibi iure petat magni senis Atticus hortus,
 Nec minus esse suam Stoica turba velit.
5 Vivet opus quodcunque per has emiseris aures:
 Tam non femineum nec populare sapit.
Non tua Pantaenis nimium se praeferat illi,
 Quamvis Pierio sit bene nota choro.
Carmina fingentem Sappho laudarit amatrix:
10 Castior haec, et non doctior illa fuit.

LXX.

Ipsarum tribadum tribas, Philaeni,
Recte, quam futuis, vocas amicam.

LXIX 2. voce *EFω Schn* dote ƁQ *Ser vielleicht richtig* 9. laudavit *O Munro* laudabat Ƃ laudabat *Q* laudabit *Gruter Ser* laudavit *EFω Schn vielleicht richtig*.

LXIX 2. Seneca Epigr. 15, 8 Baehrens Plm IV p. 60 Cujus Cecropio pectore mella madent.

LXIX 1. *Cani*. Canius Rufus, zu I 61, 9. Das Epigramm bezieht sich auf das Bildnis seiner Frau Theophila, wol einer Griechin.
2. *Cecropia — voce madent*. Von den Lehren athenischer Philosophen, welche Theophila gehört hatte. Zu I 39, 3.
3. *magni senis Atticus hortus*. Des Epikur, auf dessen Gärten, den Sitz der Schule, Zeller, Philos. d. Griechen III² 343, 1, oft angespielt wird, z. B. Stat S. I 3, 94 Molle et deserto senior Gargettius horto. Ueber die philosophischen Studien der Frauen SG I 445.
7. *Pantaenis*. Munro vermuthete wol richtig, Canius Rufus habe ein Gedicht auf Sappho und ihre Lesbischen Mädchen verfasst, dessen Heldin eine der letzteren, Pantaenis, eine Dichterin, war.
8. *Pierio — choro* = XII 3, 8.
amatrix. Wegen der ihr angedichteten Leidenschaft für Frauen.
10. *haec — illa*. Haec ist jedenfalls Theophila (obwol sie in v. 7 mit illi bezeichnet ist): illa nach der Erklärung Munros Pantaenis.
LXX. Vgl. VII 67.

LXXI.

Ficosa est uxor, ficosus et ipse maritus,
   Filia ficosa est et gener atque nepos.
Nec dispensator nec vilicus ulcere turpi
   Nec rigidus fossor, sed nec arator eget.
5 Cum sint ficosi pariter invenesque senesque
   Res mira est, ficos non habet unus ager.

LXXII.

Gratus sic tibi, Paule, sit December,
Nec vani triplices brevesque mappae
Nec turis veniant leves selibrae
Sed lances ferat et scyphos avorum
5 Aut grandis reus aut potens amicus,
Seu, quod te potius iuvat capitque,
Sic vincas Noviumque Publiumque
Mandris et vitreo latrone clusos;
Sic palmam tibi de trigone nudo

   LXXI 2. nepos ƑPQ nepus R socer EFNω (in Q übergeschrieben) 6. ficos RQEFω Schn ficus C (vgl. I 65, 4).
   LXXII 5. amicus. capitque. Postgate Cambridge Philol. soc 18. October 1883. amicus. capitque. Schn 6. amicus. Seu quid — capitque. Gilbert⁴ p. 212 f. mit Verweisung auf VI 75, 2 XIV 1, 7 XIV 83, 2.

   LXXI 5. Zu I 3, 5.

   LXXI 6. *ficos*. Zu I 65.
   LXXII 1. *Paule*. Ein Rechtsanwalt; ob er an irgend einer anderen Stelle gemeint ist, wo derselbe Name vorkommt, ist zweifelhaft.
   2. Derselbe Vers X 87, 6.
   2 ss. Wohlfeile Saturnaliengeschenke. Zu IV 88, 4.
   triplices. Zu VII 53, 2.
   7. *Novium*. Zu I 86, 2. Ob Novius vgl. Nohl, Quaest. Statianae p. 45 Vindex Stat. S. IV 6. M. IX 43; 41 SG III 558 ?
   Publiumque. Zu I 109.
   8. D. h. im ludus latrunculorum, wo die Figuren in mandrae Bauern und milites, latrones Officiere zerfielen, wie es scheint, gewöhnlich aus Glas. Marquardt Prl. 832 f. Vgl. XII 40, 3 XIV 17 und 20.
   9. *trigone nudo*. Zu IV 19, 5 und wegen des Adjektivs zu I 15, 7.

10 Unctae det favor arbiter coronae.
Nec laudet Polybi magis sinistras:
Si quisquam mea dixerit malignus
Atro carmina quae madent veneno,
Ut vocem mihi commodes patronam
15 Et quantum poteris, sed usque, clames:
»Non scripsit meus ista Martialis.«

LXXIII.

Esquiliis domus est, domus est tibi colle Dianae
Et tua patricius culmina vicus habet:

10. Die Scene ist etwa auf dem Marsfelde (SG I 373, 10) oder in Thermen zu denken.
11. *Polybi — sinistras*. Das Werfen und Auffangen eines sonst nicht erwähnten Polybus oder Polybius mit der linken Hand. XII 82, 3 Captabit tepidum dextra laevaque trigonem. XIV 46, 1 Si me mobilibus nosti expulsare sinistris. Marquardt Prl. 821, 9.
12 ss. Ueber anonyme Schmähgedichte, die dem Martial zugeschrieben wurden, zu VII 12.
14. *vocem — patronam*. Aehnlich wie favor — arbiter v. 10.
15. *sed*. Zu I 117, 7.
LXXIII. Das Gedicht sicher zu erklären, ist unmöglich. Maximus hat drei Wohnhäuser: auf dem Esquilin, auf dem Aventin (colle Dianae; vgl. XII 18, 3) und im *vicus patricius*, der von der Subura nach S. Pudentiana *in vico patricio* führenden Strasse Becker Top. 535 Jordan Top. II 593. Man sollte meinen, drei Aussichten müssten beschrieben werden: von dem einen Hause *hinc* auf den Cybele-, von dem anderen *illinc* auf den Vestatempel, von dem dritten auf den alten und neuen Jupiter. Allein diese letzte ist doppelt *inde — inde* und vielleicht gar nicht eine Aussicht von demselben Punkte aus. Also drei Häuser und vier Aussichten? Oder wird von dem einen Hause die Aussicht gar nicht erwähnt, von den beiden anderen eine doppelte jedes einzelnen beschrieben? Die Entscheidung müssten die Oertlichkeiten geben: allein nur das kann man sagen, dass vom Aventin aus das Vestaheiligthum nicht, sehr wahrscheinlich dagegen das wol über dem Circus stehende der Magna Mater (zu I 70, 10) gesehen werden konnte, von dem im Thal laufenden *vicus patricius* ebenfalls nicht das Vestaheiligthum, auch nicht der Tempel der Magna Mater; und wenn man mit Becker Top. A. 1123 in dem *novus* und *vetus Iuppiter* das *Capitolium* und das *Capitolium vetus* zu verstehen hat (und das ist nothwendig: vgl. V 22), von allen genannten Tempeln nur das *Capitolium vetus* auf dem Quirinal. Das *Capito-*

Hinc viduae Cybeles, illinc sacraria Vestae.
Inde novum, veterem prospicis inde Iovem.
5 Dic, ubi conveniam, dic, qua te parte requiram:
Quisquis ubique habitat, Maxime, nusquam habitat.

LXXIV.

Cyllenes caelique decus, facunde minister,
Aurea cui torto virga dracone viret:
Sic tibi lascivi non desit copia furti,
Sive cupis Paphien, seu Ganymede cales.
5 Maternaeque sacris ornentur frondibus Idus
Et senior parca mole prematur avus:
Hunc semper Norbana diem cum coniuge Caro
Laeta colat, primis quo coiere toris.
Hic pius antistes sophiae sua dona ministrat,
10 Hic te ture vocat, fidus et ipse Iovi.

LXXIV 7. Caro caro *PQSer* Carpo *EXBCFO Rand c. Q Schn*² parco *AG* Tarpo *ςSchn*¹ 9. sua tua *Gilbert p. 2* 9. ministrat *PBSchn* ministret *QFω* ministrorum *E* 10. vocat *ω Schn* vocat *Q* vocet *O*.

LXXIV 1. Horat. c. saec. 2 caeli decus.

LXXIII 5. Vincent. Bellov. Sp. d. V 87. Marcialis coquus Dic mihi quo veniam, dic, qua etc. — nusquam habitat.'

totium konnte man vom Aventin, das Vestaheiligthum vielleicht von dem Esquilin, richtiger von den Carinen aus sehen. Damit wird aber eine auch nur leidliche Klarheit für die Gruppirung der Oertlichkeiten nicht erzielt. *Jordan.* 4. *prospicis.* Zu II 59, 2.

6. *Maxime.* Könnte Vibius Maximus XI 106 sein; zu I 7, 3. Doch vielleicht ist hier ebenso wenig wie II 18; 53 und III 18 eine wirkliche Person gemeint.

LXXIV 3. *furti.* Zu I 34, 2.

5. Am 15. Mai wurde der Stiftungstag natalis — XII 67, 1 Maiae Mercurium creastis Idus des 259 u. c. = 495 v. Chr. beim Circus Maximus erbauten Tempels des Mercur gefeiert. Mommsen CIL I p. 394.

6. *avus.* Atlas, der Vater der Maia.

7. *Norbana — Caro.* Die erstere nur hier. Carus so die Familie B ist vermuthlich der im Albanischen Agon gekrönte Dichter IX 23 u. 24 und der IX 54 angeredete.

9. *sophiae.* Zu I 111, 1. 10. *et ipse:* ut tu.

LXXV.

Vis futui gratis, cum sis deformis anusque.
Res perridicula est: vis dare, nec dare vis.

LXXVI.

Quod te diripiunt potentiores
Per convivia, porticus, theatra,
Et tecum, quotiens ita incidisti,
Gestari iuvat et iuvat lavari:
5 Nolito nimium tibi placere.
Delectas, Philomuse, non amaris.

LXXVII.

Exigis, ut nostros donem tibi, Tucca, libellos.
Non faciam: nam vis vendere, non legere.

LXXVIII.

Cum Saxetani ponatur cauda lacerti
Et bene si cenas, conchis inuncta tibi:
Sumen, aprum, leporem, boletos, ostrea, mullos
Mittis: habes nec cor, Papile, nec genium.

LXXIX.

Potavi modo consulare vinum.
Quaeris, quam vetus atque liberale?

LXXV 2. *dare.* Zu II 9, 1.
LXXVI. Vgl. SG I 387, 6. Denkt M. vielleicht hier an sich selbst?
LXXVIII 1. 2. Beides geringe Speisen. Lacerti gesalzene Fische in Stücken mit gehackten Eiern aufgetragen X 48, 11 XI 27, 3 XI 52, 7. Marquardt Prl. 316, 8. Saxetanum in Baetica. Itin. Ant. p. 495. Ueber conchis zu V 39, 10.
3. Sämmtlich Leckerbissen. XII 17, 4 Cenat boletos, ostrea, sumen, aprum. XII 48, 1 Boletos et aprum 4. Lucrina 9. Mullorum leporumque et suminis. Zu I 20, 2 II 43, 11 III 45, 6.
4. *genium:* Geist des Lebensgenusses. Vgl. zu VI 60, 10.
LXXIX 2. *liberale:* edel.

Ipso consule conditum: sed ipse.
Qui ponebat. erat. Severe. consul.

LXXX.

Quatenus Odrysios iam pax Romana triones
  Temperat et tetricae conticuere tubae.
Hunc Marcellino poteris. Faustine. libellum
  Mittere: iam chartis, iam vacat ille iocis.
5 Sed si parva tui munuscula quaeris amici
  Commendare, ferat carmina nostra puer.
Non qualis Geticae satiatus lacte iuvencae
  Sarmatica rigido ludit in amne rota.
Sed Mytilenaei roscus mangonis ephebus.
10   Vel non caesus adhuc matre iubente Lacon.
At tibi captivo famulus mittetur ab Histro.
  Qui Tiburtinas pascere possit oves.

LXXXI.

›Triginta toto mala sunt epigrammata libro.‹
  Si totidem bona sunt. Lause. bonus liber est.

LXXX 8. rigido ℔QSer Gilbert⁴ p. 213 gelido EFω Schn getico Raud v. Q.

LXXX 2. Eleg. in Maecenatem I. 52 Baehrens PLm I p. 129 Postquam victrices conticuere tubae.

4. *Severe.* Zu II 6, 3.
LXXX 1. *Odrysios — triones.* Zu VI 58, 1.
3. *Marcellino.* Zu V 6, 2.
Faustine. Zu I 25.
8. *rota.* Metonymisch für Wagen, wie X 7, 5, auf denen ja die Sarmaten zum Theil lebten. Vgl. z. B. Tacit. G. c. 46. Daher denkt sich M. auch die sarmatischen Knaben beim Spiel auf dem Eise fahrend.
10. Ueber die Geisselung der spartanischen Knaben OGilbert Hdbch. d. griech. StA. I 68 f. Die Anwesenheit der Angehörigen erwähnt Lucian. Anacharsis 38.
12. *Tiburtinas — oves.* Faustinus war unter Anderm Besitzer einer Villa bei Tibur. IV 57 V 71.
LXXXI 2. *Lause.* Vgl. VII 87 u. 88. M. scheint hiernach 30 bis

LXXXII.

Menophili penem tam grandis fibula vestit,
 Ut sit comoedis omnibus una satis.
Hunc ego credideram — nam saepe lavamur in unum —
 Sollicitum voci parere, Flacce, suae:
5 Dum ludit media populo spectante palaestra,
 Delapsa est misero fibula: verpus erat.

LXXXIII.

Eutrapelus tonsor dum circuit ora Luperci
 Expingitque genas, altera barba subit.

LXXXIV.

Dum mea Caecilio formatur imago Secundo

LXXXII 3. in unum *PQSer Schn*² in uno *EoSchn*¹.

LXXXII 5. Horat. Epp. I 6, 69 = Vespae Indic. coci et pistoris 4 Baehrens Plm IV p. 326; populo spectante.

Epigramme dieses Buchs als mittelmässig zu taxiren; so auch Birt S. 150; er lässt es VII 90 einen liber inaequalis nennen.

LXXXII 2. Juven. 6, 73 comoedi fibula. Ueber die den Comöden zur Schonung ihrer Stimme auferlegte geschlechtliche Enthaltsamkeit M. XIV 215 SG II 100, 4.

3. *lavamur in unum*. Das in unum, mit welchem die von Hand Tursellin. III 330 ff. und Madvig Advers. II 647 f. angeführten Beispiele von in mit dem Accusativ eines Neutrums in totum, in commune etc. wenig Aehnlichkeit haben, erinnert an die bekannte Stelle der Vulgata Psalm. 132 v. 1 Ecce quam bonum et quam jucundum habitare fratres in unum (worüber Roensch Itala u. Vulgata nichts bemerkt). Es gehört also wol der Vulgär- und Umgangssprache an.

4. *Flacce*. Welcher Flaccus hier gemeint ist, ist ungewiss. SG III 449.

6. *verpus*. Er suchte die Beschneidung wegen der den Juden auferlegten Kopfsteuer zu VII 55, 8 zu verbergen.

LXXXIII 1. *Eutrapelus*. Ein wol κατ' ἀντίφρασιν gewählter Name. Vgl. die Einl. S. 21, 1.

2. *Expingitque genas*. VIII 52, 8 Expingitque cutem.

LXXXIV 1. *Dum*. Kann zwar »während« bedeuten, wenn man annimmt, dass das Bild bereits der Vollendung nahe wäre; doch natürlicher versteht man »bis«. Der Indic. praes. statt des Ind. fut. auch XII 74, 1. Gilbert.

Caecilio — Secundo. Der hier als im Kriege an der Donau

Spirat et arguta picta tabella manu,
1. liber. ad Geticam Peucen Histrumque iacentem:
   Haec loca perdomitis gentibus ille tenet.
5 Parva dabis caro, sed dulcia dona, sodali:
   Certior in nostro carmine vultus erit.
Casibus hic nullis, nullis delebilis annis
   Vivet, Apelleum cum morietur opus.

LXXXV.

Quod non insulse scribis tetrasticha quaedam,
   Disticha quod belle pauca, Sabelle, facis,
Laudo, nec admiror. Facile est epigrammata belle
   Scribere, sed librum scribere difficile est.

LXXXVI.

Ad natalicias dapes vocabar,
Essem cum tibi, Sexte, non amicus.
Quid factum est, rogo, quid repente factum est,
Post tot pignora nostra, post tot annos
5 Quod sum praeteritus vetus sodalis?
Sed causam scio. Nulla venit a me

LXXXIV 3. iacentem *EX.ABCFG Schn* tacentem *QoSer.*

dienstthuend erwähnte Caecilius Secundus ist vielleicht der V 80 angeredete. An den jüngeren Plinius ist nicht zu denken. Mommsen Zur Lebensgesch. d. j. Plinius, Hermes III 79, 1.

2. *Spirat.* Verg. G. III 34 spirantia signa VI 884 spirantia aera.
3. *Peucen.* Zu VII 7, 1.
iacentem: den unterworfenen, wie VII 80, 11 captivo — ab Histro.
6. *Certior — cultus.* VI 73, 5 Aspice quam certo videar non ligneus ore.
8. *Apelleum — opus.* Das Werk des Malers, zu III 35, 1.

LXXXV 2. *belle — Sabelle.* Zu XII 39, 1. Einl. S. 23, 1.
3. *epigrammata belle* = II 7, 3.
4. Nicht mit Birt S. 150 von der Schwierigkeit, eine Rolle zu füllen, zu verstehn. Sondern: einige hübsche Epigramme zu schreiben, ist leicht, ein ganzes Buch schwer. Einl. S. 19.

LXXXVI 5. *vetus sodalis.* Zu I 54, 8.

Hispani tibi libra pustulati
Nec levis toga nec rudes lacernae.
Non est sportula, quae negotiatur:
10 Pascis munera, Sexte, non amicos.
Iam dices mihi »Vapulet vocator.«

LXXXVII.

Si meus aurita gaudet lagalopece Flaccus,
  Si fruitur tristi Canius Aethiope;
Publius exiguae si flagrat amore catellae,
  Si Cronius similem cercopithecon amat;
5 Delectat Marium si perniciosus ichneumon,
  Pica salutatrix si tibi, Lause, placet;
Si gelidum collo nectit Gladilla draconem,

LXXXVI 7. Hispani ҐQSer Schu² argenti EωSchu¹ 10. Pascis ҐEXABCFG Schu Poscis OzSer.
LXXXVII 1. lagalopece OSchu lagaopecce E lagaope i ce XABCFG lagagopece Ґ lagagocepe PQ glaucopide Scaliger Ser glagalopece Renn Ztschr. f. Bair. Gymnas. v. XIII 212—214. 7. Gladilla Frdl Gladella Ґ Gadilla Pϛ Gedilla Q Glacia EXABCFprG Gradilla ϛ Gratilla Ser Glaucilla Hus Schu Claudilla? Gilbert.

7. Plin. N. h. XXXIII 96 argentum reperitur — in Hispania pulcherrimum. Suet. Nero c. 44 exegitque ingenti fastidio et acerbitate nummum asperum, argentum pustulatum, aurum ad obrussam. Pustula für reines Silber VIII 51, 6. Auch hier ist nicht an Bruchsilber, sondern an ein Silbergeräth zu denken, welches 1 Pfund wiegt: zu II 44, 2.

9. *sportula*. Hier Bewirthung oder Austheilung von Speiseportionen wie IX 85 XIII 123. »Das ist keine Bewirthung, womit auf einen Gewinn abgezielt wird« quae negotiatur.

11. *vocator*. Der mit dem Einladen der Gäste beauftragte Sklave, sonst invitator. Marquardt Prl. 148, 3.

LXXXVII. Ueber das Halten von Lieblingsthieren Becker-Göll I 45 f.

1. *lagalopece* ?. Nur hier.   *Flaccus*. Zu IV 42, 2.
2. *Canius*. Zu I 61, 9.   3. *Publius*. Zu I 109.
4. *Cronius* so QE Chronius XABFO. Nur hier.
5. *Marius*. Wol der X 92 angeredete.
6. *Lause*. Zu VII 81, 2.
7. Der verschieden überlieferte Name kommt jedenfalls nur hier vor.

Luscinio tumulum si Telesina dedit:
Blanda Cupidinei cur non amet ora Labycae.
10   Qui videt haec dominis monstra placere suis?

LXXXVIII.

Fertur habere meos, si vera est fama, libellos
  Inter delicias pulchra Vienna suas:
Me legit omnis ibi senior iuvenisque puerque,
  Et coram tetrico casta puella viro.
5 Hoc ego maluerim, quam si mea carmina cantent
  Qui Nilum ex ipso protinus ore bibunt:
Quam meus Hispano si me Tagus impleat auro
  Pascat et Hybla meas, pascat Hymettos apes.
Non nihil ergo sumus, nec blandae munere linguae
10   Decipimur: credam iam, puto, Lause, tibi.

LXXXIX.

I, felix rosa, mollibusque sertis
Nostri cinge comas Apollinaris.
Quas tu nectere candidas, sed olim,
Sic te semper amet Venus, memento.

XC.

Iactat inaequalem Matho me fecisse libellum:
  Si verum est, laudat carmina nostra Matho.

---

8. *Telesina* Telesilla PQ. Als wirkliche Person nur hier II 49 ist der Name willkürlich gebraucht'. Ebenso *Labycae* so Fam. Ca. Labyrtae FQ.

9. *Cupidinei*. In dieser Bedeutung wol nur hier.

LXXXVIII 1. Vielleicht hatte M. diese Nachricht von dem XIII 107 genannten Romulus erhalten.

6. Sp 3, 5 Et qui prima bibit deprensi flumina Nili.

10. *Lause*. Zu VII 81, 2 und zu I 16, 2.

LXXXIX 2. *Apollinaris*. Zu IV 86, 3.

3. 4. Mit Unrecht ist hier Einl. S. 20, 1 eine Nachlässigkeit des Ausdrucks Confusion der gegenwärtigen mit den künftigen Rosen angenommen. Vielmehr ist rosa generisch zu fassen, wie v. 4 Sic te semper amet Venus zeigt. »Ihr Rosen schmückt Apollinaris jetzt, und ebenso einst im Greisenalter«. Gilbert.

XC. 1. Zu VII 81.

Aequales scribit libros Calvinus et Umber:
  Aequalis liber est, Cretice, qui malus est.

XCI.

De nostro, facunde, tibi, Iuvenalis, agello
  Saturnalicias mittimus, ecce, nuces.
Cetera lascivis donavit poma puellis
  Mentula custodis luxuriosa dei.

XCII.

»Si quid opus fuerit, scis me non esse rogandum«
  Uno bis dicis, Baccara, terque die.
Appellat rigida tristis me voce Secundus:
  Audis, et nescis, Baccara, quid sit opus.
5 Pensio te coram petitur clareque palamque:
  Audis, et nescis, Baccara, quid sit opus.
Esse queror gelidasque mihi tritasque lacernas:
  Audis, et nescis, Baccara, quid sit opus.
Hoc opus est, subito fias ut sidere mutus,
10 Dicere ne possis, Baccara: »Si quid opus.«

XCIII.

Narnia, sulphureo quam gurgite candidus amnis

XC 3. Calvinus *QEFωSchα¹* Calvinos *A* Culvinus *B* Calvianus *T* Cluviennus *Schα²* (*Philol. III 331 vgl. Jur. I 80*).

XCII 10. ne *QFω* nec *TB* non *E* »Si quid opus«. *Gilbert p. 1* quid sit opus *codd. Schu.*

1. *Cretice*. Nur hier; die übrigen Namen sind wol willkürlich gebraucht.

XCI 1. *facunde — Iuvenalis*. Zu VII 24, 1.
 2. *Saturnalicias — nuces*. Zu V 30, 8.

XCII 3. *Secundus*. Zu II 44, 7.
 7. *gelidas — lacernas*. Vgl. III 38, 9.
 9. *subito fias ut sidere mutus*. XI 85, 1 Sidere percussa est subito tibi, Zoïle, lingua.
 10. *Si quid opus*. Elliptisch für si quid opus fuerit sc. me adi. Vgl. X 37, 1 u. 20. so dass auch dies Gedicht nach der von Catull Paukstadt p. 34 entlehnten Gewohnheit mit derselben Phrase schliesst, mit der es anfängt. Gilbert p. 1.

XCIII 1. Der Nar hat von seinen vielen Schwefeltheilen eine weissliche Farbe. Verg. A. VII 517. Plin. N. h. III 109.

Circuit, ancipiti vix adeunda iugo.
Quid tam saepe meum nobis abducere Quintum
  Te iuvat et lenta detinuisse mora?
5 Quid Nomentani causam mihi perdis agelli,
  Propter vicinum qui pretiosus erat?
Sed iam parce mihi nec abutere. Narnia, Quinto:
  Perpetuo liceat sic tibi ponte frui.

XCIV.

Unguentum fuerat, quod onyx modo parva gerebat.
  Olfecit postquam Papilus, ecce, garum est.

XCV.

Bruma est et riget horridus December,
Andes tu tamen osculo nivali
Omnes obvius hinc et hinc tenere,
Et totam, Line, basiare Romam.
5 Quid possis graviusque saeviusque
Percussus facere atque verberatus?
Hoc me frigore basiet nec uxor,
Blandis filia nec rudis labellis,
Sed tu dulcior elegantiorque.

XCIV 1. gerebat *QEFω* ferebat *T*.

XCIII 4. Tibull. I 8, 74 cupidum ficta detinuisse mora.

2. *adeunda*. Auf der Ostseite. Von Westen war Narnia nur über die von August erbaute Brücke zugänglich, sonst überhaupt nicht. Procop. B. Goth. I 17.
3. *Quintum*. Q. Ovidius zu I 105, M.'s Gutsnachbar bei Nomentum.
8. *ponte*. Von welcher noch heute ein Bogen steht.
XCIV. Verwandt III 17.
1. *onyx*. Salbgefäss wie XI 50, 6.
2. *garum*. Zu VI 93, 6.
XCV 2. *osculo*. Zu XI 98.
6. *Percussus — atque verberatus*. Um dich für die empfangene Züchtigung zu rächen. Vgl. II 23, 5 basiationes, Quae se tam bene vindicare possunt.

10 Cuius livida naribus caninis
   Dependet glacies rigetque barba.
   Qualem forficibus metit supinis
   Tonsor Cinyphio Cilix marito.
   Centum occurrere malo cunnilingis.
15 Et Gallum timeo minus recentem.
   Quare si tibi sensus est pudorque.
   Hibernas. Line. basiationes.
   In mensem rogo differas Aprilem.

XCVI.

Conditus hic ego sum, Bassi dolor. Urbicus infans.
   Cui genus et nomen maxima Roma dedit.
Sex mihi de prima deerant trieteride menses.
   Ruperunt tetricae cum male pensa deae.
5 Quid species. quid lingua mihi. quid profuit aetas?
   Da lacrimas tumulo. qui legis ista. meo:

XCVI 1. male *Hos* nulla *F* mala *QEω Schn* mea?

XCV 11. Verg. A. IV 251 glacie riget horrida barba Priap. 63,6
Rigetque dura barba vincta crystallo.
   XCVI 2. Prop. V 1, 1 maxima Roma.
   XCVI 1. Pallad. Epitaph. Maron. Baehrens PLm IV p. 122
Conditus hic ego sum, cujus modo rustica Musa etc.

10. *naribus caninis.* Weil die Hundenasen kalt zu sein pflegen.
XI 98, 7 Nec congelati gutta proderit nasi.

13. Filz aus Ziegenhaaren wurde ebenso am Flusse Cinyps zwischen beiden Syrten als in Cilicien fabricirt daher Cilicium. Plin.
N. h. VIII 203 Bluemner S. 4 ff. u. S. 30. Cinyphii hirci Verg. G III
312. Cinyphius tonsor M. VIII 51, 11. Wenn sich M. hier nicht versehen hat, so hat er Cinyphius als allgemeines Prädikat langhaariger
Böcke gebraucht, wie XIV 140, 2. Maritus für Bock XIV 140, 2,
für Widder XIV 211. 1.

15. *Gallum — recentem.* Hiernach scheint man geglaubt zu haben,
dass Verschnittene unmittelbar nach der Entmannung einen üblen
Geruch verbreiteten. Oder: ein frisch angekommener VIII 75, 2
Gallier? Gilbert.

XCVI 1. *Bassi.* Zu III 47.

4. Vgl. IV 73, 6 Moverunt tetricas tam pia vota deas.

Sic ad Lethaeas, nisi Nestore serius, undas
  Non eat, optabis quem superesse tibi.

XCVII.

Nosti si bene Caesium, libelle,
Montanae decus Umbriae Sabinum,
Auli municipem mei Pudentis.
Illi tu dabis haec vel occupato.
5 Instent mille licet premantque curae,
Nostris carminibus tamen vacabit:
Nam me diligit ille proximumque
Turni nobilibus leget libellis.
O quantum tibi nominis paratur!
10 O quae gloria! quam frequens amator!
Te convivia, te forum sonabit,
Aedes, compita, porticus, tabernae.
Uni mitteris, omnibus legeris.

XCVIII.

Omnia, Castor, emis: sic fiet, ut omnia vendas.

XCIX.

Sic placidum videas semper, Crispine, Tonantem,

XCVI 7. serius *EFω* serior *PQ vielleicht richtig.*
XCVII 9. tibi *ßQFGilbert p. 23* mihi *Eω Raad r. Q Schn.*

XCVI 7. Verg. Cul. 215 Lethaeas — transnare per undas.

XCVII 1. *Caesius Sabinus aus Sassina.* Erbauer eines Tempels für die Nymphe eines dortigen Sees IX 58. An ihn auch IX 60 XI 8. 17. Von ihm oder einem Angehörigen derselben Familie rührt die von Giese De pers. a M. comm. angeführte Inschrift Gruter p. 106, 3 In hortis archidiaconi Sassinatis her: DEIS PVBLICIS | SACRVM C. CAESIVS SABINVS Ex Jacobonio.

2. *Montanae — Umbriae* = IX 58, 3.
3. *Auli — Pudentis.* Zu I 31.
8. *Turni — libellis.* Die Satiren des Turnus auch XI 10. Teuffel RLG 323, 2.
11. 12. Orte, an denen man zu geselliger Unterhaltung zusammenkam. SG I 373.

XCIX 1. *Crispine.* Vgl. VIII 48. Nach Borghesis Vermuthung

Nec te Roma minus, quam tua Memphis amet
Carmina Parrhasia si nostra legentur in aula.
— Namque solent sacra Caesaris aure frui
5 Dicere de nobis, ut lector candidus, aude:
»Temporibus praestat non nihil iste tuis.
Nec Marso nimium minor est doctoque Catullo.«
Hoc satis est: ipsi cetera mando deo.

Subscriptionen. EXPL EX VIII INCIP EX VIIII *ohne alle Punkte HJMueller R.* M. V. Martialis Epigrammaton li. VII. explicit. incipit VIII. Ego Torquatus Gennadius emendavi qui refloruì lege faeliciter *Q.* Ego Torquatus Gennadius emendavi feliciter *f.*

Oeuvres V p. 513 f. vielleicht als praef. praet. College des Cornelius Fuscus. Dann aber bekleidete er, wie Hirschfeld Verwaltgsgesch. S. 223 bemerkt, diese Stelle damals auf keinen Fall mehr, denn das Epigramm deutet mehr auf eine Günstlingsstellung, als auf eine officielle Position.

Tonantem: Domitian: zu VI 10, 9.
2. *tua Memphis.* Bei Juven. 1, 27 heisst Crispinus pars Niliacae plebis und verna Canopi. Vgl. Juven. 4, 24 ss.
3. *Parrhasia — in aula.* Zu VII 56, 2.
4. *sacra — aure.* Zu IV 30, 3.
frui. Zu VII 5, 6.
7. *Marso — Catullo.* Zu I Epist. l. 11. *doctoque C.* Zu I 61, 1.